에듀윌을 선택한 이유는 분명합니다

편입 교육
브랜드만족도

1위

3년 연속 서성한반
서울소재 대학 합격

100%

합격 시
업계 최대 환급

500%

업계 최초
불합격 시 환급

100%

에듀윌 편입을 선택하면
합격은 현실이 됩니다.

3년 연속 서성한반 서울소재 대학 100% 합격자 배출* 교수진

합격까지 이끌어줄 최정예 합격군단
에듀윌 편입 명품 교수진을 소개합니다.

기본이론부터 문제풀이까지 6개월 핵심압축 커리큘럼

기본이론 완성	핵심유형 완성	기출심화 완성	적중실전 완성	파이널
기본이론 압축 정리	핵심포인트 집중 이해	기출문제 실전훈련	출제유력 예상문제 풀이	대학별 예상 모의고사

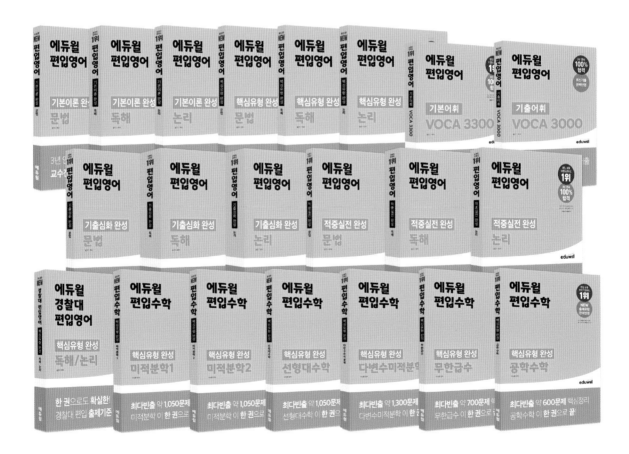

노베이스 수험생을 위한 편입 스타터팩 무료혜택

편입 영어 X 수학 입문강의
한 달이면 기초 탈출! 신규회원이면 누구나 신청 가능!

편입 영어 X 수학 입문 강의

· 한 달이면 기초 탈출 입문 강의
· 짧지만, 이해하기 쉬운 기초 탄탄 강의
· 1타 교수진 노하우가 담긴 강의

토익 베이직 RC/LC 강의

· 첫 토익부터 700+ 한 달이면 끝
· 편입 공인영어성적 준비를 위한 토익 기초 지원

합격비법 가이드

· 대학별 최신 편입 전형 제공
· 최신 편입 관련 정보 모음
· 합격전략 및 합격자 수기 제공

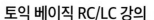

기출어휘 체크북

· 편입생이 꼭 알아야 할 편입 어휘의 모든 것
· 최신 기출 어휘를 빈도순으로 구성

편입 합격!
에듀윌과 함께하면 현실이 됩니다.

스타터팩
무료 이벤트

에듀윌 편입의
독한 관리 시스템

전문 학습매니저의 독한 관리로
빠르게 합격할 수 있도록 관리해 드립니다.

독한 담임관리

· 진단고사를 통한 수준별 학습설계
· 일일 진도율부터 성적, 멘탈까지 관리
· 밴드, SNS를 통한 1:1 맞춤 상담 진행
· 담임 학습매니저가 합격할 때까지
  독한 관리

독한 학습관리

· 학습진도 체크 & 학습자료 제공
· 데일리 어휘 테스트
· 모의고사 성적관리 & 약점 보완 제시
· 대학별 배치상담 진행

독한 생활관리

· 출석 관리
· 나의 학습량, 일일 진도율 관리
· 월별 총 학습시간 관리
· 슬럼프 물리치는 컨디션 관리
· 학원과 동일한 의무 자습 관리

eduwill

친구 추천하고
한 달 만에 920만원 받았어요

2021년 2월 1달간 실제로 리워드 금액을 받아가신
*a*o*h**** 고객님의 실제사례입니다.

에듀윌
편입영어

핵심유형 완성

논리

머리말

PREFACE

편입 시험을 본 이래로 상당한 시간이 지났지만, 논리 영역은 제대로 된 기본서가 없는 영역으로 지금껏 유지됐다. 아마 어휘와 독해의 중간 영역이란 생각으로 어휘를 알고 해석 능력만 있으면 해결할 수 있는 영역이라고 여긴 것 같다. 그리고 시간이 지나면서 영미식의 문제 풀이 해법을 도입 +, − 개념으로 학생들에게 설명해 온 것이 대다수인 것 같다.

그렇다면 우리 편입 시험의 문장 완성, 즉 논리 영역이라고 하는 부분은 그렇게 단순하거나, 원어민들이 만든 sentence completion의 방법론을 무리하게 도입하면 되는 것일까? 이에 대한 의문의 해결 없이 기출문제에 대해 간단한 해설을 단 문제집들만 시중에 나올 뿐이었다. 저자가 썼던 석세스 논리가 처음으로 그나마 간단한 이론을 제시했으며, 뒤이어 간단한 이론을 제시한 수험서가 몇 권 나왔다. 하지만 그래도 논리 영역을 속시원히 해결해 주는 이론서는 없었다.

에듀윌 편입영어 시리즈를 기획하면서, 논리 역시 교재를 통해 올바른 방향성을 제시하고 학생들이 어떤 식으로 학습 방향을 정립해 가야 하는지 고민한 끝에 이론서를 탄생시키게 되었다. 논리 이론에서 단서의 파악에서부터, 문제의 해결에 이르기까지의 과정을 체계적으로 분석한다면, 단서가 확실한 경우와 그렇지 못한 경우, 빈칸이 하나인 경우와 다수인 경우, 제시되는 문장이 짧은 경우에서부터 거의 한 단락에 이를 정도로 긴 경우까지 너무도 다양하다. 이 모든 것을 바탕으로 각 학교의 유형을 분석하여 논리 이론서를 만드는 것이 쉽지는 않았다. 하지만 체계적인 논리 이론서가 나온다면 분명히 수험생들에게 도움이 되리란 확신으로 꾸준히 작업하였다.

문장 완성, 즉 논리 영역의 문제들은 상당히 혼재된 분야인데, 기존의 SAT, GRE식의 접근법이 있고, TEPS, 수능, 공무원 등의 문제 유형이 있다. 편입의 기출문제들을 분석하니 양자의 형식을 다 이용하여 출제하고 있기에, 이를 포섭하려면 더 일반론적인 접근을 한 후 이를 개별화된 문제 유형으로 풀어 나가야 한다는 생각을 하게 되었다. 그리하여 이론화 작업을 진행하다 보니, 가령 묵살이나 일축과 같은 글의 흐름을 묻는 문제 유형은 이론적으로 충분히 가능한 분야지만 아직 기출문제가 거의 없는 분야도 있었다. 이런 부분은 저자가 시험과 근접하게 문제를 만들어서 넣어 두었다.

체계적인 문장 완성 이론서인, 『유형 논리』에 수록된 문제는 본문의 문제 외에도 예시로 든 문제도 꽤 된다. 이 과정만 체계적으로 마치면 논리 영역의 어떠한 문제라도 해결할 수 있는 충분한 능력과 응용할 수 있는 힘을 키울 수 있을 것이다. 이 책은 기존의 서적들과 다르게, 꼼꼼한 해설과 어휘 정리, 보기 하나하나의 해석까지 신경을 썼다. 만약 사정이 여의치 못해 독학을 한다 하더라도 이 책으로 충분히 소기의 성과를 달성할 수 있을 것이다. 이 책의 학습 이후 더 많은 문제를 풀기 원하는 수험생들은 이 책의 자매서인 『심화 논리』와 『실전 논리』를 풀어 보면 된다.

이 책이 수험생들에게 올바른 논리 학습의 방향성을 제시할 수 있기를 바라며, 이 책으로 소기의 목적을 달성한다면 저자에게는 더없는 기쁨이겠다. 이 책으로 공부하는 수험생들에게 합격의 영광이 함께하길 바란다.

에듀윌과 함께 합격을 기원하며

저자 홍준기

논리 학습법

GUIDE

논리는 어휘와 독해의 결합이므로, 충분한 어휘력과 글의 해독 능력을 갖추고 있으면 무난히 해결할 수 있는 부분이다. 어떤 면에서는 전체 영역 가운데 가장 종합적인 능력을 요구하는 분야라고 할 수 있다.

1 충분한 어휘 실력을 기른다.

어휘는 어느 날 갑자기 쌓이는 것이 아니기 때문에 항상 꾸준히 암기하여야 한다. 단순하게 어휘를 암기하기보다는 어휘 간의 어울림(collocation)을 파악하고, 자주 나오는 표현이나 용례를 익혀 두면 실전에서도 상당히 유용하다. 더불어 편입 시험의 어휘 학습에서 동의어나 유의어는 익혀도 반의어는 별로 신경을 쓰지 않는 경향이 있는데, 반의어를 활용하면 논리 문제를 해결하는 데 유용하게 쓰이는 경우가 많으므로 많이 쓰이는 반의어는 암기해 두는 게 좋다.

2 문장 내에서 어휘를 이해한다.

어휘를 떼어서 외우는 것은 시험 때문에 어쩔 수 없는 것이지만, 가능하다면 어휘는 예문과 함께 학습하는 게 좋으며, 문장 내에서 단서를 찾는 훈련과 병행하면 논리에 큰 성과를 얻을 수 있다. 독해 지문을 보는 경우에도 글의 흐름상 적합하고 적당한 문장에서는 '이 문장에서는 이 단어를 키워드로 잡으면 앞뒤 관계에서 양보의 흐름을 이어갈 수 있겠다.' 등 스스로 글을 능동적으로 읽으며 생각해 보는 훈련을 하면 도움이 된다.

3 논리 문제를 조직적으로 활용한다.

논리 문제에서 단서를 찾고 방향성을 파악하는 연습을 한다. 자신의 논리로 푼 문제를 해설과 대조해 보면서 자신의 논리를 올바르게 정립해 가는 훈련을 한다. 여러 차례 핵심을 찾는 연습을 하다 보면 자신도 모르게 어느새 객관적인 논리의 틀에 익숙해지게 될 것이다.

4 독해를 소홀히 하면 안 된다.

여러 문장이 모여 단락이 되고, 여러 단락이 모여 글이 되는 것이다. 그렇기 때문에 독해를 하면서도 논리적인 판단을 하며 글을 읽어 가는 연습을 하는 게 좋다. 반대로 독해 지문 속에서 문장 간의 전환을 나타내는 표지에 유의하면서 글을 읽어 가는 연습 역시 유용할 것이다. 최근에는 단락 간의 관계를 묻거나 단락 속에 문장 자체를 채우는 문제도 빈번하므로, 이에 대한 대비로는 많은 글을 읽는 훈련 속에서 꼼꼼히 문장 간의 관계 설정에도 유의해야 한다.

이 책의 사용법 (논리 4단계 학습법)

GUIDE

논리는 원래 완성된 형태의 글 가운데 일부를 삭제한 후 이를 완성시키는 형태이다. 일부를 빈칸으로 구성한다고 해서 모든 문장이 다 논리 문제로 적합한 것은 아니다. 논리 문제로 만들기에 적합한 유형이 존재할 수밖에 없는 이유이다. 왜냐하면 모든 문제는 단서를 근거로 답을 찾아갈 수 있는 장치를 마련해 두어야만 하기 때문이다. 크게 네 단계로 나눠 볼 수 있다.

기본이론 완성 논리

논리 문제는 단서를 찾고 방향성을 판단하는 훈련이 1차적인 작업이므로, 어휘의 활용을 중심으로 이를 체계적으로 훈련해야 한다. 대체로 글의 흐름을 이해하면서 앞뒤 관계를 대략적으로나마 판단할 수 있는 수준이 되면 충분히 유형에 대한 학습을 할 수 있다.

핵심유형 완성 논리

편입 시험에 가장 많이 출제되는 유형들을 학습하는 단계이다. 지난 20여 년간의 문제들을 체계적으로 분석하여 만든 교재이므로, 이를 철저히 학습하고 나면 논리 문제의 유형과 흐름을 정확하게 파악할 수 있다. 최신 기출문제를 바탕으로 하였기 때문에 경향을 파악하기에도 수월할 것이다.

기출심화 완성 논리

유형에 맞춰 학습하였던 논리를 이제는 종합적으로 풀어 보는 단계이다. 최신 기출문제를 중심으로 난도에 맞춰서 어려운 문제들, 길고 복잡한 문제들까지 정리하는 단계이다. 이 단계를 거치고 나면 어렵고 긴 글에 대한 단서를 찾고 문제를 푸는 요령을 익힐 수 있다. 물론 정확한 해석과 뛰어난 어휘력을 갖추는 것이 중요하다.

적중실전 완성 논리

유형과 심화 과정에서 충분한 문제들을 푼 이후에는 실전 대비 예상 문제를 풀어야 한다. 시사적인 내용도 필요하고 고전을 바탕으로 수준 높은 글에서 발췌한 글도 이용하여 논리적인 훈련을 해야 한다. 실전 난이도에 맞춘 400문제를 풀고 나면 시험에 대한 자신이 붙을 것이다. 고난도의 문제들에 대한 연습을 통해 실전에서도 흔들리지 않는 실력과 자신감을 기를 수 있다.

구성과 특징

FOREWORD

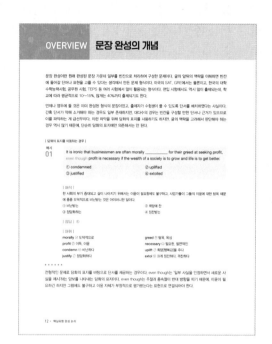

1 체계적 구성의 유일한 이론서

편입 논리 분야에 이렇다 할 이론서가 없는 현실에서 가장 체계적으로, 모든 기출문제를 분석하여 올바른 분류 안에 배치하였다. 영역별로 학습하고 논리의 틀을 이해할 수 있도록 구성하는 데 중점을 두었다.

2 충분한 유형별 문제 훈련

『유형 논리』에서는 각 영역을 체계적으로 분류하여 500문제를 다루었다. 유형 학습에 적합한 2012년 ~2020년까지의 중요한 문제들을 중심으로 구성하였고, 필요한 경우 2006년~2011년의 기출문제도 일부 사용하였다.

3 난이도별 문제 구성

각 영역의 문제를 제시할 때도 가능한 한 난이도를 구별하였으며, 비슷한 길이라면 긴 것을 뒤에 배치하였다. 서서히 능력이 향상되어 가면서 어려운 문제에 접근할 수 있도록 구성하였다.

4 4단계의 체계적인 학습

단계별 시리즈 구성으로 체계적인 학습이 가능하도록 구성하였다. 〈기본 – 유형 – 심화 – 실전〉으로 이어지는 체계적인 에듀윌 편입영어 논리 시리즈는 전체적으로 1,700문제가 넘는 방대한 구성이므로, 이를 마치고 나면 논리 영역은 실전에 대처하기에 넘칠 만큼의 실력을 가지게 될 것이다.

차례

CONTENTS

PART 01   문장 완성의 의미

PART 02 문장 해결의 원리

••• 정답과 해설

PART
01

문장 완성의 의미

문장 완성이란 원래 완성된 문장 가운데 일부를 빈칸으로 처리하여 구성한 문제이다. 글의 앞뒤의 맥락을 이해하면 빈칸에 들어갈 단어나 표현을 고를 수 있다는 생각에서 만든 문제 형식이다. 미국의 SAT, GRE에서는 물론이고, 한국의 대학수학능력시험, 공무원 시험, TEPS 등 여러 시험에서 많이 활용되는 형식이다. 편입 시험에서도 역시 많이 출제되는데, 학교에 따라 평균적으로 10~15%, 많게는 40%까지 출제되기도 한다.

언제나 염두에 둘 것은 이미 완성된 형식의 문장이었고, 출제자가 수험생이 풀 수 있도록 단서를 배치하였다는 사실이다. 간혹 단서가 약해 소거해야 하는 경우도 일부 존재하지만, 대다수의 경우는 빈칸을 구성할 만한 단서나 근거가 있으므로 이를 파악하는 게 급선무이다. 이런 파악을 위해 담화의 표지를 사용하기도 하지만, 글의 맥락을 고려해서 판단해야 하는 경우 역시 많기 때문에, 단순히 담화의 표지에만 의존해서는 안 된다.

| 담화의 표지를 이용하는 경우 |

예시 01

It is ironic that businessmen are often morally _____ for their greed at seeking profit, even though profit is necessary if the wealth of a society is to grow and life is to get better.

① condemned   ② uplifted
③ justified   ④ extolled

| 해석 |

한 사회의 부가 증대되고 삶이 나아지기 위해서는 이윤이 필요함에도 불구하고, 사업가들이 그들의 이윤에 대한 탐욕 때문에 종종 도덕적으로 비난받는 것은 아이러니한 일이다.

① 비난받는   ② 희망에 찬
③ 정당화하는   ④ 칭찬받는

| 정답 | ①

| 어휘 |

morally ⓐ 도덕적으로   **greed** ⓝ 탐욕, 욕심
profit ⓝ 이득, 이윤   **necessary** ⓐ 필요한, 필연적인
condemn ⓥ 비난하다   **uplift** ⓥ 희망[행복감]을 주다
justify ⓥ 정당화하다   **extol** ⓥ 크게 칭찬하다, 격찬하다

• • • • • •

전형적인 문제로 담화의 표지를 바탕으로 단서를 제공하는 경우이다. even though는 '일부 사실을 인정하면서 새로운 사실을 제시'하는 양보를 나타내는 담화의 표지이다. even though는 주절과 종속절이 반대 방향을 띠기 때문에, 이윤이 필요하긴 하지만 그럼에도 불구하고 이윤 자체가 부정적으로 평가받는다는 표현으로 연결되어야 한다.

예시 02

The latest review for the restaurant was _____, suggesting that the sublime cuisine came close to compensating for the insipid decor. 서강대

① glorious   ② ambivalent

③ banal   ④ harsh

| 해석 |

그 식당에 관해 가장 최근에 이루어진 평은 양면적인 모습을 보였다. 식당의 장식은 무미건조했지만 감탄할 만큼 멋진 요리가 이를 거의 상쇄시키고 있음을 보여 줬다.

① 영광스러운   ② 양면적인

③ 지극히 평범한   ④ 가혹한

| 정답 | ②

| 어휘 |

sublime ⓐ (감탄할 만큼) 절묘한, 멋진   **cuisine** ⓝ 요리법, 요리

compensate for – 보상하다, 보충하다   **insipid** ⓐ 운치 없는, 무미건조한

decor ⓝ 장식   **ambivalent** ⓐ 애증이 엇갈리는, 양면적인

banal ⓐ 지극히 평범한, 시시한

• • • • • •

이 문제의 경우 두드러지는 담화의 표지는 없지만, suggesting 이하에서 sublime cuisine과 insipid decor를 동시에 제시하여, 이 둘을 포섭할 수 있는 형용사를 찾을 수 있도록 만든 문제이다. 그러므로 '양면적'이라는 ② ambivalent가 정답이다.

| 담화의 표지를 이용하지 않는 경우 |

예시 03

The 52.5 million U.S. adults with _____ endure the pain and stiffness their condition causes in joints throughout the body. Exercise helps reduce those symptoms and improve mobility, research shows. One good option is gentle yoga, a less physically challenging version of the discipline that can help people with the disease manage their condition.

① arthritis   ② leukemia

③ insomnia   ④ tuberculosis

| 해석 |

미국에서 5,250만 명의 성인이 관절염을 앓고 있으며, 이들은 관절염이란 질환에 의해 몸 전체의 관절에 발생하는 고통과 뻣뻣함을 견뎌내고 있다. 연구에 따르면 운동은 관절염을 증상을 완화시키고 기동성을 향상시킨다. 선택 가능한 운동 가운데 하나로 가벼운 요가를 들 수 있다. 가벼운 요가는 신체적으로 덜 부담이 되는 요가 수련법으로 관절염을 앓는 사람들이 자신의 질환을 관리할 수 있게 도움을 준다.

① 관절염   ② 백혈병

③ 불면증   ④ 결핵

| 정답 | ①

| 어휘 |

stiffness ⓝ 결림, 뻣뻣함

mobility ⓝ 기동성, 운동성

discipline ⓝ 단련법, 수련법

leukemia ⓝ 백혈병

tuberculosis ⓝ 결핵

condition ⓝ 질환

challenging ⓐ 부담되는, 힘든

arthritis ⓝ 관절염

insomnia ⓝ 불면증

· · · · · · ·

빈칸의 질병을 앓고 있는 미국인이 굉장히 많으며, 그 병의 특징은 '몸 전체의 관절에 발생하는 고통과 뻣뻣함'이라고 하였다. 이를 완화시키는 노력 가운데 요가가 신체적으로 부담이 덜 가면서 효과적인 운동임을 서술하고 있다. 그렇다면 이 문제는 담화의 표지가 존재하지 않으며, 글의 맥락에서 pain, stiffness, joints, yoga 등을 근거로 답을 골라야 한다. 그러므로 추측하기로는 관절에 관한 질병임을 판단할 수 있고, 보기를 살펴보면 '관절염'이란 뜻의 ① arthritis를 찾아야 한다. 그렇다면 보기의 병명을 모르면 풀 수 없으며, 그렇기에 문장 완성은 어휘력이 뒷받침되어야 하는 것이다.

| 논리적인 판단을 해야 하는 경우 |

예시
04

When we've fought for power among ourselves, words have been a frequent weapon. We sling epithets that bruise as much as sticks and stones. Nicknames for people slide from slang to _____, gathering the power to maim psychologically.

① vernacular

② eulogy

③ jargon

④ slur

| 해석 |

우리가 권력을 놓고 서로 다툴 때, 말이 종종 무기가 된다. 우리는 막대기를 휘두르거나 돌을 던져 상처를 입히듯 욕설을 던져 상처를 입힌다. 사람들에 대한 별명이 속어를 넘어 비방의 수준으로 변질될 때, 정신적으로 상대를 불구로 만드는 힘을 얻게 된다.

① 토착어, 방언

② 찬사

③ 전문 용어

④ 비방, 중상

| 정답 | ④

| 어휘 |

sling ⓥ 던지다

bruise ⓥ 멍이 생기게 하다, 타박상을 입히다, 마음에 상처를 주다

slang ⓝ 속어, 은어

vernacular ⓝ (특정 지역·집단이 쓰는) 말, 토착어, 방언

jargon ⓝ (특정 분야의 전문·특수) 용어

epithet ⓝ 욕설, 별칭

maim ⓥ 불구로 만들다

eulogy ⓝ 찬양하는 연설, 찬사

slur ⓝ 비방[중상](하는 말)

· · · · · · ·

쉽지 않은 문제로 논리적으로 판단해서 접근해야 한다. 앞 문장에서 대략을 소개한 후 뒤의 문장에서 자세히 부연 설명하면서 자신의 논지를 이끌어 가는 문장이므로, 글의 맥락을 고려하면서 자신의 논리와 추리력을 이용하여 올바른 정답을

도출해 가는 경우이다. 결론적으로 문장 완성 문제는 기존의 문장에서 어느 한 부분을 제거하고, 그 빠진 부분을 본문의 나머지 부분을 바탕으로 유추하여 골라낼 수 있는지를 측정하는 문제이다. 그러므로 문제를 풀 때에는 본문의 단서를 정확히 파악하는 것이 중요하다. 문제에 따라서는 완벽한 단서를 바탕으로 확실한 정답을 고를 수도 있지만, 기존의 시험에서 드러난 것처럼 단서가 애매한 경우가 존재한다. 그래도 결국에는 어느 하나의 보기가 정답으로서 가능성을 훨씬 더 많이 내포하고 있으며, 이를 고르는 것이 우리의 과제이다.

| 단서가 불충분하여 나머지 보기를 소거해야 하는 경우 |

예시 05

Scientists in Korea studied the hearing of 100 high school students who used headphones _____.

① efficiently ② actively

③ everyday ④ periodically

| 해석 |

한국 과학자들은 정기적으로 헤드폰을 사용하던 100명의 고등학생들의 청각을 연구했다.

① 효과적으로 ② 적극적으로

③ 매일 ④ 정기적으로

| 정답 | ④

| 어휘 |

efficiently ⓐ 효율적으로, 효과적으로 **periodically** ⓐ 정기적으로, 주기적으로

• • • • • • •

빈칸에 들어갈 올바른 답은? 어느 것이 올바른 답이라 말하기 어렵다. 헤드폰을 적극적으로 사용한다거나, 매일 사용한다거나, 정기적으로 사용한다거나 그 어떤 것도 한국어로는 가능하다. 한국어로는 폭넓게 선해(善解) 해석하는 경우가 많아서, 다소 부족하고 애매한 표현도 이해해 주기 때문이다. 그렇다고 해서 이 문제가 올바르다는 것은 아니다. 그 이유는 본문에 나온 내용만으로는 단서가 부족하기 때문에, 다른 보기를 틀렸다고 제거할 수 없기 때문이다. 그렇다면 이 문제는 정답을 도출할 수 없는, 출제에 오류가 있는 문제라고 할 수 있다.

물론 영어적인 사고로 볼 때는 everyday와 periodically가 가능성이 있으며, 이 문제를 풀어 보라면 단서가 부족하긴 해도 원어민들은 대부분 periodically가 정답이라고 여긴다. 그 이유는 과학자들이 연구를 하는데, '매일' 연구한다는 것은 실제 가능하지 않을 것이라 유추할 수 있기 때문이다. 물론 동어 반복적인 느낌도 일부 있지만, 만약 이 문장에 over the course of their high school life가 더 들어간다면, 이것을 단서로 ④를 정답으로 확실하게 선택할 수 있다. 고교 3년의 학창 시절에는 주말도 방학도 있는데, 현실적으로 '매일' 학생들을 대상으로 연구한다는 것은 말도 안 되기 때문이다.

Scientists in Korea studied the hearing of 100 high school students who used headphones periodically over the course of their high school life.

[한국 과학자들은 그들의 고교 시절 동안 정기적으로 헤드폰을 사용하던 100명의 고등학생들의 청각을 연구했다.]

위의 예에서 본 것처럼 어떤 문제에 대해 한국어로 해석에만 열중한다면 한국어의 논리상 여러 가지 보기가 정답이라고 착각하는 경우가 발생한다. 하지만 영어적인 논리로 접근한다면 이러한 오류를 좀 더 줄일 수 있다. 학생들이 가끔 정답이 두 개라고 하는 경우의 상당수가 한국어만으로 가능하다는 생각 때문이다. 주의를 요하는 부분이다.

문장 완성의 문제 형태로는 여러 가지로 나눠 볼 수 있다. 가령 빈칸이 하나인 경우와 두 개인 경우로 나누는 것도 하나의 방식이다. 또 다른 분류로는 SAT 형태와 유사하게 '어휘를 묻는 문장 완성 문제', GRE 형태와 유사하게 '논리 구조를 파악하여 푸는 문장 완성 문제(여기에서는 어휘도 어렵지만 논리 구조가 어휘만을 묻는 문제보다 다소 복잡하다)', 그리고 '중·단문의 독해 형식으로 나오는 문장 완성 문제'로 나눌 수 있다. 이러한 독해 형식의 문장 완성의 형태가 현재 편입 시험, 공무원 시험, 수능 시험에서 단골로 출제되며, 독해의 이해도를 함께 묻기 때문에 선호하는 유형이다. 이에 더해 이화여대에서는 몇 년째 독특한 방식의 문장 완성을 선보이고 있으므로, 이 유형은 항목을 바꿔 아래에서 살펴보기로 한다. 다만 독해 지문 내에서의 문장 완성은 독해의 영역에서 다루기로 하고 여기에서는 간단히 유형만 정리하고 자세한 사항은 저자의 〈에듀윌 편입영어 핵심유형 완성 독해〉를 참조하기 바란다. 이 책에서는 이런 방식으로 정리해 가면서 빈칸이 하나 또는 두 개로 나누는 경우를 부연해 설명하기로 한다.

01 어휘 형식의 문장 완성

어휘 형식의 문장 완성은 주로 SAT와 같이 어휘력을 요구하는 시험에서 주로 출제된다. 일반적으로 어휘를 넣는 문제는 문장 내에 논리적인 구조를 따져서 추론해 내기보다 개별 어휘를 알면 풀 수 있는 문제를 의미한다. 즉, 어휘력이 문제 풀이의 관건이 된다고 할 수 있다. 이런 문제 유형의 특징은 개별적인 해석도 쉽고, 문장 구조도 간단하지만 어휘를 모르면 어려운 문제라고 할 수 있다. 편입 시험에서는 어휘력을 묻는 문제가 다수 출제되는데, 그 이유는 동의어를 묻는 문제들보다 문장 완성 형태로 출제하면 수험생들이 훨씬 까다롭게 느끼기 때문이다.

예시
01

This year's resolution is to exercise enough to become as _____ as my aerobics instructor. 중앙대

① puerile   ② palliative

③ lissome   ④ superstitious

| 해석 |
올해 결심은 내 에어로빅 강사만큼 호리호리해질 수 있을 만큼 운동하는 것이다.

① 유치한   ② 일시적으로 완화하는

③ 호리호리한   ④ 미신을 믿는

| 정답 | ③

| 해설 |
운동을 충분히 해서 에어로빅 강사의 수준만큼 이룰 수 있는 것은 '호리호리한' 몸매를 갖는 것일 것이다. 따라서 정답은 ③이다. lissome을 알고 있으면 쉽지만, 그렇지 못하면 어떤 단어가 들어갈지를 알면서도 정답을 고르지 못하게 된다. 그러므로 이런 문제들은 어휘력이 관건이다.

| 어휘 |

resolution ⓝ 결심, 결의   **instructor** ⓝ 교사, 강사

예시
02

You will periodically see warnings on the Internet about e-mail messages carrying computer viruses. They typically tell you never to read anything with a specific subject header, and then they tell you to be sure to pass this warning along to everyone you know. These warnings are all _____. You cannot get a computer virus from reading a plain text mail message. 중앙대

① fiascos   ② hoaxes
③ quagmires   ④ axioms

| 해석 |

여러분은 컴퓨터 바이러스가 담겨 있는 이메일에 대한 경고문을 인터넷상에서 주기적으로 보게 될 것이다. 그런 경고들은 으레 특정 제목이 들어간 것은 어떤 것도 읽어서는 안 된다고 말하며, 여러분이 아는 다른 모든 사람들에게 이 경고문을 전송하라고 주문한다. 이런 경고문은 모두 거짓이다. 평문(plain text)으로 된 이메일을 읽는 경우 절대 컴퓨터 바이러스에 걸릴 수 없기 때문이다.

① 낭패   ② 거짓말
③ 수렁   ④ 공리

| 정답 | ②

| 해설 |

인터넷상에 떠도는 경고문에 보면 이메일을 읽기만 해도 바이러스에 감염될 수 있다고 하지만, html이 아닌 ascii 형태의 평문(plain text)으로 된 이메일은 바이러스를 포함할 수 없기 때문에, 이런 이메일을 읽는다고 바이러스가 걸리는 것은 아니라는 말을 하고 있다. 따라서 빈칸 앞의 일반적인 사실에 대한 서술을 하다가, 빈칸 뒤에서 이를 뒤집고 있으므로, 앞에서 말한 경고들은 거짓일 수밖에 없다. 따라서 정답은 ② hoaxes가 된다. ① fiasco는 '큰 실패'를 의미하며, ③ quagmire는 수렁에 빠져 이도저도 하지 못하는 '진퇴양난'을 의미한다. ④ axiom은 그 자체로 자명한 것, 즉 '공리'를 의미한다.

| 어휘 |

periodically ⓐ 주기적으로   **typically** ⓐ 전형적으로, 으레
subject header – 이메일 제목   **plain text** – 평문
fiasco ⓝ 낭패   **hoax** ⓝ 거짓말, 속임수
quagmire ⓝ 수렁, 진창   **axiom** ⓝ 자명한 이치, 공리

주어진 문장에서 단서를 찾고, 그 단서를 중심으로 전후 관계를 파악하여 논리적으로 추론하여 푸는 문제 유형이다. 주로 GRE와 같이 논리력을 요구하는 시험에서 선보이는 유형으로, 이런 경우는 개별적인 어휘보다도 글의 구조나 논리가 중요하다. 편입 시험에서는 어휘와 논리를 결합하여 접속 관계를 중심으로 하는 형태의 논리 문제가 자주 선보인다. 물론 어휘의 뉘앙스와 결합하여 논리 구조를 묻는 어려운 문제도 가끔 선보이고 있다.

예시 03

String theory is an extremely recondite model for understanding the universe: many physicists struggle with the theory's _____ implications of ten interconnecting dimensions. 한양대

① lucid
② edifying
③ abstruse
④ enthralling

| 해석 |
끈 이론은 우주를 이해하기 위한 모델로 매우 난해하다. 많은 물리학자들은 10개의 상호 연결된 차원이 존재함을 암시하는 끈 이론의 심오함을 이해하기 위해 애쓰고 있다.

① 또렷한
② 교화적인
③ 심오한
④ 마음을 사로잡는

| 정답 | ③

| 해설 |
문장 부호 콜론(:)을 이용하여 문제를 풀어나간다. 콜론(:)은 앞 문장에 대한 상세한 설명이 되기 때문에, 앞과 뒤의 연결 고리를 파악해야 한다. 끈 이론이 '매우 난해한(extremely recondite)' 이론이므로 이론을 통해 '암시(implication)'되는 것이 당연히 '심오한(abstruse)' 것일 것이다. 따라서 정답은 ③이다.

| 어휘 |
recondite ⓐ 난해한, 심원한
lucid ⓐ 명쾌한, 또렷한
abstruse ⓐ 난해한, 심오한

implication ⓝ 함축, 암시
edifying ⓐ 교화적인
enthralling ⓐ 마음을 사로잡는

예시 04

Claude Monet's paintings are always blurry and vague. He paints this way deliberately, because he wants to capture the way sunlight makes things _____.

① shimmer
② conspicuous
③ compact
④ perish

| 해석 |
Claude Monet의 그림은 항상 흐릿하고 모호하다. 그는 햇빛이 사물을 희미하게 빛나게 하는 방식을 포착하고 싶었기 때문에 일부러 이런 방식으로 그린다.

① 희미하게 빛나는   ② 뚜렷한
③ 간결한   ④ 소멸하는

| 정답 | ①

| 해설 |

본문은 모네의 그림을 'blurry and vague(흐릿하고 모호한)'으로 묘사했는데, 그의 그림이 그런 모습인 이유는 그가 일부러 'capture the way sunlight makes things ~(햇빛이 사물을 ~하게 만드는 방식을 포착하기)' 위해 그렸기 때문이었다. 그렇다면 빈칸은 보기 중에서 'blurry and vague'와 연계되는 것임을 알 수 있다. 본문에서 이에 어울리는 말은 '희미하게 빛나는'의 뜻을 가진 ① shimmer이다.

| 어휘 |

blurry ⓐ 흐릿한, 모호한   **vague** ⓐ 흐릿한, 모호한
deliberately ⓐⓓ 고의로, 일부러

---

03 논리 형식의 문장 완성(빈칸 2개)

빈칸이 2개인 경우는 두 번째 빈칸이 정보의 양이 많기 때문에 단서를 찾기가 더 쉽다. 출제자들은 일반적으로 첫 번째 빈칸에는 유사한 보기들로 혼동시키고, 두 번째 빈칸에서는 혼동 보기를 적게 출제하는 경향이 있다.

예시 05

Professor Lee's translation of the work is so _____ that it completely _____ the material and renders it incomprehensible. 덕성여대

① grandiose – obviates   ② accurate – obscures
③ idiosyncratic – distorts   ④ ubiquitous – transforms

| 해석 |

이(Lee) 교수는 그 작품을 매우 색다르게 번역한 나머지 번역본이 원본을 완전히 왜곡하여 이해가 안 될 정도였다.
① 거창한 – 배제하다   ② 정확한 – 모호하게 하다
③ 색다른 – 왜곡하다   ④ 어디에나 있는 – 변형시키다

| 정답 | ③

| 해설 |

작품을 번역한 결과 내용이 이해가 안 되었다는 소리는 작품이 원본을 '왜곡'했기 때문에 생긴 결과이고, 이는 작품 번역이 원본을 왜곡할 정도로 '기이하게' 이루어졌기 때문이다. 따라서 정답은 ③이다.

| 어휘 |

render ⓥ (어떤 상태가 되게) 하다[만들다] **incomprehensible** ⓐ 이해할 수 없는
grandiose ⓐ 거창한   **obviate** ⓥ 제거하다, 배제하다
accurate ⓐ 정확한   **obscure** ⓥ 모호하게 하다

idiosyncratic ⓐ 기이한, 색다른

ubiquitous ⓐ 어디에나 있는

distort ⓥ 왜곡하다

transform ⓥ 변형시키다

예시
06

Diversity is often _____ as highly desirable. Indeed, in professional contexts, we know that more diverse teams often outperform _____ teams. 이화여대

① touted – homogeneous

② extolled – idiosyncratic

③ elevated – heterogeneous

④ lauded – divisive

⑤ adulated – miscellaneous

| 해석 |

다양성은 종종 매우 바람직한 것으로 선전된다. 사실 전문성과 관련한 맥락에서, 우리는 다양성이 있는 팀이 동질적인 팀을 종종 능가한다는 것을 알고 있다.

① 선전되다 – 동질적인

② 극찬되다 – 특유한

③ 높여지다 – 이질적인

④ 칭찬되다 – 분열을 초래하는

⑤ 아첨되다 – 잡다한

| 정답 | ①

| 해설 |

다양성(diversity, diverse)이 동질성보다 더 좋다(desirable)는 내용의 글로, 첫 번째 빈칸에는 다양성이 칭송을 받는다는 내용으로 'be touted as, be extolled as, be lauded as' 등이 올 수 있다. 두 번째 빈칸은 앞의 주장에 대한 예시로 'A가 B를 능가하다'는 의미인 「A outperform B」라는 구문을 통해 A와 B는 대조의 성향을 보이므로, 빈칸에는 diverse와 반대되는 '동질성'과 관련한 단어가 와야 하며, 이곳에는 homogeneous가 가능하다. ②의 '특이한, 기이한'의 뜻인 idiosyncratic은 diverse의 반대가 아니라 usual의 반대이므로 빈칸에 적합하지 않다. 따라서 정답은 ①이 된다.

| 어휘 |

diversity ⓝ 다양성, 차이

desirable ⓐ 바람직한, 호감 가는, 가치 있는

outperform ⓥ 더 나은 결과를 내다, 능가하다

tout ⓥ 손님을 끌다, 귀찮게 권유하다, 크게 선전하다, 강매하다

homogeneous ⓐ 동종의, 균질의

extol ⓥ 극찬하다

idiosyncratic ⓐ 기이한, 특유한

elevate ⓥ 높이다, 향상시키다

heterogeneous ⓐ 이질의, 이종으로 된

laud ⓥ 칭찬하다

divisive ⓐ 분열을 초래하는

adulate ⓥ 아첨하다, 비위 맞추다; 무턱대고 칭찬하다

miscellaneous ⓐ 여러 종류의, 잡다한

04 단문 독해 형식의 문장 완성

하나의 문장으로 구성된 것이 아니라 짧은 글의 형태로 구성한 경우로 글의 흐름에 맞추어 올바른 것을 고르는 문제이다. 단어나 숙어를 넣는 문제도, 구나 절 혹은 올바른 문장을 넣는 문제도 있을 수 있다. 일반적으로 문제를 푸는 데 필요한 단서를 파악하는 것이 요구된다. 몇 년 전까지만 하더라도 일부 학교들에서만 선보였지만, 문제의 구성이 수월하고 독해력과 어휘력을 확인하기 위해 단문 독해의 형식으로 출제하는 경우가 점점 늘어나서, 이제는 대부분의 학교에서 이러한 형식을 문장 완성의 범주에 넣어 많이 출제하고 있다.

예시
07

The wine industry in the Burgundy region of France has proved to be an unexpected source of data about the history of climate change. From the Middle Ages until the twentieth century, churches in Burgundy were central to social, cultural, and even economic activity. They also often functioned as a bureaucratic center, holding records of all aspects of town life, including winemaking. Thus, every year careful note was made of a key date in the local agricultural calendar, the first day of the grape harvest. And since grape harvest time is closely related to temperature, scientists have been able to reconstruct _____.

한양대[에리카]

① the wine-making methods in Burgundy
② the role of medieval churches in Burgundy
③ demographic data for Burgundy in the Middle Ages
④ summer temperatures in Burgundy in the Middle Ages

| 해석 |
프랑스 부르고뉴 지역의 포도주 산업은 예상치 못하게 기후 변화의 역사에 관한 데이터를 제공해 주는 공급원임이 드러났다. 중세부터 20세기까지 부르고뉴에 위치한 교회는 사회, 문화, 심지어는 경제 활동의 중심지였다. 교회는 또한 관료 행정의 중심지이기도 했는데, 포도주 생산을 포함해 마을의 모든 일상을 담아낸 기록을 보유한 곳이었다. 따라서 첫 포도 수확일같이 지역의 농사 일정에 있어 중요한 날짜가 세심하게 매년 기록되었다. 그리고 포도의 수확 시기가 기온과 밀접한 관련이 있으므로, 과학자들은 중세 부르고뉴의 여름 온도를 재현할 수 있었다.
① 부르고뉴의 포도주 생산법
② 부르고뉴에 위치한 중세 교회의 역할
③ 중세 부르고뉴의 인구 자료
④ 중세 부르고뉴의 여름 온도

| 정답 | ④

| 해설 |
교회에는 '첫 포도 수확일같이 지역의 농사 일정에 있어 중요한 날짜가 세심하게 매년 기록되었다(every year careful note was made of a key date in the local agricultural calendar, the first day of the grape harvest).' 그리고 '포도의 수확 시기는 기온과 밀접한 관련이 있다(grape harvest time is closely related to temperature).' 따라서 교회에 남아 있는 중세 때의 기록을 살펴보면 '중세 부르고뉴의 여름 온도(summer temperatures in Burgundy in the Middle Ages)'를 충분히 재현할 수 있을 것이다. 그러므로 정답은 ④이다.

industry ⓝ 산업, 생산업

region ⓝ 지방, 지역

bureaucratic ⓐ 관료의, 관료 정치의

agricultural ⓐ 농업의, 농사의

harvest ⓝ 수확, 추수

reconstruct ⓥ 재건[복원]하다, 재현하다

medieval ⓐ 중세의

demographic ⓐ 인구 통계(학)의

예시 08

Why do we have fingerprints? Many experts think it's to improve grip, but a British study from a few years back suggests _____. Researchers found that a fingerprint's ridges actually made it harder to hold flat, smooth surfaces, like Plexiglas, because they reduced the skin's contact area. Instead, they think our prints might help flick water off our fingertips or allow our skin to stretch more easily, which can protect it from damage and help prevent blisters. 성균관대

① otherwise

② though

③ likewise

④ instead

⑤ nevertheless

| 해석 |

우리에게 지문이 있는 이유는 무엇일까? 많은 전문가들은 지문이 손으로 뭔가를 움켜쥐는 힘을 강화시켜 준다고 생각하지만 몇 년 전에 영국에서 실시된 한 연구는 이와 다른 결과를 시사한다. 연구진은 실제로는 지문의 융선 때문에 플렉시 유리 같이 표면이 평평하고 매끈한 것을 잡기가 힘들고, 그 이유가 융선은 피부의 접촉 면적을 감소시키기 때문임을 발견했다. 대신에 연구진은 지문이 손끝에 묻은 물을 털어 내거나 피부를 더 쉽게 당길 수 있도록 해 주고, 덕분에 피부가 손상되지 않게 막고 물집이 생기는 것을 막아 준다고 생각한다.

① ~와는 다른

② 비록

③ 마찬가지로

④ 대신에

⑤ 그럼에도 불구하고

| 정답 | ①

| 해설 |

빈칸 앞에서는 지문은 '손으로 뭔가를 움켜쥐는 힘을 강화시켜 준다(to improve grip)'고 생각하는 일반적인 통념에 관해 말하고 있지만, 빈칸 뒤에서는 지문의 목적은 이와는 다른 데 있다고 말하고 있다. 즉 빈칸을 기점으로 내용이 전환된다. 따라서 보기 중에서 정답으로 가장 적절한 것은 ①이다.

| 어휘 |

fingerprint ⓝ 지문

expert ⓝ 전문가, 숙련가

researcher ⓝ 연구원, 조사원

reduce ⓥ 줄이다, 감소시키다

contact ⓝ 접촉, 닿음

flick ⓥ (손가락 등으로) 튀기다[털다]

blister ⓝ 물집, 수포

05 독해 지문 내에서의 문장 완성

독해 지문 내에서 문장 완성형으로 '빈칸에 적절한 것을 채우라'는 식의 문제를 의미한다. 이러한 경우는 단순히 한두 문장이 아닌 지문 전체에서 묻기 때문에 독해의 접근 원리로 풀어내야 한다. 독해 지문 내에서의 문장 완성은 결국 독해 지문 내에 단서가 있으므로 이를 정확히 파악하는 것이 문제 해결의 핵심이다.

이에 더하여 독해 형식의 문장 완성에서 글의 마지막에 나오는 경우에는 글의 흐름대로 읽어 보면 들어갈 어구를 찾기가 어렵지 않은 데 비해서, 글의 처음에 빈칸이 나오는 경우에는 글의 주제나 요지 등 전개해 나가고자 하는 바를 미리 피력한 것인지 살펴보아야 한다. 즉 작가가 도대체 어떤 사실을 말하고 이에 대해서 풀어간 것인지를 역으로 추적하는 과정이 필요하다.

예시
[09~10]

There is no completely clean vehicle. An American automobile magazine featured a confession from a former Volkswagen executive that a clean diesel engine at a reasonable price was an unrealistic goal. When there is no fuel-powered vehicle that Ⓐ _____ the environment, the company fabricated that it could be overcome by technology to mitigate the guilt of pollution, and consumers and the carmakers spread the myth of a clean car. Perhaps, we had reasonable doubts that clean diesel didn't make sense. But we may have turned a(n) Ⓑ _____ eye to drive a powerful, efficient and brand-name German car and claim to be environmentally friendly at the same time. As we condemn Volkswagen's dishonesty, we also need to reflect on our consumer awareness. 가천대

09 Which of the following is most appropriate for the blank Ⓐ?

① abuses   ② benefits
③ contaminates   ④ cultivates

10 Which of the following is most appropriate for the blank Ⓑ?

① blind   ② keen
③ impartial   ④ penetrating

| 해석 |

완벽하게 깨끗한 차는 없다. 미국의 한 자동차 잡지는 '합리적 가격의 클린 디젤은 말이 안 되는 목표였다'는 전직 폭스바겐 임원의 고백을 실었다. 연료로 구동되는 차량이 환경에 이로움을 줄 수 있는 방법은 존재하지 않는데, 폭스바겐은 마치 이를 기술로 극복할 수 있는 것처럼 위장해 환경에 대한 죄책감을 덜어보려고 했으며, 소비자와 차량 제조업체들은 이 같은 청정차 신화를 퍼트렸다. 어쩌면 우리도 청정 디젤이 이치에 맞지 않는다는 합리적 의심을 가졌을 수 있다. 하지만 우리는 힘 좋고 연비 좋고 명망 높은 독일차를 타면서 동시에 환경 친화적이라고 주장하면서 (이런 합리적 의심에) 모른 척 눈감았을 수도 있다. 부정직한 폭스바겐을 질타하는 동시에 우리 또한 소비자 인식을 돌아볼 필요가 있다.

예시 09 다음 중 빈칸 Ⓐ에 들어갈 가장 적합한 것은?

① 남용하다   ② 유익하다
③ 오염시키다   ④ 양성하다

| 정답 | ②

| 해설 |

첫 문장에서 'no completely clean vehicle'이라고 했고, 바로 뒤에서 합리적 가격의 청정 디젤 엔진은 '비현실적'인 목표라고 했으므로, 빈칸에는 'completely clean'의 내용이 들어가야 한다. 차량이 완벽히 깨끗하다는 것은 무공해 청정 차량임을 의미하므로, 환경을 '이롭게 한다'는 ②가 정답이 된다.

예시 10 다음 중 빈칸 ⑧에 들어갈 가장 적합한 것은?
① 눈이 먼   ② 예민한
③ 공평한   ④ 마음속을 꿰뚫어 보는 듯한

| 정답 | ①

| 해설 |

'turn a blind eye'가 숙어로 '안 좋은 일에 대해 눈을 감아 버리다, ~을 못 본 체하다'의 뜻이므로, ①이 정답이 된다. 디젤 차량이 깨끗할 수 없다는 것을 알면서도 그런 사실을 못 본 체했다는 내용으로, 소비자들의 인식에도 문제가 있다고 비판하는 내용이다.

| 어휘 |

confession ⑪ 자백, 고백   executive ⑪ (기업의) 경영진
reasonable ⑧ 타당한, 사리에 맞는, 합리적인   unrealistic ⑧ 비현실적인
fuel-powered ⑧ 연료로 구동되는
fabricate ⓥ 꾸며내다, 날조하다; 제조하다, 규격대로 만들다
overcome ⓥ 극복하다   mitigate ⓥ 누그러뜨리다, 완화하다
guilt ⑪ 죄책감   myth ⑪ 신화; 허구, 낭설
make sense – 이치에 맞다; 의미가 통하다[이해가 되다]   efficient ⑧ 능률적인, 유능한; 효율적인
environmentally friendly – 친환경적인   condemn ⓥ 비난하다
dishonesty ⑪ 부정직, 불성실; 부정, 사기   reflect on – 심사숙고하다, 반성하다, 되돌아보다
consumer awareness – 소비자 인식
abuse ⓥ 학대하다; 남용하다, 오용하다; 욕을 하다 ⑪ 학대; 남용, 오용; 욕설
contaminate ⓥ 오염시키다, 더럽히다   cultivate ⓥ 재배하다, 경작하다, 양성하다
keen ⑧ 예민한, 민감한; 열정적인, 예리한, 갈망하고 있는   impartial ⑧ 공평한
penetrating ⑧ 마음속을 꿰뚫어 보는 듯한

ⓐ _____. While attractive men may be considered better leaders, for instance, implicit sexist prejudices can work against attractive women, making them ⓑ _____ likely to be hired for high-level jobs that require authority. And as you might expect, good-looking people of both genders run into jealousy — one study found that if you are interviewed by someone of the same sex, they may be less likely to recruit you if they judge that you are more attractive than they are. More worryingly, being beautiful or handsome could harm your medical care. We tend to link good looks to health, meaning that illnesses are often taken less seriously when they affect the good-looking. When treating people for pain, for instance, doctors tend to take ⓒ _____ care over the more attractive people.

11 Which of the following is most appropriate for the blank ⓐ?

① Good looks get you far in life
② A pleasing appearance can work its magic
③ There are pitfalls for the beautiful
④ No amount of beauty can make up for a bad personality
⑤ Beauty is only skin deep

12 Choose one that is most appropriate for the blanks ⓑ and ⓒ.

① less – less   ② less – more
③ more – less   ④ most – more
⑤ more – most   ④ penetrating

| 해석 |

아름다운 사람들에게도 함정은 있다. 예를 들어 매력적인 남성은 더 나은 리더로 간주될 수 있지만, 암묵적인 성차별적 편견은 매력적인 여성에게 불리하게 작용할 수 있으며, (오히려 아름다움 때문에) 권위가 필요한 고위직에 고용될 가능성을 줄어들게 만든다. 그리고 여러분의 예상처럼, 외모가 뛰어난 남녀 모두 질투를 받는다. 한 연구에 따르면, 당신이 같은 성별의 누군가와 인터뷰를 하면, 그들이 당신이 그들보다 더 매력적이라고 판단하면 당신을 고용할 가능성이 적다. 더 걱정스러운 사실은 아름답거나 잘 생기면 의학적 치료에 해가 될 수도 있다. 우리는 좋은 외모를 건강한 것과 연관시키는 경향이 있는데, 잘생긴 사람이 병에 걸리면 그 병이 심각한 것으로 간주되는 경향이 줄어든다는 것을 의미한다. 예를 들어, 의사들이 통증을 치료할 때, 의사들은 보다 매력적인 사람들을 덜 신경 쓰는 경향이 있다.

예시 11 다음 중 빈칸 ⓐ에 가장 적절한 것은 무엇인가?
① 뛰어난 외모는 인생에서 성공을 가져다준다
② 호감 가는 외모는 마법의 효과가 있다
③ 아름다운 사람들에게도 함정은 있다
④ 아무리 뛰어난 아름다움이라도 나쁜 성격을 보완해 줄 수는 없다
⑤ 아름다움은 피상적인 것일 뿐이다

| 정답 | ③

| 해설 |

빈칸 Ⓐ에 주제문이 등장하며, 뒤에 오는 'for instance'를 통해 예시가 오는 것을 알 수 있다. 뛰어난 외모가 오히려 도움이 되지 않을 수 있다는 예시가 나오고 있으므로 정답은 ③이 된다.

예시 12 빈칸 Ⓑ와 ⓒ에 가장 적절한 것을 고르시오.

① 더 적은 – 더 적은   ② 더 적은 – 더 많은
③ 더 많은 – 더 적은   ④ 가장 많은 – 더 많은
⑤ 더 많은 – 가장 많은

| 정답 | ①

| 해설 |

빈칸 Ⓑ의 경우, 바로 앞의 'work against attractive women'을 통해 뛰어난 외모가 부정적으로 작용한다는 것을 알 수 있으므로 고용될 확률이 떨어진다는 내용이 와야 하고, 빈칸 ⓒ의 경우 앞의 'illnesses are often taken less seriously'를 통해 앞선 경우와 마찬가지로 뛰어난 외모가 부정적으로 작용해 의사들로부터 치료를 제대로 받지 못한다는 내용이 나와야 하므로, 빈칸 모두 less가 적합하다.

| 어휘 |

implicit ⓐ 암시된, 내포된   sexist ⓐ 성차별주의자의
prejudice ⓝ 편견   work against – ~에 반대하다
authority ⓝ 권한, 지휘권   run into – 직면하다
jealousy ⓝ 질투[시기](심), 시샘   recruit ⓥ 모집하다[뽑다]
take something seriously – 심각하게 여기다   work one's magic – 놀라운 방법으로 ~을 성취하다
pitfall ⓝ (눈에 잘 안 띄는) 위험[곤란], 함정   make up for – 벌충[만회]하다
beauty is only skin deep – 아름다움은 피상적인 것일 뿐이다(사람의 성격이 더 중요하다는 뜻)

06 다수 보기 형식의 문장 완성

이화여대에서 몇 년째 출제되는 형식으로 20개의 보기를 제시한 후 10개의 문제를 풀어 가는 형식이다. 20개에서 10개를 고른다면 쉬울 것 같지만, 처음에 출발할 때는 20개 가운데 하나를 골라야 하는 것이므로, 만만치가 않다. 이런 문제를 푸는 요령은 먼저 20개의 보기를 분석하여 품사별로 구별하고, 문제로 들어가서 가장 확실한 것부터 보기를 제거해 가면서 풀어 나가야 한다. 혼동의 여지가 있는 것은 뒤로 미루지 않으면 잘못된 보기를 고정시키는 실수를 저지르게 되니 주의를 요한다.

예시
13

[01~10] Select the most appropriate word from the box below. A word can be used only once. 이화여대

① absolute   ② adherence   ③ adulation   ④ dominant
⑤ empirical   ⑥ euphoric   ⑦ exotic   ⑧ impervious
⑨ inference   ⑩ irreducible   ⑪ logic   ⑫ ontological
⑬ poignant   ⑭ reproach   ⑮ ritual   ⑯ soporific
⑰ sporadic   ⑱ susceptible   ⑲ vacuum   ⑳ web

01 The opening chapters of this novel boast some of the wittiest, most _____ and sharply intelligent comic prose in the English literature.

02 Billy finds nothing more _____ than reading classics; he's usually asleep before the end of the first chapter.

03 The director was overjoyed after she won the _____ from the public for her latest film.

04 The established elite can be characterized by their dogged _____ to old-school conventions in the face of a changing world.

05 Kant explored the _____ proof of the existence of God in his philosophy. He maintained that if we are able to imagine a being as perfect as God, then he must exist.

06 A study suggests that vitamin E supplements may be good for some Alzheimer's patients after all. The benefit was not huge, but for a devastating disease that has proved almost _____ to treatment, it was notable.

07 Where science provides explanations that are open to new data and explicitly acknowledges a possibility of various alternatives, religious systems tend not to be open to _____ testing.

08 A subculture is a system of perceptions, values, beliefs, and customs that are significantly different from those of the _____ culture.

09 The relation between the two languages in the district settled by the Danes is a matter of _____ rather than exact knowledge.

10 Human actors and their actions do not exist in a(n) _____, but rather in a context of wider social wholes.

예시 13

① 절대적인	② 고수	③ 과찬	④ 주류의
⑤ 실험에 의거한	⑥ 큰 기쁨의	⑦ 이국적인	⑧ 영향받지 않는
⑨ 추론	⑩ 더 줄일 수 없는	⑪ 논리적인	⑫ 존재론적인
⑬ 신랄한	⑭ 비난	⑮ 의식	⑯ 졸리게 하는
⑰ 산발적인	⑱ 민감한	⑲ 고립 상태	⑳ 거미줄

01 | 해석 |

이 소설의 서장에는 영국 문학에서 가장 재치 있고, 가장 신랄하면서, 날카로운 지성을 드러내는 재미있는 산문 가운데 일부가 자랑스럽게 실려 있다.

| 정답 | ⑬

| 해설 |

빈칸은 바로 앞의 '가장 재치 있고(the wittiest)'와 바로 뒤 '날카로운 지성을 드러내는(sharply intelligent)'과 문맥상 의미가 통해야 한다. 즉, 재치 및 지성 같은 단어와 연관이 있으면서 빈칸에 대입했을 때 의미가 가장 자연스러운 단어가 와야 한다. 따라서 정답은 '신랄한 지성'이란 의미에서 ⑬이다.

02 | 해석 |

빌리는 고전을 읽는 것만큼 더 졸리는 일은 없음을 알게 되었다. 빌리는 보통 첫 번째 장이 끝나기도 전에 잠이 든다.

| 정답 | ⑯

| 해설 |

세미콜론(;)을 중심으로 앞뒤의 문장이 서로 의미가 통해야 한다. 세미콜론 뒤에서 첫 번째 장을 다 읽기도 전에 잠이 든다고 나와 있으므로 빌리에게 있어 고전 작품은 매우 '졸리는' 작품일 것으로 유추 가능하다. 따라서 정답은 ⑯이다.

03 | 해석 |

그 영화감독은 자신의 최근 작품이 대중으로부터 극찬을 받자 매우 기뻐하였다.

| 정답 | ③

| 해설 |

영화감독이 매우 기뻐하는 이유는 자신의 작품이 대중으로부터 '극찬'을 받았기 때문일 것이다. 따라서 정답은 ③이다.

04 | 해석 |

기성 엘리트층은 변화하는 세상을 눈앞에 두고서도 구식인 관습을 끈덕지게 고수하는 특징이 있다.

| 정답 | ②

| 해설 |

'기성(established)' 엘리트라 함은 이미 자신의 위치가 확고하게 자리 잡힌 사람들을 의미하며, 때문에 어떤 '변화' 앞에서도 변화를 수용하기보다는 '구식인 관습(old-school conventions)'을 '끈덕지게(dogged)' '고수'하는 사람들이다. 따라서 '변화'와 상대되는 개념인 ②가 정답이 되어야 한다.

05 | 해석 |

칸트는 자신의 철학을 통해 신의 실존에 관한 존재론적 증거를 탐구했다. 그는 만일 우리가 신과 같은 완벽한 존재를 생각할 수 있다면, 그 신은 반드시 존재해야 한다는 주장을 했다.

| 정답 | ⑫

| 해설 |

칸트는 신의 실존에 관한 증거를 탐구했고, 그 과정에서 신은 '반드시 존재해야 한다'는 주장을 했다. 즉 칸트는 '존재론적' 증거를 탐구한 것이다. 따라서 빈칸에는 '존재론적인'이란 의미의 ⑫가 들어와야 한다.

06 | 해석 |

한 연구에 따르면 비타민 E 보충제는 어쨌든 일부 알츠하이머병 환자들에게 통할 수도 있다. 효능은 크지 않지만, 만일 치료에 거의 영향받지 않는 것으로 증명된 매우 파괴적인 질병의 경우엔 주목할 만한 효능이 나왔다.

| 정답 | ⑧

| 해설 |

비타민 E 보충제의 알츠하이머병에 대한 효능이 그리 크지 않음에도 주목할 만한 효능이 나왔다는 말은, 즉 알츠하이머가 애초에 치료가 잘 통하지 않는 질병이라는 의미이다. 따라서 정답은 ⑧이다.

07 | 해석 |

과학은 새로운 데이터에 열린 태도를 보이는 설명을 제공하고 다양한 대안이 있을 수 있다는 가능성을 명쾌하게 인정하는 반면, 종교 체계는 실험에 입각한 테스트에 열린 태도를 보이지 않는 경향이 있다.

| 정답 | ⑤

| 해설 |

본문의 where는 '~하는 데 반해' 등의 의미를 지니고 대조·범위 등의 부사절을 이끄는 접속사이다. 따라서 본문은 과학과 종교의

태도를 서로 비교 및 대조하고 있다. 과학은 실험이나 테스트를 통해 '새로운 데이터'나 '다양한 대안' 등을 받아들인다. 그러나 이와는 달리 종교는 이런 '실험을 통한' 테스트 결과를 받아들이지 않는다. 따라서 정답은 ⑤이다.

08 | 해석 |
하위 문화는 주류 문화와 크게 다른 인식, 가치, 믿음, 관습 등으로 구성된 체계이다.
| 정답 | ④
| 해설 |
하위 문화는 '빈칸' 문화와 여러 면에서 크게 다른 문화이다. 그리고 하위 문화의 상대 개념이 '주류' 문화라는 점을 고려했을 때 빈칸에 ④를 대입해 보면, 주류 문화와 하위 문화가 여러 면에서 상당히 차이가 있다는 내용으로 본문이 완성된다. 따라서 정답은 ④이다.

09 | 해석 |
덴마크 사람들이 정착한 구역에서 사용되는 두 가지 언어의 관계는 정확한 지식보다는 추론의 문제이다.
| 정답 | ⑨
| 해설 |
rather than 덕분에 빈칸의 단어와 '정확한 지식(exact knowledge)'은 서로 대조되는 관계가 형성된다. 따라서 정답은 ⑨가 된다.

10 | 해석 |
인간 행위자와 이들의 행동은 외부와 단절된 상태에서는 존재하지 않으며, 그보다는 더 넓은 사회 전체의 맥락 속에서 존재한다.
| 정답 | ⑲
| 해설 |
「not A but B」 구문이므로 B에 해당되는 '그보다는 더 넓은 사회 전체의 맥락(a context of wider social wholes)'과 A는 서로 의미가 정반대되어야 한다. B에서 전체적인 맥락에 관해 말하고 있으므로 A에는 어떤 맥락에 속하는 것이 아니라 '독자적이고 외부와 단절된' 의미를 가져야 한다. 따라서 정답은 ⑲이다.

01 중·단문 형태의 문장 완성 문제 증가

최근 시험이 점점 어려워지면서 단순히 한 문장 내에서 문장을 완성시키는 문제보다 독해에 가까운 형태의 글 속에서 문장을 완성시키는 문제의 출제가 늘었다. 단순히 어휘를 넣어 보면 해결할 수 있는 문제가 아니라 글의 흐름에 따라 빈칸을 채우는 독해력을 요하는 문제들의 출제가 늘었다는 의미이다. 결론적으로 논리와 독해의 통합화 현상이 일어나는 셈이다.

예시
01

The harmful side of the Internet's impact is obvious but statistically less important than many would guess. People naturally write fewer letters when they can send e-mail message. To flick through a box of old paper correspondence is to know what has been _____ in the shift: the pretty stamps, the varying look and feel of handwritten and typed correspondence, the tangible object that was once in the sender's hands. To stay in instant touch with parents, children and colleagues around the world is to know what has been _____. 한양대

① lost – gained   ② gained – lost
③ important – neglected   ④ neglected – important

| 해석 |
인터넷이 미치는 해로운 영향은 명백하지만 통계적으로 보면 많은 사람들이 추측하는 것보다는 덜 중요하다. 사람들은 이메일을 보내게 되면서 자연스럽게 편지를 덜 쓰게 되었다. 오래 전 종이에 쓰인 편지가 담긴 상자를 손끝으로 넘기다 보면 이렇게 편지에서 이메일로 변하는 과정에서 무엇이 사라졌는지를 깨닫게 된다. 바로 아름다운 우표와 가지각색의 모습과 느낌을 가진 손으로 쓴 편지와 타자기로 친 편지, 즉 한때는 보내는 사람 손에 있었던 만질 수 있는 물체가 사라진 것이다. 전 세계의 부모, 자녀, 동료들과 즉각 연락이 가능해진 것은 이메일로 변하는 과정에서 새로이 얻게 된 것이다.
① 잃어버린 – 얻은   ② 얻은 – 잃어버린
③ 중요한 – 무시되는   ④ 무시되는 – 중요한

| 정답 | ①

| 해설 |
본문은 인터넷, 그중에서도 이메일의 등장과 그 영향에 관해 서술한 글이므로 이를 염두에 두고 문제를 해결해야 한다. 콜론(:)은 앞의 내용을 열거하는 역할을 하기 때문에, 콜론 뒤의 내용과 첫 번째 빈칸과는 서로 관련이 있음을 추측할 수 있다. 콜론 뒤에 열거된 것은 '한때는 보내는 사람 손에 있었던 만질 수 있는 물체(the tangible object that was once in the sender's hands)'인데, 이는 문맥상 편지가 이메일로 대체되는 과정에서 '사라진(lost)' 것들이다. 문맥상 '전 세계의 부모, 자녀, 동료 등과 즉각 연락이 가능해진 것(To stay in instant touch with parents, children and colleagues around the world)'은 첫 번째 빈칸의 내용과 대비되는 이메일로의 변환을 통해 '얻은 (gained)'것들이다. 이 모든 사항을 종합해 봤을 때 정답은 ①이다.

| 어휘 |

obvious ⓐ 분명한, 명백한

flick through – ~을 휙휙 넘기다

varying ⓐ 가지각색의

tangible ⓐ 만질 수 있는, 실재하는

statistically ⓐ 통계상으로

correspondence ⓝ 서신, 편지

type ⓥ 타자기로 치다, 컴퓨터로 입력하다

예시 02

Our modern culture is like a person suffering from amnesia. Something happened to cause a significant loss of memory. Imagine that person, aware of having had a former life, but now cut off from it by a broken bridge of memory. Odd, isolated images can still be recalled. And scraps of writings and occasional visits from acquaintances relating to that former life give fragmentary information about how it was. But, unable to make the _____, the amnesiac sets about making a new life, the former one gradually slipping away until it becomes like a hazy myth, no longer of any validity. Likewise, our modern culture, cut off from the past, seems to pronounce its own solitary existence. 가톨릭대

① explanations
② distinctions
③ connections
④ predictions

| 해석 |

우리의 현대 문화는 기억 상실증에 걸린 사람과 같다. 무엇인가가 심각한 기억 상실을 초래했다. 기억 상실 이전의 삶에 대해 인지하고 있지만, 지금은 기억의 다리가 끊어지면서 이전의 삶에서 단절된 사람이 있다고 상상해 보라. 이상하고 단편적인 이미지가 여전히 떠오른다. 일부 문서 조각과 이전의 삶과 관련된 지인들의 이따금 이어지는 방문으로 이전의 삶이 어떠했는지 단편적인 정보가 제공된다. 하지만 현재의 삶과 연결시킬 수 없는 기억 상실증 환자는 새로운 삶을 살기로 하고, 이전의 삶은 점점 사라져 이후에는 희미한 신화가 되고, 그러한 삶이 실재했다는 사실을 더는 찾아볼 수 없게 된다. 이와 마찬가지로, 과거로부터 단절된 우리의 현대 문화는 자신의 고독한 존재를 선언하고 있는 것처럼 보인다.

① 설명
② 차이, 대조
③ 연관성
④ 예측

| 정답 | ③

| 해설 |

기억 상실 이전의 삶에 대한 단편적인 정보가 있지만, 그 삶을 포기하고 새로운 삶을 살기로 한 사람은 이전의 삶과 지금의 삶에 대한 '연관성'을 찾지 못한 사람일 것이다. 따라서 정답은 ③이 된다.

| 어휘 |

amnesia ⓝ 기억 상실증, 건망증

scrap ⓝ 오려낸 것[조각], 작은 조각 ⓥ 버리다, 폐기하다, 조각으로 하다

acquaintance ⓝ 아는 사람, 지인; 친분, 면식

amnesiac ⓝ 기억 상실증 환자

gradually ⓐ 서서히, 점차

hazy ⓐ 흐린, 안개 낀

validity ⓝ 유효함, 타당성

fragmentary ⓐ 파편의, 단편적인, 미완성의

set about – 시작하다

slip away – 빠져나가다

myth ⓝ 신화; 허구, 낭설

likewise ⓐ 마찬가지로, 똑같이; 비슷하게

solitary ⓐ 혼자의, 외로운, 고독한

distinction ⓝ 차이, 대조; 뛰어남, 탁월함

prediction ⓝ 예측

explanation ⓝ 설명

connection ⓝ 관련성, 연관성, 연줄

02 어휘에서 구나 절로의 변화 증가

예전에는 하나의 어휘를 넣는 문제가 많았다면 이제는 구, 절, 심지어 문장을 넣어서 완성시키는 문제의 출제가 늘었다. '중·단문 형태의 문장 완성 문제 증가'의 현상과 더불어 편입 시험에서 독해력을 요하는 증거로 볼 수 있다. 수험생들은 어휘보다 구나 절을 넣는 것을 어려워하지만, 사실 문맥에서 흐름을 파악해 예측하면서 읽어 가면 충분히 해결해 나갈 수 있다. 어떤 형식의 글이건 많은 글을 읽는 것이 글의 흐름을 파악하고 빈칸을 채우는 능력을 키우는 데 도움이 된다.

예시 03

The ancient Romans had a saying : "＿＿＿＿＿＿＿＿＿." Every time you learn a new, useful word or phrase — be it while speaking with someone, watching a movie, or reading a book — make sure that you store the information on your phone or a notebook you keep in your pocket. This way you can review your recorded information whenever you have a free moment. 성균관대

① Spoken words fly away, but written words stay

② There is something to learn from poverty

③ A fish on the hook is better than ten in the brook

④ Great barkers are no biters

⑤ A tale grows better in the telling

| 해석 |

고대 로마에는 "말은 날아가 버리지만, 글은 그대로 남는다."라는 속담이 있었다. 당신이 새롭고 유용한 단어나 어구를 알게 될 때마다, 그것이 누군가와 대화를 나누는 도중이든, 영화를 보는 도중이든, 혹은 책을 읽는 도중이든, 핸드폰이나 주머니 속 노트에 그 정보를 저장하는 것을 잊지 말라. 이런 방법을 사용하면, 여유 시간이 생길 때마다 당신이 기록한 정보를 다시 확인할 수 있다.

① 말은 날아가 버리지만, 글은 그대로 남는다

② 가난으로부터도 배울 수 있는 것이 있다

③ 낚시 바늘에 걸린 물고기 한 마리가 냇가의 열 마리보다 더 낫다

④ 시끄럽게 짖는 개는 물지 않는다

⑤ 이야기는 이야기를 하는 과정에서 자라난다(이야기는 하면 할수록 더 보태져서 과장되게 된다)

| 정답 | ①

| 해설 |

새롭고 유용한 정보를 얻게 될 때마다 기록해서 나중에 확인하라는 내용이 빈칸 뒤에 오고 있다. 따라서 이와 연결되는 ① 이 정답이 된다. 주고받는 말은 날아가지만(사라지지만), 기록한 글은 계속 남아 있으므로 언제든지 다시 확인할 수 있다는 말이 된다.

예시
04

In his classic work "Memory", Hermann Ebbinghaus systematically examined how memory for encoded stimuli and events changes as the retention interval — the time between encoding and retrieval — increases. He observed that his memory for meaningless, nonsense syllables declined as the retention interval increased. It is now believed that forgetting follows a power law, that is, the rate of forgetting slows with the passage of time: initially very rapid, it then settles into ＿＿＿＿＿＿＿＿＿ as the retention interval increases. 중앙대

① a brief, dawdling increase
② a prolonged, swift increment
③ an extended, slow decline
④ a short-lived, accelerated diminishment

| 해석 |

헤르만 에빙하우스는 자신의 대표 저서 '기억에 관하여'에서 부호화에서 재생까지의 시간을 뜻하는 파지 간격이 증가함에 따라 부호화된 자극과 사건에 대한 기억이 어떻게 변화하는지를 체계적으로 살폈다. 그는 의미 없고 말도 안 되는 음절에 대한 자신의 기억이 파지 간격이 증가하면서 사라지는 것을 알게 되었다. 현재는 망각은 멱함수 법칙을 따르는 것으로 생각되며, 이는 즉 망각의 속도는 시간이 경과함에 따라 느려진다는 의미이다. 처음에는 망각의 속도가 매우 빠르지만 파지 간격이 증가하면서 오랫동안 서서히 감소하는 형태로 자리 잡는 것이다.
① 짧고 꾸물거리면서 증가
② 오랫동안 신속하게 증가
③ 오랫동안 서서히 감소
④ 단기간의 가속화된 감소

| 정답 | ③

| 해설 |

'망각의 속도는 시간이 경과함에 따라 느려진다(the rate of forgetting slows with the passage of time)'는 말은, 처음에는 빨리 망각하지만 시간이 흐를수록 망각의 속도가 '오랫동안 서서히 감소'한다는 의미이다. 따라서 정답은 ③이다.

| 어휘 |

systematically ⑳ 체계적으로

retention interval – 파지 간격

retrieval ⑪ 회복, 복구

stimulus ⑪ 자극, 자극제 (*pl.* stimuli)

encoding ⑪ 부호화, 코드화

power law – 멱법칙(冪法則)

03 빈칸이 2개인 문장 완성의 장문화

빈칸이 2개인 문장 완성 문제는 GRE의 형태와 유사하게 별로 길지 않은 것이 특징이었다. 하지만 점차로 지문이 길어지면서 보기 2개인 문장 완성 역시 길이가 무척 길어지고 있다. 최근에는 빈칸 2개의 문제 가운데 1/3 이상이 길게 출제되는 경향을 보이고 있다. 두 가지 중 하나는 조금 더 쉬운 단서가 되는데, 첫 번째 빈칸에서 방향을 못 잡을 경우 정보의 양이 많은 두 번째 빈칸을 먼저 공략하면 쉽게 풀리는 경우가 많다.

예시 05

Everyone who is lucky enough to live old age will face the challenge of paying the costs of housing, food, and medical care. The question that our society wrestles with is how we should meet this challenge. In general, conservatives claim that individuals should take responsibility for themselves. From this point of view, people must ensure that they will have the resources they need — through working and a systematic plan to save for their retirement. Liberals claim that Ⓐ _____ is fine for well-off people, but what about those who have not been able to earn enough? From their point of view, a government-centered approach is best. How conservative or liberal you are on this issue may come down to this: to what extent do you think higher-income people should help provide Ⓑ _____ for lower-income people? 한양대

	Ⓐ	Ⓑ
①	self-sacrifice	sustainable welfare
②	self-reliance	economic security
③	self-discipline	emotional stability
④	self-determination	material independence

| 해석 |

오래 살 수 있을 만큼 운이 좋은 사람은 모두가 거주 비용, 식사 비용, 의료 비용 등을 지불해야 하는 과제에 직면할 것이다. 우리 사회가 해결해야 할 문제는 우리가 어떻게 이러한 과제를 달성할 수 있을지이다. 전반적으로 보면 보수주의자들은 개인은 각자 스스로에 대한 책임을 져야 한다고 주장한다. 이러한 관점에 따르면 사람들은 노동을 통해 그리고 퇴직에 대비한 체계적인 저축 계획을 통해 자신에게 필요한 자원을 반드시 확보해야 한다. 진보주의자들은 유복한 사람들에게는 자립이 괜찮다고 주장하지만, 충분히 돈을 벌지 못한 사람들 입장에서는 어떨까? 이러한 관점에 따르면 정부 중심의 접근법이 최상이다. 이 문제에 있어 얼마나 보수적인지 아니면 진보적인지는 다음의 질문을 통해 요약이 가능하다. '당신은 소득이 높은 사람들은 소득이 낮은 사람들에게 경제적 보장을 제공하는 데 있어 어느 정도까지 도와줘야 한다고 생각하는가?'

	Ⓐ	Ⓑ
①	자기희생	지속 가능한 복지
②	자립	경제적 보장
③	자기 수양	정서적 안정성
④	자기 결정	물질적 독립

| 정답 | ②

| 해설 |

Ⓐ: Ⓐ 앞에서 보수주의자들은 자기 책임을 중시함을 알 수 있다. 그리고 Ⓐ 뒤를 보면 진보주의자들의 주장에 따르면 부유한 사람은 Ⓐ도 좋지만 그렇지 못한 사람들이 있으므로 정부 중심의 접근법을 주장한다. 문맥상 Ⓐ에는 보수주의자들이 주장하는 자기 책임과 연계된 '자립'임을 유추할 수 있다. 따라서 빈칸에는 self-reliance가 적합하다.

Ⓑ: 고소득층은 저소득층을 위해 '경제적 보장'을 해 줘야 하고, 어느 정도로 지원을 해 줄지에 따라서 진보적인지 보수적인지가 결정된다. 따라서 빈칸에는 economic security가 적합하다.

이러한 점들을 감안했을 때 정답으로 가장 적합한 것은 ②이다.

| 어휘 |

wrestle with – ~을 해결하려고 애쓰다　　　　　　**ensure** ⓥ 반드시 ~하게 하다, 보장하다

systematic ⓐ 체계적인, 조직적인　　　　　　　　**well-off** ⓐ 유복한, 부유한

come down to – (한마디로) 요약[설명]되다, 결국 ~이 되다

sustainable ⓐ 지속 가능한　　　　　　　　　　**self-reliance** ⓝ 자립

self-discipline ⓝ 자기 훈련[수양]　　　　　　　**self-determination** ⓝ 자기 결정

예시 06

It is difficult for travellers to become strategic buyers. As buyers make their choices from the wide selection of travel times and ticket prices offered by airlines and independent retailers, they believe the Internet is giving them good insight into the comparative pricing of tickets by competitors. Ⓐ _____, the systems are not as transparent as they appear. Most users are unaware of the airline industry's use of sophisticated revenue management systems designed to benefit the airlines, not passengers. The pricing algorithms these systems use enable airlines to anticipate user behavior and prevent travellers from strategic buying. Ⓑ _____, the Web permits airlines to continually adjust the number of seats available for various fare rates — ensuring maximum profit. In 1977 United Airlines alone made ten million fare changes, and with the Internet today, dynamic pricing strategies have become more popular with airline carriers. 인하대

	Ⓐ	Ⓑ
①	For example	Meanwhile
②	However	For example
③	For example	Therefore
④	However	In contrast
⑤	However	Nonetheless

| 해석 |

여행자는 전략적인 구매자가 되기가 힘들다. 구매자는 항공사 및 독립 소매점에서 제공하는 다양하게 선택 가능한 여행 시간 및 항공권 가격을 보고 고를 수 있기 때문에, 인터넷을 통해 경쟁업체들끼리 서로 비교를 통해 책정하는 항공권 가격을 제대로 간파할 수 있을 것이라고 생각한다. 하지만 시스템은 보기만큼 투명하지는 않다. 대부분의 이용자들은 항공업계가 승객이 아닌 항공사에게 이득을 주는 방향으로 고안된 복잡한 수익 관리 시스템을 사용한다는 사실을 모르고 있다. 이들 시스템이 활용하는 항공권 가격 책정 알고리즘 덕분에 항공사는 이용자의 행동을 예측할 수 있고 이들이 전략적 구매를 하지 못하게 막을 수 있다. 예를 들어 항공사는 인터넷을 통해 다양한 요금대별로 이용 가능한 좌석의 수를 계속해서 조절할 수

있고, 이는 최대한의 이익을 보장해 준다. 1977년에는 유나이티드 항공(United Airlines) 한 곳에서만 천만 번의 요금 변경이 있었고, 인터넷이 존재하는 지금의 경우 항공사들이 동적 가격 전략을 더욱 애용하고 있다.

	Ⓐ	Ⓑ
①	예를 들어	그 동안에
②	하지만	예를 들어
③	예를 들어	따라서
④	하지만	그에 반해서
⑤	하지만	그럼에도 불구하고

| 정답 | ②

| 해설 |

Ⓐ: 빈칸 앞에서 구매자들이 생각한 것과 달리 빈칸 뒤에서는 현실은 녹록치 않고 구매자들이 생각한 방법은 겉보기완 달리 통하지 않음을 말하고 있다. 따라서 빈칸에는 역접을 나타내는 However가 적합하다.

Ⓑ: 빈칸 앞에서는 항공사가 이용자의 전략적 구매를 막기 위한 수법을 언급하고 있고 빈칸 뒤에서는 그에 대한 구체적 사례가 제시된다. 따라서 빈칸에는 구체적 사례를 들기 위해 사용하는 For example이 적합하다.

이러한 점들을 감안했을 때 정답으로 가장 적합한 것은 ②이다.

| 어휘 |

make one's choice – 선택하다

independent retailer – 독립적인 소매상, 독립 소매점

comparative ⓐ 비교의, 비교에 따른

transparent ⓐ 투명한, 속이 다 들여다보이는

revenue ⓝ 수익

ensure ⓥ 반드시 ~하게 하다, 보장하다

selection ⓝ 선택 가능한 것들(의 집합)

insight ⓝ 통찰력, 간파

pricing ⓝ 가격 책정

sophisticated ⓐ 복잡한

algorithm ⓝ 알고리즘

dynamic pricing – 동적 가격

형식이 약간 다르긴 하지만 바뀐 GRE 역시 빈칸 3개를 고르는 문제를 출제하고 있다. 빈칸 3개의 경우는 중간 중간 빈칸의 존재로 인해 글의 흐름이 끊기는 듯 보여 흐름을 잘 파악하지 못하면 무척 까다로운 문제가 된다. 서강대의 경우는 문장 완성 문제 중 거의 대다수를 빈칸 3개로 출제하고 있고, 이에 따라 일부 대학도 점차 빈칸 3개가 출제되고 있으니 충분한 연습을 해야 한다.

예시
07

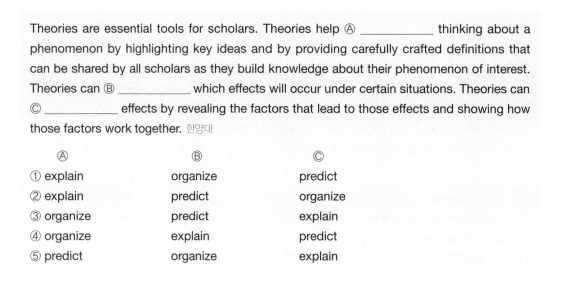

Theories are essential tools for scholars. Theories help Ⓐ _____ thinking about a phenomenon by highlighting key ideas and by providing carefully crafted definitions that can be shared by all scholars as they build knowledge about their phenomenon of interest. Theories can Ⓑ _____ which effects will occur under certain situations. Theories can Ⓒ _____ effects by revealing the factors that lead to those effects and showing how those factors work together. 한양대

	Ⓐ	Ⓑ	Ⓒ
①	explain	organize	predict
②	explain	predict	organize
③	organize	predict	explain
④	organize	explain	predict
⑤	predict	organize	explain

| 해석 |

이론은 학자에게 있어 필수적인 도구이다. 이론은 핵심 아이디어를 강조하는 것으로 그리고 모든 학자들이 관심을 가진 현상에 관해 지식을 축적할 때 공유할 수 있는 신중하게 만들어진 정의를 제공하는 것으로 현상에 관한 생각을 정리하는 데 도움을 준다. 이론은 특정 상황하에서 어떤 효과가 나타날지를 예측할 수 있다. 이론은 효과를 이끌어 내는 요소를 드러냄으로써 그리고 이들 요소가 어떻게 함께 작용하는지를 보여 줌으로써 효과를 설명해 줄 수 있다.

	Ⓐ	Ⓑ	Ⓒ
①	설명하다	정리하다	예측하다
②	설명하다	예측하다	정리하다
③	정리하다	예측하다	설명하다
④	정리하다	설명하다	예측하다
⑤	예측하다	정리하다	설명하다

| 정답 | ③

| 해설 |

Ⓐ: 현상에 관해 이론이 핵심 아이디어와 정의를 제공한다는 말은 이론이 현상에 관해 체계를 갖추도록 '정리한다'는 의미와 같다. 따라서 빈칸에는 organize가 적합하다.

Ⓑ: 이론을 통해 현상에 관해 정리가 이루어지고 체계가 잡히게 되면, 그 현상이 어떤 조건하에서 어떤 효과를 나타낼지 '예측한다'거나 '설명한다'는 것이 가능하다. 따라서 빈칸에는 predict 또는 explain이 적합하다.

Ⓒ: 어떤 효과를 나타나게 하는 요소를 드러내고 요소가 어떻게 작용하는지를 보여 준다는 말은 효과에 관해 좀 더 구체적

으로 '설명한다'는 말과 같다. 따라서 빈칸에는 explain이 적합하다.
이러한 점들을 감안했을 때 정답으로 가장 적합한 것은 ③이다.

| 어휘 |

of interest – 관심을 가진, 흥미 있는   **effect** ⓝ 효과

organize ⓥ 정리하다, 체계화하다

예시 08

Fake news evolved from Ⓐ _____ internet sideshow to serious electoral threat so quickly that behavioral scientists had little time to answer basic questions about it. Ⓑ _____, surveys abound, but they are only as precise as the respondents' shifty recollections and subject to a(n) Ⓒ _____ definition of "fake." 서강대

	Ⓐ	Ⓑ	Ⓒ
①	amusing	Of course	anile
②	marginal	Unsurprisingly	salient
③	demotic	However	unequivocal
④	seedy	Sure	malleable

| 해석 |

가짜 뉴스가 인터넷상의 지저분한 사이드 쇼에서 심각한 선거 위협으로 너무도 빠르게 발전하면서 행동 과학자들은 가짜 뉴스에 대한 기본적인 질문조차 제대로 답변할 시간을 갖지 못했다. 물론 조사는 차고 넘친다. 하지만 조사는 (정확성 면에서) 응답자들의 교활한 기억만큼만 정확할 뿐이고(응답자들의 답변이 믿을 수 없기 때문에 조사의 정확성이 매우 떨어진다는 의미), 또한 조사는 그때그때 변하는 '가짜'에 대한 정의의 적용을 받는다.

	Ⓐ	Ⓑ	Ⓒ
①	즐거운	물론	노망한
②	주변부의	이니나 디르끼	헌저한
③	민중의	하지만	명료한
④	지저분한	물론	잘 변하는

| 정답 | ④

| 해설 |

Ⓐ: 빈칸의 경우 'A에서 B로 진화하다, 발전하다'는 의미의 「evolve from A to B」라는 표현이 사용됐다. 이때 A와 B는 대조를 보이므로, Ⓐ에는 serious와 대조를 이루는 amusing, marginal, seedy가 적합하다.

Ⓑ: 빈칸 뒤에 이어지는 내용이 '조사는 많지만 정확하지 않다'는 것으로 조사가 많다는 것을 강조하기 위한 Of course, Sure가 적합하다.

Ⓒ: 조사가 정확하지 않은 이유를 설명하는 부분으로, 가짜 뉴스에 대한 조사 중 무엇이 가짜인지에 대한 정의가 상황에 따라 변한다는 의미에서 malleable이 적합하다. 만약 정의가 명확했다면 조사 또한 정확한 결과를 도출했을 것이다.

종합하면 정답은 ④가 된다.

| 어휘 |

evolve from A to B – A에서 B로 진화하다, 발전하다

sideshow ⓝ 사이드 쇼(서커스 등에서 손님을 끌기 위해 따로 보여 주는 소규모의 공연)

electoral ⓐ 선거의	**threat** ⓝ 위협
behavioral scientist – 행동 과학자	**survey** ⓝ 설문 조사 ⓥ 설문 조사하다
abound ⓥ 많이 있다, 풍부하다	**respondent** ⓝ 응답자
shifty ⓐ 찔리는 데가 있는 듯한, 교활한, 간사해 보이는	**recollection** ⓝ 기억, 추억
be subject to – ~의 대상이 되다, ~을 당하다	**definition** ⓝ 정의
amusing ⓐ 재미있는, 즐거운	**anile** ⓐ 노망한, 노파 같은
marginal ⓐ 미미한, 중요하지 않은; 주변부의	**salient** ⓐ 가장 중요한, 핵심적인; 가장 두드러진, 현저한
demotic ⓐ 민중의, 일반 보통 사람들의	**unequivocal** ⓐ 명료한, 모호하지 않은
seedy ⓐ 지저분한, 더러운(비도덕적이거나 불법적인 일과 연관되어 있을 가능성이 있음을 나타냄)	
malleable ⓐ 영향을 잘 받는, 잘 변하는; (금속 등이) 펴 늘일 수 있는	

05 두 문장 공통 완성형 문제의 출제

과거에는 광운대와 에리카에서만 두 문장 공통 완성형 문제가 출제되었지만, 최근에는 숙명여대에서도 출제되고 있다. 다의어로 쓰이는 단어가 문장에서 어떻게 활용되는지를 묻는 문제로, 간단하지만 혼동할 수 있는 문제들도 있다. 다의어의 활용으로 나오는 문제는 한국외대에서 동일한 뜻을 지닌 어휘 문제로도 나온다. 보기의 단어가 두 문장 모두와 어울려야 하므로 한 문장만 보고서 성급히 답을 고르는 오류를 범하지 않도록 주의를 요한다.

예시
09

Ⓐ She played a really nasty _____ on me — she put syrup in my shampoo bottle!
Ⓑ What's the _____ to getting this chair to fold up? 숙명여대

① jumble ② decorum ③ maneuver
④ twist ⑤ trick

| 해석 |
Ⓐ 그녀는 내게 몹시 짓궂은 장난을 쳤다. 그녀가 내 샴푸 용기에 시럽을 넣었던 것이다!
Ⓑ 이 의자를 접는 요령은 무엇입니까?
① 뒤죽박죽 ② 예의 바름 ③ 책략
④ 전환, 전개 ⑤ 장난, 요령

| 정답 | ⑤

| 해설 |
정답은 ⑤로, 첫 번째 빈칸에서는 '장난'의 의미로 사용됐고, 두 번째 빈칸에서는 '비결, 요령'의 의미로 사용됐다.

| 어휘 |
nasty ⓐ 심술궂은, 험악한	**jumble** ⓝ 뒤죽박죽 뒤섞인 것
decorum ⓝ 단정함, 예의 바름	**maneuver** ⓝ 책략, 술책
twist ⓝ 전환, 전개	

ⓐ The government is responsible for the ＿＿＿＿＿＿ of senior welfare services.

ⓑ The ship runs out of the ＿＿＿＿＿＿ of necessities and may last no more than a week on the ocean. 광운대

① provision   ② resolution   ③ expedition

④ speculation   ⑤ transaction

| 해석 |

ⓐ 정부는 노인복지 서비스를 제공할 책임이 있다.

ⓑ 이 배는 저장해 놓은 필수품이 다 떨어졌고 대양에서 버틸 수 있는 시간이 고작 1주 정도이다.

① 제공   ② 다짐   ③ 탐험

④ 추측   ⑤ 거래

| 정답 | ①

| 해설 |

첫 번째 빈칸: 정부는 노인을 대상으로 복지 서비스를 '제공(provision)'할 책임이 있다.

두 번째 빈칸: 배에 '저장(provision)'한 필수품이 다 떨어지면 오래 버티기는 힘들 것이다.

provision은 앞 문제에서의 '제공'뿐만 아니라 '저장(품)'이란 의미도 갖고 있다.

이러한 점들을 감안했을 때 정답으로 가장 적합한 것은 ①이다.

| 어휘 |

necessities ⓝ 필수품   last ⓥ 버티다, 지속되다

provision ⓝ 제공; 저장(품)   resolution ⓝ 다짐, 결심

expedition ⓝ 탐험, 원정   speculation ⓝ 추측, 짐작

transaction ⓝ 거래, 매매

PART

02

문제 해결의 원리

문장 완성은 어휘와 독해의 중간 영역으로 볼 수 있다. 즉 기초적인 문법과 구문의 기반하에 어휘와 논리를 바탕으로 분석하고 추리하는 능력을 필요로 하는 문제이다. 그러므로 단서를 찾는 능력이 필요하지만, 아무리 열심히 단서를 발견해 내더라도 보기의 어휘를 모르면 풀 수 없으므로 어휘의 숙지 여부가 문장 완성에서는 상당히 중요한 부분이다. 그러므로 어휘를 충분히 학습한 후라는 전제에서 어떤 식으로 문장 완성 문제에 접근하여야 하는지를 살펴보기로 한다.

단서를 발견하는 것에 관해서 보면, 글의 방향성을 따져 보아야 한다. 글의 전개가 순차적 흐름이거나 인과 관계와 같은 한 방향의 흐름인지 아니면 역접이나 대조를 사용해서 다른 방향으로 글이 진행되는지를 검토해 보고 이에 알맞은 어휘를 선택하면 된다. 이러한 단서를 찾기 위해서는 접속사나 전치사 등의 활용을 이해하는 것이 중요하다. 더불어 글의 흐름으로 나올 만한 내용을 예측하면서 문장을 살펴보는 추론의 기술이 필요하기도 하다. 문장 완성에서는 정답 이외에는 제거할 만한 충분한 이유가 있는 경우가 대부분이지만, 미묘한 차이로 오답이 되는 경우도 종종 있기 때문에 성급하게 전체 보기를 다 읽지도 않고 답을 선택하는 우(愚)를 범해서는 안 된다.

문장 완성에서는 글의 방향성을 파악하여 논리적인 연관성을 따져 보는 훈련이 중요하다. 그러기 위해서는 담화의 표지(Discourse markers)를 알아 두는 것이 중요하다. 아래에서는 방향성과 함께 담화의 표지를 살펴보고, 방향성이 두드러지지 않은 경우의 해결 원리 등에 대해 검토해 보기로 한다. 여기서 제시한 것은 전반적인 틀에 해당하며 이 외에도 다른 단서나 지표가 있을 수 있지만, 글이란 일정한 방향성이 있기 때문에 대략 다음과 같은 틀을 알고 있으면 충분히 응용이 가능할 것이다. 그러므로 아래에 나오는 표지를 정확히 숙지하고 활용하는 연습을 충분히 하기 바란다.

다만 주의할 것은 하나의 단락에서도, 심지어 문장에서도 단 하나의 지표만 있는 것은 아니고 여러 가지 사항들이 존재할 수 있다. 그렇지만 논리의 유형을 학습하기 위하여 하나의 틀에 묶은 것이고, 여러 가지에 포섭될 수 있는 경우도 존재한다. 예를 들어서 하나의 연구 과정을 나타내는 경우는 인과 관계로도, 시간적 구성으로도 볼 수 있고, 이전의 성과를 반박한다면 반박이나 일축으로, 연구의 결과를 드러낸다면 결론으로 볼 여지가 있는 것이다. 그러므로 어느 하나의 담화 표지만으로 글을 파악하는 것이 아니라, 글은 글 자체로 판단하되 문제를 푸는 단서에 여러 가지 지표를 활용하면 좀 더 유리하다는 뜻으로 이해하면 된다.

CHAPTER 01

플러스(+) 방향으로의 진행

전환 어구를 중심으로 문장 완성의 원리를 파악하는 것이 가장 보편적인 해법이다. 글이 한 방향으로 진행된다는 것은 글의 논리적인 흐름상 역전되거나 반대되는 이야기가 나오는 것이 아니라 무리 없는 순차적인 흐름의 글이 이어진다는 것이다. 앞에 추상적인 진술이 나오고, 이에 대해 구체적인 진술이 나오는 경우와 같이 글의 흐름이 무리 없이 순차적으로 진행되는 경우를 뜻하며, 시험에서도 출제 빈도가 높은 유형이다. 여기에 해당하는 부분은 상당히 많으며, 이해의 편의를 위하여 8가지 유형으로 나누어서 살펴보겠지만, 더 큰 틀로 나눈다면 아래와 같이 네 개로 묶을 수 있다.

먼저 개념을 바탕으로 하는 경우이다. 정의와 동격은 개념을 바탕으로 글을 전개하고 이어가는 방식이며, 예시와 부연은 추상적이거나 복잡한 내용을 예로 들거나 다시 한 번 설명해서 독자의 이해를 돕는 측면이다.

원인과 결과는 인과 관계를 이루고 있으며, 시간적인 측면과도 관련이 있다. 여기에 이유를 넣어서 설명하기도 한다. 시간적 구성이나 과정을 나타내는 표현들 역시 인과 관계와 어느 정도의 연관성을 가지고 있다. 시간과 조건 역시 인과적 구성을 띄고 있으며, 순차적 구성이므로 한 방향의 진행으로 볼 수 있다. 목적과 수단이란 문장이 달성하고자 하는 바를 위하여 어떠한 목적을 어떠한 수단을 통하여 달성하고자 하는지를 제시하는 것이다.

비교와 유사는 유사점을 바탕으로 비교하여 이해를 도모하는 경우이다. 물론 대조를 넣어서 비교는 유사함을, 대조는 차이점을 바탕으로 글을 이끌어 가지만, 여기에서는 편의상 비교는 플러스(+) 방향에서, 대조는 마이너스(-) 방향에서 다루기로 한다. 편의상 이렇게 나누지만, 일반적으로 글 속에서는 양자의 관계가 설정되기 때문에 비교와 대조가 혼재되어 나오는 경우가 많다.

병렬과 상관관계의 표현은 양자나 혹은 그 이상의 사이에서의 관계 설정이다. 글은 자신이 드러내고자 하는 바가 있으며, 그 부분이 여럿이라면 병렬적 구성을 통해 표현하며, 추가 역시 병렬과 같은 측면을 지닌다. 반면에 둘을 대비하여 어느 쪽을 두드러지게 부각시키려면 상관관계의 표현을 이용할 수 있다. 결론이나 강조의 경우도 역시 글 속에서 어느 부분을 부각시키는 면이 있으며, 핵심적인 부분이 결론적으로 제시되거나 강조를 통해서 나타날 수 있다.

01 정의, 동격

무언가의 정의를 설명하는 경우에 글의 진행은 한 방향으로 흘러간다. 동격도 개념의 동질성을 바탕으로 구체화시키는 진술에 더해지는 한 방향의 진술이다.

정의란 단어나 용어가 의미하는 바를 분명하게 설명하는 것이다. 작가는 글을 쓰면서 혹시 독자가 모를 수도 있는 용어에 대해서, 독자의 이해를 돕고자 이에 대한 설명을 더하는 경우가 종종 있다. 정의를 내리는 경우에는 동의어를 활용하여 설명하는 방식, 분류에 의하여 설명하는 방식, 그리고 부정에 의하여 설명하는 방식 등이 있고, 정의를 내리고자 하는 대상과 다른 대상과의 차이를 들어 설명하기도 한다. 이 모두가 구체적이고 논쟁의 여지가 없도록 정의를 내려야 한다. 정의를 활용한 글들은 정보의 제공을 목적으로 하고, 정확한 의미와 범주를 정한다는 점을 공통으로 한다.

동격이란 한 문장에서 어떤 단어나 구절이 다른 단어나 구절과 문장 구성에서 같은 기능을 가지는 것을 뜻한다. 명사를 다른 명사, 명사구, 명사절로 설명하는 동격을 활용하여 문장을 완성할 수 있다.

_____ is the tendency to look at the world primarily from the perspective of one's own culture.

① Opportunism ② Philanthropism
③ Ethnocentrism ④ Epicurism

| 해석 |

자기 민족 중심주의는 세상을 주로 자신이 속한 문화적 관점에서 바라보는 경향을 의미한다.

① 기회주의 ② 박애주의
③ 자기 민족 중심주의 ④ 쾌락주의

| 정답 | ③

| 해설 |

ethnocentrism은 'ethnic(민족의)+centric(중심의)+ism(명사형 접미사)'가 합쳐져 만들어진 단어이므로 '민족 중심'이란 뜻이 된다.

| 어휘 |

perspective ⓝ 관점, 견해, 사고방식 **opportunism** ⓝ 기회주의
philanthropism ⓝ 박애주의 **ethnocentrism** ⓝ 자기 민족 중심주의
epicurism ⓝ 쾌락주의(에피쿠로스의 철학)

_____, the art of finding the middle ground, is a key aspect of the negotiating process. 경기대

① Consultation ② Compromise
③ Persistence ④ Steadfastness

| 해석 |

타협은 타협안을 찾는 기술로 협상 과정의 핵심적 측면이다.

① 상의 ② 타협
③ 고집 ④ 변함없음

| 정답 | ②

| 해설 |

동격을 이용하여 빈칸의 정의를 다시 나타냈다. 타협안을 찾는 기술이 바로 "타협"이다. 따라서 정답은 ②이다.

| 어휘 |

art ⓝ 기술 **middle ground** – 타협안, 절충안
consultation ⓝ 협의, 상의 **compromise** ⓝ 타협, 절충
persistence ⓝ 고집, 지속됨 **steadfastness** ⓝ 변함없음, 확고함

01 The language that is most widely spoken by ordinary people in a region or country is _____. 경기대

① vernacular   ② gibberish

③ oracle   ④ jargon

02 _____ allows the traits of parents to be passed to the offspring through genes. 명지대

① Deference   ② Heredity

③ Fraternity   ④ Inhabitation

03 The most optimistic estimates predict that about half of living languages are _____, meaning that they will die with their current generation of speakers. 명지대

① extinct   ② moribund

③ conserved   ④ mnemonic

04 The ultimate value of any hypothesis lies in its predictive or explanatory power, which means that additional facts must be _____ from an adequate hypothesis. 숙명여대

① reducible   ② vulnerable

③ conductible   ④ inseparable

⑤ deducible

05 _____ agriculture refers to the ability of a farm to produce food indefinitely, without causing severe or irreversible damage to ecosystem health.

① Detrimental   ② Moneymaking

③ Productive   ④ Sustainable

06 Aesthetics is a branch of philosophy dealing with the nature of art, beauty, and taste, and with the creation and _____ of beauty.

① adornment ② affiliation
③ allegation ④ appreciation

07 If you refer to someone's opinion as _____, you disapprove of the fact that it concentrates on small and unimportant details, especially to find fault with something.

국민대

① fabulous ② scrupulous
③ nitpicking ④ scrutinizing

08 If you refer to someone as a _____, you mean that they are able to do a variety of different jobs. You are also often suggesting that they are not very good at any of these jobs. 중앙대

① lucky strike ② cream of the crop
③ voice of fair dinkum ④ jack of all trades

09 The most obvious and easily understood form of _____ is punctuality and dependability in our work, which means consistently showing up and doing whatever we have agreed to do to the best of our ability. 한양대

① validity ② liability
③ reliability ④ acceptability

10 The word 'jazz' comes from a West African language. Jazz music has interesting rhythms and _____. That word means playing music the player invents while playing or singing.

① dance   ② simultaneousness
③ contemporariness   ④ improvisation

11 It is estimated that the average person who enters the workforce today will change careers, not just jobs, five to seven times. This means that training for work should emphasize _____ skills, not simply specific knowledge and particular skills.

① obsolete   ② inflexible
③ abstract   ④ transferable

12 _____ is more about mind than body. You've probably heard someone be called a pundit, meaning that the person has developed much wisdom and good judgment from experience. It is also a noun. The word refers to insight built from information taken in and mentally processed over many years.

① Simplicity   ② Sagacity
③ Serenity   ④ Stupidity

13 _____ is the act of dishonestly withholding assets for the purpose of conversion (theft) of such assets by one or more individuals to whom such assets have been entrusted, to be held and/or used for other purposes. The nature of it can be both small and large. It can be as minor as a store clerk pocketing a few bucks from a cash register; however, on a grander scale, it also occurs when the executives of large companies falsely expense millions of dollars, transferring the funds into personal accounts.

① Infringement   ② Abuse
③ Embezzlement   ④ Fraud

14   'Phishing' is a term that refers to the on-line imitation of a company's branding in spoofed e-mail messages and web sites, created with the intent of fooling unsuspecting users into _____ personal information such as passwords, credit card numbers, PINs, etc. The fooled customer is prompted to enter _____ personal information and then usually redirected to a legitimate web site to cover up the fact that he just gave away data to crooks.

① giving – falsified   ② protecting – prohibited
③ divulging – confidential   ④ sharing – tainted

15   According to World Health Organization, health can be considered as a state of complete physical, mental and social well being of a person and not the mere absence of disease or infirmity. This means that the definition of health takes _____. This arises from the fact that there are many factors that determine the health status of a person. The well being of an individual is contributed by many integrating factors. 중앙대

① a holistic approach in that it does not assess health in terms of disease or infirmity alone

② a lot of time and effort to demystify ambiguities in the mixture of various factors

③ a whole approach in that it assesses health in terms of a mental state of a person

④ well-being of people in terms of social factors into consideration above all

02 예시, 부연

글을 쓰는 입장에서는 자신이 써 내려간 것을 독자들이 쉽게 이해하기를 바라며, 혹시 이해하기 어려운 경우를 대비해서 이해를 돕는 장치를 마련해 둘 수 있다. 가령 예시를 들어서 추상적인 내용을 구체적으로 보여 주거나, 너무 어렵거나 지나치게 간결한 내용이라면 부연 설명을 하여 뒷받침 문장으로 내용을 보완하는 효과를 거둘 수 있다.

예시란 예를 들어 보임을 뜻하며, 이러한 예를 들어 글을 풀어 가는 이유는 다음과 같다. 저자가 어떠한 사물이나 상황을 묘사하고자 할 때, 자신의 주장을 드러내고자 할 때, 어떠한 사물이나 상황에 대하여 정의를 내리고 설명을 하고자 할 때, 특별한 사례나 정보를 예로 들어 주면 그 효과가 배가되는 경우가 대다수이다. 추상적인 진술을 이해시킬 때도 예를 적절히 들어 준다면 상대방이 훨씬 더 수월하게 이해할 수 있다. 독자의 입장에서도 작가의 의도를 정확히 파악하고 전달하는 바를 알기 위해서도 예증이나 예시는 효과적인 이해 수단이기도 하다. for example, for instance, an illustration of this, in fact, indeed 등이 대표적으로 예시를 나타내는 장치가 된다. 이외에도 such as, like 등을 이용하는 경우와 a good (perfect, notable) example of this 등을 이용하는 경우도 있다.

부연이란 이해하기 쉽도록 설명을 덧붙여 자세히 서술하는 것으로, 하나의 추상적인 진술 이후에 독자의 이해도를 높이기 위하여 저자가 사용하는 장치로 볼 수 있다. 우리말의 '즉', '다시 말해서'에 해당하는 표현들이 주로 많다. or, namely, that is, that is to say, in other words, i.e. (id est) 등이 이런 부연 관계를 나타내는 지표들이다. 필자가 드러내고자 하는 내용의 정당성 내지는 타당성을 부여하기 위하여, 혹은 독자들의 이해를 증진시키기 위하여 주제문 뒤에 뒷받침해 주는 문장들이 나오게 된다. 즉 부연과 예시로 이루어진 문장들은 결국 주제를 선명히 부각시키기 위함이다.

예시 01

American people seem to be _____ about numbers; they consider 'seven' lucky and 'thirteen' unlucky, for instance. 가톨릭대

① superstitious   ② curious
③ distrustful   ④ timorous

| 해석 |

미국 사람들은 숫자에 대한 미신에 사로잡혀 있는 것으로 보인다. 예를 들어 그들은 '7'은 행운을 가져다주고, '13'은 불길하다고 생각한다.

① 미신에 사로잡힌   ② 호기심이 강한
③ 의심 많은   ④ 겁 많은

| 정답 | ①

| 해설 |

어떤 숫자를 두고 lucky 혹은 unlucky하다고 생각하는 것이 바로 일종의 미신을 믿는(superstitious) 행위이다. 따라서 정답은 ①이 된다.

| 어휘 |

consider ⓥ ~라고 생각하다   superstitious ⓐ 미신에 사로잡힌
curious ⓐ 호기심이 강한   distrustful ⓐ 의심 많은
timorous ⓐ 겁 많은

Every year, the market-research firm M. Brown conducts a survey to determine the economic worth of the world's brands — _____, to put a dollar value on the many corporate logos that dominate our lives. 성균관대

① on the one hand
② in other words
③ as the case may be
④ in the long run
⑤ on the other hand

| 해석 |

매년 시장 조사업체인 M. Brown 사는 전 세계 브랜드의 경제적 가치를 측정하기 위해 — 다시 말해, 우리 삶을 지배하는 많은 기업의 로고당 달러 가치를 매기기 위해 — 여론 조사를 수행한다.

① 한편
② 다시 말해
③ 경우에 따라
④ 장기적으로 봐서
⑤ 반면

| 정답 | ②

| 해설 |

빈칸에 알맞은 표현을 고르는 문제이다. 본문에서 'determine the economic worth of the world's brands(브랜드의 경제적 가치를 측정)'하는 것과 'put a dollar value on the many corporate logos(기업의 로고당 달러 가치를 매기기)'는 본질적으로 같은 의미를 갖고 있기 때문에 빈칸에 들어갈 표현은 결국 앞의 문장을 달리 표현하기 위해 덧붙이는 표현임을 알 수 있다. 그러므로 보기 중에서 이에 가장 알맞은 것은 ② 'in other words(다시 말해)'임을 알 수 있다.

| 어휘 |

market-research – 시장 조사
conduct ⓥ ~을 수행하다
survey ⓝ 여론 조사
put a dollar value on – ~에 달러당 가치를 놓다, 매기다
dominate ⓥ ~을 지배하다
as the case may be – 경우에 따라

실전 문제 다지기

01

Somehow the idea of an earthquake unsettles us even more than the prospect of other natural _____, such as tornadoes and hurricanes. 숭실대

① laws
② catastrophes
③ cycles
④ resources

02 Donkeys are usually considered to be _____. They are determined to do what they want and it is difficult to make them do anything else. 광운대

① tardy   ② shrewd

③ obedient   ④ stubborn

⑤ exhausted

03 Cultural diversity could be a source of problems, in particular when the organization needs people to think or act in a _____ way.

① mature   ② similar

③ timely   ④ legal

04 Friendship patterns are strongly influenced by physical proximity. For example, any casual friendships may _____ once one or the other friend moves away. 건국대

① cease   ② struggle

③ fluctuate   ④ prevail

⑤ linger

05 Creativity is thinking of something different, using new approaches to solve problems. Many inventions have involved _____ in traditional thinking. For example, Einstein broke with tradition by trying many unusual approaches that revolutionized scientific thought.

① a consistency   ② a breakthrough

③ an accumulation   ④ a continuity

06　Perhaps nothing can better exemplify the _____ position of women in the 18th century than the fact that Abigail Smith Adams, daughter of a respected minister and wife of the second President of the United States, never in her life attended any school.

① effusive　　　　　　　　　② circumscribed
③ lofty　　　　　　　　　　　④ respected

07　Scarves are _____. For example, on a cold day, they keep you warm around your neck. Or when walking past the particularly smelly area or when a gust of dust blows your way, snuggle your nose into your scarf to protect yourself from unwanted odors and grit in your nasal passages. You can also tie your scarf onto your bag to look chic. 중앙대

① hygienic　　　　　　　　　② obsolete
③ antique　　　　　　　　　　④ versatile

08　In most cases, there is no link whatsoever between the signal and the message in human language. The symbols used are _____. There is no intrinsic connection, for example, between the word elephant and the animal it symbolizes. Nor is the phrase "these bananas are bad" intrinsically connected with food. 한양대

① unique　　　　　　　　　　② logical
③ arbitrary　　　　　　　　　④ idiosyncratic

09　In Anglo-Saxon days in England there were many _____, that is, men who wandered around the country pretending to have a knowledge of medicine. Such a man made a living by selling to gullible audience certain "cure-alls" that he himself had prepared. 숙명여대

① experts　　　　　　　　　　② peddlers
③ quacks　　　　　　　　　　④ swindlers
⑤ surgeons

10 Geniuses prepare themselves for chance. Whenever we attempt to do something and fail, we end up doing something else. That is the first principle of _____. It provokes a question: what have we done? Answering that question in a novel way is the essential act of innovation.

① creative accident

② cautious abstraction

③ constructive rivalry

④ complete conformity

11 A survey showed that teenagers use at least one abusive word in a 75-second dialogue. They use 49 _____ words in an hour. The finding necessitates a campaign for the use of _____ words. 광운대

① oath – decent

② curse – mean

③ swear – decent

④ pledge – decorous

⑤ vow – fair

12 Newborn babies do not know if they are boys or girls, but it does not take them long to find out. They very quickly learn the way that their society expects males and females to behave and think. That is, they learn their _____. 건국대

① responsibilities

② destiny

③ gender roles

④ social limitations

⑤ future goals

13 The deftness of concealing one's achievements is one of the skills in the art of _____. Many children, for example, attend after-school academic classes but keep it confidential to hide their efforts to race ahead of the crowd.

① uniqueness

② sameness

③ variation

④ divergence

14　In many Asian countries, making strong and continuous eye contact with another person during conversation is considered rude. In fact, in these cultures, children are taught from a young age to _____ eyes and avoid direct eye contact. 가톨릭대

① avert　　　　　　　　　　　　　② recede

③ hoist　　　　　　　　　　　　　④ erode

15　We are _____ the intellects of the past; or, rather, like children we take it for granted that somebody must supply us with our supper and our _____. 숙명여대

① ungrateful to – ideas　　　　　② dependent on – repose

③ unfaithful to – needs　　　　　④ afraid of – allowance

⑤ indebted to – wants

16　Robots are machines that are programmed _____. For example, they have already been sent to the edges of outer space, telling us what they find there. They go into the deepest sea, gathering information for humans. They are also used in war. Some of them are being used to explode landmines, thereby changing battlefields into farmlands. 숙명여대

① to do boring household chores　　② to explore unknown lands

③ to do dangerous work for humans　④ to analyze and gather information

⑤ none of the above

17　Few species illustrate the principle of "_____" as well as the salmon. The sushi staple is born in rivers, migrates to the sea once mature, then attempts a daunting run back to its birthplace to spawn the next generation. A large percentage never make it, ensuring that only those in top condition are able to pass on their genes. 성균관대

① first come, first served　　　　② survival of the fittest

③ know thyself　　　　　　　　　④ endure to the last

⑤ better late than never

18 Tall tales are a specialized type of hoax. Whereas the standard hoax is an act of deception perpetrated by a single person, tall tales are acts of deception in which entire communities winkingly participate. _____, Santa Claus and the Easter Bunny may not exist in a literal sense, but almost our entire culture collaborates in maintaining the fiction that they do. 명지대

① For instance   ② For this reason
③ In contrast   ④ In the meantime

19 _____. Many scientific studies show this. For example, a Yale University study compared 194 physically ill people. Some had friends and some didn't. In the group of people with two friends, 63 percent were still alive at the end of the year. In the group of the people with no friends, only 43 percent were alive at the end of the year. Medical researchers discovered the same thing. They studied 1,368 patients with heart diseases for nine years. Patients with just one good friend recovered sooner. 강남대

① Friends keep you healthy   ② You need healthy friends
③ Even patients can be your friends   ④ Friends in need are friends indeed

20 With the passage of time, most newcomers _____, or blended into American society. For example, some eastern European Jews broke the old custom that forbade men from sitting next to women in synagogue. No matter how much parents might say "no" to change, children were quick to adopt new clothing and habits. They learned English, chose their own husbands and wives, and often moved away when they had enough money. Still, the rich pattern of ethnic neighborhoods remained a distinctive feature of the growing cities. 광운대

① harmonized   ② transformed
③ subjugated   ④ assimilated

21 The "lessons-of-history" is indeed a familiar phrase, so much so that the lessons are sometimes learned too well. History never repeats itself exactly; no historical situation is the same as any other; even two like events _____ in that the first has no precedent, while the second has. But even in this respect history can teach a lesson — namely, that nothing ever stays the same. "You cannot step twice into the same river," said the ancient Greek philosopher Heraclitus, "for fresh waters are ever flowing in upon you." The only _____ thing in human affairs is the constancy of change itself. 중앙대

① diverge – fleeting   ② coincide – practical

③ differ – unchanging   ④ dissemble – intelligible

22 In recent decades, epidemiological studies have linked deficiencies of several nutrients, especially vitamins C and E, to chronic ills including heart disease and cancer. Now another vitamin, B12, is being discussed as a factor in several ailments such as Alzheimer's disease and dementia. As with the other vitamins, the evidence for the role that low levels of B12 may play in these problems comes almost entirely from epidemiological studies. _____, a continuing study of 2,576 adults in Massachusetts linked low blood levels of B12 to bone loss in men and women. 명지대

① In the mean time   ② Nevertheless

③ For example   ④ In addition

23 Piaget called the first stage that children go through the sensorimotor period, which extends from birth to around age two. The child develops a "sense" of the objects around her by her "motor", or physical, action on the objects. Her understanding of the world is limited to her physical actions on the objects in her world. For example, newborns have certain _____, such as sucking and grasping a finger that touches their hand. From these _____, the infant begins to learn about and recognize objects, and she can generalize to other objects. 상명대

① recurrences   ② reflexes

③ dicta   ④ ingots

⑤ palsy

24   In Paris one can recognize Americans from two-hundred yards away simply by
_____. A French student told me that when he returned home after
three months at the Harvard Business School, his father was shocked when he saw his son
walk from the plane. "You've become an American," were his first words of greeting.
"You bounce when you walk!" An American often walks with swinging arms and a rolling
pelvis as though moving through a space unlimited by human or physical obstacles. 명지대

① the way they walk   ② the way they greet
③ how they utilize surrounding space   ④ how they express happiness

25   The philosopher Karl Popper held that _____ a scientific
hypothesis. His argument is founded on the basic flow underlying all inductive reasoning
from which scientific principles are derived: in Popper's words, "The logical situation is
extremely simple. No number of white swans can establish the theory that all swans are
white: the first observation of a black swan can refute it." 한양대

① it is not possible to conclusively prove and that it is not possible to conclusively disprove
② it is possible to conclusively prove and that it is also possible to conclusively disprove
③ it is not possible to conclusively prove but that it is possible to conclusively disprove
④ it is possible to conclusively prove but that it is not possible to conclusively disprove

03 원인, 결과

인과 관계는 사건의 시간적 발생순으로 원인에서 결과로 이어지는 것이다. "아니 땐 굴뚝에 연기 날까."라는 속담처럼 모든 일에는 원인이나 이유가 존재하므로 결과가 발생하는 것이다. 인과 관계란 행동이나 사건을 분석하여 그 원인과 결과에 따라 글을 서술하는 방식이다. 최초의 행동이 발생하여 그다음 행동에 영향을 미치거나, 특정한 결과를 가져오는 것을 의미한다. 원인과 결과의 연쇄 반응 구조라고 칭하기도 한다. 인과 관계를 이해하기 위해서는 원인과 결과로 상황을 분석하여 이해하는 분석적인 사고와 논리적인 사고력을 필요로 한다.

원인과 이유를 나타내는 표현도 역시 인과 관계의 지표가 되기도 한다. ① 동사: cause, invite, trigger, lead to, create, produce, result from, result in ② 전치사: because of, owing to, due to, on account of, as a result of, consequence of ③ 접속사: because, since, as, for, now that, in that, seeing that 등이 그러하다. 참고로 「the 비교급 ~, the 비교급 ....」은 '~하면 할수록 더욱더 …하다'이므로 일종의 인과 관계가 된다. 또 「if ~ then ....」은 '만약 ~라면 그렇다면 …'이므로 이 표현은 조건절의 인과 관계를 나타낸다. 더하여 「so ~ that ...(너무나 ~하여 …하다)」이나 「such ~ that ....」 역시 인과 관계를 나타낸다고 볼 수 있다.

예시
01

Greg always puts off mowing the lawn because it is such an _____ task for him.

한양대

① odious   ② attractive
③ exhaustive   ④ exhilarating

| 해석 |
Greg는 잔디 깎는 일을 항상 나중으로 미뤘는데 그 이유는 잔디 깎기가 자신에게는 혐오스러운 일이기 때문이다.
① 혐오스러운   ② 매력적인
③ 철저한   ④ 매우 신나는

| 정답 | ①

| 해설 |
뒤로 미룬 일이 '매력적(attractive)'이거나 '매우 신나는(exhilarating)' 일일 리는 없으므로 ②와 ④는 답이 될 수 없다. 또한 영영사전을 보면 exhaustive의 기본적 의미는 thorough나 complete와 같이 '(빼놓는 것 없이) 철저한, 완전한'이란 뜻이므로 일을 미룰 이유로는 적절치 않다. '싫은 일(odious work)'이기 때문에 '미룬다(put off)'는 인과 관계가 논리적이다.

| 어휘 |
put off – 미루다   mow the lawn – 잔디를 깎다
odious ⓐ 혐오스러운   attractive ⓐ 매력적인
exhaustive ⓐ 철저한   exhilarating ⓐ 매우 신나는

예시
02

The student's writing is so _____ that **it is very** hard to understand. 명지대

① didactic   ② obscure
③ dialectic   ④ infallible

| 해석 |
그 학생의 글은 무척 애매모호해서 이해하기 매우 어렵다.

① 교훈적인   ② 불명확한, 애매모호한
③ 변증적인   ④ 결코 오류가 없는, 확실한

| 정답 | ②

| 해설 |
「so ~ that ...」 구문으로 '너무 ~해서 …하다'는 뜻이다. that 이하의 내용이 이해하기 어렵다는 뜻이므로 앞에 빈칸의 뜻은 난해하다는 뜻과 유사한 단어가 적절하다. 따라서 '불명확한'이라는 뜻의 ② obscure가 정답이 된다.

| 어휘 |
didactic ⓐ 교훈적인   **obscure** ⓐ 불명확한, 애매모호한
dialectic ⓐ 변증(법)적인
infallible ⓐ 절대 오류가 없는, 절대적으로 확실한 (*cf.* fallible ⓐ 오류에 빠지기 쉬운)

예시
03

We were _____ with our limited food supplies, knowing that the winter ahead would be long and cold. 단국대

① diagnosed   ② abundant
③ provident   ④ contented

| 해석 |
우리는 다가오는 겨울이 길고 추울 것임을 알기 때문에 제한된 식량 공급에 대비하였다.

① 진단받은   ② 풍부한
③ 대비한   ④ 만족한

| 정답 | ③

| 해설 |
다가오는 겨울이 길고 춥다면 식량 공급에 제약이 있을 것이고 이에 대해 '대비해야' 피해를 막을 수 있다. 따라서 정답은 ③ 이다.

| 어휘 |
diagnose ⓥ 진단하다   **provident** ⓐ 장래를 준비하는, 앞날에 대비하는
contented ⓐ 만족한

01 Hydrogen is the _____ element of the universe in that it provides the building blocks from which the other elements are produced.

① steadiest   ② expendable

③ lightest   ④ fundamental

02 Alban and Arnold were no longer allowed to sing because their _____ voices damaged the sound of the chorus. 이화여대

① dissonant   ② capricious

③ balanced   ④ lustrous

03 The new house had virtually no furniture, so I _____ a mattress from a pile of blankets. 한국외대

① improvised   ② pretended

③ forged   ④ retired

04 A(n) _____ of blockbuster hits contributed to poor results from this summer's box office. 단국대

① slew   ② dearth

③ portion   ④ assortment

05 Because she is so _____, I cannot predict what course she will follow at any moment. 광운대

① inert   ② unusual

③ impulsive   ④ sentimental

⑤ silent

06 According to procrastination expert Dr. Kim, fear of failure is the main reason why people _____ doing something. 명지대

① promote   ② enjoy

③ finish   ④ postpone

07 Since both trucks had virtually come to a halt by the time their bumpers met, the damage was _____. 숙명여대

① facile   ② mortal

③ indelible   ④ negligible

⑤ indomitable

08 He was considered as a _____ by his neighbors, for he chose to live in seclusion, totally estranged from his family. 중앙대

① raconteur   ② philanthropist

③ sycophant   ④ misanthrope

09 Because Ruth writes with a _____ of detailed descriptions, readers find it difficult to follow her storyline, tending to get lost in the _____ particulars. 중앙대

① surfeit – profuse   ② mellifluousness – unwavering

③ resolve – lucid   ④ modicum – vociferous

10 The chairman was so _____ that we often discovered that we had absolutely no idea what he was thinking. 단국대

① stringent   ② taciturn

③ ostentatious   ④ pliable

11   Daniel was extremely angry about my _____, so I promised him to be prompt next time in order to assuage him. 중앙대

① punctuality   ② extravagance
③ garrulity   ④ tardiness

12   His habit of wasting money has led him to _____ his first prize in lottery. 숙명여대

① alleviate   ② allocate
③ legitimate   ④ manage
⑤ squander

13   The judge was especially severe in his sentencing because he felt that the criminal had shown no _____ for his heinous crime. 서울여대

① compendium   ② composure
③ compunction   ④ concession

14   Most children have such a high ideal of their parents that it can hardly hope to stand up to a realistic _____. 세종대

① hyperbole   ② illusion
③ evaluation   ④ reverie

15   Other scientists were unable to _____ his experimental result, and thus they began to regard him as a fraud. 이화여대

① announce   ② refute
③ replicate   ④ fabricate

16 His point of view was so well known that he did not have to _____ his opposition to the official position of the city. 국민대

① reimburse   ② demean

③ reiterate   ④ dazzle

17 Carelessness on the part of the maintenance team has often been the most fatal _____ of marine or air accidents that have taken place in human history. 가천대

① concept   ② cause

③ result   ④ system

18 I never would have thought that so bitter and long-lasting a quarrel could result from such a _____ cause. 숙명여대

① regal   ② vital

③ trivial   ④ rural

⑤ genial

19 The hot, tropical weather created a feeling of _____ and encouraged drowsiness. 중앙대

① foible   ② temerity

③ dexterity   ④ lassitude

20 Parents are often more _____ of the first born, and they give him or her more responsibilities.

① trusting   ② suspicious

③ ashamed   ④ forgiving

21 In their work, microbiologists contend with living forms so diverse in appearance and habits _____ disguise the common bond presumed to ally them. 홍익대

① which ② as to
③ much as ④ consequently

22 Developers have struggled to obtain contiguous plots of land, and regional officials have been slow to grant building permits because of concerns over _____ practices and environmental impact.

① conscientious ② lawful
③ reciprocal ④ unscrupulous

23 His love for drawing and his curiosity about the ancient world lead him to _____ his poor health and go on to great adventures.

① blame ② consider
③ overcome ④ maintain

24 A neurologist specializes in _____ that arise from improper functioning of the nervous system — cerebral palsy, strokes, et cetera. 서울여대

① perpetrations ② diversions
③ afflictions ④ solicitations

25   Inspired interim responses to hitherto unknown problems, New Deal economic stratagems
      became _____ as a result of bureaucratization and their flexibility destroyed by
      their transformation into rigid policies.

      ① engendered   ② elicited
      ③ converted   ④ ossified
      ⑤ occupied

26   A town council considers _____ the sale of disposable plastic goods for which
      there are paper substitutes because paper is biodegradable and therefore environmentally
      preferable. 상명대

      ① promoting   ② ameliorating
      ③ bolstering   ④ recommending
      ⑤ banning

27   Because the woman made _____ remarks about the president's children, she lost
      her job as a senator's assistant. 세종대

      ① derogatory   ② despondent
      ③ destitute   ④ desperate

28   Gender stereotypes have slightly changed through history, but they have not disappeared.
      They persist largely because they are so deeply _____ in every culture's fabric. 동국대

      ① attributed   ② intertwined
      ③ attached   ④ ingrained

29 Journalists and others such as university teachers are increasingly asked not to use certain words and expressions because they are _____ and might cause offence. 항공대

① racially injustice　　　　　② politically incorrect
③ ethically preferable　　　　④ morally dexterous

30 Westerners tend to think of Korea as a new player on the global stage — but that is not how Korean see themselves, for Korea has always been _____ in relations between China and Japan, and it has a long tradition of technological innovation. 국민대

① modest　　　　　　② pivotal
③ illusory　　　　　　④ contingent

31 He revised Carver's manuscript extensively, cutting out whole pages, changing titles, expelling lyrical passages, and moments of uplift. The result was a set of stories _____ than the originals, more minimalist, which was how Carver's early style came to be known.

① more terse and elliptical　　② clearer and more extensive
③ more prosaic and lyrical　　④ vaguer and more momentous

32 The salesmen in that clothing store are so _____ that it is impossible to even look at a garment without being _____ by their efforts to convince you to purchase. 한양대

① stubborn – induced　　　　② persistent – harassed
③ congenial – intrigued　　　④ offensive – considerate

33 An institution can achieve short-term market advantage through aggressive marketing, but in due time competitors will match and then surpass that edge. The escalating competition _____ institutional costs, invariably resulting in higher tuition and a greater need to admit students whose families can pay full price. 숙명여대

① controls   ② counts
③ devalues   ④ scatters
⑤ raises

34 English is spoken in cultures that have relatively little use of rigid hierarchical expressions. _____, it has limited honorific categories. Germans emphasize these conventions more than English speakers do. German employs the use of two forms of "you": the informal du and the formal Sie. 성균관대

① Likewise   ② Moreover
③ Thus   ④ Nonetheless
⑤ Instead

35 Between 10 and 20 percent of the population is estimated to experience chronic loneliness, which can result in _____ psychological problems. Such problems as anxiety, stress, depression, alcoholism, drug abuse, and poor health have all been tied to loneliness. Most people, however, are lonely only from time to time, and that is when they seek out relationships with other people. A relationship can act as a _____, helping to ward off the chill of loneliness.

① mental – physical stimulation   ② individual – personal nightmare
③ temporary – serious problem   ④ severe – security blanket

36   In mountain areas that have been _____ for a long time, information about historical avalanches is usually available. As a consequence, identifying the area affected by major avalanches and roughly delimitating their maximum outline is a quite straightforward procedure. 동국대

① inhabited   ② deserted
③ dreaded   ④ abandoned

37   If you read the ingredients on any can of soda pop, chances are you will find phosphoric acid listed there. Why is phosphoric acid added to soda pop? Well, the principal reason may surprise you. It is there to add a tart flavor to the pop. Phosphoric acid in pop _____. Because there is so much sugar in pop, molds and bacteria can grow rapidly there. Phosphoric acid slows down this growth. 서울여대

① serves a secondary purpose
② produces this result instantly
③ has an opposite effect as well
④ is the only ingredient to do this

38   Biometrics technology has recently become much more accessible, mainly due to the fact that the costs associated with implementing the technology are _____. Many companies have begun to adopt biometrics identification systems, which often employ scanners and embedded cameras, to give their large computer networks stronger security than a mere password-only protection system could ever provide. 에리카

① increasing   ② plummeting
③ degenerating   ④ exhausting

39 During the years following the end of World War II, public education in the United States came under intense scrutiny. Popular critics lambasted the schools for _____ and for failing to identify and nurture high levels of intellectual talent. If modifying school curricula to appeal to student interest had been the rallying cry before the war, now the call was for rigor and excellence. The topic of note now was the education of the most able. 중앙대

① neglecting students' interest
② allowing the parochialism
③ pursuing radical curriculum reforms
④ tolerating mediocrity in education

40 Anorexia nervosa is a weight disorder in which people, particularly women, develop inaccurate views of their body appearance, become obsessed with their weight, and refuse to eat, sometimes starving in the process. This disorder occurs only in cultures which believe that slender female bodies are most desirable. In countries where such a standard does not exist, anorexia nervosa does not occur. Interestingly, it is a fairly recent disorder. In the 1600s and 1700s, it did not occur in western society because _____.

에리가

① the ideal beauty at that time was a slim one
② the ideal female body at that time was a plump one
③ standards for women's beauty existed
④ standards for women's beauty were rather strict

글의 이해를 돕기 위하여 두 개를 비교하고 대조하여 글을 서술하기도 한다. 글에서 하나의 개념에 대하여 비교를 한다거나 대조를 하게 되면 자신이 드러내고자 하는 개념을 좀 더 명확히 설명할 수 있기 때문이다. 예를 들어 유사점을 바탕으로 비교하여 쓰기도 하고, 차이점을 바탕으로 대조하여 글을 구성하기도 한다. 이러한 단서를 바탕으로 글의 방향성을 파악하면 훨씬 더 효율적으로 글의 흐름을 이해하고 문장 완성의 원리에 따른 문제를 더 잘 해결할 수 있다.

어떤 사물이 어떻게 유사하고 다른지를 보여 주는 글의 유형으로, 비교의 경우에는 유사점을, 대조의 경우에는 차이점을 보여 준다. 어떤 사물이나 사건을 설명하는 글에서 비교나 대조의 기법을 사용하면 효과적으로 글을 써 내려갈 수 있다. 가령 모르는 개념(A)을 설명해야 하는 경우, 이미 알고 있는 개념(B)을 사용하여 유사점을 바탕으로 설명하거나(비교), 차이점을 바탕으로 설명하면(대조), 훨씬 더 글을 명확하게 이해할 수 있다. 그러므로 작가들은 무엇인가를 설명하는 경우 이러한 비교나 대조의 기법을 사용하며, 글을 이해하는 입장에서는 이러한 작가들의 글을 쓰는 논리의 흐름을 안다면 훨씬 쉽게 글을 읽을 수 있다. 편의상 플러스(+) 방향의 진행에서 비교를, 마이너스(−) 방향의 진행에서 대조를 다루기로 한다.

비교(comparison)를 나타내는 지표로는 ① 부사: similarly, in a similar way, in the same way, likewise, also ② 전치사: like ③ 접속사: as if, as though, just as 등이 있고, 대조(contrast)를 나타내는 지표로는 ① 부사: however, in contrast, instead, on the contrary, otherwise, still ② 전치사: unlike ③ 접속사: whereas, while, although, though, but 등이 있다. 두 측면을 설명할 때는 유사점과 차이점이 함께 존재하기 때문에, 하나의 글 속에는 비교와 대조가 함께 사용되는 경우가 대부분이다.

예시 01

A slowdown on the world's assembly lines is a normal part of any recession. As demand shrinks, so must _____. 경희대

① production   ② consumption
③ import   ④ export

| 해석 |
전 세계 조립 라인의 둔화는 어느 불경기에서든 흔히 있는 일반적인 부분이다. 수요가 줄어들면서, 이에 따라 생산도 반드시 줄어들어야 한다.
① 생산   ② 소비
③ 수입   ④ 수출

| 정답 | ①

| 해설 |
「As A, so B」의 유사 구조를 취한다. 빈칸 부분은 도치 문장이다. 앞에 나온 문장에 대한 긍정일 경우는 「So+조동사[be동사]+주어」 형태를 취하고, 부정일 경우는 「Neither[Nor]+조동사[be동사]+주어」 형태를 취해서, 앞부분의 내용과 마찬가지라는 뜻을 지닌다. 주어진 문장의 전체 의미를 보면 경기 침체(recession)로 생산 라인의 감소가 있다는 내용으로, 수요가 줄어들면 '빈칸'도 마찬가지로 줄어든다는 내용을 골라야 하므로 ① production이 적당하다.

| 어휘 |
slowdown ⓝ 둔화   recession ⓝ 불경기, 경기 침체

demand ⓝ 수요   shrink ⓥ 오그라들다, 줄어들다

예시
02

Older theories are not so much abandoned as corrected. Einstein himself always insisted that his own work was a modification rather than a(n) _____ of Newton's. 숙명여대

① rejection   ② injection
③ projection   ④ indication
⑤ vindication

| 해석 |

오래된 이론은 폐기되었다기보다는 수정되었다. 아인슈타인 자신은 항상 자신의 연구는 뉴턴의 연구를 폐기한 것이 아니라 변경한 것이라고 주장했다.

① 폐기   ② 투입
③ 예상   ④ 암시
⑤ 옹호

| 정답 | ①

| 해설 |

본문에서 아인슈타인의 연구와 뉴턴의 연구를 비교하고 있으며, 뉴턴의 연구는 '오래된 이론'을 뜻한다. 아인슈타인은 자신의 연구는 오래된 뉴턴의 연구를 '수정'하거나 '변경'한 것이라고 주장했다. 즉 corrected와 modification이 서로 비슷한 의미로 대응된다. 여기서 abandoned도 '빈칸'과 비슷한 의미로 대응될 것임이 유추 가능하다. 따라서 정답은 ①이다.

| 어휘 |

not so much A as B – A라기보다는 B인   abandoned ⓐ 버려진, 폐기된
corrected ⓐ 수정된, 정정된   modification ⓝ 수정, 변경
rejection ⓝ 거절, 폐기   injection ⓝ 투입, 주입
projection ⓝ 예상, 추정   indication ⓝ 말, 암시
vindication ⓝ 옹호, 변호

📖 **실전 문제 다지기**

01   Just as the cowardice is the mark of craven, _____ is the mark of the renegade. 경기대

① avarice   ② disloyalty
③ vanity   ④ bigotry

02   Contrary to popular belief, smoking cigars may be just as _____ to health as smoking cigarettes.

① essential   ② harmful

③ harmless   ④ beneficial

03   Likewise, just as a bad tree does not grow good fruit, so also an evil will does not produce _____ deeds.

① atrocious   ② evil

③ social   ④ good

04   Some say donations for Ebola _____ in comparison to the billions of dollars in money and supplies sent to Haiti and Japan in response to an earthquake in 2010 and a tsunami in 2011, respectively.

① double   ② pale

③ struggle   ④ skyrocket

05   If the Ebola virus is _____ in the same way HIV and Hepatitis B or C are transmitted, why are there so many _____, such as protective gear and isolation unit, being put into place?

① airborne – procedures   ② transferred – precautions

③ evolving – warnings   ④ spread – contradiction

06   Just as China's economic boom fueled a roaring demand for raw materials across the world, so too did it _____ a frenzy for recyclable paper, plastic and metals.

① exceed   ② contain

③ spur   ④ extinguish

07   If the study of the conscious mind highlights the importance of _____ and analysis, study of the unconscious mind highlights the importance of _____ and perception. If the outer mind highlights the power of the individual, the inner mind highlights the power of relationships and the invisible bonds between people. 서강대

① reason – passions   ② penchant – sensitivity

③ veracity – connection   ④ expediency – compassion

08   Don't permit kids to refer to themselves as losers, failures, stupid, or clumsy. "Never let failure progress from an action to an identity," says Dwight. _____, don't label your kids. Don't say this one is the artist, and this one is the lawyer. Anyone can be anything.

성균관대

① Otherwise   ② Instead

③ However   ④ Nonetheless

⑤ Likewise

09   Human beings are social creatures. Without other people they fail to become human; yet with other people they often act barbarously. The need for _____ stems from this double fact. Nobody likes rules any more than they like stop lights, but without _____, human relations would become as snarled as traffic jams. 가톨릭대

① ethics – interdependence   ② justice – cooperation

③ morality – constraints   ④ religion – suffering

10 The Underground Railroad was an informal network of routes traveled by a few thousand American slaves escaping to freedom between 1840 and 1860. These routes included paths through woods and fields; transportation such as boats, trains, and wagons; and homes where runaways hid from slave owners and law enforcement officials. In keeping with the idea of a railroad, slaves were referred to as "passengers," homes that took them in were "_____," and the people who assisted them were known as "conductors."

① caves   ② stations
③ heavens   ④ shelters

05 목적, 수단

어떤 목적을 나타내기 위하여 글이 전개되는 경우가 있다. 그러한 목적을 달성하기 위해 수단이나 행위가 따라 나온다. 이를 단서로 하여 문장을 완성할 수 있다. 이러한 목적을 나타내는 표현으로는 절을 활용하는 경우는 so that, in order that 등이 있고, 구를 활용하는 경우는 so as to, in order to 등이 있다. 물론 for the purpose of 등을 이용할 수도 있다.

더불어 글에서 수단을 통해서 결과를 낳은 경우가 있다. 가령 '공부를 열심히 해서 시험에 합격했다'는 'by studying hard' 가 수단으로 pass the exam이라는 결과를 낳은 것이다. 문장 가운데 「by -ing」 구조는 앞에 나온 동사의 행위와 긍정적인 관련이 있다는 것을 염두에 두고 풀어 나간다. 이와 더불어 어떠한 행위를 통하여 또 다른 행위의 결과를 낳는 경우가 있으며, 이 역시 수단의 측면으로 살펴볼 수 있다. 또한 through나 by way of를 이용하여 수단을 나타낼 수도 있다.

예시 01

It is good idea to paint your bike with _____ paint so that you are more visible to motorists. 명지대

① luminous
② murky
③ somber
④ vague

| 해석 |

운전자가 쉽게 알아볼 수 있도록 네 자전거를 야광 페인트로 칠하는 것은 좋은 생각이다.

① 빛나는, 야광의
② 어두운, 흐린
③ 우울한, 음산한
④ 애매한, 막연한

| 정답 | ①

| 해설 |

목적을 나타내는 so that 구문을 이용하여 해결한다. 운전자가 자전거를 잘 식별할 수 있도록 하려면 자전거를 야광으로 칠하는 것이 눈에 더 잘 띌 것이다.

| 어휘 |

visible ⓐ 눈에 띄는, 보이는
luminous ⓐ (어둠에서) 빛나는, 야광의
murky ⓐ 어두운, 캄캄한, 흐린, 침침한
somber ⓐ 어두컴컴한, 우울한, 음산한
vague ⓐ 분명치 않은, 애매한, 막연한

예시 02

An art student _____ a famous painting by painting a copy of it herself. 명지대

① inaugurated
② demolished
③ subscribed
④ replicated

| 해석 |

미대에 다니는 한 여학생이 유명한 작품의 사본을 직접 그려서 복제했다.

① 개시했다
② 무너뜨렸다

③ 가입했다 ④ (정확히) 모사했다

| 정답 | ④

| 해설 |

「by -ing」의 구조는 '~함에 의하여, ~함으로써'의 뜻으로 수단을 나타낸다. 문장의 동사의 행위가 수단을 통하여 이루어지는 구조이므로 한 방향의 진행으로 볼 수 있다. 그러므로 그림을 그리면서 행할 수 있는 행위를 고르면 ④ '정확히 모사했다'는 뜻이 올바른 정답이 된다.

| 어휘 |

inaugurate ⓥ 개시를 알리다, 취임시키다   **demolish** ⓥ 철거하다, 무너뜨리다, 뒤집다

subscribe ⓥ 구독하다, 가입하다, 청약하다   **replicate** ⓥ (정확히) 모사하다, 자기 복제를 하다

📖 실전 문제 다지기

01 European ministers are insisting that Greece implement a severe _____ plan to quickly reduce its fiscal deficit. 숭실대

① austerity   ② investment

③ booster   ④ development

02 One actor expected the other actors to _____ themselves so that he could be the sole star of the show.

① inculcate   ② appraise

③ pacify   ④ efface

03 In order to make the paper deadline, the student had to adopt _____ attitude.

① a fastidious   ② an eminent

③ a heuristic   ④ an expeditious

04 She _____ the price tag so that her mother would not know how expensive the blouse was. 세종대

① got off   ② pulled off
③ paid off   ④ showed off

05 Often the prosecutors made false promises of _____ in order to obtain confessions of the accused. 한성대

① compassion   ② reduction
③ leniency   ④ flamboyancy

06 The judge asked the reporters not to _____ the name of the rape victim in order to protect the privacy of the victim. 세종대

① disclose   ② cover
③ eliminate   ④ denounce

07 A _____ action is one that is undertaken in order to prevent some other action from being undertaken. 건국대

① preemptive   ② premature
③ practical   ④ typical
⑤ rational

08 An increasing number of women in the 1980s delayed marriage and childbirth in order to _____ their careers. 서울여대

① avert   ② hitch
③ renounce   ④ launch

09 By _____ where you trip up or make mistakes, you're being honest with yourself. 경기대

① getting away with　　　　② owning up to

③ looking down on　　　　④ turning away from

10 Advertisers make use of a great variety of techniques and devices to engage us in the delivery of their _____. 세종대

① offspring　　　　② messages

③ products　　　　④ measures

11 In an effort to make her speech more effective, the union organizer carefully crossed out any _____ details that weren't directly related to her message.

① requisite　　　　② superfluous

③ quintessential　　　　④ paramount

12 Our English programs are designed to help students _____ their educational and career goals. At locations, many students take advantages of the programs to improve their academic and conversational English skills. 국민대

① mourn　　　　② moderate

③ metabolize　　　　④ meet

13 An acceleration of the pace of research into the species of the tropical rain forests will provide environmentalists with the information they need in order to _____ the fact that the rain forests are worth preserving.

① skew　　　　② camouflage

③ dismiss　　　　④ reinforce

14 Testing involves the use of formal tests such as questionnaires or checklists. These are often described as "norm-referenced" tests. That simply means the tests have been _____ so that test-takers are evaluated in a similar way, no matter where they live or who _____ the test.

① constructed – takes
② devised – passes
③ designed – writes
④ standardized – administers

15 Overproduction of cotton led to falling prices. To _____ prices, the government offered direct support payments to farmers who took 25 percent of their cotton acreage out of production. 상명대

① boost
② adopt
③ concede
④ demote
⑤ elucidate

06 병치, 추가

병치는 같은 성분의 요소가 둘 이상의 단어로 연결된 덩어리로 된 것을 말하는데, 문장 완성에서는 양쪽의 성분을 맞춰서 유추하는 기능을 한다. and를 중심으로 연결하는 것이 대표적인 예이다. 추가는 하나의 이야기를 한 이후에 이와 유사한 상황으로 이야기를 전개하거나, 하나의 이야기에 부수적인 이야기를 덧붙이는 경우를 생각해 볼 수 있다. 양자 모두 이야기의 진행은 한 방향으로 흘러가면서 흐름의 역전 현상이 발생하지 않는 순차적 진행 구조이다. 이에 해당하는 전환 어구로 accordingly, again, also, besides, furthermore, in addition, moreover 등을 들 수 있다. as well as that, what is more, in any case 등도 역시 덧붙일 때 쓰는 표현이다.

예시 01

_____ making antihydrogen easier to study, **a new cooling technique could** make it last longer **in traps.** 홍익대

① So that   ② In what

③ In addition to   ④ Because

| 해석 |
새로운 냉각 기법은 반수소를 연구하기 더 쉽게 만들어 줄 뿐만 아니라 반수소가 **트랩 내에서** 더 오래 지속될 수 있도록 **할 수 있다.**

① 따라서   ② 무엇이 ~하는 데 있어

③ 뿐만 아니라   ④ 왜냐하면

| 정답 | ③

| 해설 |
새로운 냉각 기법은 1) 반수소를 연구하기 더 쉽게 만들어 주고, 2) 반수소가 트랩 내에서 더 오래 지속될 수 있도록 해 준다. 양자 모두 새로운 냉각 기법의 기능이다. 기능 두 가지를 나열하면서 서술하는 것이므로, 추가나 첨가를 나타내는 ③ In addition to가 정답이다.

| 어휘 |
antihydrogen ⓝ 반수소

예시 02

The mentality of enmity **can poison a nation's spirit, block a nation's progress to freedom and** democracy, and _____ brutal life-and-death struggles. 중앙대

① abhor   ② impede

③ instigate   ④ stifle

| 해석 |
증오심은 국가의 기상을 오염시키고, 국가가 자유와 민주주의로 나아가지 못하도록 방해하며, 잔혹한 생과 사의 투쟁을 부추긴다.

① 혐오하다   ② 방해하다

③ 선동하다   ④ 억압하다

| 정답 | ③

| 해설 |

and를 중심으로 증오심의 결과가 병치되어야 한다. ('국가 기상의 오염'= '민주주의 방해'= '잔혹한 투쟁의 선동') abhor, impede, stifle은 모두 선동을 막는다는 의미와 비슷하므로 증오심의 결과로서는 적절치 않다.

| 어휘 |

mentality ⓝ 사고방식   **enmity** ⓝ 원한, 증오, 적대감

brutal ⓐ 잔혹한   **abhor** ⓥ 혐오하다

impede ⓥ 방해하다, 지연시키다   **instigate** ⓥ 부추기다, 선동하다

stifle ⓥ 질식시키다, 억누르다, 억압하다

📖 실전 문제 다지기

01   When we talk to foreign speakers, we can not only adjust our speech rate but also
_____ such essential paralinguistic features as smiling, gaze directness and
duration, posture, and so on. 가톨릭대

① tolerate   ② manipulate

③ aggravate   ④ stipulate

02   In addition to attending the textile shows, fabric producers _____ showrooms in
major fashion centers to display their new lines of fabrics. 가톨릭대

① maintain   ② observe

③ invent   ④ abolish

03   Only about half of Hispanics or Asians in the United States are eligible to vote, because
they are either too young or are not citizens, and on top of that, minority _____
is lower than for the population as a whole.

① retention rate   ② academic achievement

③ voter turnout   ④ ethnic heritage

04 Her relationships with others are suffering and she's losing her passion and her pride. What is more, she's becoming _____ and more and more afraid of failing.

① charismatic　　　　　　　　② paranoid

③ aggressive　　　　　　　　　④ self-conscious

05 It is natural that the air is _____ and stale in the basement during the long rainy season. 단국대

① dank　　　　　　　　　　　② sparse

③ sluggish　　　　　　　　　　④ numb

06 The TV campaign not only brought in huge sums of money to help relieve the _____ of millions of Africans suffering from the effects of a severe famine, but also _____ a great deal of sympathy for them. 단국대

① setback – induced　　　　　　② duration – deemed

③ plight – generated　　　　　　④ strife – conserved

07 Richard Wagner was frequently intolerant; moreover, his strange behavior caused most of his acquaintances to _____ the composer whenever possible. 한양대

① shun　　　　　　　　　　　② revere

③ tolerate　　　　　　　　　　④ condescend

08 The armed rebel group's claims that it is fighting for the betterment of the population's living conditions are _____ lies or the expression of a naive idealism. 경희대

① blatant　　　　　　　　　　② generous

③ alternative　　　　　　　　　④ frank

09 The younger musicians felt compelled to include a steady, swinging rhythm which they saw as a _____ and essential element in great jazz.

① permanent
② ephemeral
③ inconsistent
④ traditional

10 Alcohol consumption had risen steeply over the preceding decade and evidence emerged that Britain had some of the highest rates of binge drinking in Europe. _____, a proliferation of bars belonging to national chains appeared to have turned many city centers into sites of nightly drunken chaos. 서강대

① Furthermore
② Despite
③ However
④ Whereas

11 The bank loaned money to the two hotel companies. The loan was secured by a first priority mortgage on the hulls under construction, as well as all _____ of each of them, including machinery and equipment. 중앙대

① facades
② cloisters
③ colonnades
④ appurtenances

12 In overcrowded hospitals, the Indian people must first battle serpentine lines to see specialists, wait months to _____ tests and surgeries, and spend more than they can afford for board and lodging. 동국대

① perform
② implement
③ undergo
④ experience

13　Visual presentation can be overdone; the inexpert user of charts and diagrams often fails to resist the temptation to try and say too much. The keynote of nearly all successful diagrammatical presentation lies in simplicity of design and _____ of cluttering detail. 서강대

① addition　　　　　　　　　② effective use

③ emphasis　　　　　　　　　④ absence

14　The Doomsday Clock was established in 1947 by scientists who helped develop the first atomic weapons in the Manhattan Project. The countdown to catastrophe has grown to reflect the risk to humanity and the planet not just from _____, but also from a broad range of possible sources. 광운대

① nuclear weapons　　　　　　② Doomsday Clock

③ conventional weapons　　　　④ countdown to catastrophe

⑤ ballistic missiles

15　It is a common misconception that because a machine such as a guided missile was originally designed and built by conscious man, then it must be truly under the immediate control of conscious man. Another _____ of this fallacy is 'computers do not really play chess, because they can only do what a human operator tells them'. 숙명여대

① variant　　　　　　　　　② foundation

③ cause　　　　　　　　　　④ effect

⑤ intent

07 조건, 시간

조건과 시간의 표현 역시 한 방향의 진행을 나타낸다. 조건의 경우는 '~라면 …하다'라는 일종의 원인과 결과를 바탕으로 한 구조이기도 하다. 조건을 나타내는 표현은 if, given, granting, as long as, in case, only if, provided that, whether or not 등이 대표적인 표지이다. 여기에서는 편의상 긍정뿐 아니라 부정의 조건을 나타내는 unless, but that(~하지 않는다면), lest ~ should 등의 표현도 함께 살펴보기로 한다.

시간은 일반적으로 순차적 구성으로 진행되며, 앞뒤 흐름이 인과 관계로 이어지게 된다. 전후 관계의 연결을 나타내는 표현으로 ① '동시'라는 의미의 at the same time, simultaneously (with), concurrently (with), in concurrence (with), synchronously, coincidentally, coincidently 등이 있고, ② 전후 관계를 나타내는 표현으로 afterward, furthermore, next, subsequently, then, after, before, in the wake of, follow, until 등을 ③ '그러는 사이에, 한편 이야기는 바뀌어' 등을 나타낼 때는 meanwhile, in the meantime, while을 쓴다.

예시 01

Traffic is being _____ from the main road while it is under repair. 단국대

① averted   ② converted
③ diverted   ④ perverted

| 해석 |
주도로가 수리 중일 때 차량 통행은 주도로에서 우회되고 있다.

① 피했다   ② 개조했다
③ 우회했다   ④ 왜곡했다

| 정답 | ③

| 해설 |
주도로가 수리 중이므로 주도로로 진입할 수 없는 경우를 생각해 보면, '우회한다'는 의미의 단어를 고르면 된다.

| 어휘 |
avert ⓥ 피하다   **convert** ⓥ 전환시키다, 개조하다
divert ⓥ 우회하다   **pervert** ⓥ 왜곡하다

예시 02

If we _____ these experienced people to positions of unimportance because of their political persuasions, we shall lose the services of valuably trained personnel. 중앙대

① proselyte   ② empower
③ venerate   ④ relegate

| 해석 |
우리가 이런 경험 많은 사람들을 정치적 신념 때문에 변변치 않은 자리로 좌천시킨다면, 우리는 잘 훈련받은 직원들이 (조국을 위해) 봉사할 수 있는 기회를 앗아가게 될 것이다.

① 개종시키다   ② 권한을 주다

③ 존경하다   ④ 좌천시키다

| 정답 | ④

| 해설 |

문맥으로 봐서 빈칸에는 부정적인 어휘가 와야 한다. 이런 점에서 ② empower와 ③ venerate는 어울리지 않는다. ④ 「relegate A to B」는 'A를 B의 자리로 좌천시키다'라는 의미로, 현재의 자리보다 더 좋지 않은 자리인 B로 내려 앉히는 것을 뜻하므로 문맥 및 뒤에 나오는 전치사 to와 잘 어울린다. 따라서 ④가 정답이 된다.

| 어휘 |

experienced ⓐ 경험 많은   **political persuasion** – 정치적인 신조

valuably trained – 잘 훈련된   **personnel** ⓝ 직원들; 인사과

proselyte ⓥ 개종시키다   **empower** ⓥ 권한을 주다

venerate ⓥ 존경하다, 공경하다   **relegate** ⓥ 좌천시키다, 격하시키다

📖 실전 문제 다지기

01 A stay will not be granted, unless there is _____ evidence that the appeal will be stifled. 한국외대

① ominous   ② cogent

③ illusory   ④ obsolete

02 A paragraph is _____ if the sentences it contains are connected clearly and logically in a sequence that is easy to follow. 명지대

① ideological   ② transitional

③ notorious   ④ coherent

03 Tom's grandson inherited his money with the _____ that he should go to college.

중앙대

① proviso   ② aptitude

③ evocation   ④ tendency

04 After giving us detailed instructions for more than two hours, the manager _____ briefly and then sent us on our assignments. 숙명여대

① recapitulated   ② relegated

③ transpired   ④ subsisted

⑤ supplicated

05 The prime minister's position became _____ after he lost the support of his own party, so he resigned from office. 중앙대

① untenable   ② impartial

③ perpetual   ④ insuperable

06 If your support of our position is _____, we will never know whether you are going to be for us or against us.

① consistent   ② unwavering

③ intermittent   ④ unambiguous

07 If I _____ to this demand for blackmail, I am afraid that I will be the victim of future demands. 국민대

① relate   ② resort

③ compare   ④ succumb

08 Some scientists think that people would be more _____ if they took a nap during the day in summer. 세종대

① productive   ② serious

③ practical   ④ popular

09   All sales personnel are asked to submit daily reports unless directed _____ by their immediate manager. 성균관대

① otherwise   ② against
③ along   ④ likely
⑤ altogether

10   If you are committed to success, then you will adopt the behaviors that _____ success, such as regular attendance, sufficient preparation, and studying. 건국대

① supplant   ② anticipate
③ enhance   ④ categorize
⑤ facilitate

11   It is a highly characteristic of business's _____ attitude that little or no interest was evinced in urban renewal until similar undertakings elsewhere proved that such projects could be _____. 덕성여대

① pragmatic – profitable   ② prestigious – feasible
③ capitalistic – rigid   ④ mercantile – insensitive

12   The news signals that we've entered a 'new age in the history of energy.' And that age will be one of scarcity and _____ calamity unless governments push cleaner sources of energy. 숭실대

① social   ② national
③ environmental   ④ personal

13   Government spending in support of pure research is often treated as somehow wasteful, as though only immediate technological application can justify any scientific endeavor. Yet, unless the well of basic knowledge is continually _____ through pure research, the flow of beneficial technology will soon dry up.

① replenished   ② substituted

③ depleted   ④ cleansed

14   If we don't act to improve the health of the newspaper industry, we will see newspapers wither and die. Without newspapers, we would be less informed about our communities and have fewer outlets for the expression of independent thinking and a diversity of viewpoints. The challenge is to restore the _____ of newspapers while preserving the core values of a diversity of voices.

① viability   ② ownership

③ uniformity   ④ editorship

15   It can be concluded that moderate caffeine consumption is not an important factor for osteoporosis, particularly where women consume a healthy balanced diet. Some research suggests that regular caffeine consumption may lead to loss of calcium in the urine, but this does not have a measurable effect on bone density either. So as long as you have a balanced diet with adequate calcium intake, you can enjoy your coffee with _____. 광운대

① no cause for any concern

② no reason to avoid caffeine

③ no warning for urine infection

④ no respect to caffeine strength

⑤ no worry for calcium in the urine

08 결론, 강조

글의 결론을 내리거나, 앞부분의 내용을 요약하여 정리하는 경우가 있다. 이러한 경우는 글의 흐름은 순차적으로 진행되는 것이며, therefore, as a result, consequently 등이 논리적인 결론을 내리기 위하여 주로 사용된다. 요약으로는 in conclusion, to sum up(요컨대), briefly, in short 등이 주로 사용된다. 이러한 결론과 요약은 상황에 따라서 인과 관계로 연결되기도 한다. 더불어 '연구에 따르면 ~라는 사실이 밝혀졌다', '보도, 조사, 연구 …에 의하면 ~라고 한다' 등에서 알 수 있듯이, 과학적인 연구, 실험의 결론이나 핵심을 밝히는 것 역시 결론과 관련된다.

마지막으로 한 방향의 진행 가운데 강조의 표현이 있다. 강조는 글을 진행하면서 필자가 다시 한 번 자신의 주장의 핵심을 밝히는 것이므로, 이를 파악하면 논리적인 글 읽기에 도움이 된다. 이에 해당하는 표현으로는 certainly, indeed, in fact, to be sure 등이 있다. 이에 더하여 「the very 명사」는 바로 그 명사를 강조하는 것이고, 「it is ~ that ....」 구문 역시 강조를 하는 경우이다. 또 다른 측면으로 양자의 상관관계에 더 중점을 두는 경우에는 「A rather than B = not so much B as A(B라기보다는 A)」, 「A regardless of B = irrespective of B, A(B에 상관없이 A)」, 「apart from B, A(B와는 별개로 A)」 등은 결국 A의 강조를 나타내는 표현으로 볼 수 있다.

예시 01

In today's era of mass media exposure, most citizens are better informed about crooked politicians at the national level than they are at the local one. Consequently, political corruption is more likely to _____ at the local levels.

① languish

② thrive

③ perish

④ retrogress

| 해석 |

오늘날같이 언론 노출이 활발한 시대에는, 대부분의 시민들이 지방 수준보다는 전국 수준의 부패한 정치인들에 대해 더 많은 소식을 듣게 된다. 결과적으로 정치적 부패는 지방 수준에서 더 활발히 이루어지기 쉽다.

① 약화되다

② 번성하다, 번영하다

③ 죽다, 멸망하다

④ 퇴보하다, 쇠퇴하다

| 정답 | ②

| 해설 |

미디어의 발달로 정치인들의 소식을 많이 접하는 것은 맞지만, 지방과 전국(중앙) 수준에서 보면 지방의 정치인들 소식은 상대적으로 많이 듣지 못한다고 말하고 있다. 따라서 지방 수준의 부패는 더 만연할 수 있으므로, '번성하다(thrive)'는 ②가 정답이 된다. 다른 보기는 모두 줄어들거나 없어진다는 뜻이므로 정반대의 의미를 갖는다.

| 어휘 |

era ⓝ 시대

be better informed about – ~에 대해 더 잘 알다, 정통하다

crooked ⓐ 부정직한, 비뚤어진, 구부러진

consequently ⓐⓓ 그 결과, 따라서

corruption ⓝ 부패

languish ⓥ 약화되다, (진전이) 시들해지다

thrive ⓥ 번성하다, 번영하다

perish ⓥ 죽다, 멸망하다

retrogress ⓥ 퇴보하다, 쇠퇴하다, 역행하다

01 Luther and his followers refused to concede their errors or surrender to the might of the empire. _____, they had to be subdued by force of arms.

① Consequently   ② Nevertheless

③ And yet   ④ On the other hand

02 A job interview is a situation in which a first impression can determine one's future earning capacity; therefore, appropriate dress for an interview is _____. 가톨릭대

① critical   ② deceiving

③ tedious   ④ radical

03 Psychoanalytic studies of the so-called "double bind" have shown that nothing is more confusing and disturbing to a child, or has more _____ effects, than contradictory messages from an adult about important issues. 경희대

① demotic   ② diminutive

③ diminished   ④ detrimental

04 We know that here in this country we have a grave responsibility. We are at peace. We have no reason for the _____ which govern so many other peoples throughout the world. Therefore, we have to guard the freedoms of democracy.

① laws   ② fears

③ guidelines   ④ principles

05   We are seeing a globalization, not so much of wealth as of class divide. The expansion of trade has not fully closed the gap between those of us who live on the cutting edge of the global economy and the billions around the world who live on the knife's edge of survival. This global gap, _____, is widening. 경희대

① if anything   ② for instance
③ by coincidence   ④ particularly

06   Anyone who listens to pop music regularly has probably been hit with this realization at one point or another — a ton of pop music sounds very similar. It seems like grandpa logic, but a growing body of research confirms what we all suspect: Pop music is actually getting more and more _____.

① divergent   ② homogeneous
③ irrelevant   ④ contradictory

07   Dead Poet Society does show the positive influences a teacher can have on the lives of students by showing that teachers do have an impact in our lives and they do help us to speak up and use our voices. We may not always notice it but we are always changing and teachers help students to use their voice. _____, teachers can help students become more social, and help students to speak up for themselves more.

① In contrast   ② Nevertheless
③ In conclusion   ④ On top of that

08 The natural and sensible starting-point for work in literary scholarship is the analysis of the works of literature themselves. After all, only the works themselves justify all our interest in the life of an author and his social environment. But literary history has been so preoccupied with the setting of a work of literature that its attempts at an analysis of the works themselves have been slight in comparison with the enormous efforts. Some reasons for this overemphasis on the conditioning circumstances _____ on the works themselves are not far to seek. 가령대

① but   ② instead
③ as well as   ④ rather than

09 Money has not always been made of metal or paper. In many parts of the world people have used other materials. Precious stones, valuable cloth(silk), and rare spices(saffron) have all been used as money at times. But people have also given special value to other kinds of objects. For example, in Ethiopia, blocks of salt have been used as money. In Malaysia, people have used large bronze drums. In India and in North America, special kinds of shells have been used. In fact, anything can become money if it _____.

① has very little value
② is shiny and small
③ is accepted by everyone as money
④ is worth at least one dollar

10 Social stratification is a system in which people are divided into layers according to their relative power, property, and prestige. Functionalists take the position that the patterns of behavior that characterize a society exist because they are functional for that society. They conclude that _____ because: (i) society must make certain that its positions are filled; (ii) some positions are more important than others; (iii) the more important positions must be filled by the more qualified people; (iv) to motivate the more qualified people to fill these positions, society must offer them greater rewards. 가톨릭대

① stratification is inevitable

② stratification is the outcome of conflict between different social classes

③ stratification will disappear in societies

④ stratification is dysfunction for society

글의 흐름이 전환되거나, 앞의 진술과 다르게 진행되는 경우이다. 글의 전환 어구를 중심으로 전개되는 내용이 앞과 뒤의 흐름이 전환되는 것을 파악할 수 있다. 크게 네 부분으로 나눠서 살펴보면, 대조나 반대와 같이 글의 흐름으로 역전되는 현상도 그러하며, 하나의 사실을 인정하면서 다른 사실을 제시하는 양보의 경우 역시 다른 방향의 진행으로 볼 수 있다. 더불어 반박이나 일축, 부정과 대체의 경우도 마이너스(-) 방향에 함께 넣어서 판단할 수 있다.

우선 대조나 반대의 표현들은 글 속에서 전환 어구를 사용하여 이미 진행되어 오던 글의 흐름과 대비되거나 반대되는 흐름으로 진행하는 경우이다. 글에 적당한 전환 어구를 두어 단서를 주기 때문에, 이를 중심으로 판단하여 빈칸에 들어갈 적합한 것을 고르면 된다.

양보의 경우는 양보, 용인 등으로 나타낼 수 있는데, 일부의 사실을 인정하면서 새로운 사실을 제시하는 경우이다. 일부의 사실을 부정하지 않는다는 점에서 '부정' 표현과는 다르고, 동등하게 양측을 인정하지는 않는다는 점에서 '병렬'과는 차이가 있다. 문장의 무게 중심이 양보의 전환 어구가 아닌 주절에 실린다는 점을 염두에 두고 있어야 한다.

반박이나 반론을 제기하는 경우, 어떤 주장을 묵살하거나 일축해 버리는 경우 등도 역시 마이너스(-) 방향으로의 진행으로 볼 수 있다. 이러한 관련 지표가 나오는 경우는 상대방의 주장을 무시하면서 결국 자신의 이야기, 앞으로 진행될 이야기에 귀를 기울이라는 신호이기 때문이다.

마지막으로 부정 표현이나 대체 표현이 있는데, 결국 이러한 표현의 핵심은 하나를 부정하거나, 대체해서 원하는 다른 하나에 초점을 맞추게 되는 것이다. 영어에서는 양자 간의 관계 설정에 대한 표현들이 상당수 존재하는데, 그런 경우에 부정과 대체는 마이너스(-) 방향의 진행으로 볼 수 있다.

01 반대, 대조

대조와 반대를 나타내는 표현으로, 글의 흐름상 앞의 내용과 뒤의 내용이 서로 역전되어 진행되거나 상호 비교하여 반대의 모습을 나타내게 된다. 전환 어구를 살펴보면 등위접속사로 but, or, yet 등을 들 수 있고, 종속접속사로 whereas, whether, while을 드는 것이 일반적이다. 하지만 상황에 따라 although, even though, though 등도 반대의 의미를 나타내는 경우가 있다. 접속부사로는 however, in contrast, instead, on the other hand, otherwise, still, unfortunately 등이 대조나 반대의 모습을 나타내는 것으로 파악할 수 있다. 이런 전환 어구를 바탕으로 앞뒤의 흐름에 따라 적합한 어휘나 표현을 고르면 된다.

예시
01

Authors have come and gone, but Shakespeare has remained a _____ favorite. 서울여대 2019

① bilateral   ② hilarious

③ perennial   ④ transient

| 해석 |

작가들은 등장했다가 사라져가지만, 셰익스피어(Shakespeare)는 아주 오랫동안 사람들이 좋아하는 작가로 남아 있다.

① 쌍방의　　　　　　　　　　　　　　② 아주 우스운

③ 아주 오랫동안 지속되는　　　　　　④ 일시적인

| 정답 | ③

| 해설 |

but 앞에 등장하는 작가들은 등장했다가 사람들에게서 잊히는 작가이다. but 뒤에는 이런 작가와 대조되는 작가로 셰익스피어가 등장한다. but 덕분에 셰익스피어는 앞서 언급된, 등장했지만 잊히는 작가가 아니라 이와는 상반되게 '아주 오랫동안 사람들이 좋아하는' 작가일 것으로 유추 가능하다. 따라서 정답은 ③이다.

| 어휘 |

bilateral ⓐ 쌍방의, 상무적인　　　　　　　hilarious ⓐ 아주 우스운, 재미있는

transient ⓐ 일시적인, 순간적인　　　　　　perennial ⓐ (아주 오랫동안) 지속되는, 영원한

예시 02

Over the centuries, the historical significance of the festival has waned. _____, the Lunar New Year remains one of the most important festivals celebrated by the Chinese not only in China but the world over. 성균관대

① Otherwise　　　　　　　　　　　② Instead

③ However　　　　　　　　　　　　④ Therefore

⑤ Likewise

| 해석 |

지난 수 세기 동안 그 축제의 역사적 중요성은 약화되어 갔다. 그러나 구정은 본토뿐 아니라 전 세계에 위치한 중국인들이 기념하는 가장 중요한 축제 중 하나로 남아 있다.

① 그렇지 않았다면　　　　　　　　　② 대신

③ 그러나　　　　　　　　　　　　　④ 그러므로

⑤ 마찬가지로

| 정답 | ③

| 해설 |

비록 중요성은 퇴색되었어도, 구정은 아직 중국인들에게는 중요하다는 것이 본문의 내용이다. 따라서 보기 중에서 빈칸에 들어갈 만한 표현으로 가장 적절한 것은 역접의 의미인 ③ 'however'이다.

| 어휘 |

significance ⓝ 중요성　　　　　　　　　wane ⓥ 약화되다, 감소되다

Lunar New Year – 구정, 음력설　　　　　celebrate ⓥ 기념하다

otherwise ⓐⓓ 만약 그렇지 않다면　　　　instead ⓐⓓ 대신에

likewise ⓐⓓ 마찬가지로

01 Presidential candidates must have a(n) _____ past record, but most of them have a skeleton in the cupboard somewhere. 중앙대

① nebulous   ② immaculate
③ confidential   ④ intimidating

02 We expect the weather to be capricious and even occasionally violent, but we count on the Earth to remain _____; when it suddenly begins to tremble, shake, and roll, the Earth has betrayed us. 숭실대

① warm   ② peaceful
③ mute   ④ solid

03 Obviously, some degree of packaging is necessary to transport and protect the products we need, but all too often manufacturers add _____ wrappers over wrappers and layers of unnecessary plastic. 세종대

① convenient   ② substantial
③ extraneous   ④ relevant

04 In a football game, one person could tackle another with such force that the person breaks a limb. The offender would likely get a red card and suspension. _____, he would not face criminal charges because it happened on a football field, but a similar action in the public space would be a criminal offence.

① Therefore   ② In contrast
③ However   ④ In addition

05 There will be those who have looked forward to the initiation of the new policy, whereas others _____ either its necessity or its effectiveness. 중앙대

① bemoan   ② propagate
③ commove   ④ corroborate

06 Fatal conditions like cancer and heart disease are common among men, while women are more likely to suffer from chronic _____ conditions such as arthritis, osteoporosis, and autoimmune disorders.

① sporadic   ② tranquil
③ flexible   ④ nonfatal

07 The conciliatory gesture of the politician this morning comes as a sheer contrast to the _____ language he used for much of last month. 중앙대

① irenic   ② pugnacious
③ placatory   ④ wishy-washy

08 I don't consider myself a(n) _____ person, but I made lots of friends during my summer vacation in Mexico. 단국대

① gregarious   ② insightful
③ erudite   ④ cranky

09 Those who expected the governor to be inarticulate were shocked by his _____.

서강대

① eloquence   ② fatigue
③ endurance   ④ intolerance

10   This research paper contains proactive and affirmative insights but they were buried in a
_____ of half-truth and groundless speculation. 중앙대

① farrago   ② quid pro quo

③ larceny   ④ sine qua non

11   The _____ and _____ lifestyle of certain types of primates differs greatly
from the habits of most primate species, who are active during the day and who form
societies based on quite complex interrelationships. 중앙대

① inactive – convivial   ② nocturnal – reclusive

③ nomadic – monogamous   ④ diurnal – gregarious

12   A neoplasm can be caused by an abnormal proliferation of tissues, which can be caused
by genetic mutations. Not all types of neoplasms cause a tumorous overgrowth of tissue.
However, in some cases, the result is _____.

① detrimental   ② insignificant

③ benign   ④ innocuous

13   For small blunders of social etiquette it is usually enough to just smile and look apologetic
to the offended, but there are certain things which are _____ in the eyes of the
offended.

① dormant   ② desirable

③ unforgivable   ④ admittable

14   Frozen yogurt has become a(n) _____ for those who like ice cream, while
margarine has set off the alarm for those who cannot eat butter. 서강대

① inexpensive alternative   ② allergy-free dairy food

③ fancy replacement   ④ healthy substitute

15   Wind is the _____ movement of air, or air motion along Earth's surface. On the other hand, vertical air motions are referred to as updrafts and downdrafts, or collectively as air currents.

① perpendicular   ② cyclical

③ horizontal   ④ ridiculous

16   Skepticism and inquiry are the essence of scientific progress. It is always legitimate to challenge the existing consensus with new data or an alternative hypothesis. Those who insist that _____ be silent are not the allies of science.

① collaboration   ② dissent

③ neutrality   ④ conformity

17   It has been suggested that environment is the predominant factor in the incidence of drug addiction, but recent studies with twins separated at birth indicate that a predisposition to addiction can be _____.

① exacerbated   ② inherited

③ disciplined   ④ learned

18   In contrast with Europeans, who unanimously reject the use of torture, the American public is pretty evenly _____ about its use to extract information from terrorists.

성균관대

① divided   ② accepted

③ claimed   ④ disputed

⑤ opposed

19   Banking appears to the lay person a fearfully complicated business, requiring immense sophistication to grasp. Yet the key factor in the banking world is nothing more _____ than discovering how to amass money cheaply and lend it at as high a price as possible.

① intrinsic   ② manageable
③ accumulative   ④ abstruse

20   A conservative is someone who believes that the established order deserves respect, even reverence. By contrast, someone ready to alter the established order in pursuit of a vision of a better world is _____. 경기대

① an infidel   ② a royalist
③ an anarchist   ④ a liberal

21   Unlike the carefully weighted and planned compositions of Dante, Goethe's writings have always the sense of _____ and enthusiasm. He was a constant experimenter with life, with ideas, and with forms of writing.

① immediacy   ② consistency
③ reflexivity   ④ tenacity

22   Contrary to _____ wisdom, detailed energy measurements show that while hunter-gatherers may be more physically active than the rest of us, they don't burn more calories thanks to their lower metabolism.

① ethnocentric   ② mendacious
③ conventional   ④ epistemological

23 Should a novelist be allowed to take liberties with the lives of historical figures? This question has engaged critics for centuries, with some supporting the cause of _____ and others weighing in on the side of artistic freedom. This indeed is a highly controversial issue, not easy to settle unilaterally. 중앙대

① creative latitude   ② historical accuracy
③ critical neutrality   ④ unconditional acceptance

24 Unlike the _____ Capote, who was never happier than when he was in the center of a crowd of celebrities, Faulkner, in later years, grew somewhat reclusive and shunned company. 한양대

① austere   ② congenial
③ tenacious   ④ gregarious

25 Self-defeating thinking has to do with the way people identify _____ of their problems: People who attribute difficulties to internal, stable, and global causes are likely to feel helpless and dejected in contrast to those who attribute their troubles to external, temporary, and _____ causes. 한국외대

① sources – inherent   ② causes – specific
③ origins – contributive   ④ consequences – definite
⑤ effects – incidental

26 Someone unfamiliar with his work, accolades or age could easily mistake M. K. Asante, Jr. for a college student instead of a university professor. Asante's mesh brim hat, a constant fixture in his attire, bright smile and casual demeanor radiate _____ while his knowledge of film, literature and African-American history could rival that of scholars twice his age. 중앙대

① brilliance   ② youth
③ enthusiasm   ④ attractiveness

27 Many feline behavior specialists have noted that the special neck bite that the animal uses in the wild is designed to kill a bird or small rodent efficiently. Young cubs in the wild have the opportunity to practice this special bite, whereas _____ may just be showing their excitement at seeing potential prey. 중앙대

① domestic dogs

② adult wolves

③ house cats

④ cave bears

28 Judges may be trained to confine themselves to the legally relevant facts before them. But they are also human, and thus subject to _____ which can muddy their judgment.

① the law like everyone else

② their spouses' will

③ all sorts of cognitive biases

④ insufficient education

29 The world's first air conditioner was switched in Brooklyn in 1902. Since then, air conditioning has saved lives, raised productivity and made hot places liveable in summer. Yet _____ fume that the technology cooks the planet even as it cools homes. 국민대

① engineers

② conservationists

③ air conditioner makers

④ the people who live in hot places

30 The benefits of the scientific revolution are too many to count. Most people naturally have faith in science; it has become the religion of modernity. _____ science, in and of itself, is not the answer to all of our problems, and in fact our perception of science as omnipotent can lead to a new set of challenges. 가천대

① Likewise

② Accordingly

③ Because

④ But

31 Honesty is not always the best policy. Some conclusions are better left unsaid. For instance, if you are talking to a friend and he asks for your opinion about something, the truth should be avoided if there is no way to deliver it without harming the relationship. The truth is not always necessary. If you were a doctor and you had to give your patient bad health news, then it is important to maintain honesty. However, sometimes, in the case of friendship, the honesty may need some _____. 한양대

① vent   ② ointment
③ buffering   ④ concussion

32 There's plenty to shriek about in Inland Northwest skiing this season. The five resorts scattered around Spokane, Washington, are covered in thick blankets of snow and enjoying record business. There have been some lean years up here in recent times. But this year, many of the ski areas have been pounded with snow. _____, skiing and other snow-dependent activities in the Northeast and parts of the Midwest have been severely curtailed this winter by lack of snow and warm temperatures. 명지대

① As a result   ② By contrast
③ For instance   ④ In short

33 Life at the bottom is nasty, brutish and short. For this reason, heartless folk might assume that people in the lower social classes will be more self-interested and less inclined to consider the welfare of others than upper-class individuals, who can afford a certain noblesse oblige. A recent study, however, challenges this idea. _____.

국민대

① It is the poor, not the rich, who are inclined to charity
② Poor people's lives are not so nasty as usually assumed
③ The expected life spans of the rich and the poor are not so different
④ The welfare of others is the least important issue to both the rich and the poor

34 Businesses exercise greater freedom than government does: they can go out of business, or firms can abandon an activity they no longer find profitable. But government _____. 숙명여대

① can also discard an unprofitable activity

② rarely has these options

③ can always make profit

④ cannot give up its profit

⑤ should always consider profit

35 Throughout American history, the exemplary tradition of the country being a sanctuary for foreigners seeking refuge from political or religious persecution has sometimes been _____ by a tendency to regard refugees as bringing undesirable ideologies into society, such as communism, socialism, and anarchism. 한양대

① offset   ② mollified

③ proscribed   ④ ameliorated

36 It makes all the difference whether you hear an insect in the bedroom or in the garden. In the garden the voice of the insect soothes; in the bedroom it irritates. In the garden it is the hum of spring; in the bedroom it seems to belong to the same school of music as _____. 인하대

① the sound of holiday music

② the sound of chirping birds

③ the sound of the dentist's drill

④ the sound of singing in a choir

37   Companies devote a lot of thought to sending people abroad. They offer foreign postings to their most promising employees. They sweeten the deal with higher salaries and big allowances, and sometimes help to find work for spouses. But when it comes to _____, it is a different story. One study suggests that a quarter of firms provide no help for repatriates at all. Many others offer at best a few links to websites.

성균관대

① paying a bonus
② being promoted in the company
③ extending the stay in a foreign country
④ sending the employees abroad
⑤ bringing the employees home

38   Much of modern economic history can be seen as a dialectic between advocates of laissez-faire policies, who want to leave the market free to create wealth _____ by restrictions, believing it will trickle down to all members of the society, and exponents of redistribution of wealth, who want to ensure that the fruits of capitalism are _____. According to which school rules in the country, aspects of economy have taken quite different forms. 중앙대

① constructed – monopolized gradually
② digested – handed down to posterity
③ untrammeled – shared equitably
④ cleaved – dependent highly on the government

39 Mass-produced automobiles put freedom of movement within the reach of nearly all Americans. Nothing, in theory, could be more democratic than that. But as I see and hear Americans now, I marvel at the apparent _____ of a robust people to their machines. Nearly everyone must live within earshot of the thunderous din of traffic. People who motor to their places of employment must make allowances for the time they will spend sitting still in long lines and for the time they will have to devote to finding a place to put their automobile once they arrive. 한양대

① adjustment   ② entitlement
③ enslavement   ④ enhancement

40 If you want your career to positively influence your life expectancy, you have to be made of money. That's right! Rich people in wealthy areas of England and France live 10 years longer than people in poorer areas. But having a successful career has its _____, if the result of hard work is stress. Workplace stress is caused when a person has too much responsibility or too many tasks to perform in a day. Stress can lead to a number of psychological disorders such as depression, anxiety, fatigue, tension and aggression, which seriously affect life expectancy. These days, one in three people reports high levels of stress associated with his or her career. 한양대

① withdrawals   ② backlashes
③ drawbacks   ④ repercussions

양보는 일정 사실(기존의 사실)을 인정하고 새로운 사실을 제시하는 기능을 한다. 여기서 기존의 사실과 새로운 사실은 서로 상반되는 측면이 있다. 글의 핵심은 제시되는 새로운 사실에 놓여 있다. 그러므로 다른 방향의 글의 진행이 된다. 여기에 해당하는 전환 어구로는 등위접속사로 but, yet이 있고, 종속접속사로 although, even though, though, even if 등이 있다. 접속부사로 admittedly, however, nevertheless, nonetheless 등이 쓰인다. 전치사로는 despite, in spite of 등이 있다. 주의할 표현으로 despite the fact that이나 in spite of the fact that도 쓰이는 것을 주의해야 한다. 기타 no matter how 등의 양보 표현에도 유의하여야 한다.

예시 01

Although someone had seen **him take the watch,** he still _____ it.

① refused   ② rejected
③ disowned   ④ denied

| 해석 |

비록 누군가가 **그가 시계를 가져가는 것을** 목격했지만, 그는 여전히 이를 부인하고 있다.

① 거절했다   ② 거부했다
③ 의절했다   ④ 부인했다

| 정답 | ④

| 해설 |

양보를 나타내는 Although를 단서로 보면 누군가 그가 시계를 가져가는 것을 '목격했음에도 부인한다'는 의미에서 ④가 가장 적합하다.

| 어휘 |

disown ⓥ 의절하다, 절연하다   **deny** ⓝ 부인하다

예시 02

_____ her many hours of hard work **in the lab, she realized that** her progress was unsatisfactory. 광운대

① Despite   ② Because of
③ Through   ④ Besides
⑤ Due to

| 해석 |

실험실에서 많은 시간 힘든 작업을 했음에도 불구하고, 그녀는 자신의 경과가 만족스럽지 못하다는 것을 깨달았다.

① ~에도 불구하고   ② ~ 때문에
③ ~를 통해   ④ ~ 밖에도
⑤ ~ 때문에

| 정답 | ①

| 해설 |
많은 시간을 들였지만 진척된 상황이 만족스럽지 못한 것이므로 의미상으로 양보가 되어야 한다. 따라서 정답은 ①이 된다.

| 어휘 |
realize ⓥ 깨닫다   **progress** ⓝ 진행, 진척; 진보, 경과

📖 실전 문제 다지기

01 Employees dealing with customers at the customer services department must be
_____ at all times, no matter how tired he or she is. 숙명여대

① aggressive   ② frantic
③ inflated   ④ polite
⑤ welcomed

02 The sociologist found it perplexing that his rival's theory retained its _____ despite
widespread suggestion that is now moribund. 숙명여대

① currency   ② discredibility
③ evaluation   ④ malfunction
⑤ notoriety

03 Although her real task was to collect secret information from the enemies, the spy's
_____ mission was to raise funds for them. 한국외대

① unfeigned   ② ostensible
③ surreal   ④ insurgent

04   Although loved by all the judges at the film festival, the movie had a contrary, _____ effect on the audience.

① soporific   ② uxorious

③ omniscient   ④ sanguine

05   Even with a(n) _____ search of the area, the rescue team could not find any clue of the missing child. 중앙대

① cursory   ② ephemeral

③ sluggish   ④ exhaustive

06   We realized that John was still young and impressionable, but were nevertheless surprised at his _____.

① naivete   ② obstinateness

③ indecisiveness   ④ ingeniousness

07   Although everyone pays _____ to energy conservation, few make it a part of their daily lives.

① lip service   ② scant attention

③ little respect   ④ no dues

08   Despite the labor union's protest, the company decided to _____ its workforce and production in response to declining demand and falling profits. 한국외대

① trim   ② expand

③ sustain   ④ operate

09 Although a tiger can kill a bull more than three times its size, it prefers to attack young animals that put up less _____. 가톨릭대

① infection   ② hostility
③ resistance   ④ production

10 Even when jobs became plentiful, the long-standing fear that unemployment could return at a moment's notice _____. 홍익대

① perished   ② persisted
③ performed   ④ petrified

11 Despite the fact that the two council members belonged to different political parties, they _____ the issue of how to finance the town debt. 홍익대

① complicated   ② reported on
③ attested on   ④ agreed on

12 Although it is small and looks _____, the habanero is uncontested as the hottest pepper in the world, the mother of all peppers. 명지대

① ferocious   ② innocuous
③ pedantic   ④ static

13 Although the comedian was very smart, many of his remarks were _____ and _____ lawsuits against him for slander. 덕성여대

① pithy – came upon   ② derogatory – resulted in
③ depraved – assuaged   ④ recanted – sparked

14   Although the old man during daytime catered to children's parties playing the role of a clown, he was _____ off duty; the smile painted on his face was only a camouflage to conceal his _____ mood. 경희대

① hilarious – doleful   ② saturnine – dour
③ phlegmatic – jubilant   ④ officious – patronizing

15   Although there is evidence that materialism is basic to human nature, there is also a growing body of psychological research that correlates emphasis on excessive materialism _____ with most measures of happiness, life satisfaction and community interaction.

① affirmatively   ② improperly
③ negatively   ④ arbitrarily

16   For too long, we have accepted _____ as a precondition for quality in search engines, even though the best computer scientists tell us that security through obscurity is a bad idea. The best way to battle spammers and scammers is through open public participation in the process of ranking and rating search results.

① exposure   ② secrecy
③ candor   ④ legitimacy

17   It was disturbing to see that the map of Europe did not mention Bosnian in the Mother Tongues section. Bosnian, while in many respects similar to Croatian and Serbian, is _____ a distinct language spoken by over three million people in Bosnia and also in areas of Croatia and Serbia. 성균관대

① likewise   ② moreover
③ however   ④ otherwise
⑤ nevertheless

18   Although the positive news that the cancer was caught in time to treat it with radiation therapy is often a cause for momentary celebration, that temporary _____ is quickly _____ with the realization that the treatments may take months.

① euphoria – dampened   ② gladness – elevated

③ sorrow – alleviated   ④ buoyancy – augmented

19   Although vitamins are helpful for maintaining good health, alcohol, caffeine, and drugs severely undermine their effectiveness, leaving the body's defenses _____.

① protected   ② impaired

③ confused   ④ intensified

20   How did Thomas Edison make over 1,000 inventions? He frequently worked twenty hours out of twenty-four and stopped only for short naps. He ate irregular meals, drank too much coffee, and smoked too many cigars. _____, he lived actively to the age of 84. 명지대

① Since he was a famous inventor

② Thanks to his wholesome habits

③ In accordance with his virtuous public life

④ Despite his unusual daily routine

21   Although the intellectual and architectural accomplishments of this early civilization were, even by recent standards, extremely (A) _____, its level of technical and mechanical development is not at all (B) _____ to that of modern expertise. 한양대

① refined – completive   ② archaic – complementary

③ cultured – complaisant   ④ sophisticated – comparable

22   These measures will all help, though they cannot be anything like the _____ that the would-be regulators dream of. The great bulk of America's murders are committed with ordinary handguns, not the sort that would be covered by any remotely likely ban.

서강대

① bonanza   ② bombardment
③ panacea   ④ intaglio

23   _____ the great popularity of chocolate stems from the last century, it is far from new. The earliest records of the serving of chocolate as a drink go back to the Aztecs of Mexico. Soon its use spread widely, and Europe was dotted with houses that specialized in providing hot chocolate for their customers. 숙명여대

① Although   ② Since
③ Because   ④ As
⑤ As long as

24   Some of the largest ocean waves in the world are nearly impossible to see. Unlike other large waves, these rollers, called internal waves, do not ride the ocean surface. Instead, they move underwater, undetectable without the use of satellite imagery or sophisticated monitoring systems. _____, internal waves are fundamental parts of ocean water dynamics, transferring heat to the ocean depths and bringing up cold water from below. And they can reach staggering heights — some as tall as skyscrapers. 에리카

① Due to their surface nature

② Despite their hidden nature

③ In lieu of their latent nature

④ Because of their horrible nature

25 Although several studies have indicated that groups are more likely to trigger antisocial action, there is some evidence that these effects do not simply represent _____. For instance, some researchers reported that dressing participants in medical gowns decreased aggression, whereas having them wear terrorist-like outfits increased it. Other researchers found that anonymity decreased the aggressiveness of males but increased that of females. These outcomes suggest that situation-specific or gender standards may be affecting behavior. 중앙대

① social alienation

② radical anarchism

③ underdog effect

④ norm-free behavior

반박이나 일축은 상반되는 사실에 대하여, 이를 반박하거나 일축하여 원래의 관점으로 돌아가는 표현들을 말한다. 반론을 제시하는 표현은 주로 however, but, nonetheless, even so(그렇다 하더라도), all the same(그래도, 역시), still(그래도) 등이 쓰인다. 더불어 반박을 드러내는 표현으로는 on the contrary(반대로, 그러기는커녕), quite the opposite(반대로) 등이 대표적이다. 더불어 묵살이나 일축을 나타내는 표현으로 at least, '어쨌든'이라는 의미를 나타내는 anyway, anyhow, at any rate, in any case 등이 있다. 이런 표현들은 앞서 한 말은 별로 중요하지 않고, 이제부터 말하는 것에 주의를 기울이라는 뜻이다.

예시
01

There is a large gap between primate society and fully developed human culture. However, **studies of primates have revealed** more _____ than were once imagined.

① traits   ② eccentricities
③ similarities   ④ characteristics

| 해석 |
영장류 사회와 완전히 성숙한 인간의 사회 사이에는 **많은** 격차가 존재한다. 그렇지만 **영장류 연구 결과** 한때 생각했던 것 이상의 유사성이 나타났다.
① 특징   ② 특이함
③ 유사성   ④ 특성

| 정답 | ③

| 해설 |
However를 중심으로, 기존의 생각을 반박하는 새로운 사실을 제시하고 있다. 그러므로 차이점이나 격차와는 반대의 의미를 지닌 ③ '유사성'이 들어가야 한다. 단순히 ① '특징'이라고 하기엔 너무 포괄적이라 타당하지 못하다.

| 어휘 |
gap ⓝ 큰 차이, 격차, 틈   **primate** ⓝ 영장류
trait ⓝ 특성, 특징   **eccentricity** ⓝ 기행, 기벽, 남다름, 특이함
characteristic ⓝ 특징, 특성

📖 **실전 문제 다지기**

01   There are no signs of an end to the violence; on the contrary, it is only _____.

① intensifying   ② soothing
③ beginning   ④ beneficial

02   If she thinks she is superior to him, then she may reject the project with him. In any case it is up to her _____ to be or not with him.

① conscience   ② destiny

③ decision   ④ blunder

03   Detention is not supposed to be a default step in criminal procedure; on the contrary, it ought to be _____.

① additional attributes   ② sort of penalty

③ the catalyst   ④ a last resort

04   Mr. William will not be severing his relations with the company: on the contrary, he will _____ on a full-time basis as a consultant.

① not be appointed   ② be finished

③ be retained   ④ not be able to keep

05   Teachers do not want to make students _____, in fact quite the opposite. Teachers are simply giving them what they want.

① smarter   ② confused

③ miserable   ④ financially secure

06   Some students assume they are not plagiarizing someone else's work if they change the wording while leaving the meaning intact. Yet this assumption is _____ wrong.

성균관대

① dead   ② whole

③ forever   ④ naively

⑤ perfect

07

In November, New York voters did reelect disgraced congressman Michael Grimm. Last April, the Republican lawmaker was charged with 20 counts of fraud, federal tax evasion, and perjury. _____, on Nov. 4, Mr. Grimm was reelected for a third term.

① In addition   ② Even so
③ In contrast   ④ Consequently

08

To most of us, flu is a nuisance disease, an annual hassle endured along with taxes and dentists. Some people think a flu shot isn't worth the bother. But flu _____. The virus spreads so easily via tiny droplets that 30 million to 60 million Americans catch it each year. Some 36,000 die, mostly the elderly. It mutates so fast that no one ever becomes fully immune, and a new vaccine has to be made each year.

① is taking lives in South Asia
② can be cured by just taking vitamins
③ comes back whenever you are weak
④ is easy to underestimate
⑤ can be a big business in medical field

09

The rattles with which a rattlesnake warns of its presence are formed by loosely interlocking hollow rings of hard skin, which make a buzzing sound when its tail is shaken. As a baby, the snake begins to form its rattles from the button at the very tip of its tail. Therefore, each time it sheds its skin, a new ring is formed. Popular belief holds that a snake's age can be told by counting the rings, but this is _____ — a snake may lose its old skin, as often as four times a year. Also, rattles tend to wear off or break off with time. 건국대

① empirical   ② fallacious
③ appreciable   ④ embarrassing
⑤ insignificant

10 One day in 2009 an anonymous Twitter user posted a message: "I am certainly not bored. Way busy! Feel great!" That is all well and good, one might think, but utterly uninteresting to anyone besides the author and, perhaps, a few friends. _____, according to Dr John Bollen, who collected the tweet, along with plenty of others sent that day. All were rated for emotional content. Many proved similarly chirpy, scoring high on confidence, energy and happiness. Indeed, Dr Bollen reckons, on the day the tweet was posted, America's collected mood perked up a notch. 성균관대

① Absolutely   ② So on
③ Maybe   ④ Not so
⑤ Certainly

문장 속에서 강조의 의미로 쓸 때, 하나를 부정하면서 다른 하나를 강조하는 경우가 있다. 예를 들어 「not A but B」, 「B, not A」 등은 'A는 아니고 B'이라는 부정의 의미를 가진 표현이다. 「neither A nor B」의 경우는 A, B 둘 다 아니라는 의미이다. 반면에 「B instead of A(A 대신에 B)」, instead 등은 대체의 의미를 가진다. 대체도 상황에 따라서는 하나를 부정하는 요소로 볼 수도 있다. replace, substitute, take the place of 등도 역시 대체나 대신의 의미를 나타낸다.

예시 01

The writer was known not for his original ideas but for his _____ of ideas that had been propounded by his readers. 이화여대

① invention
② reiteration
③ rejection
④ enlightenment

| 해석 |
그 저자는 자신의 독창적인 아이디어로 유명한 것이 아니라 독자들이 제안한 아이디어를 되풀이하는 것으로 유명했다.
① 날조
② 되풀이함
③ 거부
④ 깨우침

| 정답 | ②

| 해설 |
'his original ideas(자신의 독창적 아이디어)'가 아니라 'ideas that had been propounded by his readers(독자들이 제안한 아이디어)'라는 점에서 빈칸에 들어갈 말은 독창성을 나타내는 것보다 아이디어의 재가공이나 되풀이 등의 의미를 가진 단어가 와야 문맥상 적절할 것이다. 보기 중에서 여기에 가장 알맞은 것은 ② 'reiteration(되풀이함)'이다.

| 어휘 |
propound ⓥ 제의하다
invention ⓝ 날조
reiteration ⓝ 반복, 되풀이함
rejection ⓝ 거부
enlightenment ⓝ 깨우침

예시 02

You just have to give people the time to _____ to new technology, instead of attaching restrictive laws to each new development. 가천대

① abhor
② resist
③ adjust
④ suggest

| 해석 |
여러분은 새로운 발전 하나하나마다 규제법을 덧붙이는 대신, 새로운 기술에 사람들이 적응할 수 있는 시간을 주기만 하면 된다.
① 혐오하다
② 저항하다
③ 적응하다
④ 제안하다

| 정답 | ③

| 해설 |

문맥상 '새로운 발전(new development)'을 대상으로 '규제법(restrictive law)' 대신에 필요한 것은 사람들이 '적응하도록' 시간을 주는 것임을 알 수 있다. 또한 빈칸 다음에 전치사 to가 있기 때문에, 빈칸에는 목적어(new technology)와 바로 결합이 가능한 타동사는 올 수 없다. 때문에 일반적으로 타동사로 쓰이는 ① abhor, ② resist, ④ suggest 모두 빈칸에 어울리지 않는다. 따라서 보기 중에서 정답으로 가장 적절한 것은 ③이다.

| 어휘 |

restrictive ⓐ 규제의, 제한하는   adjust to – ～에 적응하다

실전 문제 다지기

01 The research shows that far from rejecting traditional marriage, many people _____ it too highly. They put it on a pedestal or regard marriage not only as the foundation of adult life but as the capstone.

① degrade   ② revere

③ condone   ④ cajole

02 A desire to be applauded by those in attendance, not his sensitivity to the plight of the underprivileged, was the reason for _____ at the charity affair. 한양대

① shyness   ② discomfort

③ arrogance   ④ generosity

03 When Wilson purposefully began collecting the unique stamps, he desperately hoped that the value of his collection would _____ rapidly; instead, the collection has slowly become worthless. 중앙대

① polarize   ② belabor

③ divulge   ④ soar

04 Instead of seeing it as a fair system under which everyone has equal rights, they saw it as the numerically _____ poor tyrannizing over the rich.

① scarce   ② disregardful
③ pitiable   ④ preponderant

05 With the advent of modern science, nature ceased to be seen as a meaningful order. _____, it came to be understood mechanistically, governed by the laws of physics.

성균관대

① Otherwise   ② Instead
③ Thus   ④ Nonetheless
⑤ Likewise

06 It is important to remember that the Afghan insurgency is not a _____ movement but rather a loose affiliation of groups united by a common goal: the expulsion of foreign troops.

① discrepant   ② legitimate
③ heterogenous   ④ cohesive

07 Of course there is a fear that terror could happen here in Paris. However, the solution is not to _____, but to stand for democracy and liberty and demand our government protect us.

① fight against   ② run away
③ stop now   ④ dismiss it

08 The evidence as to the vastness of the universe continues to grow at an amazing rate. The chasm between what we know and all that can be known seems not to _____, but to increase with every new discovery. 국민대

① fester   ② dwindle

③ vacillate   ④ augment

02

09 One of the most impressive facts about modern life is that in it intellectual activity is not carried on _____ by a rigidly defined class, such as a priesthood, but rather by a social stratum which is to a large degree unattached to any class and which is recruited from an increasingly inclusive area of social life.

① exclusively   ② sacrilegiously

③ comprehensively   ④ eclectically

10 If you're an environmentalist, plastic is a word you tend to say with a sneer. It has become a symbol of our wasteful society. But there seems little concern it is here to stay, and the truth is, of course, that plastics have brought enormous benefits, even environmental ones. It's not really the plastics themselves that are the environmental disaster — it's the way society chooses to use and _____ them. 성균관대

① examine   ② protect

③ endanger   ④ accumulate

⑤ dispose

11 There is not a creed which is not shaken, not an accredited dogma which is not shown to be questionable, not a received tradition which does not threaten to _____. 가천대

① coalesce   ② fetter

③ dissolve   ④ enhance

12 "No legacy is so rich as honesty," Shakespeare tells us. If so, politicians, journalists, clerics, and corporate executives have squandered a fortune lately in a rash of high-profile _____. 가톨릭대

① retractions
③ allegations

② confessions
④ deceptions

13 If a man enters a waiting-room and sits at one end of a long row of empty chairs, it is possible to predict where next man to enter will seat himself. He will not sit next to the first man, nor will he sit at the far end. He will choose a position _____.

① about halfway between these two points
② far away from the first man
③ next but one from the first man
④ abreast with the first man

14 What if _____ going to a car dealership and trying out various models, you could instead go online, design a car and have a new vehicle printed and delivered to your door? If Arizona-based start-up Local Motors has its way, this will be the future of car buying in the US.

① regardless of
③ instead of

② as a result of
④ because of

15 The infant's eagerness to speak and to learn names is a major feature of the development of speech. Children have a mania for naming things. This deserves to be called a "hunter for names" since their learning of names is done neither mechanically nor with reluctance, _____ with enthusiasm. 가천대

① but
③ nor

② as
④ if

05 대치, 상관

글의 흐름 가운데, 주로 양자 사이의 관계를 나타내는 상관관계를 나타내는 표현들이 많이 있다. 이를 대치라 한다. 가령 「not so much A as B = B rather than A(A라기보다는 B)」, 「A as well as B = not only B but also A(B뿐 아니라 A도)」, 「on one side ~ on the other side(한편으로, 다른 한편으로)」 등이 그러하다. 이렇게 양자의 관계를 중점으로 파악하는 경우는 대등한 부분이 어떠한지를 먼저 살펴봐야 한다. 이에 더해 「put(= place) A over(= above) B」 역시 A를 우위에 놓는다는 상관관계를 나타낸 표현으로 볼 수 있다. 참고로 「regardless of A, B = irrespective of A, B(A와 상관없이 B)」도 역시 상관관계이자 강조를 나타내는 표현이다.

예시 01

Its lonely majesty, its power, and the wild grandeur of its surroundings would make the **eagle** the living creature rather than **a mere museum** _____. 세종대

① spectrum ② specimen

③ speckle ④ speculation

| 해석 |

외로운 장엄함, 힘, 주변 환경의 야생의 위엄 등이 독수리를 단순한 박물관의 표본이라기보다 살아 있는 생명체로 만든다.

① 범위 ② 표본

③ 작은 반점 ④ 추측

| 정답 | ②

| 해설 |

독수리가 'its lonely majesty, its power, and the wild grandeur of its surroundings(외로운 장엄함, 힘, 주변 환경의 야생의 위엄)' 등을 보인다고 묘사하고 있으며, 'the living creature(살아 있는 생명체)'로 보고 있기 때문에 보기 중에서 'museum(박물관)'과 가장 호응이 잘 이루어지면서 단순한 생명체가 아닌 장엄하고 위엄 있는 생명체라는 속성과 어울리는 단어는 ② 'specimen(표본)'밖에 없다. 따라서 정답은 ②가 된다.

| 어휘 |

majesty ⓝ 장엄함 **grandeur** ⓝ 위엄

spectrum ⓝ 범위 **specimen** ⓝ 표본

speckle ⓝ 작은 반점 **speculation** ⓝ 추측

예시 02

Her manner is friendly and relaxed and much less _____ than she appeared at her press conference. 서울여대

① compatible ② eligible

③ formidable ④ cordial

| 해석 |

그 여성의 태도는 친근하고 느긋했으며 과거 기자 회견에서 보였던 것보다는 훨씬 덜 무서웠다.

① 양립할 수 있는　　　　　　　　　　　　② 자격이 되는
③ 무서운, 위협적인　　　　　　　　　　　④ 화기애애한

| 정답 | ③

| 해설 |

much less ~ than을 사용하여 과거와 현재의 모습을 대비시키고 있다. 현재의 친근하고 느긋한 모습은 과거의 '무서운, 위협적인' 것과는 거리가 멀다. 따라서 정답은 ③이다.

| 어휘 |

relaxed ⓐ 느긋한, 여유 있는　　　　　　**press conference** – 기자 회견
compatible ⓐ 호환이 되는, 양립할 수 있는　**eligible** ⓐ ~을 가질[할] 수 있는, 자격이 되는
formidable ⓐ 무서운, 만만찮은　　　　　**cordial** ⓐ 화기애애한

📖 **실전 문제 다지기**

01　Not limiting their activities to the earthly realm, spies have _____ the fantasy worlds of online games, conducting surveillance and capturing data. 국민대

　① surmised　　　　　　　　② infiltrated
　③ relegated　　　　　　　　④ obliterated

02　Hard news affecting _____ communities takes up only a minute or two more airtime than national events. 세종대

　① local　　　　　　　　　② lunar
　③ legal　　　　　　　　　④ solar

03　She prefers to formulate her own theories _____ to accept the conventional wisdom of her discipline. 홍익대

　① in order　　　　　　　　② much
　③ as　　　　　　　　　　④ rather than

04   Jane, listening to the debate of her two suitors, noticed the _____ contrasts between them: faith and kindness on one side, and skepticism and hostility on the other. 세종대

① slight   ② stark
③ sterile   ④ specious

05   Thomas Hardy's novels are said to suffer from "too many coincidences," because many events seem to have a _____ rather than a causal connection. 성균관대

① clear   ② fortuitous
③ realistic   ④ exhilarating
⑤ factual

06   A request by the national government for shared sacrifice may be seen as _____ and destructive rather than voluntary. 덕성여대

① dogmatic   ② coercive
③ contradictory   ④ absurd

07   Research has shown that for most voters, choosing a candidate is an impulsive judgment rather than _____ decision; not so much rational as it is _____. 중앙대

① a deliberate – intuitive   ② a haphazard – random
③ an emotional – cerebral   ④ an intentional – logical

08   Rather than endeavoring to write timeless fiction with lasting value, many novelists cater to the _____ tastes of those modern readers who read a book once and then discard it. 서강대

① savory   ② fleeting
③ superstitious   ④ immoral

09   It will be admitted — by those who distinguish between _____, where truth is ultimately a matter of verification as this is understood in the laboratory, and emotive utterance, where truth is primarily acceptability by some attitude — that it is not the poet's business to make true statements.

     ① widespread rumor   ② severe criticism

     ③ alleged assumption   ④ scientific statement

10   Meaning is elaborated in terms of spiritual power. Religious images and designs, when applied to any surface, whether the body of a participant in ritual or the surface of a shield or a carrying bag, have the power to transform the nature of the thing from a _____ state to an extraordinary one, from the _____ to the sacred. In ceremony, people's bodies and objects are taken from a dull state to one of brilliance by the application of paint and designs. 한양대

     ① queer – holy   ② brilliant – ordinary

     ③ mundane – profane   ④ staggering – secular

CHAPTER 03

방향성 이외의 단서

앞서 언급한 글의 방향성으로 문장 완성을 해결하는 방식 이외의 문제가 많이 출제된다. 그 이유는 편입 시험의 문장 완성 문제들이 단지 논리력만을 묻는 것이 아니라 독해력도 또한 묻고자 하기 때문이다. 그러므로 방향성 이외의 단서를 파악해 보는 연습이 필요하다. 여기에서는 크게 문법적인 부분, 어휘(표현 포함)적인 부분, 그리고 문맥을 활용하여 푸는 방식으로 구별하였다.

먼저 문법 지식을 필요로 하는 부분은 문장 부호(구두점)와 문법을 활용한 문제들이다. 일반적으로 구두점은 그 하나하나가 자신의 독특한 기능을 수행하므로 이를 충분히 숙지한다면, 구두점을 단서로 부연이나 인과적인 흐름을 판단할 수 있다. 문법의 경우에도 관계대명사를 이용한 부연, 분사구문을 이용한 인과 관계, 비교를 이용하여 문제를 해결해 갈 수 있다.

두 번째로 어휘와 관련되는 부분을 들 수 있다. 시험에서는 단순한 단어, 숙어, 관용어의 의미를 묻는 지식적 측면과 이러한 것들을 글에 활용하여 유추해 낼 수 있는지를 묻는 유추 문제로 크게 나눌 수 있다. 지식적인 측면은 암기가 동반되지 않으면 풀 수 없도록 짧은 문장으로 구성되어 있으면서 별도의 단서가 없거나 아주 약하다. 반면에 유추 능력을 묻는 문제들은 문장 뒤에 뒷받침하는 문장이 존재하거나, 물어보고자 하는 어휘나 표현의 paraphrase된 형태가 제시되기도 한다. 그러므로 지식적인 측면을 위해서 어휘 등도 열심히 외우고, 유추 능력을 위해서 글을 이해하고 논리적인 사고력도 충분히 갖춰 나가야 한다.

마지막으로 문맥을 이용해서 푸는 경우이다. 요즘은 논리 문제의 지문도 길어지고, 여러 문장으로 구성되는 문제들이 많아지면서 더욱 중요성이 커지는 부분이다. 글의 흐름에 따라 나올 내용에 대해 예측하면서 찾아가야 한다. 글의 앞뒤 흐름에 유의하면서 논리적인 판단을 해 나가야 하지만, 상황에 따라서 단서가 약한 경우는 보기 중 오답의 확률이 높은 것부터 소거해 나가야 한다. 즉 글의 일부를 발췌해서 출제하는 경우 그 단락만의 완결성이 떨어지는 경우가 있기 때문에, 문맥을 파악하면서 풀어 가는 경우는 상황에 따라 답이 확정적이라기보다 소거에 의해 고르는 경우가 존재할 수 있다.

01 문장 부호

문장 부호 혹은 구두점(punctuation marks)을 이용하여 푸는 문제들이다. 구두점은 제각기 다른 기능을 담당한다. 예를 들어 콤마(,)는 분리의 기능을, 세미콜론(;)은 밀접하게 관련되어 있어서 별도의 문장으로 쓸 수 없을 경우 접속사 없이 두 개의 절로 연결해 한 문장으로 만들 경우와 접속부사로 연결하는 기능을, 콜론(:)은 두 개의 절이나 구의 관계를 표시하는 등의 기능을 담당한다. 더불어 대시(−)는 삽입이나 동격 등의 기능을 한다.

이러한 구두점들이 문장 완성에서는 다음과 같이 활용된다. 예를 들어 세미콜론(;)은 「콤마(,)+접속사」의 기능을 한다. 여기에서의 접속사는 일반적으로 순접의 접속사이다. 그러므로 세미콜론(;) 역시 좋은 단서가 된다. 만약 세미콜론(;) 뒤에 한 방향인데도 접속사나 접속부사를 썼다면 이는 강조의 의미이다. 만약 반대의 흐름으로 진행하려면 세미콜론(;) 뒤에 부정이나 반대를 나타내는 전환 어구를 넣어 주어야 한다. 문장 속에서 아무 의미 없이 쓰이는 구두점은 없으므로, 이런 구두점들의 기능을 정확히 숙지하고 문맥 속에서 용례를 제대로 파악하는 것이 핵심이다.

Nuclear accidents can happen; therefore, **nuclear power plants** must have _____ safety controls. 세종대

① lenient
② rigorous
③ elastic
④ convenient

| 해석 |

원자력 사고는 발생할 수 있다. 따라서 **원자력 발전소**는 엄격한 안전 관리를 받아야 한다.

① 관대한
② 엄격한
③ 신축적인
④ 편리한

| 정답 | ②

| 해설 |

세미콜론(;)을 중심으로 앞부분에 대해 결론을 끌어내고 있다. 원자력 사고가 발생할 수 있는 상황에서 필요한 것은 '엄격한' 안전 관리이다. 따라서 정답은 ②이다.

| 어휘 |

lenient ⓐ 관대한
rigorous ⓐ 철저한, 엄격한
elastic ⓐ 신축적인

The homeless need help beyond mere _____; **they need to be rehabilitated to** a life with hope. 서울여대

① bureaucracy
② suffrage
③ subsistence
④ aphasia

| 해석 |

노숙자는 단순한 생계유지 이상의 것이 필요하다. 그들은 희망찬 삶을 회복해야 한다.

① 관료 제도
② 참정권
③ 생계유지
④ 실어증

| 정답 | ③

| 해설 |

세미콜론(;)을 중심으로 키워드인 'beyond a mere subsistence(단순한 생계유지 이상)'와 'a life with hope(희망찬 삶)'이 부연의 논리를 완성한다. 단순한 생계유지 이상 필요하다는 것은 곧 희망이 있는 삶을 회복한다는 것과 같은 의미이다.

| 어휘 |

rehabilitate ⓥ 재활시키다, 복귀시키다
bureaucracy ⓝ 관료 제도
suffrage ⓝ 참정권
subsistence ⓝ 호구책, 생계, 생활
aphasia ⓝ 실어증

01 Even after a very tough loss, we stood together as a team; no one pointed fingers and
_____ responsibility. 가톨릭대

① facilitated   ② cherished

③ endorsed   ④ abdicated

02 There is no cause-and-effect relation between the two incidents; their timing is just
_____. 숙명여대

① fastidious   ② fatuous

③ figurative   ④ foolhardy

⑤ fortuitous

03 The central idea in game theory is that the consequences of any move in a game are
_____: The result or payoff from an action depends on the move accidentally made
by the opponent. 중앙대

① illusionary   ② deterrable

③ everlasting   ④ contingent

04 The devastating _____ at the Jone's place of business last week kicked off a chain
reaction of negative events: one _____ followed another. 중앙대

① larceny – auspice   ② debacle – circumspection

③ frugality – prodigality   ④ conflagration – adversity

05 The committee ruled that the lawyer's behavior had been _____; he had violated the high standards required of members of the profession. 가톨릭대

① secular   ② unethical
③ incisive   ④ ineffective

06 The designer's use of expensive materials was _____; every piece of furniture was covered with silk or velvet, and every piece of hardware was made of silver or gold.

이화여대

① ostentatious   ② surreptitious
③ officious   ④ submissive

07 Luther was _____ on the subject of his accomplishments: he didn't like to talk about himself. 이화여대

① reticent   ② robust
③ requisite   ④ replete

08 The _____ of a single board member was enough to overturn any proposal: every board member had absolute veto power. 이화여대

① stupor   ② dissent
③ pomposity   ④ vivacity

09 The descriptions Edgar Allen Poe offers lead the reader to wonder whether or not the _____ is at work: whether or not the speaker has entered a realm of unreality. 중앙대

① lucid   ② sardonic
③ pungent   ④ supernatural

10   Meals at the new restaurant were _____; a single stuffed potato cost twenty dollars. 이화어대

① substantial

② corporeal

③ discursive

④ exorbitant

11   These supernatural beings are _____ deities: they avenge themselves without mercy on those who weary of their charms.

① rueful

② conspicuous

③ spontaneous

④ intricate

⑤ vindictive

12   Writing is a(n) _____ life; just about the only exercise you get is walking to the mailbox to see whether anyone has sent you a check, and you don't even need to do that very often. 중앙대

① oblivious

② sedentary

③ kinetic

④ stalwart

13   It's not hard to see why: the Tintin books are some of the most dependably satisfying popular entertainment ever created. He's the eternally dogged _____ — undersized, underestimated and always outgunned, but undaunted.

① underling

② underprivileged

③ underdog

④ understudy

14 Prison reformers in the United States are disturbed by the high rate of _____; the number of men serving second and third terms in prison indicates the failure of the prisons to rehabilitate the inmates. 중앙대

① rancor   ② recidivism

③ anergy   ④ claustrophobia

15 After having their reports censored by military officials, the reporters were _____ in voicing their complaints; they told anyone who would listen that their right to free speech had been _____ by the high command. 한국외대

① active – responded   ② reserved – infringed

③ aggressive – enforced   ④ vocal – ignored

⑤ apathetic – forfeited

16 When it was constructed, the gymnasium was highly _____; the students for whom it was planned were satisfied, but community members who faced losing their neighborhood park were _____. 중앙대

① warranted – skeptical   ② controversial – outraged

③ dubious – euphoric   ④ unnecessary – gratified

17 The Vietnam War ended over 30 years ago, and a more _____ ending could hardly have been imagined for the United States: some 58,000 dead and communist North Vietnam in control of the country.

① ignominious   ② triumphant

③ moral   ④ flexible

18
Developing a close relationship takes time; no relationship becomes _____ close. We consider a relationship to move from a fairly superficial stage to a deeper, more intimate bond.

① instantly   ② deliberately
③ adequately   ④ covertly

19
"Gothic architecture" does not imply the architecture of the historical Goths. The term originated as a _____ description: it came to be used as early as the 1530s by Giorgio Vasari to describe culture that was considered rude and barbaric. 항공대

① naive   ② incendiary
③ pejorative   ④ consequential

20
More often than others, Eliot affords an opportunity to consider the _____ of the modern creative figure — caught between cultures, inhabiting diverse time periods, experiencing painful personal anxieties and disjunctions on the border of mental disturbance. 항공대

① accountability   ② self-sufficiency
③ durability   ④ marginality

21
Winners are told to limit thank-yous to 45 seconds or risk being drowned out by the orchestra. Many ignore this. In 2001, Julia Roberts began her Best Actress award acceptance speech for her role in Erin Brockovich by making sure the conductor knew exactly how she felt: "Sir, you're doing a great job but you're so quick with that stick. So why don't sit, because I may never be here again." _____; the orchestra let her finish. 성균관대

① It worked   ② She kept her words
③ Everybody got angry   ④ The conductor didn't hear her
⑤ You can say that again

22 One type of compliance is the _____ response: we comply almost automatically, giving little thought to the reasons we should or should not agree to carry out the behavior. This form of compliance is most likely to occur when the response is overlearned and requires little conscious monitoring and when the form of the request matches our expectations about legitimate requests.

① mitigated   ② contemplated

③ evasive   ④ mindless

23 For Mary, disagreement carries a metamessage of threat to intimacy. John does not see disagreement as a threat. Quite the opposite, he regards being able to express disagreement as a sign of intimacy. He explained to me that he feels it is his duty, when someone expressed a view, _____; if someone complains of another's behavior, he feels he should explain what the person's motives might be. When someone takes a position, he feels he ought to help explore it by trying to poke holes in it, and playing devils' advocate for the opposing view. 인하대

① to disregard the view

② to express agreement

③ to point out the other side

④ to ask its background assumption

24 The subject of manners is complex; if it were not, there would not be so many injured feelings and so much misunderstanding in international circles everywhere. In any society the code of manners tends to sum up the culture — to be a frame of reference for all behavior. Unfortunately many of the most important standards of acceptable behavior in different cultures are _____: they are intangible, undefined and unwritten. 에리카

① elusive   ② various

③ discernable   ④ paradoxical

25 The cutthroat is one of the most beautiful trout in the world, typically a golden hue with black spots and pinkish-rose sides and throat. This fish once had the widest geographic distribution of any native trout in the West, with 14 subspecies ranging from New Mexico to Alberta and from the Rockies to the Pacific Northwest and southeast Alaska. Despite this huge geographical range, the cutthroat as a species _____: Two subspecies are extinct, ten have suffered steep declines, and only two are thought to be holding their own. 건국대

① has not fared well

② is notorious to fishers

③ is not known world-wide

④ is considered less valuable

⑤ has relatively short life span

02 문법 활용

문법을 활용하여 문장 완성을 풀어 가는 경우도 있다. 물론 문법 영역에서 문제가 별개로 출제되지만 상황에 따라 문법이나 구문을 활용하여 푸는 문장 완성 문제가 있다. 주로 관계대명사를 이용한 부연이라든지, 비교 표현을 이용하는 경우, 구문적 지식을 일부 요하는 경우 등이 그러하다. 이런 경우 고도의 문법 능력을 요구하는 것이 아니고 기본적인 지식만을 활용하는 것이니, 문법 실력이 부족하다고 하여 못 푸는 것은 아니다. 단서를 잘 활용하고 문맥의 흐름을 파악하는 룰이 여기에서도 적용된다.

예시 01

Daily jogging is highly recommended **especially** for people whose occupations are **for the most part** _____. 숙명여대

① ambient
② plenary
③ sedentary
④ cursory
⑤ mandatory

| 해석 |
매일하는 조깅은 **특히 대부분** 앉아서 일하는 직업을 가진 사람들에게 매우 권장된다.
① 포위한, 주위의
② 전원 출석한
③ 앉아 일하는
④ 대충하는, 피상적인
⑤ 필수인, 강제인

| 정답 | ③

| 해설 |
(부연의) 관계대명사 whose를 이용하는 문제이다. 매일하는 조깅이 어떤 직업을 가진 사람들에게 권장될지 생각해 보면 쉽게 정답을 유추할 수 있다. 현대인들처럼 '앉아서 생활하는 생활방식(sedentary lifestyle)'을 가진 이들이 증가함에 따라 비만 및 당뇨 등의 성인병이 더 많아졌다는 내용의 뉴스를 쉽게 접할 수 있다. 따라서 정답은 ③ sedentary가 된다.

| 어휘 |
be highly recommended – 매우 권장되다
for the most part – 대부분
plenary ⓐ 전원 출석한, 절대적인, 무조건의
cursory ⓐ 대충하는, 피상적인
occupation ⓝ 직업
ambient ⓐ 주위의, 포위한; 잔잔한, 은은한
sedentary ⓐ 앉아 있는, 앉아 일하는
mandatory ⓐ 강제의, 의무의, 필수의

예시 02

Experience is not transferable. It is not an inheritance you pass on to your children, _____ how much **you wish you could.** 경기대

① unless
② no matter
③ although
④ as regards

| 해석 |

경험은 이전될 수 없다. 경험은 아무리 원한다 해도 자식들에게 상속해 줄 수 있는 유산이 아니다.

① ~하지 않는다면

② 아무리 ~한다 하더라도

③ ~에도 불구하고

④ ~에 관하여는

| 정답 | ②

| 해설 |

①과 ③은 접속사이므로 뒤에 「주어+동사」 형태의 절이 와야 한다. ④ 'as regards'는 '~에 관하여'란 의미로 뒤에 명사형 어구가 와야 한다. 따라서 빈칸 뒤의 how much와 어울릴 수 있는 정답은 ②밖에 없다.

| 어휘 |

transferable ⓐ 이전할 수 있는

inheritance ⓝ 상속, 유산

pass on A to B – A를 B에게 전해 주다, 상속하다

no matter how much – 아무리 ~한다고 하더라도

as regards – ~에 관하여는, ~의 점에서는(concerning)

📖 실전 문제 다지기

01 Wall Street analysts _____ optimistic about the performance of value stocks.

① reached

② resulted

③ remained

④ revealed

02 _____ our dismay, over vast areas of every continent, the rainfall and vegetation necessary for life are disappearing.

① To

② For

③ Despite

④ With

03 In a new culture, many embarrassing situations occur _____ a misunderstanding.

홍익대

① of

② to

③ because of

④ because

04   At sunrise on a first of April, there appeared a man at the waterside in the city of St. Louis. He had neither trunk, valise, carpet-bag, _____ parcel. 홍익대

① but

② for

③ nor

④ or

05   With cloning technology now _____ scientists, governments, citizens, and ethics committees will need to consider the urgent question of when, where, and to what extent cloning is ethically acceptable. 가천대

① outdated

② obsolete

③ available

④ exceptional

06   Despite appearances, a driver yakking away on his cell phone while he weaves through traffic is _____ of a danger than a driver eating or tuning in to a new radio station.

① nothing

② easy

③ less

④ kind

07   Everybody was surprised to find that the boys emerged from the fire _____. 성균관대

① unwarranted

② undestroyed

③ ruined

④ unhurt

⑤ securely

08   Water expands when it freezes, _____ ice humps up in the middle of the compartments in an ice cube tray. 숭실대

① because

② although

③ that is

④ which is why

09   Being very _____, he had prepared all the documents before the meeting was held. 성균관대

① caustic   ② circumspect

③ obnoxious   ④ salient

⑤ spurious

10   Since graduating from medical school, the two doctors have followed divergent paths, the one going on to become a nationally prominent surgeon, _____ dedicating himself to a small family practice in his hometown. 경기대

① other   ② the other

③ another   ④ no other

11   In the United States, the emphasis was _____ the Constitution as a symbol or historical object as on the Constitution as a depository of democratic beliefs that were said to be fundamental and unshakeable.

① not so much as on   ② not so much on

③ so much not on   ④ on not so much as

12   In _____ formulating a strategy and assumptions, the company also must consider the impact of technology on its customers, societal trends on its markets, and customer preferences.

① effect   ② effects

③ effective   ④ effectively

13 Aspirin is helpful in treating such a wide variety of ailments. Indeed, _____ it invented today, aspirin might well be hailed as a wonder drug. Potentially important uses for it are continually being discovered and investigated. 숙명여대

① was　　　　　　　　　　　　② if

③ since　　　　　　　　　　　　④ so

⑤ were

14 The queen, displeased because her newborn child was a boy, ordered one of her men to take the baby into the forest and leave him there. The child was all alone in the forest. He cried, but only the birds heard him. After some time the baby became very weak. Indeed, had he not been rescued by hunters, he would have _____. 광운대

① perished　　　　　　　　　　② survived

③ become civilized　　　　　　④ become developed

⑤ enjoyed his wild life

15 I have led companies in India, Ireland, France and Switzerland. _____ is it more complicated or frustrating than in France. This is not only because of the high cost of labor imposed by the welfare system; it is mainly because of the time and energy spent in dealing with unions and their numerous committees. 성균관대

① Anywhere　　　　　　　　　② Nowhere

③ Everywhere　　　　　　　　④ Somewhere

⑤ Wherever

03 표현 활용

흔히 문장 속에서 숙어나 관용어 표현을 묻는 경우가 여기에 해당한다. 일반적으로 편입 시험에서는 어휘 문제가 따로 나오지만, 숙어나 관용어를 따로 묻는 경우는 많지가 않아서, 상황에 따라서는 문장 완성을 묻는 경우로 나오기도 한다. 이런 문제들이 여러 문장으로 이루어져 있거나 장문의 형태라면 단서를 찾을 수 있지만, 짧은 문장에서 단지 숙어나 관용어를 묻는 경우에는 해당 표현을 숙지하고 있는지를 묻는 것이므로 쉽지 않을 수도 있다. 그러므로 평소 숙어나 관용어를 외워두고 독해나 논리 지문에서 나온 표현들도 자신의 노트에 적어 수시로 암기해야 한다.

예시
01 Richard lost his job and his home and eventually _____ up living **on the streets.** 성균관대

① reached ② went
③ wound ④ put
⑤ set

| 해석 |
Richard는 직업과 직장을 잃고 결국에는 거리에서 노숙을 하게 되었다.
① 도달했다 ② 갔다
③ ~하게 되었다 ④ 놓았다
⑤ 정했다

| 정답 | ③

| 해설 |
eventually는 '결국에는'이란 의미를 가지고 있으며, Richard가 집도 직장도 잃은 끝에 결국에는 노숙을 하는 처지가 되었다는 것이 본문의 내용이다. 이러한 맥락에서 보기 중에서는 '(어떤 상황에) 처하게 되다'는 의미의 「wind up -ing」가 빈칸에 가장 알맞으며, wind의 과거형인 wound가 나온 ③이 정답이 된다.

| 어휘 |
eventually ⓐ 결국 **reach up** – 높이 자라다, 기지개를 켜다
go up – 올라가다 **wind up -ing** – ~하게 되다, (어떤 상황에) 처하게 되다
put up – ~을 높이 올리다 **set up** – ~을 세우다

📖 실전 문제 다지기

01 The children's behaviour at the party stretched her patience to the _____. 성균관대

① ceiling ② level
③ depth ④ limit
⑤ extent

02 With _____ to your letter of 10 January, we are able to offer you an alternative delivery date. 명지대

① ritual   ② rout

③ ransom   ④ reference

03 In the year 2000, there were more than 7 million cosmetic surgeries _____ in the United States.

① achieved   ② carried

③ acted   ④ performed

04 I wanted to build a desk, but I couldn't make _____ of the instructions. 성균관대

① sense   ② form

③ head   ④ tail

⑤ knowledge

05 The extreme weather conditions _____ their toll on the inhabitants. 성균관대

① declared   ② damaged

③ judged   ④ took

⑤ alarmed

06 Initially she was unable to come to _____ with the fact her parents were older and her friends looked so different. 경기대

① consolation   ② improvement

③ struggles   ④ terms

07 Dr. Kim claims that his experiments are _____ in traditional scientific methods.

① based
② derived
③ deprived
④ focused
⑤ grounded

03

08 She is always _____ a fuss about nothing. Everybody is unhappy with her. 성균관대

① starting
② complaining
③ doing
④ having
⑤ making

09 Mrs. Blair's image as an angel of justice took a _____ when the port contractor claimed he had given her a bribe. 성균관대

① turn for the better
② boost
③ shape
④ hit
⑤ bottom

10 To qualify to participate as a contestant on the TV quiz program, applicants must pledge to play fair and _____ all of the rules.

① allow for
② appeal to
③ account for
④ abide by

11　Anne was _____ John's request to borrow five thousand dollars, especially in light of the fact that John already owed her a considerable sum.

① taken from

② taken up with

③ taken aback by

④ taken advantage of

12　Now I suppose I land on another person and kill that person. I would not be morally responsible for the unfortunate death, _____ the billiard ball would be morally responsible if it fell from a great height and hit someone on the head. 성균관대

① any more than

② as much as

③ not so much as

④ so more than

⑤ no more than

13　While investors flock to new gold-backed funds, jewelry still _____ two-thirds of the demand, generating a record $53.5 billion in worldwide sales in 2007.

성균관대

① asks for

② costs for

③ calls for

④ works for

⑤ accounts for

14　In his speech delivered to the first-year medical students, the dean said, "Gentlemen, you are collectively _____ on a great voyage to the frontiers of medical knowledge."

세종대

① relapsing

② deviating

③ embarking

④ terminating

15   Many health experts say that Africa's poverty and politics are to _____ for diseases that in most developed countries are easily preventable.

① blame   ② call

③ criticize   ④ destroy

16   Facing a deadlock even after years of international talks aimed at denuclearizing North Korea, Seoul should _____ itself for yet another series of dragged-out negotiations in deciding the fate of an inter-Korean economic project laden with political and symbolic significance.

① brag   ② brace

③ broach   ④ broil

17   West Nile virus outbreaks are likely to flare up in the coming years, spurred on by warmer, longer mosquito seasons _____ cuts in disease-control funding that leave authorities unprepared, according to two new studies.

① alleviated with   ② coupled with

③ satisfied with   ④ illuminated with

18   Air pollution makes smog that can cut visibility so badly that it endangers airplanes and traffic on highways. Air pollution soils and corrodes. It _____ hundreds of millions of dollars' damage to agricultural crops each year. 숙명여대

① cancels   ② performs

③ does   ④ holds

⑤ supports

19   Throughout the economic crisis Fed policymakers have been at _____ over how much emphasis to place on each plank of its dual mandate — fostering employment and creating price stability.

① cross   ② odds
③ loss   ④ trap

20   Social stratification is inevitable, since we do not all have the same intelligence, drive, and desire. Those who get ahead in this country tend to be those who use these individual force to _____ society's reward. 한양대

① reap   ② flout
③ launch   ④ recover

04 어휘 활용

문장 완성 문제들 가운데 상당수가 어휘를 알아야만 풀 수 있는 문제들로 구성되어 있다. 문장도 짧고 말하고자 하는 내용도 분명하여 어떤 단어가 들어올지를 쉽게 알 수 있는 경우이다. 그렇지만 보기에 나오는 어휘를 몰라서 틀릴 수 있는 경우들을 말한다. 하지만 그 어휘를 모른다고 무조건 틀리는 것이 아니라, 글의 문맥을 이용해서 풀 수 있도록 또 다른 단서를 제시하는 경우가 흔하다. 또 문장이 두 개 이상으로 구성되어 다음 문장에서 앞의 핵심적인 어휘를 받아 주는 경우나 패러프레이즈 해서 제시하는 경우가 많다. 그러므로 이런 형식의 문제에서는 어휘를 철저히 외우고, 문맥 속에서 파악하는 훈련을 충분히 하는 것이 문제 해결의 열쇠가 된다.

예시 01

Our school has money in the budget to _____ the cost of the class's trip to New York. 단국대

① bounce   ② deposit
③ defray   ④ withdraw

| 해석 |
우리 학교는 뉴욕으로의 수학여행 비용을 지불할 만큼 충분한 돈을 예산으로 확보했다.
① (수표를) 부도 처리하다   ② 예금하다
③ 비용을 지불하다   ④ 인출하다

| 정답 | ③

| 해설 |
어휘력을 평가하는 전형적인 문장 완성 문제로, 어휘를 모르면 풀 수 없다. 보기의 단어를 빈칸에 대입해 보면 문맥상 '수학여행 비용을 지불할 만큼의 돈을 확보하다'란 의미에서 ③이 적합하다.

| 어휘 |
bounce ⓥ 튀다; (수표를) 부도 처리하다   **deposit** ⓥ 예금[예치]하다
defray ⓥ (이미 쓴 비용을) 돌려주다[갚아 주다]; (경비 · 비용 따위를) 지불하다
withdraw ⓥ 인출하다

예시 02

According to _____ beliefs held for thousands of years by Eskimo stone carvers, the soul of a piece of stone whispers to the artist before the first strike of the chisel. 세종대

① animistic   ② atheistic
③ ethical   ④ anarchic

| 해석 |
에스키모 석재 조각가들이 수천 년간 품어 온 정령 신앙적인 믿음에 따르면, 돌 한 조각의 영혼은 끌이 돌을 처음 치기 전에 조각가에게 속삭인다.

① 정령 신앙의   ② 무신론의

③ 윤리적인   ④ 무정부의

| 정답 | ①

| 해설 |

animistic beliefs와 the soul of a piece of stone의 관계를 유의해라. '돌 한 조작의 영혼이 조각가에게 속삭인다(the soul of a piece of stone whispers to the artist)'는 표현을 통해 에스키모들이 수천 년간 가진 믿음은 돌과 같은 사물에도 영혼이 있다는 믿음임을 알 수 있다. 보기 중에서 이에 해당되는 것은 ①이다.

| 어휘 |

chisel ⓝ 끌

animistic ⓐ 정령 신앙의, 애니미즘의; 애니미즘(자연계의 모든 사물에 생명이 있다고 보고, 그것의 영혼을 인정하여 인간처럼 의식, 욕구, 느낌 등이 존재한다고 믿는 신앙)   **atheistic** ⓐ 무신론의

ethical ⓐ 윤리적인   **anarchic** ⓐ 무정부의

📖 실전 문제 다지기

01   At breakfast the aroma of freshly brewed coffee _____ the kitchen and dining room. 경기대

① perforates   ② perpetuates

③ prostrates   ④ permeates

02   Nutrition experts and physicians happily dispel the _____ that an expectant mom is eating for two, herself and her unborn baby. 한양대

① myth   ② information

③ allegation   ④ concept

03   Through his long journey, the hero felt that his fate was _____ and refused to make any attempt to change his lot. 가톨릭대

① tangible   ② ineluctable

③ meandering   ④ equivocal

04 The lawyer thought the suspect had _____ his preposterous alibi to avoid a murder charge. 중앙대

① fermented   ② concocted
③ arraigned   ④ deciphered

03

05 The angry _____ started with a seemingly innocent remark by the taxi driver.

서울여대

① nihilism   ② blasphemy
③ benediction   ④ altercation

06 Designing cities in accordance with the Confucian _____ that hard work is a moral duty, those who rebuilt Japan after World War II left almost no room for recreation. 세종대

① mission   ② dictum
③ morale   ④ trend

07 As the orchestra conductor mounted the _____, the audience burst into applause.

광운대

① step   ② floor
③ podium   ④ ladder
⑤ stool

08 The percentage of white Americans of European _____ is growing smaller. 서강대

① descent   ② kin
③ faith   ④ custom

09 Because of his inherent _____, Harry steered clear of any job that he suspected could turn out to be a travail. 중앙대

① ardor   ② temerity
③ indolence   ④ assiduity

10 I believe the best _____ to vulgarity and brutality is the power of a better example, of love over indifference. 중앙대

① antidote   ② anomaly
③ bravado   ④ camaraderie

11 Sometimes the puppy barked when a customer came in, taking on the role of a(n) _____ that no one had assigned it. 중앙대

① sentinel   ② aficionado
③ fop   ④ mendicant

12 People who work irregular schedules or work outside of normal daytime hours are at higher risk of heart attack, stroke, and other _____ events, according to a new study published this week in the British Medical Journal.

① ontological   ② somatic
③ fortuitous   ④ coronary

13 Taylor was always _____ by temperament and desire, and his sensitivity to others enabled him to bring together and work with people of very diverse views. 중앙대

① irenic   ② peccable
③ contentious   ④ litigious

14 When physicians describe illnesses to colleagues, they must speak an _____ language, using professional terms and concepts understood mostly by members of the profession. 중앙대

① esoteric
② ambivalent
③ ambulatory
④ extrinsic

15 Cultural myths define our relationships to friends and lovers, to the past and future, to nature, to power, and to nation. Becoming a critical thinker means learning how to look beyond these cultural myths and the assumptions _____ in them.

① boggled
② embedded
③ plucked
④ subdued

16 People who can deal with a lot of pressure and remain calm under great pressure are seen as _____. Most books and seminars on stress management teach methods of raising the stress limit. 한양대

① keenly
② customary
③ exemplary
④ admonitory

17 America's unwillingness to engage in World War Two — about 80% of the adult population wished America to remain neutral until the Pearl Harbor assault — sprang from a deep sense of _____. 세종대

① isolationism
② globalism
③ adventurism
④ jingoism

18　With a little advanced thought, there are ways to _____ the amount of debt incurred with your own career plans. 중앙대

① earmark　　　　　　　　　② emulate

③ capitulate　　　　　　　　④ calibrate

19　Economic growth continues to _____ gender equality, a virtuous circle that has already had massive impacts on the status of women around the world. 서울여대

① alleviate　　　　　　　　② bolster

③ debilitate　　　　　　　　④ disentangle

20　The illness can be spread by coughs and sneezes, or contaminated surfaces, and people with chronic diseases seem especially _____.

① vulnerable　　　　　　　② imperative

③ rebellious　　　　　　　　④ assertive

21　Torn between loving her parents one minute and hating them the next, Laura was confused by the _____ of her feelings.

① ambivalence　　　　　　② altruism

③ adversity　　　　　　　　④ abundance

22　In the blogosphere, Bitcoin has been called a bubble, a Ponzi scheme, the future of money and the _____ of an untaxable economy that will bring about the end of the nation-state.

① dearth　　　　　　　　　② demise

③ harbinger　　　　　　　　④ prosperity

23 Father Lee Tae-Suk, who dedicated his life for the betterness of the indigent of Tonj, South Sudan, was a(n) _____ of saintliness. 중앙대

① celebrity　　　　　　　　　　② paragon

③ oxymoron　　　　　　　　　　④ bivouac

03

24 Those who are habitually late should undertake at the earliest possible moment to mend their ways and make _____ one of the main principles of their daily conduct.

① accommodation　　　　　　　② punctuality

③ momentum　　　　　　　　　　④ habituation

25 A growing consensus among scientists is that using phones and computers can be _____, both emotionally and physically, which helps explain why drivers may have trouble turning off their devices even if they want to. 한양대

① stressful　　　　　　　　　　② dangerous

③ competent　　　　　　　　　　④ compulsive

26 The "ships of the desert" have long been valued as pack animals, exploited for their meat, milk, wool, and hide, and revered as the _____ of the old caravan trade. Less widely appreciated are camels' speed, stamina, and endurance, which make them prime animals for racing.

① weak link　　　　　　　　　　② buffer

③ scapegoat　　　　　　　　　　④ backbone

27 The nature of golf allows ample time to _____ on failure. The big picture _____ when one bad shot becomes a bad hole, which turns into a bad round and a missed cut and no check to show the family waiting in the motor home. 이화여대

① ruminate – slips away   ② placate – ponders on

③ buttress – puts out   ④ stagnate – turns off

28 The great object of education should be _____ with the object of life. It should be a moral one; to teach self-trust; to inspire the youthful man with an interest in himself; with a curiosity touching his own nature; to acquaint him with the resources of his mind, and to teach him that there is all his strength. 숙명여대

① commensurate   ② commendable

③ commercial   ④ committable

⑤ commotive

29 The Roman emperor Maximinus was fervent pagan. In 306 and again in 308 he ordered a general sacrifice to the pagan gods; Christian _____ were mutilated and sent to the mines and quarries. In 311 he grudgingly accepted Galerius's edict of toleration for Christians but still endeavoured to organize and revitalize paganism. 경희대

① ruffians   ② referees

③ recluses   ④ recusants

30 King Abdullah granted women the right to vote and run in municipal elections, beginning in 2015. It is an important victory for Saudi activists emboldened by the Arab Spring, but real power is elusive. The country remains an absolute monarchy in which elected officials hold little sway. The move may also sideline debate over the system of sex segregation that _____ women's rights.

① curtails   ② presumes

③ defends   ④ affects

05 문맥 활용

위에 언급한 여러 원리 외에도 and를 중심으로 부연으로 설명한다거나, as를 사용한 표현이거나, 기타 표현 등 편입 문제 중에는 어느 유형에도 속하지 않고, 문장 간의 관계나 문맥의 흐름으로 풀어야 하는 경우가 많이 있다. 상황에 따라서는 단서가 너무 약해서 소거에 의해서 답을 골라야 하는 경우도 존재한다. 여기에서는 글의 방향성을 판단하는 문제 이외에, 나머지 어디에도 속한다고 하기 어려운 부분을 설명하기로 한다. 대부분 분류에 적합하지 않은 경우 혹은 뒤 문장에서 앞의 내용을 눈에 띄는 단서 없이 부연하는 경우가 여기에 해당한다. 우리의 편입 시험은 글 속에서 적당한 문장을 골라 단어와 보기를 임의적으로 출제하는 경우가 적지 않아서 단서보다도 글의 흐름으로 답을 골라야 하는 경우가 많다. 본 교재에서는 부연을 in other words, that is 등 단서로 파악하는 경우는 예시와 더불어 이미 설명하였으므로, 부연의 경우에도 상당수 단서가 약하거나 어휘를 중심으로 보는 경우는 여기에서 살펴보기로 한다.

예시 01

For the past few weeks, the question of when women should be scanned for breast cancer has become the subject of intense medical debate, partisan congressional _____, and a whole lot of confusion among mothers, daughters, sisters, and friends.

① incarceration   ② bickering

③ reconciliation   ④ truncation

| 해석 |

지난 몇 주에 걸쳐 여성이 언제 유방암 검사를 받아야 하는지가 격렬한 의학적 논쟁의 주제와 의회의 당파적 언쟁이 되어 왔으며, 어머니들과 딸들, 자매들 그리고 친구들 간에 많은 혼란이 되어 왔다.

① 투옥   ② 언쟁

③ 화해   ④ 절단

| 정답 | ②

| 해설 |

주어진 지문을 통해 언제 유방암을 검사해야 하는지에 대한 물음(question)이 지난 몇 주간 큰 이슈가 된 것을 알 수 있다. 빈칸 앞뒤로 빈칸을 유추할 수 있는 단어들로는 debate와 confusion 등을 들 수 있으며, 이를 통해 '언쟁'이라는 ② bickering을 유추할 수 있다.

| 어휘 |

breast cancer – 유방암

debate ⑩ 논쟁, 토론

congressional ⓐ 의회의

incarceration ⑩ 투옥, 감금

reconciliation ⑩ 화해

intense ⓐ 강렬한, 집중적인

partisan ⓐ 당파적인 (cf. bipartisan ⓐ 초당파적인)

a whole lot of – 썩 많은

bickering ⑩ 말다툼, 언쟁

truncation ⑩ 절단

01   Newspapers have always acted as a(n) _____ on government, as the eyes of the people watching the politicians at work. 한국외대

  ① check ② balance
  ③ obstacle ④ advocate

02   As a _____ advisor to the Queen, Peters told Her Majesty only what she wanted to hear. 중앙대

  ① blunt ② somber
  ③ bellicose ④ fawning

03   Management by criticism, supervision by _____, and employment by submission are a formula for failure in any business. 세종대

  ① intimidation ② destitution
  ③ confirmation ④ solicitation

04   Working here as a bakery _____, Judy is learning a trade and skills that should help her become self-sufficient. 중앙대

  ① guru ② virtuoso
  ③ marquess ④ apprentice

05   A _____ cricketer disrupted a match of the Quaid-e-Azam Trophy at the national stadium on Sunday to protest his non-selection in the Karachi team. 이화여대

  ① elated ② disgruntled
  ③ pretentious ④ ravenous

06 Substance abuse _____ character as well as physical stamina. 이화여대

① proscribes   ② substantiates

③ facilitates   ④ debilitates

03

07 We teachers should _____ our students against being dilatory while they are attending school. 국민대

① permeate   ② demur

③ admonish   ④ recur

08 The new government provided no _____ for their land and told them to leave all of their possessions behind. 명지대

① complacency   ② compassion

③ compensation   ④ compost

09 In his controversial bestseller The God Delusion, evolutionary biologist and atheist Richard Dawkins _____ religious beliefs.

① endorsed   ② attacked

③ supported   ④ reflected

10 The earth's atmosphere is unlike that of any other body in the solar system. No other planet is as _____ or exhibits the same life-sustaining mixture of gases as the earth.

① uninhabitable   ② inconspicuous

③ hospitable   ④ exotic

11 Considering the lifelong devastation that other family traumas, such as child abuse or drug addiction, could cause, two years of my sufferings seemed like a _____ amount of time. 경기대

① burdensome　　　　　　　　　② tremendous
③ stupendous　　　　　　　　　④ manageable

12 I had the honor of making the acquaintance of Nehru, and I should say that he was such a modest man that in him there was not even the faintest touch of _____ or self-importance.

① demureness　　　　　　　　　② humiliation
③ pomposity　　　　　　　　　④ veneration

13 Real progress in understanding nature is rarely _____. All important advances are sudden intuitions, new principles, new ways of seeing.

① compromised　　　　　　　　② acclaimed
③ ingenuous　　　　　　　　　④ incremental

14 After all the bad things she has done, he feels no _____ about ending their relationship. 단국대

① retribution　　　　　　　　　② dispatches
③ conjuration　　　　　　　　④ misgivings

15 Congress laid the foundation for an economic recovery plan, clearing the way for a new _____ of bailout cash for the financial industry.

① withdrawal　　　　　　　　　② deposit
③ infusion　　　　　　　　　　④ transplant

16 An important part of eliminating the negative voice in your mind is to establish environments in which your creative resources can _____. 서울여대

① atrophy ② dissolve
③ flourish ④ hoard

17 Writer of outstanding books on ancient civilizations, Thomas Wright is internationally _____ for his work as a researcher. 서울여대

① acclaimed ② renounced
③ prosecuted ④ instigated

18 In my household, we believe that people are born with _____ right to have desserts after meals. 이화여대

① a repugnant ② a reactionary
③ an inalienable ④ an irretrievable

19 It is one of the most remarkable aspects of science that we often don't know where the next practical _____ will come from. 이화여대

① correlation ② breakthrough
③ paroxysm ④ ratification

20 Olive's _____ decision to drive her car into the lake to see whether it would float was an one that she regretted as soon as water began to seep into the passenger compartment. 이화여대

① importunate ② impetuous
③ impregnable ④ impromptu

21   In an increasingly _____ world, does the Church still have anything left to say about social and political issues, or should it be confined to the realm of private spirituality? 숙명여대

① secular   ② public
③ moral   ④ diverse
⑤ vulnerable

22   Armstrong's frequent _____ remarks unfortunately spoiled the _____ that made his essay prominent. 이화여대

① colloquial – informality   ② trite – cliché
③ hackneyed – originality   ④ unique – vulnerability

23   We live in a meritocracy where employers should choose the best person for the best position, _____ of background. 숙명여대

① because   ② concerning
③ irrespective   ④ out
⑤ sort

24   One complication in treating depression in medical patients is that its _____, including loss of appetite and lethargy, are easily mistaken for signs of other diseases.

세종대

① symptoms   ② cures
③ prevention   ④ rehabilitations

25 Before that election, Maine's proud citizens had fancied their state to be a sort of
_____, a notion embodied in the saying "As Maine goes, so goes the nation." 중앙대

① boor   ② brat
③ braggart   ④ bellwether

26 _____ women hope that love is more than skin deep and that men are attracted to
them for more than just their looks. 서울여대

① Comely   ② Fickle
③ Deceitful   ④ Inept

27 The new immigrants brought different languages and different cultures to the United
States. Gradually, most of them _____ to the dominant American culture they
found here. 서강대

① accumulated   ② assimilated
③ accrued   ④ adopted

28 "Merry Christmas? Bah, humbug!" — These sardonic phrases, popularized in Charles
Dickens' *A Christmas Carol*, reflect the West's _____ between Christianity and
atheism. 중앙대

① polemic   ② conspiracy
③ truism   ④ accord

29 Political purpose is the desire to push the world in a certain direction, to alter other people's idea of the kind of society they should strive after. No book is genuinely _____ political bias, and the opinion that art should have nothing to do with politics is itself a political attitude.

① compliant to   ② free from
③ controlled by   ④ accountable for

30 The opening of the fourth Disney theme park near Paris, within a two-hour flight of 320 million Europeans, is another _____ for the company, which thinks that millions of people will put Disneyland top of a list of places to visit. 단국대

① bonanza   ② pitfall
③ merger   ④ infringement

31 Some researchers have argued that individuals with low self-esteem _____ others to enhance their feelings about themselves. A recent study suggests that low self-esteem individuals seem to have a generally negative view of themselves, their in-group, out-group, and perhaps the world.

① acquiesce   ② deprecate
③ muster   ④ venerate

32 Cancer patients often say the hardest part of their disease is not the diagnosis but the treatment — and all the decisions they need to make on the road to recovery. So there was welcome news for breast-cancer patients from the San Antonio Breast Cancer Conference, where researchers reported on a genetic test that may _____ many women unnecessary radiation therapy.

① spare   ② shield
③ protect   ④ delude

33   No one who has ever followed a dream has taken a direct path and arrived at his or her destination effortlessly and on time. Following a dream can be a _____ road full of twists and turns and occasional roadblocks. 동국대

① replete   ② placid

③ fortuitous   ④ bumpy

34   Nowadays, I do most of my 'networking' through Twitter. The ecosystem there is full of fascinating niches, and you can tailor your experience to your interests: I regularly talk to feminist bloggers, video game journalists, political reporters and comedy writers. Again, it's more _____: there are fewer gatekeepers between you and the people who you might want to impress, or who might want to impress you. 숙명여대

① corrosive   ② diffident

③ egalitarian   ④ inspective

⑤ profound

35   In the early 1940s, one of the forces that kept us on the frontline was the conviction that this battle was of immense historical import, and that those of us who survived it would be forever cherished in the hearts of Americans. It was rather _____ to discover that your own parents couldn't even pronounce the names of the islands you had conquered.

가천대

① disheartening   ② redundant

③ inevitable   ④ worthwhile

36 With most men the knowledge that they must ultimately die does not weaken the pleasure being at present alive. To the poet the world appears still more beautiful as he gazes at flowers that are doomed to wither, at spring that come to too speedy an end. It is not that the thought of universal _____ gives him pleasure, but that he embraces the pleasure all the more closely because he knows it cannot be his for long. 건국대

① eternity   ② variation

③ mortality   ④ periodicity

⑤ nullification

37 Almost anything interesting and rewarding in life requires some constructive, consistently applied effort. The dullest, the least gifted of us, can achieve things that seem miraculous to those who never concentrate on anything. But television encourages us to apply no effort. _____. It diverts us only to divert us, to make the time pass without pain. 경희대

① It betrays public trust

② It sells us instant gratification

③ It fools us into believing anything

④ It compels us to be more active

38 In a mandatory orientation program called "Social Issues for College Freshmen", Dr. Robert Wilkins presented skits on the issues first year students face on campus. He noted that students often go through the various forms of "isms" such as, sexism, racism, or classism, etc. in their college life. He said "It's not as if today, I have a racist experience, tomorrow, a sexist one. In any one day, one may be up against several issues. Some issues of sexism have a racist foundation, and vice versa." He emphasized that the experience of discrimination _____. 가톨릭대

① can be one-sided

② can be educational

③ cannot be integrated

④ cannot be compartmentalized

39 Ms. White was appointed head librarian because of her organizational abilities and her plans for improving the library's services. At first, the other staff members appreciated her ideas and enthusiasm. But after several weeks of working with her, they began to resent her frequent memos and meetings. The more they learned about her management style, the less they liked it. As one librarian said to another, "_____." The library staff welcomed Ms. White and her ideas at first, but after they got to know her better their respect for her changed to dislike and scorn. 건국대

① No pain, no gain
② Familiarity breeds contempt
③ The first step is always the hardest
④ The pen is mightier than the sword
⑤ The squeaking wheel gets the oil

40 _____. Girls, in turn, edge out boys on tests of verbal reasoning. The result is similar overall IQ scores. Among the best young mathematical brains, however, that equality does not pertain. Here, boys do a lot better at maths than girls — but less better than they used to, as the researchers discovered. 서강대

① In study after study, boys have obtained similar scores to girls in math
② In the general population boys are well known to do a bit better than girls in maths
③ Some studies suggest that boys are superior to girls in both math and verbal reasoning
④ In recent years, girls have been scoring higher than boys in math

CHAPTER 04

최신 경향의 대비

기존의 문제 형태에 더불어 최근 편입 시험의 출제 경향을 보면 두드러진 특징들이 눈에 띈다.

먼저 빈칸이 두 개씩 나오는 경우가 많아졌다. 일반적으로 빈칸이 두 개인 경우는 난이도가 높다고 생각하는 문제로 논리력을 요하는 경우가 많다. 미국의 대학원 입학시험인 GRE에서도 빈칸이 두 개인 경우가 많고, 대부분 논리적인 분석력과 추론 능력을 요구한다. 하지만 우리의 시험에서는 그 정도의 복잡한 논리를 요구하지 않고, 문맥의 흐름을 보고 파악하는 문제들이 많다. 그러므로 시험 준비에 GRE 서적 등을 참조할 수는 있어도 이를 주교재로 학습하는 것은 문제가 있다. 우리의 문장 완성은 지문 속에 빈칸을 두 개 만들어 준 것이며, 체계적인 논리력보다는 글의 흐름을 이해하고 문맥 속에서 유추할 수 있는지를 묻기 때문이다.

두 번째로 중·장문 형태 문장 완성 문제의 약진을 들 수 있다. TEPS와 수능 시험, 공무원 시험 모두 이런 형태의 문제가 많이 출제된다. 그 이유는 문맥을 보고 빈칸을 메울 수 있는 유추 능력이 있는지 확인하면서, 동시에 어느 정도의 독해력도 측정할 수 있기 때문이다. 최근에는 이런 성향이 두드려져서 중앙대나 한양대의 경우에는 독해에 근접할 만한 지문에서 문장 완성 문제 하나를 묻는 경우도 늘어나고 있다. 중·장문 형태의 문장 완성 문제가 어려운 것은 내용도 그렇겠지만, 결국 독해력이 부족한 학생들에게 시간이 너무 오래 걸릴 수 있다는 것이다. 그러므로 독해와 논리는 하나로 보고 글을 읽으면서 문맥을 파악하고 요지를 찾아내 요약하는 훈련을 게을리하지 않는 것이 가장 바람직한 학습법이다.

마지막으로 이화여대에서 출제하고 있는 새로운 형태의 문제로 다수 보기 제시 형태를 들 수 있다. 기존의 시험과는 다르게 20개의 보기를 제시한 후 10개의 문장 속의 빈칸을 채우는 형식인데, 처음에 방향을 잘못 잡으면 여러 개의 문장에 동일한 보기가 들어갈 수 있어 오류를 유발할 수 있다. 이런 문제들은 먼저 품사를 정확히 파악하면 일단 보기가 압축된다. 문장의 빈칸에 들어갈 품사 자리를 확인한 후, 오류가 없는 확실한 보기부터 채워 나가면 오류를 줄일 수 있다.

01 복수형 빈칸

편입 시험에서 빈칸이 두 개 이상인 문장 완성 문제들이 다수 있다. 일부 학교에서는 배점을 올려서 빈칸이 하나인 문제와 차별화를 두는 등 난이도가 높은 쪽으로 분류하고 있다. 그렇지만 실제 난이도가 크게 차이 나지 않으며 논리적인 방향을 잘 잡으면 오히려 단서가 두 개이기 때문에, 한 부분에서 놓쳐도 다른 부분에서 힌트를 파악할 수 있으므로 충분한 연습으로 해결할 수 있는 부분이다.

빈칸이 두 개가 나오는 경우 문제마다 다르겠지만, 대부분의 경우에는 정보의 양이 충분히 제시된 뒤의 빈칸이 더 해결하기가 쉽다. 앞의 빈칸은 제시된 정보가 부족하여 근거를 찾기가 수월하지 않기 때문이다. 두 개의 빈칸 중에는 결정적인 단서를 이용한 경우도 있지만, 주로 형용사와 명사의 어울림을 이용한 빈칸이 하나는 나오기 때문에 앞뒤 관계를 잘 따지고 문맥을 고려하면 대부분 해결할 수 있다. 만약 단서를 찾기가 쉽지 않으면 소거법을 이용하여 하나씩 제거해 나가도록 한다.

His parent considered his wanderings merely a _____ way of life, while he felt himself to be a modern _____ in a positive sense of that word. 숙명여대

① stoic – hobo

② stolid – herd

③ bohemian – precursor

④ fixed – turmoil

⑤ derelict – nomad

| 해석 |

부모는 그의 방황을 그저 부랑자의 삶처럼 여겼지만, 그는 자신을 긍정적인 의미에서 현대 유목민이라고 생각했다.

① 금욕적인 – 시골뜨기

② 무신경한 – 무리

③ 보헤미아의; 자유분방한 – 선구자

④ 고정된 – 소란

⑤ 버려진, 부랑하는 – 유목민

| 정답 | ⑤

| 해설 |

while을 중심으로 그의 방황을 묘사하는 대조적 키워드를 완성한다. 'derelict(버려진, 부랑하는)'과 'nomad(유목민)'이 대조의 키워드이다. 둘 다 방황하는 삶이지만 전자는 부정적, 후자는 긍정적 함축을 지닌다.

| 어휘 |

wandering ⓝ 방황

merely ⓐⓓ 그저, 단순히

stoic ⓐ 금욕적인

hobo ⓝ 시골뜨기

stolid ⓐ 무신경한

herd ⓝ 무리, 대중

bohemian ⓐ 자유로운, 보헤미아의

precursor ⓝ 선구자

fixed ⓐ 고정된, 정착된

turmoil ⓝ 소란, 동요

derelict ⓐ 버려진, 부랑하는 ⓝ 부랑자

nomad ⓝ 유목민

Everybody is aware that the cost of the American lifestyle is _____. Air conditioning, for example, is an energy glutton. It uses some nine percent of all the electricity produced. Such an extravagance merely to provide comfort is strikingly _____ all the recent rhetoric about national sacrifice in a period of menacing energy shortages. 한국외대

① exorbitant – at odds with

② unprecedented – in line with

③ marginal – in defiance of

④ enormous – in accord with

⑤ uncertain – in contrast to

| 해석 |

미국인들의 생활 방식은 과도한 비용이 든다는 것을 모두가 알고 있다. 예를 들어 공기 조화(에어컨)는 에너지를 무지하게 잡아먹는다. 공기 조화(에어컨)는 생산된 전체 전기 가운데 9퍼센트를 소모한다. 단지 편안함을 제공하기 위해 이렇게나 에너지를 낭비하는 것은 절박한 에너지 부족 사태가 벌어질 수 있으므로 그동안 전국적으로 희생을 감내해야 한다는 최근의 미사여구와는 현저히 맞지 않는 일이다.

① 과도한 – ~와 맞지 않는

② 전례 없는 – ~와 함께

③ 미미한 – ~을 무릅쓰고
④ 엄청난 – ~와 조화되는
⑤ 불확실한 – ~와 대조되는

| 정답 | ①

| 해설 |
공기 조화는 삶에 있어 필수적인 것도 아닌 단지 편안함을 제공하기 위해 존재하는 것이지만 에너지를 무지하게 잡아먹는다. 때문에 미국인들의 생활 방식은 '과도한' 비용을 소모할 뿐 아니라, 에너지 부족에 대비하여 전국적으로 희생을 감내해야 한다는 말과도 '맞지 않는' 행위이다. 따라서 정답은 ①이다.

| 어휘 |
air conditioning – 에어컨, 공기 조화
extravagance ⓝ 낭비, 사치
rhetoric ⓝ 미사여구, 수사법
exorbitant ⓐ 과도한, 지나친
unprecedented ⓐ 전례 없는
marginal ⓐ 미미한
in accord with – ~와 조화되는

glutton ⓝ 대식가, 식충이
strikingly ⓐⓓ 두드러지게, 현저히
menacing ⓐ 위협적인, 절박한
at odds with – 맞지 않는, 불화하는
in line with – ~와 함께, ~에 따라
in defiance of – ~을 무시하고, ~을 무릅쓰고
in contrast to – ~와 대조되는

📖 실전 문제 다지기

01 Not only the _____ are fooled by propaganda; we can all be misled if we are not
_____. 숙명여대

① gullible — wary
② illiterate – mature
③ ignorant – cynical
④ credulous – aggressive
⑤ ludicrous – prodigious

02 Tomas's seemingly _____ rise to the presidency had actually been carefully
_____. 이화여대

① fortuitous – premeditated
② precipitous – presumed
③ nonchalant – planned
④ primal – mustered

03 The comedian's listeners enjoyed his _____ wit but his victims often _____ at its satire. 이화여대

① lugubrious – suffered   ② taut – smiled

③ trenchant – winced   ④ banal – smarted

04

04 If you carry this _____ attitude to the meeting, you will _____ your intellectual audience immediately. 이화여대

① truculent – alienate   ② aggressive – delight

③ conciliatory – refer   ④ supercilious – attract

05 John always procrastinates; his _____ only _____ the problem of the impending deadline. 중앙대

① petulance – disclaimed   ② fortitude – disparaged

③ immunity – derided   ④ sloth – augmented

06 After carefully evaluating the genuineness of the painting, the art critics unanimously agreed that the work had been done by a _____ and should be _____. 중앙대

① progeny – renewed   ② charlatan – rejected

③ neophyte – banned   ④ fanatic – purchased

07 Populist advertising is effective in the face of _____ competition. When Americans feel threatened from the _____, they tend to circle the wagon and forget their class differences. 이화여대

① harsh – government   ② foreign – outside

③ public – private   ④ international – market

08   Threats and _____ sometimes lead innocent people to confess, but even the calmest, most _____ interrogations can lead to a false confession or admission.

이화여대

① coercion – standardized   ② excursion – irregular

③ persuasion – disturbing   ④ denunciation – intermediating

09   Wildlife managers and conservationists have gradually come to recognize that _____ methods of protecting the flock by regulating hunting are no longer sufficient, and in their dissatisfaction they are _____ a new approach. 숙명여대

① radical – incapable of   ② innovative – cognizant of

③ conventional – pressing for   ④ previous – regretted by

⑤ conservative – dubious of

10   During cholera epidemic, most people thought it _____ to feed vegetative food to the more _____ members of the community especially children, who as a result suffered from malnutrition. 이화여대

① imprudent – susceptible   ② considerate – impervious

③ expedient – brawny   ④ lucrative – indigent

11   Our repeated failure to fully act as we would wish must not discourage us. It is the sincere intention that is the essential thing, and this will in time release us from the bondage of _____ which at present seem almost _____.

① temptations – impotent   ② regulations – liberating

③ decisions – impulsive   ④ habits – insuperable

12 The deepest truth about the hippie lifestyle seems to be that the hippies are compulsive enjoyers. They totally _____ the idea of work, production, and achievement; for them, the right kind of life is the life of _____ — nothing more, nothing less.

한국외대

① acquiesce – industry   ② resent – productivity

③ espouse – indolence   ④ reject – enjoyment

⑤ redefine – faithfulness

13 The show makes no effort whatsoever to _____ the message, and there's no _____ to the audience's desire. You see what the director wants you to see, and much of it is very unpleasant.

① convey – resistance   ② sugarcoat – concession

③ unveil – opposition   ④ censor – aversion

14 Some radical antiglobalizationists, called "localists," believe that international trade and activity should be greatly _____ and that power should be returned to the national, regional, and local level. Most antiglobalizationists are more _____, however, and consider the localists' view parochial.

① immobilized – radical   ② fostered – positive

③ curtailed – moderate   ④ promoted – cautious

15 _____ development ensures continuity of environmental and cultural treasures from the present to future generations. It is progress that meets the needs of the present without _____ the ability of future generations to meet their own needs. 가톨릭대

① Sustainable – compromising   ② Multi-dimensional – impairing

③ Comprehensive – rehabilitating   ④ Long-term – enhancing

16 History deserves to be studied out of curiosity if nothing else. The record of man's past offers a challenge for inquiry and understanding no less _____ than the mysteries of outer space and subatomic matter that absorb the attention of the pure _____, whether his investigation promises to yield practical results or not. It is a field of intellectual exploration and adventure, and these are fundamental human yearnings. 중앙대

① traditional – astronaut

② stimulating – scientist

③ hackneyed – physicist

④ curious – historian

17 Self-publishing, the only real success story in an otherwise depressed industry, is _____, thanks to the Internet, digital cameras and more sophisticated digital printing. It's also gaining respect. No longer dismissed as vanity presses, DIY publishing is discovering a _____ market of customers seeking high-quality books for limited distribution.

① waning – mass

② shrinking – global

③ booming – niche

④ stagnating – luxury

18 Many car rental companies in Germany will not rent vehicles to customers under the age of 25, claiming that these drivers have higher than average rates of fatal accidents, rendering the risk of loss too great. This argument, however, is _____, senior citizens also have higher than average rates of accidents, and yet their rental privileges are not _____. 중앙대

① spunky – stymied

② spurious – restricted

③ pedantic – adulterated

④ lackadaisical – endorsed

19 The usual clues that identify a person don't apply to globally nomadic children. Language, place, family, and community shift for these children with each geographic move. Self-image is _____; they refuse or are unable to conform to standard definitions of who they are. They are _____, bits and pieces added with each relocation, each new cultural influence.

① symbolic – foreigners

② fixed – collages

③ flexible – illegals

④ slippery – composites

20 Evolutionary scientists propose that our invidious impulses may help explain why humans are comparatively less _____ than many primate species, more prone to a rough _____ and to rebelling against kings and tycoons who hog more than their fair share.

① cooperative – altruism

② heinous – totalitarianism

③ hierarchical – egalitarianism

④ empathetic – authoritarianism

21 Successful people are willing to engage in _____ in the cause of something marvelous. The greater part of 'genius' is the years of effort invested to solve a problem or find the perfect expression of an idea. With hard work you acquire knowledge about yourself that _____ never reveals.

① opulence – conceit

② slog – perseverance

③ drudgery – idleness

④ subterfuge – diligence

22 Were the FCC to relax its rule banning the use of mobile phones once an aircraft leaves the ground, there would be fist-fights aplenty above the clouds. _____ for those who value at least peace and quiet when crammed in an airline seat, the FCC is in no hurry to relax its ban. _____, regulators are finally thinking of permitting the use, during take-off and landing, of other sorts of electronic equipment currently forbidden, except when the plane is in level flight. 서강대

① Fortunately – However　　　　② Although – Therefore

③ Thus – Moreover　　　　　　④ Unfortunately – Nevertheless

23 While some in the field of psychology reiterate that intelligence is a purely genetic trait, the current research on the nature versus nurture debate is by no means _____. Studies on race, environment, and other factors have shown that heredity and the environment one grows up in affect intelligence. One's intelligence can be _____ by a strongly enriching environment, or neglected by an extremely impoverished one.

중앙대

① incontrovertible – cultivated　　② irreconcilable – devalued

③ indeterminate – hackneyed　　　④ incipient – germinated

24 Altruism is thought by some to be a purely human trait, developed during our evolution as a tribal species. However, studies of other animals _____ this notion. Chimps will adopt orphaned infants, and many species of birds will warn others, at the risk of exposing themselves, when a predator approaches the flock. These displays of animal altruism _____ that animals other than humans also evolved to exhibit this trait. 중앙대

① belie – intimate　　　　② confirm – rescind

③ uphold – retort　　　　④ disbelieve – assuage

25   Malthus has become widely known for his theories about population and its increase or decrease in response to various factors. The six editions of his *An Essay on the Principle of Population* observed that sooner or later population would be checked by famine and disease. He _____ the view in the Europe that saw society as improving and in principle as perfectible. Malthus argued that the power of population would be indefinitely greater than the power in the earth to produce _____ for man. In essence, Malthus feared that continued population growth would lend itself to poverty. 중앙대

① reckoned with – dole

② called off – extravagance

③ argued against – offspring

④ took issue with – subsistence

26   In the _____ construction of race, people belonging to a given race are said to share distinctive gene characteristics that produce specific physical traits. Scientifically, the idea of a pure race is _____ because the world's gene pools are mixed to the point where only general groupings can be distinguished. 한국외대

① biological – mistaken

② intellectual – inspirational

③ ethnic – constructive

④ ccological – marvelous

⑤ geographical – ridiculous

27   Researchers conducting tests in the harsh environment of Mono Lake in California have discovered the first known microorganism on Earth able to thrive and reproduce using the toxic chemical arsenic. The microorganism _____ arsenic for phosphorus in its cell components. This finding of an alternative biochemical makeup will _____ biology textbooks and expand the scope of search for life beyond Earth. 한양대

① produces – rewrite

② produces – strengthen

③ substitutes – obliterate

④ substitutes – alter

28 Though the issue of unemployment _____ considerable impact upon British politics, it does not appear that Britain's political parties came up with a _____ solution to the problem. 이화여대

① attempted – spurious   ② strived – tenacious

③ extolled – perfect   ④ exerted – meaningful

⑤ endeavored – resentful

29 Perhaps nowhere is the risk of overreacting to murky results greater than in the field of _____ testing. This year two groups of researchers announced that they had each sequenced a fetus' DNA from cells gathered from the mother's blood, leading to concerns that in the not-too-distant future, women might _____ a pregnancy if they learn their unborn baby has an increased risk for cancer. 경희대

① prenatal – abort   ② genetic – adopt

③ hygienic – embrace   ④ diabetic – miscarry

30 Our culture's indifference to the past easily _____ into rejection. Far from regarding it as a useless _____, however, I see the past as a political and psychological treasury from which we draw what is needed to cope with the future. 이화여대

① retreats – figment

② disappears – fraction

③ escalates – conundrum

④ deteriorates – encumbrance

⑤ flows – trove

31   The benefit of meeting people is due as much to the differences as to the _____; to the conflict, as well as to the sympathy, between persons. Fortunate the man who, at the right moment, meets the right friend; fortunate also the man who at the right moment meets the right enemy. Therefore, I do not approve of the _____ of the enemy.

한국외대

① indifferences – eradication

② similarities – advantage

③ equality – utility

④ resemblances – extermination

⑤ commonalities – benevolence

32   "The streets of Gangnam become a giant parking lot after midnight because of the damn taxis that never move," an angry citizen shouted. "I don't understand why the police and local district officers are _____ this situation because it certainly threatens many people's lives." The municipal government is getting tons of _____ from Seoul residents every day. 광운대

① neglecting – complaint

② disregarding – report

③ looking at – impeachment

④ abusing – criticism

⑤ overlooking – repudiation

33   Despite overwhelming evidence to the contrary, many people think that flying is more dangerous than driving. Different standards of media coverage account for this _____ belief. Although extremely rare, aircraft accidents receive a lot of media attention because they are very _____. Hundreds of people have been killed in extreme cases. Automobile accidents, on the other hand, occur with alarming frequency, but attract little media coverage because few, if any, people are killed or seriously injured in any particular mishap. 에리카

① legitimate – evasive   ② legitimate – destructive

③ erroneous – evasive   ④ erroneous – destructive

34 Most people would think that it is very _____ to follow an artistic passion that does not provide a steady income if they are barely able to put food on the table. Also, most people would not take on a complex and time-consuming project during difficult financial times. However, that is exactly what J. K. Rowling, the famous author of the Harry Potter series, did during the most challenging time of her life. As a newly single mother _____ to support her daughter, Rowling committed herself to her dream of becoming a novelist. 에리카

① dangerous – hesitant 　　② desirable – required

③ reckless – struggling 　　④ natural – determined

35 Blood pressure, cholesterol level, and body weight are useful indicators of physical health. Yet, this kind of measurement and logic hardly suffices when it comes to determining the extent of a person's physical well-being. Levels of physical discomfort and pain, the most reliable indicators of physical well-being, cannot be _____; perhaps equally significant, our emotional state and psychological well-being, which can have a profound impact on our physical health, defy _____ measurement altogether. 중앙대

① quantified – subjective 　　② measured – objective

③ qualified – discretionary 　　④ evaluated – qualified

36 The principal engine of economic development is the work and creativity of individuals. What induce them to strive and invent is a climate of liberty that leaves them in control of their own destiny. If individuals feel that others are responsible for them, the effort of individuals will _____. If others tell them what to think and believe, the consequence is either a loss of motivation and creativity or a choice between submission or rebellion. _____, neither submission nor rebellion generates development. Submission leaves a society without innovators, and rebellion diverts energies away from constructive effort toward resistance, throwing up obstacles and destruction. 한양대

① ebb – However 　　② drop – Therefore

③ multiply – Similarly 　　④ increase – Nevertheless

37 Political scientists believe that compulsory voting strengthens political parties. Because parties do not have to devote resources to turning out the vote, they can focus on persuasion and conversion. Compulsory voting builds party _____. Survey research in Australia finds that most Australian voter express firm and longstanding commitments to a party. Lower-income people are less likely to vote than middle-income citizen. So, compulsory voting also benefits political parties representing the working-class interests more than those representing middle- and upper-income voters because lower-income people are _____ likely to vote than middle-income citizens. 한양대

① unity – more   ② identity – more
③ loyalty – less   ④ priority – less

38 Mobile phones looked like bricks in the 1980s. That was largely because the batteries needed to power them were so _____. When lithium-ion batteries were invented, mobile phones became small enough to be slipped into a pocket. Now a new design of battery, which uses oxygen from _____ air to power devices, could provide even a smaller and lighter source of power. Not only that, such batteries would be cheaper and would run for longer between charges. 한양대

① ambient – hefty   ② hefty – ambient
③ encompassing – unusual   ④ unusual – encompassing

39 Since its resurgence in modern form in the eighteenth century, democracy has been the subject of endless debate. What is democracy, exactly, and how is it supposed to work? There are an infinite number of answers. What we do know is that democracy is _____, yet it continues to spread in various forms throughout the world even in recent years. Therefore, democracy keeps transforming itself even as it defies consistent analysis. And we know that, for all its obvious flaws, few of us would trade liberty for a more orderly but inevitably _____ system. 한양대

① nearly outdated – unruly

② far from perfect – repressive

③ scarcely complete – achievable

④ out of the question – surmountable

40 You may think that years of school have taught you how to _____ writing a paper. However, true procrastination is an art form, and certain steps must be followed to achieve the status of Master Procrastinator. The first step is to come up with a good reason. Reasons prevent others from hassling you about your procrastination. A reason should not be confused with a excuse. An excuse would be, "I am too tired." A reason would be, "it is important that I rest in order to do the best possible job." The next step is to come up with a _____ task to do before starting the paper. If you put aside your paper to watch friends, you will feel guilty. On the other hand, if you put aside your paper to help your friends do their homework, there will be no guilty. 한양대

① get off – noticeable
② call off – rewarding
③ put off – worthwhile
④ take off – profitable

중·장문을 이용한 문장 완성 문제가 많이 선보이고 있다. 독해력도 측정하면서 논리력을 판단하기 위한 장치이며, 글의 흐름을 제대로 이해한다면 어렵지 않게 풀 수 있는 문제이다. 하지만 독해가 약한 수험생들에게는 상당한 시간이 들어가는 부분이며, 생각보다 논리 구조의 어려움을 겪기도 한다. 그러므로 평소 많은 글을 읽으면서 단락 간 구조의 이해, 단락 요약 연습 등을 충분히 해 두어야 한다.

이런 유형의 문제에서는 단순하게 어휘를 선택하라는 문제도 있고, 글의 흐름에 따라 구와 절을 넣으라는 문제도 있다. 최근에는 구와 절을 넣는 문제들이 많이 나오고 있으므로 이에 대한 연습과 대비가 필요하다. 먼저 전환 어구를 제대로 파악하고, 빈칸 주변에서 단서를 찾아야 한다. 글이 길어질수록 말하고자 하는 바가 다른 어휘나 표현으로 paraphrase되는 경우가 많기 때문에, 이를 염두에 두고 주제를 드러내는 문장 뒤의 뒷받침 문장에서 앞에 언급된 부분의 대용 표현을 찾아야 한다.

예시 01

_____ in any shape, in the most restricted sense, is preferable to a system of teaching which, professing so much, really does so little for the mind. Shut your College gates against the follower of knowledge, throw her back upon the searchings and the efforts of her own mind: she will gain by being spared an entrance into your Babel. 서울여대

① College education   ② Self-education
③ Private education   ④ Free education

| 해석 |
독학은 어떤 형태이든지 가장 제한적인 의미로는, (정신에 관해) 그렇게나 많이 주장하면서도 정작 정신에 거의 도움이 안 되는 가르침의 체제보다는 선호된다. 지식을 추구하는 자가 여러분의 대학에 들어오지 못하게 막고, 그자로 하여금 스스로의 정신의 탐구 및 노력에 의지할 수밖에 없도록 만들어라. 그자는 여러분의 바벨탑(즉, 대학)에 들어오는 것을 모면하게 되는 것으로 득을 볼 것이다.
① 대학 교육   ② 독학
③ 사교육   ④ 무상 교육

| 정답 | ②

| 해설 |
동어 반복의 키워드를 이용하고 있다. 우선 빈칸에 들어갈 단어는 'preferable to a system of teaching(가르침의 체제보다는 선호되는)' 것이므로 단순히 가르침을 주는 형태의 교육과는 다른 것이어야 한다. 따라서 ①과 ④는 정답으로 보기 힘들다. 그리고 'efforts of her own mind(스스로의 정신의 노력)'이란 표현을 통해 빈칸에 들어가는 교육 형태가 스스로의 힘을 강조하고 있음을 알 수 있다. 따라서 이 모든 사항을 고려해 볼 때 정답으로 가장 적절한 것은 ②가 된다.

| 어휘 |
be preferable to – ～보다 더 나은[선호되는]   **profess** ⓥ 주장하다, 천명하다
shut the door[gate] against a person – 남의 눈앞에서 문을 닫다; 남(의 이야기)을 받아들이지 않다
throw sb back on sth – ～로 하여금 (어쩔 수 없이) ～에 기대게 하다
gain ⓥ 득을 보다   **self-education** ⓝ 독학

01 Far from introducing the idea of evolution per se to a totally unprepared public or initiating the religious doubts which were to trouble so many minds in the years to come, The origin of Species _____. The concept of organic mutability, for instance, was itself not new; it had long been put to practical demonstration by England's botanists and breeders of race horses. But the explanation was new: the idea of "natural selection" accomplished by an eternal "struggle for existence." 서울여대

① had incredible influences on some 19th-century novelists like Thomas Hardy
② embraced certain elements of orthodox Christianity and middle-class morality
③ provided a lucid explanation for what he called the "survival of the fittest"
④ was largely a brilliant synthesis of many scientific ideas already current

02 School officials are understandably concerned about preventing violence and safeguarding the children in their care. Over the last 10 years or so, however, this legitimate concern has too often led to poorly thought out, rigidly implemented policies that _____. Consider the case of Zachary Christie, who has been ordered to spend 45 days in a disciplinary school after bringing his nifty camping utensil to school to use to eat his lunch. The classic, foldable tool contains a fork and a spoon — and also a small knife, which violates the zero-tolerance weapons policy. 서울여대

① stigmatize or criminalize children
② are effective in protecting children
③ are too costly to enforce
④ seem to distract both teachers and students

03   Each of us is in the world for no very long time and within the few years of his life has to acquire whatever he is to know of this strange planet and its place in the universe. The world is full of things that are tragic or comic, heroic or bizarre or surprising, and those who _____ the spectacle that it offers are abandoning one of the privileges that life has to offer. 서울여대

① keep recalling   ② continue to marvel at

③ fail to be interested in   ④ are prevented from pursuing

04

04   Sherlock Homes picked up a hat which he happened to find lying in the street. After looking at it for a moment he remarked that its owner had come down in the world as the result of drink and that his wife was no longer so fond of him as she used to be. Life could never be boring to a man to whom _____. 서울여대

① all his movements are perfectly coordinated

② academic pursuits are important parts of his life

③ everything in life is a process of trial and error

④ casual objects offer such a wealth of interest

05   A magazine recently asked its readers to write in with their tales of _____ done to or by them. Obviously, this is a subject close to many people's hearts. Many readers said they could hardly bear to remember the tight-fisted habits of their parents, while others reported that years of stinginess had either broken up their marriages or had made their lives a misery. 성균관대

① operation   ② violence

③ forgiveness   ④ stubbornness

⑤ miserliness

06

The college football player knew his way around the locker room better than he did the _____. So when my co-worker saw the gridiron star roaming the stacks looking confused, she asked how she could help. "I have to read a play by Shakespeare," he said. "Which one?" she asked. He scanned the shelves and answered, "William." 인하대

① library   ② classroom
③ locker room   ④ football field

07

One of the oddest things about the English people strikes a visitor at once; the English love to keep to themselves. In England there are over 43 million people squeezed together in a little less than 51,000 square miles of land. This crowding makes the English feel rather like sardines in a can. As a result an Englishman's idea of happiness is to have a place of his own where, when he wishes, _____. 인하대

① he can be alone   ② he can be happy
③ he can cook his own meal   ④ he can enjoy talking with friends

08

While it appears to be true that some people who are immersed in horror imagery feel provoked to commit the same heinous crimes they just viewed, it is also true that there is no evidence of a causal factor, and millions of people watch such films without feeling instigated to act. Only a few people process external images into _____ behavior.

중앙대

① listless   ② vicious
③ mediocre   ④ erudite

09 I discovered that ninety percent of the MIT's faculty voluntarily contribute their teaching materials for free and open publishing on OCW(Open Course Ware) simply because they believe that unlocking knowledge can help their pupils. I was extremely moved by the foresight, dedication and generosity of MIT's faculty and realized that learning under their _____ could be great and surely make scientific breakthroughs possible. 중앙대

① tutelage
② covenant
③ dilettante
④ proviso

04

10 Abraham Lincoln left a famous adage: "You can fool some of the people all the time, and all of the people some of the time, but you cannot fool all of the people all the time." The implication of the adage is that there are a lot of _____ people in the electorate, but there are also some people who insist on knowing the truth. 중앙대

① arduous
② hallowed
③ gullible
④ grandiloquent

11 Most living primates are _____ in that the primate body has a number of features that were shaped, through natural selection, by the demands of living in the trees. In addition, the five digits of the primates' hands and feet are highly mobile; their thumbs and big toes are opposable to the other digits, giving them the ability to hang onto branches and manipulate food. The great sensitivity of the hands and feet to touch aids in manipulation. 중앙대

① invertebrate
② bipedal
③ herbivorous
④ arboreal

12   Experience can be reconstructed in our minds to seem better than they were, because they represent periods in our life that are now gone forever. _____, childhood memories represent times when we were free from the anxieties of adulthood, so we may redefine them in an idealized way, even though many of the experiences we went through were difficult at the time. 한양대

① However   ② Similarly
③ In addition   ④ For example

13   Laughter has many subtle effects on our _____. It breaks the ice, achieves closeness, bonds us, generates goodwill, and dampens hostility and aggression. Observe how we laugh when we want to deflate tension between strangers or need to say no to someone. We often laugh when we apologize. Laughter disarms people, creates a bridge between them, and facilitates amicable behavior.

① emotional reaction   ② social companions
③ tension release   ④ sense of humor
⑤ state of mind

14   In the middle of the day on Feb. 22 an earthquake shattered Christchurch, New Zealand's second-biggest city, killing 98. _____. Several hundred of the city's 386,000 residents are trapped or missing. In one building alone, housing a local television station, 100 are feared dead. It could be New Zealand's worst ever disaster.

① Many houses were on fire
② Firefighters did their best
③ City Hall couldn't avoid the disaster
④ The number is sure to rise
⑤ It was an expected disaster

15 The prints were collected by such painters as Édouard Manet, Edgar Degas, Claude Monet, and other artists. The clarity of line, spaciousness of composition, and boldness and flatness of colour and light in Japanese prints had a direct impact on their work and on that of their followers. Less important and more ephemeral was an attempt in France to _____ Japanese interior design, following the display of Japanese decorative arts at the 1867 Universal Exposition in Paris.

① exasperate   ② alienate

③ alleviate   ④ emulate

16 Some researchers believe that the protein called tau is responsible for the tangles that are one characteristic of Alzheimer's. Tau occurs normally in neurons and consists of microtubules that look like ropes. These become the tangled masses of Alzheimer's when abnormal formations of tau occur. A specific gene is thought to be responsible for inhibiting the formation of tangles. When this gene is not present, the tau goes _____ and tangles result. The gene that replaces the tau inhibitor gene is thought to be responsible for the formation of plaque, the other physiological brain abnormality seen in those with Alzheimer's. 한양대

① uncultured   ② unchecked

③ unmarked   ④ unreconstructed

17 Large collections of animals, which were originally called menageries, have served as magnets for visitors since the times of the ancient Chinese, Egyptians, Babylonians, and Aztecs. Modern zoos now come in many sizes and can be found throughout the world. The Philadelphia Zoo was the first location in the United States dedicated to the large-scale collection and display of animals. While this facility is still of great importance, it has been _____ by more spectacular zoos such as the Bronx Zoo and the San Diego Zoo. 중앙대

① embellished   ② overstated

③ eclipsed   ④ panegyrized

18 Part of the terror of sharks may stem from a famous attribute of sharks : their need to keep swimming in order to breathe. Many sharks need to employ what's called ram ventilation in order to respire, swimming forward with their mouths open, letting the water — with its oxygen — flow through the gill slits. This is one of the reasons people see sharks as scary; cruising along as they display their sharp teeth, they look as if they're poised to attack at any moment. What appears to be a prelude to aggression is ________________.

서울여대

① a shark scouring for food
② a shark attempting to attack
③ a shark marking its territory
④ a shark trying to catch its breath

19 When we see impressive performance by someone, we think he is naturally skilled. The reality is, however, that he has simply practiced for longer and more intensely than others. Perhaps the most dramatic example is from chess. A study took one group of chess masters and another group of novices. When presented with chess pieces as they would be arranged in a chess game, the masters were stunningly better than the novices at recalling each piece's position. Here's the catch: when the pieces were set up randomly, in a manner that would never occur in a real game of chess, the masters were no better than the novices at remembering where the pieces were. So much for chess masters ____________________________. 서울여대

① being more adept at recognizing patterns on the chess board
② being born with special powers of memory or concentration
③ sustaining an intensity that seems beyond the reach of most people
④ excelling not because of innate ability but because of dedicated practice

20 Sexual reproduction probably arose as a way to _____. By mixing up your DNA with that of another individual to make offspring, you make sure that any mutations you have will end up in only half of your offspring. Your sexual partner will have mutations of their own, but they are almost certain to be different mutations on different genes. Because offspring have two copies of each gene, the normal version inherited from one parent often masks the failures of the mutated version inherited from the other parent. 명지대

① spread DNAs effectively

② accumulate mutations faster

③ prevent mutations in DNAs from arising

④ contain the damage caused by mutations

04

21 _____. Most developing countries, as they were once euphemistically known, really are now developing — and doing so fast. So it is not surprising their disease patterns are changing too, just as happened in the rich world. Deaths from infectious diseases are down. Rates of non-transmissible illness — often chronic and frequently the result of obesity — are rising. The panjandrums of global health are struggling to keep up. 서강대

① Infectious diseases constitute a major threat to the world's development

② The gap between poor and wealthy nations is rapidly increasing

③ Residents of developing nations suffer from the same diseases as three decades ago

④ Third World is not a term much used today

22 Poe is usually praised for having written some of the very first detective stories. Yet another aspect of Poe's work is frequently ignored: his understanding of abnormal psychology. Although today it is accepted that human beings may be motivated by dark and irrational desires contrary to normal morality, Poe wrote in the nineteenth century, not the twenty-first. Yet in "The Tell-Tale Heart" and "The Black Cat," he managed to realistically describe two characters who were well aware that they have no reason to desire the death of their victims. As Poe makes clear, _____; they are driven by cruel desires beyond rational control. 한양대

① they are not driven by hallucination

② they are the devils with compassion

③ their heart is conquered by their mind

④ reason has nothing to do with their decisions

23 Some Muslims insist that Islam and modernization are perfectly _____. Many Islamic countries supply the oil that is, for now, the indispensable ingredient of modernization, and they have tried to use their staggering and sudden wealth to buy the machines of progress without the devil that often inhabit them. Conservative Saudi leaders, for example, seek to modernize without the garish libertine free-for-all that Western secular individualism has promoted. 한양대

① clashing   ② compatible

③ extraneous   ④ incongruous

24　We often engage in what is so-called brand switching if our current brand satisfies our needs. According to a study, many beer drinkers have a repertoire of two to six favorite brands rather than one clear favorite. We simply like to try new things; that is, we crave variety as a form of stimulation or to reduce boredom. Variety seeking, the desire to choose new alternatives over more familiar ones, even influences us to switch from our favorite products to the ones we haven't tried before. We are willing to do so because _____. 가톨릭대

① the unpredictability itself is rewarding

② brand image is everything to be desired

③ the level of risk can be drastically reduced

④ it is a good form of self-expressive purchase

25　One of sleep-related disorders, _____ is a disturbance of arousal that falls under the Parasomnias group of disorders. Parasomnias are undesirable motor, verbal, or experiential events that occur typically during non-Rapid Eye-Movement(NREM) sleep. It was once thought to be an acting out of dreams. However, _____ actually takes place during deep sleep, not during REM sleep when dreams most typically occur. The disorder is usually benign, self-limited and rarely requires treatment.

① daydreaming　　　　　　　　② sleeplessness

③ nightmare　　　　　　　　　④ somnambulism

26 _____. They give loving attention to every detail. When sloppy people say they're going to tackle the surface of the desk, they really mean it. Not a paper will go unturned; not a rubber band will go unboxed. Four hours or two weeks into the excavation, the desk looks exactly the same, primarily because the sloppy person is meticulously creating new piles of papers with new headings and scrupulously stopping to read all the old book catalogs before he throws them away. A neat person would just bulldoze the desk. 한양대

① Sloppy people aim too high and wide
② Sloppy people can't bear to part with anything
③ Sloppy people place neatness above everything, even economics
④ Sloppy people buy everything in expensive little single portions

27 It is everywhere true that those at the bottom of the social hierarchy are the majority, in the past often the great majority. Their lives are nastier, more brutish, and considerably shorter than the lives of their more fortunate contemporaries. Why then does the majority remain deprived? The minority at the top may have a near monopoly of force, but force alone is not the answer. A system of social differentiation must be found in which all believe, not just some. The universal acceptance of _____ ensures its perpetuation. 서울여대

① human sacrifice   ② the caste system
③ religious rituals   ④ social equality

28   Initially, researchers assumed that group discussion would have a mellowing influence on hotheads and extremists within the group. As a result, group discussion was expected to produce more moderate decisions than individual decision-making. However, some researchers found that group discussion rather intensifies individuals' views or opinions to the extreme, which leads to group polarization. Yet, the group polarization effect does not occur invariably. One major requirement is that group members must basically agree, at least in a general sense, about what side of the issue they favor. When people were grouped together with others who shared their views, discussion intensified their attitudes, with liberals becoming more tolerant and traditionalists becoming less tolerant following group discussion. In this sense, group polarization represents the intensification of _____. 중앙대

① a social conflict within members of one group
② unequal socio-economic status of group members
③ a democratic co-building of the shared views
④ a pre-existing initial group preference

29   Should the public be shown actual courtroom trials on television? It seems as though the system can easily be corrupted by having cameras in the courtroom. Victims are hesitant enough when testifying in front of a small crowd, but their knowledge that every word is being sent to countless homes would increase the likelihood that they would simply turn down the request for testimony. There is little to no assumed innocence for the accused when their trial is put on television. People do not watch court television because they are concerned about our country's ability to effectively carry out the proceedings of the judicial system. _____, they are looking for the drama in witness testimony: entertainment. _____, leave the cameras out of the courtrooms, and let the public view sitcom dramas based on the legal precedents. 한양대

① But – However   ② Instead – Thus
③ Likewise – Therefore   ④ Accordingly – Nevertheless

30 An increasing number of studies suggest that the main danger of television may not be the message, but the medium itself, just looking at TV. In Bedford, Mass., Psycho-physiologist Thomas Mulholland and Peter Crown, a professor of television and psychology at Hampshire College, have attached electrodes to the heads of children and adults as they watched TV. Mulholland thought that kids watching exciting shows would show high attention. To his surprise, the reverse proved true. While viewing TV, the subjects' output of alpha waves increased, indicating they were in a passive state, as if they were "just sitting quietly in the dark." The implication: TV may be _____.

인하대

① a training course in the art of inattention
② an efficient medium to improve kids' attention
③ a useful machine when kids watch it moderately
④ an important medium to send the message correctly to kids

31 As the nonstop TV commercials have made clear, the U.S. Census Bureau really hopes you've sent back your questionnaire by now. But in reality, we don't have to wait for the census results to get a basic picture of America's demographic future. The operative word is "more": by 2050, about 100 million more people will inhabit this vast country, bringing the total U.S. population to more than 400 million. With a fertility rate 50 percent higher than Russia, Germany, or Japan, and well above that of China, Italy, Singapore, South Korea, and virtually all of Eastern Europe, the United States has become a(n) _____ among its traditional competitors, all of whose populations are stagnant and seem destined to eventually decline. 인하대

① aging society   ② global adviser
③ outlier   ④ failure

32 Studies of individuals who have suffered brain damage due to stroke, traumatic injury, or illness have pinpointed two specific regions in the left hemisphere that play a vital role in the ability to use language. The first is Broca's area, located in the left frontal region near the motor cortex. Patients who have damage in this region exhibit expressive aphasia, or the inability to speak fluently, _____ their comprehension abilities remain intact. The second region, Wernicke's area, is in the temporal region of the left hemisphere close to the areas of the brain responsible for auditory processing. Damage to Werniche's area results in receptive aphasia, in which speech seems fluent — at least on the surface — but contains nonsense of incomprehensible words; the ability to understand the speech of others is also impaired. 가톨릭대

① although   ② because
③ if   ④ when

33 It is a truth universally acknowledged that education is the key to economic success. Everyone knows that the jobs of the future will require ever higher levels of skill. That's why President Obama declared that "If we want more good news on the jobs front then we've got to make more investments in education." The day after his announcement, The Times published an article about the growing use of software to perform legal research. Computers, it turns out, can quickly analyze millions of documents, cheaply performing a task that used to require armies of lawyers and paralegals. In this case, then, _____. The idea that modern technology eliminates only menial jobs is actually decades out of date. 서울여대

① technological progress is actually reducing the demand for highly educated workers

② education is becoming ever more important and well-educated workers are clear winners

③ advances in technology are increasing job opportunities for those who work with information

④ computers are helping those who work with their minds, while hurting those who work with their hands

34　In 1934, Elzire Dionne gave birth to five daughters who became famous as the Dionne Quintuplets. Their birth made immediate headlines and was celebrated as a medical and maternal miracle. Unfortunately, the little girls' fame was their downfall; almost from the moment of their birth, they were exploited by everyone around them. Their parents were poor and didn't know how to support their family, which already included six children. Confused and desperate, they agreed to put their five daughters on display at the Chicago World's Fair. For a brief moment, it seemed as if the girls _____ when the family physician stepped in and insisted the girls were too frail to be on exhibit. But after he took control of the girls' lives, he made himself rich by displaying them to tourists and collecting fees for product endorsements. 한양대

① were saved from a miserable fate
② would be poorly treated by their parents
③ were not adapted to their changed way of life
④ would become famous enough in the World's Fair

35　The human infant does not automatically make the correct responses to any external stimulus; it has to learn even such things as personal hygiene from the accumulated experience of its society called culture. Culture represents our attempt to make ourselves human and then to preserve this accomplishment. One generation transmits via its culture its accomplishments, experience, and knowledge. The next generation acts upon this repository of knowledge and experience. It adds to it, subtracts from it, and, by doing so, slowly refines this knowledge. Then it transmits it to the next generation. Thus, humans realize their humanity as culture provides scope and opportunity for the realization of their peculiar abilities, and they in turn modify and reproduce the culture that makes a human life possible. Through this _____ among individuals past and present human beings develop their abilities. 명지대

① intrinsic relationship　　　　② reciprocal interplay
③ self-taught knowledge　　　　④ heightened automaticity

36 The results of life are uncalculated and uncalculable. The years teach much which the days never know. The persons who compose our company converse, and come and go, and design and execute many things, and somewhat comes of it all, but an unlooked-for result. The individual designed many things, and drew in other persons as coadjutors, quarrelled with some or all, blundered much, and something is done; all are a little advanced, but the individual is always _____. It turns out somewhat new and very unlike what he promised himself. 한양대

① creative   ② mistaken
③ pedantic   ④ understood

37 The self-confidence necessary to a leader may be caused in various ways. Historically, one of the commonest has been _____. Read, for example, the speeches of Queen Elizabeth in moments of crisis: you will see the monarch over-riding the woman, convincing her and through her the nation, that she knows what must be done, as no mere commoner can hope to do. In her case, the interests of the nation and the sovereign were in harmony; that is why she was "Good Queen Bess." She could even praise her father without arousing indignation. There is no doubt that the habit of command makes it easier to bear responsibilities and to take quick decisions. 중앙대

① the strong pursuit of desire
② the intensive leadership training
③ a hereditary position of command
④ a religious creed to overcome adversity

38 It sounds to me like a con trick, but people have been falling for it for almost a century. Freud effectively invented psychoanalysis in 1895, and it goes without saying that his research contributed enormously to our understanding of the subconscious. But whether analysis has any place in modern medical treatment is open to doubt. The "talking cure" which Freud and his co-worker Joseph Breuer developed in Vienna was designed specifically to uncover the cause of hysterical symptoms, in which they had a few successes. But analysis was then adopted for all sorts of psychological problems _____. I'm told George Gershwin was psychoanalyzed in the thirties by doctors hoping to find a cure for the neurological symptoms that troubled him. He died of a brain tumor at the age of 39. 한양대

① which can be solved effectively

② to which it was entirely unsuited

③ no matter how complex they look

④ which can be cured only by surgery

39 The cliché outfit may in some cases become so standardized that it is spoken of as a "uniform": the pin-striped suit, bowler and black umbrella of the London City man, for instance, or the blue jeans and T-shirts of highschool students. Usually, however, these costumes only look like uniforms to outsiders; _____. London businessman's tie will tell his associates where he went to school and the cut and fabric of his suit will allow them to guess at his income. Highschool students, in a single glance, can distinguish new jeans from those that are fashionably worn, functionally or decoratively patched or carelessly ragged; they grasp the fine distinctions of meaning conveyed by straight-leg, flared, boot-cut and peg-top. 가톨릭대

① we all desperately strive to fit in

② their range of expression is fairly limited

③ peers will be aware of significant differences

④ such outfits are not uncommon in major cities

40   For most of his professional career, painter and illustrator Norman Rockwell was treated as something of a step-child by the established art world. The public loved his portraits of small-town life. Art critics, however, considered Rockwell's work technically good but creatively worthless. For them, he was the "King of Kitsch." In their eyes, Rockwell shamelessly tried to satisfy the public's desire to see the world through rose-colored glasses. Rockwell's critics claimed his work lacked the mystery and subtlety of great art. But in the end, _____. As is so often the case with artists despised during their lifetimes, a new generation of art critics has begun to re-evaluate the work of Norman Rockwell. 서울여대

① Rockwell may have the last laugh
② Rockwell was viewed as an entertainer rather than an artist
③ Rockwell was not included in exhibitions of great museums
④ Rockwell gave ordinary objects and settings a spiritual meaning

41   Geographers have long disagreed on the eastern boundary of Europe. During the existence of the Soviet Union, some took the continent's border all the way east to the Ural Mountains, while others drew the line at the western boundary of the Soviet Union. With the disintegration of the Soviet Union in 1990, the eastern boundary of Europe _____. Now some geography textbooks extend Europe to the border with Russia, which places three countries of Moldova, Ukraine, and Belarus, former Soviet Republics in eastern Europe. There are many others who reject this definition, however, since these countries are still aligned culturally and economically with Russia. 가톨릭대

① became even more problematic
② turned to be a new international issue
③ got clear and out of controversy
④ is now considered an imaginary line

42

In 2009, a research team from Stanford, led by Clifford Nass, compared heavy versus light media multitaskers in a series of tests. Nass thought the heavier multitaskers would be better at organizing and storing information and have superior memories, but it turned out that _____. When the groups were shown configurations of coloured shapes and asked to remember their positions and ignore others, the multitaskers couldn't do it. They were constantly distracted and their ability to switch between tasks, filter irrelevant information and remember what they had seen was worse than the lighter multitaskers. 성균관대

① they did a good job   ② they were at a loss
③ the opposite was true   ④ all finally failed
⑤ something was wrong

43

Any parent will tell you that one of the most annoying habits young children have is their penchant for the "Why Game." In this game, the child observes something and demands that the parent explain it. "Why is the sky blue?" is the classic example. But more bizarre questions often pop up, such as "Why doesn't the week start with the weekend?" or, "How does my brain know what my name is?" These questions are irritating not only because they are time-consuming, but also because they often show us the limits of what we ourselves know. We don't like being reduced to the answer "Just because." _____, we encourage our children to ask such questions because we realize that they help to develop intelligence and curiosity. 가톨릭대

① Accordingly   ② Incidentally
③ Nonetheless   ④ Otherwise

44 Why did the accountant steal funds from his business? A close look at his life can provide a clear and convincing answer. The accountant comes from a very successful family where his parents are doctors and his siblings are lawyers. As an accountant, he was not making as much money as his parents and siblings. Also, the accountant believes deeply in the American dream and the idea that if one works hard enough, that person will succeed. However, despite his hard work, the accountant has had number of recent business failures, including losing a substantial sum of money in the stock market. To make matters worse, his children need braces. _____, become a success, and provide for his family, the accountant had to steal the money from his business. 한양대

① To make ends meet
② To cope with sibling rivalry
③ To live up to family expectations
④ To come to terms with ambitions

45 How much is a violin worth? If the instrument was made in the 17th or 18th century by either Antonio Stradivarius or Joseph Guarnerius del Gesu, its value may be astronomical. Though relatively rarely sold, the highest publicized price paid at public auction for The Hammer made in 1707 was USD 3,544,000 in 2006. Private sales of Stradivarius instruments have exceeded this price. The value of a violin depends on a number of factors. Some of these elements include when and by whom the violin was made, who owned it in the past, and how it is preserved. There are only about 800 Stradivarius and 250 Del Gesu violins now in existence in the world. Since they are so scarce, their value is high. Every great violinist since 1800 has played either a Strad or a Del Gesu. The great performers feel that modern violins _____. They have an inveterate taste for tradition and heritage. 중앙대

① belong to a virtuoso
② are just not the equivalent of the old ones
③ innovated older versions of a violin
④ are priced less than valued

앞에서도 언급한 것처럼 이화여대에서 몇 년째 출제되는 형식으로 20개의 보기를 제시한 후 10개의 문제를 풀어 가는 형식이다. 20개에서 10개를 고른다면 쉬울 것 같지만, 처음에 출발할 때는 20개 가운데 하나를 골라야 하는 것이므로 만만치가 않다. 이런 문제를 푸는 요령은 먼저 20개의 보기를 분석하여 품사별로 구별하고, 문제로 들어가서 가장 확실한 것부터 보기를 제거해 가면서 풀어나가야 한다. 혼동의 여지가 있는 것은 뒤로 미루지 않으면 잘못된 보기를 고정시키는 실수를 저지르게 되니 주의를 요한다.

[01~10]

Select the most appropriate word from the box below. A word can be used only once.

① chronic	② ineluctably	③ sloth	④ repercussion
⑤ apologetic	⑥ slender	⑦ reconcile	⑧ sneer
⑨ mull	⑩ symmetrical	⑪ cautious	⑫ detrimental
⑬ uncaring	⑭ epitome	⑮ compassion	⑯ slight
⑰ virtuous	⑱ virulent	⑲ propensity	⑳ poach

📖 실전 문제 다지기

01   This book, although specifically about dealing with a(n) _____ illness, is a lesson in how one can choose to handle any situation in life.

02   Marilyn Monroe, arguably one of the most beautiful women of the silver screen, had big eyes, smooth skin and _____ features.

03   These young men and women don't know the _____ of what's going to happen.

04   I am deeply sorry that my words may have been interpreted as a(n) _____ on anyone or any other group.

05   Drinking too much coffee, tea, or wine could be _____ to a person's health because these substances can disrupt digestion by blocking the body's absorption of certain nutrients, including iron.

06   People may _____ at the idea of Dubai having an art fair: culture in the emirate historically consists mainly of shopping, and there is no art museum to speak of.

07   He is working on the development of novel interventions for treating obese patients and people with a(n) _____ for obesity.

08   How do we _____ these two seemingly contradictory concepts?

09   They were so _____ that they didn't even know what gambling was.

10   I said I was sorry, and he hung up on me, and I couldn't blame him for not calling me back when I left more _____ messages.

Select the most appropriate word from the box below. A word can be used only once.

① tweak ② hefty ③ relish ④ perpetrators
⑤ cachet ⑥ dupe ⑦ amass ⑧ encroachment
⑨ unfounded ⑩ distressing ⑪ perception ⑫ construe
⑬ intricate ⑭ eradicate ⑮ imposters ⑯ runaway
⑰ condolence ⑱ onlookers ⑲ covet ⑳ counteract

📖 실전 문제 다지기

11 Our _____ frontal lobes allow us to extract information from the past and the present, process it and project it into the future as a plan.

12 Domestic violence is not inevitable and it can be neutralized when victims denounce _____ and when the _____ take their responsibility for their violent behaviour.

13 The death penalty is a social aberration that should be _____(e)d from humanity.

14 The serum-screening can cause an _____ comfort about the pregnancy instead of a more realistic view that pregnancy and birth are inherently related to uncertainties and risks.

15 There isn't any such thing as the perfect curriculum and that's why we _____ the curriculum every week to meet our needs.

16   In impressive detail, humankind _____(e)s evidence of devastating changes in the atmosphere, oceans, ice cover, land and biodiversity.

17   Limited editions, such as 'when we're out we're out' create more demand and people _____ these things.

04

18   Five-year-olds are at a transitional phase, a bridge between younger preschool and older schoolchildren, in how they _____ the task of storytelling.

19   If I can help my blog audience _____ their artistic capabilities through advice, examples, and juicy discussions, then this blog will serve a purpose beyond simply being a tool for me.

20   One of the most _____ things about being American is the inability to understand or speak more than one language.

Select the <u>most</u> appropriate word from the box blow. A word can be used only once. 이화여대

① protrudent	② feature	③ remedial	④ debacle
⑤ detriment	⑥ regenerable	⑦ diplomatized	⑧ threadbare
⑨ militant	⑩ imparts	⑪ sterling	⑫ inherently
⑬ liability	⑭ executive	⑮ superfluous	⑯ lingered
⑰ spearheaded	⑱ forfeits	⑲ immutably	⑳ calibrated

📖 실전 문제 다지기

21 "Since the heroic deeds clearly speak for themselves," the president remarked, "further comment on my part would be _____."

22 A limited attention span is his biggest _____ as a graduate student.

23 The reviewer commended the young actor's _____ performance in the new play.

24 We are so tired of listening to those _____ excuses for your failure to keep your promises.

25 My campaign for the class treasurer ended in an utter _____ when I forgot my speech as I was about to address the assembly.

26 Measurements of temperatures go through rigorous quality control procedures and must be carefully _____ to account for changes in measuring technology.

27   Episodes of "ethnic cleansing", genocide, communal violence, and civil war involve the _____ suppression of the in-between, the elimination of hybridity.

28   The acceptance of conventions often _____ to them a compelling force, so that it may be difficult to break with them and move in some other direction.

29   Nuclear power poses substantial risks; _____ safe nuclear plants simply do not exist.

30   After a flurry of cinematic activity mainly _____ by Kenneth Branagh in the 1990s and a few other filmmakers in the following decade, the "boom" of Shakespeare on-screen ground to a halt.

Select the most appropriate word from the box blow. A word can be used only once. 이화여대

① adjudicate	② anonymous	③ circumspect	④ concomitant
⑤ culprit	⑥ decent	⑦ evade	⑧ incumbent
⑨ inebriated	⑩ intermittent	⑪ irate	⑫ negligible
⑬ inverse	⑭ precedence	⑮ prevalence	⑯ salutary
⑰ staggering	⑱ synchronous	⑲ tenacious	⑳ unanimous

실전 문제 다지기

31 The ensuing years will witness how the courts _____ the complicated interplay among the societal goals that surround employment testing.

32 Letters of recommendation are one of the least accurate forecasters of job performance. Some people even make recommendations that have a(n) _____ relationship with the criterion.

33 The _____ individual may be led into aggression by both a biased interpretation of the situation and increased confidence in being able to cope by largely physical means.

34 Confidentiality involves decisions about who will have access to research data, how records will be maintained, and whether participants will be _____.

35 What causes inflation? In almost all cases of large or persistent inflation, the _____ is growth in the quantity of money.

36 At the core of any change effort is the desire to bring about change. However, change introduces ambiguity into the environment, with the _____ effects of less predictability and control.

37 The differences in living standards around the world are _____. In 2003, the average American had an income of about $37,500 and the average Nigerian earned $900.

38 The employee's job performance is in part influenced by the customer. An employee may respond differently to a(n) _____ customer and to a pleasant one.

39 _____ interaction occurs when team members communicate at the same time, as in chat sessions or video conferencing.

40 Team members must have high awareness of themselves as a team. Each member sees the team's success as taking _____ over individual performance.

MEMO

여러분의 작은 소리
에듀윌은 크게 듣겠습니다.

본 교재에 대한 여러분의 목소리를 들려주세요.

공부하시면서 어려웠던 점, 궁금한 점,

칭찬하고 싶은 점, 개선할 점, 어떤 것이라도 좋습니다.

에듀윌은 여러분께서 나누어 주신 의견을

통해 끊임없이 발전하고 있습니다.

에듀윌 도서몰 book.eduwill.net

· 부가학습자료 및 정오표: 에듀윌 도서몰 → 도서자료실

· 교재 문의: 에듀윌 도서몰 → 문의하기 → 교재(내용, 출간) / 주문 및 배송

에듀윌 편입영어 핵심유형 완성 논리

발 행 일	2022년 10월 19일 초판
편 저 자	홍준기
펴 낸 이	권대호
펴 낸 곳	(주)에듀윌
등록번호	제25100–2002–000052호
주 소	08378 서울특별시 구로구 디지털로34길 55
	코오롱싸이언스밸리 2차 3층

www.eduwill.net

대표전화 1600-6700

꿈을 현실로 만드는

에듀윌

고객의 꿈, 직원의 꿈,
지역사회의 꿈을 실현한다

취업, 공무원, 자격증 시험준비의 흐름을 바꾼 화제작!

에듀윌 히트교재 시리즈

에듀윌 교육출판연구소가 만든 히트교재 시리즈!
YES 24, 교보문고, 알라딘, 인터파크, 영풍문고 등 전국 유명 온/오프라인 서점에서 절찬 판매 중!

공인중개사 기초입문서/기본서/핵심요약집/문제집/기출문제집/실전모의고사 외 12종

주택관리사 기초서/기본서/핵심요약집/문제집/기출문제집/실전모의고사

7·9급공무원 기본서/단원별 기출&예상 문제집/기출문제집/기출팩/실전, 봉투모의고사

공무원 국어 한자·문법·독해/영어 단어·문법·독해/한국사·행정학·행정법 노트/행정법·헌법 판례집/면접

7급공무원 PSAT 기본서/기출문제집

계리직공무원 기본서/문제집/기출문제집

군무원 기출문제집/봉투모의고사

경찰공무원 기본서/기출문제집/모의고사판례집/면접

소방공무원 기본서/기출문제집/실전, 봉투모의고사

뷰티 미용사/맞춤형화장품

검정고시 고졸/중졸 기본서/기출문제집/실전모의고사/총정리

사회복지사(1급) 기본서/기출문제집/핵심요약집

직업상담사(2급) 기본서/기출문제집

경비 기본서/기출/1차 한권끝장/2차 모의고사

전기기사 필기/실기/기출문제집

전기기능사 필기/실기

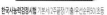

1위 21. 2월
한국사능력검정시험 기본서/2주끝장/기출/우선순위50/초등

1위 22. 10월
조리기능사 필기/실기

1위 22. 10월
제과제빵기능사 필기/실기

1위 22. 10월
SMAT 모듈 A/B/C

1위 22. 10월
ERP정보관리사 회계/인사/물류/생산(1, 2급)

1위 22. 10월
전산세무회계 기초서/기본서/기출문제집

1위 22. 10월
무역영어 1급 | 국제무역사 1급

1위 22. 10월
KBS한국어능력시험 | ToKL

1위 22. 10월
한국실용글쓰기

1위 22. 3월
매경TEST 기본서/문제집/2주끝장

1위 22. 10월
TESAT 기본서/문제집/기출문제집

1위 22. 2월
운전면허 1종·2종

1위 22. 10월
스포츠지도사 필기/실기구술 한권끝장

1위 22. 7월
산업안전기사 | 산업안전산업기사

1위 22. 10월
위험물산업기사 | 위험물기능사

1위 22. 9월 4주
토익 입문서 | 실전서 | 종합서

1위 22. 9월 5주
컴퓨터활용능력 | 워드프로세서

1위
정보처리기사

1위 20. 2월
월간시사상식 | 일반상식

1위 22. 3월
월간NCS | 매1N

1위 22. 2월
NCS 통합 | 모듈형 | 피듈형

1위 20. 7월 1주
PSAT형 NCS 수문끝

1위 22. 1월 4주
PSAT 기출완성 | 6대 출제사 | 10개 영역 찐기출

1위 22. 4월
한국철도공사 | 서울교통공사 | 부산교통공사

1위 22. 4월
국민건강보험공단 | 한국전력공사

1위 22. 7월
한수원 | 수자원 | 토지주택공사

1위 22. 7월
행과연형 | 휴노형 | 기업은행 | 인국공

1위 22. 10월
대기업 인적성 통합 | GSAT

1위 22. 10월
LG | SKCT | CJ | L-TAB

1위 22. 10월
ROTC·학사장교 | 부사관

꿈을 현실로 만드는 에듀윌

DREAM

공무원 교육
- 선호도 1위, 인지도 1위! 브랜드만족도 1위!
- 합격자 수 1,800% 폭등시킨 독한 커리큘럼

자격증 교육
- 6년간 아무도 깨지 못한 기록 합격자 수 1위
- 가장 많은 합격자를 배출한 최고의 합격 시스템

직영학원
- 직영학원 수 1위, 수강생 규모 1위!
- 표준화된 커리큘럼과 호텔급 시설 자랑하는 전국 53개 학원

종합출판
- 4대 온라인서점 베스트셀러 1위!
- 출제위원급 전문 교수진이 직접 집필한 합격 교재

어학 교육
- 토익 베스트셀러 1위
- 토익 동영상 강의 무료 제공
- 업계 최초 '토익 공식' 추천 AI 앱 서비스

콘텐츠 제휴 · B2B 교육
- 고객 맞춤형 위탁 교육 서비스 제공
- 기업, 기관, 대학 등 각 단체에 최적화된 고객 맞춤형 교육 및 제휴 서비스

부동산 아카데미
- 부동산 실무 교육 1위!
- 상위 1% 고소득 창업/취업 비법
- 부동산 실전 재테크 성공 비법

공기업 · 대기업 취업 교육
- 취업 교육 1위!
- 공기업 NCS, 대기업 직무적성, 자소서, 면접

학점은행제
- 97.6%의 과목이수율
- 14년 연속 교육부 평가 인정 기관 선정

대학 편입
- 편입 교육 1위!
- 업계 유일 500% 환급 상품 서비스

국비무료 교육
- 자격증 취득 및 취업 실무 교육
- 4차 산업, 뉴딜 맞춤형 훈련과정

IT 아카데미
- 1:1 밀착형 실전/실무 교육
- 화이트 해커/코딩 개발자 양성 과정

에듀윌 교육서비스 **공무원 교육** 9급공무원/7급공무원/경찰공무원/소방공무원/계리직공무원/기술직공무원/군무원 **자격증 교육** 공인중개사/주택관리사/전기기사/세무사/전산세무회계/경비지도사/검정고시/소방설비기사/소방시설관리사/사회복지사1급/건축기사/토목기사/직업상담사/전기기능사/산업안전기사/위험물산업기사/위험물기능사/ERP정보관리사/재경관리사/도로교통사고감정사/유통관리사/물류관리사/행정사/한국사능력검정/한경TESAT/매경TEST/KBS한국어능력시험/실용글쓰기/IT자격증/국제무역사/무역영어 **어학 교육** 토익 교재/토익 동영상 강의/인공지능 토익 앱 **대학 편입** 편입 교재/편입 영어·수학/경찰대/의치대/편입 컨설팅·면접 **공기업·대기업 취업 교육** 공기업 NCS·전공·상식/대기업 직무적성/자소서·면접 **직영학원** 공무원 학원/기술직공무원 학원/군무원학원/경찰학원/소방학원/공무원 면접학원/공인중개사 학원/주택관리사 학원/전기기사학원/취업아카데미/경영아카데미 **종합출판** 공무원·자격증 수험교재 및 단행본/월간지(시사상식) **학점은행제** 교육부 평가인정기관 원격평생교육원(사회복지사2급/경영학/CPA)/교육부 평가인정기관 원격사회교육원(사회복지사2급/심리학) **콘텐츠 제휴·B2B 교육** 교육 콘텐츠 제휴/기업 맞춤 자격증 교육/대학 취업역량 강화 교육 **부동산 아카데미** 부동산 창업CEO과정/실전 경매 과정/디벨로퍼 과정 **국비무료 교육(국비교육원)** 전기기능사/전기(산업)기사/소방설비 (산업)기사/IT(빅데이터/자바프로그램/파이썬)/게임그래픽/3D프린터/실내건축디자인/웹퍼블리셔/그래픽디자인/영상편집(유튜브) 디자인/온라인 쇼핑몰광고 및 제작(쿠팡, 스마트스토어)/전산세무회계/컴퓨터활용능력/ITQ/GTQ/직업상담사 **IT 아카데미** 화이트 해커/코딩

교육
문의 **1600-6700** www.eduwill.net

• 한국리서치 '교육기관 브랜드 인지도 조사' (2015년 8월) • 2022 대한민국 브랜드만족도 공무원·자격증·취업·학원·편입·부동산 실무 교육 1위 (한경비즈니스) • 2017/2021 에듀윌 공무원 과정 최종 환급자 수 기준 • 2022년 공인중개사 직영학원 기준 • YES24 공인중개사 부문, 2022 에듀윌 공인중개사 1차 단원별 기출문제집 (2022년 10월 월별 베스트) 그 외 다수 교보문고 취업/수험서 부문, 2020 에듀윌 농협은행 6급 NCS 직무능력평가+실전모의고사 4회 (2020년 1월 27일~2월 5일, 인터넷 주간 베스트) 그 외 다수 알라딘 월간 이슈&상식 부문, 월간최신 취업에 강한 에듀윌 시사상식 (2017년 8월~2022년 9월 월간 베스트) 그 외 다수 인터파크 자격서/수험서 부문, 에듀윌 한국사능력검정시험 2주끝장 심화 (1, 2, 3급) (2020년 6~8월 월간 베스트) 그 외 다수 • YES24 국어 외국어 사전 영어 토익/TOEIC 기출문제/모의고사 분야 베스트셀러 1위 (에듀윌 토익 READING RC 4주끝장 리딩 종합서, 2022년 9월 4주 주별 베스트) • 에듀윌 토익 교재 입문~실전 인강 무료 제공 (2022년 최신 강좌 기준/109강) • 2021년 종강한 학기 중 모든 평가항목 정상 참여자 과목 이수율 기준 • A사, B사 최대 200% 환급 서비스 (2022년 6월 기준) • KRI 한국기록원 2016, 2017, 2019년 공인중개사 최다 합격자 배출 공식 인증 (2022년 현재까지 업계 최고 기록)

업계 최초 대통령상 3관왕,
정부기관상 18관왕 달성!

2010 대통령상 2019 대통령상 2019 대통령상

대한민국 브랜드대상 서울특별시장상 과학기술부장관상 정보통신부장관상 산업자원부장관상
국무총리상

고용노동부장관상 미래창조과학부장관상 법무부장관상 여성가족부장관상 과학기술정보통신부 문화체육관광부 농림축산식품부
장관상 장관상 장관상

2004
서울특별시장상 우수벤처기업 대상

2006
산업자원부장관상 대한민국 e비즈니스대상

2007
정보통신부장관상 디지털콘텐츠 대상
산업자원부장관 표창 대한민국 e비즈니스대상

2010
대통령 표창 대한민국 IT 이노베이션 대상

2013
고용노동부장관 표창 일자리 창출 공로

2014
미래창조과학부장관 표창 ICT Innovation 대상

2015
법무부장관 표창 사회공헌 유공

2017
여성가족부장관상 사회공헌 유공
2016 합격자 수 최고 기록 KRI 한국기록원 공식 인증

2018
2017 합격자 수 최고 기록 KRI 한국기록원 공식 인증

2019
대통령 표창 범죄예방대상
대통령 표창 일자리 창출 유공
과학기술정보통신부장관상 대한민국 ICT 대상

2020
국무총리상 대한민국 브랜드대상
2019 합격자 수 최고 기록 KRI 한국기록원 공식 인증

2021
고용노동부장관상 일·생활 균형 우수 기업 공모전 대상
문화체육관광부장관 표창 근로자휴가지원사업 우수 참여 기업
농림축산식품부장관상 대한민국 사회공헌 대상
문화체육관광부장관 표창 여가친화기업 인증 우수 기업

2022
농림축산식품부장관상 대한민국 ESG 대상

에듀윌 편입영어

핵심유형 완성 | 논리

전과정 학습로드맵 제공

월별 학습계획 및
학습방법 제공

무료 진단고사

나의 위치에 맞는
전문 학습매니저의 1:1 학습설계

실시간 알림 서비스

최신 편입정보
알림 서비스

강의용 PDF 제공

편입 스타터팩을 위한
강의용 PDF 제공

고객의 꿈, 직원의 꿈, 지역사회의 꿈을 실현한다

펴낸곳 (주)에듀윌 **펴낸이** 권대호 **출판총괄** 김형석
개발책임 우지형, 윤대권 **개발** 윤관식
주소 서울시 구로구 디지털로34길 55 코오롱싸이언스밸리 2차 3층
대표번호 1600-6700 **등록번호** 제25100-2002-000052호
협의 없는 무단 복제는 법으로 금지되어 있습니다.

에듀윌 도서몰 book.eduwill.net
• 부가학습자료 및 정오표: 에듀윌 도서몰 → 도서자료실
• 교재 문의: 에듀윌 도서몰 → 문의하기 → 교재(내용, 출간) / 주문 및 배송

에듀윌
편입영어

핵심유형 완성

논리 정답과 해설

홍준기 편저

eduwill

3년 연속 **100% 합격자** 배출
교수진이 만든 **교재**

에듀윌 편입영어

핵심유형 완성

논리

정답과 해설

01 정의, 동격

01	①	02	②	03	②	04	⑤	05	④	06	④	07	③	08	④	09	③	10	④
11	④	12	②	13	③	14	③	15	①										

---

01 The language that is most widely spoken by ordinary people in a region or country is _____.

경기대

① vernacular ② gibberish
③ oracle ④ jargon

| 정답 | ①

| 해석 | 지역이나 국가에서 보통 사람들이 가장 보편적으로 사용하는 언어를 토착어라고 한다.
① 토착어 ② 횡설수설
③ 신탁 ④ 전문 용어

| 해설 | 'vernacular(자국어, 토착어)'를 정의하는 문장이다. '한 지역이나 국가에서 일반인들이 사용한다'는 것이 힌트이다.
② gibberish는 '횡설수설'을 나타내며, ③ oracle은 '신탁'이라는 뜻이다. ④ jargon은 의학이나 법률 등 특정 분야에서 사용하는 '전문 용어'를 지칭하는 단어이다.

| 어휘 | **vernacular** ⓝ 말, 토착어, 방언 **gibberish** ⓝ 횡설수설
oracle ⓝ 신탁, 신의 계시, 지성소 **jargon** ⓝ (특정 분야의 전문·특수) 용어

---

02 _____ allows the traits of parents to be passed to the offspring through genes. 명지대

① Deference ② Heredity
③ Fraternity ④ Inhabitation

| 정답 | ②

| 해석 | 유전은 부모의 특성이 유전자를 통하여 자식에게 전해지는 것이다.
① 존중 ② 유전
③ 형제애 ④ 주거, 거주, 주소

| 해설 | 유전의 정의를 적은 문장이다. 빈칸은 부모의 특성이 자식에게 전해지는 것인데, 이에 타당한 것으로 ① 'deference(존중)'나 ③ 'fraternity(형제애)'가 될 수 없다. 더군다나 ④ 'inhabitation(주거, 주소)'은 전혀 말이 되지 않는다. 따라서 정답은 '유전'이란 뜻의 ② heredity가 된다.

| 어휘 | **trait** ⓝ 특성 **offspring** ⓝ 자식, (동물) 새끼
gene ⓝ 유전자 **deference** ⓝ 존중(을 표하는 행동)
heredity ⓝ 유전(적 특징)

fraternity ⓝ 협회; 남학생 사교 클럽; 형제애 (*cf.* sorority ⓝ 여학생 사교 클럽)

inhabitation ⓝ 주거, 거주, 주소

---

03 The most optimistic estimates predict that about half of living languages are _____, meaning that they will die with their current generation of speakers. 명지대

① extinct   ② moribund

③ conserved   ④ mnemonic

| 정답 | ②

| 해석 | 가장 긍정적인 추정치로도 현존하는 언어 가운데 대략 반가량은 소멸 직전에 있을 것으로 예측되며, 이는 즉 이들 언어가 현재 언어를 말하고 있는 세대가 소멸하게 되면 같이 소멸할 것임을 의미한다.

    ① 멸종된   ② 소멸 직전인

    ③ 보존된   ④ 연상 기호

| 해석 | 현재 언어를 말하고 있는 세대가 소멸하면 같이 소멸하게 될 언어는 '소멸 직전'에 놓인 언어이다. 따라서 정답은 ②이다. 언어를 말하는 세대가 아직 존재한다는 말은 멸종하지는 않았다는 의미이기도 하므로 ①은 정답이 될 수 없다.

| 어휘 | **estimate** ⓝ 추정, 추산   **extinct** ⓐ 멸종된, 더 이상 존재하는 않는

         moribund ⓐ 소멸[절멸] 직전의   **conserve** ⓥ 아끼다, 보호하다

         mnemonic ⓐ 기억의, 기억을 돕는

---

04 The ultimate value of any hypothesis lies in its predictive or explanatory power, which means that additional facts must be _____ from an adequate hypothesis. 숙명여대

① reducible   ② vulnerable

③ conductible   ④ inseparable

⑤ deducible

| 정답 | ⑤

| 해석 | 가설의 궁극적 가치는 가설이 지닌 예측의 힘이나 설명의 힘에 있다. 이는 즉 적절한 가설을 기초로 추가적인 사실이 추론될 수 있어야 한다는 의미이다.

    ① 축소할 수 있는   ② 취약한

    ③ 전도성의   ④ 불가분의

    ⑤ 추론할 수 있는

| 해석 | 본문은 가설의 궁극적 가치가 예측의 힘이나 설명의 힘에 있다고 진술한 다음에 이 진술이 어떤 의미인지를 관계대명사의 계속적 용법을 통해 말하고 있다. 적절한 가설이 세워지면 이를 기반으로 예측이나 설명을 통해 추가적인 사실이 '추론'될 수 있을 것이다. 따라서 정답은 ⑤이다.

| 어휘 | **hypothesis** ⓝ 가설, 추정   **lie in** − ∼에 있다

         predictive ⓐ 예측의, 예견의   **explanatory** ⓐ 설명하기 위한, 이유를 밝히는

         reducible ⓐ 축소[환원]시킬 수 있는   **vulnerable** ⓐ 취약한, 연약한

conductible ⓐ 전도성의

inseparable ⓐ 불가분한, 갈라[떼어]놓을 수 없는

deducible ⓐ 추론할 수 있는

---

05 _____ agriculture refers to the ability of a farm to produce food indefinitely, without causing severe or irreversible damage to ecosystem health.

① Detrimental

② Moneymaking

③ Productive

④ Sustainable

| 정답 | ④

| 해석 | 지속 가능한 농업이란 농장에서 생태계의 건강에 심각하거나 돌이킬 수 없는 해를 끼치는 일 없이 식량을 무한정 생산할 수 있는 능력을 말한다.

① 해로운

② 영리적인

③ 생산적인

④ 지속 가능한

| 해설 | 환경 관련 용어 중 sustainable은 '환경을 파괴하는 일 없이 지속이 가능한'의 의미를 갖는다. 이는 본문에서 식량을 '무한정(indefinitely)' 생산하되, '생태계의 건강에 심각하거나 돌이킬 수 없는 해를 끼치지 않는다(without causing severe or irreversible damage to ecosystem health)'는 것과 의미가 통한다. 따라서 정답은 ④가 된다.

| 어휘 | **refer to** – ~을 말하다

indefinitely ⓐ 무한정, 무기한으로

irreversible ⓐ 돌이킬 수 없는

ecosystem ⓝ 생태계

detrimental ⓐ 해로운

moneymaking ⓐ 영리적인

productive ⓐ 생산적인

sustainable ⓐ 지속 가능한

---

06 Aesthetics is a branch of philosophy dealing with the nature of art, beauty, and taste, and with the creation and _____ of beauty.

① adornment

② affiliation

③ allegation

④ appreciation

| 정답 | ④

| 해석 | 미학은 예술, 아름다움, 취향의 본질에 관해 그리고 아름다움의 창조와 감상에 관해 다루는 학문이다.

① 꾸미기

② 제휴

③ 혐의

④ 감상

| 해설 | 미학이 '예술, 아름다움, 취향의 본질'에 관해 다루는 학문이며, 이를 위해서는 아름다움을 '창조'하고 '감상'하는 과정이 필요하다. 따라서 정답은 ④이다.

| 어휘 | **aesthetics** ⓝ 미학

adornment ⓝ 꾸미기, 장식

affiliation ⓝ 가맹, 제휴

allegation ⓝ 혐의

appreciation ⓝ 감상

07 If you refer to someone's opinion as _____, you disapprove of the fact that it concentrates on small and unimportant details, especially to find fault with something. 국민대

① fabulous
② scrupulous
③ nitpicking
④ scrutinizing

| 정답 | ③

| 해석 | 만약 당신이 누군가의 의견을 시시한 일을 문제 삼는 것이라고 얘기한다면, 특히 무언가 흠잡기 위해 사소하고 중요치 않은 세부 사항들에 집중한다고 비판하는 것이다.
① 믿어지지 않는
② 꼼꼼한
③ 사소한 것을 문제 삼는
④ 면밀히 살피는

| 해설 | '사소하고 중요치 않은 세부 사항들에 집중'한다는 의미는 '시시한 일을 문제 삼는 것'과 같은 의미이다. 그러므로 ③ nitpicking이 정답이 된다. 더불어 단어의 방향성을 따져 보면 fabulous, scrupulous, scrutinizing 모두 긍정적인 어감의 단어이므로 배제할 수 있다.

| 어휘 | **refer to A as B** − A를 B라고 칭하다 　　**disapprove of** − ～에 반대하다
find fault with − ～을 흠잡다 　　**fabulous** ⓐ 믿어지지 않는, 멋진
scrupulous ⓐ 꼼꼼한, 세심한, 양심적인 　　**nitpicking** ⓐ 사소한 것을 문제 삼는, 남의 흠을 들추는
scrutinizing ⓐ 면밀히 살피는

08 If you refer to someone as a _____, you mean that they are able to do a variety of different jobs. You are also often suggesting that they are not very good at any of these jobs. 중앙대

① lucky strike
② cream of the crop
③ voice of fair dinkum
④ jack of all trades

| 정답 | ④

| 해석 | 당신이 어떤 사람을 팔방미인이라고 지칭할 경우, 당신은 그가 서로 다른 다양한 일을 할 수 있다는 것을 의미한다. 그러면서 또한 그가 그런 일들 중 어느 것도 그렇게 잘하지는 못한다는 것을 암시한다.
① 큰 횡재
② 가장 좋은 사람
③ 정직한 목소리
④ 팔방미인

| 해설 | 주어진 지문은 쉬운 데 반해, 보기에 어렵거나 사용되지 않는 표현 등이 섞여 있어서 혼란을 줄 수 있는 문제라고 할 수 있다. 정답은 ④ 'jack of all trades'로 모든 일에 능통한 팔방미인이지만 그렇기 때문에 어느 것 하나 잘하지 못한다는 의미로 'jack of all trades, and master of none'이란 표현으로도 사용된다. 즉 긍정과 부정을 동시에 지니는 idiom이다. 참고로 ③의 'fair dinkum'은 호주 영어의 슬랭 표현으로 'genuine, honest, fair and square' 등의 의미를 지닌다. 하지만 'voice of fair dinkum'이란 표현은 특정 idiom처럼 사용되는 표현은 아니다.

| 어휘 | **refer to A as B** − A를 B로 지칭하다 　　**a variety of** − 다양한
lucky strike − 큰 횡재
cream ⓝ 최상의 것, 가장 좋은 부분(the best part of anything); 크림
cream of the crop − [구어] 제일 좋은 것, 알짜(인 사람)
fair dinkum − [호주 구어] 정직한, 진짜인(=dinkum) 　　**jack of all trades** − 팔방미인, 만물박사

09 The most obvious and easily understood form of _____ is punctuality and dependability in our work, which means consistently showing up and doing whatever we have agreed to do to the best of our ability. 한양대

① validity ② liability
③ reliability ④ acceptability

| 정답 | ③
| 해석 | 신뢰할 수 있다는 것을 가장 분명하고 쉽게 이해되도록 나타낸 것은 업무에 있어 시간을 엄수하고 믿을 만하다는 것을 보여 주는 것이며, 이는 즉 일관성 있게 (직장에) 모습을 보이면서 우리가 하기로 한 것은 무엇이든지 힘닿는 데까지 하는 것을 의미한다.

① 정당함 ② 책임이 있음
③ 신뢰할 수 있음 ④ 수락할 수 있음

| 해설 | 빈칸에 들어갈 말은 'punctuality(시간 엄수)'와 'dependability(믿을 만함)'라는 단어가 가진 의미와 일맥상통하는 것이기 때문에, 보기 중에서 가장 적합한 것은 ③ reliability(신뢰할 수 있음)뿐이다. 따라서 ③이 정답이 된다.

| 어휘 | **obvious** ⓐ 분명한 **punctuality** ⓝ 시간 엄수
dependability ⓝ 믿을 수 있음, 의지할 수 있음 **consistently** ⓐⓓ 일관되게, 지속적으로
show up – 등장하다, 도착하다 **to the best of one's ability** – 힘닿는 데까지는
validity ⓝ 정당함 **liability** ⓝ (~에) 책임이 있음
reliability ⓝ 신뢰할 수 있음 **acceptability** ⓝ 수락할 수 있음

10 The word 'jazz' comes from a West African language. Jazz music has interesting rhythms and _____. That word means playing music the player invents while playing or singing.

① dance ② simultaneousness
③ contemporariness ④ improvisation

| 정답 | ④
| 해석 | '재즈(Jazz)'라는 단어는 서아프리카 언어에서 유래한다. 재즈 음악에는 흥미로운 리듬과 즉흥 연주가 있다. (즉흥 연주라는) 단어는 연주하거나 노래하면서 연주자가 만들어 내는 음악을 연주하는 것을 의미한다.

① 무용 ② 동시성
③ 동시대성 ④ 즉흥성

| 해설 | 연주하거나 노래하면서 연주자가 만들어 내는 음악이라고 하였으므로, '즉흥성'을 나타내는 ④가 정답이다. 참고로 동시적 상황을 뜻하는 게 초점이 아니라, 즉석에서 연주한다는 것이 핵심이다.

| 어휘 | **simultaneousness** ⓝ 동시성 **contemporariness** ⓝ 동시대성
improvisation ⓝ 즉흥성(여기서는 '즉흥 연주'의 의미)

11   It is estimated that the average person who enters the workforce today will change careers, not just jobs, five to seven times. This means that training for work should emphasize _____ skills, not simply specific knowledge and particular skills.

① obsolete   ② inflexible

③ abstract   ④ transferable

| 정답 | ④

| 해석 | 요즘 직장 생활을 하는 사람들은 평균적으로 회사가 아닌 직종을 5~7번 바꾼다고 추정된다. 이것이 의미하는 바는, 직업 훈련이 단순히 특정 지식이나 특정 기술만이 아닌 (다른 직종으로) 전이 가능한 기술을 훈련시키는 것에 더 집중해야 한다는 것이다.

① 더 이상 쓸모가 없는   ② 융통성이 없는

③ 추상적인   ④ 이동 가능한

| 해설 | 요즘은 사람들이 직종 자체를 여러 번 바꾸기 때문에, 특정(specific, particular) 지식이나 기술보다는 여러 직종에 걸쳐 사용 가능한 보편적인 기술에 중점을 둬야 한다는 뜻이다. 이런 기술을 가장 잘 지칭하는 것이 '이동 가능한'을 뜻하는 ④ transferable이 된다. 더 이상 쓸모없거나 추상적인 기술을 가르치는 것은 본문의 내용과 맞지 않으며, ②의 경우 반의어인 flexible이라면 정답이 될 수 있다.

| 어휘 | **estimate** ⓥ 추정하다, 추산하다   **career** ⓝ 직업, 직종

  job ⓝ 직장   **emphasize** ⓥ 강조하다

  specific ⓐ 특정한   **particular** ⓐ 특정한, 특별한

  obsolete ⓐ 더 이상 쓸모가 없는, 한물간, 구식의   **inflexible** ⓐ 융통성[신축성] 없는

  abstract ⓐ 추상적인   **transferable** ⓐ 이동[양도/전이] 가능한

---

12   _____ is morc about mind than body. You've probably heard someone be called a pundit, meaning that the person has developed much wisdom and good judgment from experience. It is also a noun. The word refers to insight built from information taken in and mentally processed over many years.

① Simplicity   ② Sagacity

③ Serenity   ④ Stupidity

| 정답 | ②

| 해석 | 현명함이란 단어는 신체보다는 정신과 더 관련이 깊다. 여러분은 누군가가 전문가로 불리는 것을 들어 본 적 있을 텐데, 여기서 전문가라 함은 경험을 통해 지혜를 많이 축적하고 올바른 판단력을 키운 사람들이다. 이 단어는 또한 명사이다. 이 단어는 입수한 정보로부터 구축되고 오랜 세월 동안 정신적으로 처리된 통찰력을 나타낸다.

① 간단함   ② 현명함

③ 평온   ④ 어리석음

| 해설 | 빈칸의 단어는 '입수한 정보로부터 구축되고 오랜 세월 동안 정신적으로 처리된 통찰(insight built from information taken in and mentally processed over many years)'을 의미하며, 보기 중에서 이와 의미상 가

| 어휘 | **pundit** ⓝ 전문가, 권위자   **insight** ⓝ 통찰력, 이해
simplicity ⓝ 간단함   **sagacity** ⓝ 현명함, 총명함
serenity ⓝ 평온, 침착   **stupidity** ⓝ 어리석음, 우둔함

---

13 _____ is the act of dishonestly withholding assets for the purpose of conversion (theft) of such assets by one or more individuals to whom such assets have been entrusted, to be held and/or used for other purposes. The nature of it can be both small and large. It can be as minor as a store clerk pocketing a few bucks from a cash register; however, on a grander scale, it also occurs when the executives of large companies falsely expense millions of dollars, transferring the funds into personal accounts.

① Infringement   ② Abuse

③ Embezzlement   ④ Fraud

| 정답 | ③

| 해석 | 횡령은 자산 관리를 위탁받은 한 사람 또는 그 이상의 사람들이 해당 자산을 전환(절도)할 목적으로 자산을 정직하지 못한 방식으로 점유 그리고/또는 다른 목적으로 사용하도록 억제하는 행위를 말한다. 횡령의 성격은 클 수도, 작을 수도 있다. 가게 점원이 금전 등록기에서 몇 달러를 호주머니에 넣는 것같이 사소한 것도 횡령이 될 수 있으나, 규모가 커지면 큰 기업의 임원이 수백만 달러를 거짓으로 지출하고 자금을 개인 계좌로 이전하는 것도 횡령이다.

① 위반   ② 남용
③ 횡령   ④ 사기

| 해설 | 본문을 읽어 보면 남의 돈을 자신의 돈인 것처럼 쓰는 것, 즉 '횡령'에 관해 서술하고 있음을 알 수 있다. 따라서 정답은 ③이다.

| 어휘 | **conversion** ⓝ 전환   **entrust** ⓥ 맡기다, 위탁하다
pocket ⓥ 호주머니에 넣다[착복하다]   **infringement** ⓥ 위반, 침해
abuse ⓝ 남용, 오용   **embezzlement** ⓝ 횡령, 착복

---

14 'Phishing' is a term that refers to the on-line imitation of a company's branding in spoofed e-mail messages and web sites, created with the intent of fooling unsuspecting users into _____ personal information such as passwords, credit card numbers, PINs, etc. The fooled customer is prompted to enter _____ personal information and then usually redirected to a legitimate web site to cover up the fact that he just gave away data to crooks.

① giving – falsified   ② protecting – prohibited

③ divulging – confidential   ④ sharing – tainted

| 정답 | ③

| 해석 | '피싱'은 온라인상에서 도용당한 이메일을 통해 회사의 브랜드를 모방하는 행위를 일컬으며, 낌새가 이상하다는 사실을 눈치채지 못한 이용자들을 속여 비밀번호, 신용 카드 번호, 개인 식별 번호 같은 개인 정보를 유출시키는 목적으로 만들어졌다. 속아 넘어간 고객은 개인의 기밀 정보를 입력하게 되고, 입력을 마치면 보통은 고객 스스로가 사기꾼에게 정보를 넘겨 버렸다는 사실을 깨닫지 못하게 하는 합법적인 웹사이트로 연결된다.

　　① 주다 – 꾸민　　　　　　　　　　　② 지키다 – 금지된

　　③ 유출하다 – 기밀의　　　　　　　　④ 나누다 – 더럽혀진

| 해설 | 피싱은 '낌새가 이상하다는 사실을 눈치채지 못한 이용자들을 속이는(fooling unsuspecting users)' 행위이므로 이용자들의 '개인 정보(personal information)'를 '유출하는(divulging)' 행위임이 유추 가능하다. 피싱에 '속아 넘어간 고객(fooled customer)'이 입력하게 될 개인 정보는 당연히 '기밀(confidential)' 정보일 것임이 유추 가능하다. 이 모든 사항을 종합해 봤을 때 정답은 ③이다.

| 어휘 | refer to – ～을 나타내다[의미하다]　　　　　imitation ⓝ 모방

　　spoofed ⓐ 도용된　　　　　　　　　　unsuspecting ⓐ 이상한 낌새를 못 채는

　　PIN – 개인 식별 번호(personal identification number)

　　prompt ⓥ 유도하다, ～하도록 하다　　　redirect ⓥ (다른 주소로) 보내다[연결하다]

　　legitimate ⓐ 합법적인, 적법한　　　　　crook ⓝ 사기꾼

　　falsified ⓐ 꾸민　　　　　　　　　　　divulge ⓥ 누설하다, 유출하다

　　tainted ⓐ 더럽혀진, 부패한

15　According to World Health Organization, health can be considered as a state of complete physical, mental and social well being of a person and not the mere absence of disease or infirmity. This means that the definition of health takes ＿＿＿＿＿＿＿＿＿＿＿＿＿. This arises from the fact that there are many factors that determine the health status of a person. The well being of an individual is contributed by many integrating factors. 중앙대

　① a holistic approach in that it does not assess health in terms of disease or infirmity alone

　② a lot of time and effort to demystify ambiguities in the mixture of various factors

　③ a whole approach in that it assesses health in terms of a mental state of a person

　④ well-being of people in terms of social factors into consideration above all

---

| 정답 | ①

| 해석 | 세계 보건 기구에 따르면 건강은 어떤 이가 단순히 질병을 앓고 있지 않거나 병약하지 않은 상태를 의미하는 것이 아니며 신체적, 정신적, 사회적으로 온전히 안녕한 상태를 건강으로 간주한다. 이는 즉 건강에 대한 정의는 건강을 질병이나 병약함만의 관점에서 평가하지 않는 거시적인 접근법을 취한다는 의미이다. 이는 사람의 건강 상태를 결정하는 것에는 많은 요소가 존재한다는 사실에 기인한다. 개인의 안녕은 수많은 요인의 통합을 요인으로 형성된다.

　　① 건강을 질병이나 병약함만의 관점에서 평가하지 않는 거시적인 접근법

　　② 다양한 요소가 혼합되면서 생겨나는 애매모호한 점들을 분명히 설명해 주기 위한 많은 시간과 노력

　　③ 사람의 정신 상태의 관점에서 건강을 평가하는 전체적인 접근법

　　④ 다른 무엇보다 사회적 요소를 고려한 사람의 안녕

| 해설 | '건강은 어떤 이가 단순히 질병을 앓고 있지 않거나 병약하지 않은 상태를 의미하는 것이 아니며 신체적, 정신적, 사회적으로 온전히 안녕한 상태를 건강으로 간주한다(health can be considered as a state of complete

physical, mental and social well being of a person and not the mere absence of disease or infirmity)'를 보면, '건강에 대한 정의(the definition of health)'가 단순히 신체적인 관점에 그치지 않고 좀 더 전체적인 관점에서 내려진다는 것을 알 수 있다. 빈칸이 들어간 문장의 구성을 보면 This means that에서 This는 바로 앞 문장을 의미하고, that 이하는 앞 문장의 패러프레이즈다. 따라서 빈칸은 앞 문장과 의미가 동일해야 한다. 보기 중에서 정답으로 볼 수 있는 것은 건강에 대한 정의를 내릴 때 '거시적인 접근법(holistic approach)'에 관해 말하는 ①이다.

| 어휘 | **infirmity** ⓝ 병약, 질환   **contribute** ⓥ ~의 원인이 된다

integrate ⓥ 통합시키다   **holistic approach** − 총체적인[거시적인] 접근 방법

demystify ⓥ 이해하기 쉽게 해 주다, 분명히 설명해 주다

ambiguity ⓝ 애매모호함

02 예시, 부연

01	②	02	④	03	②	04	①	05	②	06	②	07	④	08	③	09	③	10	①
11	③	12	③	13	②	14	①	15	①	16	③	17	②	18	①	19	①	20	④
21	③	22	③	23	②	24	①	25	③

01   Somehow the idea of an earthquake unsettles us even more than the prospect of other natural _____, such as tornadoes and hurricanes. 숭실대

① laws   ② catastrophes

③ cycles   ④ resources

| 정답 | ②

| 해석 | 왠지 지진은 생각만으로도 토네이도나 허리케인 같은 다른 자연재해가 발생할 가능성보다 우리를 훨씬 더 불안하게 만든다.

① 법   ② 재해

③ 순환   ④ 자원

| 해설 | 문맥상 빈칸에 들어갈 말은 '~와 같은(such as)'이란 구문 덕분에 '토네이도나 허리케인'과 동격인 것으로 봐야 한다. 토네이도, 허리케인 등은 자연재해에 속하는 것이며 따라서 보기 중에서 natural과 결합해 '자연재해'란 의미를 갖는 ② catastrophes가 정답으로 가장 적절하다.

| 어휘 | **unsettle** ⓥ 불안하게 만들다   **prospect** ⓝ 가능성, 전망

catastrophe ⓝ 참사, 재앙, 재해

02 Donkeys are usually considered to be _____. They are determined to do what they want and it is difficult to make them do anything else. 광운대

① tardy

② shrewd

③ obedient

④ stubborn

⑤ exhausted

| 정답 | ④

| 해석 | 당나귀는 보통 고집이 센 동물로 여겨진다. 당나귀는 자신이 원하는 것을 완강하게 수행하고 당나귀가 그 외 다른 것을 하도록 만드는 것은 힘든 일이다.

① 더딘

② 기민한

③ 말을 잘 듣는

④ 고집이 센

⑤ 기진맥진한

| 해설 | 당나귀는 자신이 원하는 것만 완강하게 고집하는 동물이고, 원하지 않는 다른 일을 하도록 만들기 쉽지 않은 동물이다. 즉 당나귀는 '고집이 센' 동물이다. 따라서 정답은 ④이다.

| 어휘 | **determined** ⓐ 단호한, 완강한　　　　　　　　**tardy** ⓝ 느린, 더딘

shrewd ⓐ 상황 판단이 빠른, 기민한　　　　　**obedient** ⓐ 말을 잘 듣는

stubborn ⓐ 완고한, 고집 센　　　　　　　　**exhausted** ⓐ 기진맥진한, 진이 다 빠진

---

03 Cultural diversity could be a source of problems, in particular when the organization needs people to think or act in a _____ way.

① mature

② similar

③ timely

④ legal

| 정답 | ②

| 해석 | 문화 다양성은 특히 어떤 조직이 사람들에게 유사하게 생각하고 행동할 것을 요구할 때는 문제의 근원일 수 있다.

① 성숙한

② 유사한

③ 시기적절한

④ 합법적인

| 해설 | 문화적 다양성이 문제가 된다면, 그 다양성이 불편한 상황이어야 한다. 그러므로 빈칸에 들어갈 적당한 단어는 다양성의 반대되는 개념이어야 한다. 참고로 in particular는 특정한 예를 강조할 때 쓰는 표현이다.

| 어휘 | **mature** ⓐ 성숙한　　　　　　　　　　**timely** ⓐ 시기적절한

04 Friendship patterns are strongly influenced by physical proximity. For example, any casual friendships may _____ once one or the other friend moves away. 건국대

① cease   ② struggle

③ fluctuate   ④ prevail

⑤ linger

| 정답 | ①

| 해석 | 우정의 형태는 물리적 근접성에 의해 영향을 많이 받는다. 예를 들어, 대다수의 가벼운 우정은 일단 친구가 이사 가면 끝나게 된다.

① 끝나다, 그만두다   ② 노력하다, 분투하다

③ 동요하다   ④ 득세하다, 이기다

⑤ 머물다

| 해설 | 우정은 물리적 근접성에 의해 영향을 받는데, 물리적 근접성이 멀어진 사례이므로, 친구 사이의 관계는 끝난다고 해야 문장의 흐름이 이어진다.

| 어휘 | **proximity** ⓝ 인접성, 근접성   **cease** ⓥ 끝나다, 그만두다

fluctuate ⓥ 오르내리다, 동요하다   **prevail** ⓥ 득세하다, 이기다

linger ⓥ 머물다, (습관이) 남다

---

05 Creativity is thinking of something different, using new approaches to solve problems. Many inventions have involved _____ in traditional thinking. For example, Einstein broke with tradition by trying many unusual approaches that revolutionized scientific thought.

① a consistency   ② a breakthrough

③ an accumulation   ④ a continuity

| 정답 | ②

| 해석 | 창조성이란 문제 해결을 위해 새로운 접근 방식을 이용해, 무언가 다른 것을 생각해 내는 것을 말한다. 많은 발명품 들이 기존의 생각에서 획기적인 발전을 한 것과 관련 있다. 예를 들어, 아인슈타인은 과학적 사고에 혁명을 가져왔 던 많은 이색적인 접근법을 통해 기존의 전통과 결별했다.

① 일관성   ② 획기적인 발전, 돌파구

③ 축적   ④ 연속성

| 해설 | 창조성에 대한 설명으로, 'something different'나 'new/unusual approaches' 등을 통해 기존과는 다른 것, 새 롭고 이색적인 접근법 등을 생각해 내는 것이 창조성이라고 말하고 있다. 따라서 빈칸에는 이와 어울리는 ② a breakthrough가 정답이 된다. 기존의 생각이 이어지는 일관성(consistency)이나 연속성(continuity)은 지문의 내용과 반대이며, 기존의 생각이 축적되어 새로운 것이 나오는 것이 아니기 때문에 ③ an accumulation도 정답이 될 수 없다.

| 어휘 | **creativity** ⓝ 창조성   **approach** ⓝ 접근법, 접근 방식

involve ⓥ 포함시키다   **break with tradition** – 전통과 단절하다

unusual ⓐ 이례적인	**revolutionize** ⓥ 대변혁[혁신]을 일으키다
consistency ⓝ 일관성, 한결같음	**breakthrough** ⓝ 돌파구, 획기적인 발전, 커다란 진보
accumulation ⓝ 축적	**continuity** ⓝ 연속성

---

06 Perhaps nothing can better exemplify the _____ position of women in the 18th century than the fact that Abigail Smith Adams, daughter of a respected minister and wife of the second President of the United States, never in her life attended any school.

① effusive ② circumscribed
③ lofty ④ respected

| 정답 | ②

| 해석 | 아마도 18세기 여성의 제한된 지위를 가장 잘 보여 주는 예는 Abigail Smith Adams일 것이다. 그녀는 존경받는 목회자의 딸이자, 미국의 2대 대통령의 영부인이었음에도 불구하고 평생에 걸쳐 그 어떤 학교에도 다닌 적이 없다.

① 야단스러운 ② 제한된
③ 고귀한, 고결한 ④ 존경받는

| 해설 | 지문의 내용은 비교급을 이용한 최상급의 표현으로, 애덤스라는 여성이 18세기 여성의 모습을 가장 잘 보여 주고 있다고 주장한다. 존경받고 높은 지위의 여성임에도 불구하고 공식적인 학업을 수행한 기록이 없다는 것을 통해, 당시 여성의 지위가 부정적이었음을 알 수 있으므로, '제한된'이라는 의미의 ②가 정답이 된다.

| 어휘 | **exemplify** ⓥ 전형적인 예가 되다, 예를 들다 **minister** ⓝ 성직자, 목사, 장관, 각료
effusive ⓐ (감정 표현이) 야단스러운[과장된]
circumscribe ⓥ (권리 · 자유 등을) 제한[억제]하다, ~의 둘레에 선을 긋다
lofty ⓐ 고귀한, 고결한, 우뚝한, 오만한

---

07 Scarves are _____. For example, on a cold day, they keep you warm around your neck. Or when walking past the particularly smelly area or when a gust of dust blows your way, snuggle your nose into your scarf to protect yourself from unwanted odors and grit in your nasal passages. You can also tie your scarf onto your bag to look chic. 중앙대

① hygienic ② obsolete
③ antique ④ versatile

| 정답 | ④

| 해석 | 스카프는 여러모로 유용하다. 예를 들어, 추운 날 스카프는 목을 따뜻하게 해 준다. 냄새가 심한 지역을 지나거나 한바탕 바람이 불어 먼지가 날리는 경우 스카프에 코를 묻으면 원치 않는 냄새나 모래가 코에 오는 것을 막을 수 있다. 아니면 세련된 느낌을 더하기 위해 스카프를 가방에 멜 수도 있다.

① 위생적인 ② 한물간
③ 고풍의 ④ 다용도의

| 해설 | 냄새가 심하거나 바람에 먼지가 날리는 경우 스카프를 이용해 이런 것들을 피해갈 수 있으며, 가방에 메면 한껏 세

련된 느낌도 줄 수 있다고 말하고 있다. 따라서 이런 3가지 경우를 모두 설명할 수 있는 형용사는 ① '위생적인 (hygienic)'이라는 단어보다는 ④ '다용도로 쓸 수 있는(versatile)'이라는 뜻이 더 적절하다.

| 어휘 | **gust** ⓝ 한바탕 부는 바람, 돌풍 　　　　　**snuggle** ⓥ 파묻다, 바싹 파고들다
odor ⓝ 냄새, 악취 　　　　　　　　　　**grit** ⓝ 모래, 아주 작은 돌
nasal ⓐ 코의 　　　　　　　　　　　　**chic** ⓐ 멋진, 세련된, 우아한
hygienic ⓐ 위생적인 　　　　　　　　　**obsolete** ⓐ 더 이상 쓸모가 없는, 구식의, 한물간
versatile ⓐ 다재다능한, 다용도의, 다목적의

---

08 In most cases, there is no link whatsoever between the signal and the message in human language. The symbols used are _____. There is no intrinsic connection, for example, between the word elephant and the animal it symbolizes. Nor is the phrase "these bananas are bad" intrinsically connected with food. 한양대

① unique　　　　　　　　　　　　　② logical

③ arbitrary　　　　　　　　　　　　④ idiosyncratic

| 정답 | ③

| 해석 | 인간이 사용하는 언어에서 무엇이든 신호와 메시지 간에는 전혀 아무런 연관성이 없다. 사용된 상징들은 임의적이다. 예를 들어 코끼리라는 단어와 이 단어가 상징하는 동물 사이에는 어떤 본질적인 연관성이 없다. 그리고 '이 바나나들은 상했다'라는 말 역시 본질적으로는 음식과 아무런 연관성이 없다.

① 독특한　　　　　　　　　　　　　② 논리적인
③ 임의적인　　　　　　　　　　　　④ 특이한

| 해설 | 추상적인 진술 뒤에 구체적인 진술을 들어서 다시 한 번 이해를 도모한 경우이다. 임의적이란 것은 어떤 본질적인 연관성이 없다는 뜻이라고 예를 들고 있으므로, 정답은 ③이 된다.

| 어휘 | **whatsoever**(= whatever) ⓐ 어떤 ~라도, 무엇이든
intrinsic ⓐ 본질적인 　　　　　　　　　**arbitrary** ⓐ 제멋대로의, 독단적인, 임시의, 임의적인
idiosyncratic ⓐ 특이한, 특이 체질의

---

09 In Anglo-Saxon days in England there were many _____, that is, men who wandered around the country pretending to have a knowledge of medicine. Such a man made a living by selling to gullible audience certain "cure-alls" that he himself had prepared. 숙명여대

① experts　　　　　　　　　　　　　② peddlers

③ quacks　　　　　　　　　　　　　④ swindlers

⑤ surgeons

| 정답 | ③

| 해석 | 영국의 앵글로색슨 시대에는 돌팔이 의사들이 많았는데, 말하자면 이들은 의학 지식이 있는 척하며 전국을 유랑하

는 사람들이었다. 이런 이들은 잘 속아 넘어가는 사람들에게 자신들이 미리 준비한 '만병통치약'을 팔며 생계를 이어 갔다.

① 전문가   ② 행상인

③ 돌팔이 의사   ④ 사기꾼

⑤ 외과 의사

| 해설 | 빈칸에 들어갈 내용에 대한 상세 설명을 뒤이어 하고 있다. 이들은 의학적 지식이 있는 척(pretending to have a knowledge of medicine)한다고 했으며, 잘 속는(gullible) 사람들을 상대로 소위 만병통치약(cure-all)을 팔면서 사는 사람들이므로 ④ '사기꾼(swindlers)'보다는 ③ '돌팔이 의사(quacks)'가 더 적절하다.

| 어휘 | gullible ⓐ 남을 잘 믿는, 잘 속아 넘어가는   peddler ⓝ 행상인
quack ⓝ 돌팔이 의사   swindler ⓝ 사기꾼
surgeon ⓝ 외과 의사

---

10 Geniuses prepare themselves for chance. Whenever we attempt to do something and fail, we end up doing something else. That is the first principle of _____. It provokes a question: what have we done? Answering that question in a novel way is the essential act of innovation.

① creative accident   ② cautious abstraction

③ constructive rivalry   ④ complete conformity

| 정답 | ①

| 해석 | 천재들은 스스로 우연을 준비한다. 우리가 무엇인가를 시도해 보고 실패할 때마다, 우리는 다른 무엇인가로 끝을 맺게 된다. 이것이 창조적 우연의 첫 번째 원칙이다. 이는 우리가 무엇을 해 온 것인가에 대한 의문을 불러일으킨다. 이 의문에 새로운 방식으로 답하는 것이 혁신의 중요한 행위가 된다.

① 창조적 우연   ② 신중한 추상화

③ 건설적인 경쟁   ④ 완전한 순응

| 해설 | 문제 해결을 위해 노력할 때 원하는 결과가 나오지 않을 수 있다. 그럴 때 'answering that question in a novel way(새로운 방식으로 의문에 답하는 것)'와 같은 방식으로 다시 문제를 접근하다 보면 우연히 혁신에 이르게 된다는 내용이다. 지문에서 '우연'에 해당하는 chance(우연)와 같은 의미로 accident(우연)가 사용된 것이 문제 해결의 핵심이다.

| 어휘 | chance ⓝ 우연, 기회   end up -ing – 결국 ~으로 끝나다
provoke ⓥ 자극하다, 유발하다, 도발하다   novel ⓐ 새로운
innovation ⓝ 혁신   creative accident – 창조적 우연
cautious abstraction – 신중한 추상화   constructive rivalry – 건설적인 경쟁
complete conformity – 완전한 순응

11 A survey showed that teenagers use at least one abusive word in a 75-second dialogue. They use 49 _____ words in an hour. The finding necessitates a campaign for the use of _____ words. 광운대

① oath – decent

② curse – mean

③ swear – decent

④ pledge – decorous

⑤ vow – fair

| 정답 | ③

| 해석 | 한 조사에 따르면 10대 청소년들은 75초 동안 대화를 나누면서 최소 한 번은 욕설을 한다. 한 시간이면 49번 욕설을 하는 것이다. 이번 조사 결과는 품위 있는 말의 사용을 권장하는 캠페인이 필요함을 보여 준다.

① 맹세 – 품위 있는

② 악담 – 비열한

③ 욕설 – 품위 있는

④ 맹세 – 점잖은

⑤ 맹세 – 정말 그럴싸한, 그럴듯한

| 해설 | 첫 번째 빈칸의 경우, 75초에 한 번 욕설을 한다는 것은 한 시간 동안 49번 욕설을 하는 것과 같다. 따라서 빈칸에 적합한 것은 ② curse나 ③ swear이다. 두 번째 빈칸의 경우, 이렇게 청소년들이 욕설을 자주 하기 때문에 욕설을 자주 하지 않도록 말을 '품위 있게' 하는 캠페인이 필요할 수밖에 없다. 따라서 빈칸에 적합한 것은 ①과 ③의 decent이다. 이러한 점들을 종합했을 때 정답으로 가장 적합한 것은 ③이다.

| 어휘 | **abusive** ⓐ 모욕적인, 욕하는

swear word – 욕, 욕설

finding ⓝ (조사·연구 등의) 결과[결론]

necessitate ⓥ ~을 필요하게 만들다

decent ⓐ 품위 있는, 예의 바른

oath ⓝ 맹세

curse word – 악담, 저주

pledge ⓝ 약속, 맹세

vow ⓝ 맹세, 서약

mean ⓐ 비열한

decorous ⓐ 점잖은, 예의 바른

fair words – 감언, 달콤한 말

---

12 Newborn babies do not know if they are boys or girls, but it does not take them long to find out. They very quickly learn the way that their society expects males and females to behave and think. That is, they learn their _____. 건국대

① responsibilities

② destiny

③ gender roles

④ social limitations

⑤ future goals

| 정답 | ③

| 해석 | 신생아는 자신이 남자인지 여자인지 잘 모르지만, 얼마 지나지 않아 알게 된다. 그들은 사회가 남자와 여자에게 기대하는 생각과 행동에 대해 빠르게 배우게 된다. 즉, 자신들의 성 역할을 배우게 된다.

① 책임

② 운명

③ 성 역할

④ 사회적 한계

⑤ 미래의 목표

| 해설 | 부연 설명이므로 앞부분에 나온 내용이 단서가 된다. 사회가 남자와 여자에게 기대하는 생각과 행동(their society expects males and females to behave and think)이 바로 '성 역할'이다.

| 어휘 | **newborn** ⓐ 갓 태어난, 신생의　　　　　　**destiny** ⓝ 운명
gender roles – 성 역할

---

13 The deftness of concealing one's achievements is one of the skills in the art of _____. Many children, for example, attend after-school academic classes but keep it confidential to hide their efforts to race ahead of the crowd.

① uniqueness　　　　　　　　　　② sameness

③ variation　　　　　　　　　　④ divergence

| 정답 | ②

| 해석 | 자신의 성취를 잘 감추는 데 능숙한 것은 자신이 남들과 같다는 점을 보여 주는 기술 중 하나이다. 예를 들어, 많은 아이들은 방과 후에 과외 수업을 받으러 다니지만, 남보다 앞서기 위한 자신의 노력을 숨기기 위해 그 같은 사실을 비밀로 한다.

① 유일함　　　　　　　　　　② 남들과 같음
③ 변화, 차이　　　　　　　　　　④ 분기, 차이

| 해설 | 시험공부를 열심히 하면서도 이를 드러내려고 하지 않는 것은, 자신이 남들과 비슷하다(sameness)는 것을 보여 주기 위한 전략이라고 할 수 있다. 다른 이들과 차이(divergence)가 있거나, 자신이 유일한(unique) 점을 말하려는 것과는 반대의 전략이다.

| 어휘 | **deftness** ⓝ 교묘함, 능숙함　　　　　**conceal** ⓥ 감추다
after-school ⓐ 방과 후의　　　　　**confidential** ⓐ 비밀의, 기밀의
race ahead of the crowd – 다른 이들보다 경주에서 앞서다
uniqueness ⓝ 유일함, 진귀함　　　　**variation** ⓝ 변화, 차이
divergence ⓝ 분기, 차이, 발산, 확산

---

14 In many Asian countries, making strong and continuous eye contact with another person during conversation is considered rude. In fact, in these cultures, children are taught from a young age to _____ eyes and avoid direct eye contact. 가톨릭대

① avert　　　　　　　　　　② recede

③ hoist　　　　　　　　　　④ erode

| 정답 | ①

| 해석 | 많은 아시아 국가에서는 대화 중에 상대방을 뚫어져라 바라보면서 눈을 지그시 맞추는 행위는 무례하다고 여긴다. 사실 이들 국가에서 아이들은 어렸을 때부터 시선을 피하고 직접적으로 눈을 맞추지 말라고 교육받는다.

① 피하다　　　　　　　　　　② 약해지다
③ 끌어올리다　　　　　　　　　　④ 침식시키다

| 해설 | In fact는 앞 문장을 부연해서 서술하는 기능이 있다. 또한 and를 중심으로 직접적으로 눈을 맞추지 않는 것과 상관적인 표현을 고르면 된다. 상대방을 쳐다보고 눈을 맞추는 것이 무례하다고 여겨지는 문화권에서는 아이들에게 눈을 맞추기보다 '피하라고' 교육할 것이다. 따라서 정답은 ①이다.

| 어휘 | **avert** ⓥ 방지하다, 피하다   **recede** ⓥ 약해지다, 물러나다

         hoist ⓥ 끌어올리다   **erode** ⓥ 침식시키다, 약화시키다

---

15 We are _____ the intellects of the past; or, rather, like children we take it for granted that somebody must supply us with our supper and our _____. 숙명여대

     ① ungrateful to – ideas   ② dependent on – repose

     ③ unfaithful to – needs   ④ afraid of – allowance

     ⑤ indebted to – wants

| 정답 | ①

| 해석 | 우리는 과거의 지성에 감사하는 마음이 없다. 다시 말하면 우리들은 어린아이들처럼 누군가가 우리에게 양식과 사고를 제공해 주는 것을 당연하게 여긴다.

     ① 은혜를 모르는 – 사상들   ② 의존하는, 필요로 하는 – 휴식

     ③ 충실하지 못한 – 필요한 것들   ④ 두려워하는 – 수당, 용돈

     ⑤ 빚지고 있는 – 필요한 것들

| 해설 | 이 문제는 두 문장이 세미콜론(;)으로 연결되어 있으며, 두 문장 간의 의미를 'or rather(여기서는 '좀 더 명확히 설명하자면'의 뜻)'를 이용해 연결하고 있다. 문제 후반의 내용을 보면 우리는 아이들이 그렇듯이 누군가가 우리에게 저녁 식사 등을 해 주는 것을 당연하게 여긴다고 했으므로, 앞의 내용도 비슷한 흐름을 보여야 한다. 과거 선조들의 지적 능력이 우리에게 전수해 준 것들에 대해 당연하게 생각한다는 내용이 나와야 타당하다. 따라서 앞 빈칸에 ③ '외도를 하거나(unfaithful to)', ④ '두려워하거나(afraid of)' 등은 어울리지 않게 된다. ② 'dependent on'은 현재의 생존을 위해 우리가 과거 수준의 지적 능력 그 자체에 의존하고 있거나, 이를 필요로 한다는 뜻이 되어 뒤에 이어지는 '당연하게 여긴다'는 뜻과 반대가 된다. ⑤ '빚지고 있다(indebted to)'는 표현은 적절하지만, 이 또한 뒤에 이어지는 'take it for granted'와는 어울리지 않게 된다. 좀 더 부정적인 어감인 ① 'ungrateful to'가 더 적절하므로 정답은 ①이 된다. 참고로 두 번째 빈칸에는 의미상 보기의 모든 단어들이 적절하지만 앞에 나온 intellects(지성, 지식인)로 인해 idea(사상)라는 단어가 가장 잘 어울린다.

| 어휘 | **intellect** ⓝ 지력, 지성; 지식인   **grant** ⓥ 주다

         take ~ for granted ~을 당연한 것으로 여기다(어떤 것을 주어진 것으로 여긴다는 뜻이 되어 '당연하게 여기다'라는 뜻이 된다.)

         supply A with B A에게 B를 제공하다   **ungrateful** ⓐ 은혜를 모르는, 배은망덕의

         repose ⓝ 휴식, 수면   **allowance** ⓝ 수당, 급여액, 용돈

         indebted ⓐ 부채가 있는, 빚진, 신세를 진

16 Robots are machines that are programmed _____. For example, they have already been sent to the edges of outer space, telling us what they find there. They go into the deepest sea, gathering information for humans. They are also used in war. Some of them are being used to explode landmines, thereby changing battlefields into farmlands. 숙명여대

① to do boring household chores　　　② to explore unknown lands

③ to do dangerous work for humans　　④ to analyze and gather information

⑤ none of the above

| 정답 | ③

| 해석 | 로봇은 인간을 위해 위험한 작업을 하도록 프로그램된 기계이다. 예를 들어 로봇은 이미 우주 가장자리로 발사되어 발견한 것들을 우리에게 전달하고 있다. 로봇은 가장 깊은 바다로 들어가 인간을 위해 정보를 수집하고 있다. 로봇은 또한 전쟁에서도 활용되고 있다. 로봇 가운데 일부는 지뢰를 폭발시키는 데 사용되며, 이를 통해 전장을 농장으로 변모시킨다.

① 지루한 집안일을 하도록　　　　　② 미지의 땅을 탐험하도록

③ 인간을 위해 위험한 작업을 하도록　④ 정보를 분석하고 수집하도록

⑤ 위 중 해당되는 것 없음

| 해설 | 빈칸 뒤 제시된 것들은 모두 인간이 하기 힘들기 때문에 로봇이 대신 하는 일이다. 따라서 빈칸에 가장 적합한 것은 ③이다. 빈칸 뒤에서 구체적인 사례를 제시해 주기 때문에, 이를 모두 포섭하는 것을 골라야 한다.

| 어휘 | **outer space** – (대기권 외) 우주 공간; 지구의 대기권 밖의 공간

thereby ⓐⓓ 그렇게 함으로써, 그것 때문에　　**household chores** – 집안일

---

17 Few species illustrate the principle of "_____" as well as the salmon. The sushi staple is born in rivers, migrates to the sea once mature, then attempts a daunting run back to its birthplace to spawn the next generation. A large percentage never make it, ensuring that only those in top condition are able to pass on their genes. 성균관대

① first come, first served　　　　　② survival of the fittest

③ know thyself　　　　　　　　　④ endure to the last

⑤ better late than never

| 정답 | ②

| 해석 | 연어만큼 '적자생존'의 원칙을 잘 보여 주는 종도 드물다. 초밥으로 자주 사용되는 연어는 강에서 태어나며, 다 자란 후에는 바다로 이동하고, 그런 후 다음 세대를 낳기 위해 자신들이 태어난 곳으로 되돌아가는 힘겨운 여정을 시도한다. 대부분의 연어들은 태어난 곳으로 돌아가지 못하는데, 최고의 상태에 있는 연어들만이 자신들의 유전자를 물려줄 수 있게 된다.

① 먼저 오면 먼저 대접 받는다(선착순의 원칙)　② 적자생존

③ 너 자신을 알라　　　　　　　　　　　　　④ 끝까지 견디다

⑤ 아예 안 오는 것보다는 늦게라도 오는 것이 낫다

| 해설 | 연어라는 종은 강에서 부화해 다 자란 후 바다에 갔다 번식을 위해 다시 원래 태어난 곳으로 오는 독특한 물고기이다. 그런데 다시 강을 거슬러 오는 여정이 힘이 들어 거의 대부분의 연어가 죽고, 소수의 튼튼한 연어만이 자신의 유전자를 물려줄 수 있다는 사실을 통해, 가장 잘 적응한 종만이 살아남아 자손을 전파한다는 ② '적자생존'이 정답이 된다.

| 어휘 | **salmon** ⓝ 연어　　　　　　　　　　　**staple** ⓝ 주요 산물, 주식, 주성분
daunting ⓐ 벅찬, 주눅이 들게 하는　　　**spawn** ⓥ 알을 낳다
pass on – 넘겨주다[전달하다]
first come, first served – 먼저 오면 먼저 대접 받는다(선착순)
survival of the fittest – 적자생존　　**know thyself** – 너 자신을 알라
endure to the last – 끝까지 견디다
better late than never – 아예 안 오는 것보다는 늦게라도 오는 것이 낫다

18　Tall tales are a specialized type of hoax. Whereas the standard hoax is an act of deception perpetrated by a single person, tall tales are acts of deception in which entire communities winkingly participate. _____, Santa Claus and the Easter Bunny may not exist in a literal sense, but almost our entire culture collaborates in maintaining the fiction that they do. 명지대

① For instance　　　　　　　　　　② For this reason
③ In contrast　　　　　　　　　　　④ In the meantime

| 정답 | ①

| 해석 | '믿기 힘든 이야기(tall tale)'는 일종의 전문적인 거짓말이라 할 수 있다. 보통의 거짓말을 한 개인이 범하는 속임수라 한다면, 믿기 힘든 이야기는 공동체 전체가 (사실이 아니라는 것은 알면서도) 서로 윙크하면서 참가하는 속임수 행위와 같다. 예를 들어, 산타클로스와 부활절 토끼는 문자 그대로의 의미로는 존재하지 않겠지만, 우리 문화는 거의 대부분이 산타클로스와 부활절 토끼가 존재한다는 허구를 유지하기 위해 협력하고 있다.

① 예를 들어　　　　　　　　　　② 이러한 점 때문에
③ 이와는 대조적으로　　　　　　　④ 그동안에

| 해설 | 산타클로스와 부활절 토끼는 '믿기 힘든 이야기'의 사례로 제시된 것들이다. 따라서 정답은 ①이다.

| 어휘 | **tall tale** – 믿기 힘든 이야기, 과장된 이야기　　**specialized** ⓐ 전문적인, 전문화된
hoax ⓝ 거짓말　　　　　　　　　　　　　　**deception** ⓝ 속임수, 사기
perpetrate ⓥ 저지르다, 범하다　　　　　　　**winkingly** ⓐⓓ 윙크하는, 눈을 깜빡이는
collaborate ⓥ 협력하다, 공동으로 작업하다

19 _____. Many scientific studies show this. For example, a Yale University study compared 194 physically ill people. Some had friends and some didn't. In the group of people with two friends, 63 percent were still alive at the end of the year. In the group of the people with no friends, only 43 percent were alive at the end of the year. Medical researchers discovered the same thing. They studied 1,368 patients with heart diseases for nine years. Patients with just one good friend recovered sooner. 강남대

① Friends keep you healthy

② You need healthy friends

③ Even patients can be your friends

④ Friends in need are friends indeed

| 정답 | ①

| 해석 | 친구는 건강 유지에 도움이 된다. 많은 과학 연구가 이를 입증한다. 예를 들어 예일 대학에서 194명의 환자들은 비교 연구를 수행했다. 그 가운데 친구가 있는 사람들도, 없는 사람들도 있었다. 친구가 둘 정도 있는 그룹은 그해 말에 63%가 생존했고, 친구가 단 한 명도 없는 그룹은 43%만이 생존했다. 의료계에서도 같은 것을 발견한 바 있는데, 이들은 1,368명의 심장병 환자들을 9년에 걸쳐 연구했다. 환자들 가운데 좋은 친구가 단 한 명이라도 있으면 회복이 더 빨랐다.

① 친구는 건강 유지에 도움이 된다

② 건강한 친구가 필요하다

③ 환자들도 당신의 친구가 될 수 있다

④ 어려울 때 친구가 진짜 친구다

| 해설 | 단락의 앞부분에 결론을 제시하고, 이러한 결론을 뒷받침하는 연구 결과를 뒷부분에서 들어 주고 있다. 그러므로 친구가 있는 경우가 건강과 회복에 유리하다는 내용이므로 정답은 '친구는 건강 유지에 도움이 된다'는 ①이 정답이다.

| 어휘 | **heart disease** – 심장병   **recover** ⓥ 회복하다

---

20 With the passage of time, most newcomers _____, or blended into American society. For example, some eastern European Jews broke the old custom that forbade men from sitting next to women in synagogue. No matter how much parents might say "no" to change, children were quick to adopt new clothing and habits. They learned English, chose their own husbands and wives, and often moved away when they had enough money. Still, the rich pattern of ethnic neighborhoods remained a distinctive feature of the growing cities. 광운대

① harmonized

② transformed

③ subjugated

④ assimilated

| 정답 | ④

| 해석 | 시간이 흐름에 따라 대부분의 새로운 이주자들은 미국 사회에 동화되었다. 다시 말해 통합된 셈이다. 예를 들어 일부 동부 지역의 유대인들은 회당에서 남자들이 여자들 옆에 앉는 것을 금지했던 오랜 관습을 깨뜨렸다. 부모들이 아무리 자녀들에게 변화는 안 된다고 말한다 하더라도 자녀들은 빠르게 새로운 옷과 새로운 습관을 받아들였다. 그들은 영어를 배우고 스스로 자신의 배우자를 선택하고 돈이 충분히 모아지면 부모와 떨어져 살았다. 그럼에도 소수 민족들인 이웃 사람들이 섞인 풍요로운 패턴은 여전히 성장해 가는 도시들의 독특한 특징이었다.

① 조화시키다 ② 변화시키다
③ 복속시키다 ④ 동화하다

| 해설 | 뒤에 나오는 사례들을 근거로 보면 변화의 물결을 받아들이는 이야기들이다. 시간이 흐르면서 소수 집단이 주류 사회의 생활 방식을 받아들인 것이다. 그리고 or는 '즉, 다시 말해서'를 뜻하므로 blended into와 유사한 개념의 단어를 선택하면 ④ assimilated가 정답이다.

| 어휘 | **synagogue** ⓝ 유대교 회당   **move away** – 나가 살다
ethnic ⓐ 소수 민족의, 인종의   **distinctive** ⓐ 독특한
harmonize ⓥ 조화시키다, 잘 어울리다   **subjugate** ⓥ 정복하다, 복속시키다
assimilate ⓥ 동화하다, 융합하다

---

21 The "lessons-of-history" is indeed a familiar phrase, so much so that the lessons are sometimes learned too well. History never repeats itself exactly; no historical situation is the same as any other; even two like events _____ in that the first has no precedent, while the second has. But even in this respect history can teach a lesson — namely, that nothing ever stays the same. "You cannot step twice into the same river," said the ancient Greek philosopher Heraclitus, "for fresh waters are ever flowing in upon you." The only _____ thing in human affairs is the constancy of change itself. 중앙대

① diverge – fleeting ② coincide – practical
③ differ – unchanging ④ dissemble – intelligible

| 정답 | ③

| 해석 | '역사의 교훈'이란 참 익숙한 구절이다. 너무도 익숙한 구절이어서 교훈은 때로 지나치게 잘 습득되기도 한다. 역사는 결코 정확히 되풀이되지 않는다. 어떤 역사적 상황도 다른 상황과 완전히 똑같을 수는 없다. 심지어 비슷한 상황이라고 하더라도 첫 번째는 선례가 없고, 두 번째는 전례가 있다는 점에서 다르다. 그러나 이러한 점에서조차도, 역사는 교훈을 줄 수 있다. 즉, 똑같이 머무르는 것은 결코 없다는 점에서 교훈을 준다. 그리스 철학자 Heraclitus는 "우리는 같은 강물에 두 번 들어갈 수 없다. 왜냐하면 강물은 쉬지 않고 우리에게 흘러오기 때문이다."라고 말했다. 인간사에서 변하지 않는 유일한 것은 바로 변화의 항상성 그 자체이다.

① 분기하다 – 순식간의 ② 동시에 일어나다 – 실용적인
③ 다르다 – 변하지 않는 ④ 숨기다 – 쉽게 이해할 수 있는

| 해설 | 첫 번째 빈칸은 세미콜론(;)을 중심으로 부연의 내용을 완성한다. 'no historical situation is the same(그 어떤 역사적 상황도 같지 않다)'는 앞 문장과 같은 내용을 완성하기 위해서는 'differ'가 적절하다. 두 번째 빈칸은 주제를 완성한다. '역사적 상황은 항상 변화한다'는 주제를 강조하기 위해서 '변화의 항상성 그 자체는 변하지 않는다'는 수사법을 사용한 문장이다. 빈칸에는 'unchanging'이 적절하다.

| 어휘 | **in that** – ~라는 점에서   **in this respect** – 이런 점에서
namely ⓐ 즉   **constancy** ⓝ 불변, 항상성
diverge ⓥ 갈라지다, 분기하다, 나뉘다   **fleeting** ⓐ 순식간의, 잠깐 동안의
dissemble ⓥ (진짜 감정이나 의도를) 숨기다, 가식적으로 꾸미다
intelligible ⓐ (쉽게) 이해할 수 있는

22 In recent decades, epidemiological studies have linked deficiencies of several nutrients, especially vitamins C and E, to chronic ills including heart disease and cancer. Now another vitamin, B12, is being discussed as a factor in several ailments such as Alzheimer's disease and dementia. As with the other vitamins, the evidence for the role that low levels of B12 may play in these problems comes almost entirely from epidemiological studies. _____, a continuing study of 2,576 adults in Massachusetts linked low blood levels of B12 to bone loss in men and women. 명지대

① In the mean time   ② Nevertheless

③ For example   ④ In addition

| 정답 | ③

| 해석 | 최근 수십 년 동안 전염병학 연구에서는 특히 비타민 C와 E 같은 영양소의 결핍과 심장병과 암을 포함한 만성 질환 간에 서로 관련이 있음을 보여 줬다. 그리고 이제 또 다른 비타민인 비타민 B12가 알츠하이머병과 치매 같은 몇 가지 질환과 관련된 요인으로서 논의되고 있다. 다른 비타민과 마찬가지로 비타민 B12의 수준이 낮을 경우 이들 알츠하이머병과 치매 같은 질환이 야기될 수 있다는 주장에 대한 거의 대부분의 증거는 여러 전염병학 연구를 통해 제시되었다. 예를 들어, 매사추세츠 주의 2,576명의 성인을 대상으로 한 지속적인 연구에 따르면 혈중 B12 농도가 낮은 것이 남성과 여성 모두에게서 뼈가 손실되는 것과 관련이 있음이 드러났다.

　① 동시에   ② 그럼에도 불구하고

　③ 예를 들어   ④ 게다가

| 해설 | 빈칸 뒤에는 알츠하이머병과 치매 같은 질환과 비타민 B12의 관계를 설명한 전염병학 연구의 한 가지 사례가 제시되어 있다. 따라서 정답은 ③이다.

| 어휘 | **epidemiological** ⓐ 전염병학의   **deficiency** ⓝ 결핍, 부족

　　　ailment ⓝ 질환

---

23 Piaget called the first stage that children go through the sensorimotor period, which extends from birth to around age two. The child develops a "sense" of the objects around her by her "motor", or physical, action on the objects. Her understanding of the world is limited to her physical actions on the objects in her world. For example, newborns have certain _____, such as sucking and grasping a finger that touches their hand. From these _____, the infant begins to learn about and recognize objects, and she can generalize to other objects. 상명대

① recurrences   ② reflexes

③ dicta   ④ ingots

⑤ palsy

| 정답 | ②

| 해석 | 피아제는 아이가 처음으로 밟는 단계를 감각 운동기로 불렀으며, 이 기간은 출생에서 두 살가량을 포괄한다. 아이는 자신 주변의 물체에 대한 '감각'을 물체에 대한 '운동' 또는 물리적 행동을 통해 발달시킨다. 세상에 대한 아이의 이

해도는 아기가 자신의 세상 안에 위치한 물체에 대한 물리적 행동 범위 내로 제한된다. 예를 들어 신생아는 자신의 손에 접촉하는 손가락을 빨거나 쥐는 등의 특정한 반사적인 반응을 보인다. 이러한 반사적 반응을 통해 물체에 관해 배우게 되고 물체를 인식하게 되고, 다른 물체를 대상으로 이를 보편화할 수 있게 된다.

① 반복   ② 반사적인 반응
③ 격언   ④ 주괴
⑤ 중풍

| 해설 | 우선 첫 번째 빈칸을 보면, 빈칸 뒤 such as 덕분에 '손가락을 빨거나 쥐는' 행위를 일컫는 말이 '빈칸'임을 알 수 있다. 아이가 '손가락을 빨거나 쥐는' 행위는 '반사적인 반응'이다. 그리고 이러한 '반사적인 반응', 즉 '운동'을 통해 아이가 물체를 '감각'을 통해 감지하면서 배우게 되는 것이다. 따라서 정답은 ②이다.

| 어휘 | **sensorimotor** ⓐ 감각 운동의   **extend** ⓥ (특정 기간, 지역을) 포괄하다
          generalize ⓥ 일반화하다, 보편화하다   **recurrence** ⓝ 반복, 되풀이
          reflex ⓝ 반사적인 반응   **dictum** ⓝ 격언, 금언(*pl.* dicta)
          ingot ⓝ 주괴, (특히 금·은의) 덩어리   **palsy** ⓝ 중풍

---

24 In Paris one can recognize Americans from two-hundred yards away simply by _____. A French student told me that when he returned home after three months at the Harvard Business School, his father was shocked when he saw his son walk from the plane. "You've become an American," were his first words of greeting. "You bounce when you walk!" An American often walks with swinging arms and a rolling pelvis as though moving through a space unlimited by human or physical obstacles. 명지대

① the way they walk   ② the way they greet
③ how they utilize surrounding space   ④ how they express happiness

---

| 정답 | ①

| 해석 | 파리 사람들은 200마일 밖에서 걷는 모습만 봐도 간단히 미국인들을 식별할 수 있다. 한 프랑스 학생은 하버드 경영 대학원(Harvard Business School)에서 3개월을 보낸 후 집에 왔는데 아버지가 자신이 비행기에서 걸어 나오는 모습을 보고 충격을 받았다고 내게 말했다. 아버지의 첫 인사말은 "너 꼭 미국 사람처럼 걷는구나. 걸을 때 흔들거린다고!" 미국인은 종종 마치 인간이나 물리적 장애물에 의해 제약을 받지 않는 공간을 통과하며 이동하는 것처럼 팔을 흔들고 골반을 돌리면서 걷는다.

① 걷는 모습   ② 인사하는 모습
③ 주변 공간을 활용하는 방식   ④ 행복을 표현하는 방식

| 해설 | 미국에 3개월 공부하고 고국에 온 한 프랑스 학생에게 아버지가 미국 사람처럼 걷는다고 말했다는 것은 아버지 같은 파리 사람은 걷는 모습만 봐도 저 사람이 미국인인지 아닌지를 알 수 있다는 의미이다. 그리고 본문 후반부에 미국인들의 걷는 모습을 묘사한 것은 이러한 파리 사람의 주장을 뒷받침하는 역할을 한다. 따라서 빈칸에 가장 적합한 것은 ①이다.

| 어휘 | **greeting** ⓝ 인사   **bounce** ⓥ 흔들거리며 가다, 깡충깡충 뛰다
          swing ⓥ 흔들다   **roll** ⓥ 굴리다, 돌리다
          pelvis ⓝ 골반

25 The philosopher Karl Popper held that _____ a scientific hypothesis. His argument is founded on the basic flow underlying all inductive reasoning from which scientific principles are derived: in Popper's words, "The logical situation is extremely simple. No number of white swans can establish the theory that all swans are white: the first observation of a black swan can refute it." 한양대

① it is not possible to conclusively prove and that it is not possible to conclusively disprove

② it is possible to conclusively prove and that it is also possible to conclusively disprove

③ it is not possible to conclusively prove but that it is possible to conclusively disprove

④ it is possible to conclusively prove but that it is not possible to conclusively disprove

| 정답 | ③

| 해석 | 철학자 칼 포퍼는 과학적 가설을 확정적으로 증명할 수는 없어도 과학적 가설이 틀렸음을 확정적으로 증명할 수는 있다고 간주했다. 그의 주장은 과학적 원리의 도출 기반이 되는 모든 귀납적 추론의 토대가 되는 기본적 흐름에 따라 형성된 것이다. 포퍼의 말에 따르면 "논리적 상황은 매우 단순하다. 하얀 백조는 아무리 많이 있어도 모든 백조가 흰색이라는 이론을 입증할 수 없다. 검은 백조가 한 마리만이라도 존재하는 것이 관찰되면 이 이론이 논박되기 때문이다."

① 과학적 가설은 확정적으로 증명할 수 없고 과학적 가설이 틀렸음을 확정적으로 증명할 수도 없다

② 과학적 가설은 확정적으로 증명할 수 있으며 과학적 가설이 틀렸음을 확정적으로 증명할 수도 있다

③ 과학적 가설을 확정적으로 증명할 수는 없어도 과학적 가설이 틀렸음을 확정적으로 증명할 수는 있다

④ 과학적 가설을 확정적으로 증명할 수는 있어도 과학적 가설이 틀렸음을 확정적으로 증명할 수는 없다

| 해설 | '하얀 백조는 아무리 많이 있어도 모든 백조가 흰색이라는 이론을 입증할 수 없다. 검은 백조가 한 마리만이라도 존재하는 것이 관찰되면 이 이론이 논박되기 때문이다.(No number of white swans can establish the theory that all swans are white: the first observation of a black swan can refute it.)'는 말은 '과학적 가설을 확정적으로 증명하려 아무리 많은 예를 든다고 해도 단 하나의 반례가 등장하면 그 가설은 바로 논박된다.'는 의미이다. 즉 과학적 가설은 확정적으로 증명될 수는 없어도 가설이 틀렸음은 확정적으로 증명될 수는 있다는 의미이다. 따라서 정답은 ③이다.

| 어휘 | hold ⓥ ~이라고 간주하다, (신념·의견 등을) 가지다
underlie ⓥ ~의 기저를 이루다, ~의 토대를 이루다
inductive reasoning – 귀납적 추론
conclusively ⓐⓓ 결정적으로, 확정적으로
refute ⓥ 논박하다, 반박하다
disprove ⓥ 틀렸음을 입증하다

01	④	02	①	03	①	04	②	05	③	06	④	07	④	08	④	09	①	10	②
11	④	12	⑤	13	③	14	③	15	③	16	③	17	②	18	③	19	④	20	①
21	②	22	④	23	③	24	③	25	④	26	⑤	27	①	28	④	29	②	30	②
31	①	32	②	33	⑤	34	③	35	④	36	①	37	①	38	②	39	④	40	②

01 Hydrogen is the _____ element of the universe in that it provides the building blocks from which the other elements are produced.

① steadiest   ② expendable

③ lightest   ④ fundamental

| 정답 | ④

| 해석 | 수소는 세상의 핵심 요소 중 하나이며 그 이유는 수소는 수소로부터 다른 요소가 구축될 수 있는 구성 요소를 제공하기 때문이다.

 ① 가장 꾸준한   ② 소모용의

 ③ 가장 가벼운   ④ 핵심의

| 해설 | 원래 building block은 장난감 집짓기 블록을 의미하여, 이로부터 '가장 기본이 되는 구성 요소'를 의미한다. 본문에 따르면 '수소＝building block'이며, 따라서 수소는 '가장 기본이 되는 구성 요소'가 된다. 그러므로 빈칸에 가장 적합한 것은 '기본이 되는, 핵심의'를 의미하는 ④이다.

| 어휘 | **steady** ⓐ 꾸준한   **expendable** ⓐ 소모용의

   fundamental ⓐ 핵심적인   **building block** − 구성 요소

02 Alban and Arnold were no longer allowed to sing because their _____ voices damaged the sound of the chorus. 이화여대

① dissonant   ② capricious

③ balanced   ④ lustrous

| 정답 | ①

| 해석 | Alban과 Arnold는 더 이상 노래하도록 허용되지 못했는데 그 이유는 두 사람의 불협화음을 내는 목소리가 합창단의 소리를 훼손했기 때문이다.

 ① 불협화음을 내는   ② 변덕스러운

 ③ 조화된   ④ 윤기가 흐르는

| 해설 | 두 사람의 목소리가 합창단의 소리를 '훼손시켰다(damage)'는 것은, 그들의 목소리가 형편없었거나 전체의 조화를 어그러뜨렸음을 의미한다. 보기 중에서 이에 해당되는 것은 '불협화음의, 조화되지 않는'을 의미하는 ①이다.

| 어휘 | **dissonant** ⓐ 불협화음의, 조화되지 않는   **capricious** ⓐ 변덕스러운

   balanced ⓐ 조화된, 균형 잡힌   **lustrous** ⓐ 윤기가 흐르는

03 The new house had virtually no furniture, so I _____ a mattress from a pile of blankets. 한국외대

① improvised   ② pretended

③ forged   ④ retired

| 정답 | ①

| 해석 | 새 집에는 사실상 가구가 하나도 없어서 임시변통으로 담요 무더기를 가지고 매트리스를 만들었다.

     ① 임시변통으로 만들다   ② ~인 척하다

     ③ 구축하다   ④ 퇴직하다

| 해설 | 가구가 하나도 없어서 담요로 매트리스를 만드는 것은 '임시변통으로 뭔가를 제작한(improvise)' 결과이다. 따라서 정답은 ①이다.

| 어휘 | **virtually** ⓐⓓ 사실상, 거의   **a pile of** – 한 무더기의

improvise ⓥ (보통 꼭 필요한 것이 없어서) 뭐든 있는 것으로 처리하다[만들다], ~을 임시변통으로 만들다

forge ⓥ 구축하다, 위조하다

---

04 A(n) _____ of blockbuster hits contributed to poor results from this summer's box office. 단국대

① slew   ② dearth

③ portion   ④ assortment

| 정답 | ②

| 해석 | 블록버스터급 히트 영화의 부족으로 인해 이번 여름의 박스 오피스 성적은 초라했다.

     ① 많음   ② 부족

     ③ 부분   ④ 모음, 종합

| 해설 | 블록버스터급 히트 영화가 '빈칸'했던 것이 원인이 되어 여름 박스 오피스의 좋지 않은 성적이라는 결과로 이어졌다는 내용이다. 따라서 빈칸에는 부정적인 어감의 단어가 와야 한다. ①의 경우처럼 'a slew of'라고 하면 많다는 뜻이 되어 부정적 어감이 되지 않고, ①과는 반대로 ②에서와 같이 'a dearth of'라고 하면 부족하다는 뜻이 되어 의미상 적절하게 된다. 따라서 정답은 ②가 된다.

| 어휘 | **contribute to** – ~에 기여하다   **a slew of** – ~이 많은

a dearth of – ~이 부족한   **a portion of** – 일부의

a assortment of – 여러 가지의, 이것저것 모아 놓은

---

05 Because she is so _____, I cannot predict what course she will follow at any moment. 광운대

① inert   ② unusual

③ impulsive   ④ sentimental

⑤ silent

| 정답 | ③

| 해석 | 그녀는 매우 충동적이기 때문에, 나는 그녀가 시시각각 어떤 길을 선택할지 예측할 수 없다.

① 무기력한　　　　　　　　　　　② 비범한, 보기 드문
③ 충동적인　　　　　　　　　　　④ 감성적인
⑤ 조용한

| 해설 | because를 중심으로 인과 관계를 완성한다. 지문에 나온 그녀가 어떻게 행동할지 예측할 수 없다는 것이 결과이므로, 그 이유로 적합한 형용사를 선택하면 된다. 평범하지 않다는 뜻의 ② unusual과 '감성적인'이라는 뜻의 ④ sentimental 모두 의미상으로는 가능하지만, '충동적인'이라는 뜻의 ③ impulsive가 '예측할 수 없다'는 의미와 더 잘 어울리므로 ③이 정답이다.

| 어휘 | **follow a course** – ~의 진로로 나아가다　　**at any moment** – 언제 어느 때나
inert ⓐ 무기력한, 자력으로 운동할 수 없는　　**impulsive** ⓐ 충동적인
sentimental ⓐ 감성적인, 감정적인

---

06 According to procrastination expert Dr. Kim, fear of failure is the main reason why people _____ doing something. 명지대

① promote　　　　　　　　　　　② enjoy
③ finish　　　　　　　　　　　　④ postpone

| 정답 | ④

| 해석 | 태만에 대한 전문가인 Kim 박사에 따르면, 사람들이 무엇을 하는 데 미루는 주된 이유는 실패에 대한 두려움 때문이라고 한다.

① 장려하다, 광고하다　　　　　　② 즐기다
③ 끝내다　　　　　　　　　　　④ 미루다, 연기하다

| 해설 | 이 문제의 힌트는 앞서 나온 'procrastination(지연, 꾸물거림)'이라는 단어의 뜻과 관련이 있다. 사람들이 꾸물거리는 이유에 관한 전문가이기 때문에 빈칸에는 '미루다, 연기하다'는 뜻의 postpone이 와야 자연스럽다. 따라서 정답은 ④가 된다.

| 어휘 | **procrastination** ⓝ 미루는 버릇, 꾸물거림, 지연, 태만
promote ⓥ 장려하다, 광고하다　　　　　　**postpone** ⓥ 미루다, 연기하다

---

07 Since both trucks had virtually come to a halt by the time their bumpers met, the damage was _____. 숙명여대

① facile　　　　　　　　　　　② mortal
③ indelible　　　　　　　　　　④ negligible
⑤ indomitable

| 정답 | ④

| 해석 | 두 트럭이 범퍼가 충돌할 즈음에 사실상 멈췄기 때문에 피해는 미미했다.

① 손쉬운　　　　　　　　　　　② 치명적인

③ 잊히지 않는 ④ 미미한

⑤ 불굴의

| 해설 | 범퍼가 서로 부딪힐 즈음에 트럭들은 사실상 멈추었다고 했으므로 피해는 당연히 얼마 되지 않아야 한다. 따라서 '무시할 수 있을 정도의, 미미한'이라는 뜻의 ④ negligible이 정답이 된다. 반대말은 ② mortal로, 사상자가 있을 정도로 피해가 심각했다는 뜻이 된다.

| 어휘 | virtually ⓐ 사실상, 실질적으로는, 거의   come to a halt – 정지하다, 멈추다
by the time – ~할 무렵에는   facile ⓐ 손쉬운, 힘들지 않는, 쉽사리 얻을 수 있는
mortal ⓐ 치명적인   indelible ⓐ 지울 수 없는, 잊히지 않는
negligible ⓐ 대수롭지 않은, 하찮은, 미미한   indomitable ⓐ 굴복하지 않는, 불굴의

---

08 He was considered as a _____ by his neighbors, for he chose to live in seclusion, totally estranged from his family. 중앙대

① raconteur   ② philanthropist

③ sycophant   ④ misanthrope

| 정답 | ④

| 해석 | 이웃들은 그를 염세주의자라고 여긴다. 왜냐하면 그가 자신의 가족들과 완전히 떨어진 채 은둔해서 살고 있기 때문이다.
① 이야기꾼   ② 독지가
③ 아첨꾼   ④ 염세주의자

| 해설 | 뒤에 나오는 'seclusion, estranged from' 등의 단어가 힌트가 된다. 가족과 동떨어져 은둔해서 살고 있기 때문에, 은둔자에 해당하는 hermit, recluse 등의 단어를 떠올릴 수 있다. 여기서는 '사람들을 싫어하는 사람'이란 뜻의 ④ misanthrope가 정답이 된다.

| 어휘 | seclusion ⓝ 은둔, 격리   estrange ⓥ 소원하게 하다, 멀리하다
raconteur ⓝ 이야기꾼, 이야기를 재미있게 잘하는 사람
philanthropist ⓝ 독지가, 자선가   sycophant ⓝ 아첨꾼
misanthrope ⓝ 염세가, 사람을 싫어하는 사람

---

09 Because Ruth writes with a _____ of detailed descriptions, readers find it difficult to follow her storyline, tending to get lost in the _____ particulars. 중앙대

① surfeit – profuse   ② mellifluousness – unwavering

③ resolve – lucid   ④ modicum – vociferous

| 정답 | ①

| 해석 | Ruth는 자세한 묘사를 많이 사용해 글을 쓰기 때문에, 독자들이 그녀의 이야기 흐름을 따라가기 어려우며, 많은 세부 사항들을 읽는 도중 길을 잃게 되는 경향이 있다.
① 과다 – 많은   ② 달콤함 – 변함없는

③ 결의 – 명료한　　　　　　　　　　　④ 소량 – 큰 소리로 외치는

| 해설 | Because를 중심으로 인과 관계를 완성한다. '독자들이 스토리를 이해할 수 없다(readers find it difficult to follow her storyline)'는 결과의 원인은 디테일이 너무 많거나 적기 때문일 것이다. 분사구문('독자들이 디테일 속에서 길을 잃는다')에서 디테일이 너무 많다는 것을 알 수 있다. 따라서 두 빈칸 모두 '많다(surfeit, profuse)'는 의미의 단어가 필요하다.

| 어휘 | **particular** ⓝ 자세한 사실[사항]　　　　　**surfeit** ⓝ 과다

　　　　profuse ⓐ 많은, 다량의　　　　　　**mellifluousness** ⓝ 꿀같이 달콤함, 감미로움

　　　　unwavering ⓐ 변함없는, 확고한　　　**resolve** ⓝ 결의, 결심

　　　　lucid ⓐ 명쾌한, 명료한　　　　　　**modicum** ⓝ 소량

　　　　vociferous ⓐ 큰 소리로 외치는, 소리 높여 표현하는

10　The chairman was so _____ that we often discovered that we had absolutely no idea what he was thinking. 단국대

　① stringent　　　　　　　　　　　　② taciturn

　③ ostentatious　　　　　　　　　　　④ pliable

| 정답 | ②

| 해석 | 회장님은 너무 말수가 적어서 무슨 생각을 하는지 도통 알 수가 없다.

　　　① 엄중한　　　　　　　　　　　　② 말수가 적은

　　　③ 과시하는　　　　　　　　　　　④ 순응적인

| 해설 | 「so ~ that ....」 구문을 중심으로 인과 관계를 완성한다. '생각을 알 수 없다'는 것이 결과이므로 '과묵하다'는 것이 원인이어야 논리적이다. 보기 ④ pliable(순응적인)은 '생각을 알 수 없다'는 결과와 직접적 관련이 없는 성격이므로 선택하지 않도록 주의한다.

| 어휘 | **stringent** ⓐ 엄중한, 엄격한　　　　　**taciturn** ⓐ 말수가 적은

　　　　ostentatious ⓐ 과시하는, 드러내 놓고 하는; 대단히 비싼

　　　　pliable ⓐ 순응적인

11　Daniel was extremely angry about my _____, so I promised him to be prompt next time in order to assuage him. 중앙대

　① punctuality　　　　　　　　　　　② extravagance

　③ garrulity　　　　　　　　　　　　④ tardiness

| 정답 | ④

| 해석 | Daniel은 나의 지각에 몹시 화가 났다. 그를 달래기 위해 나는 다음에는 시간을 꼭 엄수하겠다고 그에게 약속했다.

　　　① 시간 엄수　　　　　　　　　　　② 사치, 낭비

　　　③ 수다, 말 많음　　　　　　　　　④ 지각

| 해설 | 빈칸 뒤에 나오는 prompt가 힌트가 된다. prompt는 동사나 명사로도 사용되지만, 형용사로 '시간을 엄수하는'의

뜻을 지니고 있기 때문에, 화가 난 Daniel을 달래기 위해 시간을 앞으로 잘 지키겠다고 했으므로, Daniel이 화가 난 이유는 '지각' 때문이란 것을 알 수 있으므로 정답은 ④ tardiness가 된다. 참고로 ① punctuality는 이에 대한 반의어로 '시간 엄수'라는 뜻을 지닌다.

| 어휘 | **prompt** ⓐ 시간을 엄수하는 즉각적인 **assuage** ⓥ 달래다, 누그러뜨리다
punctuality ⓝ 시간 엄수, 정확함, 꼼꼼함 **extravagance** ⓝ 낭비, 사치, 화려함
garrulity ⓝ 수다, 말 많음 **tardiness** ⓝ 지각, 느림, 완만함

---

12 His habit of wasting money has led him to _____ his first prize in lottery. 숙명여대

① alleviate ② allocate

③ legitimate ④ manage

⑤ squander

| 정답 | ⑤

| 해석 | 그는 낭비벽으로 인해 로또 1등 상금을 다 탕진했다.
　　　① 완화하다 ② 할당하다
　　　③ 합법화하다 ④ 관리하다, 해내다
　　　⑤ 낭비하다

| 해설 | 위의 지문은 「A lead to B」의 구문으로 'A라는 원인으로 인해 B라는 결과에 이르게 되었다'는 뜻을 지닌다. 여기서 A는 '돈을 낭비하는 습관'이므로 B라는 결과는 부정적일 수밖에 없다. ① alleviate와 ③ legitimate는 뒤에 오는 '상금'과 어울리는 동사가 아니며, ② allocate와 ④ manage는 '상금'과 어울릴 수 있는 동사이지만 문맥과 어울리지 않는다. 정답은 '탕진하다'는 부정적 뜻을 지닌 ⑤ squander가 된다.

| 어휘 | **alleviate** ⓥ 완화하다 **allocate** ⓥ 할당하다
legitimate ⓥ 합법화하다, 정당화하다 **manage** ⓥ 관리하다, 해내다
squander ⓥ 낭비하다

---

13 The judge was especially severe in his sentencing because he felt that the criminal had shown no _____ for his heinous crime. 서울여대

① compendium ② composure

③ compunction ④ concession

| 정답 | ③

| 해석 | 그 판사는 그 범죄자에게 특히나 가혹한 판결을 내렸고 왜냐하면 판사는 그 범죄자가 자신이 저지른 극악무도한 범죄에 대해 어떤 죄책감도 드러내지 않았다고 생각했기 때문이다.
　　　① 개요서 ② 평정
　　　③ 죄책감 ④ 양보

| 해설 | 판사는 극악무도한 범죄를 저지른 범죄자가 만일 '죄책감'을 드러냈다면 그 범죄자에게 어느 정도 완화된 판결을 내렸을 것이다. 하지만 판사가 가혹한 판결을 내렸다는 것은 그 범죄자가 '죄책감'을 전혀 드러내지 않았다는 의미이다.

| 어휘 |　**especially** @ 특히　　　　　　　　　　　**severe** @ 가혹한, 혹독한

　　　　　heinous @ 악랄한, 극악무도한　　　　　**compendium** ⑪ 개요서, 적요

　　　　　composure ⑪ 평정　　　　　　　　　　**compunction** ⑪ 죄책감, 거리낌

　　　　　concession ⑪ 양보

14　Most children have such a high ideal of their parents that it can hardly hope to stand up to a realistic
　　　_____. 세종대

　　　① hyperbole　　　　　　　　　　　　　　② illusion

　　　③ evaluation　　　　　　　　　　　　　　④ reverie

| 정답 |　③

| 해석 |　대부분의 아이들은 현실적 평가로는 유효하기를 거의 바랄 수 없을 정도의 매우 높은 이상을 부모들에게 품는다.

　　　　　① 과장법　　　　　　　　　　　　　② 환상

　　　　　③ 평가　　　　　　　　　　　　　　④ 몽상

| 해설 |　'ideal(이상)'에 대응하는 말로 'realistic(현실적)'을 들 수 있으며, 이러한 현실적인 것에 'hardly hope to stand up(유효하기를 거의 바랄 수 없는)'한 것이 아이들이 부모에게 품는 '이상'임을 알 수 있다. 또한, 보기의 경우 '현실적'이라는 말과 대응하는 말은 모순 어법이 아닌 이상 ③ 'evaluation(평가)'를 제외하고는 모두 과장이나 환상을 의미하는 단어임을 알 수 있다. 따라서 보기 중에서 정답으로 가장 적합한 것은 ③이 된다.

| 어휘 |　**stand up to** – ~에 유효하다, 견디다　　　　**hyperbole** ⑪ 과장법

　　　　　reverie ⑪ 몽상

15　Other scientists were unable to _____ his experimental result, and thus they began to regard
　　　him as a fraud. 이화여대

　　　① announce　　　　　　　　　　　　　　② refute

　　　③ replicate　　　　　　　　　　　　　　④ fabricate

| 정답 |　③

| 해석 |　다른 과학자들은 그의 실험 결과를 재현할 수 없었고, 때문에 그들은 그를 사기꾼으로 여기기 시작했다.

　　　　　① 발표하다　　　　　　　　　　　　② 반박하다

　　　　　③ 재현하다　　　　　　　　　　　　④ 날조하다

| 해설 |　다른 과학자들이 그를 사기꾼으로 여긴 이유는 그의 실험 결과를 '재현할' 수 없었기 때문이다. 따라서 정답은 ③이다.

| 어휘 |　**fraud** ⑪ 사기꾼　　　　　　　　　　　**refute** ⓥ 반박하다

　　　　　fabricate ⓥ 날조하다　　　　　　　**replicate** ⓥ 재현하다, 복제하다

16 His point of view was so well known that he did not have to _____ his opposition to the official position of the city. 국민대

① reimburse   ② demean

③ reiterate   ④ dazzle

| 정답 | ③

| 해석 | 그의 입장은 매우 잘 알려져 있어서, 그는 시(市)의 공식적인 입장에 대한 자신의 반대 의사를 되풀이할 필요가 없었다.

    ① 변상하다   ② 처신하다, 품위를 떨어뜨리다

    ③ 되풀이하다   ④ 눈부시게 하다

| 해설 | 「so ~ that ...」 구문으로 이루어져 있는 문장이다. 그 사람의 견해가 너무 잘 알려져 있었기에, 다시 자신의 입장을 표명할 필요가 없었다는 뜻으로 ③ reiterate가 적절하다.

| 어휘 | **a point of view** – 견해, 관점   **so ~ that ...** – 너무 ~해서 …하다

         opposition ⓝ 반대   **official** ⓐ 공식적인

         position ⓝ 입장, 위치, 지위   **reimburse** ⓥ 변상하다

         demean ⓥ 처신하다, 품위를 떨어뜨리다   **reiterate** ⓥ 되풀이하다

         dazzle ⓥ 눈부시게 하다

17 Carelessness on the part of the maintenance team has often been the most fatal _____ of marine or air accidents that have taken place in human history. 가천대

① concept   ② cause

③ result   ④ system

| 정답 | ②

| 해석 | 유지 보수팀 쪽의 부주의가 인간 역사상 벌어진 해상이나 공중 사고의 가장 치명적 원인인 경우가 종종 있었다.

    ① 개념   ② 원인

    ③ 결과   ④ 체제

| 해설 | 문맥상 '부주의(carelessness)'는 벌어진 '사고(accident)'의 '원인'이 됨을 알 수 있다. 따라서 보기 중에서 정답으로 가장 적절한 것은 ②이다.

| 어휘 | **carelessness** ⓝ 부주의함   **maintenance** ⓝ 유지 보수

         fatal ⓐ 치명적인

18 I never would have thought that so bitter and long-lasting a quarrel could result from such a
_____ cause. 숙명여대

① regal   ② vital

③ trivial   ④ rural

⑤ genial

| 정답 | ③

| 해석 | 나는 그토록 사소한 이유에서 이토록 쓰라리고 기나긴 싸움이 생겨날 수 있으리라고는 이전에 결코 생각해 본 적이
없다.

① 제왕의, 당당한   ② 중요한

③ 하찮은   ④ 시골의, 촌스러운

⑤ 온화한

| 해설 | 「so+형용사+a+명사」를 사용해 강조해 주고 있는 'so bitter and long-lasting a quarrel(이토록 쓰라리고 기나
긴 싸움)'이 '그런 보잘것없는' 이유에서 생겨날 수도 있다는 생각을 결코 해 본 적이 없다는 말이므로, 정답은 ③ trivial
이 되며, 반대말은 ② vital이다.

| 어휘 | **quarrel** ⓝ 다툼   **A result from B** – A가 B로부터 기인하다

regal ⓐ 당당한, 제왕의   **vital** ⓐ 필수적인, 중요한; 생명 유지와 관련된

trivial ⓐ 하찮은, 사소한   **rural** ⓐ 촌스러운, 시골티 나는

genial ⓐ 온화한, 쾌적한, 상냥한

---

19 The hot, tropical weather created a feeling of _____ and encouraged drowsiness. 중앙대

① foible   ② temerity

③ dexterity   ④ lassitude

| 정답 | ④

| 해석 | 무더운 열대 날씨는 나른한 기분이 들게 했으며 졸음을 유발했다.

① 약점   ② 무모함

③ 재주   ④ 나른함

| 해설 | 무더운 날씨로 졸음이 온 것을 보면, 지치고 힘든 느낌을 받았을 것으로 짐작할 수 있다. 정답은 '무기력함'을 뜻하는
④ lassitude가 된다.

| 어휘 | **drowsiness** ⓝ 졸음   **foible** ⓝ 약점, 결점

temerity ⓝ 무모함, 만용   **dexterity** ⓝ 재주, 손재주 있음

lassitude ⓝ 나른함, 무기력

20 Parents are often more _____ of the first born, and they give him or her more responsibilities.

① trusting   ② suspicious

③ ashamed   ④ forgiving

| 정답 | ①

| 해석 | 부모들은 첫째 아이를 더 신뢰하는 경우가 많아서, 첫째 아이에게 더 많은 책임을 지운다.

① 믿는   ② 의심하는

③ 부끄러워하는   ④ 용서하는

| 해설 | 결과를 나타내는 and를 중심으로 인과 관계를 완성하는 것이 출제 의도이다. 「more trusting of the first born(첫째 아이를 더 신뢰함)(원인) → give him or her more responsibilities(더 많은 책임을 부여함)(결과)」 구조이다. 첫째 아이에게 더 많은 책임감을 부여한다고 했으므로, 의심하거나 부끄러워한다는 단어는 적합하지 않다. ① trusting 이 '신뢰하는'이라는 뜻으로 정답이 된다.

| 어휘 | **responsibility** ⓝ 책임감   **trusting** ⓐ 믿(고 있)는

suspicious ⓐ 의혹을 갖는, 의심하는   **be ashamed of** − ~을 부끄러워하다

---

21 In their work, microbiologists contend with living forms so diverse in appearance and habits _____ disguise the common bond presumed to ally them. 홍익대

① which   ② as to

③ much as   ④ consequently

| 정답 | ②

| 해석 | 미생물학자들은 자신들의 연구에서 외관과 습성이 너무도 다양해서 이들을 서로 묶어 주고 있다고 추정되는 공통의 관계마저 감추고 있는 그런 생명체들과 씨름한다.

① 그것   ② ~ (정도)이다

③ 그만큼   ④ 결과적으로

| 해설 | 제시된 문장은 '미생물학자들은 ~ 생명체들과 씨름한다(microbiologists contend with living forms ~)'는 내용이다. 'so diverse ~'에서 문장 마지막까지 이어지는 구문을 사용해 바로 앞에 나온 'living forms'를 수식하고 있다. 이때의 so는 「so ~ that ....」 구문의 so와 의미상 비슷하다. '너무도 ~해서 that …할 정도이다'는 뜻인데, 이 때 that 대신에 'as to'를 사용해 「so ~ as to ....」로 문장을 구성하기도 한다. 이를 토대로 다시 해석을 해 보면 '미생물학자들이 씨름하는 생명체는 생김새나 습성이 너무도(so) 다양한데, 어느 정도인가 하면 이들 생명체들은 서로를 묶어 주고 있는 공통의 관계마저 감출 정도(as to disguise ~)이다'라는 내용이 된다. 따라서 정답은 ②가 된다.

| 어휘 | **microbiologist** ⓝ 미생물학자   **contend** ⓥ 싸우다, 씨름하다

living forms − 생명체   **appearance** ⓝ 외관, 출현, 출석

disguise ⓥ 숨기다, 변장하다   **common bond** ⓝ 공통으로 가지고 있는 것

presume ⓥ ~라고 여기다, 생각하다   **ally** ⓥ 결합시키다, 동류에 속하게 하다

22 Developers have struggled to obtain contiguous plots of land, and regional officials have been slow to grant building permits because of concerns over _____ practices and environmental impact.

① conscientious ② lawful

③ reciprocal ④ unscrupulous

| 정답 | ④

| 해석 | 개발업자들은 인접한 부지를 확보하기 위해 애썼지만, 지역 관리들은 부도덕한 관행이나 환경에 미치는 영향 등을 걱정하면서 건축 허가를 부여하는 데 소극적인 모습을 보여 왔다.

① 양심적인, 성실한 ② 합법적인

③ 상호 간의 ④ 비양심적인, 부도덕한

| 해설 | 개발업자들은 건물을 더 많이 지으려고 하는 반면, 관리(공무원)들은 건축 허가를 내 주는 데 소극적인 모습을 보이고 있다. 그 이유로(because of) 빈칸의 내용에 대한 우려나 염려(concern over)를 언급하고 있으므로, 빈칸에는 부정적인 의미의 단어가 와야 한다. 참고로 unscrupulous practices는 '부도덕한 관행'을 의미한다.

| 어휘 | **struggle** ⓥ 몸부림치다, 싸우다, 씨름하다   **contiguous** ⓐ 인접한, 근접한

plot ⓝ (특정 용도의) 작은 땅 조각, 터, 대지 음모, 구성, 줄거리

grant ⓥ 수여하다, 주다   **permit** ⓝ 허가(증), 면허(증)

concern ⓝ 걱정, 근심   **conscientious** ⓐ 양심적인, 성실한

reciprocal ⓐ 상호 간의   **unscrupulous** ⓐ 비양심적인, 부도덕한, 무원칙한

---

23 His love for drawing and his curiosity about the ancient world lead him to _____ his poor health and go on to great adventures.

① blame ② consider

③ overcome ④ maintain

| 정답 | ③

| 해석 | 그의 그림에 대한 열정과 고대에 대한 호기심이 그로 하여금 그의 열악한 건강 상태를 극복하고 위대한 모험을 이어 가도록 만들었다.

① 비난하다 ② 고려하다

③ 극복하다 ④ 유지하다

| 해설 | 열정과 호기심으로 모험을 이어 나갔다는 것이 핵심이므로 이러한 어감에 알맞게 문장이 흘러가야 한다. 또한 and를 중심으로 결과가 연결되어 있다. 그러므로 정답은 ③이다.

| 어휘 | **overcome** ⓥ 극복하다

24 A neurologist specializes in _____ that arise from improper functioning of the nervous system — cerebral palsy, strokes, et cetera. 서울여대

① perpetrations   ② diversions

③ afflictions   ④ solicitations

| 정답 | ③

| 해석 | 신경 전문의는 뇌성 마비, 뇌졸중 등 신경 계통의 기능 장애로 인한 고통을 전문으로 다루고 있다.

    ① 자행   ② 주의 전환

    ③ 고통   ④ 간청

| 해설 | 빈칸에 들어갈 단어는 that절 이하가 수식하며, that절은 뇌성 마비, 뇌졸중 등 'arise from improper functioning of the nervous system(신경 계통의 기능 장애로 인한 것)'을 의미한다. 보기 중에서 이 같은 '기능 장애'가 수식하기에 의미상 가장 적합한 것은 'affliction(고통)'이다. 즉, '신경 기능 장애로 인한 고통을 전문적으로 다루는 전문의가 있다'는 것이 본문의 내용이다. 따라서 정답은 ③이 된다.

| 어휘 | **neurologist** ⓝ 신경과 전문의, 신경학자   **specialize in** – ~이 전문인, ~을 전공하는

    arise from – ~로 인한   **improper functioning** – 기능 장애

    cerebral palsy – 뇌성 마비   **stroke** ⓝ 뇌졸중

    et cetera – 기타   **perpetration** ⓝ 자행, (범행을) 저지름

    diversion ⓝ 주의 전환, 바꾸기   **affliction** ⓝ 고통, 고난

    solicitation ⓝ 간청, 권유

---

25 Inspired interim responses to hitherto unknown problems, New Deal economic stratagems became _____ as a result of bureaucratization and their flexibility destroyed by their transformation into rigid policies.

① engendered   ② elicited

③ converted   ④ ossified

⑤ occupied

| 정답 | ④

| 해석 | 뉴딜 경제 전략은 그때까지 알려지지 않은 문제에 대한 직관적이고 과도적인 반응이지만 관료화와 융통성 없는 정책으로 변모하면서 유연성이 파괴된 결과 경직된 전략이 되었다.

    ① 불러일으켜진   ② 유도된

    ③ 전환된   ④ 경직된

    ⑤ 차지당한

| 해설 | '관료화'와 '유연성의 파괴'는 결과적으로 '경직'을 의미한다. 따라서 정답은 ④이다.

| 어휘 | **inspired** ⓐ 영감을 받은, 직관적인   **interim** ⓐ 임시의, 과도적인

    hitherto ⓐⓓ 지금까지, 그때까지   **stratagem** ⓝ 전략, 책략

    bureaucratization ⓝ 관료화   **rigid** ⓐ 융통성 없는

engender ⓥ 낳다, 불러일으키다

convert ⓥ 전환시키다, 개조하다

occupy ⓥ 차지하다

elicit ⓥ 이끌어 내다, 유도하다

ossify ⓥ 경화시키다, 경직시키다

---

26 A town council considers _____ the sale of disposable plastic goods for which there are paper substitutes because paper is biodegradable and therefore environmentally preferable. 상명대

① promoting

② ameliorating

③ bolstering

④ recommending

⑤ banning

| 정답 | ⑤

| 해석 | 시의회는 종이로 된 대용품이 존재하는 1회용 플라스틱 상품의 판매를 금지할지 여부를 검토하고 있으며 그 이유는 종이는 자연적으로 분해가 되기 때문에 따라서 환경에 더 좋기 때문이다.

① 증진하다

② 개선하다

③ 강화하다

④ 추천하다

⑤ 금지하다

| 해설 | 환경에 더 좋은 종이로 된 대용품이 존재한다면 환경에 좋지 않은 1회용 플라스틱 상품을 사용할 필요는 없을 것이고, 판매를 아예 '금지하는' 것도 고려할 수 있다. 따라서 정답은 ⑤이다.

| 어휘 | **town council** – 시의회

substitute ⓝ 대체재, 대용품

preferable ⓐ 선호되는, 더 좋은

ameliorate ⓥ 개선하다

recommend ⓥ 추천하다

disposable ⓐ 1회용의

biodegradable ⓐ 생분해성의, 자연 분해성의

promote ⓥ 증진하다

bolster ⓥ 강화하다

ban ⓥ 금지하다

---

27 Because the woman made _____ remarks about the president's children, she lost her job as a senator's assistant. 세종대

① derogatory

② despondent

③ destitute

④ desperate

| 정답 | ①

| 해석 | 그 여성은 대통령의 자녀에 대해 명예 훼손성 발언을 했기 때문에 상원의원 보좌관직을 잃고 말았다.

① 명예를 훼손하는

② 낙담한

③ 궁핍한

④ 자포자기한

| 해설 | 상원의원 보좌관이 직책을 잃을 정도의 발언은 '명예를 훼손하는' 발언일 것이다. 따라서 정답은 ①이다.

| 어휘 | **derogatory** ⓐ 경멸적인, (명예·인격 따위를) 손상시키는

despondent ⓐ 낙담한, 실의에 빠진

destitute ⓐ 궁핍한, 극빈한

desperate ⓐ 필사적인, 자포자기한

28 Gender stereotypes have slightly changed through history, but they have not disappeared. They persist largely because they are so deeply _____ in every culture's fabric. 동국대

① attributed

② intertwined

③ attached

④ ingrained

| 정답 | ④

| 해석 | 성 고정 관념은 역사적으로 약간씩 변해 왔지만 사라지지는 않고 있다. 집요하게 지속되는 주된 원인은 모든 문화의 기본 구조 속에 성 고정 관념이 매우 깊이 뿌리박혀 있기 때문이다.

① 기인한

② 뒤얽힌

③ 소속의

④ 뿌리박힌

| 해설 | 성 고정관념이 사라지지 않고 집요하게 지속되는 이유는 문화의 기본 구조 속에 깊이 '뿌리박혀 있기' 때문일 것으로 유추 가능하다. 따라서 정답은 ④이다.

| 어휘 | gender stereotype – 성 고정 관념   slightly ⓐⓓ 약간, 조금

persist ⓥ 집요하게[끈질기게] 계속하다[지속되다]   fabric ⓝ (사회·조직 등의) 구조

attributed ⓐ ~에 기인한   intertwined ⓐ 뒤얽힌, 엮인

attached ⓐ ~ 소속의   ingrained ⓐ 뿌리 깊은, 깊이 몸에 밴

---

29 Journalists and others such as university teachers are increasingly asked not to use certain words and expressions because they are _____ and might cause offence. 항공대

① racially injustice

② politically incorrect

③ ethically preferable

④ morally dexterous

| 정답 | ②

| 해석 | 기자와 대학 강사 같은 사람들에게는 특정 단어 및 표현을 사용하지 말 것을 권고하고 있으며 그 이유는 해당 단어 및 표현이 정치적으로 정당하지 못하며 불쾌감을 야기할 수 있기 때문이다.

① 인종적으로 부당함

② 정치적으로 올바르지 못함

③ 윤리적으로 선호되는

④ 도덕적으로 빈틈없는

| 해설 | 기자와 대학 강사 같은 사람들에게 특정 단어 및 표현의 사용이 금지된 이유로 두 가지가 있는데, 하나는 '빈칸'에 해당되고 나머지 하나는 '불쾌감의 야기'이다. 보기 중에서 이런 불쾌감을 야기할 만한 것으로 적합한 것은 ① '인종적으로 부당함'이나 ② '정치적으로 올바르지 못함'이다. 이 중에서 ②는 '편견이 섞인 언어적 표현을 쓰지 말자'는 '정치적 올바름(political correctness)'에서 파생된 것이며 따라서 정답으로는 ②가 적합하다. ①은 ②에 포함되는 개념으로 볼 수 있으며, 따라서 ②가 존재하는 이상 ①은 정답으로 보기 힘들다.

| 어휘 | offence ⓝ 화나게[불쾌하게] 하는 행위, 모욕   racially ⓐⓓ 인종적으로, 민족적으로

injustice ⓝ 불평등, 부당함   politically incorrect – 정치적으로 올바르지 못한, 차별적인

ethically ⓐⓓ 윤리적으로   preferable ⓐ 더 좋은, 선호되는

dexterous ⓐ 솜씨 좋은, 빈틈없는

30 Westerners tend to think of Korea as a new player on the global stage — but that is not how Korean see themselves, for Korea has always been _____ in relations between China and Japan, and it has a long tradition of technological innovation. 국민대

① modest　　　　　　　　　　　　② pivotal

③ illusory　　　　　　　　　　　　④ contingent

| 정답 | ②

| 해석 | 서양인들은 한국이란 나라를 국제 무대에 새로 등장한 나라로 생각하는 경향이 있다. 하지만 한국인들은 스스로를 그런 식으로 보지 않는다. 왜냐하면 한국은 항상 중국 및 일본과의 관계에 있어 중심적인 역할을 해 왔고 오랜 기술 혁신의 전통을 보유한 나라이다.

　　① 보통의　　　　　　　　　　　② 중심적인

　　③ 환상에 불과한　　　　　　　　④ ~의 여부에 따라

| 해설 | 서양은 한국을 최근에야 국제 무대에 등장한 나라로 보지만 사실 한국은 오래전부터 기술 혁신의 전통을 지녔고 일본과 중국 사이에서 '중심적인' 역할을 한 나라이다. 때문에 한국인들은 그런 서양인들의 생각에 반대한다. 따라서 정답은 ②이다.

| 어휘 | **modest** ⓐ 보통의, 겸손한　　　　　**pivotal** ⓐ 중심(축)이 되는

　　illusory ⓐ 환상에 불과한　　　　**contingent** ⓐ ~의 여부에 따라

---

31 He revised Carver's manuscript extensively, cutting out whole pages, changing titles, expelling lyrical passages, and moments of uplift. The result was a set of stories _____ than the originals, more minimalist, which was how Carver's early style came to be known.

① more terse and elliptical　　　　　② clearer and more extensive

③ more prosaic and lyrical　　　　　④ vaguer and more momentous

| 정답 | ①

| 해석 | 그는 Carver의 원고를 광범위하게 수정했다. 페이지 전체를 모조리 삭제도 하고, 제목도 바꾸고, 시적인 구절과 감정이 고조된 부분들을 제거했다. 결과물은 원본보다 한결 간결하고 깔끔했으며, Carver의 초기 스타일로 알려져 있던 것처럼 좀 더 '미니멀리스트'적인 작품이 되었다.

　　① 보다 간결하고 깔끔한　　　　　② 보다 명료하고 광범위한

　　③ 보다 산문적이며 시적인　　　　④ 보다 모호하고 중대한

| 해설 | 빈칸의 앞뒤로 기존의 글보다 어떤 글에 가깝게 변했는지를 보여 주는 여러 힌트들이 있다. 예를 들어 'cutting out whole pages(페이지 전체를 삭제)'와 'expelling lyrical passages(시적인 문장을 제거)' 등을 통해 글이 한결 간결해진 것을 알 수 있으며, 되도록 소수의 단순한 요소로 최대 효과를 이루려는 예술 방식인 'minimalist'라는 단어가 문제 해결에 결정적인 힌트가 된다는 것을 알 수 있다. 따라서 정답은 '보다 간결하고 깔끔한'이라는 의미의 ①이 된다.

| 어휘 | **manuscript** ⓝ 원고　　　　　**extensively** ⓐⓓ 광범위하게, 널리

　　expel ⓥ 내쫓다　　　　　　　**lyrical** ⓐ 서정적인, 감상적인

passage ⓝ 구절	**terse** ⓐ 간결한; 무뚝뚝한
elliptical ⓐ 간결한, 어구를 생략한; 타원의	**prosaic** ⓐ 산문적인; 무미건조한
vague ⓐ 모호한	**momentous** ⓐ 중대한

---

32 The salesmen in that clothing store are so _____ that it is impossible to even look at a garment without being _____ by their efforts to convince you to purchase. 한양대

① stubborn – induced
② persistent – harassed
③ congenial – intrigued
④ offensive – considerate

| 정답 | ②

| 해석 | 그 옷가게의 판매원들은 너무 집요해서 옷을 구매하라고 설득하는 판매원들의 노력 때문에 괴롭힘을 당하는 일 없이 옷 한 벌을 보는 것도 불가능할 지경이었다.
① 고집스러운 – 유도하다 ② 집요한 – 괴롭히다
③ 마음이 맞는 – 강한 흥미를 불러일으키는 ④ 모욕적인 – 사려 깊은

| 해석 | 빈칸에 보기의 단어를 대입해 보면, 가장 문맥상 자연스러운 것은 판매원이 손님에게 옷을 사라고 '집요하게' 굴기 때문에 손님이 '괴롭힘을 당한다'는 내용의 ②이다.

| 어휘 |

stubborn ⓐ 완고한, 고집스러운	**induce** ⓥ 설득하다, 유도하다
persistent ⓐ 집요한, 끈질긴	**harass** ⓥ 괴롭히다
congenial ⓐ 마음이 맞는, 통하는	**intrigue** ⓥ 강한 흥미를 불러일으키다
offensive ⓐ 모욕적인, 불쾌한	**considerate** ⓐ 사려 깊은, 남을 배려하는

---

33 An institution can achieve short-term market advantage through aggressive marketing, but in due time competitors will match and then surpass that edge. The escalating competition _____ institutional costs, invariably resulting in higher tuition and a greater need to admit students whose families can pay full price. 숙명여대

① controls
② counts
③ devalues
④ scatters
⑤ raises

| 정답 | ⑤

| 해석 | 공격적인 마케팅을 통해 교육 기관은 단기간 동안은 시장에서 효과를 볼 수 있지만, 머지않아 경쟁자들이 그 같은 우위에 필적한 후 이를 넘어서게 된다. 경쟁이 치열해지는 것은 운용 비용을 증가시키고, 이는 필연적으로 수업료의 인상을 야기하며, 결국 비용을 다 지불할 수 있을 만한 재력이 뒷받침되는 가정의 학생들을 입학시켜야만 하는 결과를 낳게 된다.
① 지배하다 ② 계산하다
③ 가치를 하락시키다 ④ 흩뿌리다
⑤ 올리다

| 해설 | 공격적인 마케팅을 통해 경쟁이 치열해지면 결국 기관을 운용하는 비용(institutional costs)이 어떻게 될 것인가를 묻고 있다. 바로 뒤에 이에 대한 힌트로 분사구문이 오고 있는데, 이 내용이 'resulting in'이라고 시작하고 있으므로 앞의 내용에 대한 결과라는 것을 알 수 있다. 수업료와 등록금 등을 인상시키는 결과를 가져오는 이유가 바로 빈칸에 해당하는 내용이 되어야 하므로 운용 비용은 증가해야만 한다는 ⑤가 정답이 된다.

| 어휘 | **in due time** – 머지않아, 때가 되면   **surpass** ⓥ 능가하다, 뛰어넘다
         edge ⓝ 우위, 유리함   **escalate** ⓥ 확대되다
         invariably ⓐ 변함없이, 언제나   **tuition** ⓝ 수업료, 수업
         devalue ⓥ (화폐 가치를) 평가 절하하다, 가치를 낮추다
         scatter ⓥ 흩뿌리다

---

34 English is spoken in cultures that have relatively little use of rigid hierarchical expressions. _____, it has limited honorific categories. Germans emphasize these conventions more than English speakers do. German employs the use of two forms of "you": the informal du and the formal Sie. 성균관대

① Likewise   ② Moreover

③ Thus   ④ Nonetheless

⑤ Instead

| 정답 | ③

| 해석 | 영어가 사용되는 문화권은 비교적 엄격한 위계적 표현들을 적게 사용하는 곳들이다. 그래서 영어는 제한된 범위의 존칭어 범주를 갖고 있다. 독일어를 사용하는 사람들은 영어 사용자들보다 이러한 존칭의 관행을 더 많이 강조한다. 독일어는 'you'에 해당하는 표현이 2개가 있는데, 하나는 'du'라는 비격식체 표현이고, 다른 하나는 'Sie'라는 격식체 표현이다.

     ① 비슷하게   ② 게다가
     ③ 그래서   ④ 그럼에도 불구하고
     ⑤ 대신에

| 해설 | 영어에는 높임말(honorific category)이 별로 없다는 내용이다. 그런 결과가 나타나는 원인을 'rigid hierarchical expressions'을 별로 사용하지 않기 때문이라고 말하고 있다. 따라서 앞의 내용과 빈칸 뒤의 내용은 논리적으로 인과 관계로 연결된 내용이므로 ③ thus가 정답이 된다.

| 어휘 | **relatively** ⓐ 상대적으로   **rigid** ⓐ 엄격한, 융통성 없는, 뻣뻣한, 단단한
         hierarchical ⓐ 계급[계층]에 따른   **limited** ⓐ 제한적인
         honorific ⓐ 존경을 나타내는, 경칭의   **convention** ⓝ 관행, 관습
         employ ⓥ 사용하다, 고용하다   **informal** ⓐ 비격식체의, 격식을 차리지 않는
         formal ⓐ 격식을 차린, 격식체의   **likewise** ⓐ 똑같이, 비슷하게, 마찬가지로
         moreover ⓐ 더욱이, 게다가   **thus** ⓐ 그래서, 그러므로
         nonetheless ⓐ 그럼에도 불구하고   **instead** ⓐ 그 대신에

35 Between 10 and 20 percent of the population is estimated to experience chronic loneliness, which can result in _____ psychological problems. Such problems as anxiety, stress, depression, alcoholism, drug abuse, and poor health have all been tied to loneliness. Most people, however, are lonely only from time to time, and that is when they seek out relationships with other people. A relationship can act as a _____, helping to ward off the chill of loneliness.

① mental – physical stimulation ② individual – personal nightmare

③ temporary – serious problem ④ severe – security blanket

| 정답 | ④

| 해석 | 대략 인구의 10~20% 정도는 심각한 심리적 문제를 야기할 수 있는 만성적인 외로움을 겪고 있는 것으로 추정된다. 불안, 스트레스, 우울증, 알코올 중독, 약물 남용, 신체 허약 등의 문제는 모두 외로움과 연관이 있다. 하지만 대부분의 사람들이 외로움을 느끼는 때는 이따금 찾아올 뿐이며, 그럴 때마다 다른 사람과의 관계를 찾게 된다. 관계는 마음을 안정시켜 주는 역할을 하며 외로움으로부터 오는 한기를 막는 데 도움을 준다.

① 정신적인 – 신체적 자극 ② 개인적인 – 개인의 악몽

③ 일시적인 – 심각한 문제 ④ 심각한 – 마음을 안정시켜 주는 것

| 해설 | 만성적인 외로움은 '심리적 문제'를 야기하며 그 예로는 '불안, 스트레스, 우울증, 알코올 중독, 약물 남용, 신체 허약' 등을 들 수 있다. 따라서 첫 번째 빈칸에 들어갈 심리적 문제를 수식하는 형용사로는 '심각한(severe)'이 가장 적절하다. 심리적 문제가 외로움 때문이라면 이를 해결하려면 다른 사람들과의 관계가 필요하다. 그리고 관계는 '외로움으로부터 오는 한기를 막는 데 도움을 준다.' 두 번째 빈칸 뒤에 쉼표가 있기 때문에 빈칸과 쉼표 뒤 절은 동격을 의미한다. 즉 두 번째 빈칸은 '외로움으로부터 오는 한기를 막는 데 도움을 주는 것'이다. 보기 중에서 이에 해당되는 것은 '마음을 안정시켜 주는 것'이다. 이 모든 사항을 종합해 봤을 때 정답은 ④이다.

| 어휘 | **be estimated to** – ~인 것으로 추정되다 **chronic** ⓐ 만성적인
anxiety ⓝ 불안 **be tied to** – ~와 관련이 있다
from time to time 이따금 **seek out** – ~을 찾아내다
ward off – ~을 피하다[막다] **security blanket** – 마음을 안정시켜 주는 것

---

36 In mountain areas that have been _____ for a long time, information about historical avalanches is usually available. As a consequence, identifying the area affected by major avalanches and roughly delimitating their maximum outline is a quite straightforward procedure. 동국대

① inhabited ② deserted

③ dreaded ④ abandoned

| 정답 | ①

| 해석 | 사람들이 오랫동안 거주해 온 산악 지역에는, 일반적으로 역사상 기록이 남아 있는 눈사태에 관한 정보를 구할 수 있다. 그 결과, 주요 눈사태로 인해 피해를 입은 지역을 식별하고, 그 눈사태가 최대 어느 정도까지 덮쳤는지 그 윤곽을 대략적이나마 명확히 하는 일이 꽤 수월한 절차가 되었다.

① 거주해 온 ② 버려진

③ 두려움을 사던   ④ 버려진

| 해설 | 빈칸이 들어 있는 문장을 보면 산악 지역에 주요 눈사태에 관한 기록이 남아 있을 수 있다고 나와 있으며, 그 뒤의 문장을 보면 기록을 기반으로 눈사태가 어디에 얼마만큼 피해를 입혔는지 수월하게 파악할 수 있다고 나와 있다. 따라서 그 산악 지역이 어떤 지역인지 파악하면 답을 풀 수 있다. 산악 지역에서 'historical avalanches(눈사태에 관한 역사상 기록)'이 남아 있기 위해서는 그 지역에 사람들이 있어야 기록이 남기 때문에 결국 보기 중에서 ①이 정답이 된다고 추론할 수 있다. 같은 맥락에서 'deserted, abandoned(버려진)' 지역이나 'dreaded(두려움을 사던)' 지역은 상식선에서 거주하던 사람들이 역사적 기록을 남겼을 이유가 없기 때문에 정답이 될 수 없다.

| 어휘 | **avalanche** ⓝ 눈사태 | **available** ⓐ 이용 가능한, 쓸모 있는, 입수할 수 있는
as a consequence – 그 결과로 | **affect** ⓥ ~에 영향을 미치다; ~에 불리하게 작용하다
roughly ⓐⓓ 대략 | **delimitate** ⓥ ~의 한계를 정하다; 명확히 기술하다
straightforward ⓐ 수월한, 간단한 | **inhabit** ⓥ ~에 거주하다, 살다
desert ⓥ ~을 버리다 | **dread** ⓥ ~을 두려워하다
abandon ⓥ ~을 버리다, 포기하다

---

37 If you read the ingredients on any can of soda pop, chances are you will find phosphoric acid listed there. Why is phosphoric acid added to soda pop? Well, the principal reason may surprise you. It is there to add a tart flavor to the pop. Phosphoric acid in pop _____. Because there is so much sugar in pop, molds and bacteria can grow rapidly there. Phosphoric acid slows down this growth. 서울여대

① serves a secondary purpose

② produces this result instantly

③ has an opposite effect as well

④ is the only ingredient to do this

| 정답 | ①

| 해석 | 탄산음료 캔에 적힌 성분을 읽어 보면, 그곳에 인산이 함께 나열되어 있는 것을 볼 수 있을 것이다. 인산이 탄산음료에 첨가되어 있는 이유는 무엇일까? 아마도 그 진짜 이유를 알면 깜짝 놀랄 것이다. 먼저 인산을 첨가하는 것은 탄산음료에 똑 쏘는 맛을 주려고 한 것이다. 탄산음료의 인산은 두 번째 목적도 수행한다. 탄산음료에는 설탕이 너무 많이 들어 있어서, 곰팡이나 박테리아가 빠른 속도로 증식할 수 있다. 인산은 이런 증식을 줄여 주는 역할도 수행한다.
① 두 번째 목적을 수행한다
② 즉시 이 결과를 만들어 낸다
③ 또한 반대되는 영향을 미친다
④ 이를 하기 위한 유일한 성분에 해당한다

| 해설 | 탄산음료에 인산을 첨가하는 이유를 설명하고 있는 글이다. 첫 번째 이유와 두 번째 이유 사이에 빈칸이 위치하고 있으므로, 두 번째 이유를 설명하기 위한 ①이 정답이 된다.

| 어휘 | **ingredient** ⓝ 성분, 요소 | **chances are** – 아마도 ~일 것이다
phosphoric acid – 인산 | **tart flavor** – 톡 쏘는 맛, 시큼한 맛
mold ⓝ 곰팡이 | **serve a purpose** – 도움이 되다, 목적을 달성[수행]하다

38 Biometrics technology has recently become much more accessible, mainly due to the fact that the costs associated with implementing the technology are _____. Many companies have begun to adopt biometrics identification systems, which often employ scanners and embedded cameras, to give their large computer networks stronger security than a mere password-only protection system could ever provide. 에리카

① increasing

② plummeting

③ degenerating

④ exhausting

| 정답 | ②

| 해석 | 생체 인식 기술은 최근에 이용하기가 훨씬 더 용이해졌으며 주된 이유는 기술 이행과 관련된 비용이 급락했기 때문이다. 많은 기업들은 자사가 보유한 대형 컴퓨터 네트워크가 단순히 패스워드만 사용하는 보호 시스템이 제공할 수 있는 것보다 훨씬 더 강력한 보안 체계를 갖출 수 있도록 만들기 위해, 스캐너와 내장형 카메라를 주로 사용하는 생체 인식 시스템을 채택하기 시작했다.

① 증가하다

② 급락하다

③ 악화되다

④ 기진맥진하게 만들다

| 해설 | 생체 인식 기술이 최근에 사용하기가 '용이해졌다(accessible)'는 의미는 결국 기술 이행을 위해 드는 '비용(costs)'이 '줄었기 때문'에 용이해진 것으로 유추 가능하다. 따라서 정답은 ②이다.

| 어휘 | **biometrics** ⓝ 생체 인식   **implement** ⓥ 시행하다, 이행하다

embedded ⓐ 내장된   **plummet** ⓥ 급락하다, 급강하하다

degenerate ⓥ 악화되다   **exhausting** ⓥ 기진맥진하게 만들다

39 During the years following the end of World War II, public education in the United States came under intense scrutiny. Popular critics lambasted the schools for _____ and for failing to identify and nurture high levels of intellectual talent. If modifying school curricula to appeal to student interest had been the rallying cry before the war, now the call was for rigor and excellence. The topic of note now was the education of the most able. 중앙대

① neglecting students' interest

② allowing the parochialism

③ pursuing radical curriculum reforms

④ tolerating mediocrity in education

| 정답 | ④

| 해석 | 제2차 세계 대전이 끝나고 수년에 걸쳐 미국의 공교육은 철저한 검토 대상이 되었다. 유명 비평가들은 학교가 교육에 있어 평범함을 용인하고 수준 높고 똑똑한 재원을 파악하여 육성하지 못한다는 이유로 학교를 맹렬히 비난했다. 학생의 관심을 불러일으키기 위해 학교의 교과 과정을 바꾸는 것은 전쟁 전의 구호였지만, 이제는 구호가 엄격함과 뛰어남을 부르짖는 것으로 바뀌었다. 현재의 중요 주제는 능력이 가장 뛰어난 이를 교육하는 것이다.

① 학생의 관심을 무시

② 파벌주의의 허용

③ 급진적인 교과목 개혁의 추구

④ 교육에 있어 평범함을 용인

| 해설 | 빈칸 뒤 내용을 보면 제2차 세계 대전 이후의 미국 교육은 전쟁 전의 교육 시스템에 대한 비평가들의 비판 이후 뛰어난 실력을 지닌 아동의 육성으로 정책 방향이 바뀌었음을 알 수 있다. 그리고 비평가들은 미국 교육이 '수준 높고 똑똑한 재원을 파악하여 육성하지 못한다(failing to identify and nurture high levels of intellectual talent)'는 비난을 하였다. 그리고 문맥상 빈칸에 들어갈 내용으로 비평가들의 비난을 받은 요소이자 '뛰어난 실력을 지닌 아동의 육성'과 정반대되는 내용이 와야 한다. 보기 중에서 이에 해당되는 것은 실력 위주 교육이 아닌 '평범함을 용인한다'는 내용의 ④이다.

| 어휘 | **intense** ⓐ 강렬한, 진지한   **scrutiny** ⓝ 정밀 조사, 철저한 검토

lambaste ⓥ 맹공격[비판]하다   **appeal** ⓥ ~의 관심[흥미]을 끌다

rallying cry - (단체 등의 단합을 위한) 슬로건[구호/강령]

rigor ⓝ 엄격, 근엄   **excellence** ⓝ 뛰어남, 탁월함

of note - 아주 흥미로운, 중요한   **parochialism** ⓝ 교구 제도, 파벌주의

mediocrity ⓝ 보통, 평범

---

40 Anorexia nervosa is a weight disorder in which people, particularly women, develop inaccurate views of their body appearance, become obsessed with their weight, and refuse to eat, sometimes starving in the process. This disorder occurs only in cultures which believe that slender female bodies are most desirable. In countries where such a standard does not exist, anorexia nervosa does not occur. Interestingly, it is a fairly recent disorder. In the 1600s and 1700s, it did not occur in western society because _____. 에리카

① the ideal beauty at that time was a slim one

② the ideal female body at that time was a plump one

③ standards for women's beauty existed

④ standards for women's beauty were rather strict

| 정답 | ②

| 해석 | 거식증은 특히 여성이 자신의 겉모습에 대해 잘못된 시각을 취하고, 체중에 관해 강박 관념에 시달리고, 식사를 거부하면서, 그 와중에 때로는 굶주리게 되는 체중 관련 질환이다. 이 질환은 여성의 신체는 호리호리한 것이 가장 바람직하다고 보는 문화권에서만 발생한다. 이러한 기준이 존재하지 않는 국가에서는 거식증은 발생하지 않는다. 흥미로운 것은 거식증은 상당히 최근에 발생한 질환이라는 점이다. 1600년대와 1700년대에는 서양에 거식증은 존재하지 않았으며 그 이유는 당시의 이상적인 여성 신체의 모습은 통통한 것이었기 때문이다.

① 당시의 이상적 미인은 날씬한 미인이었다

② 당시의 이상적인 여성 신체의 모습은 통통한 것이었다

③ 여성의 아름다움에 대한 기준이 존재했다

④ 여성의 아름다움에 대한 기준이 다소 엄격했다

| 해설 | 거식증이 상당히 최근에 발생한 질환이라는 점과 호리호리한 여성의 모습을 이상적인 것으로 보는 문화권에서 발생한다는 점을 고려해 보면, 거식증이 존재하지 않는 경우는 지금보다 과거일 경우 그리고 호리호리하지 않고 통통한 모습을 이상적으로 바라볼 경우일 것이다. 따라서 지금보다 과거였던 1600년대와 1700년대에 거식증이 존재하지 않았다는 것은 과거에는 날씬한 모습이 아니라 통통한 모습이 이상적이었기 때문일 것으로 유추 가능하다. 따라서 정답은 ②이다.

| 어휘 | **anorexia nervosa** − 거식증   **be obsessed with** − ~에 관해 강박 관념에 시달리다
slender ⓐ 호리호리한, 날씬한   **plump** ⓐ 통통한, 토실토실한

04 비교, 유사

| 01 ② | 02 ② | 03 ④ | 04 ② | 05 ② | 06 ③ | 07 ① | 08 ⑤ | 09 ③ | 10 ② |

01 Just as the cowardice is the mark of craven, ＿＿＿＿＿＿＿ is the mark of the renegade. 경기대
① avarice   ② disloyalty
③ vanity   ④ bigotry

| 정답 | ②

| 해석 | 비겁함이 겁쟁이의 징표이듯이, 배신은 변절자의 징표이다.
① 탐욕   ② 배신, 불성실
③ 허영   ④ 편협

| 해설 | 위의 문제는 〈cowardice/craven〉의 관계와 비슷한 〈＿＿＿＿＿/renegade〉의 관계를 고르는 것이므로, 변절자(renegade)의 징표(mark)에 해당하는 것을 고르는 문제이다. 따라서 정답은 ② disloyalty가 된다.

| 어휘 | **cowardice** ⓝ 겁, 비겁   **craven** ⓝ 겁쟁이
renegade ⓝ 변절자, 탈당자, 배교자   **avarice** ⓝ 탐욕
disloyalty ⓝ 배신, 불성실, 신의 없음   **vanity** ⓝ 허영심, 공허
bigotry ⓝ 편협, 심한 편견

02 Contrary to popular belief, smoking cigars may be just as ＿＿＿＿＿＿ to health as smoking cigarettes.
① essential   ② harmful
③ harmless   ④ beneficial

| 정답 | ②

| 해석 | 일반적인 통념과 다르게, 시가를 피우는 것은 아마도 담배를 피우는 것만큼이나 건강에 해로울 수 있다.
① 필수적인   ② 해로운
③ 무해한   ④ 도움이 되는

| 어휘 | **beneficial** ⓐ 도움이 되는

---

03 Likewise, just as a bad tree does not grow good fruit, so also an evil will does not produce _____ deeds.

① atrocious　　　　　　　　　　　　　　② evil

③ social　　　　　　　　　　　　　　　④ good

| 정답 | ④

| 해석 | 이와 마찬가지로, 썩은 나무가 좋은 열매를 맺지 못하는 것처럼, 악도 선한 행동을 불러일으키지 못한다.

　　　① 끔찍한　　　　　　　　　　　　　② 악한

　　　③ 사회적인　　　　　　　　　　　　④ 선한

| 해설 | just as를 중심으로 유사 구조가 형성된다. 그러므로 대등한 형태가 와야 하고, 악도 선한 행동을 양산하지 못한다 는 것이 알맞은 표현이다.

| 어휘 | **atrocious** ⓐ 끔찍한, 극악무도한

---

04 Some say donations for Ebola _____ in comparison to the billions of dollars in money and supplies sent to Haiti and Japan in response to an earthquake in 2010 and a tsunami in 2011, respectively.

① double　　　　　　　　　　　　　　② pale

③ struggle　　　　　　　　　　　　　④ skyrocket

| 정답 | ②

| 해석 | 어떤 사람들은 에볼라에 대한 기부가 각각 2010년 지진과 2011년 쓰나미에 대응하여 아이티와 일본에 보낸 수십 억 달러의 성금과 구호 물품에 비하면 하찮다고 말한다.

　　　① 두 배이다　　　　　　　　　　　② 하찮다

　　　③ 힘겹다　　　　　　　　　　　　　④ 치솟다

| 해설 | 과거의 전 세계적 재난에 대해 세계인들이 보인 성원에 비해서 이번 에볼라의 경우는 그렇지 못하다는 뜻이므로, 부 정적인 어감의 단어가 들어가야 한다.

| 어휘 | **pale** ⓥ 흐릿해지다, 창백해지다; ~에 비해서 하찮다

　　　skyrocket ⓥ 치솟다

05 If the Ebola virus is _____ in the same way HIV and Hepatitis B or C are transmitted, why are there so many _____, such as protective gear and isolation unit, being put into place?

① airborne – procedures   ② transferred – precautions

③ evolving – warnings   ④ spread – contradiction

| 정답 | ②

| 해석 | 만약 에볼라 바이러스가 HIV나 B형 간염이나 C형 간염처럼 전이된다면, 왜 보호 장비나 격리 시설과 같은 것에 그렇게 많은 주의를 기울이는 것일까?

① 공기로 감염되는 – 절차   ② 전이된 – 주의

③ 진화하는 – 경고   ④ 퍼지는 – 모순

| 해설 | 앞의 빈칸은 transmit와 연결되기 때문에, transfer나 spread가 적당하다. 이에 반해 뒤의 빈칸에서는 such as 이하의 보호 장비나 격리 시설을 받는 상위 개념이 나와야 하므로 precautions밖에 없다.

| 어휘 | **Hepatitis** ⓝ 간염   **airborne** ⓐ 공기로 감염되는, 전염되는

precaution ⓝ 경고, 주의   **evolving** ⓐ 진화하는

---

06 Just as China's economic boom fueled a roaring demand for raw materials across the world, so too did it _____ a frenzy for recyclable paper, plastic and metals.

① exceed   ② contain

③ spur   ④ extinguish

| 정답 | ③

| 해석 | 중국의 경제 호황이 전 세계에서 원자재 수요가 크게 증가하는 데 부채질을 한 것처럼, 재활용 가능한 종이, 플라스틱, 금속에 대한 열광 또한 자극했다.

① 초과하다   ② 포함하다

③ 자극하다   ④ 없애다

| 해설 | 본문은 「just as A, so B」 형태로 되어 있으며 의미는 'A인 것처럼 B 또한 그러하다'이다. 중국의 경제 호황이 전 세계의 원자재 수요를 급증시켰다는 것이 A에 해당되는 내용이면, 원자재뿐만 아니라 재활용 가능한 종이, 플라스틱, 금속에 대한 열광을 '자극했다'는 것이 B에 해당되는 것으로 볼 수 있다. 따라서 정답은 ③이다.

| 어휘 | **boom** ⓝ 호황   **fuel** ⓥ 부채질하다

roaring ⓐ 활발한, 크게 번창하는   **frenzy** ⓝ 광란, 열광

exceed ⓥ 넘다, 초과하다   **spur** ⓥ 박차를 가하다, 자극하다

extinguish ⓥ 없애다

07 If the study of the conscious mind highlights the importance of _____ and analysis, study of the unconscious mind highlights the importance of _____ and perception. If the outer mind highlights the power of the individual, the inner mind highlights the power of relationships and the invisible bonds between people. 서강대

① reason – passions
② penchant – sensitivity
③ veracity – connection
④ expediency – compassion

| 정답 | ①

| 해석 | 의식적 마음을 연구하면 이성과 분석의 중요성이 강조되며, 무의식적 마음을 연구하면 열정과 지각의 중요성이 강조된다. 겉으로 드러나는 마음에서 개인의 힘이 강조된다면, 내면에 위치한 마음에서는 사람들 간의 관계 및 보이지 않은 유대의 힘이 강조된다.

① 이성 – 열정
② 애호 – 감성
③ 진실성 – 연관성
④ 편의 – 연민

| 해설 | 빈칸이 들어간 문장은 서로 대구를 이루며, 앞의 '분석(analysis)'과 뒤의 '지각(perception)'과 서로 뜻이 통하면서 앞의 빈칸과 '분석'은 뒤의 빈칸과 '지각'과 각각 대구를 이룬다. 보기 중에서 이러한 요건을 충족하는 것은 ①이다.

| 어휘 | **highlight** ⓥ 강조하다 　　　**penchant** ⓝ 애호
sensitivity ⓝ 감성 　　　**veracity** ⓝ 진실성
connection ⓝ 연관성 　　　**expediency** ⓝ 편의
compassion ⓝ 연민

---

08 Don't permit kids to refer to themselves as losers, failures, stupid, or clumsy. "Never let failure progress from an action to an identity," says Dwight. _____, don't label your kids. Don't say this one is the artist, and this one is the lawyer. Anyone can be anything. 성균관대

① Otherwise
② Instead
③ However
④ Nonetheless
⑤ Likewise

| 정답 | ⑤

| 해석 | 아이들이 자신들을 패배자, 실패작, 멍청이, 서투른 아이 등으로 일컫지 못하게 하라. Dwight는 "실패가 하나의 행동에서 정체성으로 굳어질 정도로 진행되지 않게 하라."고 말했다. 마찬가지로, 여러분의 아이들을 어느 특정 범주에 집어넣으려 하지 말라. 이 아이는 예술가감이고, 저 아이는 변호사감이라고 말하지 말라. 아이들은 무엇이든지 될 수 있다.

① 그렇지 않으면
② 대신에
③ 그러나
④ 그럼에도 불구하고
⑤ 마찬가지로

| 해설 | 빈칸에 알맞은 표현을 고르는 문제이다. 빈칸 앞의 문장은 아이들이 스스로를 열등한 존재로 부르지 못하게 할 것을 말하고 있으며, 빈칸 뒤의 문장은 아이들을 특정한 범주에 넣어 규정하려 하지 말 것을 말하고 있다. 즉, 두 문장 모

두 스스로든 남이든 간에 특정한 것으로 규정하는 일이 있어서는 안 된다는 점을 말하고 있으므로 비슷한 논지에서 문장이 이어지는 것으로 판단할 수 있다. 그러므로 두 문장을 잇는 빈칸으로서 가장 적절한 것은 ⑤ 'Likewise(마찬가지로)'이다.

| 어휘 | **refer to oneself as** – 자기 자신을 ～으로 부르다
clumsy ⓐ 어색한, 서투른
label ⓥ ～에게 꼬리표를 붙이다, (라벨을 붙여) ～을 분류하다
otherwise ⓐⓓ 그렇지 않으면, 다른 경우라면　　**nonetheless** ⓐⓓ 그럼에도 불구하고

---

09 Human beings are social creatures. Without other people they fail to become human; yet with other people they often act barbarously. The need for _____ stems from this double fact. Nobody likes rules any more than they like stop lights, but without _____, human relations would become as snarled as traffic jams. 가톨릭대

① ethics – interdependence　　　　　　② justice – cooperation

③ morality – constraints　　　　　　④ religion – suffering

| 정답 | ③

| 해석 | 인간은 사회적 생물이다. 인간은 다른 사람이 없이는 인간이 될 수 없다. 하지만 다른 사람이 있기 때문에 야만적으로 행동하는 경우도 종종 있다. 바로 이런 양면적 사실에서 도덕의 필요성이 유래된다. 정지 신호를 좋아하는 사람이 없는 것처럼 규칙을 좋아하는 사람은 없다. 하지만 인간관계는 제약이 없다면 교통 체증만큼이나 혼잡해지기 마련이다.

　　① 윤리 – 상호 의존　　　　　　　② 정의 – 협력

　　③ 도덕 – 제약　　　　　　　　　④ 종교 – 고통

| 해설 | 첫 번째 빈칸의 경우, '빈칸'의 기원이 '양면적 사실(double fact)'이라는 점을 고려해 보면, '빈칸'이 말하는 것은 야만적인 행동과 반대되는 것임을 유추할 수 있다. 따라서 보기 중에서 ①이나 ③을 정답으로 볼 수 있다. 두 번째 빈칸의 경우, 빈칸이 들어간 문장에서 인간관계를 교통에 비유하고 규칙과 정지 신호를 같은 것으로 봤기 때문에, 교통이 엉망이 되는 원인이 교통 신호의 부재임을 감안했을 때 교통 신호와 '빈칸'이 같은 것임을 알 수 있으며, 문맥상 '빈칸'은 규칙 또는 '제약'에 해당됨을 유추할 수 있다. 이러한 점들을 고려했을 때 정답으로 가장 적절한 것은 ③이다.

| 어휘 | **barbarously** ⓐⓓ 야만적으로, 난폭하게　　**stem from** – ～에서 생겨나다[유래하다]
snarl ⓥ 얽히다, 혼잡해지다　　　　　　**ethics** ⓝ 윤리학
interdependence ⓝ 상호 의존　　　　**morality** ⓝ 도덕, 도덕성
constraint ⓝ 제약, 제한

10　The Underground Railroad was an informal network of routes traveled by a few thousand American slaves escaping to freedom between 1840 and 1860. These routes included paths through woods and fields; transportation such as boats, trains, and wagons; and homes where runaways hid from slave owners and law enforcement officials. In keeping with the idea of a railroad, slaves were referred to as "passengers," homes that took them in were "_____," and the people who assisted them were known as "conductors." 서울여대

① caves　　　　　　　　　　　② stations

③ heavens　　　　　　　　　　④ shelters

| 정답 | ②

| 해석 | 지하 철도는 1840년에서 1860년 사이 수천의 미국 노예들이 자유를 위해 탈출하고자 밟은 비공식 경로망이었다. 이들 경로에는 숲과 들판을 가로질러 가는 길과 보트, 열차, 마차 같은 교통수단 그리고 도망자들이 노예주와 사법 당국의 눈을 피해 숨을 수 있는 집이 포함되어 있었다. 철도 용어로 비유한 것에 발맞춰 노예는 '승객'으로 불렸고, 이들이 머무르는 집은 '역'으로 불렸으며, 이들의 탈주를 돕는 사람들은 '승무원'이라 불렸다.

　① 동굴　　　　　　　　　　　② 역

　③ 천국　　　　　　　　　　　④ 쉼터

| 해설 | 노예들을 탈출시키기 위한 비공식 경로망을 '지하 철도'라는 철도식 용어를 사용해 비유했으므로, 노예가 머무르는 집도 철도에 비유하면 '역'이라 부를 수 있다. 따라서 정답은 ②이다.

| 어휘 | **runaway** ⑪ 도망자　　　　　　　　**law enforcement** − 사법 당국

　　　　conductor ⑪ 승무원, 안내원

05　목적, 수단

| 01 | ① | 02 | ④ | 03 | ④ | 04 | ② | 05 | ③ | 06 | ① | 07 | ① | 08 | ④ | 09 | ② | 10 | ② |
| 11 | ② | 12 | ④ | 13 | ④ | 14 | ④ | 15 | ① | | | | | | | | | | |

01　European ministers are insisting that Greece implement a severe _____ plan to quickly reduce its fiscal deficit. 숭실대

① austerity　　　　　　　　　② investment

③ booster　　　　　　　　　　④ development

| 정답 | ①

| 해석 | 유럽의 (재무)장관들은 그리스에게 자국의 재정 적자를 신속히 감축하도록 엄격한 긴축 계획을 시행할 것을 주장하고 있다.

　① 긴축　　　　　　　　　　　② 투자

③ 촉진   ④ 발전

| 해설 | 국가가 '재정 적자를 신속히 감축하기(quickly reduce its fiscal deficit)' 위해 필요한 것은 ① '긴축(austerity)' 계획뿐이다. 다른 보기는 모두 '증가'의 의미를 담고 있으므로, 전반적으로 보기의 흐름과 맞지 않는다. 덧붙여 네 개의 보기 중에서 하나를 제외한 나머지 세 개가 비슷한 의미를 담고 있다면 자연히 남은 하나의 것을 정답으로 생각할 수 있을 것이다.

| 어휘 | implement ⓥ 이행하다   austerity ⓝ 긴축, 금욕, 내핍

fiscal ⓐ 재정, 재무의   deficit ⓝ 적자

booster ⓝ 촉진제, 부스터

---

02   One actor expected the other actors to _____ themselves so that he could be the sole star of the show.

① inculcate   ② appraise

③ pacify   ④ efface

| 정답 | ④

| 해석 | 한 배우는 다른 배우들이 스스로를 눈에 띄지 않게 만들어서 자신만이 쇼의 유일한 스타가 되기를 기대했다.

① 심어 주다   ② 평가하다

③ 진정시키다   ④ 눈에 띄지 않게 하다

| 해설 | '유일한 스타(sole star)'가 되려면 다른 사람들은 '눈에 띄지 않아야(efface)' 할 것이다. 따라서 정답은 ④이다.

| 어휘 | inculcate ⓥ 심어 주다   appraise ⓥ 살피다, 평가하다

pacify ⓥ 진정시키다, 달래다   efface ⓥ 없애다, 눈에 띄지 않게 하다

---

03   In order to make the paper deadline, the student had to adopt _____ attitude.

① a fastidious   ② an eminent

③ a heuristic   ④ an expeditious

| 정답 | ④

| 해석 | 그 학생은 서류 제출 기한을 맞추기 위해 신속한 태도를 취해야 했다.

① 세심한   ② 저명한

③ 스스로 발견하는   ④ 신속한

| 해설 | 서류 제출 기한을 맞추려면 당연히 일을 빨리 처리할 수 있는 '태도(attitude)'를 취해야 할 것이다. 이를 염두에 뒀을 때 빈칸에 대입했을 시 보기 중에서 가장 적절한 것은 ④이다.

| 어휘 | adopt ⓥ 취하다, 채택하다   fastidious ⓐ 세심한, 까다로운

eminent ⓐ 저명한, 탁월한   heuristic ⓐ 체험적인, 스스로 발견하는

expeditious ⓐ 신속한, 효율적인

04 She _____ the price tag so that her mother would not know how expensive the blouse was. 세종대

① got off   ② pulled off

③ paid off   ④ showed off

| 정답 | ②

| 해석 | 그녀는 어머니가 옷의 가격이 얼마나 비싼지 알 수 없도록 가격표를 떼어 냈다.

① 내렸다   ② 떼어 냈다

③ 성과를 냈다   ④ 과시했다

| 해설 | so that을 사용하여 목적을 나타낸다. 어머니가 옷 가격을 알 수 없게 하고자 하는 목적을 가지고 가격표를 떼어 냈다는 행위를 이끌어 낼 수 있다.

| 어휘 | **price tag** – 가격표   **get off** – 내리다

pull off – 떼어 내다   **pay off** – 효과를 거두다, 성과를 거두다

show off – 과시하다, 자랑하다

05 Often the prosecutors made false promises of _____ in order to obtain confessions of the accused. 한성대

① compassion   ② reduction

③ leniency   ④ flamboyancy

| 정답 | ③

| 해석 | 종종 검사들은 피고인의 자백을 받기 위해 관용을 베풀겠다는 거짓 약속을 한다.

① 동정   ② 감소, 삭감

③ 관용, 관대함   ④ 화려함

| 해설 | 검사들이 자백을 받기 위한 목적으로 피고인들에게 도움이 되는 무언가를 해 주겠다는 제안이지만 사실 이는 거짓 약속인 것이다. 피고인들이 자백할 경우 받게 되는 혜택을 생각하면 관용임을 알 수 있다. reduction은 주의를 요하는데, 만약 정답이 되려면 막연한 삭감이 아니라 형량이나 기간의 단축이라는 좀 더 구체적인 내용이 나와야 한다.

| 어휘 | **prosecutor** ⑩ 검사   **confession** ⑩ 자백

the accused – 피고인   **compassion** ⑩ 동정

leniency ⑩ 관대함, 관용   **flamboyancy** ⑩ 화려함, 야함

06 The judge asked the reporters not to _____ the name of the rape victim in order to protect the privacy of the victim. 세종대

① disclose   ② cover

③ eliminate   ④ denounce

| 정답 | ①

| 해석 | 판사는 기자들에게 성폭행 희생자의 사생활 보호를 위해 피해자의 이름을 밝히지 말라고 요구했다.

① 폭로하다, 밝히다   ② 덮다

③ 제거하다   ④ 비난하다

| 해설 | 성폭행 희생자의 사생활 보호를 위해서는 신원을 밝히지 않는 것이 중요하다. 그러므로 판사가 요구할 수 있는 내용은 신원을 알 수 없도록 처리하는 것이다.

| 어휘 | **judge** ⓝ 판사   **rape** ⓝ 성폭행

disclose ⓥ 드러내다, 폭로하다   **denounce** ⓥ 고발하다, 비난하다

---

07 A _____ action is one that is undertaken in order to prevent some other action from being undertaken. 건국대

① preemptive   ② premature

③ practical   ④ typical

⑤ rational

| 정답 | ①

| 해석 | 선제공격은 다른 행동이 취해지는 것을 막기 위해 (먼저) 취해지는 행동이다.

① 선제의   ② 시기상조의

③ 실용적인   ④ 전형적인

⑤ 합리적인

| 해설 | 다른 행동이 취해지는 것을 막기 위해 미리 취하는 조치이므로 'preemptive(선제의)'라는 어휘가 들어가야 한다. 참고로 ② 'premature'는 때가 되지 않았는데 조급하게 서둘러서 행한다는 의미이므로 타당하지 않다.

| 어휘 | **preemptive** ⓐ 선제의, 선매의   **premature** ⓐ 조숙한, 시기상조의

---

08 An increasing number of women in the 1980s delayed marriage and childbirth in order to _____ their careers. 서울여대

① avert   ② hitch

③ renounce   ④ launch

| 정답 | ④

| 해석 | 1980년대에는 점점 더 많은 여성들이 직장 생활을 시작하기 위해서 결혼과 출산을 연기했다.

① 피하다   ② 매다, 걸다

③ 포기하다   ④ 착수하다

| 해설 | in order to의 논리 구조를 판단하는 문제로 결혼과 출산을 연기한 목적은 바로 직장 생활을 시작하기 위함이다.

| 어휘 | **childbirth** ⓝ 출산   **career** ⓝ 직업, 직장 생활

avert ⓥ 피하다   **hitch** ⓥ 매다, 걸다

renounce ⓥ 포기하다, 단념하다   **launch** ⓥ 시작하다, 착수하다

09 By _____ where you trip up or make mistakes, you're being honest with yourself. 경기대

① getting away with   ② owning up to

③ looking down on   ④ turning away from

| 정답 | ②

| 해석 | 어느 지점에서 당신이 실수하는지 자백함으로써 당신은 스스로에게 정직하게 된다.

         ① 자기 하고 싶은 대로 다하다   ② 자백하다, 실토하다

         ③ 낮춰 보다, 얕보다   ④ 외면하다, 돌보지 않다

| 해설 | 「by -ing」 구조(~함에 의하여)를 이용하여 수단을 나타낸다. 정직하다는 것은 자신의 실수를 자백하는 것이므로 정답은 ②가 적합하다.

| 어휘 | **trip up** – 실수를 하다, ~가 실수를 하게 만들다[유도하다]

         get away with – (처벌 받지 않고) 자기 하고 싶은 대로 다하다

         own up to – 자백하다, 실토하다   **look down on** – 낮춰 보다, 얕보다

         turn away from – 외면하다, 돌보지 않다

10 Advertisers make use of a great variety of techniques and devices to engage us in the delivery of their _____. 세종대

① offspring   ② messages

③ products   ④ measures

| 정답 | ②

| 해석 | 광고주들은 자신들의 메시지를 우리들에게 전달하기 위해 온갖 기법과 방책을 활용한다.

         ① 자식   ② 메시지

         ③ 제품   ④ 수단

| 해설 | 광고주들이 온갖 기법과 방책을 활용하는 이유는 자신들의 '메시지'가 우리에게 전달되어 자신들의 제품이나 서비스를 구매하도록 하기 위함이다. 따라서 정답은 ②이다.

| 어휘 | **engage in** – ~에 참여[관여]하게 만들다   **offspring** ⓝ 새끼, 자식

11 In an effort to make her speech more effective, the union organizer carefully crossed out any _____ details that weren't directly related to her message.

① requisite   ② superfluous

③ quintessential   ④ paramount

| 정답 | ②

| 해석 | 노조 창시자는 자신의 연설을 보다 효과적으로 만들기 위해, 자신이 전달하고자 하는 메시지와 직접적 관련성이 없

는 세부 사항들은 어떤 것이든 조심스럽게 줄을 그어 지웠다.

① 필요한
② 불필요한
③ 정수의, 본질적인
④ 다른 무엇보다[가장] 중요한

| 해설 | 효과적인 연설을 위해 연설 내용을 보면서 메시지와 직접적인 관련성이 없는 것을 지웠다(cross out)는 내용이므로 '불필요한'의 의미인 ②가 정답이 된다. ①은 반의어이며, 중요하거나 본질적인 내용을 삭제하면 의미 있는 내용을 전달하기 어렵다.

| 어휘 |
effective ⓐ 효과적인
cross out – 줄을 그어 지우다
requisite ⓐ 필요한
quintessential ⓐ 정수의, 본질적인
union organizer – 노조 창시자, 노조 조직책
be related to – 연관된
superfluous ⓐ 불필요한
paramount ⓐ 다른 무엇보다[가장] 중요한, 최고의

---

12 Our English programs are designed to help students _____ their educational and career goals. At locations, many students take advantages of the programs to improve their academic and conversational English skills. 국민대

① mourn
② moderate
③ metabolize
④ meet

| 정답 | ④

| 해석 | 우리의 영어 프로그램은 학생들이 교육적 목표와 경력에 따른 목표를 달성할 수 있도록 하는 데 도움을 주도록 고안되었다. 많은 학생들은 교육을 받는 장소에서 영어 프로그램을 활용하여 학업 목적의 영어 기술과 회화 목적의 영어 기술을 향상시킬 수 있다.

① 애도하다
② 완화하다
③ 대사 작용을 하다
④ 달성하다

| 해설 | 영어 프로그램을 통해 학업 및 회화 목적으로 영어 기술이 향상되었다는 것은 영어를 배우려는 교육적 목표(학업)와 경력에 따른 목표(회화)가 '달성되었음'을 의미한다. 따라서 정답은 ④이다.

| 어휘 |
mourn ⓥ 애도하다
metabolize ⓥ 대사 작용을 하다
moderate ⓥ 누그러뜨리다, 완화하다

---

13 An acceleration of the pace of research into the species of the tropical rain forests will provide environmentalists with the information they need in order to _____ the fact that the rain forests are worth preserving.

① skew
② camouflage
③ dismiss
④ reinforce

| 정답 | ④

| 해설 | 열대 우림에서 서식하고 있는 종에 대한 연구 속도가 가속될 경우, 환경론자들은 열대 우림이 보존할 가치가 있다는 사실을 강화하기 위해 자신들이 필요한 정보를 제공받게 될 것이다.

① 왜곡하다　　　　　　　② 위장하다

③ 일축하다　　　　　　　④ 강화하다

| 해설 | 환경 보존을 원하는 환경론자들(environmentalists) 입장에서는 열대 우림에 수많은 종이 서식하고 있다는 사실이 연구로 입증된다면 열대 우림은 보존할 가치가 있다는 that 이하의 사실을 한층 더 강화할 수 있으므로 정답은 ④가 된다. 사실을 왜곡하거나(skew) 위장한다(camouflage)는 것은 감추고 싶은 대상에 사용하는 것이며, 일축한다 (dismiss)는 것은 애써 별것 아닌 것으로 무시한다는 말이므로, the fact that 이하의 내용 연결에 부적합하다.

| 어휘 | **acceleration** ⓝ 가속　　　　　　　**pace** ⓝ 속도, 걸음, 보폭

　　　environmentalist ⓝ 환경론자　　　**be worth -ing** – ～할 가치가 있다

　　　preserve ⓥ 보존하다　　　　　　**skew** ⓥ 왜곡하다, 비스듬히 움직이다

　　　camouflage ⓥ 위장하다, 속이다

　　　dismiss ⓥ (고려할 가치가 없다고) 묵살[일축]하다; 해고하다, 해산시키다

　　　reinforce ⓥ 강화하다, 보강하다

---

14 Testing involves the use of formal tests such as questionnaires or checklists. These are often described as "norm-referenced" tests. That simply means the tests have been _____ so that test-takers are evaluated in a similar way, no matter where they live or who _____ the test.

① constructed – takes　　　　　　　② devised – passes

③ designed – writes　　　　　　　　④ standardized – administers

| 정답 | ④

| 해석 | 테스트는 설문지나 체크 리스트와 같은 공식적인 테스트를 포함한다. 이런 테스트는 종종 '상대' 평가로 설명할 수 있다. 그것은 시험들이 응시자들이 어디에서 테스트를 치르건 누가 테스트를 담당하건 간에 유사한 방식으로 평가 받도록 표준화되었다는 것을 의미한다.

　　　① 구성된 – 치르다　　　　　　　② 창안된 – 통과하다

　　　③ 만들어진 – 출제하다　　　　　④ 표준화된 – 관리하다

| 해설 | 누가 어디서 테스트를 치르건 테스트가 동일하다는 것은 표준화를 의미한다. 뒤의 빈칸의 경우는 시험을 주관하는 자가 누구라도 상관없다는 뉘앙스가 되어야 하므로 정답은 ④이다.

| 어휘 | **questionnaire** ⓝ 설문지

　　　norm-referenced test – 규준 참조 검사(피험자의 성취도를 그가 속한 집단의 다른 사람들의 점수와 비교하여 상대적 서열에 의한 정보를 제공하는 검사), 상대 평가

　　　standardize ⓥ 표준화하다

---

15 Overproduction of cotton led to falling prices. To _____ prices, the government offered direct support payments to farmers who took 25 percent of their cotton acreage out of production. 상명대

① boost　　　　　　　　　　② adopt

③ concede　　　　　　　　　④ demote

⑤ elucidate

| 정답 | ①

| 해석 | 면직물의 과잉 생산은 가격 하락으로 이어졌다. 가격을 부양시키기 위해 정부는 전체 면화 재배 면적 가운데 25% 정도 재배를 중단한 농부에게 직접 지원금을 제공했다.

① 부양시키다   ② 입양하다

③ 인정하다   ④ 강등시키다

⑤ 설명하다

| 해설 | 면직물이 과잉 생산되면 수요보다 공급이 늘게 되면서 가격이 떨어지게 된다. 정부가 일정 면적 이상 생산을 중단한 농가에게 지원금을 제공했다는 것은 지원금을 대가로 생산을 줄이도록 유도한 것이다. 생산이 줄게 되면 자연히 가격은 오르게 되어 있다. 즉 정부의 정책은 '가격 부양' 정책인 것이다. 따라서 정답은 ①이다.

| 어휘 | **overproduction** ⓝ 과잉 생산   **acreage** ⓝ 에이커(로 잰 면적)

boost ⓥ 신장시키다, 부양시키다   **adopt** ⓥ 입양하다

concede ⓥ 인정하다   **demote** ⓥ 강등[좌천]시키다

elucidate ⓥ (더 자세히) 설명하다

---

06   병치, 추가

01	②	02	①	03	③	04	②	05	①	06	③	07	①	08	①	09	①	10	①
11	④	12	③	13	④	14	①	15	①										

01

When we talk to foreign speakers, we can not only adjust our speech rate but also _____ such essential paralinguistic features as smiling, gaze directness and duration, posture, and so on. 가톨릭대

① tolerate   ② manipulate

③ aggravate   ④ stipulate

| 정답 | ②

| 해석 | 우리가 다른 언어를 사용하는 사람들에게 말을 거는 경우, 우리는 말의 속도를 조절할 뿐만 아니라 주요 준언어적 특징들, 예를 들어 웃음, 응시 방향, 지속 시간, 자세 등도 조정한다.

① 참다, 용인하다   ② 조종하다, 조작하다

③ 악화시키다   ④ 규정하다, 명기하다

| 해설 | 위 지문이 「not only A but also B(A뿐만 아니라 B도)」라는 구문이 사용되었고, A에 해당하는 동사는 adjust이며, B에 해당하는 동사를 고르는 문제이다. 문맥상 adjust와 유사한 단어를 고르는 것이 힌트가 된다. 모국어를 사용하는 사람끼리의 대화와 외국어를 하는 이와의 대화는 서로 다르게 된다는 것을 뜻하며, 여기서는 '무엇인가를 인위적으로 바꾸다'는 의미의 ② manipulate가 정답이 된다.

| 어휘 | **not only A but also B** – A뿐만 아니라 B도   **adjust** ⓥ 조정하다, 조절하다

paralinguistic ⓐ 준언어의, 언어에 가까운   **posture** ⓝ 자세

manipulate ⓥ 교묘하게 다루다, 조종하다, 조작하다

aggravate ⓥ 악화시키다   **stipulate** ⓥ (계약서나 조항 등이) 규정하다, 명기하다

02   In addition to attending the textile shows, fabric producers _____ showrooms in major fashion

centers to display their new lines of fabrics. 가톨릭대

① maintain   ② observe

③ invent   ④ abolish

| 정답 | ①

| 해석 | 섬유 회사들은 텍스타일 쇼에 참가하는 것 외에도 새로운 섬유 제품들을 전시하기 위해 패션 중심가에 전시장을 유
지한다.

① 유지하다   ② 관찰하다

③ 발명하다   ④ 폐지하다

| 해설 | 섬유 회사들이 새로운 섬유 제품들을 전시하기 위해 어떠한 전략을 취하는가에 대한 진술이 in addition to 뒤에
이어지고 있다. 한 방향의 추가 혹은 병렬적 구조이다.

| 어휘 | **fabric** ⓝ 섬유   **showroom** ⓝ 전시장, 진열실

maintain ⓥ 유지하다, 지지하다, 주장하다   **abolish** ⓥ 폐지하다

03   Only about half of Hispanics or Asians in the United States are eligible to vote, because they are either

too young or are not citizens, and on top of that, minority _____ is lower than for the

population as a whole.

① retention rate   ② academic achievement

③ voter turnout   ④ ethnic heritage

| 정답 | ③

| 해석 | 너무 어리거나 시민권자가 아니기 때문에 오직 히스패닉과 아시아계의 절반 정도만이 투표할 자격이 있다. 이에 더
하여 소수 민족 유권자의 투표 참가율은 인구 전체의 참가율에 비해 낮다.

① 보유율, 유지율   ② 학업의 성취

③ 투표율   ④ 민족의 문화유산

| 해설 | on top of that은 추가를 나타내는 표현이다. 소수 민족의 투표가 낮다는 얘기로 이어지므로 투표 참가율을 나타내
는 ③이 정답이다. 참고로 ④는 투표가 주제인데, 갑자기 민족의 문화유산과 관련된 얘기는 주제에서 벗어나기 때문
에 적당하지 않다.

| 어휘 | **on top of that** – 이에 더하여   **retention rate** – 보유율, 유지율

voter turnout – 투표율

04 Her relationships with others are suffering and she's losing her passion and her pride. What is more, she's becoming _____ and more and more afraid of failing.

① charismatic

② paranoid

③ aggressive

④ self-conscious

| 정답 | ②

| 해석 | 그녀는 타인과의 관계에 문제가 생겼고, 열정과 자신감을 잃어 가고 있다. 게다가 그녀는 점점 피해망상에 빠지면서 실패를 두려워하고 있다.

　① 카리스마 넘치는　　　　　　　　　② 피해망상의

　③ 공격적인　　　　　　　　　　　　④ 자의식이 강한

| 해설 | what is more를 중심으로 두 부분 모두 부정적인 상태를 나타낸다. 빈칸에는 실패를 두려워하는 심적 상태를 나타내는 단어를 고르면 된다.

| 어휘 | **what is more** – 게다가, 더하여　　　　**paranoid** ⓐ 피해망상의

self-conscious ⓐ 자의식이 강한

---

05 It is natural that the air is _____ and stale in the basement during the long rainy season. 단국대

① dank

② sparse

③ sluggish

④ numb

| 정답 | ①

| 해석 | 긴 장마철에 지하실 공기가 눅눅하고 퀴퀴해지는 것은 당연한 일이다.

　① 눅눅한　　　　　　　　　　　　② 드문

　③ 느릿느릿 움직이는　　　　　　　④ 감각이 없는

| 해설 | 문맥상 빈칸의 단어와 병렬의 접속사 and로 연결된 '퀴퀴한'은 비슷한 성질을 가진 것이어야 한다. 그리고 장마철이 길어질 경우 공기는 당연히 퀴퀴해지고 '눅눅해'질 수밖에 없다. '퀴퀴한'과 '눅눅한'은 장마철을 통해 연상되는 비슷한 성질의 단어이다. 따라서 정답은 ①이 된다.

| 어휘 | **stale** ⓐ 퀴퀴한　　　　　　　　　**dank** ⓐ 눅눅한

sparse ⓐ 드문, 희박한　　　　　**sluggish** ⓐ 느릿느릿 움직이는, 부진한

numb ⓐ 감각이 없는

---

06 The TV campaign not only brought in huge sums of money to help relieve the _____ of millions of Africans suffering from the effects of a severe famine, but also _____ a great deal of sympathy for them. 단국대

① setback – induced

② duration – deemed

③ plight – generated

④ strife – conserved

| 정답 | ③

| 해석 | 그 TV 캠페인은 심각한 기근의 영향으로 인해 고통받고 있는 수백만의 아프리카 사람들의 곤경을 덜어 주는 데 도움이 되도록 엄청난 양의 돈을 모았을 뿐 아니라, 이들을 향한 엄청난 동정을 불러일으켰다.

① 방해 – 설득하다　　　　　　② 지속 – 여기다

③ 곤경 – 불러일으키다　　　　④ 갈등 – 보존하다

| 해설 | 첫 번째 빈칸의 경우, 심각한 기근의 영향을 받을 경우 당연히 '곤경'에 시달리게 될 것이다. 두 번째 빈칸의 경우, 아프리카인들을 돕기 위한 TV 캠페인은 기금 마련뿐만 아니라 아프리카인들을 향한 동정심 또한 '불러일으킬' 것이다. 이러한 점들을 고려했을 때 정답으로 가장 적절한 것은 ③이다.

| 어휘 | **sympathy** ⓝ 동정, 연민　　　　　**setback** ⓝ 저지, 방해

induce ⓥ 설득하다, 유도하다　　　**duration** ⓝ 지속, 기간

deem ⓥ 여기다, 생각하다　　　　**plight** ⓝ 역경, 곤경

strife ⓝ 갈등, 불화　　　　　　**conserve** ⓥ 보존하다, 아끼다

---

07 Richard Wagner was frequently intolerant; moreover, his strange behavior caused most of his acquaintances to _____ the composer whenever possible. 한양대

① shun　　　　　　　　　　② revere

③ tolerate　　　　　　　　　④ condescend

| 정답 | ①

| 해석 | 리하르트 바그너는 너그럽지 못한 모습을 빈번하게 보였다. 게다가 그가 이상한 행동을 한 탓에 그 작곡가의 지인들 대부분은 그를 가능할 때마다 피하려고 했다.

① 피하다　　　　　　　　　② 숭배하다

③ 용인하다　　　　　　　　④ 자신을 낮추다

| 해설 | 바그너가 너그럽지 못하고 이상한 행동을 범했으므로, 자연히 바그너의 지인들은 그를 '피하려' 할 것이다. 따라서 정답은 ①이다.

| 어휘 | **intolerant** ⓐ 편협한, 너그럽지 못한　　**acquaintance** ⓝ 지인, 아는 사람

shun ⓥ 피하다　　　　　　　　　　**revere** ⓥ 숭배하다

tolerate ⓥ 용인하다, 참다　　　　　**condescend** ⓥ 자신을 낮추다

---

08 The armed rebel group's claims that it is fighting for the betterment of the population's living conditions are _____ lies or the expression of a naive idealism. 경희대

① blatant　　　　　　　　　② generous

③ alternative　　　　　　　　④ frank

| 정답 | ①

| 해석 | 사람들의 생활 환경 개선을 위해 투쟁 중이라는 무장 반군의 주장은 노골적인 거짓이거나 순진한 이상주의를 표현한 것에 불과하다.

| 해설 | or를 중심으로 '빈칸'의 거짓과 순진한 이상주의가 상관으로 연결된다. 빈칸은 바로 뒤 '거짓'을 수식하는 형용사이고, 보기 중에서 '거짓'을 수식하기에 가장 알맞은 것은 ①뿐이다.

| 어휘 | **armed** ⓐ 무장한   **betterment** ⓝ 향상, 개선
       naive ⓐ 순진한   **idealism** ⓝ 이상주의
       blatant ⓐ 노골적인, 뻔한

---

09 The younger musicians felt compelled to include a steady, swinging rhythm which they saw as a
_____ and essential element in great jazz.

① permanent   ② ephemeral
③ inconsistent   ④ traditional

| 정답 | ①

| 해석 | 젊은 음악인들은 자신들이 위대한 재즈 음악의 영속적이면서 필수적인 구성 요소로 여기는 규칙적이면서 활기 있는 리듬을 포함시켜야겠다는 필요성을 느꼈다.
       ① 영구적인   ② 단명하는
       ③ 일관성이 없는   ④ 전통적인

| 해설 | and를 중심으로 긍정적인 어휘가 병렬적으로 구성되어야 한다. 참고로 ④의 경우는 앞으로 재즈 음악에서는 없어서는 안 될 요소로 만들겠다는 의미이지, 기존의 전통으로 보고 있다는 의미는 아니다.

| 어휘 | **feel compelled to** − ~를 해야겠다는 필요성을 느끼다
       ephemeral ⓐ 단명하는, 하루살이 같은   **inconsistent** ⓐ 일관성이 없는, 모순되는

---

10 Alcohol consumption had risen steeply over the preceding decade and evidence emerged that Britain had some of the highest rates of binge drinking in Europe. _____, a proliferation of bars belonging to national chains appeared to have turned many city centers into sites of nightly drunken chaos. _{서강대}

① Furthermore   ② Despite
③ However   ④ Whereas

| 정답 | ①

| 해석 | 음주 소비는 지난 10년 동안 꾸준히 증가하였고, 영국이 유럽에서 폭음을 하는 비율이 높다는 증거가 나타났다. 게다가, 전국적인 체인에 속하는 술집들의 확산으로 많은 도심지들이 밤이면 술 취한 무법천지의 장소로 바뀐 듯 했다.
       ① 더욱이, 게다가   ② 그럼에도 불구하고
       ③ 그렇지만   ④ 그에 반하여

| 해설 | 빈칸 앞의 내용은 영국의 음주 소비가 늘었고 폭음이 다른 유럽 국가보다 더 높다는 말이다. 빈칸 뒤의 내용은 술집

의 확산으로 도심지가 술에 취한 환락의 거리가 되었다는 것이므로, 빈칸 앞뒤의 내용이 흐름상 순접의 관계임을 알 수 있다. 순접에 해당하는 접속부사는 ① Furthermore뿐이다.

| 어휘 | **preceding** ⓐ 이전의   **emerge** ⓥ 드러나다, 나타나다
binge ⓝ 폭음하기   **proliferation** ⓝ 확산, 급증
belong to − ~에 소속되다   **turn A into B** − A를 B로 바꾸다

---

11 The bank loaned money to the two hotel companies. The loan was secured by a first priority mortgage on the hulls under construction, as well as all _____ of each of them, including machinery and equipment. 중앙대

① facades   ② cloisters

③ colonnades   ④ appurtenances

| 정답 | ④

| 해석 | 그 은행은 두 곳의 호텔 기업에 돈을 대출해 줬다. 이 대출금은 현재 건설 중인 선체뿐만 아니라 기계류와 장비를 포함해 각 선체의 모든 부속물을 담보로 선순위 저당권을 설정하여 담보가 이루어졌다.

    ① 정면   ② 회랑

    ③ 주랑   ④ 부속물

| 해설 | 선체가 아니라 '기계류와 장비를 포함하는(including machinery and equipment)' 것을 의미하는 표현이 빈칸에 들어가야 한다. 따라서 정답은 ④이다.

| 어휘 | **secure** ⓥ 담보를 제공하다[잡히다]   **first priority** − 1순위, 선순위
mortgage ⓝ 저당권   **hull** ⓝ 선체, 동체
appurtenance ⓝ 부속 구조물, 부속물   **machinery** ⓝ 기계류
facade ⓝ 정면, 표면   **cloister** ⓝ 회랑, 수도원
colonnade ⓝ 콜로네이드, 주랑

---

12 In overcrowded hospitals, the Indian people must first battle serpentine lines to see specialists, wait months to _____ tests and surgeries, and spend more than they can afford for board and lodging. 동국대

① perform   ② implement

③ undergo   ④ experience

| 정답 | ③

| 해석 | 인도인들은 너무 붐비는 병원에서 처음에는 전문의의 진찰을 받기 위해 구불구불한 줄과 씨름해야 하고, 검진 및 수술을 받기 위해 수개월을 기다려야 하며, 입원 치료를 위해 감당할 수 있는 것보다 더 많은 돈을 써야 한다.

    ① 수행하다   ② 이행하다

    ③ 받다   ④ 경험하다

| 해설 | 인도에서 치료를 받으려 할 때 여러 가지 난관에 관하여 병렬적으로 서술하고 있다. 즉 A, B, and C의 구조이다. 그

리고 병원에서의 '검진 및 수술(tests and surgeries)'과 서로 짝이 맞는, 즉 콜로케이션(collocation)이 맞는 동사는 ③ undergo이다.

| 어휘 | **overcrowded** ⓐ 초만원의, 너무 붐비는   **serpentine** ⓐ 구불구불한
specialist ⓝ 전문의   **undergo** ⓥ 겪다, 받다

---

13 Visual presentation can be overdone; the inexpert user of charts and diagrams often fails to resist the temptation to try and say too much. The keynote of nearly all successful diagrammatical presentation lies in simplicity of design and _____ of cluttering detail. 서강대

① addition   ② effective use

③ emphasis   ④ absence

| 정답 | ④

| 해석 | 시각적 자료를 활용한 프레젠테이션은 지나치게 많이 쓰일 수 있다. 즉 비전문가가 도표와 표를 활용할 경우 너무 많은 것들을 시도하고 말하려 하는 유혹을 떨쳐버리지 못한다. 도표를 활용한 거의 모든 성공적인 프레젠테이션의 기본 방침은 디자인의 간결함 그리고 세부 사항을 어수선할 정도로 많이 담지 않는 것에 있다.

     ① 추가   ② 효과적 활용
     ③ 강조   ④ 없음

| 해설 | 본문에서 강조하는 성공적 프레젠테이션의 비결은 '너무 많은 것을 담지 않는 것' 즉 '간결함'이다. 이는 즉 세부 사항을 어수선할 정도로 많이 담는 일이 '없도록' 하는 것을 의미한다. 따라서 정답은 ④이다.

| 어휘 | **presentation** ⓝ 프레젠테이션, 설명   **overdo** ⓥ 지나치게 많이 이용하다
inexpert ⓐ 비전문가의   **keynote** ⓝ 주안점, 기본 방침
diagrammatical ⓐ 도표의, 개략의   **simplicity** ⓝ 간단함, 간결함
clutter ⓥ (너무 많은 것들을 어수선하게) 채우다

---

14 The Doomsday Clock was established in 1947 by scientists who helped develop the first atomic weapons in the Manhattan Project. The countdown to catastrophe has grown to reflect the risk to humanity and the planet not just from _____, but also from a broad range of possible sources. 광운대

① nuclear weapons   ② Doomsday Clock

③ conventional weapons   ④ countdown to catastrophe

⑤ ballistic missiles

| 정답 | ①

| 해석 | 지구 종말 시계(Doomsday Clock)는 맨해튼 계획을 통해 최초의 핵무기를 개발하는 데 기여했던 과학자들에 의해 세워졌다. 재앙까지 남은 시간을 나타내는 초읽기는 핵무기로 인한 것뿐만 아니라 다양한 범위의 여러 종말 원인으로 인한 인류 및 지구의 위기를 반영하게 되었다.

① 핵무기   ② 지구 종말 시계

③ 재래식 무기   ④ 재앙까지 남을 시간을 나타내는 초읽기

⑤ 탄도 미사일

| 해설 | 지구 종말 시계가 핵무기를 만드는 데 기여했던 과학자들에 의해 세워졌다는 것에서 이 시계의 1차 목적은 핵무기로 인한 인류 멸망과 지구 종말을 경고하는 데 있음을 알 수 있다. 그리고 의미가 확대되면서 핵무기뿐만 아니라 다른 요인으로 인한 인류와 지구의 위기를 반영하게 된 것이다. 따라서 정답은 ①이다.

| 어휘 | **catastrophe** ⓝ 재앙   **ballistic** ⓐ 탄도학의

---

15 It is a common misconception that because a machine such as a guided missile was originally designed and built by conscious man, then it must be truly under the immediate control of conscious man. Another _____ of this fallacy is 'computers do not really play chess, because they can only do what a human operator tells them'. 숙명여대

① variant   ② foundation

③ cause   ④ effect

⑤ intent

| 정답 | ①

| 해석 | 유도 미사일 같은 기계가 본래 지각 있는 사람에 의해 설계되고 만들어지기 때문에 반드시 지각 있는 사람이 진짜 직접적으로 제어할 수 있어야 한다는 생각은 널리 확산된 오해이다. 이러한 오류의 또 다른 변종으로 '컴퓨터는 오로지 컴퓨터를 조작하는 인간의 지시에 따라 행동하기 때문에 컴퓨터가 실제로 체스를 두는 것은 아니다'를 들 수 있다.

① 변종   ② 기초

③ 원인   ④ 결과

⑤ 의도

| 해설 | 빈칸 앞에서는 널리 확산된 오해의 한 가지 사례를 들고 있으며, 빈칸 뒤에서는 이러한 종류의 오해의 또 다른 사례를 들고 있다. 따라서 빈칸에는 '또 다른 사례' 즉 앞서 등장한 사례의 '변종, 이형' 등을 의미하는 ①이 적합하다.

| 어휘 | **misconception** ⓝ 오해   **guided missile** – 유도 미사일

conscious ⓐ 지각·판단 기능이 정상인   **fallacy** ⓝ 틀린 생각, 오류

variant ⓝ 변종, 이형

07 조건, 시간

| 01 | ② | 02 | ④ | 03 | ① | 04 | ① | 05 | ① | 06 | ③ | 07 | ④ | 08 | ① | 09 | ① | 10 | ⑤ |
| 11 | ① | 12 | ③ | 13 | ① | 14 | ① | 15 | ① | | | | | | | | | | |

---

01 A stay will not be granted, unless there is _____ evidence that the appeal will be stifled. 한국외대

① ominous   ② cogent

③ illusory   ④ obsolete

| 정답 | ②

| 해석 | 항소가 기각될 것이라는 설득력 있는 증거가 없는 경우라면, 법 집행 정지는 허용되지 않을 것이다.

    ① 불길한   ② 설득력 있는

    ③ 환상에 불과한   ④ 쓸모없이 된

| 해설 | 「not A unless B」 구문을 통해 'B가 만족되지 않으면 A는 없다'는 내용으로, 다시 말해 'B해야만 A한다'는 내용으로 이해할 수 있다. 즉 that 이하의 증거가 빈칸과 같아야 법 집행의 일시적 정지(stay)가 주어질 수 있다는 것이므로, that 이하의 증거는 '타당하고 설득력이 있어야' 한다. 따라서 정답은 convincing과 같은 의미인 ② 'cogent'가 된다.

| 어휘 | **stay** ⓝ (집행의 일시적) 정지, (소송의) 중단, 연기   **grant** ⓥ 주다, 인정하다, 허가하다 ⓝ 허가, 보조금

    appeal ⓝ 항소; 매력, 호소, 간청   **stifle** ⓥ 질식(사)시키다, ~을 숨 막히게 하다

    ominous ⓐ 불길한, 전조의   **cogent** ⓐ 적절한, 설득력 있는

    illusory ⓐ (실제가 아니라) 환상에 불과한   **obsolete** ⓐ 쓸모없이 된, 쇠퇴한, 구식의

---

02 A paragraph is _____ if the sentences it contains are connected clearly and logically in a sequence that is easy to follow. 명지대

① ideological   ② transitional

③ notorious   ④ coherent

| 정답 | ④

| 해석 | 만약 문단에 속해 있는 문장들이 뒤따라가기 쉬운 순서로 분명하고 논리적으로 연결되어 있다면 그 문단은 일관성 있는 것이다.

    ① 이념적인   ② 과도기적인

    ③ 악명 높은   ④ 일관성 있는, 논리 정연한

| 해설 | '논리 정연하다'는 것은 말이나 글에서 사고나 추리 따위를 이치에 맞게 이끌어 가는 과정이나 원리가 짜임새와 조리가 있다는 뜻이다. 하나의 문장이 뒤이어 나오는 문장들과 분명하고 논리적으로 연결된다면 일관성이 있고 논리 정연하다고 말할 수 있다. ② '과도적'이라는 의미는 한 상태에서 다른 새로운 상태로 옮아가거나 바뀌어 가는 도중을 뜻하며, 흔히 사회적인 질서, 제도, 사상 따위가 아직 확립되지 않은 불안정한 경우를 지칭하므로 본문과는 뜻이 통하지 않는다. ④ coherent는 원래 달라붙는다(stick)는 뜻으로 '응집성이 있는'의 의미를 지니고 있다. 문장이 서

로 응집성 있게 붙어 있다면, 이는 글이 논리적으로 잘 연결되어 있다는 것을 뜻하게 된다.

| 어휘 | **paragraph** ⓝ 단락, 절   **sequence** ⓝ 차례, 연속, 순서
ideological ⓐ 이념적인, 이데올로기의   **transitional** ⓐ 변천하는, 과도적인, 과도기의
notorious ⓐ 악명 높은   **coherent** ⓐ 일관성 있는, 논리 정연한

---

03   Tom's grandson inherited his money with the _____ that he should go to college. 중앙대

① proviso   ② aptitude

③ evocation   ④ tendency

| 정답 | ①

| 해석 | 톰(Tom)의 손자는 대학에 진학해야 한다는 단서하에서 톰의 돈을 상속받았다.
     ① 단서   ② 적성
     ③ 환기   ④ 성향

| 해설 | with the proviso that이라는 조건을 나타내는 표현을 이용하였다. 문맥상 상속의 조건이 무엇인지가 빈칸에 등장하는 것으로 볼 수 있으며, 따라서 정답은 ①이다.

| 어휘 | **inherit** ⓥ 상속받다, 물려받다   **with the proviso (that)** – ~라는 단서를 달고
aptitude ⓝ 소질, 적성   **evocation** ⓝ (기억·감정 따위의) 환기

---

04   After giving us detailed instructions for more than two hours, the manager _____ briefly and then sent us on our assignments. 숙명여대

① recapitulated   ② relegated

③ transpired   ④ subsisted

⑤ supplicated

| 정답 | ①

| 해석 | 매니저가 2시간 이상 자세한 설명을 한 후에, 간략하게 요약해서 설명하고 우리를 할당된 일을 하도록 보냈다.
     ① 요약했다   ② 위임했다
     ③ 일어났다   ④ 연명했다
     ⑤ 간청했다

| 해설 | 이 문제에서 힌트가 되는 단어는 앞의 종속절의 '2시간에 걸친 자세한 설명(detailed instructions for more than two hours)'이며, 주절에서는 briefly라고 했으므로 간단히 했던 말을 다시 했다는 것을 유추할 수 있다. 따라서 정답은 ① recapitulated가 된다.

| 어휘 | **send sb on sth ~** – 사람들을 보내 ~ 일을 하도록 시키다
recapitulate ⓥ 요점을 되풀이하다, 요약하다(＝recap)
relegate ⓥ 위임하다, 내쫓다, 좌천시키다
transpire ⓥ 알고 보니 ~이다, 일어나다, 노폐물을 배출하다
subsist ⓥ 근근이 살아가다, 연명하다, 유효하다   **supplicate** ⓥ 간청하다, 간절히 원하다

05 The prime minister's position became _____ after he lost the support of his own party, so he resigned from office. 중앙대

① untenable

② impartial

③ perpetual

④ insuperable

| 정답 | ①

| 해석 | 자신이 속한 당의 지지를 얻지 못하게 된 후, 총리는 자신의 입장을 옹호받을 수 없게 되었다. 그래서 그는 공직에서 사임했다.

① 방어될 수 없는

② 공정한

③ 영구적인

④ 극복할 수 없는

| 해설 | 자당의 지원을 잃은 후 총리직마저 '빈칸'과 같이 되어 사임에까지 이른 경우이므로 빈칸에는 부정적인 어휘이면서 주어인 position과 호응할 수 있는 어휘가 와야 한다. 정답은 ① 'untenable(방어[유지]될 수 없는)'이 적당하다. untenable은 tenable의 반의어이며, 단어 중간의 'ten/tain'은 'hold'의 의미를 지닌다. obtain/retain/contain/attain 등의 공통된 의미를 생각해 보면 더 좋을 듯하다. 또한 '한 번 물면 놓지 않는'이라는 의미의 tenacious도 모두 hold의 의미에서 나왔다고 한다.

| 어휘 | **prime minister** – 총리 **resign** ⓥ 사임하다

impartial ⓐ 한쪽으로 치우치지 않은, 공정한 (*cf.* **partial** ⓐ 한쪽으로 치우친, 불공평한)

untenable ⓐ (입장 등이) 방어될 수 없는 **perpetual** ⓐ 영구적인, 끊임없이 계속되는, 빈번한

insuperable ⓐ 대처[극복]할 수 없는, 무적의

---

06 If your support of our position is _____, we will never know whether you are going to be for us or against us.

① consistent

② unwavering

③ intermittent

④ unambiguous

| 정답 | ③

| 해석 | 우리 입장에 대한 당신의 지지가 간헐적인 것이라면, 우리는 당신이 우리 편인지 아니면 다른 편인지 알 방법이 없을 것이다.

① 한결같은, 일관된

② 변함없는, 확고한

③ 간헐적인

④ 모호하지 않은, 분명한, 확실한

| 해설 | 'for us or against us' 내용을 통해 '우리를 지지하는 같은 편인지 아니면 우리에 대항하는 우리의 적인지'의 뜻이므로 지지가 한결같지 않다는 내용이 빈칸에 와야 한다. ③ intermittent는 간헐적으로 있다 없다 하는 것이 반복되는 것을 의미하므로 정답에 가깝다. 나머지 보기는 모두 일관되고, 확고하다는 내용이여서 정반대의 의미를 지닌다.

| 어휘 | **for** (prep) ~에 찬성하는 **against** (prep) ~에 반대하는

consistent ⓐ 한결같은, 일관된 **unwavering** ⓐ 변함없는, 확고한

intermittent ⓐ 간헐적인, 간간이 일어나는 **unambiguous** ⓐ 모호하지 않은, 분명한, 확실한

07 If I _____ to this demand for blackmail, I am afraid that I will be the victim of future demands. 국민대

① relate   ② resort

③ compare   ④ succumb

| 정답 | ④

| 해석 | 만약 내가 이번에 돈을 뜯어내려는 요구에 굴복하면, 향후 요구에도 계속 피해자가 될 것 같아 걱정스럽다.

    ① 연관이 있다   ② 의지하다

    ③ 비교하다   ④ 굴복하다

| 해설 | 만약 부당한 요구를 받아들이면 향후에도 비슷한 일이 일어날 가능성이 농후하다는 이야기의 흐름이다. 그러므로 여기에는 부당한 요구에 굴복한다는 ④가 정답이다.

| 어휘 | **blackmail** ⓝ 갈취 (범행), 협박 (행위) ⓥ 갈취하다, 돈을 뜯어내다

    resort to – ~에 의지하다, 호소하다   **succumb to** – ~에 굴복하다

---

08 Some scientists think that people would be more _____ if they took a nap during the day in summer. 세종대

① productive   ② serious

③ practical   ④ popular

| 정답 | ①

| 해석 | 어떤 과학자들은 더운 여름날 낮잠을 잔다면 사람들의 생산성이 더 나아질 것이라 생각한다.

    ① 생산적인   ② 진지한

    ③ 실용적인   ④ 대중적인

| 해설 | 더운 여름에 낮잠을 자고 나면 훨씬 더 몸이 개운해서 생산성이 높아질 것이라 생각할 수 있다.

| 어휘 | **take a nap** – 낮잠 자다

---

09 All sales personnel are asked to submit daily reports unless directed _____ by their immediate manager. 성균관대

① otherwise   ② against

③ along   ④ likely

⑤ altogether

| 정답 | ①

| 해석 | 모든 영업 사원들은 직속상관의 다른 지시가 있지 않는 한 일일 보고서를 제출해야 한다.

    ① 이와는 다른   ② ~에 반해서

③ ~을 따라　　　　　　　　　　　　④ ~할 것 같은

⑤ 함께

| 해설 | 부정의 조건인 unless를 이용하여, 만약 어떠한 지시가 없으면 일일 보고서를 제출해야 하는가를 보기에 대입해 보면 정답은 ①이다.

| 어휘 | **otherwise** ⓐ 그와는 달리, 다른 방법으로

10　If you are committed to success, then you will adopt the behaviors that _____ success, such as regular attendance, sufficient preparation, and studying. 건국대

①　supplant　　　　　　　　　　　② anticipate

③　enhance　　　　　　　　　　　④ categorize

⑤　facilitate

| 정답 | ⑤

| 해석 | 당신이 성공하기로 결심했다면, 예를 들어 규칙적인 출석, 충분한 학습 준비, 그리고 공부 등과 같은 성공을 촉진하는 행동을 받아들여야 한다.

　　　① 대체하다　　　　　　　　　　② 예상하다

　　　③ 강화하다　　　　　　　　　　④ 분류하다

　　　⑤ 촉진하다

| 해설 | 성공하기 위해서 스스로 노력해야 하는 부분들을 언급한 것은 바로 성공을 향해 나아가는 과정을 더 용이하게 하는 것이다.

| 어휘 | **be committed to** – 전념하다, 마음먹다, 몰두하다

　　　supplant ⓥ 대신하다, 대체하다　　　　　**anticipate** ⓥ 예상하다, 기대하다

　　　enhance ⓥ 강화하다　　　　　　　　　　**categorize** ⓥ 범주에 넣다, 분류하다

　　　facilitate ⓥ 용이하게 하다, 촉진하다

11　It is a highly characteristic of business's _____ attitude that little or no interest was evinced in urban renewal until similar undertakings elsewhere proved that such projects could be _____.

덕성여대

①　pragmatic – profitable　　　　　　② prestigious – feasible

③　capitalistic – rigid　　　　　　　　④ mercantile – insensitive

| 정답 | ①

| 해석 | 도시 재개발과 관련하여 다른 지역에서 진행된 유사 도시 재개발 프로젝트가 수익성이 있음이 증명되기까지는 관심을 거의 또는 아예 보이지 않는 모습은 사업의 실용적 태도를 매우 잘 특징적으로 나타낸 것이다.

　　　① 실용적인 – 수익성이 있는　　　　　② 명망 높은 – 실현 가능한

　　　③ 자본주의의 – 경직된　　　　　　　④ 상업의 – 둔감한

| 해설 | 다른 지역에서 진행된 유사 재개발 프로젝트가 '수익성이 있다'면 재개발 프로젝트에 관심을 보이지만 만일 그렇지

못했을 경우엔 관심을 보이지 않는 모습은 '실용적' 태도라 할 수 있다. 따라서 정답은 ①이다.

| 어휘 | characteristic ⓐ 특유의, 독특한   evince ⓥ 분명히 밝히다[피력하다]
         urban renewal – 도시 재개발   undertaking ⓝ 일, 프로젝트
         elsewhere ⓐⓓ 다른 곳에서[으로]   pragmatic ⓐ 실용적인
         profitable ⓐ 수익성이 있는   prestigious ⓐ 명망 높은, 일류의
         feasible ⓐ 실현 가능한   capitalistic ⓐ 자본주의의
         rigid ⓐ 경직된   mercantile ⓐ 상업의
         insensitive ⓐ 둔감한

---

12 The news signals that we've entered a 'new age in the history of energy.' And that age will be one of scarcity and _____ calamity unless governments push cleaner sources of energy. 숭실대

① social   ② national

③ environmental   ④ personal

| 정답 | ③

| 해석 | 이 뉴스는 우리가 '에너지 역사의 새로운 시대'에 접어들었음을 나타낸다. 그리고 이 새로운 시대는 정부에서 친환경 에너지원을 추진하지 않으면 에너지 부족과 환경 재앙의 시대가 될 것이다.
         ① 사회적인   ② 국가적인
         ③ 환경적인   ④ 개인적인

| 해설 | 조건을 나타내는 접속사 unless가 등장하므로 전치사 앞뒤는 서로 연관성이 있음을 유추할 수 있다. 따라서 unless 뒤에서 '친환경 에너지원(cleaner sources of energy)'을 말하고 있다면 그 앞에 담긴 내용은 환경과 관련 있는 것임을 알 수 있다. 따라서 정답은 ③이다.

| 어휘 | scarcity ⓝ 부족   calamity ⓝ 재앙, 재난

---

13 Government spending in support of pure research is often treated as somehow wasteful, as though only immediate technological application can justify any scientific endeavor. Yet, unless the well of basic knowledge is continually _____ through pure research, the flow of beneficial technology will soon dry up.

① replenished   ② substituted

③ depleted   ④ cleansed

| 정답 | ①

| 해석 | 순수 학문의 연구에 대한 정부의 지원을 왠지 낭비로 취급하는 경우가 종종 있다. 마치 즉각적인 기술 적용이 가능한 경우만이 과학적 노력을 정당화시킬 수 있기라도 하는 듯하다. 하지만 기본 지식이라는 우물이 순수 학문 연구를 통해 지속적으로 채워지지 않는다면, 이로운 기술의 흐름은 곧 바짝 마르게 될 것이다.
         ① 다시 채우다   ② 대신하다, 대치하다
         ③ 대폭 감소시키다   ④ 세척하다

| 해설 | 순수 학문의 연구와 이에 대한 정부의 지원을 옹호하고 있는 내용이다. 순수 학문의 연구를 우물에 비유하고 있는데, 계속해서 이런 식의 연구가 진행되어 우물에 물이 채워지지 않는다면, 이 우물은 곧 말라 없어지게 된다는 내용이다. 따라서 빈칸에는 '다시 채우다, 보충하다'는 뜻의 replenish가 와야 하며, 이 단어의 반의어가 ③ deplete이다. '보충하다'는 의미에서 ②도 비슷하다고 생각되지만, substitute는 '다른 것을 사용해 대체하다'는 뜻이므로, '우물'이라는 문맥에 사용하기에 부적합하다.

| 어휘 |

pure research – 순수 연구	**wasteful** ⓐ 낭비하는, 낭비적인
immediate ⓐ 즉각적인, 당면한, 목전의	**application** ⓝ 응용, 적용
justify ⓥ 정당화하다	**endeavor** ⓝ 노력
well ⓝ 우물	**beneficial** ⓐ 유익한, 이로운
dry up – 바싹 마르다, 말라붙다	**replenish** ⓥ 다시 채우다, 보충하다
substitute ⓥ 대신하다, 대치하다	**deplete** ⓥ 대폭 감소시키다[격감시키다]
cleanse ⓥ 세척하다	

---

14 If we don't act to improve the health of the newspaper industry, we will see newspapers wither and die. Without newspapers, we would be less informed about our communities and have fewer outlets for the expression of independent thinking and a diversity of viewpoints. The challenge is to restore the _____ of newspapers while preserving the core values of a diversity of voices.

① viability   ② ownership

③ uniformity   ④ editorship

| 정답 | ①

| 해석 | 우리가 만일 신문 산업의 건강을 회복시키기 위해 노력하지 않는다면, 신문사들이 시들어 죽는 것을 목격하게 될 것이다. 신문이 없다면 우리 지역에 대한 제대로 된 정보가 부족해질 것이고, 독자적인 생각과 다양한 관점을 표출할 수 있는 창구가 줄어들게 될 것이나. 여기서 어려운 점은 논점의 나양성이라는 (신문사의) 핵심 가치들을 보존하는 동시에 신문사들의 생존 가능성을 회복하는 문제일 것이다.

① 생존 능력   ② 소유권

③ 획일성   ④ 편집권

| 해설 | 신문이 사양 산업이기 때문에 이에 대한 대처가 필요하다고 주장하고 있다. 그냥 내버려 두면 시들어 죽게 된다(wither and die)고 했는데, 빈칸에 들어갈 단어가 이를 회복할 수 있는 능력, 즉 미래에도 계속해서 살 수 있는 지속적인 생존 가능성을 의미한다. 이를 한 단어로 viability라고 하기 때문에 정답은 ①이 된다. 신문사들의 획일성(uniformity)은 요지와 정반대이며, 신문사의 소유주가 누가 되어야 하는지 혹은 편집권에 대한 내용 등은 본문에 등장하지 않기 때문에 정답이 될 수 없다.

| 어휘 |

wither ⓥ 시들다, 쇠퇴하다	**outlet** ⓝ 출구, 배출구
diversity ⓝ 다양성	**viewpoint** ⓝ 관점
restore ⓥ 회복하다, 복원시키다	**preserve** ⓥ 보존하다
core value – 핵심 가치	**voice** ⓝ 목소리, 주장
viability ⓝ 생존 능력, (실행) 가능성	**ownership** ⓝ 소유권
uniformity ⓝ 획일, 한결같음	**editorship** ⓝ 편집자의 지위, 권한

15 It can be concluded that moderate caffeine consumption is not an important factor for osteoporosis, particularly where women consume a healthy balanced diet. Some research suggests that regular caffeine consumption may lead to loss of calcium in the urine, but this does not have a measurable effect on bone density either. So as long as you have a balanced diet with adequate calcium intake, you can enjoy your coffee with _____. 광운대

① no cause for any concern

② no reason to avoid caffeine

③ no warning for urine infection

④ no respect to caffeine strength

⑤ no worry for calcium in the urine

| 정답 | ①

| 해석 | 적당한 카페인 섭취는 골다공증을 유발하는 주요 요인이 될 수 없다는 것이 결론이며, 특히 여성이 균형 잡힌 건강한 식단을 섭취했을 경우엔 더욱 그러하다. 일부 연구에 따르면 규칙적인 카페인 섭취는 소변을 통해 칼슘이 빠져나가는 결과를 낳을 수 있지만, 이것이 골밀도에 주목할 만한 영향을 끼치는 것은 아니다. 따라서 균형 잡힌 식단과 함께 적절한 수준의 칼슘을 섭취한다면 전혀 걱정할 필요 없이 커피를 즐겨도 괜찮다.

① 전혀 걱정할 필요 없이

② 카페인을 피할 아무 이유 없이

③ 소변 감염에 대한 경고 없이

④ 카페인 농도에 주의할 필요 없이

⑤ 소변 내 칼슘 농도에 걱정할 필요 없이

| 해설 | 균형 잡힌 건강한 식단을 유지한다면 적당한 카페인 섭취로 인해 골다공증에 걸릴 위험은 없다. 즉 균형 잡힌 식단과 함께 적절한 수준의 칼슘을 섭취한다면 커피를 마시면서 골다공증에 걸릴까봐 걱정할 이유는 없다. 따라서 정답은 ①이다.

| 어휘 | **moderate** ⓐ 적당한   **osteoporosis** ⓝ 골다공증
measurable ⓐ 측정 가능한, 주목할 만한   **bone density** – 골밀도
intake ⓝ 섭취   **urine** ⓝ 소변, 오줌
infection ⓝ 감염   **respect** ⓝ 존중; 고려, 주의
strength ⓝ 세기, 농도

01 Luther and his followers refused to concede their errors or surrender to the might of the empire. _____, they had to be subdued by force of arms.

① Consequently

② Nevertheless

③ And yet

④ On the other hand

| 정답 | ①

| 해석 | 루터와 그의 추종자들은 그들의 잘못을 인정하거나 제국의 힘에 굴복하기를 거부했다. 그 결과 그들은 무력으로 진압당해야만 했다.

① 결과적으로

② 그럼에도 불구하고

③ 그럼에도 불구하고

④ 다른 한편으로

| 해설 | 루터가 굴복하지 않았다는 사실과 무력으로 진압당해야 했다는 사실 사이에는 원인과 결과의 관계가 성립한다. 그러므로 ① consequently가 정답이다.

| 어휘 | **concede** ⓥ 인정하다   **surrender** ⓥ 항복하다, 굴복하다

subdue ⓥ 진압하다   **by force of arms** − 무력으로

02 A job interview is a situation in which a first impression can determine one's future earning capacity; therefore, appropriate dress for an interview is _____. 가톨릭대

① critical

② deceiving

③ tedious

④ radical

| 정답 | ①

| 해석 | 취업 면접은 첫인상이 미래의 가동 능력(돈 버는 능력)을 결정하는 상황이다. 그러므로 면접에 적합한 옷을 입는 것이 중요하다.

① 중요한

② 속이는

③ 지루한

④ 급격한

| 해설 | 취업 면접이 중요하기 때문에, 좋은 인상을 주기 위하여 면접에 적합한 옷을 입어야 한다.

| 어휘 | **critical** ⓐ 중요한   **tedious** ⓐ 지루한

radical ⓐ 급격한

03 Psychoanalytic studies of the so-called "double bind" have shown that nothing is more confusing and disturbing to a child, or has more _____ effects, than contradictory messages from an adult about important issues. 경희대

① demotic   ② diminutive

③ diminished   ④ detrimental

| 정답 | ④

| 해석 | 소위 '이중 구속'이라 하는 것을 정신 분석학적으로 연구한 결과 중요한 문제에 관해 아이가 어른으로부터 서로 모순되는 메시지를 받는 것보다 더 혼란스럽고 충격적인 또는 더욱 해로운 영향을 미치는 것은 없다는 것이 드러났다.

① 일반 보통 사람들의   ② 아주 작은

③ 감소된   ④ 해로운

| 해설 | 본문의 핵심은 비교를 통해 강조를 나타내는 「nothing is more A than B」 구문이며 의미는 'B보다 더욱 A한 것은 없다'이다. 여기서 A에 해당되는 부분은 confusing에서 effects까지이며 confusing, disturbing, '빈칸' 이 셋의 의미가 서로 대등해야 한다. 따라서 보기 중에서 이러한 조건에 부합하는 것은 ④이다.

| 어휘 | **psychoanalytic** ⓐ 정신 분석의

double bind – 이중 구속; 부모가 자녀에 대하여 동시에 다른 수준으로 서로 모순되는 메시지를 보내는 것

disturbing ⓐ 충격적인   **demotic** ⓐ 일반 보통 사람들의

diminutive ⓐ 아주 작은   **diminished** ⓐ 감소된

detrimental ⓐ 해로운

---

04 We know that here in this country we have a grave responsibility. We are at peace. We have no reason for the _____ which govern so many other peoples throughout the world. Therefore, we have to guard the freedoms of democracy.

① laws   ② fears

③ guidelines   ④ principles

| 정답 | ②

| 해석 | 우리는 지금 이 나라에서 엄청난 책임감을 가지고 있는 것을 알고 있다. 우리는 평화로운 상태이다. 우리는 전 세계의 많은 다른 민족들을 지배하고 있는 두려움을 느낄 필요가 없다. 그러므로 우리가 민주주의의 자유를 지켜 나가야만 한다.

① 법   ② 두려움

③ 기준   ④ 원칙

| 해설 | 우리는 이미 평화로운 상태이므로, 두려움을 느낄 필요가 없다고 해야 논리적으로 이어진다.

| 어휘 | **grave** ⓐ 심한, 중대한   **principle** ⓝ 원칙

05 We are seeing a globalization, not so much of wealth as of class divide. The expansion of trade has not fully closed the gap between those of us who live on the cutting edge of the global economy and the billions around the world who live on the knife's edge of survival. This global gap, _____, is widening. 경희대

① if anything
② for instance
③ by coincidence
④ particularly

| 정답 | ①

| 해석 | 우리는 부의 세계화라기보다는 계급 격차의 세계화를 목격하고 있다. 무역의 확대로는 세계 경제의 최첨단에 살고 있는 우리 같은 사람들과 칼끝과도 같은 생존의 위기 속에서 살고 있는 전 세계 수십 억 명의 사람들 사이의 격차를 완전히 좁히지 못하고 있다. 이처럼 전 세계적인 격차는 오히려 확대되고 있다.

① 오히려
② 예를 들어
③ 우연히
④ 특히

| 해설 | 세계화와 무역의 확대는 사람들 간의 격차를 좁힐 것으로 생각되었다. 그러나 '계급 격차의 세계화'라는 표현이 말해 주듯 격차는 '오히려' 늘어나고 있다. 따라서 정답은 ①이다.

| 어휘 | **not so much A as B** – A라기보다는 B인   **cutting edge** – 최첨단
if anything – 오히려   **by coincidence** – 우연히
particularly ⓐ 특히

---

06 Anyone who listens to pop music regularly has probably been hit with this realization at one point or another — a ton of pop music sounds very similar. It seems like grandpa logic, but a growing body of research confirms what we all suspect: Pop music is actually getting more and more _____.

① divergent
② homogeneous
③ irrelevant
④ contradictory

| 정답 | ②

| 해석 | 팝 음악을 주기적으로 듣는 사람이라면 누구라도 아마도 어느 순간 이런 생각을 했을 것이다. 수많은 팝 음악들이 매우 유사하다고. 이 얘기는 상식적인 얘기 같지만 수많은 연구들이 우리가 의심하던 것을 확인해 주었다. 바로 팝 음악은 점점 더 동질적이 되어 간다는 것이다.

① 갈라지는
② 동질적인
③ 무관한
④ 모순적인

| 해설 | 첫 문장에 문제 제기를 한 후 이에 대한 연구 결과를 소개하고 있다. 두 번째 문장에서 첫 문장에 대한 부연 설명을 통해 연구의 결론을 요약하고 있다. 본문의 similar를 근거로 ② homogeneous를 찾아낼 수 있다.

| 어휘 | **grandpa logic** – 상식적인 이야기(common sense logic)
divergent ⓐ 일탈한, 갈라지는   **homogeneous** ⓐ 동질적인, 동일한
contradictory ⓐ 모순적인

07 Dead Poet Society does show the positive influences a teacher can have on the lives of students by showing that teachers do have an impact in our lives and they do help us to speak up and use our voices. We may not always notice it but we are always changing and teachers help students to use their voice. _____, teachers can help students become more social, and help students to speak up for themselves more.

① In contrast　　　　　　　　　　　② Nevertheless

③ In conclusion　　　　　　　　　　④ On top of that

| 정답 | ③

| 해석 | 죽은 시인의 사회는 교사가 우리 삶에 영향을 끼치면서 우리로 하여금 당당하게 우리의 소신을 밝히도록 돕는 것을 보여 주면서 학생들의 삶에 미칠 수 있는 긍정적인 영향에 대해 얘기해 주었다. 우리는 아마도 항상 인식하지는 못할 수도 있지만, 우리는 항상 변해 가고 교사들은 학생들이 자신의 목소리를 내도록 돕는다. 결론적으로 교사들은 학생들이 좀 더 사회화되도록, 그리고 스스로의 목소리를 낼 수 있도록 돕는다.

① 대조적으로　　　　　　　　　　② 그럼에도 불구하고

③ 결론적으로　　　　　　　　　　④ 이에 더하여

| 해설 | 앞부분에 나온 얘기를 결론적으로 요약하여 다시 말하고 있다. 만약 ④가 정답이 되려면 새로운 추가 사항을 소개해야 하는데, 여기에서는 앞부분의 요약일 뿐이다. 그러므로 정답은 ③이다.

| 어휘 | **speak up** – 거리낌 없이 말하다

---

08 The natural and sensible starting-point for work in literary scholarship is the analysis of the works of literature themselves. After all, only the works themselves justify all our interest in the life of an author and his social environment. But literary history has been so preoccupied with the setting of a work of literature that its attempts at an analysis of the works themselves have been slight in comparison with the enormous efforts. Some reasons for this overemphasis on the conditioning circumstances _____ on the works themselves are not far to seek. 가천대

① but　　　　　　　　　　　　　② instead

③ as well as　　　　　　　　　　④ rather than

| 정답 | ④

| 해석 | 문학이란 학문의 연구를 위한 자연스러우며 분별 있는 시작점은 문학 작품 자체의 분석이다. 어쨌든 작품 그 자체가 저자의 일생과 저자의 사회적 환경에 대한 우리의 모든 관심을 정당화한다. 하지만 문학사는 문학 작품의 배경에 몰두한 나머지 작품 그 자체에 대한 분석 시도는 엄청난 노력에 비해 보잘것없는 수준이다. 작품 그 자체보다 작품을 좌우하는 환경에 이처럼 과도하게 강조하는 이유는 명백하다.

① 하지만　　　　　　　　　　　② 대신에

③ 뿐만 아니라　　　　　　　　　④ ~보다

| 해설 | 빈칸 앞 문장을 보면 작품 그 자체에 대한 분석보다 작품의 배경에 대한 분석에 몰두하고 있는 것이 문제임을 말하

고 있다. 빈칸이 들어간 문장에서 빈칸 앞 '작품을 좌우하는 환경(conditioning circumstances)에 대한 과도한 강조'는 '작품의 배경에 대한 분석'에 해당하고, 빈칸 뒤 '작품 그 자체에 대한 강조'는 '작품 그 자체에 대한 분석'에 해당한다. 여기서 작품 그 자체에 대한 분석보다 작품의 배경에 대한 분석에 몰두하고 있다는 말은 작품 그 자체'보다' 작품을 좌우하는 환경에 과도하게 강조한다는 의미와 같다. 따라서 정답은 ④이다.

| 어휘 | **sensible** ⓐ 분별 있는, 합리적인   **scholarship** ⓝ 학문

preoccupied with – ∼에 몰두한, ∼에 열중한   **slight** ⓐ 보잘것없는, 사소한

condition ⓥ 좌우하다. (무엇의 방식에) 영향을 미치다

not far to seek – (이유·동기 따위가) 금방[쉽게] 알 수 있는; 명백한

---

09   Money has not always been made of metal or paper. In many parts of the world people have used other materials. Precious stones, valuable cloth(silk), and rare spices(saffron) have all been used as money at times. But people have also given special value to other kinds of objects. For example, in Ethiopia, blocks of salt have been used as money. In Malaysia, people have used large bronze drums. In India and in North America, special kinds of shells have been used. In fact, anything can become money if it

_____.

① has very little value

② is shiny and small

③ is accepted by everyone as money

④ is worth at least one dollar

| 정답 | ③

| 해석 | 돈은 항상 금속이나 종이로 만들어지지는 않는다. 세계 여러 곳에서 사람들은 다른 재료를 활용해 왔다. 보석, 값비싼 천(비단), 희귀한 향신료(사프란) 등이 때로는 돈으로 통용되었다. 하지만 사람들은 다른 종류의 물체에는 특별한 가치를 부여하게 되었다. 예를 들어 에티오피아에서는 소금 덩어리가 돈으로 사용되었다. 말레이시아에서는 사람들이 큰 청동 북을 돈으로 사용하였다. 인도와 북아메리카에서는 특별한 유형의 조개껍질이 돈으로 사용되었다. 사실 어떤 것도 만일 사람들이 돈으로 받아들인다면 돈이 될 수 있다.
　① 가치가 거의 없다면
　② 빛나고 작다면
　③ 만일 사람들이 돈으로 받아들인다면
　④ 최소 1달러의 가치가 있다면

| 해설 | 보석, 값비싼 천, 희귀한 향신료 같은 것들은 그 자체로도 가치가 있기 때문에 돈으로 통용될 수 있다. 그런데 소금 덩어리, 큰 청동 북, 특별한 유형의 조개껍질 등은 그 자체로 가치 있는 것이라고 하기가 어렵다. 때문에 이런 것들이 돈으로 통용되려면 사람들이 이것들을 돈으로 받아들이는 것이 전제 조건이다. 따라서 정답은 ③이다.

| 어휘 | **precious stone** – 보석, 보석용 원석

10 Social stratification is a system in which people are divided into layers according to their relative power, property, and prestige. Functionalists take the position that the patterns of behavior that characterize a society exist because they are functional for that society. They conclude that _____ because: (i) society must make certain that its positions are filled; (ii) some positions are more important than others; (iii) the more important positions must be filled by the more qualified people; (iv) to motivate the more qualified people to fill these positions, society must offer them greater rewards. 가톨릭대

① stratification is inevitable

② stratification is the outcome of conflict between different social classes

③ stratification will disappear in societies

④ stratification is dysfunction for society

| 정답 | ①

| 해석 | 사회적 계층화는 사람들이 상대적인 권력, 재산, 위신에 따라 계층으로 나뉘는 체계를 의미한다. 기능주의자들은 어느 한 사회를 특징짓는 행동 패턴이 존재한다는 입장을 취하며, 그 이유는 이러한 행동 패턴이 해당 사회에서 어떠한 기능을 하기 때문이다. 이들은 계층화가 필연적이라는 결론을 내렸으며 그 이유는 (i) 사회는 사회 내의 직위에 빈자리가 없도록 해야 하며, (ii) 일부 직위는 다른 직위에 비해 더 중요하고, (iii) 더 중요한 직위에는 더욱 적임인 사람을 앉혀야 하며, (iv) 더욱 적임인 사람들이 이러한 직위를 채우도록 동기를 부여하기 위해 이들에게 사회가 더 큰 포상을 제공해야 하기 때문이다.
① 계층화가 필연적이다
② 계층화는 서로 다른 사회 계급 간의 갈등의 결과이다
③ 계층화는 사회에서 사라질 것이다
④ 계층화는 사회에 있어 역기능을 유발한다

| 해설 | (i)에서 (iv)까지는 전부 기능주의자들이 '빈칸'의 결론을 낸 이유를 열거한 것임을 알 수 있는데, (i)에서 (iv)까지는 모두 계층화가 필요한 이유를 말하고 있음을 알 수 있다. 따라서 정답은 ①이다.

| 어휘 | **stratification** ⓝ 계층화   **prestige** ⓝ 위신, 명망
functionalist ⓝ 기능주의자   **position** ⓝ 입장, 직위
characterize ⓥ 특징이 되다   **make certain** – 확실히 하다, 확인하다
qualified ⓐ 자격이 있는, 적임의   **dysfunction** ⓝ 기능 장애, 역기능
inevitable ⓐ 불가피한, 필연적인

01 반대, 대조

01	②	02	④	03	③	04	③	05	①	06	④	07	②	08	①	09	①	10	①
11	②	12	①	13	③	14	④	15	③	16	②	17	②	18	①	19	④	20	④
21	①	22	③	23	②	24	④	25	②	26	②	27	③	28	③	29	②	30	④
31	③	32	②	33	①	34	②	35	①	36	③	37	⑤	38	③	39	③	40	③

---

01 Presidential candidates must have a(n) _____ past record, but most of them have a skeleton in the cupboard somewhere. 중앙대

① nebulous
② immaculate
③ confidential
④ intimidating

| 정답 | ②

| 해석 | 대통령 후보는 반드시 오점 없는 과거 기록을 갖추고 있어야 하지만, 대부분의 후보들은 어딘가 밝혀지기 꺼리는 비밀들을 지니고 있다.
① 흐릿한　　　　　　　　② 오점 없는
③ 기밀의　　　　　　　　④ 겁을 주는

| 해설 | 두 문장이 but의 역접으로 묶여 있는 것에 일단 유의한다. 사실 이 문제는 'a skeleton in the closet/cupboard'의 의미를 아는 것이 핵심이다. 예를 들어 동성애와 같이 남에게 알려지기 꺼리는 일을 '집의 옷장이나 찬장에 숨겨 놓은 해골' 정도로 비유한다. 따라서 본문에서는 대부분의 후보들은 그런 비밀을 가지고 있지만, 원래는 과거 기록이 '깨끗한' 상태여야 한다는 뜻이므로 비슷한 뜻을 찾아내면 된다. 따라서 정답은 ② immaculate가 된다.

| 어휘 | **presidential candidate** – 대통령 후보
a skeleton in the closet/cupboard – 소문날까 두려운 집안의 비밀[수치]
nebulous ⓐ 흐릿한, 모호한　　　　　　**immaculate** ⓐ 오점 없는, 티 하나 없이 깨끗한
confidential ⓐ 기밀의　　　　　　　　**intimidating** ⓐ 겁을 주는, 위협적인

---

02 We expect the weather to be capricious and even occasionally violent, but we count on the Earth to remain _____; when it suddenly begins to tremble, shake, and roll, the Earth has betrayed us.

숭실대

① warm
② peaceful
③ mute
④ solid

| 정답 | ④

| 해석 | 우리는 날씨가 변덕스럽고 심지어 때로는 격렬할 것으로 예상하긴 하지만 그래도 지구가 흔들림 없이 굳건할 것이라 믿고 있다. 지구가 갑자기 흔들리고, 떨리고, 요동치기 시작할 때 지구는 우리의 기대를 저버린 것이다.

① 따뜻한　　　　　　　　　　　② 평화로운
③ 침묵하는　　　　　　　　　　④ 굳건한

| 해설 | 지구가 '흔들리고, 떨리고, 요동치는(tremble, shake, and roll)' 것을 지구가 우리의 '기대를 저버리는(betray)' 것이라고 묘사하고 있다. 그렇다면 우리가 '기대했던' 또는 '믿었던(count on)' 것은 지구가 흔들리는 일 없이 가만히 있었다는 것이다. 따라서 빈칸에는 '흔들림 없는, 굳건한'의 의미를 가진 단어가 들어가야 한다. 그러므로 정답은 ④이다. 참고로 ②가 정답이 되려면 평화와 반대되는 상황이 나와야 한다. 흔들리고 요동치는 것의 반대는 정적이고 굳건히 변화가 없다는 것이다. 변화가 없이 굳건한 것을 평화롭다고 하지는 않기 때문에 오답이다.

| 어휘 | **capricious** ⓐ 변덕스러운　　　　　　**tremble** ⓥ 떨리다

---

03 Obviously, some degree of packaging is necessary to transport and protect the products we need, but all too often manufacturers add _____ wrappers over wrappers and layers of unnecessary plastic. 세종대

① convenient　　　　　　　　　② substantial
③ extraneous　　　　　　　　　④ relevant

| 정답 | ③

| 해석 | 분명히 어느 정도의 포장은 우리에게 필요한 제품을 운송하고 보호하기 위해서는 필수이지만, 제조업체는 포장지 위에 관계없는 포장지를 씌우고 불필요한 플라스틱을 겹겹이 씌우는 일이 다반사다.

① 편리한　　　　　　　　　　　② 상당한
③ 관계없는　　　　　　　　　　④ 관계있는

| 해설 | '포장지 위에 포장지(wrappers over wrappers)'를 덧붙이고 '불필요한 플라스틱을 겹겹이 씌우는(layers of unnecessary plastic)' 것은 과대 포장이다. 따라서 '포장지'를 꾸며 주는 빈칸의 형용사는 (과대 포장이므로) 필요 없는, 상관없는' 등의 의미를 가져야 한다. 따라서 정답은 ③이다.

| 어휘 | **packaging** ⓝ 포장재, 포장　　　　**all too often** – 다반사
　　　　wrapper ⓝ 포장지　　　　　　　**substantial** ⓐ 상당한
　　　　extraneous ⓐ 관계없는　　　　**relevant** ⓐ 관계있는

---

04 In a football game, one person could tackle another with such force that the person breaks a limb. The offender would likely get a red card and suspension. _____, he would not face criminal charges because it happened on a football field, but a similar action in the public space would be a criminal offence.

① Therefore　　　　　　　　　② In contrast
③ However　　　　　　　　　　④ In addition

| 정답 | ③

| 해석 | 축구 경기에서 한 선수가 강력한 태클을 구사하여 다른 선수의 다리를 부러뜨릴 수 있다. 가해자는 레드카드를 받고 출장 정지를 받을 수 있다. 그렇지만 축구장에서 벌어진 일이기 때문에 형사 사건으로 기소되지는 않을 것이다. 하지만 유사한 사건이 공공장소에서 일어나면 형사 피고인이 될 수 있다.

① 그러므로   ② 대조적으로

③ 그렇지만   ④ 이에 더하여

| 해설 | 타인의 다리를 부러뜨린 경우를 축구 경기장과 공공장소에서 일어난 경우를 대비하여 쓰고 있다. 그러므로 반대나 대조를 뜻하는 ③ However가 정답이다.

| 어휘 | **offender** ⓝ 범죄자, 가해자   **suspension** ⓝ 출장 정지, 정직

public space – 공공장소

---

05 There will be those who have looked forward to the initiation of the new policy, whereas others _____ either its necessity or its effectiveness. 중앙대

① bemoan   ② propagate

③ commove   ④ corroborate

| 정답 | ①

| 해석 | 새 정책의 개시를 기대해 온 사람들이 있겠지만, 반면에 그 정책의 필요성이나 유효성에 관해 한탄하는 사람도 있을 것이다.

① 한탄하다   ② 전파하다

③ 동요시키다   ④ 확증하다

| 해설 | whereas 덕분에 전체 문장 구조는 '어떤 사람은 ~이지만, 다른 사람은 …이다'라는 의미의 대조적 의미를 지닌 두 개의 구가 결합된 것임을 알 수 있다. 따라서 '기대하는' 사람이 있다면 '한탄하는' 사람도 있는 것으로 볼 수 있다. 그러므로 정답은 ①이다.

| 어휘 | **initiation** ⓝ 시작, 개시   **bemoan** ⓥ 한탄하다

propagate ⓥ 전파하다, 선전하다   **commove** ⓥ 동요시키다, 선동하다

corroborate ⓥ 확증하다

---

06 Fatal conditions like cancer and heart disease are common among men, while women are more likely to suffer from chronic _____ conditions such as arthritis, osteoporosis, and autoimmune disorders.

① sporadic   ② tranquil

③ flexible   ④ nonfatal

| 정답 | ④

| 해석 | 남자들에게 암이나 심장병 같은 치명적인 질환들이 일반적인 반면, 여자들은 관절염이나 골다공증 그리고 자기 면역 관련 질병과 같은, 좀 더 만성적이고 치명적이지 않은 질병들을 앓는 경향이 있다.

① 우발적인   ② 조용한

③ 구부리기 쉬운   ④ 치명적이지 않은

| 해설 | 역접의 의미를 나타내는 접속사 while(반면)을 사용해 남자들이 앓고 있는 질환과 여자들이 앓고 있는 질환에는 서로 차이가 있다는 것을 말하고 있다. 문장 제일 앞에 나오는 fatal(치명적인)이 문제 해결의 핵심 단어가 된다.

| 어휘 | **fatal** ⓐ 치명적인   **condition** ⓝ 질환, 병
         heart disease − 심장병   **be likely to** − ∼하기 쉽다
         suffer from − ∼을 앓다, ∼로 고통받다   **chronic** ⓐ 장기간에 걸친, 만성적인
         arthritis ⓝ 관절염   **osteoporosis** ⓝ 골다공증
         autoimmune ⓐ 자기 면역의   **disorder** ⓝ 가벼운 병, 장애
         sporadic ⓐ 우발적인, 산발적인   **tranquil** ⓐ 조용한, 고요한
         flexible ⓐ 유연한, 구부리기 쉬운

---

07 The conciliatory gesture of the politician this morning comes as a sheer contrast to the _____ language he used for much of last month. 중앙대

① irenic   ② pugnacious

③ placatory   ④ wishy-washy

| 정답 | ②

| 해석 | 오늘 아침 그 정치인이 보인 유화적인 태도는 지난 달 대부분 그가 사용했던 호전적인 언어와는 정반대의 것이다.
         ① 평화적인   ② 호전적인
         ③ 달래는   ④ 미온적인

| 해설 | 지문은 「A come as a contrast to B」의 형태로 A는 B와 반대라는 의미를 지닌다. 따라서 앞에 A에 해당하는 'conciliatory gesture'와 B에 해당하는 'language'는 서로 대조(contrast)를 이뤄야 하므로, conciliatory와 대비되는 ② pugnacious가 정답이 된다.

| 어휘 | **conciliatory** ⓐ 달래는, 회유적인   **sheer** ⓐ (크기·정도·양을 강조하여) 순전한
         irenic ⓐ 평화적인, 협조적인   **pugnacious** ⓐ 싸우기 좋아하는, 호전적인
         placatory ⓐ 달래는, 화해를 위한   **wishy-washy** ⓐ 미온적인, 확고하지 못한

---

08 I don't consider myself a(n) _____ person, but I made lots of friends during my summer vacation in Mexico. 단국대

① gregarious   ② insightful

③ erudite   ④ cranky

| 정답 | ①

| 해석 | 나는 스스로를 남과 어울리기 좋아하는 사람으로 보지 않는다. 하지만 나는 멕시코에서 여름 방학을 보내는 동안 많은 친구를 사귀었다.
         ① 어울리기 좋아하는   ② 통찰력 있는
         ③ 박식한   ④ 기이한

| 해설 | 멕시코에서 많은 친구들을 사귀었다는 문장 앞 but 덕분에 사실 '나'는 그다지 친구를 많이 사귀는 사람은 아님을 알 수 있다. 따라서 정답은 친구를 많이 사귀는 것과 반대되는 의미로, '남과 어울리기 좋아하는' 사람으로 보이지 않는다는 맥락이므로 정답은 ①이다.

| 어휘 | **gregarious** ⓐ 남과 어울리기 좋아하는   **insightful** ⓐ 통찰력 있는
erudite ⓐ 박식한, 학식 있는   **cranky** ⓐ 기이한, 짜증을 내는

---

09 Those who expected the governor to be inarticulate were shocked by his _____. 서강대

① eloquence   ② fatigue

③ endurance   ④ intolerance

| 정답 | ①

| 해석 | 주지사가 말을 잘 못하는 사람일 것이라 예상했던 사람들은 그가 말을 유창하게 하는 것을 보고 충격을 받았다.
       ① 유창함   ② 피로
       ③ 끈기   ④ 편협

| 해설 | 주지사가 말을 잘 못할 것이라고 생각했던 사람들이 충격을 받은 이유는 주지사가 말을 '유창하게' 했기 때문일 것이다. 따라서 정답은 ①이다.

| 어휘 | **inarticulate** ⓐ 말을 잘 못하는, 표현을 제대로 하지 못하는
eloquence ⓝ 유창함, 능변   **intolerance** ⓝ 편협

---

10 This research paper contains proactive and affirmative insights but they were buried in a _____ of half-truth and groundless speculation. 중앙대

① farrago   ② quid pro quo

③ larceny   ④ sine qua non

| 정답 | ①

| 해석 | 이 연구 논문에는 사전 대책을 촉구하는 긍정적 통찰력이 담겨 있지만, 이런 것들이 반쪽 진실과 근거 없는 추측이 뒤죽박죽된 상황에 묻혀 있다.
       ① 뒤죽박죽   ② 보상으로 주는 것
       ③ 절도   ④ 필요 불가결한 것

| 해설 | 앞 문제와 마찬가지로 본문은 but을 기점으로 대조적인 의미의 두 개의 절이 결합된 형태임을 알 수 있다. '반쪽 진실과 근거 없는 추측'이 '뒤죽박죽'이 되어 버려 혼란스러운 상황이라면 '긍정적 통찰력'은 묻혀서 힘을 발휘할 수 없을 것이다. 따라서 정답은 ①이다.

| 어휘 | **proactive** ⓐ 사전 대책을 강구하는, 선조치하는   **affirmative** ⓐ 긍정의, 긍정하는
insight ⓝ 통찰력, 이해   **speculation** ⓝ 추정, 추측
farrago ⓝ 잡동사니, 뒤죽박죽   **quid pro quo** – 보상[대가]으로 주는 것
larceny ⓝ 절도, 도둑질   **sine qua non** – 필요 불가결한 것

11 The _____ and _____ lifestyle of certain types of primates differs greatly from the habits of most primate species, who are active during the day and who form societies based on quite complex interrelationships. 중앙대

① inactive – convivial

② nocturnal – reclusive

③ nomadic – monogamous

④ diurnal – gregarious

| 정답 | ②

| 해석 | 특정한 종류의 영장류는 야행성이면서 은둔적인 생활 방식을 따르며 이는 낮에 활동하고 꽤나 복잡한 상호 관계에 따라 사회를 형성한 대부분의 영장류 종의 습성과는 크게 다르다.

① 활동하지 않는 – 명랑한

② 야행성의 – 은둔한

③ 유목의 – 일부일처의

④ 주행성의 – 남과 어울리기 좋아하는

| 해설 | 특정한 영장류는 낮에 활동하고 꽤나 복잡한 상호 관계에 따라 사회를 형성한 대부분의 영장류와는 다르다. 낮에 활동한다는 말의 반대 개념은 '야행성'이며 꽤나 복잡한 상호 관계에 따라 사회를 형성한다는 말의 반대 개념은 '은둔한'이다. 따라서 정답은 ②이다.

| 어휘 | **primates** ⑪ 영장류

primate ⓐ 영장류의

interrelationship ⑪ 상호 관계

inactive ⓐ 활동하지 않는

convivial ⓐ 명랑한, 유쾌한

nocturnal ⓐ 야행성의

reclusive ⓐ 은둔한

nomadic ⓐ 유목의, 방랑의

monogamous ⓐ 일부일처의

diurnal ⓐ 주행성의, 하루 동안의

gregarious ⓐ 남과 어울리기 좋아하는

---

12 A neoplasm can be caused by an abnormal proliferation of tissues, which can be caused by genetic mutations. Not all types of neoplasms cause a tumorous overgrowth of tissue. However, in some cases, the result is _____.

① detrimental

② insignificant

③ benign

④ innocuous

| 정답 | ①

| 해석 | 체내 신생물은 조직의 비정상적 확산으로 인해 야기되며, 이는 유전적 돌연변이를 통해 일어난다. 모든 체내 신생물이 조직의 종양성 과도 성장을 야기하지는 않는다. 하지만, 해로운 결과가 발생하는 경우도 있다.

① 해로운

② 대수롭지 않은

③ 유순한

④ 악의 없는

| 해설 | However를 중심으로 반대의 표현이다. 앞부분의 '종양성 과도 성장을 야기하지는 않는다'와 대조되는 표현을 고르면 detrimental은 '해로운'이란 뜻이므로 정답은 ①이다.

| 어휘 | **neoplasm** ⑪ 체내의 신생물, 종양

proliferation ⑪ 급증, 확산

genetic mutation – 유전적 돌연변이

tumorous ⓐ 종양 같은

detrimental ⓐ 해로운

insignificant ⓐ 대수롭지 않은

benign ⓐ 유순한, 양성의   innocuous ⓐ 악의 없는, 무해한

13 For small blunders of social etiquette it is usually enough to just smile and look apologetic to the offended, but there are certain things which are _____ in the eyes of the offended.

① dormant   ② desirable

③ unforgivable   ④ admittable

| 정답 | ③

| 해석 | 사회적 예절을 사소하게 어긴 경우엔 그저 미소를 짓고 기분이 상한 이에게 미안해하는 표정을 짓는 것으로도 충분하지만, 기분이 상한 사람의 시각으로 용서가 안 되는 것들이 분명히 존재한다.

① 활동을 중단한   ② 바람직한

③ 용서할 수 없는   ④ 용인할 수 있는

| 해설 | 예절을 어겼을 때 미소 짓고 사과하는 것으로 충분하다면 좋겠지만 '그러나(but)' '그렇지 못한 것들도 분명히 존재할(there are certain things)' 것이다. 여기서 빈칸에 해당되는 것이 '그렇지 못한' 것, 즉 '용서받을 수 없는' 것을 의미한다. 따라서 정답은 ③이다.

| 어휘 | **blunder** ⓝ 실수   **apologetic** ⓐ 미안해하는, 사과하는

offend ⓥ 기분 상하게 하다   **dormant** ⓐ 휴면기의, 활동을 중단한

desirable ⓐ 바람직한   **admittable** ⓐ 용인할 수 있는

14 Frozen yogurt has become a(n) _____ for those who like ice cream, while margarine has set off the alarm for those who cannot eat butter. 서강대

① inexpensive alternative   ② allergy-free dairy food

③ fancy replacement   ④ healthy substitute

| 정답 | ④

| 해석 | 얼린 요구르트는 아이스크림을 좋아하는 사람들에게 건강에 좋은 대체물이 되었지만, 반면에 마가린은 버터를 먹을 수 없는 사람들에게 경고 신호를 발했다.

① 비싸지 않은 대안   ② 알레르기 없는 유제품

③ 복잡한 대체물   ④ 건강에 좋은 대체물

| 해설 | 얼린 요구르트와 아이스크림 간의 관계와 마가린과 버터와의 관계는 while 덕분에 서로 대조적인 관계임을 알 수 있다. 즉 마가린은 버터를 대체할 수 없고 오히려 버터보다 '건강에 좋지 않은' 것이지만, 얼린 요구르트와 아이스크림 간의 관계는 대조적인 것이 아니라 '대체'가 가능한 관계이며 '건강에 좋은' 관계이다. 따라서 정답은 ④이다.

| 어휘 | **set off the alarm** - 경고 신호를 발하다   **alternative** ⓝ 대안

dairy food - 유제품   **fancy** ⓐ 복잡한, 장식이 많은

replacement ⓝ 대체물   **substitute** ⓝ 대체물

15 Wind is the _____ movement of air, or air motion along Earth's surface. On the other hand, vertical air motions are referred to as updrafts and downdrafts, or collectively as air currents.

① perpendicular   ② cyclical

③ horizontal   ④ ridiculous

| 정답 | ③

| 해석 | 바람은 공기가 지표면을 따라 수평으로 움직이는 것을 말한다. 반면에 공기가 수직으로 움직이는 것은 상승 기류 또는 하강 기류라 하며 이 둘을 한데 묶어서는 기류라고 한다.

① 직각의   ② 순환하는

③ 수평의   ④ 웃기는

| 해설 | 공기가 '지표면을 따라(along Earth's surface)' 움직이는 것은 '수평적(horizontal)' 움직임이다. 그리고 빈칸 다음 문장을 보면, 이와 대조적인 것으로 공기의 '수직적(vertical)' 움직임이 존재한다는 점을 제시하고 있다. 따라서 정답은 ③이다.

| 어휘 | **vertical** ⓐ 수직의   **updraft** ⓝ 상승 기류

downdraft ⓝ 하강 기류   **collectively** ⓐⓓ 집합적으로, 한데 묶어서

air current − 기류   **perpendicular** ⓐ 직각의

cyclical ⓐ 순환하는   **horizontal** ⓐ 수평의

ridiculous ⓐ 웃기는, 말도 안 되는

---

16 Skepticism and inquiry are the essence of scientific progress. It is always legitimate to challenge the existing consensus with new data or an alternative hypothesis. Those who insist that _____ be silent are not the allies of science.

① collaboration   ② dissent

③ neutrality   ④ conformity

| 정답 | ②

| 해석 | 의심과 물음은 과학 발전의 핵심이다. 새로운 데이터와 대안의 가설을 가지고 기존의 합의에 도전하는 것은 언제나 정당한 일이다. 반대 의견은 침묵해야 한다고 주장하는 이들은 과학의 동맹자들이 아닌 것이다.

① 협력   ② 반대, 반대 의견

③ 중립   ④ 순응

| 해설 | 과학은 모든 이들이 동의하는 기존의 생각(existing consensus)에 끝없이 '의심'하고 '의문'을 제기해야 발전한다고 말하고 있다. 따라서 과학의 적들은 이런 합리적 의심과 의문을 부정하는 사람들이 되어야 하며, 반대 의견(dissent)은 침묵하라고 주장하는 이들이 과학의 적인 것이다.

| 어휘 | **skepticism** ⓝ 회의론   **inquiry** ⓝ 탐구, 조사, 질문, 문의

essence ⓝ 본질   **legitimate** ⓐ 정당한, 타당한

existing ⓐ 기존의   **consensus** ⓝ 의견 일치, 합의

alternative ⓐ 대안의, 대신의 ⓝ 대안   **hypothesis** ⓝ 가설

ally ⓝ 협력자, 동맹국   **collaboration** ⓝ 협력, 합작
dissent ⓝ 반대, 반대 의견   **neutrality** ⓝ 중립
conformity ⓝ (규칙·관습 등에) 따름, 순응

17 It has been suggested that environment is the predominant factor in the incidence of drug addiction, but recent studies with twins separated at birth indicate that a predisposition to addiction can be _____.

① exacerbated   ② inherited

③ disciplined   ④ learned

| 정답 | ②

| 해석 | 마약 중독의 발생의 주된 요인으로 환경이 지목되어 왔다. 하지만 출생 직후 떨어져 지낸 쌍둥이들을 대상으로 한 최근 연구에서는 중독의 성향이 유전일 수 있다는 사실을 보여 주고 있다.

① 악화된   ② 유전인

③ 훈육된   ④ 배워서 얻어진

| 해설 | 중간에 역접 접속사 but으로 연결되어 있다. 앞의 내용은 '환경'이 중독의 주된 요인이라고 했으므로, 후반 내용은 이와 반대되는 '유전'이 와야 한다.

| 어휘 | **predominant** ⓐ 우세한   **factor** ⓝ 요인
incidence ⓝ (사건 등의) 발생(률)   **predisposition** ⓝ 경향, 성향, 소질
exacerbate ⓥ 악화시키다, 더욱 심하게 하다   **inherit** ⓥ 상속하다, 유전하다
discipline ⓥ 훈련하다, 훈계하다

18 In contrast with Europeans, who unanimously reject the use of torture, the American public is pretty evenly _____ about its use to extract information from terrorists. 성균관대

① divided   ② accepted

③ claimed   ④ disputed

⑤ opposed

| 정답 | ①

| 해석 | 고문의 사용을 만장일치로 거부하는 유럽인들과는 대조적으로 미국인들은 테러분자들로부터 정보를 이끌어 내기 위해 고문을 활용하는 문제를 두고 상당히 의견이 반반으로 나뉜다.

① 나뉘다   ② 수용되다

③ 주장되다   ④ 논쟁이 이루어지다

⑤ 반대되다

| 해설 | 고문의 사용을 거부하는 유럽인들이 미국인들과 '대조적'인 관계에 놓인다면, 미국인들은 고문의 사용을 거부하기보다 의견이 반반으로 나뉘는 것임을 유추할 수 있다. 따라서 정답은 ①이다.

| 어휘 | **unanimously** ⓐⓓ 만장일치로   **evenly** ⓐⓓ 균등하게, 대등하게

extract ⓥ 이끌어 내다, 뽑다

---

19 Banking appears to the lay person a fearfully complicated business, requiring immense sophistication to grasp. Yet the key factor in the banking world is nothing more _____ than discovering how to amass money cheaply and lend it at as high a price as possible.

① intrinsic
② manageable
③ accumulative
④ abstruse

| 정답 | ④

| 해석 | 은행업은 비전문가에게 방대한 전문성을 요구하는 무척이나 복잡한 업무처럼 여겨진다. 하지만 은행업계에서 가장 중요한 요소는 돈을 싸게 모아 최대한 비싸게 빌려주는 것 이상의 난해한 것은 아니다.
① 고유한, 본질적인
② 관리[감당/처리]할 수 있는
③ 누적되는, 늘어나는
④ 난해한

| 해설 | 일반인들의 눈에는 은행업이라고 하면 무척이나 난해한 것(fearfully complicated, requiring immense sophistication)이라는 인식이 있다. 하지만(yet) 실상은 그렇지 않다는 것이 요지이다. 은행업에서 가장 중요한 것은 최대한 싸게 돈을 얻어서 최대한 비싸게 빌려주는 것, 그것이 전부이며, 그 이상 난해한(abstruse) 것은 없다는 의미가 되어야 하므로 정답은 ④가 된다. ①도 의미상 가능하나, 앞서 얘기한 난해하다는 내용과 연관성이 부족해 정답이 될 수 없다.

| 어휘 | **lay person** – 비전문가, 일반인   **complicated** ⓐ 복잡한, 정교한
immense ⓐ 광대한, 거대한   **sophistication** ⓝ 교양, 세련
grasp ⓥ 꽉 잡다, 움켜잡다; 완전히 이해하다, 파악하다
key factor – 주요 요소   **amass** ⓥ 모으다, 축적하다
lend ⓥ 빌려주다, 대출하다   **intrinsic** ⓐ 고유한, 본질적인
manageable ⓐ 관리[감당/처리]할 수 있는   **accumulative** ⓐ 누적되는, 늘어나는
abstruse ⓐ 난해한

---

20 A conservative is someone who believes that the established order deserves respect, even reverence. By contrast, someone ready to alter the established order in pursuit of a vision of a better world is _____. 경기대

① an infidel
② a royalist
③ an anarchist
④ a liberal

| 정답 | ④

| 해석 | 보수주의자란 기존의 체제가 존중을(심지어는 존경을) 받을 가치가 있다고 믿는 사람을 말한다. 이와 대조적으로 보다 더 나은 세상에 대한 이상을 추구하며 기존 체제를 변화시킬 준비가 되어 있는 사람을 진보주의자라고 한다.
① 신앙심 없는 자
② 왕정주의자
③ 무정부주의자
④ 진보주의자

21 Unlike the carefully weighted and planned compositions of Dante, Goethe's writings have always the sense of _____ and enthusiasm. He was a constant experimenter with life, with ideas, and with forms of writing.

① immediacy   ② consistency

③ reflexivity   ④ tenacity

| 정답 | ①

| 해석 | 조심스럽게 계획되어 쓰인 Dante의 문장과는 달리 Goethe의 글은 항상 즉흥적인 느낌과 열정을 가지고 있다.
Goethe는 인생, 생각, 글의 형식을 부단히 실험하는 사람이었다.
① 즉흥성   ② 일관성
③ 성찰   ④ 완강함

| 해설 | 'Unlike(~와 달리)'로 Dante와 Goethe를 비교한 이상, 이 둘의 문장은 대비되는 관계를 지녀야 한다. Dante의 문
장이 'weighted and planned(계획된)' 것이라면 Goethe의 문장은 'enthusiasm(열정)'을 가지고 있고, 따라서
빈칸에 들어갈 단어 역시 열정적인 느낌을 주면서, 계획된 것과는 상반되는 느낌을 주는 것임을 짐작할 수 있다. 따
라서 보기 중에서 이와 가장 흡사한 느낌을 주는 것으로는 ①을 들 수 있다.

| 어휘 | **weighted** ⓐ 영향력이 있는, 중요성이 가해진 계획된
composition ⓝ 한 편의 작문, 문장   **constant** ⓐ 지속적인, 부단한
immediacy ⓝ 즉흥성, 즉시성   **consistency** ⓝ 일관성, 언행일치, 모순이 없음
reflexivity ⓝ 성찰   **tenacity** ⓝ 완강함, 불굴, 집요

22 Contrary to _____ wisdom, detailed energy measurements show that while hunter-gatherers may be more physically active than the rest of us, they don't burn more calories thanks to their lower metabolism.

① ethnocentric   ② mendacious

③ conventional   ④ epistemological

| 정답 | ③

| 해석 | 일반적인 통념과는 달리 에너지를 상세하게 측정한 결과 수렵·채집인들은 다른 나머지와 달리 신체적으로 더욱 활
동적일지 모르나 신진대사가 낮기 때문에 칼로리를 더 많이 태우지는 않는 것으로 나타났다.
① 자기 민족 중심적인   ② 진실을 말하지 않는

③ 관례적인, 종래의 ④ 인식론의

| 해설 | 원래 수렵·채집인들은 농경인처럼 한곳에 정착하는 사람들에 비해 신체를 더 많이 사용하므로 칼로리 또한 더 많이 사용할 것으로 생각하는 것이 '통념'이다. 그런데 실제로는 칼로리를 더 많이 태우지 않는다는 결과가 나왔다. 즉 '통념'과는 반대되는 결과가 나온 것이다. 이를 염두에 뒀을 때 빈칸에 대입했을 시 보기 중에서 가장 적절한 것은 ③이다.

| 어휘 | **metabolism** ⓝ 신진대사   **ethnocentric** ⓐ 자기 민족 중심적인
mendacious ⓐ 진실을 말하지 않는   **conventional** ⓐ 관례적인, 종래의
conventional wisdom – 일반적인 통념   **epistemological** ⓐ 인식론의

---

23 Should a novelist be allowed to take liberties with the lives of historical figures? This question has engaged critics for centuries, with some supporting the cause of _____ and others weighing in on the side of artistic freedom. This indeed is a highly controversial issue, not easy to settle unilaterally. 중앙대

① creative latitude   ② historical accuracy

③ critical neutrality   ④ unconditional acceptance

| 정답 | ②

| 해석 | 소설가가 역사적 인물을 제멋대로 고치는 것을 허용해야 하는가? 이 문제는 수 세기 동안 비평가들의 관심을 끌었으며, 그중 일부는 역사적 정확성이라는 명분을 지지했고, 다른 일부는 예술적 자유 측면을 더 중시했다. 이는 실제로 매우 논란이 큰 문제이며 일방적으로 정하기엔 쉬운 문제가 아니다.
① 창조적 자유   ② 역사적 정확성
③ 비평적 중립   ④ 무조건적 수용

| 해설 | 역사적 인물을 고치는 것을 허용할지 여부는 '역사적 정확성'이나 '예술적 자유' 이 둘 가운데 하나를 선택하는 것과 같다. '역사적 정확성'을 중시한다면 고치는 것을 허용하지 않을 것이고, '예술적 자유'를 중시한다면 고치는 것이 허용될 것이다. 따라서 정답은 ②이다.

| 어휘 | **take liberties with** – 무분별하게[제멋대로] 고치다
engage ⓥ (주의·관심을) 사로잡다[끌다]   **unilaterally** ⓐ 일방적으로
latitude ⓝ (선택·행동 방식의) 자유   **neutrality** ⓝ 중립
unconditional ⓐ 무조건적인

---

24 Unlike the _____ Capote, who was never happier than when he was in the center of a crowd of celebrities, Faulkner, in later years, grew somewhat reclusive and shunned company. 한양대

① austere   ② congenial

③ tenacious   ④ gregarious

| 정답 | ④

| 해석 | 사교적인 커포티는 유명 인사들의 무리 한가운데에 있을 때 더없이 행복해했지만, 그와는 달리 포크너는 만년에 세

상을 버린 듯한 모습을 보였고 사람들과의 교제를 피했다.

① 소박한   ② 마음이 맞는

③ 완강한   ④ 사교적인

| 해설 | 포크너는 사람들과의 교제를 피하는 사람이었지만, '그와는 달리(Unlike)' 커포티는 유명 인사들의 무리 속에서 행복해하는 '사교적인(gregarious)' 사람이었다. 따라서 정답은 ④이다.

| 어휘 | **reclusive** ⓐ 은둔한, 세상을 버린   **shun** ⓥ 피하다

gregarious ⓐ 남과 어울리기 좋아하는, 사교적인   **austere** ⓐ 꾸밈없는, 소박한

congenial ⓐ 마음이 맞는   **tenacious** ⓐ 집요한, 완강한

---

25   Self-defeating thinking has to do with the way people identify _____ of their problems: People who attribute difficulties to internal, stable, and global causes are likely to feel helpless and dejected in contrast to those who attribute their troubles to external, temporary, and _____ causes. 한국외대

① sources – inherent   ② causes – specific

③ origins – contributive   ④ consequences – definite

⑤ effects – incidental

| 정답 | ②

| 해석 | 자멸적인 사고는 사람들이 자신의 문제의 원인을 파악하는 방식과 관련이 있다. 어려움이 내적인·불변의·전반적인 요인 때문이라고 보는 사람들은 어려움이 외적인·일시적인·특정한 요인 때문이라고 보는 사람들에 비해 무력감을 느끼고 실의에 빠질 가능성이 높다.

① 근원 – 고유의   ② 원인 – 특정한

③ 기원 – 공헌하는   ④ 결과 – 확고한

⑤ 영향 – 부수적인

| 해설 | 자신이 겪는 어려움의 '원인'이 어디에 있는지 파악하느냐에 따라 자멸적인 사고를 가질 위험성이 있다. 두 번째 빈칸의 경우, '내적인, 불변의, 전반적인'과 '외적인, 일시적인, 빈칸'과 서로 대조적인 의미를 갖고 있으므로 빈칸에 가장 적합한 것은 '전반적인'과 반대되는 '특정한'이다. 따라서 정답은 ②이다.

| 어휘 | **self-defeating** ⓐ 문제를 오히려 키우는, 자멸적인

have to do with – ~와 관련이 있다   **identify** ⓥ 알아보다, 파악하다

attribute A to B – A를 B의 덕분으로[결과로] 보다

stable ⓐ 고정적인, 불변의   **global** ⓐ 전반적인, 포괄적인

helpless ⓐ 무력한   **dejected** ⓐ 실의에 빠진, 낙담한

inherent ⓐ 내재하는, 고유의   **contributive** ⓐ 공헌하는, 기여하는

consequence ⓝ 결과   **definite** ⓐ 확실한, 확고한

incidental ⓐ 부수적인

26 Someone unfamiliar with his work, accolades or age could easily mistake M. K. Asante, Jr. for a college student instead of a university professor. Asante's mesh brim hat, a constant fixture in his attire, bright smile and casual demeanor radiate _____ while his knowledge of film, literature and African-American history could rival that of scholars twice his age. 중앙대

① brilliance   ② youth

③ enthusiasm   ④ attractiveness

| 정답 | ②

| 해석 | 그의 작품이나 그가 받은 칭찬 또는 그의 나이에 관해 잘 모르는 사람은 M. K. Asante, Jr.를 대학교수로 여기기보다는 대학생으로 착각할 가능성이 높다. 그의 복장의 필수 요소인 챙이 그물 형태인 모자와 환한 미소 그리고 격식 없는 품행 등은 그가 젊음의 분위기를 내뿜는 데 기여하지만 영화, 문학, 미국 흑인의 역사 등에 관해 그가 지닌 지식은 그보다 나이가 두 배 많은 학자들의 지식에 비할 만하다.

    ① 탁월   ② 젊음

    ③ 열정   ④ 매력적임

| 해설 | 그의 복장은 '빈칸'의 분위기를 내고 그가 지닌 지식은 나이가 두 배나 되는 학자들에 비할 만큼 풍부하다. 여기서 그의 나이가 젊음을 알 수 있으며, 복장의 묘사를 보면 젊은 사람들이 주로 하는 것임을 알 수 있다. 따라서 정답은 ②이다.

| 어휘 | **accolade** ⓝ 포상, 칭찬   **fixture** ⓝ 붙박이

       attire ⓝ 의복, 복장   **demeanor** ⓝ 몸가짐, 품행

       radiate ⓥ 내뿜다, 발하다   **rival** ⓥ ~에 필적하다, ~에 비할 만하다

       brilliance ⓝ 탁월, 걸출   **attractiveness** ⓝ 매력적임

---

27 Many feline behavior specialists have noted that the special neck bite that the animal uses in the wild is designed to kill a bird or small rodent efficiently. Young cubs in the wild have the opportunity to practice this special bite, whereas _____ may just be showing their excitement at seeing potential prey. 중앙대

① domestic dogs   ② adult wolves

③ house cats   ④ cave bears

| 정답 | ③

| 해석 | 여러 고양잇과 동물 관련 행동 전문가들은 고양이가 야생에서 목을 무는 특별한 행동은 새나 작은 설치류를 효과적으로 죽이게끔 고안된 것이라고 언급했다. 야생의 어린 새끼 고양이들은 이렇게 특별히 무는 방법을 연습할 기회를 갖는 반면에 집고양이들은 앞으로 자신의 사냥감이 될 가능성이 있는 것들을 보면서 단지 흥분한 모습을 보일 뿐이다.

    ① 집개   ② 다 자란 늑대

    ③ 집고양이   ④ 동굴 곰

| 해설 | 대조의 키워드 whereas를 사용해서 나타내었다. 야생의 새끼 고양이는 실제로 무는 방법을 훈련해 볼 수 있겠지만, '집고양이'는 사냥을 할 일이 없기 때문에 그저 사냥감을 보고 흥분할 수밖에 없을 것이다. 따라서 정답은 ③이다.

어휘	**feline** ⓐ 고양잇과의, 고양이의	**note** ⓥ 언급하다
	rodent ⓝ 설치류	**cub** ⓝ 새끼
	excitement ⓝ 신남, 흥분	**potential** ⓐ 가능성 있는, 잠재적인
	prey ⓝ 먹이, 사냥감	

---

28 Judges may be trained to confine themselves to the legally relevant facts before them. But they are also human, and thus subject to _____ which can muddy their judgment.

① the law like everyone else

② their spouses' will

③ all sorts of cognitive biases

④ insufficient education

| 정답 | ③

| 해석 | 판사는 자신의 앞에 놓인 법적으로 관련 있는 사실로만 자신의 한계를 정하도록 훈련받기도 한다. 하지만 판사도 인간이며 따라서 판단을 흐리게 하는 온갖 종류의 인지적 편향에 빠질 수 있다.

① 다른 사람들과 같은 법

② 배우자의 의지

③ 온갖 종류의 인지적 편향

④ 불충분한 교육

| 해설 | 판사는 어디까지나 판단의 근거를 '법적으로 관련 있는 사실'에만 제한을 두도록 훈련받는다. 그런데 '판사도 인간'이라는 말은 판사 또한 '판단을 흐리게 하는' 것들에 영향을 받을 수 있다는 의미이다. 보기 중에서 '판단을 흐리게 하는' 것에 해당되는 것은 ③이다.

어휘	**confine** ⓥ ~에 제한하다	**relevant** ⓐ 관련 있는, 적절한
	muddy ⓥ 흐리게 히디	**cognitive blas** – 인지적 편향

---

29 The world's first air conditioner was switched in Brooklyn in 1902. Since then, air conditioning has saved lives, raised productivity and made hot places liveable in summer. Yet _____ fume that the technology cooks the planet even as it cools homes. 국민대

① engineers

② conservationists

③ air conditioner makers

④ the people who live in hot places

| 정답 | ②

| 해석 | 세계 최초의 에어컨은 1902년 브루클린에서 스위치가 켜졌다. 그 이후 에어컨은 사람들의 생명을 구해 주고, 생산성을 높이며, 여름철 무더운 지역을 사람이 살 만한 곳으로 바꿔 주었다. 하지만 환경 보호론자들은 이 기술이 가정

을 시원하게 해 주는 그 순간에도 지구를 데우고 있다고 비난한다.

① 엔지니어

② 환경 보호론자

③ 에어컨 제조업체

④ 무더운 지역에 살고 있는 사람들

| 해설 | 빈칸은 that 이하의 내용으로 비난하는(fume) 사람들이 와야 한다. 에어컨이 집을 시원하게 해 주는 일만 하는 것이 아니라 지구 온난화를 일으킨다고 비난하고 있으므로, 빈칸에는 '환경 보호론자'란 의미의 ② conservationists 가 적합하다.

| 어휘 | **productivity** ⓝ 생산성   **liveable** ⓐ 살기에 적합한[좋은]

fume ⓥ (화가 나서) 씩씩대다; 연기[매연]를 내뿜다

conservationist ⓝ 환경 보호 활동가

---

30 The benefits of the scientific revolution are too many to count. Most people naturally have faith in science; it has become the religion of modernity. _____ science, in and of itself, is not the answer to all of our problems, and in fact our perception of science as omnipotent can lead to a new set of challenges. 가천대

① Likewise   ② Accordingly

③ Because   ④ But

| 정답 | ④

| 해석 | 과학 혁명의 이점은 너무 많아 셀 수 없다. 대부분의 사람들은 자연스럽게 과학에 대한 신념을 가진다. 과학이 근대성의 종교가 되었다. 그러나 과학 그 자체만으로는 우리의 모든 문제에 대한 해답이 될 수 없다. 실제로 과학이 전능하다고 여기는 과학에 대한 우리의 인식이 새로운 문제들을 만들어 낼 수 있다.

       ① 똑같이, 마찬가지로   ② 따라서, 그러므로

       ③ ~ 때문에   ④ 그러나

| 해설 | 현대인들은 과학을 마치 종교처럼 신봉한다. '하지만' 과학은 모든 것을 해결할 수 있는 만능이 아니라고 연결되어야 하므로, 두 문장은 역접으로 연결된다.

| 어휘 | **modernity** ⓝ 현대[근대]성; 현대적임   **in and of itself** – 그것 자체는

omnipotent ⓐ 전능한   **lead to** – ~로 이어지다

challenge ⓝ 도전[시험대], 문제

31 Honesty is not always the best policy. Some conclusions are better left unsaid. For instance, if you are talking to a friend and he asks for your opinion about something, the truth should be avoided if there is no way to deliver it without harming the relationship. The truth is not always necessary. If you were a doctor and you had to give your patient bad health news, then it is important to maintain honesty. However, sometimes, in the case of friendship, the honesty may need some _____. 한양대

① vent

② ointment

③ buffering

④ concussion

| 정답 | ③

| 해석 | 정직이 항상 최상의 방책은 아니다. 몇몇 결론은 그냥 말해지지 않은 채 놔두는 편이 좋다. 예를 들어 만약 여러분이 친구랑 말을 나누는데 그 친구가 어떤 것에 관해 여러분의 의견을 물었는데, 친구와의 관계를 해치지 않고서는 의견을 전할 방법이 없다면 진실을 피해야 한다. 항상 진실만이 필요한 것은 아니다. 만약 여러분이 의사이고 환자에게 건강에 관해 안 좋은 소식을 전해야 한다면, 정직함을 유지하는 일은 중요하다. 하지만 때로는 우정에 관한 경우라면 정직에는 완충 작용도 필요할 것이다.

① 배출구

② 연고

③ 완충 작용

④ 뇌진탕

| 해설 | 본문의 주제는 문장 바로 앞의 '정직이 항상 최상의 방책은 아니다.(Honesty is not always the best policy.)'이다. 즉 상황에 따라서는 거짓말을 해야 할 경우도 있기 마련이라는 뜻이며, 이는 본문 가장 마지막에서도 반복되는 말이다. 때문에 빈칸에 들어갈 것은 100% 정직만을 추구한 결과 '관계를 해치는(harming the relationship)' 일이 생기지 않도록 융통성 없는 정직함보다 정직함의 '완충제' 역할을 할 수 있는 것이 필요하다는 의미에서 ③이 가장 적절하다.

| 어휘 | **vent** ⓝ 배출구 **ointment** ⓝ 연고

buffering ⓝ 완충 작용 **concussion** ⓝ 뇌진탕

---

32 There's plenty to shriek about in Inland Northwest skiing this season. The five resorts scattered around Spokane, Washington, are covered in thick blankets of snow and enjoying record business. There have been some lean years up here in recent times. But this year, many of the ski areas have been pounded with snow. _____, skiing and other snow-dependent activities in the Northeast and parts of the Midwest have been severely curtailed this winter by lack of snow and warm temperatures. 명지대

① As a result

② By contrast

③ For instance

④ In short

| 정답 | ②

| 해석 | 이번 시즌에 미국 북서부 내륙 지방에는 비명을 지를 일이 많이 존재한다. 워싱턴 주 스포캔 주변에 산재해 있는 다섯 곳의 스키 리조트는 두껍게 쌓인 눈으로 뒤덮여 있어서 기록적인 호황을 맛보고 있다. 최근 몇 년 간은 침체되었던 경우도 여럿 있었지만, 올해는 여러 스키 리조트에 폭설이 내렸다. 이와는 대조적으로 북동부 및 일부 중서부 지역에서는 스키라든지 기타 강설 정도에 따라 좌우되는 활동이 올겨울 눈이 내리지 않고 날씨도 따뜻한 관계로 심각

한 침체를 겪었다.

① 그 결과

② 이와는 대조적으로

③ 예를 들어

④ 간단히 말해

| 해설 | 빈칸을 기점으로 미국 북서부 내륙 지방의 상황과 북동부 및 일부 중서부 지역의 상황이 서로 대조적임을 알 수 있다. 따라서 정답은 ②이다.

| 어휘 | **shriek** ⓥ (흥분, 공포 등으로 날카롭게) 비명을 지르다

lean ⓐ 침체된

pound ⓥ 마구 치다, 난타하다

curtail ⓥ 축소시키다, 단축시키다

---

33 Life at the bottom is nasty, brutish and short. For this reason, heartless folk might assume that people in the lower social classes will be more self-interested and less inclined to consider the welfare of others than upper-class individuals, who can afford a certain noblesse oblige. A recent study, however, challenges this idea. _____. 국민대

① It is the poor, not the rich, who are inclined to charity

② Poor people's lives are not so nasty as usually assumed

③ The expected life spans of the rich and the poor are not so different

④ The welfare of others is the least important issue to both the rich and the poor

---

| 정답 | ①

| 해석 | 밑바닥의 삶은 끔찍하고, 난폭하며, 짧다. 이런 이유 때문에 무정한 사람들은 낮은 사회적 계층에 속하는 사람들은 특정한 노블레스 오블리주를 실현할 수 있는 여유를 지닌 상류층 사람에 비해 더 이기적이고 다른 이들의 안녕을 덜 생각하는 경향이 있을 것으로 추정한다. 하지만 최근 연구를 통해 이러한 생각은 반박되었다. 자선 활동에 더 많은 관심을 보이는 이들은 부자가 아니라 빈자였다.

① 자선 활동에 더 많은 관심을 보이는 이들은 부자가 아니라 빈자였다

② 빈자의 삶은 보통 추정되는 것보다 덜 끔찍하다

③ 부자와 빈자의 예상 수명은 큰 차이가 없다

④ 분자와 빈자 모두에게 있어 다른 이들의 안녕은 중요도가 가장 떨어지는 문제이다

| 해설 | 빈칸 앞의 this idea는 For this reason ~ certain noblesse oblige.의 내용인 '낮은 계급의 사람들이 상류층의 사람에 비해 더 이기적이고 남의 안녕을 덜 생각할 것이다.'라는 생각을 의미한다. 그런데 이런 생각(this idea)이 반박되었다는 말은 즉 위와는 반대로 '가난한 사람들이 부자에 비해 남을 돕는 일을 더 적극적으로 한다.'이다. 이러한 취지에서 보기 가운데 정답으로 선택할 수 있는 것은 ①이다.

| 어휘 | **nasty** ⓐ (아주 나빠서) 끔찍한, 형편없는

brutish ⓐ (이성이 없는) 짐승 같은, 난폭한, 잔인한

heartless ⓐ 무정한

assume ⓥ 추정하다

self-interested ⓐ 자기 본위의, 이기적인

be inclined to - ~하는 경향이 있다. ~하고 싶어지다

challenge ⓥ 반박하다, 이의를 제기하다

charity ⓝ 자선, 구호

34 Businesses exercise greater freedom than government does: they can go out of business, or firms can abandon an activity they no longer find profitable. But government _____. 숙명여대

① can also discard an unprofitable activity

② rarely has these options

③ can always make profit

④ cannot give up its profit

⑤ should always consider profit

| 정답 | ②

| 해석 | 기업은 정부보다 더 많은 자유를 행사한다. 기업은 파산할 수도 있고 수익이 더 이상 나지 않는다고 판단되는 활동을 포기할 수도 있다. 하지만 정부에게는 이런 형태의 선택을 하는 경우가 거의 없다.

① 또한 수익이 나지 않는 활동을 포기할 수 있다

② 이런 형태의 선택을 하는 경우가 거의 없다

③ 항상 수익을 거둘 수 있다

④ 수익을 포기할 수 없다

⑤ 항상 수익을 고려해야 한다

| 해설 | 본문은 자유 측면에서 기업과 정부는 차이가 있음을 언급한 다음 기업에게는 폐업하거나 파산을 선택할 수 있는 자유가 있음을 말하고 있다. 이 다음에 역접의 접속사 But이 등장하므로 기업에게 자유가 있다면 정부에게는 '자유가 없다' 내지는 '기업과 같은 선택을 할 수 없다'는 내용의 글이 빈칸에 적합하다. 따라서 정답은 ②이다.

| 어휘 | **exercise** ⓥ (권력·권리·역량 등을) 행사[발휘]하다

abandon ⓥ 버리다, 포기하다   **profitable** ⓐ 수익성이 있는[있을 것 같은]

discard ⓥ 버리다, 포기하다

---

35 Throughout American history, the exemplary tradition of the country being a sanctuary for foreigners seeking refuge from political or religious persecution has sometimes been _____ by a tendency to regard refugees as bringing undesirable ideologies into society, such as communism, socialism, and anarchism. 한양대

① offset   ② mollified

③ proscribed   ④ ameliorated

| 정답 | ①

| 해석 | 미국 역사 전체에 걸쳐, 정치적 박해나 종교적 박해로부터 피신하는 외국인들을 위해 피난처를 제공하던 미국의 모범적인 전통이 난민들을 공산주의, 사회주의, 무정부주의 같은 바람직하지 않은 이념을 사회에 데려오는 존재로 취급하는 성향으로 인해 이따금 상쇄되곤 했다.

① 상쇄하다   ② 달래다

③ 금하다   ④ 개선하다

| 해설 | 미국은 박해를 피해 온 사람들에게 피난처를 제공하는 '모범적인 전통(exemplary tradition)'을 갖고 있으나, 난민

들을 바람직하지 않은 이념을 가져오는 존재로 취급하는 '성향(tendency)'도 보이고 있다. 이 두 개념은 서로 상충하고 있으므로 정답으로 가장 적합한 것은 ①이다.

| 어휘 | **exemplary** ⓐ 모범적인, 본보기가 되는   **sanctuary** ⓝ 피난처, 안식처
seek refuge – 피신하다, 도피하다   **persecution** ⓝ 박해
tendency ⓝ 성향   **anarchism** ⓝ 무정부주의
offset ⓥ 상쇄하다, 차감하다   **mollify** ⓥ 달래다
proscribe ⓥ 금하다, 금지하다   **ameliorate** ⓥ 개선하다

---

36 It makes all the difference whether you hear an insect in the bedroom or in the garden. In the garden the voice of the insect soothes; in the bedroom it irritates. In the garden it is the hum of spring; in the bedroom it seems to belong to the same school of music as _____. 인하대

① the sound of holiday music

② the sound of chirping birds

③ the sound of the dentist's drill

④ the sound of singing in a choir

| 정답 | ③

| 해석 | 침실에서 벌레 소리를 듣는 것과 정원에서 듣는 것에는 근본적 차이가 존재한다. 정원에서 들리는 벌레 소리는 마음을 달래 주는 소리이고 침실에서 들리는 소리는 짜증 나는 소리이다. 정원에서 들리는 소리는 봄을 알리며 윙윙거리는 소리이고 침실에서 나는 소리는 치과의 드릴 소리와 같은 음악 유파에 속한 소리 같다.
① 휴일에 울리는 음악 소리
② 재잘거리는 새 소리
③ 치과의 드릴 소리
④ 합창단의 노래 소리

| 해설 | 침실에서 들리는 벌레 소리는 짜증나는 소리이다. 보기 중에서 이 '짜증 나는 소리'와 같은 맥락에서 이해할 수 있는 것은 ③ '치과의 드릴 소리'이다. 따라서 정답은 ③이다.

| 어휘 | **make all the difference** – 중요한 영향을 미치다, 큰 차이가 난다
soothe ⓥ 진정시키다, 마음을 달래다   **irritate** ⓥ 짜증 나게 하다
hum ⓝ 웅웅[윙윙/웅성]거리는 소리   **school** ⓝ 학파, 유파
chirp ⓥ 재잘거리다, 짹짹거리다

37 Companies devote a lot of thought to sending people abroad. They offer foreign postings to their most promising employees. They sweeten the deal with higher salaries and big allowances, and sometimes help to find work for spouses. But when it comes to _____, it is a different story. One study suggests that a quarter of firms provide no help for repatriates at all. Many others offer at best a few links to websites. 성균관대

① paying a bonus
② being promoted in the company
③ extending the stay in a foreign country
④ sending the employees abroad
⑤ bringing the employees home

| 정답 | ⑤

| 해석 | 기업들은 직원들을 해외로 파견 보내는 데 많은 생각을 기울이고 있다. 기업들은 가장 유망한 직원들에게 해외 근무를 제안한다. 기업들은 더 높은 연봉과 두둑한 수당을 제공해 더 매력적인 계약을 제시하며, 때로는 함께 갈 배우자의 구직을 알선해 주기도 한다. 하지만 직원을 다시 본국으로 불러들이는 것과 관련해서, 이야기가 달라진다. 한 연구에 따르면, 4분의 1에 달하는 회사가 본국으로 돌아오는 직원들에게 아무런 도움도 제공하지 않는다고 한다. 다른 많은 회사들은 기껏해야 몇 개의 웹사이트 링크를 제공한다.
① 보너스 지급과 관련해서
② 회사에서 승진하는 것과 관련해서
③ 해외에서 체류 기간을 늘리는 것과 관련해서
④ 직원을 해외로 보내는 것과 관련해서
⑤ 직원을 다시 본국으로 불러들이는 것과 관련해서

| 해설 | 기업들이 해외로 직원들을 파견 보낼 때는 다양한 인센티브를 제공하지만, 빈칸 뒤의 'provide no help for repatriates at all'과 같이 다시 돌아오는 이들에게는 도움을 거의 제공하지 않는다고 했다. 빈칸 앞의 But을 통해 앞뒤 내용이 역접되므로 빈칸에는 해외로 파견 가는 것이 아닌 다시 돌아온다는 ⑤가 정답으로 적합하다.

| 어휘 | **devote** ⓥ ~에 바치다, 쏟다, 기울이다   **promising** ⓐ 유망한, 촉망되는; 조짐이 좋은
sweeten ⓥ 설탕[감미료]을 넣다, 달게 하다   **allowance** ⓝ 용돈; (특정 목적을 위한) 비용[수당]
spouse ⓝ 배우자   **when it comes to** ~에 관한 한
repatriate ⓝ 본국 송환자, 귀국자 ⓥ 본국으로 송환[송금]하다
at best 기껏[잘 해야], 아무리 좋게 말해도

38 Much of modern economic history can be seen as a dialectic between advocates of laissez-faire policies, who want to leave the market free to create wealth _____ by restrictions, believing it will trickle down to all members of the society, and exponents of redistribution of wealth, who want to ensure that the fruits of capitalism are _____. According to which school rules in the country, aspects of economy have taken quite different forms. 중앙대

① constructed – monopolized gradually

② digested – handed down to posterity

③ untrammeled – shared equitably

④ cleaved – dependent highly on the government

| 정답 | ③

| 해석 | 현대 경제사의 상당 부분은 제약받는 일 없이 자유로이 부를 창출하도록 시장을 그냥 놔두기를 원하며 이를 통해 부가 사회의 모든 구성원들에게 흘러갈 것이라고 믿는 자유방임주의 옹호론자들과 자본주의의 과실을 공정하게 모든 이가 공유할 수 있도록 부의 재분배를 주창하는 사람들 간의 변증법적 관계로 보인다. 나라에서 어느 학파가 지배적인 위치를 점하는가에 따라 경제적 양상이 매우 다른 형태를 지니게 되었다.

① 구성된 – 전반적으로 독점화가 이루어진
② 완전히 이해된 – 후대로 전해진
③ 제약받지 않는 – 공정하게 공유되는
④ 둘로 갈라진 – 정부에 심하게 의존하는

| 해설 | 자유방임주의 옹호론자들은 '제약받는 일 없이' 자유로이 부를 창출할 수 있어야 하는 사람들이며, 부의 재분배를 옹호하는 사람들은 자본주의의 과실이 '공정하게 공유되기를' 원하는 사람들이다. 따라서 정답은 ③이다.

| 어휘 | **dialectic** ⓝ 변증법 **laissez-faire** ⓝ 자유방임주의

trickle down – 낙수효과가 벌어지다, 부유층에서 서민층으로 흘러가다

exponent ⓝ 주창자, 예능인 **redistribution** ⓝ 재분배

monopolize ⓥ 독점하다 **digest** ⓥ 완전히 이해하다

posterity ⓝ 후대, 후세 **untrammeled** ⓐ 제약되지 않는, 방해받지 않는

equitably ⓐd 공정하게, 정당하게 **cleave** ⓥ 쪼개다, 가르다

39 Mass-produced automobiles put freedom of movement within the reach of nearly all Americans. Nothing, in theory, could be more democratic than that. But as I see and hear Americans now, I marvel at the apparent _____ of a robust people to their machines. Nearly everyone must live within earshot of the thunderous din of traffic. People who motor to their places of employment must make allowances for the time they will spend sitting still in long lines and for the time they will have to devote to finding a place to put their automobile once they arrive. 한양대

① adjustment   ② entitlement

③ enslavement   ④ enhancement

| 정답 | ③

| 정답 | ③

| 해석 | 대량 생산되는 자동차는 거의 모든 미국인들이 이동의 자유를 누릴 수 있게 만들었다. 이론적으로는 이보다 더 민주적인 것은 없다. 하지만 현재 내가 미국인들을 보고 그들로부터 들은 바에 따르면 원기 왕성한 사람들이 자신의 기계에 노예가 된 모습을 보고 나는 놀라게 된다. 거의 모든 사람들이 교통 소음이 쩌렁쩌렁하게 울리는 데서 살아야 한다. 차를 몰아 직장으로 향하는 사람들은 반드시 긴 줄을 지어 차 안에 가만히 앉아서 보낼 시간과 일단 도착하면 차를 둘 장소를 찾기 위해 쏟아야 할 시간을 감안해야 한다.

① 적응 　　　　　　　　　　　② 자격

③ 노예 상태 　　　　　　　　　④ 향상

| 해설 | 빈칸 뒤 문장은 미국인들이 자동차에 메여 있는 모습을 묘사하고 있다. 따라서 보기 단어를 빈칸에 대입해 보면 가장 적절한 것은 '원기 왕성한 사람들이 자신의 기계에(a robust people to their machines)' '묶인' 또는 '노예 상태(enslavement)'가 되었다는 의미에서 ③이다.

| 어휘 | robust ⓐ 원기 왕성한 　　　　　　　within earshot of – ~이 들리는 곳에

thunderous ⓐ 우레 같은, 쩌렁쩌렁 울리는 　din ⓝ 소음

motor ⓥ 차를 타고 다니다 　　　　　make allowances for – ~을 감안하다

adjustment ⓝ 적응 　　　　　　　　entitlement ⓝ 자격

enslavement ⓝ 노예 상태 　　　　　enhancement ⓝ 향상

---

40 If you want your career to positively influence your life expectancy, you have to be made of money. That's right! Rich people in wealthy areas of England and France live 10 years longer than people in poorer areas. But having a successful career has its _____, if the result of hard work is stress. Workplace stress is caused when a person has too much responsibility or too many tasks to perform in a day. Stress can lead to a number of psychological disorders such as depression, anxiety, fatigue, tension and aggression, which seriously affect life expectancy. These days, one in three people reports high levels of stress associated with his or her career. 한양대

① withdrawals 　　　　　　　　② backlashes

③ drawbacks 　　　　　　　　　④ repercussions

| 정답 | ③

| 해석 | 만일 자신의 직업이 자신의 기대 수명에 긍정적인 영향을 미치기를 원한다면 돈이 엄청나게 많아야 한다. 바로 그거다! 영국과 프랑스의 경우 부유한 지역에 거주하는 부자들은 가난한 지역에 거주하는 사람들에 비해 10년은 더 오래 산다. 하지만 열심히 일한 결과가 스트레스라면 성공적인 직업을 갖는 것에도 단점이 있는 것이다. 업무의 책임이 과중하거나 하루에 수행해야 하는 업무가 과도할 경우 직장에서 스트레스가 유발된다. 스트레스는 우울증, 불안감, 피로, 긴장, 공격성 등 다수의 심리적 장애를 야기할 수 있으며, 이로 인해 기대 수명에 심각한 악영향이 가해진다. 오늘날에는 세 명 중 한 명이 자신의 직업과 관련해 고강도의 스트레스에 시달리고 있다고 한다.

① 철회 　　　　　　　　　　　② 반발

③ 단점 　　　　　　　　　　　④ 영향

| 해설 | But을 중심으로 반대 구조가 형성되었다. 빈칸이 들어간 문장 뒤에는 성공적인 직업 활동의 결과 스트레스를 받는 '단점(drawbacks)'이 열거되어 있다. 따라서 정답은 ③이다.

02 양보, 용인

01	④	02	①	03	②	04	①	05	④	06	①	07	①	08	①	09	③	10	②
11	④	12	②	13	②	14	②	15	③	16	②	17	⑤	18	①	19	②	20	④
21	④	22	③	23	①	24	②	25	④										

01   Employees dealing with customers at the customer services department must be _____ at all times, no matter how tired he or she is. 숙명여대

① aggressive   ② frantic

③ inflated   ④ polite

⑤ welcomed

| 정답 | ④

| 해석 | 고객 만족 센터에서 고객들을 상대하는 직원들은 아무리 피곤한 경우라 하더라도 언제나 고객들에게 공손해야 한다.

① 공격적인   ② 정신없이 서두는

③ 과장된   ④ 공손한

⑤ 환대받는

| 해설 | 먼저 'no matter how'를 사용했으므로 '아무리 ～하더라도'라는 뜻의 양보절이라는 사실에 주의한다. 고객 (만족) 센터(customer services department)에서 근무하는 직원들은 아무리 피곤해도 항상 고객들에게 문맥상 '좋은 모습'을 보여야 한다는 뜻이 빈칸에 와야 한다. 따라서 ①, ②, ③ 모두 적절하지 않다. ⑤는 환대를 받여야 하는 (welcomed) 측은 고객이지 직원이 아니므로 적절하지 않다. 따라서 정답은 ④ polite가 된다.

| 어휘 | aggressive ⓐ 공격적인   frantic ⓐ 정신없이 서두르는, 제정신이 아닌

inflated ⓐ (생각·주장 등이) 부풀린, 과장된 (물가가) 폭등한

02 The sociologist found it perplexing that his rival's theory retained its _____ despite widespread suggestion that is now moribund. 숙명여대

① currency
② discredibility
③ evaluation
④ malfunction
⑤ notoriety

| 정답 | ①

| 해석 | 그 사회학자는 자신의 라이벌 학자의 이론이 이제는 폐기 상태라는 많은 이들의 의견에도 불구하고 여전히 통용되는 것을 보고 마음이 착잡했다.

① 통용
② 신뢰할 수 없음
③ 평가
④ 기능 불량
⑤ 악명

| 해설 | despite를 중심으로 대조가 되는 내용을 완성한다. 빈칸에는 '라이벌 학자의 이론이 폐기 상태(moribund)라는 의견'과 대조되는 '여전히 통용된다'는 내용이 필요하다. 'currency'는 '통화' 이외에도 '널리 사용된다(통용)'는 의미가 있다.

| 어휘 | **sociologist** ⓝ 사회학자　　　　　**perplexing** ⓐ 난처하게 하는, 착잡한
retain ⓥ 유지하다　　　　　　　　**moribund** ⓐ 소멸 직전의
currency ⓝ 통용; 통화
discredibility ⓝ 신뢰할 수 없음 (사전에 존재하지 않는 단어)
malfunction ⓝ 고장, 기능장애　　　**notoriety** ⓝ 악명, 악평

---

03 Although her real task was to collect secret information from the enemies, the spy's _____ mission was to raise funds for them. 한국외대

① unfeigned
② ostensible
③ surreal
④ insurgent

| 정답 | ②

| 해석 | 비록 그 스파이 여성의 실제 임무는 적으로부터 비밀 정보를 수집하는 것이지만, 그 스파이의 표면상의 임무는 적을 위해 기금을 마련하는 것이었다.

① 진정한
② 표면상의
③ 비현실적인
④ 반기를 든

| 해설 | 빈칸 앞 Although로 시작되는 문장에서 스파이의 실제 임무가 비밀 정보 수집임을 알 수 있다. 그런데 빈칸이 들어간 문장을 보면 스파이가 기금 마련 임무를 하고 있음을 알 수 있다. 여기서 실제 임무와 반대되는 '표면상의' 임무가 존재함을 유추할 수 있다. 따라서 정답은 ②이다.

| 어휘 | **unfeigned** ⓐ 꾸밈없는, 진정한　　　**ostensible** ⓐ 표면적인, 표면상의
surreal ⓐ 아주 이상한, 비현실적인　　**insurgent** ⓐ 반란을 일으킨, 반기를 든

04 Although loved by all the judges at the film festival, the movie had a contrary, _____ effect on the audience.

① soporific

② uxorious

③ omniscient

④ sanguine

| 정답 | ①

| 해석 | 이 영화는 영화제의 심사위원들로부터는 사랑받았지만, 관객들에게는 이와는 다른 최면 효과를 불러일으켰다.

　　　① 최면의　　　　　　　　　　　　　② 아내를 너무 위하는

　　　③ 전지적인　　　　　　　　　　　　④ 자신감이 넘치는

| 해설 | 심사위원들로부터는 '사랑받은(loved)' 영화가 관객들에는 '이와는 다른(contrary)' 결과를 낳았다면, 빈칸에는 loved와 대비되는 뜻이 들어가야 한다. 이를 염두에 뒀을 때 빈칸에 대입했을 시 보기 중에서 가장 적절한 것은 ① 이다.

| 어휘 | **soporific** ⓐ 최면(성)의　　　　　　**uxorious** ⓐ 아내를 너무 위하는, 아내 앞에서 꼼짝 못 하는

　　　omniscient ⓐ 모든 것을 다 아는, 전지적인　　**sanguine** ⓐ 낙관적인, 자신감이 넘치는

---

05 Even with a(n) _____ search of the area, the rescue team could not find any clue of the missing child. 중앙대

① cursory

② ephemeral

③ sluggish

④ exhaustive

| 정답 | ④

| 해석 | 그 지역을 샅샅이 수색했지만, 구조대는 실종된 아이의 단서를 전혀 찾을 수 없었다.

　　　① 대충하는　　　　　　　　　　　　② 수명이 짧은

　　　③ 느린　　　　　　　　　　　　　　④ 철저한

| 해설 | Even으로 문장이 시작하기 때문에 '~했음에도 불구하고'라는 양보 구문이라는 사실을 알 수 있다. 주절에서는 실종된 아이의 단서를 찾을 수 없었다고 말하고 있다. 그렇다면 그 지역의 수색은 어떠했어야 할까? 수색을 '대충 (cursory) 했음에도 불구하고'로 문장을 연결할 수 없으므로, 반대의 어감인 수색을 '철저히(exhaustive) 했음에도 불구하고 찾지 못했다'가 되어야 하므로 정답은 ④가 된다.

| 어휘 | **clue** ⓝ 단서　　　　　　　　　　　　**cursory** ⓐ 대충하는, 피상적인

　　　ephemeral ⓐ 하루살이 목숨의, 수명이 짧은　　**sluggish** ⓐ 느린, 부진한

　　　exhaustive ⓐ (하나도 빠뜨리는 것 없이) 철저한, 완전한

06 We realized that John was still young and impressionable, but were nevertheless surprised at his _____.

① naivete
② obstinateness
③ indecisiveness
④ ingeniousness

| 정답 | ①

| 해석 | 우리는 John이 여전히 젊고 감수성이 예민한 것은 깨달았지만, 그럼에도 그의 순진함에 놀랐다.

① 순진함
② 완고함
③ 우유부단함
④ 기발함

| 해설 | '여전히 젊고 감수성이 예민한(still young and impressionable)' 사람은 아직 '순진함(naivete)'이 남아 있을 것으로 예측할 수 있다. 따라서 보기 중에서 정답으로 보기에 가장 적절한 것은 ①이다.

| 어휘 | **naivete** ⓝ 순진함
obstinateness ⓝ 완고함
indecisiveness ⓝ 우유부단함
ingeniousness ⓝ 기발함

---

07 Although everyone pays _____ to energy conservation, few make it a part of their daily lives.

① lip service
② scant attention
③ little respect
④ no dues

| 정답 | ①

| 해석 | 모든 사람들이 에너지 보존에 대해 입에 발린 말을 하지만, 에너지 보존을 일상생활의 일부로 만드는 사람은 거의 없다.

① 입에 발린 말
② 부족한 주의
③ 거의 기울이지 않는 존경심
④ 치르지 않은 대가, 갚지 않은 빚

| 해설 | Although를 이용한 양보의 부사절에 빈칸이 있으며, 주절의 내용에서 에너지 보존을 일상생활에서 실천하는 사람은 거의 없다(few)고 했으므로, 빈칸에는 이와 반대되는 내용이 나와야 한다. ① '립 서비스'로만 에너지 실천을 말한다는 말이 가장 적합하며, 나머지 보기에는 모두 부정의 뜻을 지닌 'scant, little, no'가 포함되어 있어 정답이 될 수 없다.

| 어휘 | **energy conservation** – 에너지 보존
lip service – 입에 발린 말, 말뿐인[말만 앞세우는] 인정
scant ⓐ 부족한
pay one's dues –대가를 치르다, 형기를 마치다, 빚을 갚다

---

08 Despite the labor union's protest, the company decided to _____ its workforce and production in response to declining demand and falling profits. 한국외대

① trim
② expand
③ sustain
④ operate

| 정답 | ①

| 해석 | 노조의 저항에도 불구하고 회사는 수요 감소와 수익 하락에 대응하여 노동자 수와 생산 규모를 감축하기로 결정했다.

    ① 감축하다   ② 확대하다

    ③ 지속시키다   ④ 작동하다

| 해설 | Despite 덕분에 회사의 행위는 노조의 뜻과는 반대되는 것임을 유추할 수 있다. 노조가 저항했음에도 불구하고 회사가 취한 조치는 노동력과 생산량의 '감축'이다. 따라서 정답은 ①이다.

| 어휘 | **trim** ⓥ 잘라 내다, 감축하다   **sustain** ⓥ 존재하게 하다, 지속시키다

---

09 Although a tiger can kill a bull more than three times its size, it prefers to attack young animals that put up less _____. 가톨릭대

    ① infection   ② hostility

    ③ resistance   ④ production

| 정답 | ③

| 해석 | 호랑이는 자신보다 세 배나 큰 황소도 죽일 수 있지만 저항을 덜하는 어린 동물들을 공격하길 좋아한다.

    ① 감염   ② 적대감

    ③ 저항   ④ 생산

| 해설 | Although를 중심으로, 황소도 죽일 수 있다는 사실을 인정하지만, 그래도 어린 동물을 공격하길 더 선호한다는 사실을 제시하고 있다.

| 어휘 | **put up resistance** – 저항하다   **infection** ⓝ 감염, 전염

hostility ⓝ 적대감, 적의   **resistance** ⓝ 저항

---

10 Even when jobs became plentiful, the long-standing fear that unemployment could return at a moment's notice _____. 홍익대

    ① perished   ② persisted

    ③ performed   ④ petrified

| 정답 | ②

| 해석 | 심지어 일자리가 많았을 때에도, 실업이 이내 되돌아올 수 있다는 오랜 공포는 사라지지 않고 지속되었다.

    ① 소멸했다   ② 지속됐다

    ③ 이행했다   ④ 경직시켰다

| 해설 | 제시된 문장의 주절을 보면, 이때 주어로 사용된 'the long-standing fear'는 다음에 이어지는 that절(that unemployment could return at a moment's notice)과 동격을 이루고 있으며, 내용은 '실업이 이내 찾아올 수 있다는 불안'에 관한 내용으로 부정적이다. 일자리가 많을 때에는 상식적으로 이런 걱정이 사라지는 것(perish)이 맞지만, 종속절의 접속사가 'when'이 아니라 'even when'으로 양보 구문이므로 주절의 내용은 상식과는 반대로 진행되어야 한다. 따라서 정답은 이런 불안이 지속된다는 의미의 ② persisted가 된다.

| 어휘 | **plentiful** ⓐ 많은, 풍부한   **long-standing** ⓐ 오랫동안 지속해 온

at a moment's notice – 곧, 이내
persist ⓥ 지속하다, 존속하다, 살아남다
petrify ⓥ 석화하다, 경직시키다, 깜짝 놀라게 하다
perish ⓥ 소멸하다, 사라지다
perform ⓥ 이행하다, 실행하다

---

11 Despite the fact that the two council members belonged to different political parties, they _____ the issue of how to finance the town debt. 홍익대

① complicated   ② reported on

③ attested on   ④ agreed on

| 정답 | ④

| 해석 | 두 의회 의원이 다른 정당에 소속되어 있다는 사실에도 불구하고, 그들은 시의 부채를 어떻게 융통할 것인가에 대해 동의했다.

① 복잡하게 했다   ② 보고했다

③ 증언했다   ④ 동의했다

| 해설 | Despite는 양보의 의미를 가진 접속사이므로, 주절의 내용은 종속절의 내용과 서로 반대가 되어야 한다. 종속절에 '두 사람은 서로 다른 정당에 속해 있다'고 했으므로, 주절의 내용은 '그럼에도 불구하고 그들은 서로 타협하거나 협력했다'는 식의 내용이 이어져야 한다. 여기서는 시의 부채에 해당하는 돈을 어떻게 마련할지에 대해 서로 '동의했다'고 보는 것이 타당하므로 정답은 ④가 된다.

| 어휘 | council ⓝ 의회, 자문 위원회
finance ⓥ 자금을 조달하다
report ⓥ 보고하다, 보고서를 작성하다
belong to – ~에 속하다
complicate ⓥ 복잡하게 하다, 뒤얽히게 만들다
attest ⓥ (법정 등에서) 증언하다, (~ to sth) 증명하다

---

12 Although it is small and looks _____, the habanero is uncontested as the hottest pepper in the world, the mother of all peppers. 명지대

① ferocious   ② innocuous

③ pedantic   ④ static

| 정답 | ②

| 해석 | 크기도 작고 무해해 보이지만, 하바네로(habanero)는 세상에서 가장 매운 고추로 경쟁 상대가 없으며, 모든 고추의 어머니에 해당한다.

① 사나운, 잔인한   ② 무해한

③ 아는 체하는, 현학적인   ④ 정적인, 정지 상태의

| 해설 | 겉으로 보기에는 '빈칸'과 같지만 실제로는 세상에서 가장 매운 고추이므로, 빈칸에는 해로울 것이 없을 것 같다는 '무해한'이라는 의미를 지닌 ② innocuous가 정답이 된다.

| 어휘 | habanero ⓝ 하바네로(작고 둥글게 생긴 매운 고추)
uncontested ⓐ 다툴 상대가 없는, 논의의 여지가 없는
pepper ⓝ 고추, 후추
ferocious ⓐ 사나운, 잔인한

innocuous ⓐ 무해한   pedantic ⓐ 아는 체하는, 현학적인

static ⓐ 정적인, 정지 상태의

---

13 Although the comedian was very smart, many of his remarks were _____ and _____ lawsuits against him for slander. 덕성여대

① pithy – came upon   ② derogatory – resulted in

③ depraved – assuaged   ④ recanted – sparked

| 정답 | ②

| 해석 | 비록 그 코미디언은 매우 영리한 사람이었지만 그의 발언 가운데 상당수가 경멸적인 발언이었고 그 결과 그 코미디언은 명예 훼손죄로 소송에 걸리고 말았다.

① 간결하지만 함축적인 – 우연히 떠오르다   ② 경멸적인 – 그 결과 ~하다

③ 타락한 – 달래다   ④ 철회된 – 촉발시키다

| 해설 | 명예 훼손으로 소송이 걸렸다는 말은 코미디언의 발언이 '경멸적'이고 '그로 인해' 소송이 걸린 것으로 볼 수 있다. 따라서 정답은 ②이다.

| 어휘 | **slander** ⓝ 중상모략, 명예 훼손죄   **pithy** ⓐ 간결하지만 함축적인

come upon – 우연히 떠오르다   **derogatory** ⓐ 경멸적인, 비판하는

deprave ⓥ 타락[부패]하게 만들다   **assuage** ⓥ 누그러뜨리다, 달래다

recant ⓥ 철회하다   **spark** ⓥ 촉발시키다, 유발하다

---

14 Although the old man during daytime catered to children's parties playing the role of a clown, he was _____ off duty; the smile painted on his face was only a camouflage to conceal his _____ mood. 경희대

① hilarious – doleful   ② saturnine – dour

③ phlegmatic – jubilant   ④ officious – patronizing

| 정답 | ②

| 해석 | 비록 그 노인은 낮에는 광대 노릇을 하면서 아이들 파티를 위해 오락을 제공하지만 근무 중이 아닐 때는 무뚝뚝한 사람이었다. 얼굴에 그린 미소는 노인의 시무룩한 분위기를 숨기기 위한 위장에 불과했다.

① 아주 우스운 – 애절한   ② 무뚝뚝한 – 시무룩한

③ 침착한 – 의기양양한   ④ 거들먹거리는 – 잘난 체하는

| 해설 | 첫 번째 빈칸의 경우, 양보를 나타내는 Although를 중심으로 낮에 광대 노릇을 하며 아이들을 즐겁게 했다면 주절에서는 광대 일을 하지 않을 때는 그런 즐거운 분위기와 거리가 멀 것으로 유추할 수 있다. 빈칸에는 ② saturnine이 적합하다. 두 번째 빈칸의 경우, 노인의 미소가 뭔가를 가리기 위한 위장에 불과하다면 숨기려고 하는 것은 미소와는 다른 음침하거나 '시무룩한' 분위기임을 유추할 수 있다. 따라서 빈칸에는 ② dour가 적합하다. 이러한 점들을 감안했을 때 정답으로 가장 적합한 것은 ②이다.

| 어휘 | **cater** ⓥ 오락을 제공하다; 음식을 장만하다   **off duty** – 비번인, 근무시간 외에

camouflage ⑩ 위장　　　　　　　　　　conceal ⓥ 감추다, 숨기다

hilarious ⓐ 아주 우스운, 재미있는　　　doleful ⓐ 애절한

saturnine ⓐ 음침한, 무뚝뚝한　　　　　dour ⓐ 시무룩한, 음침한

phlegmatic ⓐ 침착한, 냉정한　　　　　jubilant ⓐ 의기양양한

officious ⓐ 거들먹거리는, 위세를 부리는　patronizing ⓐ 잘난 체하는

---

15 Although there is evidence that materialism is basic to human nature, there is also a growing body of psychological research that correlates emphasis on excessive materialism ＿＿＿＿＿ with most measures of happiness, life satisfaction and community interaction.

① affirmatively　　　　　　　　　② improperly

③ negatively　　　　　　　　　　④ arbitrarily

| 정답 |　③

| 해석 |　물질 만능 주의가 인간 본성의 기본이라는 증거에도 불구하고, 점점 더 많은 심리학 연구를 통해 지나친 물질 만능 주의에 대한 강조가 행복과 삶의 만족, 공동체 상호 작용의 대부분의 척도와 반비례의 상관관계가 있다는 것을 보여 주고 있다.

　① 확정적으로, 긍정적으로　　　　② 부적절하게

　③ 부정적으로, 소극적으로　　　　④ 임의적으로

| 해설 |　주절의 내용을 보면, 관계대명사 that절을 이용해 선행사 'a growing body of psychological research'를 수식하고 있으며, 관계대명사절에 「correlate A with B」를 이용하여 문장을 서술하고 있다. A는 '지나친 물질 만능 주의'이고 B는 '행복이나 만족의 척도'를 의미하는데, Although로 시작하는 양보절을 통해 A와 B가 비례의 상관관계(affirmative correlation)가 아닌, 반비례의 상관관계(negative correlation)를 지닌다는 내용이므로 정답은 ③이 된다. ①과 ③을 '긍정적/부정적'으로 접근하면 문맥을 정확하게 이해하지 못하게 된다.

| 어휘 |　**materialism** ⑩ 물질주의, 물질 만능 주의　　**correlate A with B** – 연관성[상관관계]을 보여 주다

　　excessive ⓐ 지나친　　　　　　　　　　**measure** ⑩ 척도

　　affirmatively ⓐⓓ 확정적으로, 긍정적으로　　**improperly** ⓐⓓ 부적절하게

　　negatively ⓐⓓ 부정적으로, 소극적으로　　**arbitrarily** ⓐⓓ 임의적으로

---

16 For too long, we have accepted ＿＿＿＿＿ as a precondition for quality in search engines, even though the best computer scientists tell us that security through obscurity is a bad idea. The best way to battle spammers and scammers is through open public participation in the process of ranking and rating search results.

① exposure　　　　　　　　　　② secrecy

③ candor　　　　　　　　　　　④ legitimacy

| 정답 |　②

| 해석 |　최고의 컴퓨터 과학자들이 익명성을 통한 보안 유지가 좋은 생각이 아니라고 말하고 있음에도 불구하고, 너무도 오

랫동안 우리는 비밀 유지를 검색 엔진 품질의 전제 조건이라고 여겨 왔다. 스팸 메일 발송자와 온라인 사기꾼들을 퇴치할 수 있는 가장 좋은 방법은 검색 결과의 순위와 등급 결정 과정에서 대중들의 열린 참여를 통해서이다.

① 노출   ② 비밀 유지

③ 솔직함   ④ 합법성, 정당성

| 해설 | '무명에 의한 온라인 보안(security through obscurity)'은 좋은 생각이 아님에도 이를 좋은 것이라고 생각해 왔다고 보고 있으므로, 이와 유사한 내용이 빈칸에 들어가야 한다. 또한 후반부에 나오는 '대중들의 열린 참여(open public participation)'를 문제의 해결책으로 제시하고 있으므로, 빈칸에 반대되는 내용임을 알 수 있다. 이 둘을 통해 open과 반대되고 obscurity와 유사한 ② secrecy가 정답이 됨을 알 수 있다.

| 어휘 | **precondition** ⓝ 전제 조건   **security** ⓝ 안전, 보안, 안보

obscurity ⓝ 무명, (세상 사람들에게) 잊힘, 모호함

battle ⓥ 싸우다, 투쟁하다   **spammer** ⓝ 스팸 메일 발송자

scammer ⓝ 사기꾼, 난봉꾼   **rating** ⓝ 등급, 순위

exposure ⓝ 노출   **secrecy** ⓝ 비밀 유지, 비밀 엄수

candor ⓝ 솔직함, 정직   **legitimacy** ⓝ 합법성, 정당성

---

17 It was disturbing to see that the map of Europe did not mention Bosnian in the Mother Tongues section. Bosnian, while in many respects similar to Croatian and Serbian, is _____ a distinct language spoken by over three million people in Bosnia and also in areas of Croatia and Serbia. 성균관대

① likewise   ② moreover

③ however   ④ otherwise

⑤ nevertheless

| 정답 | ⑤

| 해석 | 유럽 지도의 모국어 부분에서 보스니아어가 언급되지 않은 것은 충격적이다. 보스니아어는 많은 면에서 크로아티아어 및 세르비아어와 비슷하지만, 그럼에도 보스니아뿐만 아니라 크로아티아와 세르비아의 여러 지역에 거주하는 3백만 명이 넘는 사람들이 사용하는 별개의 언어이다.

① 마찬가지로   ② 게다가

③ 그러나   ④ 그렇지 않다면

⑤ 그럼에도

| 해설 | 빈칸이 들어간 문장의 while은 '~이긴 하지만'의 의미를 지니며, 해석하면 '많은 면에서 비슷하긴 하지만'의 의미를 지닌다. 그래서 빈칸 전까지의 내용을 해석하면 '보스니아어는 많은 면에서 비슷하지만'이다. 그런데 빈칸 뒤를 보면 보스니아어는 '별개의(distinct)' 언어임을 주장하고 있다. 즉 전체적인 내용은 '보스니아어는 많은 면에서 비슷하지만 그럼에도 불구하고 별개의 언어이다.'이다. 따라서 정답은 ⑤이다.

| 어휘 | **disturbing** ⓐ 충격적인, 불안감을 주는

18 Although the positive news that the cancer was caught in time to treat it with radiation therapy is often a cause for momentary celebration, that temporary _____ is quickly _____ with the realization that the treatments may take months.

① euphoria – dampened
② gladness – elevated
③ sorrow – alleviated
④ buoyancy – augmented

| 정답 | ①

| 해석 | 암이 방사선 치료를 통해 치료할 수 있는 적절할 시기에 발견된 것이라는 긍정적 소식은 종종 잠시 동안의 기쁨을 주는 원인이 되지만, 그런 일시적인 환희는 치료가 수개월이 걸린다는 사실의 발견과 함께 이내 곧 수그러든다.
① 환희 – 기세가 꺾이는
② 기쁨 – 고양되는
③ 비애 – 완화되는
④ 들뜸 – 증가되는

| 해설 | 지문의 요지는 암에 걸렸지만 방사선 치료를 통해 완치의 가능성이 있을 수 있는데, 그 치료가 매우 장기간 지속되어야 한다는 내용이다. 따라서 처음 소식을 듣고 기뻤던 마음이 이내 줄어든다는 내용이 와야 한다. 그런 의미에서 첫 번째 빈칸에는 'momentary celebration'과 같은 의미가 와야 하므로 'euphoria, gladness, buoyancy' 등이 올 수 있다. 두 번째 빈칸에는 그런 기쁨이 오래가지 못한다는 내용이므로 'dampened, alleviated' 등이 적합하다.

| 어휘 | **be caught in time** – 제때 발견되다　　**radiation therapy** – 방사선 치료
momentary ⓐ 일시적인　　**temporary** ⓐ 일시적인
euphoria ⓝ (극도의) 행복감, 희열　　**dampen** ⓥ (감정·반응의 기세를) 꺾다[약화시키다]
elevate ⓥ 높이다, 올리다, 기분을 좋게 하다　　**sorrow** ⓝ 슬픔, 비애
alleviate ⓥ 완화시키다
buoyancy ⓝ 부력, (타격 등을 받고 곧) 회복하는 힘, 쾌활함, 낙천적인 성질
augment ⓥ 늘리다, 증가시키다

---

19 Although vitamins are helpful for maintaining good health, alcohol, caffeine, and drugs severely undermine their effectiveness, leaving the body's defenses _____.

① protected
② impaired
③ confused
④ intensified

| 정답 | ②

| 해석 | 비타민이 건강을 유지하는 데 도움이 되는 것은 사실이지만, 술이나 카페인, 약물 등은 비타민의 효용성을 심각하게 약화시키며, 신체의 방어 체계를 손상시킨다.
① 보호받는
② 손상된
③ 혼란스러운
④ 강화된

| 해설 | 양보의 접속사 Although가 단서이다. 빈칸이 포함된 문장은 분사구문으로, leaving의 주어는 'alcohol, caffeine, and drugs'가 된다. 이런 것들은 신체의 면역 체계를 떨어지게 한다(undermine)는 의미가 와야 하므로, 단순히 '혼란을 유발하다'는 ③보다는 '손상시키다'는 뜻의 ②가 더 적합하다.

| 어휘 | **severely** ⓐⓓ 심하게, 엄하게, 엄격하게, 혹독하게　　**undermine** ⓥ 약화시키다

effectiveness ⑪ 유효(성), 효과적임　　　　　　　impaired ⓐ 손상된, 제 기능을 못하는

intensified ⓐ 강화된, 강조된

---

20 How did Thomas Edison make over 1,000 inventions? He frequently worked twenty hours out of twenty-four and stopped only for short naps. He ate irregular meals, drank too much coffee, and smoked too many cigars. _____, he lived actively to the age of 84. 명지대

① Since he was a famous inventor

② Thanks to his wholesome habits

③ In accordance with his virtuous public life

④ Despite his unusual daily routine

| 정답 | ④

| 해석 | 토머스 에디슨은 어떻게 천 개가 넘는 발명을 할 수 있었을까? 그는 하루 24시간 가운데 20시간을 일하는 경우가 빈번했고 잠깐 눈을 붙일 때만 일을 멈췄다. 그는 식사를 불규칙적으로 했고, 커피는 너무 많이 마셨고, 시가는 너무 많이 피웠다. 하루 일과가 평범하지 않은 사람이었음에도 불구하고, 그는 84세까지 활동적인 삶을 살았다.

①　유명한 발명가였기 때문에

②　건전한 습관 덕분에

③　고결한 공적 생활에 발맞춰

④　하루 일과가 평범하지 않은 사람이었음에도 불구하고

| 해설 | 빈칸 앞을 보면 에디슨의 하루 일과는 결코 평범하지 않음을 알 수 있다. 하지만 '그럼에도 불구하고(despite)' 84세까지 살았다. 따라서 정답은 ④이다.

| 어휘 | **wholesome** ⓐ 건전한, 건강에 좋은　　　　**virtuous** ⓐ 고결한, 도덕적인

---

21 Although the intellectual and architectural accomplishments of this early civilization were, even by recent standards, extremely (A) _____, its level of technical and mechanical development is not at all (B) _____ to that of modern expertise. 한양대

① refined – completive　　　　　　　　　② archaic – complementary

③ cultured – complaisant　　　　　　　　④ sophisticated – comparable

| 정답 | ④

| 해석 | 비록 초기 문명의 지적 및 건축학적 성취가 최근의 기준으로도 매우 수준이 높지만, 기술적이고 공학적인 수준은 현대 전문 기술의 수준과 비교하면 비교가 불가능하게 떨어진다.

①　세련된 – 완성적인　　　　　　　　　② 구식의 – 상호 보완적인

③　세련된 – 남의 뜻에 잘 따르는　　　　④ 수준 높은 – 비교할 만한

| 해설 | 우선 양보의 뜻을 지닌 접속사 Although가 있기 때문에 빈칸 (A)가 들어간 부사절과, 빈칸 (B)가 들어간 주절은 서로 상반된 의미를 가져야 한다. 문맥을 살펴보면, 부사절은 고대 건축물의 수준이 높다는 의미를 가지며, 주절은 그

럼에도 고대 건축물의 수준은 현대보다 떨어진다는 의미를 갖는다. 따라서 빈칸 (A)에는 ②를 제외한 단어가 가능하지만, 빈칸 (B)에는 앞의 부정을 의미하는 not at all이 오기 때문에 결합하면 '비교할 바가 못 된다'는 의미에서 ④ comparable이 가능하다. 따라서 정답은 ④이다.

| 어휘 | **architectural** ⓐ 건축학적인   **accomplishment** ⓝ 업적, 성취
expertise ⓝ 전문 기술   **refined** ⓐ 세련된, 고상한
completive ⓐ 완성적인   **archaic** ⓐ 구식의
complementary ⓐ 상호 보완적인   **cultured** ⓐ 세련된, 교양 있는
complaisant ⓐ 남의 뜻에 잘 따르는   **sophisticated** ⓐ 정교한, 수준 높은
comparable ⓐ 비슷한, 비교할 만한

---

22   These measures will all help, though they cannot be anything like the _____ that the would-be regulators dream of. The great bulk of America's murders are committed with ordinary handguns, not the sort that would be covered by any remotely likely ban. 서강대

① bonanza   ② bombardment

③ panacea   ④ intaglio

| 정답 | ③

| 해석 | 이러한 조치는 모두 도움은 되겠지만 향후 규제 담당자들이 꿈꾸고 있는 만병통치약 같은 것은 될 수가 없다. 미국에서 벌어지는 살인 사건의 상당수는 보통의 권총에 의해 벌어지지 별로 적절치 않은 금지 규정의 적용 대상이 되는 총기로 인해 벌어지지는 않는다.

① 노다지   ② 폭격

③ 만병통치약   ④ 음각

| 해설 | 보기의 단어를 빈칸에 대입했을 때 문맥상 가장 적절한 것은 though 덕분에 모든 사람들이 원하는 만큼의 '만병통치약'은 아니지만 그래도 도움은 된다는 의미에서 ③으로 볼 수 있다.

| 어휘 | **likely** ⓐ 알맞은, 적당한   **panacea** ⓝ 만병통치약, 모든 문제의 해결책
bonanza ⓝ 노다지   **bombardment** ⓝ 폭격
intaglio ⓝ 음각, 요조

---

23   _____ the great popularity of chocolate stems from the last century, it is far from new. The earliest records of the serving of chocolate as a drink go back to the Aztecs of Mexico. Soon its use spread widely, and Europe was dotted with houses that specialized in providing hot chocolate for their customers. 숙명여대

① Although   ② Since

③ Because   ④ As

⑤ As long as

| 정답 | ①

| 해석 | 비록 초콜릿의 엄청난 인기는 지난 세기부터 유래한 것이지만, 전혀 새로운 것은 아니다. 초콜릿을 음료수 형태로 대접한 것에 관한 가장 오래된 기록은 멕시코의 아즈텍족 시기로 거슬러 올라간다. 이러한 용법은 곧바로 널리 확산되어 유럽에는 고객들을 위해 뜨거운 초콜릿을 전문적으로 제공하는 주택이 곳곳에 산재했다.

① ~이지만, ~임에도 불구하고   ② ~이므로

③ ~ 때문에   ④ ~ 때문에

⑤ ~하는 한

| 해설 | 초콜릿의 인기가 지난 세기부터 유래한 것이긴 해도 이미 그전부터도 초콜릿은 인기가 있었다는 것이 본문의 내용이다. 즉, '비록' 지난 세기부터 인기가 있었다고 해도, 인기가 전혀 새로운 것은 아니고 그 이전부터 인기는 있었다는 내용이다. 따라서 정답은 ①이다.

| 어휘 | **stem from** – ~에 유래하다   **dot** ⓥ 여기저기 흩어져 있다, 산재하다

---

24 Some of the largest ocean waves in the world are nearly impossible to see. Unlike other large waves, these rollers, called internal waves, do not ride the ocean surface. Instead, they move underwater, undetectable without the use of satellite imagery or sophisticated monitoring systems. _____, internal waves are fundamental parts of ocean water dynamics, transferring heat to the ocean depths and bringing up cold water from below. And they can reach staggering heights — some as tall as skyscrapers. 에리카

① Due to their surface nature

② Despite their hidden nature

③ In lieu of their latent nature

④ Because of their horrible nature

| 정답 | ②

| 해석 | 세상에서 가장 거대한 해양파 가운데 일부는 눈으로 보는 것이 거의 불가능하다. 다른 거대한 파도와는 달리 '내부파'란 명칭으로 불리는 이들 거대한 파도는 해수면을 타고 움직이지 않는다. 대신에 해수면 밑에서 이동하며, 위성 영상이나 정교한 감시 시스템을 활용하지 않고서는 감지가 불가능하다. 이처럼 드러나지 않는 특성에도 불구하고 내부파는 해수 역학의 근간이며, 열을 대양 심도로 전달해 주고, 찬물을 아래로부터 위로 올려준다. 내부파는 그 높이가 믿기 힘들 정도로 큰데 고층 건물만큼이나 높은 것도 있다.

① 표면의 특성 때문에

② 드러나지 않는 특성에도 불구하고

③ 잠재적 특성 대신에

④ 무시무시한 특성 때문에

| 해설 | 빈칸 앞에서는 내부파가 해수면을 통해 밖으로 드러나는 것이 아니라 해수면 밑에서 존재하는 '드러나지 않는 특성'을 보유함을 알 수 있다. 그리고 빈칸 뒤에서는 내부파가 중요한 역할을 함을 알 수 있다. 여기서 빈칸을 기점으로 앞뒤 두 문장이 어떻게 연결되었는지를 보면, 내부파는 드러나지 않는 특성에도 '불구하고' 중요한 역할을 하고 있다는 의미에서 '양보'의 의미로 연결되어 있음을 알 수 있다. 따라서 정답은 ②이다.

| 어휘 | **ocean wave** – 파랑, 해양파   **roller** ⓝ 거대한 파도, 너울

internal wave − 내부파	undetectable ⓐ 감지할 수 없는
satellite imagery − 위성 영상, 위성 화상	sophisticated ⓐ 정교한, 복잡한
fundamental ⓐ 근원적인, 근본적인	dynamics ⓝ 역학
ocean depth − 대양 심도	staggering ⓐ 믿기 어려운, 깜짝 놀라게 하는
in lieu of − ～ 대신에	latent ⓐ 잠재하는, 잠재적인

---

25 Although several studies have indicated that groups are more likely to trigger antisocial action, there is some evidence that these effects do not simply represent _____. For instance, some researchers reported that dressing participants in medical gowns decreased aggression, whereas having them wear terrorist-like outfits increased it. Other researchers found that anonymity decreased the aggressiveness of males but increased that of females. These outcomes suggest that situation-specific or gender standards may be affecting behavior. 중앙대

① social alienation　　　　　　　　　② radical anarchism

③ underdog effect　　　　　　　　　　④ norm-free behavior

| 정답 | ④

| 해석 | 비록 몇몇 연구에서 단체가 반사회적 행동을 촉발할 가능성이 더 높다는 결과가 나왔지만 이러한 영향이 단순히 규범에서 벗어난 행동을 대변하는 것은 아니라는 증거가 일부 존재한다. 예를 들어 일부 연구자들은 의사용 가운을 참가자들에게 입히면 공격성이 감소하고 반면에 이들에게 테러분자 같은 의상을 입히면 공격성이 증가한다는 것을 보고했다. 다른 연구가들은 익명성은 남성의 공격성을 낮추지만 여성의 공격성은 높인다는 사실을 발견했다. 이러한 결과는 상황별 또는 성별에 따른 기준이 행동에 영향을 미칠 수 있음을 나타낸다.

　　① 사회적 소외　　　　　　　　② 급진적 무정부주의
　　③ 언더독 효과　　　　　　　　④ 규범에서 벗어난 행동

| 해설 | 빈칸 뒤 내용은 복장에 따라 그리고 성별에 따라 단체의 공격성이 증가하기도 줄기도 하는 사례를 제시하고 있다. 즉 '단체가 반사회적 행동을 촉발할 가능성이 더 높다(groups are more likely to trigger antisocial action)'고 하더라도, '상황별 또는 성별에 따른 기준(situation-specific or gender standards)'에 따라 행동이 이루어지기 때문에 단체가 되면 무작정 어떤 선 즉 '규범'을 벗어나서까지 행동하는 것으로는 볼 수 없다는 의미이다. 따라서 정답은 ④이다.

| 어휘 |

trigger ⓥ 촉발시키다	**anonymity** ⓝ 익명성
aggressiveness ⓝ 공격적임	**-specific** ⓐ ～에 따른, ～별
alienation ⓝ 소외	**radical** ⓐ 급진적인
anarchism ⓝ 무정부주의	**underdog effect** − 언더독 효과
norm ⓝ 규범	

01 There are no signs of an end to the violence; on the contrary, it is only _____.

① intensifying

② soothing

③ beginning

④ beneficial

| 정답 | ①

| 해석 | 폭력이 끝나리라는 징표들은 없다. 그러기는커녕 점점 심해지고 있다.

① 심해지다

② 누그러뜨리다

③ 시작하다

④ 유익한

| 해설 | 폭력 사태가 끝나는 것이 아니라, 이와는 반대로 되어야 하므로 정답은 ①이다. 참고로 끝날 징표가 없다는 것은 이미 시작했다는 것이므로 ③ beginning은 적당하지 않다.

| 어휘 | **soothe** ⓥ 누그러뜨리다   **beneficial** ⓐ 유익한, 이로운

02 If she thinks she is superior to him, then she may reject the project with him. In any case it is up to her _____ to be or not with him.

① conscience

② destiny

③ decision

④ blunder

| 정답 | ③

| 해석 | 만약 그녀가 자신이 그보다 더 우월하다고 생각한다면, 그녀는 그와 프로젝트를 같이하기를 아마도 거부할 것이다. 어쨌든 그와 함께할지 아닐지는 그녀의 결정에 달려 있다.

① 양심

② 운명

③ 결정

④ 실수

| 해설 | 그와 프로젝트를 같이할지 아니면 관둘지는 그녀에게 달려 있다. 그러므로 그녀의 '선택'이나 '결정'이 중요하다고 할 수 있다.

| 어휘 | **be superior to** - ~보다 우월하다   **be up to** - ~에게 달려 있다

03 Detention is not supposed to be a default step in criminal procedure; on the contrary, it ought to be _____.

① additional attributes

② sort of penalty

③ the catalyst

④ a last resort

| 정답 | ④

| 해석 | 구금은 형사 절차에서 첫 단계가 되어서는 안 된다. 이와는 반대로 최후의 수단이 되어야 한다.

① 추가적인 속성들   ② 처벌의 일종

③ 촉매   ④ 최후의 수단

| 해설 | on the contrary는 '반대로, 그러기는커녕'을 뜻하는 반박이나 반론을 제기하는 표현이다. 구금은 첫 단계여서는 안 되고 최후의 조치나 수단이어야 한다는 것이다.

| 어휘 | **detention** ⓝ 구금   **be supposed to** – ~하기로 되어 있다

default ⓝ 초기값, 채무 불이행   **a last resort** – 최후의 수단

---

04 Mr. William will not be severing his relations with the company: on the contrary, he will _____ on a full-time basis as a consultant.

① not be appointed   ② be finished

③ be retained   ④ not be able to keep

| 정답 | ③

| 해석 | 윌리엄 씨는 회사와의 관계를 단절하지는 않을 것이다. 그러기는커녕 전업으로 상담역의 지위를 유지할 것이다.

① 임명되지 않다   ② 끝나다

③ 유지하다   ④ 유지할 수 없다

| 해설 | 단절하기는커녕, 오히려 관계가 유지하거나 강화되는 방향으로 나가야 문맥상 알맞다. 그러므로 ③이 정답이다.

| 어휘 | **sever** ⓥ 자르다, 단절하다   **consultant** ⓝ 상담역, 자문 위원

retain ⓥ 유지하다, 보유하다

---

05 Teachers do not want to make students _____, in fact quite the opposite. Teachers are simply giving them what they want.

① smarter   ② confused

③ miserable   ④ financially secure

| 정답 | ③

| 해석 | 교사들은 학생들을 비참하게 만들고 싶어 하지 않는다. 사실 반대이다. 교사들은 학생들에게 학생들이 원하는 것을 주고 싶어 한다.

① 더 똑똑한   ② 혼란스러운

③ 비참한   ④ 경제적으로 안정된

| 해설 | quite the opposite를 지표로 보면, 반박이나 반론을 제시하는 표현이 나와야 한다. 그러므로 원하는 것을 주고 싶어 한다는 것과 대비되는 ③ miserable을 선택할 수 있다. 그래야 원하는 것을 얻는 행복한 상황으로 갈 수 있다. 참고로 ② confused는 반대 개념이 simple이 되어야지 happy가 될 순 없다.

| 어휘 | **quite the opposite** – 반대로   **confused** ⓐ 혼란스러운

06　Some students assume they are not plagiarizing someone else's work if they change the wording while leaving the meaning intact. Yet this assumption is ＿＿＿＿＿ wrong. 성균관대

① dead

② whole

③ forever

④ naively

⑤ perfect

| 정답 | ①

| 해석 | 일부 학생들은 만일 의미는 그대로 놔둔 채 단어 선택만 달리하면 다른 사람의 글을 표절한 게 아니라고 추정한다. 하지만 이는 완전히 잘못된 추정이다.

　　　　① 완전히　　　　　　　　　　② 전체적으로

　　　　③ 영원히　　　　　　　　　　④ 순진하게

　　　　⑤ 완벽하게

| 해설 | 빈칸 앞 역접의 관계를 드러내는 Yet과 빈칸 뒤 wrong 덕분에, 빈칸과 빈칸 뒤 wrong이 결합하여 '완전히 잘못된'이라는 의미가 형성되어야 함을 유추할 수 있다. 보기 중에서 이에 적합한 것은 ①뿐이다.

| 어휘 | **plagiarize** ⓥ 표절하다　　　　　　**wording** ⓝ 단어 선택, 자구

　　　　intact ⓐ 온전한, 그대로인　　　　**dead wrong** – 완전히 잘못된[틀린]

　　　　naively 순진하게

07　In November, New York voters did reelect disgraced congressman Michael Grimm. Last April, the Republican lawmaker was charged with 20 counts of fraud, federal tax evasion, and perjury. ＿＿＿＿＿, on Nov. 4, Mr. Grimm was reelected for a third term.

① In addition

② Even so

③ In contrast

④ Consequently

| 정답 | ②

| 해석 | 11월에 뉴욕의 유권자들은 망신을 당했던 Michael Grimm을 국회 의원으로 다시 뽑아 주었다. 지난 4월에 공화당 의원인 그는 사기, 연방 세금 탈세, 위증 등 20여 개의 죄목으로 기소되었다. 그렇다 하더라도 11월 4일에 그는 3번째 임기로 재선에 성공했다.

　　　　① 이에 더하여　　　　　　　　② 그렇다 하더라도

　　　　③ 대조적으로　　　　　　　　④ 결과적으로

| 해설 | Michael Grimm이 국회 의원 신분에 걸맞지 않은 죄목으로 기소되었지만, 그래도 뉴욕의 유권자들은 그를 다시 선출했다는 의미이다. 첫 문장에서 이미 결론이 나온 부분을 다시 한 번 부연하고 있긴 하지만, 바로 직전 문장과는 논리의 흐름이 반대로 진행되는 것이다.

| 어휘 | **count** ⓝ 죄목, 기소 조항　　　　**evasion** ⓝ 회피, 탈세

　　　　perjury ⓝ 위증　　　　　　　**even so** – 그렇다 하더라도

08 To most of us, flu is a nuisance disease, an annual hassle endured along with taxes and dentists. Some people think a flu shot isn't worth the bother. But flu _____. The virus spreads so easily via tiny droplets that 30 million to 60 million Americans catch it each year. Some 36,000 die, mostly the elderly. It mutates so fast that no one ever becomes fully immune, and a new vaccine has to be made each year.

① is taking lives in South Asia

② can be cured by just taking vitamins

③ comes back whenever you are weak

④ is easy to underestimate

⑤ can be a big business in medical field

| 정답 | ④

| 해석 | 우리 대부분에게 있어 독감은 성가신 질환으로 세금과 치과 의사와 같이 매년 겪는 귀찮은 일이다. 일부 사람들은 독감 예방 주사가 번거롭게 접종을 받을 만한 가치가 없다고 생각한다. 하지만 독감은 과소평가하기 쉬운 질환이다. 독감 바이러스는 매우 작은 비말로도 쉽게 확산되기 때문에 매년 3천만에서 6천만의 미국인들이 독감에 걸린다. 대략 3만 6천 명이 사망하고 대부분은 노인이다. 독감은 매우 급속도로 변이되기 때문에 완전히 독감에 면역인 사람은 아무도 없고, 매년 새로운 백신을 만들어야 한다.

① 남아시아에서 사람의 목숨을 앗아간다

② 비타민 섭취로도 완치가 가능하다

③ 허약해질 때마다 다시 걸린다

④ 과소평가하기 쉽다

⑤ 의료계에서 큰 산업이 될 수 있다

| 해설 | 빈칸 뒤 내용을 보면 독감으로 인한 피해가 의외로 크다는 점을 알 수 있다. 즉 독감은 번거롭게 접종을 받아야 하는지 의심하는 사람이 있는 것처럼 '과소평가하기 쉽지만' 그래서는 안 되는 질환이다. 따라서 정답은 ④이다.

| 어휘 | **nuisance** ⓐ 성가신   **hassle** ⓝ 귀찮은[번거로운] 일

droplet ⓝ 작은 방울, 비말   **mutate** ⓥ 변이되다, 돌연변이가 되다

immune ⓐ 면역성이 있는

09 The rattles with which a rattlesnake warns of its presence are formed by loosely interlocking hollow rings of hard skin, which make a buzzing sound when its tail is shaken. As a baby, the snake begins to form its rattles from the button at the very tip of its tail. Therefore, each time it sheds its skin, a new ring is formed. Popular belief holds that a snake's age can be told by counting the rings, but this is _____ — a snake may lose its old skin, as often as four times a year. Also, rattles tend to wear off or break off with time. 건국대

① empirical   ② fallacious

③ appreciable   ④ embarrassing

⑤ insignificant

| 정답 | ②

| 해석 | 방울뱀이 자신의 존재를 경고하고자 사용하는 방울은 딱딱한 피부로 된 속이 빈 고리들이 느슨하게 서로 맞물리면서 형성되며, 꼬리가 흔들릴 때 윙윙거리는 소리를 낸다. 방울뱀이 새끼일 때 꼬리 맨 끝에 달린 버튼 같은 부위로부터 방울이 형성된다. 따라서 허물을 갈 때마다 새로운 고리가 형성된다. 일반적인 믿음에 따르면 뱀의 나이는 고리를 세는 것으로 알 수 있다고 한다. 하지만 이는 잘못된 것이다. 뱀은 낡은 허물을 많게는 1년에 네 번까지 벗을 수 있다. 또한 방울은 시간이 흐르면서 차츰 사라지거나 떨어질 수 있다.

① 경험에 의거한   ② 잘못된

③ 주목할 만한   ④ 난처한

⑤ 대수롭지 않은

| 해설 | 뱀이 허물을 한 해 사이에 여러 번 갈기도 하고 방울이 떨어지거나 사라질 수 있다는 말은 방울을 가지고 뱀의 나이를 판단하는 것이 '잘못'임을 의미한다. 따라서 정답은 ②이다.

| 어휘 | **rattle** ⓝ 방울; 덜커덕[달그락/덜컹]거리는 소리   **rattlesnake** ⓝ 방울뱀

interlock ⓥ 서로 맞물리다   **buzzing** ⓐ 윙윙거리는

shed ⓥ (가죽·껍질 등을) 벗다[갈다]   **hold** ⓥ ∼로 생각하다[여기다]

wear off − (차츰) 사라지다[없어지다]   **empirical** ⓐ 경험[실험]에 의거한

fallacious ⓐ 잘못된, 틀린   **appreciable** ⓐ 주목할 만한

embarrassing ⓐ 난처한, 쑥스러운   **insignificant** ⓐ 대수롭지 않은, 사소한

10 One day in 2009 an anonymous Twitter user posted a message: "I am certainly not bored. Way busy! Feel great!" That is all well and good, one might think, but utterly uninteresting to anyone besides the author and, perhaps, a few friends. _____, according to Dr. John Bollen, who collected the tweet, along with plenty of others sent that day. All were rated for emotional content. Many proved similarly chirpy, scoring high on confidence, energy and happiness. Indeed, Dr. Bollen reckons, on the day the tweet was posted, America's collected mood perked up a notch. 성균관대

① Absolutely   ② So on

③ Maybe   ④ Not so

⑤ Certainly

| 정답 | ④

| 해석 | 2009년의 어느 날 한 익명의 트위터 사용자가 다음과 같은 메시지를 띄웠다. "난 정말로 지루하지 않아. 너무 바쁘다고! 기분 좋은 걸!" 사람들은 아마도 이런 메시지를 보고, 메시지 자체는 그냥 괜찮긴 한데 메시지 작성자랑 어쩌면 작성자의 몇몇 친구를 제외한 사람들에겐 전혀 흥미를 불러일으키지 못할 것이라고 생각할 것이다. (그렇지만) 해당 트윗 메시지랑 그날 발송된 다수의 다른 트윗 메시지를 수집한 존 볼렌 박사에 따르면 실은 그렇지 않았다. 모든 메시지는 감성적인 내용에 따라 등급이 매겨졌다. 다수의 메시지가 유사하게 쾌활했고, 자신감, 에너지, 행복 등에서 높은 점수를 보였다. 실제로 볼렌 박사가 생각하기에 그 트윗 메시지가 올라간 날 미국 사람들의 기분은 한 등급은 올라갔을 것이다.

① 틀림없이   ② 등등

③ 어쩌면   ④ 그렇지 않다

⑤ 확실히

| 해설 | 빈칸을 기점으로, 빈칸 앞에서는 익명의 트윗 메시지를 둘러싼 보통 사람들의 생각을 말하고 있으며, 빈칸 뒤에서는 실제 벌어진 내용을 말하고 있다. 그리고 사람들의 생각과는 달리 해당 트윗 메시지가 사람들에게 의외로 큰 반항을 불러일으켰음을 알 수 있다. 따라서 빈칸에 가장 적합한 것은 ④이다.

| 어휘 | **anonymous** ⓐ 익명의   **all well and good** – 괜찮기는 한

utterly ⓐⓓ 완전히, 전혀   **rate** ⓥ 등급을 매기다, 평가하다

chirpy ⓐ 쾌활한   **perk up** – 기운을 차리다

notch ⓝ 급수, 등급   **absolutely** ⓐⓓ 틀림없이

01	②	02	④	03	④	04	④	05	②	06	④	07	②	08	②	09	①	10	⑤
11	③	12	④	13	①	14	③	15	①										

---

01 The research shows that far from rejecting traditional marriage, many people _____ it too highly. They put it on a pedestal or regard marriage not only as the foundation of adult life but as the capstone.

① degrade

② revere

③ condone

④ cajole

| 정답 | ②

| 해석 | 연구에 따르면 대다수의 사람들은 전통적인 결혼을 거부하는 것과는 반대로 이를 매우 존중한다는 것이 밝혀졌다. 사람들은 결혼을 신성시하거나 혹은 성인으로서의 삶에 토대일 뿐 아니라 최고의 성취로 여긴다.

① 타락시키다

② 존경하다

③ 용서하다

④ 감언으로 속이다

| 해설 | 앞 문장에 대한 부연 설명이 뒤에 나오는 형식이다. 첫 문장에서 far from rejecting(거부하는 것과는 반대로)을 써서 전통적인 결혼을 거부하는 것이 아니라고 내용을 부정하고 뒷부분에서 오히려 소중한 것이라고 진술하는 형식이다.

| 어휘 | **far from -ing ~** – 결코 ~ 아닌, 오히려 반대인 **capstone** ⓝ 관석, 갓돌, 최고의 업적

put sth on a pedestal –~을 존경하다, 받들어 모시다

revere ⓥ 공경하다 **degrade** ⓥ 강등시키다, 저하시키다, 타락시키다

condone ⓥ 용서하다, 눈감아 주다 **cajole** ⓥ 감언으로 속이다

---

02 A desire to be applauded by those in attendance, not his sensitivity to the plight of the underprivileged, was the reason for _____ at the charity affair. 한양대

① shyness

② discomfort

③ arrogance

④ generosity

| 정답 | ④

| 해석 | 자선 활동에서 너그러움을 보인 이유는 혜택을 받지 못하는 사람들이 겪는 곤경에 대해 보이는 세심함이 아니라 참석한 사람들로부터 박수갈채를 받겠다는 욕망이었다.

① 수줍음

② 불편함

③ 오만

④ 너그러움

| 해설 | 참석자들로부터 박수갈채를 받으려면 자선 활동에서 '너그러움'을 보여야 할 것이다. 따라서 정답은 ④이다.

| 어휘 | **sensitivity** ⓝ 세심함, 감성 **plight** ⓝ 역경, 곤경

underprivileged ⓐ 혜택을 못 받는 **generosity** ⓝ 너그러움, 관대함

03 When Wilson purposefully began collecting the unique stamps, he desperately hoped that the value of his collection would _____ rapidly; instead, the collection has slowly become worthless. 중앙대

① polarize
② belabor
③ divulge
④ soar

| 정답 | ④

| 해석 | 일부러 진귀한 우표를 수집하기 시작한 Wilson은 자신이 모은 우표의 가치가 빠르게 치솟기를 간절히 원했다. 대신 수집한 우표는 서서히 가치 없는 것으로 변모했다.

① 양극화되다
② 장황하게 논하다
③ 누설하다
④ 치솟다

| 해설 | 빈칸 뒤에 이어지는 문장을 보면 instead(~하는 대신)로 이어져 있으므로, 앞 문장과 역접으로 연결되어 있다는 것을 알 수 있다. 뒤의 문장이 우표의 가치가 떨어졌다고 했으므로, 앞은 반대되는 상황을 간절히 희망했음을 추론할 수 있다. 따라서 정답은 '하늘로 치솟다'라는 의미의 ④ soar가 된다.

| 어휘 | **purposefully** ⓐⓓ 의도적으로, 일부러
desperately ⓐⓓ 절박하게
worthless ⓐ 가치 없는
polarize ⓥ 양극화되다, 양극화를 초래하다, 극성을 주다
belabor ⓥ 장황하게 논하다, (말로) 공격하다
divulge ⓥ (비밀을) 알려 주다, 누설하다
soar ⓥ 치솟다, 급등하다

---

04 Instead of seeing it as a fair system under which everyone has equal rights, they saw it as the numerically _____ poor tyrannizing over the rich.

① scarce
② disregardful
③ pitiable
④ preponderant

| 정답 | ④

| 해석 | 그들은 그것을 모든 사람들이 동등한 권리를 갖는 평등한 체제로 보기보다는 수적으로 우세한 가난한 사람들이 부유한 사람들에게 압제를 가하는 것으로 보았다.

① 부족한
② 무시하는
③ 측은한
④ 우세한

| 해설 | 「instead of -ing」의 구조로 대체를 뜻한다. 평등한 체제로 보기보다는 수적으로 우세한 자가 압제를 가하는 것으로 보았다는 의미이다. preponderant는 '우세한, 능가하는'이란 의미를 띤다.

| 어휘 | **numerically** ⓐⓓ 숫자상으로
tyrannize over – 압제를 가하다
scarce ⓐ 부족한, 드문
disregardful ⓐ 무시하는, 무관심한
pitiable ⓐ 측은한, 가련한
preponderant ⓐ 우세한, 능가하는

05 With the advent of modern science, nature ceased to be seen as a meaningful order. _____, it came to be understood mechanistically, governed by the laws of physics. 성균관대

① Otherwise ② Instead
③ Thus ④ Nonetheless
⑤ Likewise

| 정답 | ②

| 해석 | 현대 과학의 등장과 함께 자연은 어떤 의미 깊은 질서로서 더 이상 인식되지 못하게 되었다. 대신에 자연은 물리 법칙의 지배를 받으며 기계론적으로 이해되는 존재가 되었다.

① 그렇지 않다면 ② 대신에
③ 따라서 ④ 그럼에도 불구하고
⑤ 마찬가지로

| 해설 | 현대 과학의 등장으로 자연은 더 이상 어떤 질서가 아니라 물리 법칙의 지배를 받는 대상이 되었다. 이를 간략하게 표현하면 'A가 아니라 그 대신에 B로 인식되었다'로 이해할 수 있다. 따라서 정답은 ②이다.

| 어휘 | **advent** ⓝ 등장, 출현   **mechanistically** ⓐⓓ 기계론적으로
govern ⓥ 지배하다

---

06 It is important to remember that the Afghan insurgency is not a _____ movement but rather a loose affiliation of groups united by a common goal: the expulsion of foreign troops.

① discrepant ② legitimate
③ heterogenous ④ cohesive

| 정답 | ④

| 해석 | 아프가니스탄 반군들의 저항은 응집력 있는 기동 작전이라기보다는 '외국 군대의 추방'이라는 공통의 목표를 가진 단체들의 느슨한 연합이라는 점을 명심해야 한다.

① 모순된 ② 합법적인
③ 외래의 ④ 응집력 있는

| 해설 | 전체 문장이 「not A but B(A가 아니라 B이다)」의 구조로 이루어져 있다는 것을 알 수 있다. 따라서 빈칸이 들어 있는 A와 대비되는 B는 'a loose affiliation(느슨한 연합)'이 되며, 이때 loose와 대비되는 단어로는 응집력이 있다는 뜻의 ④ cohesive가 정답이 된다.

| 어휘 | **insurgency** ⓝ 폭동, 반란   **affiliation** ⓝ 합병, 제휴
expulsion ⓝ 추방, 배제, 제명   **discrepant** ⓐ 모순된
legitimate ⓐ 합법적인
heterogenous ⓐ 외래의, 외생의 (*cf.* heterogeneous ⓐ 이질적인)
cohesive ⓐ 응집력 있는, 결합력 있는

07 Of course there is a fear that terror could happen here in Paris. However, the solution is not to _____, but to stand for democracy and liberty and demand our government protect us.

① fight against ② run away

③ stop now ④ dismiss it

| 정답 | ②

| 해석 | 물론 파리에서 다시 테러가 발생하는 것에 대한 두려움이 있는 것은 사실이다. 그렇지만 해결책은 '도망치는' 것이 아니라 민주주의와 자유를 드러내고 정부에게 우리를 보호해 줄 것을 요구해야 한다.

① 맞서 싸우다 ② 도망치다

③ 지금 멈추다 ④ 이를 무시하다

| 해설 | 회피하는 게 아니라 당당히 맞서서 자유와 민주주의를 지켜 나가야 한다는 의미이다. 그러므로 정답은 도망친다는 ②가 되어야 '도망치는 게 아니고 맞선다'는 의미가 된다.

| 어휘 | **stand for** – 나타내다, 의미하다, 상징하다

---

08 The evidence as to the vastness of the universe continues to grow at an amazing rate. The chasm between what we know and all that can be known seems not to _____, but to increase with every new discovery. 국민대

① fester ② dwindle

③ vacillate ④ augment

| 정답 | ②

| 해석 | 우주이 광대함에 대한 증거는 놀랄 만한 속도로 계속 증가 중에 있다. 우리가 현재 알고 있는 것과 앞으로 알 수 있게 될 것들 간의 차이는 줄어드는 것이 아니라 새로운 발견이 이뤄질 때마다 계속 커지고 있다.

① 곪아터지다 ② 줄어들다

③ 자꾸 바뀌다 ④ 늘리다

| 해설 | 본문 뒷부분의 seems 뒤에서 「not A but B」 구문이 쓰였으므로, A에 해당되는 '빈칸'과 B에 해당하는 to increase는 서로 반대되는 것임을 알 수 있다. 따라서 정답은 ②이다.

| 어휘 | **as to** – ～에 관하여 **vastness** ⓝ 광대[막대](함)

chasm ⓝ 큰 차이[골] **dwindle** ⓥ (점점) 줄어들다

fester ⓥ 곪아터지다, 훨씬 심해지다 **vacillate** ⓥ 흔들리다, 자꾸 바뀌다

augment ⓥ 늘리다, 증가시키다

09 One of the most impressive facts about modern life is that in it intellectual activity is not carried on _____ by a rigidly defined class, such as a priesthood, but rather by a social stratum which is to a large degree unattached to any class and which is recruited from an increasingly inclusive area of social life.

① exclusively
② sacrilegiously
③ comprehensively
④ eclectically

| 정답 | ①

| 해석 | 현대 생활의 가장 인상적인 사실 중 하나는, 지적 활동이 성직자와 같이 엄격하게 정의된 계층에 의해 배타적으로 수행되는 것이 아니라, 대체로 특정 계층에 한정되어 있지 않은 사회 계층에 의해 수행된다는 점과 점점 더 사회생활의 포괄적인 분야에서 선별된 사회 계층에 의해 수행된다는 점이다.

① 배타적으로
② 신성 모독적으로
③ 완전히, 철저히
④ 취사 선택적으로

| 해설 | 지문의 큰 틀은 「not A but B」의 구조를 취하고 있다. 사회의 지적 활동(intellectual activity)을 특정 소수 계층이 아닌 계층과 무관한 포괄적인 영역에서 선별된 이들이 수행하고 있는 점이 좋다는 내용이다. 따라서 빈칸에는 성직자와 같이 엄격하게 통제된 계층(a rigidly defined class)만이 다른 이들은 받아들여 주지 않는 독점적이고 배타적인 방식으로(exclusively) 지적 활동을 해 왔다고 해야 한다. 또한 정답과 대조를 이루는 문장 후반부의 'inclusive'가 문제 해결의 핵심이 되기 때문에 ④가 될 수 없다.

| 어휘 | **rigidly** ⓐⓓ 엄격하게, 완고하게
priesthood ⓝ 사제직, 사제들
stratum ⓝ (사회) 계층, (암석 등의) 층, 지층, 단층
to a large degree – 대체로, 상당 부분
inclusive ⓐ 폭넓은, 포괄적인
exclusively ⓐⓓ 배타적으로, 독점적으로, 오로지
sacrilegiously ⓐⓓ 신성 모독적으로
comprehensively ⓐⓓ 완전히, 철저히
eclectically ⓐⓓ 취사선택하여[으로], 절충하여

---

10 If you're an environmentalist, plastic is a word you tend to say with a sneer. It has become a symbol of our wasteful society. But there seems little concern it is here to stay, and the truth is, of course, that plastics have brought enormous benefits, even environmental ones. It's not really the plastics themselves that are the environmental disaster — it's the way society chooses to use and _____ them. 성균관대

① examine
② protect
③ endanger
④ accumulate
⑤ dispose

| 정답 | ⑤

| 해석 | 만약 여러분이 환경론자라면, 플라스틱은 여러분이 비웃음을 담아 말할 단어이다. 플라스틱은 우리의 낭비 심한 사회를 상징하는 것이 되었다. 하지만 여기엔 플라스틱이 우리 생활의 일부라는 점은 거의 고려되지 않고 있다. 물론 플라스틱은 상당한 혜택을 가져다주었고 심지어 환경적인 혜택도 가져다준 것이 사실이다. 플라스틱 자체를 그다지

환경적 재앙이라고는 할 수 없고, 사회가 플라스틱을 사용하고 폐기하는 방식을 환경적 재앙이라 할 수 있다.

① 검사하다   ② 보호하다

③ 위험에 처하게 하다   ④ 축적하다

⑤ 없애다

| 해설 | 플라스틱 자체가 아니라 사회가 플라스틱을 다루는 방식에 문제가 있다는 것이 주제이다. not을 중심으로 플라스틱 그 자체와 대조를 이루는 키워드를 완성하는 것이 출제 의도이다. 대조 키워드인 플라스틱 이용 방식을 포괄적으로 표현하는 것은 플라스틱의 '사용(use)과 폐기(dispose)'이다. 플라스틱을 '없애다(처리하다)'는 뜻의 dispose는 of 와 함께 사용하는 것이 정석이지만 구어적으로는 of를 생략하기도 한다. 플라스틱 이용 방식이 플라스틱의 '축적'이 라고 유추할 근거는 지문에 없으므로 ④ accumulate를 선택하지 않도록 주의한다.

| 어휘 | sneer ⓝ 조롱, 비웃음   be here to stay – 우리 생활의 일부이다

examine ⓥ 살피다, 검사하다   endanger ⓥ 위험에 처하게 하다

accumulate ⓥ 쌓다, 축적하다   dispose of – ~을 없애다

---

11 There is not a creed which is not shaken, not an accredited dogma which is not shown to be questionable, not a received tradition which does not threaten to _____. 가천대

① coalesce   ② fetter

③ dissolve   ④ enhance

| 정답 | ③

| 해석 | 흔들리는 일 없는 신조란 존재하지 않고, 의심의 여지가 없어 보이는 공인된 교리도 존재하지 않으며, 사라질 조짐 이 보이지 않는 널리 인정받는 전통도 존재하지 않는다.

① 합치다   ② 속박하다

③ 사라지다   ④ 강화시키다

| 해설 | 본문은 '신조'도 '공인된 교리'도 모두 흔들림 없이 확고한 것은 존재하지 않는다고 말하고 있다. 때문에 '전통' 또한 흔들림 없는 또는 '사라질 조짐'이 없을 리는 없다. 따라서 정답은 ③이다.

| 어휘 | creed ⓝ 교리, 신념, 신조   shaken ⓐ 흔들리는, 약해진

accredited ⓐ 승인받은, 공인된   dogma ⓝ 신조, 교리, 도그마

questionable ⓐ 의심스러운, 미심쩍은   received ⓐ 일반적으로 인정되는

threaten ⓥ 조짐을 보이다   dissolve ⓥ 사라지다, 흩어지다

coalesce ⓥ 합치다   fetter ⓥ 구속하다, 속박하다

enhance ⓥ 강화시키다, 높이다

---

12 "No legacy is so rich as honesty," Shakespeare tells us. If so, politicians, journalists, clerics, and corporate executives have squandered a fortune lately in a rash of high-profile _____. 가톨릭대

① retractions   ② confessions

③ allegations   ④ deceptions

| 정답 | ④

| 해석 | 셰익스피어는 우리에게 "정직만큼 풍성한 유산은 없다."고 말했다. 만일 그렇다면 정치인, 언론인, 성직자, 기업 간부 모두 세간의 이목을 끌며 최근 빈발하는 사기 사건을 통해 자신의 유산을 낭비하고 있는 셈이다.

① 철회   ② 고백

③ 혐의   ④ 사기

| 해설 | 정직이 가장 풍성한 유산이라면, 정직과 반대되는 행위는 이런 유산을 낭비하는 행위로 볼 수 있다. 즉 정직의 반대인 '사기'를 정답으로 봐야 한다. 따라서 정답은 ④이다.

| 어휘 | **cleric** ⓝ 성직자   **corporate executive** – 기업 간부

squander ⓥ 낭비하다, 허비하다   **a rash of** – 많은, 빈발하는

high-profile ⓐ 세간의 이목을 끄는   **retraction** ⓝ 철회, 취소

confession ⓝ 고백   **allegation** ⓝ 혐의

deception ⓝ 사기, 기만

---

13 If a man enters a waiting-room and sits at one end of a long row of empty chairs, it is possible to predict where next man to enter will seat himself. He will not sit next to the first man, nor will he sit at the far end. He will choose a position _____.

① about halfway between these two points

② far away from the first man

③ next but one from the first man

④ abreast with the first man

| 정답 | ①

| 해석 | 만약 한 사람이 대기실에 들어와서 비어 있는 긴 의자열의 가장 끝에 앉는다면, 다음 사람이 어디에 앉을지 예측하는 것은 가능하다. 그 사람은 첫 번째로 온 사람의 바로 옆에는 앉지 않을 것이며, 가장자리 끝에 앉지도 않을 것이다. 그 사람은 (바로 옆도 아니고 맨 끝도 아닌) 두 지점의 대략 중간쯤에 앉을 것이다.

① 두 지점의 대략 중간쯤

② 첫 번째로 온 사람으로부터 아주 멀리 떨어진

③ 첫 번째로 온 사람으로부터 하나 건너서

④ 첫 번째로 온 사람과 나란히

| 해설 | 한 사람이 '긴 열의 가장 끝(at one end of a long row)'에 앉았을 때, 다음 사람이 어디에 앉을지는 쉽게 예측할 수 있다는 내용의 글이다. 본문에 따르면 '바로 옆(next to)'도 아니고 '가장자리 끝(at the far end)'도 아니라고 명시하고 있기 때문에, 대략 양 극단이 아닌 중간쯤 어딘가가 아닐까 추론해 볼 수 있다. '바로 옆'이 아니기 때문에 ③ '하나 건너서(next but one)'도 ④ '나란히(abreast with)'도 아님을 알 수 있고, '가장자리 끝'도 아니기 때문에 ② '아주 멀리 떨어진(far away from)'도 아님을 알 수 있다. 결국 중간쯤 어딘가를 뜻하는 ①을 정답으로 봐야 한다.

| 어휘 | **row** ⓝ 열   **seat oneself** – 앉다

next to – 바로 옆   **far** ⓐ 가장 멀리 있는

halfway between – 대략 중간   **next but one** – 하나 건너 옆

abreast with – 나란히

14 What if _____ going to a car dealership and trying out various models, you could instead go online, design a car and have a new vehicle printed and delivered to your door? If Arizona-based start-up Local Motors has its way, this will be the future of car buying in the US.

① regardless of   ② as a result of

③ instead of   ④ because of

| 정답 | ③

| 해석 | 자동차 판매장에 가서 다양한 모델을 타 보는 것 대신 온라인으로 접속해서 새로운 모델을 프린트해 집으로 배달해 준다면 어떨까? 애리조나 소재 신생 기업인 Local Motors가 뜻한 대로만 된다면, 미국에서 자동차를 구매하는 것은 앞서 언급한 대로가 될 것이다.

① 무관하게   ② 결과로

③ 대신에   ④ 때문에

| 해설 | instead를 키워드로 볼 수 있다. 기존의 방식을 얘기하고 새로운 방식을 얘기했으므로, 기존의 것에 대한 대체가 되는 것을 알 수 있다. 더불어 you could instead go online에서도 단서를 찾을 수 있는데, 또다시 instead를 더한 것은 강조의 의미로 볼 수 있다.

| 어휘 | **try out** – 테스트해 보다   **start-up** ⓝ 신규 업체, 신생 기업

have one's way – 뜻대로 하다, 마음대로 하다

---

15 The infant's eagerness to speak and to learn names is a major feature of the development of speech. Children have a mania for naming things. This deserves to be called a "hunter for names" since their learning of names is done neither mechanically nor with reluctance, _____ with enthusiasm. 가천대

① but   ② as

③ nor   ④ if

| 정답 | ①

| 해석 | 유아는 열심히 말을 하고 이름을 배우려고 하며, 이는 언어 발달의 주요 특징 중 하나이다. 아이들은 사물에 이름을 붙이는 데 열중한다. 이러한 행위를 가리켜 '이름 사냥꾼'이란 명칭이 붙어야 마땅하며 그 이유는 이름을 배우는 일은 기계적으로 되는 것도 아니고 마지못해 되는 일도 아니라 열중하며 되는 일이기 때문이다.

| 해설 | 아이들이 사물에 이름을 붙이는 모습을 보고 '이름 사냥꾼'이란 명칭이 붙은 것은 아이들이 스스로 언어 학습에 참여한다는 점을 나타낸다. 즉 언어 학습은 열중하면서 행해지는 일이다. 빈칸이 들어간 문장의 기본 구조는 「neither A nor B ___ C」이다. A(기계적)와 B(마지못해)는 모두 부정되고 있고 대신 C(열중)가 강조된다. 따라서 빈칸에는 '…가 아니라 ~'라는 의미의 「not … but ~」에서 not … = neither A nor B이고, but C이기 때문에 but이 와야 한다. 그래서 정답은 ①이다.

| 어휘 | **eagerness** ⓝ 열의, 열망   **feature** ⓝ 특색, 특징

mania ⓝ 열중, 열광   **deserve** ⓥ ~을 받을 만하다, ~을 (당)해야 마땅하다

mechanically ⓐⓓ 기계적으로   **reluctance** ⓝ 마지못해 함, 꺼림

enthusiasm ⓝ 열중, 열심

01 Not limiting their activities to the earthly realm, spies have _____ the fantasy worlds of online games, conducting surveillance and capturing data. 국민대

① surmised   ② infiltrated

③ relegated   ④ obliterated

| 정답 | ②

| 해석 | 스파이들은 자신들의 활동 영역을 현실 세계에 국한하지 않고 온라인 게임이라는 환상 세계로 잠입하여 감시 활동을 수행하고 데이터를 수집하고 있다.

     ① 추측하다   ② 잠입하다

     ③ 격하시키다   ④ 없애다

| 해설 | 활동 영역을 현실 세계에 국한하지 않았다는 의미는 달리 말해 활동 영역의 범위를 확대했다는 의미이기도 하다. 영역의 범위를 넓히기 위한 노력의 일환으로 새로운 세계인 온라인 게임의 세계로 '잠입할' 필요가 있다. 따라서 정답은 ②이다.

| 어휘 | **earthly** ⓐ 속세의, 이 세상의   **realm** ⓝ 영역, 범위

     infiltrate ⓥ 잠입[침투]하다[시키다]   **surveillance** ⓝ 감시

     capture ⓥ 수집하다, 담아내다   **surmise** ⓥ 추측하다, 추정하다

     relegate ⓥ 격해[좌천]시키다   **obliterate** ⓥ 없애다, 지우다

02 Hard news affecting _____ communities takes up only a minute or two more airtime than national events. 세종대

① local   ② lunar

③ legal   ④ solar

| 정답 | ①

| 해석 | 지역 공동체에 영향을 주는 딱딱한 뉴스는 전국 규모의 사건에 비해 1~2분 정도만 더 방송 시간을 차지한다.

     ① 지역의   ② 달의

     ③ 합법적인   ④ 태양의

| 해설 | 'national events(전국 규모의 사건)'이라 함은 문맥상 'hard news(딱딱한 뉴스)'와 관련이 있으며, '공동체에 영향을 주는 딱딱한 뉴스(hard news affecting ~ communities)'와 '전국 규모의 사건'이 서로 대비되기 때문에 보기 중에서 '전국'이 아니라 '지방'이란 의미의 ①을 정답으로 볼 수 있다.

| 어휘 | **hard news** − 딱딱한 뉴스   **take up** − (시간·공간을) 차지하다

03 She prefers to formulate her own theories _____ to accept the conventional wisdom of her discipline. 홍익대

① in order

② much

③ as

④ rather than

| 정답 | ④

| 해석 | 그녀는 자신의 학문 분야의 틀에 박힌 지식을 수용하기보다는 자신만의 이론을 세우는 것을 더 선호한다.

① ~하기 위해

② 많이

③ ~로서

④ ~보다

| 해설 | 위의 문장에서는 의미상 'to formulate her own theories'와 'to accept the conventional wisdom of her discipline'이 서로 비교의 대상이 되고 있다. 그리고 prefer 다음에 to부정사가 오는 경우 「prefer to V rather than (to) V」의 구조를 취하고, 동명사가 목적어로 나오면 「prefer V-ing to V-ing」의 구조를 취하므로, 문제의 빈칸에는 두 to부정사가 비교 대상이 될 때 중간에 들어오는 ④ 'rather than'이 와야 하는 자리라는 것을 알 수 있다.

| 어휘 | formulate ⓥ 공식화하다, 만들어 내다, (의견을 공들여) 표현[진술]하다

conventional ⓐ 틀에 박힌   wisdom ⓝ 지혜

conventional wisdom – (대부분의 사람들이 가지고 있는) 사회적[일반적] 통념

discipline ⓝ 학과, 학문의 분야

04 Jane, listening to the debate of her two suitors, noticed the _____ contrasts between them: faith and kindness on one side, and skepticism and hostility on the other. 세종대

① slight

② stark

③ sterile

④ specious

| 정답 | ②

| 해석 | Jane은 자신에게 구혼한 두 남자의 논쟁을 들으면서, 그들 사이의 극명한 차이를 알아차렸다. 한쪽에는 신념과 친절함이, 다른 한쪽에는 회의와 적대감이 있었다.

① 약간의

② 극명한

③ 불임의

④ 허울만 그럴듯한

| 해설 | 한쪽은 'faith and kindness(신념과 친절함)', 다른 한쪽은 'skepticism and hostility(회의와 적대)'를 드러내고 있기 때문에 두 사람 사이의 차이가 꽤 심함을 알 수 있다. 보기 중에서 이러한 두 사람 간의 차이를 가장 잘 나타낸 말은 '극명한'이란 의미의 ② stark이다.

| 어휘 | suitor ⓝ 구혼자   contrast ⓝ 차이, 대조

skepticism ⓝ 회의   slight ⓐ 약간의

stark ⓐ 극명한   sterile ⓐ 불임의

specious ⓐ 허울만 그럴듯한

05 Thomas Hardy's novels are said to suffer from "too many coincidences," because many events seem to have a _____ rather than a causal connection.

① clear
② fortuitous
③ realistic
④ exhilarating
⑤ factual

| 정답 | ②

| 해석 | 토마스 하디의 소설들은 많은 사건들이 인과적인 관련성보다는 우연한 관련성을 지니기 때문에 '너무 많은 우연성'으로 시달리고 있다고 한다.

　　　① 분명한　　　　　　　　　　② 운이 좋은, 우연한
　　　③ 현실적인　　　　　　　　　④ 유쾌한
　　　⑤ 사실적인

| 해설 | 전형적인 「A rather than B(B보다는 A)」의 구문으로, 주절과 종속절의 관계는 because로 이루어져 있다. 그러므로 어떠한 이유로 우연성으로 시달리고 있는가를 검토하면 인과적이기보다는 '우연적'이라고 해야 한다.

| 어휘 | **coincidence** ⓝ 우연성　　　　　**fortuitous** ⓐ 우연한, 우발적인; 운이 좋은
　　　exhilarating ⓐ 명랑하게 하는, 기분을 돋우는　　**factual** ⓐ 사실적인

---

06 A request by the national government for shared sacrifice may be seen as _____ and destructive rather than voluntary.

① dogmatic
② coercive
③ contradictory
④ absurd

| 정답 | ②

| 해석 | 서로 희생하자는 정부의 요청은 자발적이기보다는 고압적이고 파괴적인 요청으로 보일 수 있다.

　　　① 독단적인　　　　　　　　　② 고압적인
　　　③ 모순적인　　　　　　　　　④ 불합리한

| 해설 | rather than을 활용하여, 요청에 대한 응대가 자발적이기보다는 비자발적이고 강제성을 띠는 것을 선택하면 된다.

| 어휘 | **voluntary** ⓐ 자발적인　　　　　**dogmatic** ⓐ 독단적인
　　　coercive ⓐ 강제적인, 고압적인　　**contradictory** ⓐ 모순적인
　　　absurd ⓐ 불합리한, 터무니없는

---

07 Research has shown that for most voters, choosing a candidate is an impulsive judgment rather than _____ decision; not so much rational as it is _____.

① a deliberate – intuitive
② a haphazard – random
③ an emotional – cerebral
④ an intentional – logical

| 정답 | ①

| 해석 | 연구에 따르면 대부분의 유권자들에게 있어 후보자의 선정은 신중한 결정이라기보다는 충동적인 결정에 가깝다. 이는 합리적이라기보다는 직감적인 것이라 할 수 있다.

  ① 신중한 – 직감적인   ② 무계획적인 – 무작위의

  ③ 감정적인 – 이지적인   ④ 의도적인 – 논리적인

| 해설 | 본문은 「A rather than B」와 「not so much A as B」 두 개의 구문으로 구성되어 있다. 즉 두 개의 서로 다른 개념을 서로 비교하는 구성을 취하고 있다. 때문에 '충동적인(impulsive)'은 두 번째 빈칸에 대응하며, 첫 번째 빈칸은 '합리적인(rational)'에 대응한다. 그러므로 첫 번째 빈칸은 '충동적인'과 반대되며 '합리적인'과 뜻이 통하는 '신중한'이며, 두 번째 빈칸은 '충동적인'과 뜻이 통하며 '합리적인'과 반대되는 의미인 '직감적인'이다. 따라서 정답은 ①이다.

| 어휘 | **impulsive** ⓐ 충동적인   **rational** ⓐ 합리적인, 이성적인

  deliberate ⓐ 의도적인, 신중한   **intuitive** ⓐ 직감적인, 직관적인

  haphazard ⓐ 무계획적인, 되는대로의   **cerebral** ⓐ 이지적인

---

08   Rather than endeavoring to write timeless fiction with lasting value, many novelists cater to the _____ tastes of those modern readers who read a book once and then discard it. 서강대

  ① savory   ② fleeting

  ③ superstitious   ④ immoral

| 정답 | ②

| 해석 | 수많은 소설가들은 영구적인 가치를 지니고 세월이 흘러도 변치 않는 작품을 쓰기 위해 노력하기보다 책을 한 번 읽고 나서 버리는 현대 독자들의 오래가지 않는 취향에 영합하고 있다.

  ① 즐거운   ② 오래 가지 않는

  ③ 미신의   ④ 비도덕적인

| 해설 | 문맥상 빈칸의 단어는 '영구적인 가치를 지니고 세월이 흘러도 변치 않는'과 상대되는 개념이며, '책을 한 번 읽고 나서 버리는'과 비슷한 개념이다. 따라서 정답은 ②이다.

| 어휘 | **timeless** ⓐ 세월이 흘러도 변치 않는   **lasting** ⓐ 영구적인

  cater to – ~을 충족시키다, ~의 구미에 영합하다

  discard ⓥ 버리다   **fleeting** ⓐ 잠깐의, 오래가지 않는

  savory ⓐ 즐거운, 기분 좋은   **immoral** ⓐ 비도덕적인

---

09   It will be admitted — by those who distinguish between _____, where truth is ultimately a matter of verification as this is understood in the laboratory, and emotive utterance, where truth is primarily acceptability by some attitude — that it is not the poet's business to make true statements.

  ① widespread rumor   ② severe criticism

  ③ alleged assumption   ④ scientific statement

| 정답 | ④

| 해석 | 진실이 실험실에서 이해하는 것과 같이 궁극적으로는 검증 가능한 문제이냐에 따라 좌우되는 과학적 진술, 그리고 진실이 주로 어떤 태도에 의해 수용이 가능할 수 있느냐에 따라 좌우되는 감정적 발언, 이 두 가지를 구별하는 사람이라면 진실한 진술을 하는 것은 시인이 할 일은 아니라는 점을 인정할 것이다.

① 널리 퍼진 소문 ② 혹독한 비판
③ 주장된 추정 ④ 과학적 진술

| 해설 | 빈칸의 의미는 '진실이 실험실에서 이해하는 것과 같이 궁극적으로는 검증 가능한 문제이냐에 따라 좌우되는 것 (where truth is ultimately a matter of verification as this is understood in the laboratory)'이라는 것이다. 또한 이것은 '감정적 발언(emotive utterance)'과 '구분(distinguish)'되어야 하는 것이므로 '감정적 발언'과 의미상 반대되는 것이다. 보기 중에서 '검증 가능한 것'이면서 '감정적 발언'과 반대되는 것은 ④ '과학적 진술(scientific statement)'뿐이다.

| 어휘 | **verification** ⓝ 검증 **primarily** ⓐⓓ 주로
acceptability ⓝ 용인 (가능)성, 수용성 **alleged** ⓐ 주장된
assumption ⓝ 추정

---

10 Meaning is elaborated in terms of spiritual power. Religious images and designs, when applied to any surface, whether the body of a participant in ritual or the surface of a shield or a carrying bag, have the power to transform the nature of the thing from a _____ state to an extraordinary one, from the _____ to the sacred. In ceremony, people's bodies and objects are taken from a dull state to one of brilliance by the application of paint and designs. 한양대

① queer – holy ② brilliant – ordinary
③ mundane – profane ④ staggering – secular

| 정답 | ③

| 해석 | 의미는 영적 힘의 관점에서 자세히 설명이 이루어진다. 종교적 이미지와 디자인은 종교적 의식에 참여하는 사람의 신체 표면이나 방패나 쇼핑 가방의 표면 등 표면에 장착되면 장착된 대상의 본질을 일상적인 상태에서 특별한 상태로 변모시키고, 불경한 것을 신성한 것으로 변모시킨다. 종교적 의식 중에 사람의 신체와 사물은 종교적 그림이나 디자인을 적용하면 둔한 상태에서 탁월한 상태로 인도된다.

① 기묘한 – 신성한 ② 탁월한 – 평범한
③ 일상적인 – 불경한 ④ 충격적인 – 세속적인

| 해설 | 앞의 빈칸에는 '특별한(extraordinary)'에서 변모한 것이므로 문맥상 서로 반대되며, 뒤의 빈칸에는 '신성한 (scared)'에서 변모한 것이므로 문맥상 서로 반대된다. 보기 중에서 이 조건에 부합되는 것은 ③이다.

| 어휘 | **elaborate** ⓥ 자세히 설명하다 **ritual** ⓝ (종교상의) 의식 절차
queer ⓐ 기묘한 **mundane** ⓐ 일상적인, 세속의
profane ⓐ 불경한 **staggering** ⓐ 충격적인
secular ⓐ 세속적인

01 문장 부호

01	④	02	⑤	03	④	04	④	05	②	06	①	07	①	08	②	09	④	10	④
11	⑤	12	②	13	③	14	②	15	④	16	②	17	①	18	①	19	③	20	④
21	①	22	④	23	③	24	①	25	①										

---

01 Even after a very tough loss, we stood together as a team; no one pointed fingers and _____ responsibility. 가톨릭대

① facilitated
② cherished
③ endorsed
④ abdicated

| 정답 | ④

| 해석 | 처절한 참패 이후에도 우리는 같은 팀으로서 결속을 다졌다. 그 누구도 비방하거나 책임을 회피하지 않았다.
　　　① 용이하게 했다　　　　　　　　　② 소중히 간직했다
　　　③ 지지했다　　　　　　　　　　　④ 포기했다, 저버렸다

| 해설 | 세미콜론(;)을 중심으로 부연의 논리를 완성한다. 'stood together as a team'과 같은 의미가 되도록 빈칸을 채우는 것이 출제 의도이다. 팀의 결속을 지켰다는 것은 서로 책임을 회피하지 않았다는 뜻이다.

| 어휘 | **tough loss** − 참패　　　　　　　　　**stand together** − 단결하다, 일치하다
　　　point fingers − 손가락질하다, 잘못을 지적하다　**facilitate** ⓥ 용이하게 하다
　　　cherish ⓥ 소중히 하다, 품다　　　　**endorse** ⓥ 지지하다, 보증하다, 이서하다
　　　abdicate ⓥ 버리다, 포기하다, 퇴위하다

---

02 There is no cause-and-effect relation between the two incidents; their timing is just _____. 숙명여대

① fastidious
② fatuous
③ figurative
④ foolhardy
⑤ fortuitous

| 정답 | ⑤

| 해석 | 그 두 사건 사이에 인과 관계는 없고 단지 일어난 시간만 우연히 같을 뿐이다.
　　　① 세심한, 까다로운　　　　　　　② 어리석은
　　　③ 비유적인　　　　　　　　　　④ 무모한
　　　⑤ 우연한

| 해설 | 두 사건에 인과 관계(cause-and-effect relation)가 없다고 했지만 두 사건이 함께 거론되고 있는 것으로 봐서 두 사건은 우연히 동시에 발생했을 것으로 추측할 수 있다. 따라서 빈칸에는 '우연히(accidental, adventitious, coincidental, fortuitous, inadvertent)'에 해당하는 단어를 선정해야 하므로 정답은 ⑤가 된다.

| 어휘 | **incident** ⓝ 사건　　　　　　　　　　　　　**fastidious** ⓐ 세심한, 꼼꼼한, 까다로운
fatuous ⓐ 어리석은, 바보의　　　　　　　　**figurative** ⓐ 비유적인
foolhardy ⓐ 무모한　　　　　　　　　　　　**fortuitous** ⓐ 우연한, 행운의

03　The central idea in game theory is that the consequences of any move in a game are ＿＿＿＿＿＿: The result or payoff from an action depends on the move accidentally made by the opponent. 중앙대

　　① illusionary　　　　　　　　　　　　② deterrable

　　③ everlasting　　　　　　　　　　　　④ contingent

| 정답 | ④

| 해석 | 게임 이론의 핵심 개념은, 게임에서 어떤 행위가 됐건 그에 대한 결과는 조건부라는 사실이다. 즉 한 행동의 결과나 결말은 상대가 우연히 행한 행위에 따라 달라진다는 것을 의미한다.
　　① 착각의　　　　　　　　　　　　② 억제할 수 있는
　　③ 영원한　　　　　　　　　　　　④ 조건부의

| 해설 | 게임 이론에서는 어떤 행위(move)에 대한 결과가 다른 사람의 행위에 의존적(depend on)이라고 지문에서 밝히고 있으며, 이 부분이 문제 해결의 결정적 힌트가 된다. 따라서 두 행위는 서로 분리될 수 없다는 말이 되어, '~의 여부에 달린, 조건으로 하는'이란 뜻의 ④ contingent가 정답이 된다.

| 어휘 | **consequence** ⓝ 결과　　　　　　　　　　　**move** ⓝ (장기나 바둑에서의) 수, 선택; 조치, 행동
payoff ⓝ (뜻밖의) 결말　　　　　　　　　　**illusionary** ⓐ 환영의, 환상의, 착각의
deterrable ⓐ 억제할 수 있는, 제지할 수 있는　　**contingent** ⓐ ~의 여부에 달린, 조건으로 하는

04　The devastating ＿＿＿＿＿＿ at the Jone's place of business last week kicked off a chain reaction of negative events: one ＿＿＿＿＿＿ followed another. 중앙대

　　① larceny – auspice　　　　　　　　② debacle – circumspection

　　③ frugality – prodigality　　　　　　④ conflagration – adversity

| 정답 | ④

| 해석 | 지난 주 John의 회사에서 발생한 치명적인 대화재는 안 좋은 일들의 연쇄 반응을 일으켰다. 하나의 시련이 다른 시련을 뒤따라 발생했던 것이다.
　　① 절도 – 길조　　　　　　　　② 대실패 – 신중
　　③ 절약 – 방탕　　　　　　　　④ 대화재 – 역경

| 해설 | 첫 번째 빈칸의 단어 앞에 치명적인(devastating)이란 단어가 등장하기 때문에 부정적인 어감의 단어가 와야 함을 알 수 있다. 또한 이 일이 연쇄 반응(chain reaction)을 일으킨 것에 대해 콜론(:) 뒤에 구체적인 부연 설명을 하고 있으므로 뒤이어 등장하는 두 번째 빈칸에도 부정적인 뜻을 담은 단어가 나와야 한다. 정답은 ④로 conflagration(대화

재)이 전체 사건의 원인이 되며, 이로 인한 결과로서 adversity(역경)가 연달아 발생한다는 내용이 된다.

| 어휘 | **devastating** ⓐ 파괴적인, 압도적인   **kick off** - 시작하다, 개시하다

chain reaction - 연쇄 반응   **larceny** ⓝ 절도, 도둑질

auspice ⓝ 전조, 길조   **debacle** ⓝ 대실패, 큰 낭패

circumspection ⓝ 세심한 주의, 신중, 용의주도   **frugality** ⓝ 절약, 검소

prodigality ⓝ 방탕, 낭비   **conflagration** ⓝ 큰불, 대화재

adversity ⓝ 역경

---

05 The committee ruled that the lawyer's behavior had been _____; he had violated the high standards required of members of the profession. 가톨릭대

① secular   ② unethical

③ incisive   ④ ineffective

| 정답 | ②

| 해석 | 위원회는 그 변호사의 행동이 비윤리적이었다고 판결했다. 그 변호사는 변호사들에게 요구되는 높은 기준을 위반한 바 있었다.

     ① 종교와 무관한   ② 비윤리적인

     ③ 예리한, 날카로운   ④ 무능한

| 해설 | 이 문제에서 힌트가 되는 구절은 'violated the high standards(높은 기준을 위반했다)'가 된다. 문제의 변호사는 변호사직(the profession)에 종사하는 이들에게 요구되는 도덕적 기준을 위반했기 때문에 이 사람의 행위가 무능(ineffective)하다기보다는 비윤리적(unethical)이라고 보는 것이 타당하다. 따라서 정답은 ②가 된다.

| 어휘 | **committee** ⓝ 위원회   **rule** ⓥ 판결하다, 규정하다

violate ⓥ 어기다, 모독하다   **profession** ⓝ 직업

secular ⓐ 세속이, 종교와 무관한   **unethical** ⓐ 비윤리적인

incisive ⓐ 예리한, 날카로운   **ineffective** ⓐ 무능한, 효과가 없는

---

06 The designer's use of expensive materials was _____; every piece of furniture was covered with silk or velvet, and every piece of hardware was made of silver or gold. 이화여대

① ostentatious   ② surreptitious

③ officious   ④ submissive

| 정답 | ①

| 해석 | 그 디자이너가 값비싼 재료를 이용한 것은 과시하기 위함이었다. 가구 하나하나가 명주나 벨벳으로 덮여 있었고, 모든 장비는 은이나 금으로 만들어져 있었다.

     ① 과시적인   ② 은밀한

     ③ 거들먹거리는   ④ 순종적인

| 해설 | 빈칸에 들어갈 말은 문맥상 'every piece of furniture was covered with silk or velvet, and every piece of

hardware was made of silver or gold(가구 하나하나가 명주나 벨벳으로 덮여 있었고, 모든 장비는 은이나 금으로 만들어져 있었다)'의 의미를 가진 단어이며, 본문 중에서 이에 해당하는 것은 '과시적인'의 뜻을 가진 ① ostentatious이다.

| 어휘 | **hardware** ⓝ 철물, 장비   **be made of** − ~로 만들어진
ostentatious ⓐ 호사스러운, 과시하는 듯한   **surreptitious** ⓐ 은밀한
officious ⓐ 거들먹거리는   **submissive** ⓐ 순종적인

---

07 Luther was _____ on the subject of his accomplishments: he didn't like to talk about himself. 이화여대

① reticent   ② robust

③ requisite   ④ replete

| 정답 | ①
| 해석 | Luther는 자신의 업적에 관한 주제에서는 말을 아꼈다. 그는 자신에 관해 말하는 것을 좋아하지 않았다.

     ① 말을 아끼는   ② 원기 왕성한
     ③ 필수적인   ④ 가득한

| 해설 | 빈칸에 들어갈 말은 문맥상 'he didn't like to talk about himself(그는 자신에 관해 말하는 것을 좋아하지 않았다)'는 의미를 가진 단어이며, 본문 중에서 이에 해당하는 것은 '말을 아끼는'의 뜻을 가진 ① reticent이다.

| 어휘 | **accomplishment** ⓝ 업적   **reticent** ⓐ 말을 아끼는, 말이 없는
robust ⓐ 원기 왕성한   **requisite** ⓐ 필수적인
replete ⓐ 가득한, 충분한

---

08 The _____ of a single board member was enough to overturn any proposal: every board member had absolute veto power. 이화여대

① stupor   ② dissent

③ pomposity   ④ vivacity

| 정답 | ②
| 해석 | 이사회 임원 단 한 사람의 반대도 제안을 번복시키는 데 충분했다. 이사회 임원 전원이 절대적인 거부권을 보유하고 있다.

     ① 인사불성   ② 반대
     ③ 화려   ④ 생기

| 해설 | 이사회 임원 전원에게 절대적인 거부권이 주어졌다는 것은, '반대'가 한 사람이라도 있을 경우 제안 전체가 번복된다는 의미이다. 따라서 정답은 ②이다.

| 어휘 | **overturn** ⓥ 뒤집다, 번복시키다   **veto power** − 거부권
stupor ⓝ 인사불성   **dissent** ⓝ 반대
pomposity ⓝ 화려, 거드름 피움   **vivacity** ⓝ 생기, 쾌활함

09   The descriptions Edgar Allen Poe offers lead the reader to wonder whether or not the _____ is at work: whether or not the speaker has entered a realm of unreality. 중앙대

① lucid   ② sardonic

③ pungent   ④ supernatural

| 정답 | ④

| 해석 | 에드거 앨런 포가 묘사한 것들은 독자들에게 초자연적인 존재가 실제 영향을 미치는 것은 아닌지, 즉 화자가 비현실의 영역에 진입한 것은 아닌지 궁금해하게 만들었다.

① 명쾌한   ② 냉소적인

③ 몹시 자극적인   ④ 초자연적인

| 해설 | 비현실의 영역에 해당되는 것들은 바로 '초자연적인' 것들이다. 따라서 정답은 ④이다.

| 어휘 | **lucid** ⓐ 명쾌한, 명료한   **sardonic** ⓐ 냉소적인, 조소하는

pungent ⓐ 톡 쏘는 듯한, 몹시 자극적인   **supernatural** ⓐ 초자연적인

---

10   Meals at the new restaurant were _____; a single stuffed potato cost twenty dollars. 이화여대

① substantial   ② corporeal

③ discursive   ④ exorbitant

| 정답 | ④

| 해석 | 새로 생긴 식당에서의 저녁 식사 비용은 터무니없이 비쌌다. 속을 채운 감자 요리 하나가 20달러나 했다.

① 양이 상당한   ② 형태를 지닌

③ 두서없는   ④ 터무니없이 비싼

| 해설 | 속을 채운 감자 요리 하나가 20달러나 했다는 것은 비용이 '터무니없이 비쌌다'는 의미이다. 따라서 정답은 ④이다.

| 어휘 | **stuffed** ⓐ 속을 채운   **substantial** ⓐ 양이 상당한, 중요한

corporeal ⓐ 형태를 지닌, 물질적인   **discursive** ⓐ 두서없는, 산만한

exorbitant ⓐ 가격이 터무니없는[지나친]

---

11   These supernatural beings are _____ deities: they avenge themselves without mercy on those who weary of their charms.

① rueful   ② conspicuous

③ spontaneous   ④ intricate

⑤ vindictive

| 정답 | ⑤

| 해석 | 이들 초자연적인 존재들은 복수하는 신이다. 이들은 자신의 매력에 싫증 난 이들에게 자비 없는 복수를 한다.

① 후회하는　　　　　　　　　　　　　② 눈에 잘 띄는

③ 자발적인　　　　　　　　　　　　　④ 복잡한

⑤ 복수하는

| 해설 | '자비 없는 복수(avenge ~ without mercy)'로 미루어 봤을 때 빈칸에 가장 적합한 것은 ⑤ '복수하는'이다.

| 어휘 | **supernatural** ⓐ 초자연적인　　　　　　　**deity** ⓝ 신

avenge oneself on – ~에 복수를 다짐하다　　**rueful** ⓐ 후회하는, 유감스러워하는

conspicuous ⓐ 눈에 잘 띄는　　　　　　**spontaneous** ⓐ 자발적인, 마음에서 우러나는

intricate ⓐ 복잡한　　　　　　　　　　**vindictive** ⓐ 복수하는, 앙심을 품은

---

12 Writing is a(n) _____ life; just about the only exercise you get is walking to the mailbox to see whether anyone has sent you a check, and you don't even need to do that very often. 중앙대

① oblivious　　　　　　　　　　　　② sedentary

③ kinetic　　　　　　　　　　　　　④ stalwart

| 정답 | ②

| 해석 | 글을 쓰는 작업은 앉아서 생활하는 삶이라고 할 수 있다. 유일한 운동이라고는 누군가가 수표를 보냈는지 확인하러 우편함에 가는 것으로, 그런 일조차도 그렇게 자주 할 필요는 없다.

① 망각의　　　　　　　　　　　　　② 앉아서 생활하는

③ 활동적인　　　　　　　　　　　　④ 건장한

| 해설 | 글을 쓰는 작업은 거의 움직일 필요가 없는 삶을 의미하므로 정답은 ② sedentary이다. 참고로 현대인들이 사무실에 앉아 생활하는 'sedentary lifestyle'로 인해 비만(obesity) 등의 성인병에 잘 걸린다는 것을 고려해 보라.

| 어휘 | **check** ⓝ 수표　　　　　　　　　　**don't need to** – ~할 필요가 없다

oblivious ⓐ 망각의, 잊어버리는　　　　**sedentary** ⓐ 앉아서 생활하는

kinetic ⓐ 활동적인, 운동의　　　　　　**stalwart** ⓐ 건장한, 튼튼한

---

13 It's not hard to see why: the Tintin books are some of the most dependably satisfying popular entertainment ever created. He's the eternally dogged _____ — undersized, underestimated and always outgunned, but undaunted.

① underling　　　　　　　　　　　　② underprivileged

③ underdog　　　　　　　　　　　　④ understudy

| 정답 | ③

| 해석 | 땡땡 시리즈는 지금까지 창조된 대중 예술 작품 가운데 가장 신뢰할 수 있는 만족감을 주는 작품 중 하나이며, 그 이유는 쉽게 알 수 있다. 땡땡은 언제까지나 불굴의 의지를 지닌 약자이다. 그는 몸집도 작고, 과소평가되며, 항상 힘이 달리지만 결코 흔들리는 일이 없다.

① 부하　　　　　　　　　　　　　　② 혜택을 못 받는 사람

③ 약자　　　　　　　　　　　　　　④ 대역

| 해설 | 대시(−)는 앞서 등장한 내용을 부연 설명하는 역할을 한다. 때문에 '불굴의 의지를 지닌(dogged)'은 빈칸 뒤 '결코 흔들리는 일이 없는(undaunted)'과 의미가 통하며, '빈칸'은 '몸집도 작고, 과소평가되며, 항상 힘이 달리는(undersized, underestimated and always outgunned)'과 의미가 통한다. 즉 땡땡은 불굴의 의지를 지닌 '약자'인 것이다. 따라서 정답은 ③이다.

| 어휘 | **dependably** ⓐd 믿음직하게, 신뢰할 수 있게   **eternally** ⓐd 영원히
dogged ⓐ 불굴의, 끈덕진   **underestimate** ⓥ 과소평가하다
outgun ⓥ 화력이 우세하다   **undaunted** ⓐ 의연한, 흔들림 없는
underling ⓝ 아랫사람, 부하   **underprivileged** ⓝ 혜택을 못 받는 사람들
underdog ⓝ 약자, 약체   **understudy** ⓝ 대역

---

14 Prison reformers in the United States are disturbed by the high rate of _____; the number of men serving second and third terms in prison indicates the failure of the prisons to rehabilitate the inmates. 중앙대

① rancor   ② recidivism

③ anergy   ④ claustrophobia

| 정답 | ②

| 해석 | 미국의 교도소 개혁가들은 높은 재범률에 고뇌하고 있다. 교도소에 두 번이나 세 번 간 죄인의 수를 보면 교도소가 재소자의 사회 복귀를 돕지 못하고 있음을 나타낸다.
① 원한   ② 재범
③ 무력 체질   ④ 밀실 공포증

| 해설 | 세미콜론(;)을 통해 앞 문장의 내용과 뒤 문장의 내용이 논리적인 연관 관계를 가짐을 알 수 있다. 뒤 문장을 보면 교도소에 여러 번 간 죄인의 수를 통해 재소자의 사회 복귀가 제대로 이루어지지 않고 있음을 알 수 있으며, 이는 즉 '재범률'이 높다는 의미가 된다. 따라서 정답은 ②이다.

| 어휘 | **disturb** ⓥ 불안하게 만들다, 고뇌하게 만들다   **rehabilitate** ⓥ (재소자의) 사회 복귀를 돕다
inmate ⓝ 수감자, 재소자   **rancor** ⓝ 원한, 유감
recidivism ⓝ 재범(성)   **anergy** ⓝ 무력 체질, 정력 결핍
claustrophobia ⓝ 밀실 공포증

---

15 After having their reports censored by military officials, the reporters were _____ in voicing their complaints; they told anyone who would listen that their right to free speech had been _____ by the high command. 한국외대

① active – responded   ② reserved – infringed

③ aggressive – enforced   ④ vocal – ignored

⑤ apathetic – forfeited

| 정답 | ④

| 해석 | 자신들의 보도가 군 관리들에게 검열을 당한 후 기자들은 자신들의 불만을 소리 높여 표현했다. 기자들은 자신들의 말을 들어 주는 사람들에게 언론의 자유를 행사할 수 있는 자신들의 권리가 최고 사령부에 의해 무시당했다고 말했다.

① 활동적인 – 대응하다　　　　　　　② 내성적인 – 위반하다

③ 공격적인 – 집행하다　　　　　　　④ 소리 높여 항의하는 – 무시하다

⑤ 무관심한 – 몰수당하다

| 해설 | 자신들의 보도가 군에 의해 검열을 당한 기자들이 할 수 있는 것은 불만을 '소리 높여 표현하는' 것이며, 언론의 자유를 행사할 수 있는 자신들의 권리가 '무시'당했다고 하는 것이다. 따라서 정답은 ④이다.

| 어휘 | **censor** ⓥ 검열하다　　　　　　　　**voice** ⓥ (말로) 나타내다[표하다]

high command – 최고 사령부　　　　**reserved** ⓐ 내성적인

infringe ⓥ 위반하다, 침해하다　　　　**enforce** ⓥ 집행하다, 실행하다

vocal ⓥ 소리 높여 항의하는, (의견을) 강경하게 밝히는

apathetic ⓐ 무관심한, 심드렁한　　　**forfeit** ⓥ 몰수당하다, 박탈당하다

---

16 When it was constructed, the gymnasium was highly _____; the students for whom it was planned were satisfied, but community members who faced losing their neighborhood park were _____. 중앙대

① warranted – skeptical　　　　　　② controversial – outraged

③ dubious – euphoric　　　　　　　④ unnecessary – gratified

| 정답 | ②

| 해석 | 이 체육관은 처음 건립되었을 때 매우 많은 논란을 불러일으켰다. 체육관을 계획하면서 이용 대상으로 삼은 학생들에게는 체육관이 만족스러웠지만, 동네 공원이 사라지는 상황을 맞은 동네 사람들은 분노했었다.

① 보장되는 – 회의적인　　　　　　　② 논란 많은 – 분노한

③ 의심하는 – 행복한　　　　　　　　④ 불필요한 – 만족하는

| 해설 | 새로 건립되는 체육관을 향해 학생들과 동네 사람들이 서로 다른 태도를 보였다는 점에서 체육관 건립이 '논란 많은' 일임을 알 수 있으며, 학생들은 만족했지만 동네 사람들은 동네 공원이 사라지게 되었으니 '분노했을' 것이다. 따라서 정답은 ②이다.

| 어휘 | **warranted** ⓐ 보장되는　　　　　　**skeptical** ⓐ 의심 가는, 회의적인

outraged ⓐ 격분한, 분노한　　　　　**dubious** ⓐ 의심하는, 미심쩍어하는

euphoric ⓐ 큰 기쁨의, 행복한　　　　**gratified** ⓐ 만족하는, 기뻐하는

---

17 The Vietnam War ended over 30 years ago, and a more _____ ending could hardly have been imagined for the United States: some 58,000 dead and communist North Vietnam in control of the country.

① ignominious　　　　　　　　　　② triumphant

③ moral　　　　　　　　　　　　　④ flexible

| 정답 | ①

| 해석 | 베트남 전쟁은 30년 전에 끝이 났다. 하지만 미국에게 이보다 더 수치스러운 결과는 상상해 볼 수 없을 것이다. 대략 5만 8천 명이 목숨을 잃었고, 공산주의 정권의 북베트남이 베트남을 차지하게 됐기 때문이다.

① 수치스러운, 창피한　　　　　　　　　　② 의기양양한

③ 도의적인　　　　　　　　　　　　　　　④ 융통성이 있는

| 해설 | 후반부의 콜론(:) 이하의 내용을 통해 빈칸을 추론할 수 있다. 사망자가 많았고, 공산주의 정권에게 패배해 베트남을 내어 주게 됐다는 내용이기 때문에 부정적인 단어가 앞에 들어와야 한다. 긍정의 의미를 지닌 ②와 ③은 정답이 될 수 없으며, 융통성 있고 유연하다는 ④도 부정의 의미를 담고 있지 않다. 정답은 '수치스러운'이라는 뜻의 ③ ignominious가 되며, 종전이 된지 30년이 지났지만 미국에게 이보다 더 수치스러운 일은 상상하기 어렵다는 내용이 된다.

| 어휘 | **hardly** ⓐ 거의 ~하지 않다　　　　　　　**communist** ⓐ 공산주의의

ignominious ⓐ 수치스러운, 창피한

triumphant ⓐ 크게 성공한, 큰 승리를 거둔, 의기양양한

moral ⓐ 도덕적인, 도의적인　　　　　　　**flexible** ⓐ 융통성이 있는, 유연한

18　Developing a close relationship takes time; no relationship becomes _____ close. We consider a relationship to move from a fairly superficial stage to a deeper, more intimate bond.

① instantly　　　　　　　　　　　② deliberately

③ adequately　　　　　　　　　　④ covertly

| 정답 | ①

| 해석 | 친밀한 관계를 형성하는 것은 시간이 걸린다. 그 어떤 관계도 즉시 친밀함을 형성하지는 않는다. 우리는 관계라는 것이 상당히 피상적인 단계에서 보다 깊고 친밀한 유대 관계로 이동하는 것이라고 생각한다.

① 즉시　　　　　　　　　　　　　② 고의로

③ 충분히, 적절히　　　　　　　　　④ 은밀히, 살며시

| 해설 | 빈칸 이후 문장을 통해 '관계'라는 것이 「move from A to B」의 내용과 같이 'A에서 B로 이동하는' 것이라고 했다. 처음에는 피상적인 단계에서 친밀한 관계로 바뀌게 된다는 뜻이며, 시간이 걸린다(takes time)는 내용을 고려해 볼 때, 만나자마자 순식간에(instantly) 친밀한 관계가 형성되는 것은 아니라는 것을 알 수 있다.

| 어휘 | **fairly** ⓐ 상당히, 꽤　　　　　　　　**superficial** ⓐ 피상적인

intimate ⓐ 친밀한　　　　　　　　　**bond** ⓝ 유대, 끈

instantly ⓐ 즉시　　　　　　　　　　**deliberately** ⓐ 고의로

adequately ⓐ 충분히, 적절히　　　　**covertly** ⓐ 은밀히, 살며시

19 "Gothic architecture" does not imply the architecture of the historical Goths. The term originated as a _____ description: it came to be used as early as the 1530s by Giorgio Vasari to describe culture that was considered rude and barbaric. 항공대

① naive

② incendiary

③ pejorative

④ consequential

| 정답 | ③

| 해석 | '고딕 건축 양식'은 역사상에 등장하는 고트족의 건축 양식을 의미하는 말이 아니다. 이 용어는 경멸 섞인 서술에서 비롯된다. 이 용어는 이미 1530년대에 조르조 바사리(Giorgio Vasari)가 저속하고 야만적이라 여겨지는 문화를 기술하고자 사용된 것이다.

① 순진무구한

② 선동적인

③ 경멸 섞인

④ 중대한

| 해설 | '고딕 건축 양식'은 본래 저속하고 야만적이라 여겨지는 문화를 지칭하는 데 사용되었고 따라서 '경멸 섞인' 표현임을 알 수 있다. 따라서 정답은 ③이다.

| 어휘 | **Gothic architecture** – 고딕 건축 양식   **imply** ⓥ 암시하다, 시사하다, 의미하다

Goths ⓝ 고트족   **originate** ⓥ 비롯되다, 유래하다

description ⓝ 기술, 서술, 표현   **naive** ⓐ 순진무구한

incendiary ⓐ 방화의, 선동적인   **pejorative** ⓐ 경멸적인, 비난 투의

consequential ⓐ ～에 따른, ～의 결과로 일어나는; 중대한

---

20 More often than others, Eliot affords an opportunity to consider the _____ of the modern creative figure — caught between cultures, inhabiting diverse time periods, experiencing painful personal anxieties and disjunctions on the border of mental disturbance. 항공대

① accountability

② self-sufficiency

③ durability

④ marginality

| 정답 | ④

| 해석 | 엘리엇(Eliot)은 다른 사람들에 비해 현대의 창조적 인물들이 겪는 위태로움을 고려할 기회를 더 많이 제공한다. 이들은 여러 문화권 사이에 끼인 채, 다양한 시간대 속에 거주하면서, 정신적 동요에 직면하여 고통스러운 개인적 불안감과 괴리감을 겪고 있다.

① 책임

② 자급자족

③ 내구성

④ 위태로움

| 해설 | 대시(—) 뒤에 등장하는 사항은 빈칸에 해당되는 것을 부연 설명한 것으로 볼 수 있다. 보기 중에서 '여러 문화권 사이에 끼인 채, 다양한 시간대 속에 거주하면서, 정신적 동요에 직면하여 고통스러운 개인적 불안감과 괴리감을 겪는' 것과 가장 가까운 것은 ④의 '위태로움'이다.

| 어휘 | **inhabit** ⓥ 거주하다   **disjunction** ⓝ 괴리

on the border of – ～에 직면하여, ～의 경계에   **disturbance** ⓝ 동요, 불안

accountability ⓝ 책임

self-sufficiency ⓝ 자족, 자급자족

durability ⓝ 내구성, 내구력

marginality ⓝ 미미한 상태임, 위태로운 상황

---

21 Winners are told to limit thank-yous to 45 seconds or risk being drowned out by the orchestra. Many ignore this. In 2001, Julia Roberts began her Best Actress award acceptance speech for her role in Erin Brockovich by making sure the conductor knew exactly how she felt: "Sir, you're doing a great job but you're so quick with that stick. So why don't sit, because I may never be here again." _____; the orchestra let her finish. 성균관대

① It worked

② She kept her words

③ Everybody got angry

④ The conductor didn't hear her

⑤ You can say that again

| 정답 | ①

| 해석 | 수상자들은 감사 인사를 45초로 제한하지 않으면 오케스트라의 음악 연주에 인사가 묻힐 위험이 있다는 말을 듣지만, 많은 수상자들은 이를 무시한다. 2001년 Julia Roberts는 영화 Erin Brockovich에서의 역할로 여우 주연상 수락 연설을 할 때 지휘자에게 자신이 어떤 기분인지를 분명히 알려 주면서 수상 소감을 시작했다. "지휘자 선생님, 정말 지휘는 잘하시지만 지휘봉을 너무 빨리 드시는 것 같아요. 전 아마 다시는 이 자리에 설 수 없을 것 같으니까 잠시만 앉아 주실 수 있나요?" 그녀의 말이 먹혀서 오케스트라는 그녀가 소감을 끝낼 때까지 기다려 줬다.

① 그녀의 말이 먹혔다

② 그녀는 약속을 지켰다

③ 모두 화가 났다

④ 지휘자는 그녀의 얘기를 듣지 않았다

⑤ 정말 그렇다

| 해설 | Julia Roberts가 자신은 수상대에 다시 설 일 없을 테니 잠시 앉아 달라고 지휘자에게 부탁했으며, 여기서 앉아 달라는 것은 연주를 잠시 멈춰 달라는 의미였다. 그리고 빈칸 다음을 보면 오케스트라는 그녀가 소감을 마칠 때까지 기다려 줬음을 알 수 있다. 따라서 보기 중에서 빈칸에 들어가기에 가장 적절한 것은 그녀의 재치 있는 설득이 먹혔다는 의미에서 ① 'It worked'일 것이다.

| 어휘 | **thank-you** ⓝ 감사의 말

be drowned out – ~에 묻히다, ~에 들리지 않게 되다

acceptance ⓝ 수락

work ⓥ 먹히다, 작용하다

keep one's word – 약속을 지키다

You can say that again – 정말 그렇다

---

22 One type of compliance is the _____ response: we comply almost automatically, giving little thought to the reasons we should or should not agree to carry out the behavior. This form of compliance is most likely to occur when the response is overlearned and requires little conscious monitoring and when the form of the request matches our expectations about legitimate requests.

① mitigated

② contemplated

③ evasive

④ mindless

| 정답 | ④

| 해석 | 승낙(compliance, 법의 준수나 명령 등을 따르는 행위)의 한 형태로 생각 없이 대응하는 것도 있다. 우리는 그런 행위를 하는 데 동의해야 할지 말아야 할지에 대한 이유에 대해 별로 생각해 보지 않고 거의 자동적으로 따른다. 이런 식의 승낙은 반응이 과잉 학습되고, 의식적인 관찰이 거의 필요하지 않을 때 일어나며, 요청의 형태가 합법적인 요청에 대한 우리의 기대와 일치할 때 일어난다.

① 완화된   ② 심사숙고한

③ 얼버무리는, 회피하는   ④ 분별없는, 생각 없이

| 해설 | 법이나 명령 등을 따라야 할 때 무의식적으로(automatically) 이를 따르는 행위에 대해 설명하고 있으며, 어느 경우에 이런 일이 발생하는지 설명하고 있다. 따라서 이런 식의 반응과 어울리는 것은 ② '심사숙고한 (contemplated)'과 반대되는 '아무 생각이 없는'이라는 뜻의 ④ mindless가 적합하다.

| 어휘 | **compliance** ⓝ (법·명령 등의) 준수 (명령 등에) 따름

overlearn ⓥ (교육) 숙달된 후에도 계속 연습[공부]하다

conscious ⓐ 의식하는, 자각하는   **monitoring** ⓝ 감시, 관찰, 모니터링

legitimate ⓐ 타당한, 적당한, 합법적인, 적법한   **mitigated** ⓐ 누그러진, 완화된, 경감된

contemplated ⓐ 고려한, 심사숙고한   **evasive** ⓐ 얼버무리는, 회피하는, 둘러대는

mindless ⓐ 분별없는, 아무 생각이 없는, 머리를 쓸 필요가 없는

---

23 For Mary, disagreement carries a metamessage of threat to intimacy. John does not see disagreement as a threat. Quite the opposite, he regards being able to express disagreement as a sign of intimacy. He explained to me that he feels it is his duty, when someone expressed a view, _____; if someone complains of another's behavior, he feels he should explain what the person's motives might be. When someone takes a position, he feels he ought to help explore it by trying to poke holes in it, and playing devils' advocate for the opposing view. 인하대

① to disregard the view   ② to express agreement

③ to point out the other side   ④ to ask its background assumption

---

| 정답 | ③

| 해석 | 메리(Mary)에게 있어 의견 불일치는 친밀함에 대한 위협을 뜻하는 '메타 메시지' 즉 메시지 속 메시지를 담고 있다. 존(John)은 의견 불일치는 위협으로 보지 않는다. 이와는 정반대로 존은 의견 불일치를 표현하는 행위를 일종의 친밀함을 표시하는 것으로 본다. 존은 누군가가 의견을 표명하면 이와는 다른 면을 지적하는 것이 자신의 의무라는 생각이 든다고 내게 설명했다. 만일 누군가가 다른 이의 행동에 관해 불평을 한다면, 존은 그 사람이 그런 행동을 하게 된 동기가 무엇인지 설명을 해야겠다는 생각을 한다. 누군가가 어떤 입장을 취하면 존은 그 입장의 허점을 찾으려 노력하고 상대의 입장에서 일부러 반대 의견을 말하는 식으로 그 입장을 분석해야겠다는 생각을 한다.

① 그 의견을 묵살한다   ② 동의를 표한다

③ 이와는 다른 면을 지적한다   ④ 그 배경이 되는 가정을 묻는 것

| 해설 | 존은 의견 불일치를 친밀함의 표현으로 보고 누군가가 어떤 입장을 토로하면 그에 대한 허점을 찾는 식으로 일부러 의견 불일치를 야기하는 즉 반대 의견을 말하는 사람이다. 즉 존은 누군가가 의견을 표명하면 '이와는 다른 면을 지적하는' 사람이다. 따라서 정답은 ③이다.

| 어휘 | **intimacy** ⓝ 친밀함   **take a position** - 입장을 취하다

poke a hole in someone's argument – ~의 주장에서 허점을 찾다

play devil's advocate – 일부러 반대 의견을 말하다

disregard ⓥ 무시하다, 묵살하다　　　　　　　assumption ⓝ 가정, 추정, 상정

24　The subject of manners is complex; if it were not, there would not be so many injured feelings and so much misunderstanding in international circles everywhere. In any society the code of manners tends to sum up the culture — to be a frame of reference for all behavior. Unfortunately many of the most important standards of acceptable behavior in different cultures are _____: they are intangible, undefined and unwritten. 에리카

① elusive　　　　　　　　　　　　　② various

③ discernable　　　　　　　　　　　④ paradoxical

| 정답 |　①

| 해석 |　예의는 복잡한 사안이다. 그렇지 않았더라면 전 세계의 모든 국제적 모임에서 감정이 상하거나 오해가 벌어지는 경우가 그리 많지는 않았을 것이다. 어느 사회이든 예의범절은 문화의 모습을 요약하여 드러내며 모든 행동에 있어 준거 틀로서의 역할을 한다. 유감스럽게도 서로 다른 문화권 내에서 수용 가능한 행동의 가장 중요한 기준을 규정하기란 힘들다. 이들 기준은 뭐라고 꼬집어 말할 수 없이 막연하고, 확실하지 않으며, 명확히 기록되어 있지 않다.

① 규정하기 힘든　　　　　　　　　② 다양한

③ 식별할 수 있는　　　　　　　　　④ 자기모순의

| 해설 |　추가적인 사항을 덧붙여 설명하기 위해 붙이는 구두점인 콜론 덕분에 콜론(:) 뒤 '뭐라고 꼬집어 말할 수 없이 막연하고, 확실하지 않으며, 명확히 기록되어 있지 않은(intangible, undefined and unwritten)'이란 표현은 빈칸에 들어갈 단어를 가리키는 것으로 유추 가능하다. 보기 중에서 이 세 단어의 성격을 함축한 것은 '규정하기 힘든'의 의미를 지닌 ① elusive이다.

| 어휘 |　manners ⓝ 예의　　　　　　　　　　circle ⓝ 모임, ~계

　　　　code of manners – 예의범절　　　　sum up – ~을 압축하여 보여 주다, 요약하다

　　　　frame of reference – 준거 틀　　　　intangible ⓐ 무형의, 뭐라고 꼬집어 말할 수 없는

　　　　undefined ⓐ 확실하지 않은　　　　unwritten ⓐ 성문화하지 않은, 기록되어 있지 않은

　　　　elusive ⓐ 규정하기 힘든　　　　　discernable ⓐ 식별할 수 있는

　　　　discernable ⓐ 역설의, 자기모순의

25 The cutthroat is one of the most beautiful trout in the world, typically a golden hue with black spots and pinkish-rose sides and throat. This fish once had the widest geographic distribution of any native trout in the West, with 14 subspecies ranging from New Mexico to Alberta and from the Rockies to the Pacific Northwest and southeast Alaska. Despite this huge geographical range, the cutthroat as a species _____: Two subspecies are extinct, ten have suffered steep declines, and only two are thought to be holding their own. 건국대

① has not fared well　　　　　　　　　② is notorious to fishers

③ is not known world-wide　　　　　　④ is considered less valuable

⑤ has relatively short life span

| 정답 | ①

| 해석 | 컷스로트 송어(Cutthroat Trout)는 세계에서 가장 아름다운 송어 중 하나이며, 일반적으로 검은 반점과 함께 황금 빛을 띠며, 측면과 아가미 부위는 핑크색을 가진다. 이 물고기는 서구에서 그 어떤 자생 송어보다 더 넓은 지리적 분포를 지니며, 뉴멕시코주에서 앨버타주에 이르기까지, 로키산맥에서 태평양 북서부 및 알래스카 남동부에 이르기까지 14개의 하위 종이 서식하고 있다. 이 거대한 지리적 분포에도 불구하고, 종으로서 컷스로트 송어는 성공적이지 못하다. 하위 2종은 멸종했고, 10종은 극심한 개체수 감소를 겪고 있으며, 오직 2종만이 살아남아 있는 상태이다.

　① 성공적이지 못하다　　　　　　　　② 어부들에게 악명 높다
　③ 전 세계적으로 알려져 있지 않다　　④ 가치는 떨어지는 것으로 여겨진다
　⑤ 상대적으로 수명이 짧다

| 해설 | 빈칸 뒤에 콜론(:)을 사용해 부연 설명하고 있다. 14개의 하위 종중에서 2종은 멸종, 10종은 심각한 개체수 감소, 오직 2종만이 생존해 있는 상태라고 설명하고 있으므로 종으로서 컷스로트 송어는 좋지 못한 상황이란 것을 알 수 있으므로, 정답은 ①이 된다.

| 어휘 | **cutthroat** ⓝ 컷스로트 송어, 북미산(産) 송어　　　**trout** ⓝ 송어
　　　hue ⓝ 빛깔, 색조　　　　　　　　　　　　　　**geographic** ⓐ 지리학(상)의, 지리(학)적인
　　　subspecies ⓝ 아종, 변종　　　　　　　　　　**extinct** ⓐ 멸종된
　　　steep ⓐ 가파른. 비탈진　　　　　　　　　　　**hold one's own** 자기 위치를 고수하다, 견디다
　　　not fare well – 잘못 되어가다, 실패하다　　　**notorious** ⓐ 악명 높은
　　　life span – 수명

02 문법 활용

01	③	02	①	03	③	04	③	05	③	06	③	07	④	08	④	09	②	10	②
11	②	12	④	13	⑤	14	①	15	②										

01   Wall Street analysts _____ optimistic about the performance of value stocks.

① reached   ② resulted

③ remained   ④ revealed

| 정답 | ③

| 해석 | 월가의 분석가들은 가치주의 실적에 여전히 낙관하고 있다.

① 도달하다   ② 발생하다

③ ~인 상태이다   ④ 드러내다

| 해설 | remain은 형용사와 결합해 '(여전히) ~인 상태이다', '~한 대로이다' 등의 의미를 지닌다. 따라서 '여전히 낙관한다' 는 의미에서 빈칸에 가장 알맞은 것은 ③이다.

| 어휘 | **value stock** - 가치주

02   _____ our dismay, over vast areas of every continent, the rainfall and vegetation necessary for life are disappearing.

① To   ② For

③ Despite   ④ With

| 정답 | ①

| 해석 | 실망스럽게도, 모든 대륙의 광대한 영역에 걸쳐 생명에 꼭 필요한 강우량과 초목이 사라지고 있다.

① ~에게   ② ~를 위해

③ ~임에도 불구하고   ④ ~와

| 해설 | 보기에 제시된 전치사를 빈칸에 대입해 봤을 때 문맥상 가장 적합한 것은 '놀랍게도, 실망스럽게도'란 의미를 가진 to one's dismay이다. 따라서 정답은 ①이다.

| 어휘 | **rainfall** ⑪ 강우(량)   **to one's dismay** - 놀랍게도, 실망스럽게도

03   In a new culture, many embarrassing situations occur _____ a misunderstanding. 홍익대

① of   ② to

③ because of   ④ because

| 정답 | ③

| 정답 | ③

| 해석 | 새로운 문화권에서는 많은 당황스러운 상황들이 오해 때문에 발생한다.

| 해설 | 의미상 빈칸에는 이유에 해당하는 접속사가 오는 것이 자연스럽다. ③과 ④ 모두 이유에 해당하는 접속사이지만, ④ because 뒤에는 절이 오고 ③ because of 뒤에는 of라는 전치사로 인해서 명사가 와야 하므로 정답은 ③이 된다.

| 어휘 | **embarrassing** ⓐ 당황스러운　　　　　　**misunderstanding** ⓝ 오해

---

04 At sunrise on a first of April, there appeared a man at the waterside in the city of St. Louis. He had neither trunk, valise, carpet-bag, _____ parcel. 홍익대

① but　　　　　　　　　　　　　　　　② for

③ nor　　　　　　　　　　　　　　　　④ or

| 정답 | ③

| 해석 | 4월의 첫 번째 날 동틀 녘에 세인트루이스시의 강가에 한 남자가 등장했다. 그에게는 트렁크도, 작은 여행 가방도, 여행용 손가방도, 꾸러미도 지니고 있지 않았다.

　　　① 그러나　　　　　　　　　　　② ~을 위한

　　　③ ~도 아니다　　　　　　　　　④ 또는

| 해설 | 빈칸 앞 neither 덕분에 정답은 nor임은 쉽게 유추 가능하다. 따라서 정답은 ③이다.

| 어휘 | **waterside** ⓝ 물가, 강기슭　　　　　　**trunk** ⓝ 트렁크(옷·책 등을 담는 큰 가방)

　　　valise ⓝ (옷을 넣어 다니는) 작은 여행 가방

　　　carpet-bag ⓝ (옛날 헌 융단 천으로 만든) 여행용 손가방

　　　parcel ⓝ 꾸러미

---

05 With cloning technology now _____ scientists, governments, citizens, and ethics committees will need to consider the urgent question of when, where, and to what extent cloning is ethically acceptable. 가천대

① outdated　　　　　　　　　　　　② obsolete

③ available　　　　　　　　　　　　④ exceptional

| 정답 | ③

| 해석 | 이제 복제 기술을 활용할 수 있게 되면서 과학자·정부·시민·윤리 위원회 모두 복제가 언제, 어디서, 어느 정도로 윤리적으로 용인될 수 있는지에 관한 시급한 문제를 고려할 필요가 있다.

　　　① 낡은　　　　　　　　　　　　② 한물간

　　　③ 활용 가능한　　　　　　　　　④ 극히 예외적인

| 해설 | 독립분사구문에서 나온 「with+목적어+분사구문」을 활용한 문제로, 이유를 나타낸다. '복제가 언제, 어디서, 어느 정도로 윤리적으로 용인될 수 있는지에 관한 시급한 문제'를 고려한다는 말은 즉 복제가 이제 '활용 가능해'졌다는 의미이다. 따라서 정답은 ③이다.

| 어휘 | **ethically** ⓐ 윤리적으로   **acceptable** ⓐ 용인되는, 받아들여지는

outdated ⓐ 낡은, 구식의   **obsolete** ⓐ 더 이상 쓸모가 없는, 한물간

exceptional ⓐ 특출난, 극히 예외적인

---

06 Despite appearances, a driver yakking away on his cell phone while he weaves through traffic is _____ of a danger than a driver eating or tuning in to a new radio station.

① nothing   ② easy

③ less   ④ kind

| 정답 | ③

| 해석 | 보이는 것과 다르게, 차량들 사이를 빠져나가며 휴대폰으로 수다를 떠는 운전자는 운전 중 뭔가를 먹거나 라디오 주파수를 맞추는 운전자보다 덜 위험하다.

| 해설 | 비교급이 쓰였다. 여기에서는 운전 중 잡담하는 운전자와 운전 중 한눈을 파는 운전자를 비교하고 있으므로, 이에 해당하는 less가 정답이다.

| 어휘 | **yak** ⓥ 수다를 늘어놓다, 잡담하다

weave through – 이리저리 빠져나가다, ~을 누비듯이 지나가다

---

07 Everybody was surprised to find that the boys emerged from the fire _____. 성균관대

① unwarranted   ② undestroyed

③ ruined   ④ unhurt

⑤ securely

| 정답 | ④

| 해석 | 사람들은 그 소년들이 화재로부터 부상을 입지 않고 빠져나온 것을 발견하고 모두 놀랐다.

     ① 부당한, 불필요한   ② 파괴되지 않고

     ③ 폐허가 된   ④ 부상을 입지 않고

     ⑤ 단단히, 안전하게, 튼튼하게

| 해설 | that절 이하의 내용이 완전한 문장이지만, 1형식 문장의 완전자동사 다음에 명사나 형용사가 유사보어로 오는 형태이다. 의미상 ④가 정답이며, ⑤ securely는 '단단히, 안전하게'라는 뜻으로 사람에게 사용하면 어색하다.

| 어휘 | **emerge from** – ~에서 벗어나다, 나오다   **unwarranted** ⓐ 부당한, 불필요한, 부적절한

ruined ⓐ 폐허가 된   **securely** ⓐ 단단히, 안전하게, 튼튼하게

08 Water expands when it freezes, _____ ice humps up in the middle of the compartments in an ice cube tray. 숭실대

① because

② although

③ that is

④ which is why

| 정답 | ④

| 해석 | 물은 얼어붙으면 팽창하며, 이 때문에 얼음판 칸막이 안의 얼음이 부풀어 오르는 것이다.

① 왜냐하면

② ~에도 불구하고

③ 다시 말해

④ 이 때문에(왜)

| 해설 | 'expands(팽창)'과 'hump(부풀다)'는 서로 물이 얼어붙었을 때의 성질을 나타내는 단어로, 이를 통해 빈칸 앞뒤의 관계가 서로 역접 관계가 아닌 순접 관계임을 알 수 있다. 또한 본문을 빈칸을 기준으로 크게 둘로 나눠 보면 빈칸 앞은 어떤 현상에 관해 설명하고 빈칸 뒤는 보충 설명을 하는 구성을 갖추고 있음을 알 수 있다. 따라서 보기 중에서 이러한 본문 구성에 가장 잘 부합하는 것을 고르면 정답은 ④가 된다.

| 어휘 | **hump** ⓥ 부풀다   **compartment** ⓝ 칸막이

ice cube tray − 물을 붓고 냉동실 안에 넣어 얼음을 얼리는 데 쓰는 얼음판

09 Being very _____, he had prepared all the documents before the meeting was held. 성균관대

① caustic

② circumspect

③ obnoxious

④ salient

⑤ spurious

| 정답 | ②

| 해석 | 매우 신중하기 때문에, 그는 회의가 열리기 전에 모든 문서를 준비했다.

① 신랄한

② 신중한

③ 불쾌한

④ 중요한, 두드러진

⑤ 거짓된

| 해설 | 분사구문에 빈칸이 있으며, 주절의 내용을 통해 빈칸을 추론할 수 있다. 회의 전에 모든 서류를 준비할 만큼 꼼꼼한 사람임을 알 수 있으므로 긍정의 단어가 와야 한다. ①, ③, ⑤는 부정의 의미로 해당되지 않고, ④는 부정의 단어는 아니지만 의미상 뜻이 어울리지 않는다. 정답은 ②로 '주위(circum)를 둘러보다(spect)'는 뜻의 circumspect가 '신중한'이라는 뜻으로 내용과 어울린다.

| 어휘 | **caustic** ⓐ 신랄한, 비꼬는; 가성의, 부식성의   **circumspect** ⓐ 신중한

obnoxious ⓐ 아주 불쾌한, 몹시 기분 나쁜

salient ⓐ 가장 중요한, 핵심적인; 가장 두드러진, 현저한

spurious ⓐ 거짓된, 겉으로만 그럴싸한; 비논리적인

10 Since graduating from medical school, the two doctors have followed divergent paths, the one going on to become a nationally prominent surgeon, _____ dedicating himself to a small family practice in his hometown. 경기대

① other

② the other

③ another

④ no other

| 정답 | ②

| 해석 | 의대를 졸업한 후 두 의사는 각기 다른 길을 갔다. 한 명은 시간이 흘러 나라의 저명한 외과의가 되었으며, 다른 한 명은 자신의 고향에서 작은 병원의 가족의가 되었다.

| 해설 | 사물이 2개일 경우, 앞의 것을 one이라고 하면 나머지 것은 'the other'라고 하므로 정답은 ②가 된다. 정관사 the 를 사용했기 때문에 사물이 고정된다. 반면 another는 'an+other'의 조합으로 부정사 an이 있기 때문에 구체적인 지칭을 할 수 없고, 다른 많은 것 중에 다른 하나라는 뜻을 지닌다.

| 어휘 | **graduate from** – 졸업하다 　　　　　　**divergent** ⓐ 다른, 분기하는, 갈라지는

prominent ⓐ 저명한, 탁월한, 두드러진 　　**surgeon** ⓝ 외과 의사

dedicate oneself to – ~에 헌신하다 　　**practice** ⓝ (의사) 개업, 영업

---

11 In the United States, the emphasis was _____ the Constitution as a symbol or historical object as on the Constitution as a depository of democratic beliefs that were said to be fundamental and unshakeable.

① not so much as on

② not so much on

③ so much not on

④ on not so much as

| 정답 | ②

| 해석 | 미국에서 헌법은 상징이나 역사적 대상으로서가 아니라 근본적이고 흔들림 없는 민주적 신념의 보고로서 강조됐다.

| 해설 | 본문의 'the emphasis was ~ on the Constitution'의 의미는 '헌법이 강조되었다'이며, 이 표현의 사이에 'A라 기보다는 오히려 B인'의 뜻을 가진 「not so much A as B」가 삽입됨을 문제의 보기를 통해 유추할 수 있다. 본문에서 A에 해당되는 것은 on the Constitution as a symbol or historical object(상징이나 역사적 대상으로서의 헌법), B에 해당되는 것은 'on the Constitution as a depository of democratic beliefs(민주적 신념의 보고)'이다. 따라서 보기 중에서 어순이 맞게 쓰인 것은 ②가 된다.

| 어휘 | **the Constitution** ⓝ 헌법 　　　　　　**depository** ⓝ 공탁소, 보관소, 창고

fundamental ⓐ 기본적인, 기초의, 근원의, 최초의, 근본적인

unshakeable ⓐ 흔들리지 않는, 확고부동한 　　**not so much A as B** – A라기보다는 오히려 B인

12 In _____ formulating a strategy and assumptions, the company also must consider the impact of technology on its customers, societal trends on its markets, and customer preferences.

① effect
② effects
③ effective
④ effectively

| 정답 | ④

| 해석 | 효과적으로 전략을 짜고 (시장 상황을) 추정하는 데 있어, 그 회사는 또한 반드시 기술이 고객들에게 미치는 영향, 사회적 추세가 시장에 미치는 영향, 그리고 고객 선호도가 미치는 영향 등을 고려해야 한다.
① 영향, 결과
② 영향을 끼치다
③ 효과적인
④ 효과적으로

| 해설 | 회사가 여러 가지 사항들을 고려하는 이유는 '전략을 짜고 (시장 상황을) 추정하기 위해서(formulating a strategy and assumptions)'이며, 가급적이면 이러한 행위는 '효과적'으로 이루어지는 것이 가장 좋을 것이다. 따라서 의미부터 다른 ①과 ②는 답이 될 수 없다. 그리고 formulating은 전치사 in의 목적어로 사용된 것이므로, 분사가 아니라 동명사이며 동명사 formulating을 꾸며 주는 것은 형용사가 아니라 부사이다. 따라서 형용사 effective에서 형용사를 부사로 바꿔 주는 -ly가 붙은 ④가 정답이다.

| 어휘 | **assumption** ⓝ 추정, 가정, 장악   **societal** ⓐ 사회의

13 Aspirin is helpful in treating such a wide variety of ailments. Indeed, _____ it invented today, aspirin might well be hailed as a wonder drug. Potentially important uses for it are continually being discovered and investigated. 숙명여대

① was
② if
③ since
④ so
⑤ were

| 정답 | ⑤

| 해석 | 아스피린은 매우 다양한 질환을 치료하는 데 유용하다. 실제로 아스피린은 오늘날 발명되었다면 아마도 기적의 약으로 묘사되었을 것이다. 아스피린의 주요 용도로 생각되는 것들이 지금도 지속적으로 발견되고 있으며 또한 탐구의 대상이 되고 있다.

| 해설 | 문맥상 빈칸이 들어간 문장의 의미는 '아스피린은 오늘날 발명되었다면 아마도 기적의 약으로 묘사되었을 것이다'이다. 즉 가정법 과거형 문장이다. If it were invented today에서 도치가 이루어지면서 if는 생략되고 were it invented today가 된 것이다. 따라서 정답은 ⑤이다.

| 어휘 | **ailment** ⓝ 질환, 질병   **hail** ⓥ (아주 훌륭한 것으로) 묘사하다

14

The queen, displeased because her newborn child was a boy, ordered one of her men to take the baby into the forest and leave him there. The child was all alone in the forest. He cried, but only the birds heard him. After some time the baby became very weak. Indeed, had he not been rescued by hunters, he would have _____. 광운대

① perished

② survived

③ become civilized

④ become developed

⑤ enjoyed his wild life

| 정답 | ①

| 해석 | 새로 태어난 자신의 아이가 남자아이란 사실에 기분이 상한 여왕은 부하 중 한 명에게 명령하여 아이를 숲속에 놔두고 오게 했다. 아이는 숲속에 홀로 남겨졌다. 아이는 울었지만 오로지 새들만이 아이의 울음소리를 들었다. 얼마 후 아이는 매우 허약해졌다. 실제로도 만일 사냥꾼들이 아이를 구해 주지 않았더라면 아이는 죽었을 것이다.

① 죽다

② 살아남다

③ 개화되다

④ 성장하다

⑤ 야생의 삶을 누리다

| 해설 | 빈칸이 들어간 문장은 가정법 과거완료 문장으로 if절에서 도치가 일어나 if가 생략된 형태를 지니고 있다. 가정법 표현이므로 과거 사실에 대한 반대의 의미를 가지며, if절의 의미가 '만일 사냥꾼들이 아이를 구하지 못했더라면'이 므로 주절은 '죽었을 것이다'가 될 것으로 유추할 수 있다. 또한 숲에 홀로 남겨진 아이의 운명이 어떻게 될지를 상상해 보면, 빈칸이 들어간 문장의 의미는 '사냥꾼들이 아니었더라면 죽었을지도 모르지만 사냥꾼 덕분에 목숨을 구할 수 있었다'가 될 것으로 유추 가능하다. 따라서 정답은 ①이다.

| 어휘 | **displeased** ⓐ 화난, 기분이 상한　　　　**perish** ⓥ 죽다, 비명횡사하다

civilize ⓥ 개화[교화]하다

15

I have led companies in India, Ireland, France and Switzerland. _____ is it more complicated or frustrating than in France. This is not only because of the high cost of labor imposed by the welfare system; it is mainly because of the time and energy spent in dealing with unions and their numerous committees. 성균관대

① Anywhere

② Nowhere

③ Everywhere

④ Somewhere

⑤ Wherever

| 정답 | ②

| 해석 | 나는 인도, 아일랜드, 프랑스, 스위스에서 회사를 경영해 왔다. 그런데 프랑스보다 복잡하면서 좌절감을 안겨 주는 곳은 없었다. 이는 프랑스의 복지 체제로 인해 부과되는 높은 노동 비용만이 원인은 아니었으며, 주로 노조 및 노조 소속의 다수의 위원회와 상대하는 과정에서 소모되는 시간과 에너지 때문이었다.

① 어디든

② 아무데도

③ 모든 곳

④ 어딘가에

⑤ 어디에나

03 표현 활용

01	④	02	④	03	④	04	①	05	④	06	④	07	⑤	08	⑤	09	④	10	④
11	③	12	①	13	⑤	14	③	15	①	16	②	17	②	18	③	19	②	20	①

01 The children's behaviour at the party stretched her patience to the _____. 성균관대

① ceiling

② level

③ depth

④ limit

⑤ extent

| 정답 | ④

| 해석 | 파티에서 그 아이의 행동은 그녀의 인내심의 한계를 시험하는 것이었다.

① 천장   ② 단계

③ 깊이   ④ 한계

⑤ 정도

| 해설 | '인내심의 한계를 시험하다'는 의미의 'stretch one's patience to the limit'이란 표현이 있다. 본문은 '아이의 행동이 그녀의 인내심의 한계를 시험할 정도였다'는 의미이며, 따라서 정답은 ④가 된다.

| 어휘 | **stretch one's patience to the limit** – 인내심의 한계를 시험하다, 인내심을 테스트하다

to the extent of – ～하는 정도까지

02 With _____ to your letter of 10 January, we are able to offer you an alternative delivery date.

명지대

① ritual

② rout

③ ransom

④ reference

| 정답 | ④

| 해석 | 1월 10일에 귀하께서 보낸 서신과 관련하여, 다른 날짜에 배송해 드릴 수 있음을 알려 드립니다.

① 의식 절차   ② 완패

③ 몸값   ④ 관계, 관련

| 해설 | 고객이나 거래처에서 배송과 관련된 문의를 서신으로 문의했고, 이에 대해 배송일 변경이 가능하다는 내용의 답신에 해당하는 구절이다. 문맥상 적절한 보기는 ④ reference로 'with reference to'라는 표현을 사용해 '~에 대하여, ~와 관련하여'라는 뜻으로 사용하고 있다.

| 어휘 | **ritual** ⑪ 의식 절차, 의례   **rout** ⑪ 완패, 궤멸

ransom ⑪ 몸값

with/in reference to – ~을 참고로 하여, ~와 관련하여

---

03   In the year 2000, there were more than 7 million cosmetic surgeries _____ in the United States.

    ① achieved   ② carried

    ③ acted   ④ performed

| 정답 | ④

| 해석 | 2000년에 미국에서 시행된 성형 수술은 700만 건이 넘었다.

      ① 달성된   ② 옮겨진

      ③ 행동된   ④ 시행된

| 해설 | 역시 collocation 문제이다. 보기 중에서 수술을 '시행하다'는 의미의 단어는 ④ perform이다. ② carry가 답이 되려면 전치사 out과 결합해 carry out이 되어야 한다.

| 어휘 | **cosmetic surgery** – 성형 수술

---

04   I wanted to build a desk, but I couldn't make _____ of the instructions. _{성균관대}

    ① sense   ② form

    ③ head   ④ tail

    ⑤ knowledge

| 정답 | ①

| 해석 | 나는 책상을 만들고 싶었지만 설명서를 이해할 수 없었다.

      ① 상식, 납득   ② 형식

      ③ 머리   ④ 꼬리

      ⑤ 지식

| 해설 | 접속사 but 덕분에 책상을 만드는 일이 난관에 부딪혔음을 유추할 수 있다. 보기의 단어를 빈칸에 대입해 보면 '설명서를 이해할 수 없었다'는 의미에서 make sense of가 문맥상 가장 정답에 근접함을 알 수 있다.

| 어휘 | **make sense of** – ~를 이해하다   **instruction** ⑪ 설명

05 The extreme weather conditions _____ their toll on the inhabitants. 성균관대

① declared   ② damaged

③ judged   ④ took

⑤ alarmed

| 정답 | ④

| 해석 | 극단적인 기상 상태가 거주민들에게 큰 피해를 안겨 줬다.

        ① 선포했다   ② 피해를 줬다

        ③ 판단했다   ④ 가져갔다

        ⑤ 알려줬다

| 해설 | toll은 '(사고나 재해로 인한) 희생'을 의미한다. 따라서 빈칸에 들어갈 단어는 toll과 결합해 거주민들에게 '큰 피해를 입혔다'는 의미를 지녀야 한다. 보기 중에서 이 같은 조건에 부합하는 것은 take its[their] toll on이란 형태로 '큰 피해를 입혔다'는 의미를 지니는 ④ took이다.

| 어휘 | **take their toll on** – ~에게 큰 피해를 주다   **inhabitant** ⓝ 주민

        declare ⓥ 선언하다   **damage** ⓥ 피해를 입히다

        judge ⓥ 판단하다   **alarm** ⓥ 불안하게 하다

---

06 Initially she was unable to come to _____ with the fact her parents were older and her friends looked so different. 경기대

① consolation   ② improvement

③ struggles   ④ terms

| 정답 | ④

| 해석 | 그녀는 처음에는 자기 부모님이 나이가 더 들고, 자기 친구들이 (자신과는) 매우 달라 보인다는 사실을 받아들일 수 없었다.

        ① 위안   ② 개선, 향상

        ③ 몸부림, 노력   ④ 조건, 타협, 동의

| 해설 | 'come to terms with'는 '~을 받아들이다, ~와 타협하다'는 뜻의 관용어구이며, 영영의 뜻은 'to start to accept and deal with a difficult situation(어려운 상황을 인정하고 해결하려 하다)'이다. 따라서 정답은 ④가 된다.

| 어휘 | **initially** ⓐ 처음에

        come to terms with A – A를 받아들이는 법을 배우다, A와 타협하다

        consolation ⓝ 위안, 위로   **improvement** ⓝ 향상, 개선

        struggle ⓝ 발버둥질, 몸부림, 노력   **terms** ⓝ 조건, 타협, 동의, 협정

07 Dr. Kim claims that his experiments are _____ in traditional scientific methods. 성균관대

① based   ② derived

③ deprived   ④ focused

⑤ grounded

| 정답 | ⑤

| 해석 | 김 박사는 자신의 실험이 전통적인 과학적 방법에 기반을 둔다고 주장했다.

　　　① 기반을 둔   ② 유래하는

　　　③ 박탈된   ④ 집중된

　　　⑤ 기반을 둔

| 해설 | 보기의 단어를 빈칸에 대입해 봤을 때 의미상 비슷하게 볼 수 있는 것은 ①, ②, ⑤를 들 수 있다. 그리고 형용사와 그에 올바로 따라붙는 전치사를 판별해야 문제를 해결할 수 있다. ① 'based'가 '~에 기반을 둔'의 의미를 갖기 위해서는 전치사 on이, ② derived는 '~으로부터 파생된'의 뜻을 위해서는 전치사 from이, ③ deprived는 '~을 빼앗기다'란 의미를 갖기 위해서는 전치사 of가, ④ focused는 '~에 집중된'을 뜻하려면 전치사 on이, 마지막으로 ⑤ grounded가 '~에 기반을 둔'이란 뜻을 가지려면 전치사 in이 와야 한다. 의미상 가장 합당한 것은 ①과 ⑤인데, 비록 두 표현의 뜻은 동일하지만 빈칸 뒤의 전치사가 in이기 때문에 정답은 ⑤가 되어야 한다.

| 어휘 | experiment ⑩ 실험　　　　　　　　　be based on – ~에 기반을 두다

　　　be derived from – ~으로부터 파생되다　　be deprived of – ~을 빼앗기다

　　　be focused on – ~에 집중되다　　　　be grounded in – ~에 기반을 두다

---

08 She is always _____ a fuss about nothing. Everybody is unhappy with her. 성균관대

① starting   ② complaining

③ doing   ④ having

⑤ making

| 정답 | ⑤

| 해석 | 그녀는 항상 아무것도 아닌 것에 대해 소란을 피운다. 모든 사람들이 그녀에게 불만을 가지고 있다.

　　　① 시작하다   ② 불평하다

　　　③ 하다   ④ 가지다

　　　⑤ 만들다

| 해설 | make a fuss about nothing은 숙어로, '별거 아닌 일에 야단법석을 떨다'는 뜻을 지닌다. 따라서 정답은 ⑤가 된다.

| 어휘 | fuss ⑩ 호들갑, 법석, 야단

　　　make a fuss about nothing – 아무것도 아닌 일에 법석을 떨다

09 Mrs. Blair's image as an angel of justice took a _____ when the port contractor claimed he had given her a bribe. 성균관대

① turn for the better   ② boost

③ shape   ④ hit

⑤ bottom

| 정답 | ④

| 해석 | 정의의 천사로 비쳐지는 블레어 부인의 이미지는 항만 계약 업자가 블레어 부인에게 뇌물을 건넸다는 주장을 하게 되면서 타격을 입었다.

① 호조를 보이다   ② 격려

③ 모양   ④ 타격

⑤ 바닥

| 해설 | 블레어 부인은 정의로운 이미지를 갖고 있었지만, 뇌물 수수 혐의가 제기됨으로써 이미지가 '타격'을 입을 것으로 볼 수 있다. 따라서 정답은 ④이다.

| 어휘 | **contractor** ⓝ 계약자, 도급업자   **bribe** ⓝ 뇌물

turn for the better – 호조를 보이다   **boost** ⓝ 격려, 부양책

take a hit – 타격을 입다

---

10 To qualify to participate as a contestant on the TV quiz program, applicants must pledge to play fair and _____ all of the rules.

① allow for   ② appeal to

③ account for   ④ abide by

| 정답 | ④

| 해석 | TV 퀴즈 쇼의 참가 자격을 얻으려면 신청자는 공정한 경쟁과 모든 규칙의 준수를 약속해야 한다.

① ~을 감안하다   ② ~에 호소하다

③ ~을 설명하다   ④ ~을 준수하다

| 해설 | TV 퀴즈 쇼에 참가하려면 '규칙'을 '준수해야(abide by)' 할 것으로 유추 가능하다. 따라서 정답은 ④이다.

| 어휘 | **qualify** ⓥ 자격을 얻다   **contestant** ⓝ 참가자

applicant ⓝ 지원자, 신청자   **pledge** ⓥ 약속하다, 맹세하다

allow for – ~을 감안하다   **appeal to** – ~에 호소하다

account for – ~을 설명하다   **abide by** – ~을 준수하다

11 Anne was _____ John's request to borrow five thousand dollars, especially in light of the fact that John already owed her a considerable sum.

① taken from   ② taken up with

③ taken aback by   ④ taken advantage of

| 정답 | ③

| 해석 | Anne은 5,000달러를 빌려 달라는 John의 요청에 깜짝 놀랐는데, 특히 John이 이미 Anne으로부터 상당한 양의 돈을 빚지고 있다는 것을 감안하면 더욱 그러했다.

① 흥미가 떨어지다   ② ~와 어울리다

③ ~에 깜짝 놀라다   ④ ~에 이용당하다

| 해설 | John이 Anne에게 이미 돈을 상당히 빌린 상태에서 돈을 더 빌려 달라고 했으니 Anne은 상당히 놀랐을 것으로 유추 가능하다. 따라서 정답은 ③이다.

| 어휘 | **take ~ aback** – ~를 깜짝 놀라게 하다   **in light of** – ~을 감안하여

owe ⓥ 돈을 빚지다   **considerable** ⓐ 상당한

take from – [가치 따위]를 줄이다 [흥미]를 떨어뜨리다

take up with – ~와 어울리기 시작하다   **take advantage of** – ~을 이용하다

---

12 Now I suppose I land on another person and kill that person. I would not be morally responsible for the unfortunate death, _____ the billiard ball would be morally responsible if it fell from a great height and hit someone on the head. 성균관대

① any more than   ② as much as

③ not so much as   ④ so more than

⑤ no more than

| 정답 | ①

| 해석 | 이제 내가 어떤 사람 위에 떨어져서 그 사람을 죽였다고 가정해 보자. 나는 당구공이 높은 곳에서 떨어져서 누군가의 머리를 칠 경우 당구공에게 도덕적 책임을 물을 수 없는 것처럼, 그 사람의 불운한 죽음에 관해 도덕적 책임을 가질 수는 없을 것이다.

① ~가 아닌 것처럼   ② ~ 못지않게

③ ~ 정도는 아닌   ④ (특정 표현 없음)

⑤ 단지 ~에 지나지 않는

| 해설 | 우선 'B가 아닌 것처럼 A도 아니다'라는 의미의 「not A any more than B」라는 표현을 기억해 둘 필요가 있다. 이를 감안하고 보기에 제시된 것들을 빈칸에 대입해 봤을 때 정답으로 가장 적절한 것은, 내가 어떤 사람 위에 떨어진 것과 당구공이 어떤 사람의 머리를 친 것을 비교하면서, 떨어진 당구공에게 사람을 죽였다고 도덕적 책임을 물을 수 없는 것처럼 내가 어떤 사람 위에 떨어졌다고 해서 그 사람이 죽은 것에 내가 도덕적 책임을 질 필요가 없음을 말하고 있는 ①뿐이다.

| 어휘 | **unfortunate** ⓐ 불운한, 운이 없는

13 While investors flock to new gold-backed funds, jewelry still ＿＿＿＿＿＿ two-thirds of the demand, generating a record $53.5 billion in worldwide sales in 2007. 성균관대

① asks for   ② costs for

③ calls for   ④ works for

⑤ accounts for

| 정답 | ⑤

| 해석 | 투자자들이 새로 신설된 금 펀드에 몰려들고 있지만, 그럼에도 불구하고 보석류가 여전히 수요의 3분의 2를 차지하고 있으며, 2007년 전 세계 판매액이 535억 달러라는 경이적인 수치를 기록했다.

    ① 요청하다   ② ～에 대한 요금이 ～이다

    ③ 요구하다   ④ 효과가 있다

    ⑤ (～의 비율을) 차지하다, 설명하다

| 해설 | 빈칸 뒤의 3분의 2, 즉 67%를 '차지하다'는 뜻의 적합한 동사를 묻고 있다. 정답은 ⑤ 'account for'로 '설명하다'의 뜻 외에 '차지하다'라는 뜻이 있다.

| 어휘 | **flock to** − ～로 모여들다

    gold-backed fund − 금 펀드(금에 기반을 둔 펀드로, 금과 관련된 기업이나 금 지수에 연동되는 선물에 투자하는 펀드를 의미함)

    record ⓐ 기록적인   **sale** ⓝ 판매, 매출(량)

    ask for − 요구하다   **call for** − 요구하다, 필요로 하다

    work for − ～에 효과가 있다   **account for** − (～의 비율을) 차지하다, 설명하다

14 In his speech delivered to the first-year medical students, the dean said, "Gentlemen, you are collectively ＿＿＿＿＿＿ on a great voyage to the frontiers of medical knowledge." 세종대

① relapsing   ② deviating

③ embarking   ④ terminating

| 정답 | ③

| 해석 | 의대 1학년생들에게 전해진 연설에서, 학과장은 "제군들, 자네들은 모두 의학 지식의 미개척 분야로 떠나는 위대한 항해에 착수했다네."라고 말했다.

    ① 재발하다   ② 일탈하다

    ③ 착수하다   ④ 끝내다

| 해설 | 일반적으로 '항해에 착수하다'란 의미로 'embark on a voyage'란 표현을 사용하며, 따라서 보기 중에서 ③을 정답으로 볼 수 있다.

| 어휘 | **dean** ⓝ 학과장   **collectively** ⓐⒹ 집합적으로, 총괄하여

frontier ⓝ 미개척 분야

deviate ⓥ 벗어나다

terminate ⓥ 끝내다, 끝나다

relapse ⓥ (안 좋은 상태로) 다시 빠지다

embark on − ~에 착수하다

---

15 Many health experts say that Africa's poverty and politics are to _____ for diseases that in most developed countries are easily preventable.

① blame

② call

③ criticize

④ destroy

| 정답 | ①

| 해석 | 많은 보건 전문가들에 따르면, 대부분의 선진국에서는 쉽게 예방 가능한 질병이 (아프리카에서) 발생하는 이유는 아프리카의 빈곤과 정치 때문이다.

① 책임 지우다

② 부르다

③ 비난하다

④ 파괴하다

| 해설 | 아프리카의 빈곤과 정치는 원인, 질병 발생은 결과이다. 출제 의도는 인과를 나타내는 표현인 「A be to blame for B(A는 B에 책임이 있다, A는 B의 원인이다)」를 완성하는 것이다. 빈칸 전후의 to, for가 힌트이다.

| 어휘 | **preventable** ⓐ 예방 가능한

A be to blame for B − A는 B에 대한 책임이 있다

---

16 Facing a deadlock even after years of international talks aimed at denuclearizing North Korea, Seoul should _____ itself for yet another series of dragged-out negotiations in deciding the fate of an inter-Korean economic project laden with political and symbolic significance.

① brag

② brace

③ broach

④ broil

| 정답 | ②

| 해석 | 북한의 비핵화를 목표로 수년간 국제 협상이 진행되었으나 결국 교착 상태에 직면한 한국 정부는, 정치적이고 상징적 의미가 가득한 남북한 경제 협력 프로젝트의 운명을 결정짓는 또 다른 일련의 지지부진한 협상에 대비해야 한다.

① 허풍 떨다

② 대비하다

③ 꺼내다

④ 굽다

| 해설 | brace oneself for는 prepare oneself for 즉, '~에 대비하다'라는 의미를 가진 표현이다. 본문 키워드 중에서 'yet another(또 다른)'에 주목해 보면, 한국 정부는 교착 상태에 빠진 협상 이후 또 다른 협상에 맞서야 한다는 의미이고, 이를 기반으로 판단해 보면 보기 중에서 논리적 흐름에 가장 알맞은 것은 ②이다.

| 어휘 | **deadlock** ⓝ 교착 상태

Seoul ⓝ 서울, 한국 정부

dragged-out ⓐ 지연된, 지지부진한

denuclearize ⓥ 비핵화를 하다

brace oneself for − ~에 대비하다

be laden with − ~으로 가득한

17 West Nile virus outbreaks are likely to flare up in the coming years, spurred on by warmer, longer mosquito seasons _____ cuts in disease-control funding that leave authorities unprepared, according to two new studies.

① alleviated with　　　　　　　　　② coupled with

③ satisfied with　　　　　　　　　④ illuminated with

| 정답 | ②

| 해석 | 새로 발표된 두 연구에 따르면, 웨스트나일 바이러스의 발생은 앞으로 수년 동안 갑작스럽게 심해질 가능성이 크며, 그 이유는 모기가 활동하는 시기가 더 따뜻하면서 길어지고 이와 연계하여 질병 통제 예산이 축소되면서 당국이 대처 능력을 낮추기 때문이다.

　　① 완화된　　　　　　　　　② 연계된

　　③ 만족한　　　　　　　　　④ 밝게 된

| 해설 | 웨스트나일 바이러스가 앞으로 더 기승을 벌이는 이유는 첫 번째가 모기의 활동 시기가 길어졌기 때문이고, 두 번째는 질병 통제 예산의 축소 때문이다. 즉 이 두 가지 원인은 서로 '연계된' 것이다. 따라서 정답은 ②이다.

| 어휘 | **outbreak** ⓝ 발생, 발발　　　　　　**flare up** − 갑작스럽게 재발하다[심해지다], 확 타오르다

　　spur on − 채찍질하다, 자극하다　　　**couple A with B** − A와 B를 연결 짓다

　　disease-control ⓝ 질병 통제　　　　**alleviate** ⓥ 완화하다

　　illuminate ⓥ 비추다, 밝게 하다

---

18 Air pollution makes smog that can cut visibility so badly that it endangers airplanes and traffic on highways. Air pollution soils and corrodes. It _____ hundreds of millions of dollars' damage to agricultural crops each year. 숙명여대

① cancels　　　　　　　　　② performs

③ does　　　　　　　　　　④ holds

⑤ supports

| 정답 | ③

| 해석 | 대기 오염은 항공기와 국도의 교통을 위태롭게 할 정도로 극심하게 시계(視界)를 떨어뜨리는 스모그를 발생시킨다. 대기 오염은 오염과 부식을 유발한다. 대기 오염은 매년 농작물에 수억 달러 규모의 피해를 발생시킨다.

　　① 취소시키다　　　　　　　　② 수행하다

　　③ 발생시키다　　　　　　　　④ 붙들다

　　⑤ 지지하다

| 해설 | 보기 중에서 '피해를 발생시키다'는 의미에서 damage와 호응 관계인 동사는 ③ does이다. 따라서 정답은 ③이다.

| 어휘 | **visibility** ⓝ 시계(視界), 시야　　　**soil** ⓥ 더럽히다

　　corrode ⓥ 부식시키다

19 Throughout the economic crisis Fed policymakers have been at _____ over how much emphasis to place on each plank of its dual mandate — fostering employment and creating price stability.

① cross   ② odds

③ loss   ④ trap

| 정답 | ②

| 해석 | 경제 위기를 거치면서 연준위의 정책 입안자들은 고용의 촉진과 가격 안정의 창출이라는 두 가지 권한 중 어느 항목에 얼마만큼의 강조를 둘 것인지를 놓고 서로 상충하고 있다.

① 십자가   ② 상충

③ 손실   ④ 함정

| 해설 | 문맥상으로는 해결이 힘들고 보기의 단어를 대입해 본 다음 의미를 따져 봐야 해결이 가능하다. ② odds를 빈칸에 대입해 보면 be at odds가 되고 의미는 '~와 불화하다, 상충하다'는 의미가 된다. 대입해서 해석해 보면 '정책 입안자들이 서로 어느 쪽을 강조할 것인지 상충하고 있다'는 뜻이 되어 다른 단어를 넣은 것에 비해 문맥이 앞뒤가 맞기 때문에 정답은 ②이다.

| 어휘 | **the Fed** – 연방 준비 위원회   **plank** ⓝ 항목, 정책

      mandate ⓝ 권한   **foster** ⓥ 발전시키다, 촉진시키다

      cross ⓝ 십자(가)   **at odds with** – ~와 불화하다, 상충하다

      loss ⓝ 손실   **trap** ⓝ 함정

---

20 Social stratification is inevitable, since we do not all have the same intelligence, drive, and desire. Those who get ahead in this country tend to be those who use these individual force to _____ society's reward. 한양대

① reap   ② flout

③ launch   ④ recover

| 정답 | ①

| 해석 | 사회 계층화는 피할 수 없으며, 그 이유는 우리 모두가 동일한 지능, 욕구, 갈망 등을 보유한 것이 아니기 때문이다. 우리나라에서 앞서가는 사람들은 사회가 제공하는 보상을 거두기 위해 이러한 개인의 힘을 활용하는 경향이 있다.

① 거두다   ② 어기다

③ 개시하다   ④ 회복되다

| 해설 | 일반적으로 reward는 동사 reap와 결합하여 '보상을 거두다, 보상을 얻다'는 의미를 갖는다. 이렇게 상성이 맞는 단어의 결합을 '콜로케이션(collocation)'이라 하며, 이런 감각을 익히는 것이 영어 공부에 있어 중요하다.

| 어휘 | **stratification** ⓝ 계층화   **inevitable** ⓐ 피할 수 없는

      reap ⓥ 거두다, 수확하다   **flout** ⓥ 어기다

01	④	02	①	03	②	04	②	05	④	06	②	07	③	08	①	09	③	10	①
11	①	12	④	13	①	14	①	15	②	16	③	17	①	18	④	19	②	20	①
21	①	22	③	23	②	24	②	25	④	26	④	27	①	28	①	29	④	30	①

---

01   At breakfast the aroma of freshly brewed coffee _____ the kitchen and dining room. 경기대

① perforates   ② perpetuates

③ prostrates   ④ permeates

| 정답 | ④

| 해석 | 아침 식사 시간에는 갓 끓인 커피 향이 부엌과 식당에 퍼진다.

         ① 구멍을 내다   ② 영속시키다, 영구화하다

         ③ 엎드리다   ④ 퍼지다

| 해설 | 이 문제는 per/pro로 시작하는 단어의 정확한 뜻을 묻고 있다. 커피 향과 관련 있어야 하므로 정답은 '퍼지다'는 뜻
의 ④ permeates가 적당하다.

| 어휘 | **freshly brewed** – 갓 끓인   **perforate** ⓥ 구멍을 내다

        perpetuate ⓥ 영속시키다, 영구화하다   **prostrate** ⓥ 엎드리다

        permeate ⓥ 퍼지다, 스며들다, 침투하다

---

02   Nutrition experts and physicians happily dispel the _____ that an expectant mom is eating for
two, herself and her unborn baby. 한양대

① myth   ② information

③ allegation   ④ concept

| 정답 | ①

| 해석 | 영양학 전문가들과 의사들은 임신한 어머니는 자신과 뱃속의 아이 두 사람을 위해 (음식을) 먹어야 한다는 사회적
통념을 기꺼이 타파해 버렸다.

         ① 통념   ② 정보

         ③ 주장   ④ 구상

| 해설 | 보통 ③ allegation을 한글 뜻 '주장'만 생각하고 정답으로 선택하기 쉬운데, allegation이란 단어가 말하는 주장이
란 단순한 것이 아니라 특별한 증거 없이 누군가가 불법적인 행위를 했다고 공개적으로 밝히는 것을 의미하고 사실
상 'accusation(혐의)'와 가까운 말이다. 따라서 ③은 답이 될 수 없다. ②와 ④의 경우, dispel은 일반적으로
'doubt, feeling, belief' 등의 뜻을 가진 단어와 같이 결합하여 '의심, 감정, 믿음' 같은 것들을 '없애 버리다, 몰아내
다'라는 의미를 갖고 있으며, 따라서 dispel은 ② information이나 ④ concept와는 근본적으로 잘 쓰이는 단어가
아니다. 따라서 둘 다 답이 될 수 없다. ① myth는 '신화'가 아니라 실제로는 '사회적 통념, 근거 없는 믿음'을 뜻하
며, dispel의 의미와도 잘 결합됨과 동시에 빈칸에 대입했을 때 본문의 내용과 무리 없이 연결되기 때문에 결국 정

답은 ①이 된다.

| 어휘 | **nutrition** ⓝ 영양(학)   **dispel** ⓥ 없애 버리다, 몰아내다
expectant ⓐ 임신한   **unborn** ⓐ 아직 태어나지 않은, 태중의
myth ⓝ 사회적 통념, 근거 없는 믿음   **allegation** ⓝ 주장

---

03 Through his long journey, the hero felt that his fate was _____ and refused to make any attempt to change his lot. 가톨릭대

① tangible   ② ineluctable

③ meandering   ④ equivocal

| 정답 | ②

| 해석 | 주인공은 긴 여행을 통해 자신의 운명이 피할 수 없는 것임을 느꼈고 이를 바꾸려는 그 어떤 시도도 거부했다.

① 분명히 실재하는   ② 피할 수 없는

③ 종잡을 수 없는   ④ 모호한

| 해설 | 자신의 운명을 바꾸려는 그 어떤 시도도 거부한 이유는 자신의 운명이 '피할 수 없는' 것이라고 생각했기 때문이다. 따라서 정답은 ②이다.

| 어휘 | **lot** ⓝ 운명, 운   **tangible** ⓐ 분명히 실재하는, 유형의
ineluctable ⓐ 피할 수 없는   **meandering** ⓐ 굽이치는, 종잡을 수 없는
equivocal ⓐ 모호한, 애매한

---

04 The lawyer thought the suspect had _____ his preposterous alibi to avoid a murder charge. 중앙대

① fermented   ② concocted

③ arraigned   ④ deciphered

| 정답 | ②

| 해석 | 변호사는 용의자가 살인 혐의를 벗어나기 위해 앞뒤가 맞지 않는 알리바이를 지어냈다고 생각했다.

① 발효시켰다   ② 지어냈다

③ 법정에 소환했다   ④ 해독했다

| 해설 | 이 문제 해결을 위한 핵심적인 단어인 preposterous는 '앞뒤가 맞지 않는'이란 뜻으로, 단어 안에 앞(pre)과 뒤(poster)가 어근에 같이 사용된 단어이다. 그리고 빈칸에는 그런 알리바이를 '만들었다'는 내용이 와야 하기 때문에 ② concocted가 정답이 된다. concoct는 이것저것 섞어서 칵테일 등을 만든다고 할 때 사용되는 단어로, 여기서는 부정적인 뜻의 '지어내다'는 의미로 사용된다.

| 어휘 | **suspect** ⓝ 용의자   **preposterous** ⓐ 앞뒤가 맞지 않는, 말도 안 되는
alibi ⓝ 알리바이   **charge** ⓝ 혐의
ferment ⓥ 발효시키다
concoct ⓥ 지어내다, (특히 음식이나 음료를 이것저것 섞어) 만들다

arraign ⓥ 법정에 소환하다, 기소 인정 여부 절차를 밟다

decipher ⓥ 해독하다

---

05 The angry _____ started with a seemingly innocent remark by the taxi driver. 서울여대

① nihilism　　　　　　　　　　　　② blasphemy

③ benediction　　　　　　　　　　　④ altercation

| 정답 | ④

| 해석 | 격한 논쟁은 겉으로 겉보기에는 악의 없는 택시 운전사의 말에서 시작되었다.

　　　① 허무주의　　　　　　　　　　② 모독

　　　③ 축복　　　　　　　　　　　　④ 논쟁

| 해설 | 문장의 핵심은 '악의 없는 말로 격한 상황이 벌어졌다'이다. 따라서 말과 관련이 있으며 격한 감정을 나타내는 angry와 어울리는 단어를 정답으로 골라야 한다.

| 어휘 | **seemingly** ⓐⓓ 겉보기에는　　　　**nihilism** ⓝ 허무주의

　　　blasphemy ⓝ 모독, 욕설　　　　**benediction** ⓝ 축복

　　　altercation ⓝ 언쟁, 논쟁

---

06 Designing cities in accordance with the Confucian _____ that hard work is a moral duty, those who rebuilt Japan after World War II left almost no room for recreation. 세종대

① mission　　　　　　　　　　　　② dictum

③ morale　　　　　　　　　　　　④ trend

| 정답 | ②

| 해석 | 제2차 세계 대전 이후 일본을 재건한 사람들은 근면은 도덕적 의무라는 유교 격언에 따라 도시를 설계했고 따라서 휴양을 즐길 공간은 거의 남겨 놓지 않았다.

　　　① 임무　　　　　　　　　　　　② 격언

　　　③ 사기　　　　　　　　　　　　④ 추세

| 해설 | '근면은 도덕적 의무(hard work is a moral duty)'라는 유교의 '빈칸'에 따라서 도시가 건설된 결과 휴양을 즐긴 공간이 거의 남지 않게 되었으므로, 이 '빈칸'은 따라야 할 것 즉 지침이 되는 것임을 유추할 수 있다. 보기에서 이에 가장 가까운 것은 ②이다.

| 어휘 | **Confucian** ⓐ 유교의　　　　　**dictum** ⓝ 격언

　　　morale ⓝ 사기

07 As the orchestra conductor mounted the _____, the audience burst into applause. 광운대

① step
② floor
③ podium
④ ladder
⑤ stool

| 정답 | ③
| 해석 | 오케스트라 지휘자가 연단에 오르자, 관객들은 박수갈채를 보냈다.
　　　　① 계단, 디딤판　　　　　　　　　　② 바닥
　　　　③ 연단, 지휘대　　　　　　　　　　④ 사다리
　　　　⑤ (등받이와 팔걸이 없는) 의자
| 해설 | 지휘자(conductor)가 올라가는 곳을 podium이라고 하며, 동의어로는 rostrum, dais, lectern 등이 있다.
| 어휘 | **conductor** ⓝ 지휘자　　　　　　　　**mount** ⓥ 오르다
　　　　applause ⓝ 박수, 박수갈채　　　　**podium** ⓝ 연단, 지휘대

08 The percentage of white Americans of European _____ is growing smaller. 서강대

① descent
② kin
③ faith
④ custom

| 정답 | ①
| 해석 | 유럽계 후손의 백인 미국인이 차지하는 비율이 점점 줄어들고 있다.
　　　　① 후손　　　　　　　　　　　　　② 친척
　　　　③ 신앙, 신뢰　　　　　　　　　　④ 풍습
| 해설 | '~의 후손'이라고 표현할 경우에는 descent를 사용한다. 따라서 정답은 ①이 된다.
| 어휘 | **kin** ⓝ 친척　　　　　　　　　　　**faith** ⓝ 신앙, 신뢰, 신념
　　　　custom ⓝ 풍습

09 Because of his inherent _____, Harry steered clear of any job that he suspected could turn out to be a travail. 중앙대

① ardor
② temerity
③ indolence
④ assiduity

| 정답 | ③
| 해석 | Harry는 타고난 게으름 때문에 나중에 고생이 될 거라고 의심이 가는 일은 전혀 가까이 하지 않았다.
　　　　① 열정　　　　　　　　　　　　　② 무모함
　　　　③ 게으름　　　　　　　　　　　　④ 부지런함

| 해설 | 나중에 고생이 될 거라고 의심이 가는 일을 가까이 하지 않는 성격은 '게으른' 성격이다. 따라서 정답은 ③이다.

| 어휘 | **inherent** ⓐ 타고난, 고유의   **steer clear of** – ~에 가까이 가지 않다
travail ⓝ 고생, 고역   **ardor** ⓝ 열정
temerity ⓝ 무모함, 만용   **indolence** ⓝ 게으름, 나태
assiduity ⓝ 부지런함, 근면

---

10   I believe the best _____ to vulgarity and brutality is the power of a better example, of love over indifference. 중앙대

① antidote   ② anomaly

③ bravado   ④ camaraderie

| 정답 | ①

| 해석 | 나는 속되고 잔인한 것을 치유해 줄 수 있는 가장 좋은 해독제는 보다 더 나은 사례를 보여 줄 수 있는 힘이자, 무관심을 압도하는 사랑의 힘이라고 생각한다.
① 해독제, 해결책   ② 변칙
③ 허세   ④ 우정

| 해설 | 좋은 모범과 사랑을 보여 줘서 속됨이나 잔혹함을 극복하거나, 예방하거나, 이겨 낸다는 의미 등의 어휘가 오면 된다. 따라서 정답은 ① antidote가 된다. antidote는 의학 용어로 '해독제'를 뜻하며, 일반적인 의미로는 '대책, 해결 방법'을 의미한다. 참고로 ② anomaly는 normal(일반적인, 정상적인)과 어원이 비슷하다. 즉 일반적이거나 정상적인 상황에서 벗어난 것을 anomaly라고 한다.

| 어휘 | **vulgarity** ⓝ 속됨, 무례한 언동   **brutality** ⓝ 잔인성, 만행
example ⓝ (좋은) 사례, 모범 보기, 예   **indifference** ⓝ 무관심
antidote ⓝ 해독제, 해결책   **anomaly** ⓝ 변칙
bravado ⓝ 허세   **camaraderie** ⓝ 우정, 동지애

---

11   Sometimes the puppy barked when a customer came in, taking on the role of a(n) _____ that no one had assigned it. 중앙대

① sentinel   ② aficionado

③ fop   ④ mendicant

| 정답 | ①

| 해석 | 어쩌다 강아지는 손님이 들어오면 짖기도 하면서, 아무도 맡기지 않은 보초의 역할을 맡기도 했다.
① 보초   ② 마니아
③ 외모에 관심이 많은 남자   ④ 탁발 수도승

| 해설 | 강아지가 손님이 오면 짖는 것은 '보초'로서의 역할을 하는 것이다. 따라서 정답은 ①이다.

| 어휘 | **sentinel** ⓝ 보초, 감시병   **assign** ⓥ 맡기다, 부과하다
aficionado ⓝ 마니아, ~광   **fop** ⓝ 외모에 관심이 많은 남자

mendicant ⑪ 탁발 수도승, 거지

12 People who work irregular schedules or work outside of normal daytime hours are at higher risk of heart attack, stroke, and other _____ events, according to a new study published this week in the British Medical Journal.

① ontological ② somatic

③ fortuitous ④ coronary

| 정답 | ④

| 해석 | British Medical Journal이 이번 주에 발표한 새로운 연구에 따르면, 일하는 스케줄이 불규칙적이거나 일반적인 낮의 근무 시간에 일하지 않는 사람들은 심장병, 뇌졸중, 기타 관상 동맥 질환에 걸릴 가능성이 높다.

① 존재론적인 ② 신체의

③ 우연한 ④ 관상 동맥의

| 해설 | 심장병, 뇌졸중 등은 '관상 동맥' 질환이다. 따라서 정답은 ④이다.

| 어휘 | **ontological** ⓐ 존재론적인 **somatic** ⓐ 신체의, 육체의

fortuitous ⓐ 우연한, 행운의 **coronary** ⓐ 관상 동맥의

13 Taylor was always _____ by temperament and desire, and his sensitivity to others enabled him to bring together and work with people of very diverse views. 중앙대

① irenic ② peccable

③ contentious ④ litigious

| 정답 | ①

| 해석 | 테일러는 기질적으로나 욕구 측면에서 협조적인 인물이었고, 다른 사람들을 세심히 챙기는 사람이라 매우 다양한 시각을 갖춘 사람들을 한데 모아 협업할 수 있었다.

① 협조적인 ② 죄를 짓기 쉬운

③ 논쟁을 초래하는 ④ 소송을 일삼는

| 해설 | 다른 사람들을 세심히 챙겨 주며, 다른 사람들을 한데 모아 협업할 수 있게 돕는 사람은 '협조적인' 인물이다. 따라서 정답은 ①이다.

| 어휘 | **temperament** ⑪ 기질 **sensitivity** ⑪ 세심함, 민감함

irenic ⓐ 평화적인, 협조적인 **peccable** ⓐ 죄를 짓기 쉬운

contentious ⓐ 논쟁을 초래하는 **litigious** ⓐ 소송을 일삼는

14 When physicians describe illnesses to colleagues, they must speak an _____ language, using professional terms and concepts understood mostly by members of the profession. 중앙대

① esoteric

② ambivalent

③ ambulatory

④ extrinsic

| 정답 | ①

| 해석 | 의사들은 질병을 동료 의사들에게 묘사할 때 같은 직종 종사들만이 주로 이해하는 전문적인 용어와 개념을 활용하여 소수만 이해하는 언어를 반드시 사용한다.

① 소수만 이해하는

② 애증이 엇갈리는

③ 보행의

④ 외적인

| 해설 | 문맥상 빈칸에 해당되는 단어의 의미는 '같은 직종 종사들만이 주로 이해하는 전문적인 용어와 개념(professional terms and concepts understood mostly by members of the profession)'과 동일하다. 보기 중에서 이와 동일한 것은 ①이다.

| 어휘 | **esoteric** ⓐ 소수만 이해하는   **ambivalent** ⓐ 애증이 엇갈리는, 반대 감정이 병존하는

ambulatory ⓐ 보행의, 이동하는   **extrinsic** ⓐ 외적인, 외부의

---

15 Cultural myths define our relationships to friends and lovers, to the past and future, to nature, to power, and to nation. Becoming a critical thinker means learning how to look beyond these cultural myths and the assumptions _____ in them.

① boggled

② embedded

③ plucked

④ subdued

| 정답 | ②

| 해석 | 문화적 신화는 우리가 친구 및 연인과 맺는 관계, 과거 및 미래와 맺는 관계, 자연과 맺는 관계, 힘과 맺는 관계, 국가와 맺는 관계 등을 규정하기도 한다. 비판적 사고를 하는 사람이 된다는 것은 이러한 문화적 신화와 여기에 내포된 추정 사항들에 국한되지 않고 그 너머를 볼 수 있는 방법을 배우는 것이다.

① 주춤한

② 내포된

③ 뽑힌

④ 진압된

| 해설 | 보기의 단어를 빈칸에 대입했을 때 가장 어울리는 것은, 신화와 신화에 '내포된' 것들에 국한되는 일 없이 그 너머를 바라볼 수 있어야 한다는 의미의 ②이다.

| 어휘 | **assumption** ⓝ 추정, 상정   **boggle** ⓥ 주춤하다

embed ⓥ 끼워 넣다   **pluck** ⓥ (털 등을) 뽑다

subdue ⓥ 진압하다

16 People who can deal with a lot of pressure and remain calm under great pressure are seen as _____. Most books and seminars on stress management teach methods of raising the stress limit. 한양대

① keenly
② customary
③ exemplary
④ admonitory

| 정답 | ③

| 해석 | 엄청난 압박에 대처할 수 있고 큰 압박을 받으면서도 평정을 유지할 수 있는 사람은 모범적인 사람으로 여겨진다. 스트레스 관리에 관한 대부분의 책과 세미나에서는 스트레스의 상한선을 올리는 방법을 가르친다.

① 예민하게
② 관례적인
③ 모범적인
④ 훈계하는

| 해설 | 우선 명사인 people을 꾸며 줄 수 있는 말이 와야 하므로 부사인 ①은 답이 될 수 없다. 나머지 보기를 빈칸에 대입해 보면 '엄청난 압박에 대처할 수 있고 큰 압박을 받으면서도 평정을 유지할 수 있는 사람(People who can deal with a lot of pressure and remain calm under great pressure)'을 수식하기에 적합한 표현은 ③뿐이다.

| 어휘 | **keenly** ⓐ 날카롭게, 예민하게　　　**customary** ⓐ 관례적인, 습관적인
exemplary ⓐ 모범적인　　　**admonitory** ⓐ 훈계하는

---

17 America's unwillingness to engage in World War Two — about 80% of the adult population wished America to remain neutral until the Pearl Harbor assault — sprang from a deep sense of _____.

세종대

① isolationism
② globalism
③ adventurism
④ jingoism

| 정답 | ①

| 해석 | 미국은 제2차 세계 대전에 개입하지 않으려 했으며, 이는 진주만 공습 전까지 미국이 중립을 유지하길 원하던 미국 성인 인구수가 대략 80%였음을 통해 알 수 있는데, 이러한 이유는 뿌리 깊은 고립주의에 기인한다.

① 고립주의
② 전 세계주의
③ 모험주의
④ 맹목적 애국주의

| 해설 | 80%가 넘는 성인들이 중립을 유지하며 제2차 세계 대전에 개입하지 않기를 원하는 것은 '고립주의'를 뜻한다. 따라서 정답은 ①이다.

| 어휘 | **engage in** – ~에 관여하다
spring from – ~에서부터 야기되다[비롯되다], ~에 기인하다
isolationism ⓝ 고립주의　　　**globalism** ⓝ 전 세계주의, 세계적 관여주의
adventurism ⓝ 모험주의　　　**jingoism** ⓝ 맹목적 애국주의

18 With a little advanced thought, there are ways to _____ the amount of debt incurred with your own career plans. 중앙대

① earmark ② emulate

③ capitulate ④ calibrate

| 정답 | ④

| 해석 | 생각을 좀 더 깊이 하면 여러분의 직업 계획에 따라 발생된 채무의 규모를 조정할 수 있는 방법이 있다.

① 배정하다 ② 모방하다

③ 굴복하다 ④ 조정하다

| 해설 | 보기의 단어를 빈칸에 대입했을 때, 이미 발생된 채무 규모를 대상으로 할 수 있는 것은 '조정하다'는 의미의 ④뿐이다.

| 어휘 | **earmark** ⓥ 배정하다, 결정하다   **emulate** ⓥ 모방하다

capitulate ⓥ 굴복하다   **calibrate** ⓥ 조정하다, ~에 맞추다

---

19 Economic growth continues to _____ gender equality, a virtuous circle that has already had massive impacts on the status of women around the world. 서울여대

① alleviate ② bolster

③ debilitate ④ disentangle

| 정답 | ②

| 해석 | 경제 성장은 지속적으로 양성 평등을 개선하는 역할을 하며, 이는 일종의 선순환으로서 전 세계 여성의 지위에 엄청난 영향을 미쳐왔다.

① 완화하다 ② 개선하다

③ 약화시키다 ④ 구분하다

| 해설 | 경제 성장으로 양성 평등에 '빈칸'에 해당되는 영향을 준 결과 선순환을 통해 여성의 지위에 큰 영향을 미쳤다는 말은 즉 '빈칸'이 양성 평등에 긍정적 역할을 했다는 의미이다. 보기 중에서 이러한 긍정적 역할에 해당되는 것은 ②이다.

| 어휘 | **equality** ⓝ 평등   **virtuous circle** – 선순환

massive ⓐ 엄청난   **alleviate** ⓥ 완화하다

bolster ⓥ 강화하다, 개선하다   **debilitate** ⓥ 약화시키다

disentangle ⓥ (혼란스러운 주장·생각 등을) 구분하다, (얽매고 있는 것에서) 풀어 주다

---

20 The illness can be spread by coughs and sneezes, or contaminated surfaces, and people with chronic diseases seem especially _____.

① vulnerable ② imperative

③ rebellious ④ assertive

| 정답 | ①

| 해석 | 이 질병은 기침과 재채기 또는 오염된 지면을 통해 확산되며 만성 질환을 지닌 사람이 특히 취약하다.

① 취약한　　　　　　　　　　　　② 긴요한

③ 반항적인　　　　　　　　　　　④ 적극적인

| 해설 | 이 질병은 점점 확산되며, 만성 질환인 사람에게 '특히 어떠하다'라는 구조에는 의미가 강조된 부분이 들어가야 한다. 즉 질병은 확산되고, 만성 질환인 사람에게는 특히 확산의 영향이 더 강하다는 의미로 연결되어야 한다. ① vulnerable은 '취약한, 연약한'의 의미를 지니므로 타당한 보기가 된다.

| 어휘 | **contaminated** ⓐ 오염된　　　　　　　**chronic** ⓐ 만성적인

vulnerable ⓐ 취약한, 연약한　　　　**imperative** ⓐ 반드시 해야 하는, 긴요한

rebellious ⓐ 반항적인　　　　　　　**assertive** ⓐ 적극적인

---

21 Torn between loving her parents one minute and hating them the next, Laura was confused by the _____ of her feelings.

① ambivalence　　　　　　　　　② altruism

③ adversity　　　　　　　　　　④ abundance

| 정답 | ①

| 해석 | Laura는 어느 순간에는 부모님을 사랑하다가도 다음 순간에는 미워하게 되는 감정 사이에서 괴로워하면서 자신의 모순되는 감정에 혼란스러움을 느꼈다.

① 모순　　　　　　　　　　　　② 이타심

③ 역경　　　　　　　　　　　　④ 풍부

| 해설 | 한 순간에는 부모님을 사랑하다가 다른 한 순간에는 미워한다는 것은 '모순'되는 감정이 공존한다는 의미이다. 따라서 정답은 ①이다.

| 어휘 | **torn between** – ~의 사이에서 괴로운　　**ambivalence** ⓝ 모순, 반대 감정 병존

altruism ⓝ 이타심　　　　　　　　　　**adversity** ⓝ 역경

abundance ⓝ 풍부

---

22 In the blogosphere, Bitcoin has been called a bubble, a Ponzi scheme, the future of money and the _____ of an untaxable economy that will bring about the end of the nation-state.

① dearth　　　　　　　　　　　② demise

③ harbinger　　　　　　　　　　④ prosperity

| 정답 | ③

| 해석 | 블로그 공간에서 비트코인은 거품, 폰지 사기, 화폐의 미래, 국민 국가의 종말을 안겨다 줄 과세 불가능 경제의 조짐 등으로 불린다.

① 결핍　　　　　　　　　　　　② 종말

③ 조짐　　　　　　　　　　　　④ 번영

---

23   Father Lee Tae-Suk, who dedicated his life for the betterness of the indigent of Tonj, South Sudan, was a(n) _____ of saintliness. 중앙대

① celebrity   ② paragon

③ oxymoron   ④ bivouac

| 정답 | ②

| 해석 | 남수단 톤즈의 궁핍한 사람들의 삶을 개선하는 데 인생을 바친 이태석 신부는 숭고함의 귀감이었다.

       ① 유명 인사   ② 귀감

       ③ 모순 어법   ④ 야영지

| 해설 | 이태석 신부는 자신의 삶을 톤즈 사람들을 위해 바쳤으므로 숭고함의 '귀감'이 되는 사람이라 할 수 있다. 따라서 정답은 ②이다.

| 어휘 | **indigent** ⓐ 궁핍한   **paragon** ⓝ 귀감, 모범

saintliness ⓝ 숭고함, 성인다움   **celebrity** ⓝ 명성, 유명 인사

oxymoron ⓝ 모순 어법   **bivouac** ⓝ 야영지

---

24   Those who are habitually late should undertake at the earliest possible moment to mend their ways and make _____ one of the main principles of their daily conduct.

① accommodation   ② punctuality

③ momentum   ④ habituation

| 정답 | ②

| 해석 | 상습적으로 늦는 사람들은 최대한 빨리 이런 태도를 바꾸는 조치를 취해야 하며 시간 엄수를 일상적 행동에 있어 주된 원칙 중 하나로 삼아야 한다.

       ① 숙소   ② 시간 엄수

       ③ 가속도   ④ 습관화

| 해설 | 상습적으로 늦지 않으려면 '시간 엄수'가 습관이 되어야 한다. 따라서 정답은 ②이다.

| 어휘 | **habitually** ⓐⓓ 습관적으로, 상습적으로   **accommodation** ⓝ 숙박 시설, 숙소

punctuality ⓝ 시간 엄수   **momentum** ⓝ 탄력, 가속도

habituation ⓝ 습관화

25 A growing consensus among scientists is that using phones and computers can be _____, both emotionally and physically, which helps explain why drivers may have trouble turning off their devices even if they want to. 한양대

① stressful

② dangerous

③ competent

④ compulsive

| 정답 | ④

| 해석 | 점차 많은 과학자들 사이에선 전화와 컴퓨터 이용이 감정적이며 신체적인 측면에서 자제가 힘든 행동이라는 데 의견이 일치하고 있으며, 이는 왜 운전자들이 기기를 끄고 싶어도 끄는 데 곤란을 겪는지 설명하는 데 도움이 된다.

① 스트레스를 주는

② 위험한

③ 능숙한

④ 자제가 힘든

| 해설 | 사람들이 전화나 컴퓨터를 사용할 때 '기기를 끄고 싶어도 끄는 데 곤란을 겪는다(may have trouble turning off their devices even if they want to)'는 것은 다시 말해 사람들이 '강박 관념에 빠진 또는 자제가 힘든' 상황에 처해 있음을 의미한다. 따라서 정답은 ④이다.

| 어휘 | **consensus** ⓝ 의견 일치   **competent** ⓐ 능숙한

compulsive ⓐ 자제가 힘든, 강박적인

---

26 The "ships of the desert" have long been valued as pack animals, exploited for their meat, milk, wool, and hide, and revered as the _____ of the old caravan trade. Less widely appreciated are camels' speed, stamina, and endurance, which make them prime animals for racing.

① weak link

② buffer

③ scapegoat

④ backbone

| 정답 | ④

| 해석 | '사막의 배'라고 불리는 낙타는 오랫동안 짐을 운반하는 동물로 소중히 여겨졌고, 낙타를 통해 고기와 우유, 털실, 가죽 등을 얻을 수 있었으며, 오랜 대상 무역의 중추로서 존경을 받아 왔다. 그다지 널리 인정받지 못했던 것은 낙타의 속도와 체력, 인내로, 이런 요소들이 낙타를 경주에 적합한 최고의 동물로 만들어 주었다.

① 약한 연결 고리

② 완충 장치

③ 희생양

④ 등뼈, 중추

| 해설 | 'be valued'나 'be revered'를 통해 '사막의 배'라고 불리는 낙타에 대해 매우 우호적으로 서술하고 있는 것을 알 수 있다. 따라서 부정적인 어감의 ①과 ③은 적절하지 않다. 정답은 대상 무역의 중추적인 역할을 했다는 뜻의 ④가 적합하다.

| 어휘 | **ships of the desert** – 사막의 배(여기서는 낙타를 지칭)

pack animal – 짐을 나르는 동물   **exploit** ⓥ 이용하다, 착취하다

hide ⓝ 가죽   **revere** ⓥ 존경하다, 숭배하다

caravan ⓝ 대상(낙타 등에 짐을 싣고 떼 지어 다니면서 특산물을 팔고 사는 상인의 집단)

caravan trade – 대상 무역   **be widely appreciated** – 널리 인정을 받다

camel ⑩ 낙타	stamina ⑩ 정력, 체력
endurance ⑩ 인내	prime ⓐ (품질 등이) 최고[최상 등급]의, 뛰어난; 주된, 주요한
weak link – 약한 연결 고리	buffer ⑩ 완충제 (역할을 하는 것), 완충 장치
scapegoat ⑩ 희생양	backbone ⑩ 척추, 등뼈, 근간, 중추

---

27 The nature of golf allows ample time to _____ on failure. The big picture _____ when one bad shot becomes a bad hole, which turns into a bad round and a missed cut and no check to show the family waiting in the motor home. 이화여대

① ruminate – slips away　　　　　② placate – ponders on

③ buttress – puts out　　　　　　④ stagnate – turns off

| 정답 | ①

| 해석 | 실패를 되짚어 볼 시간을 주는 것이 골프의 본질이다. 타를 한 번 잘못 날려 홀 아웃을 제때 못하고, 이것이 라운드의 실패로 이어져 컷 통과를 못하게 되고 결국 모터 홈에서 기다리는 가족에게 보여 줄 수표가 날아가는 결과가 되면 (경기의) 큰 그림은 사라져 버릴 것이다.

　① 심사숙고하다 – 사라지다　　　　② 달래다 – 숙고하다

　③ 지지하다 – 내쫓다　　　　　　④ 침체되다 – 길을 벗어나다

| 해설 | 첫 번째 빈칸은 전치사 'on'과 어울리는 동사를 찾는 것이 출제 의도이다. 'ruminate on ~(~에 대해서 심사숙고하다)'가 적절하다. 두 번째 빈칸은 'big picture'라는 주어와 문맥상 어울리는 동사를 찾는다. 첫 문장의 'failure(실패)'를 부연 설명하기 위해서는 '(성공의) 큰 그림'이 '사라진다(slips away)'는 내용이 논리적이다.

| 어휘 |

big picture – 전체적인 모습	shot ⑩ 골프의 샷, 타
hole ⑩ 골프의 홀	turn into – ~이 되다
round ⑩ 골프의 라운드	cut ⑩ 골프의 컷
motor home – 모터 홈(캠핑·주거용 자동차)	ruminate ⓥ 심사숙고하다, 되짚어 보다
slip away – 사라지다, 없어지다	placate ⓥ 달래다
ponder on – 숙고하다, 곰곰이 생각하다	buttress ⓥ 지지하다
put out – 내쫓다, 해고하다	stagnate ⓥ 침체되다, 부진해지다
turn off – 전원을 내리다, 신경을 끄다, 길을 벗어나다	

---

28 The great object of education should be _____ with the object of life. It should be a moral one; to teach self-trust; to inspire the youthful man with an interest in himself; with a curiosity touching his own nature; to acquaint him with the resources of his mind, and to teach him that there is all his strength. 숙명여대

① commensurate　　　　　　② commendable

③ commercial　　　　　　　④ committable

⑤ commotive

| 해석 | 교육의 원대한 목표는 인생의 목표와 부합해야 한다. 그것은 도덕적이어야 하며, 스스로를 신뢰하도록 가르쳐야 하고, 젊은이들이 스스로에 대한 관심을 갖도록 영감을 주어야 하며, 스스로의 본성을 감동시키는 호기심을 갖도록 고무시켜야 한다. 또한 자신의 내재된 자질에 정통하도록 하며, 스스로에게 모든 (문제를 해결할 수 있는) 힘이 있다는 사실을 가르치는 것이다.

① 어울리는, 상응하는   ② 칭찬할 만한
③ 상업적인   ④ 위탁할 수 있는
⑤ 격동적인

| 해설 | 「A is commensurate with B」라고 하면 A와 B가 서로 잘 어울리거나 상응한다는 뜻이 된다. 따라서 교육의 목표는 뒤이어 계속 나열한 인생의 목표와 서로 맞아야 한다는 뜻이 되어야 적절하다.

| 어휘 | inspire ⓥ 고무하다, 격려하다   curiosity ⓝ 호기심
acquaint ⓥ 익히다, 숙지하다, 정통하다   commensurate ⓐ 어울리는, 상응하는
be commensurate with – ~와 잘 맞는다, 적합하다
commendable ⓐ 칭찬할 만한, 훌륭한   commercial ⓐ 상업적인
committable ⓐ 재판에 부쳐야 할, 위탁할 수 있는 commotive ⓐ 격동적인, 동요하는

---

29 The Roman emperor Maximinus was fervent pagan. In 306 and again in 308 he ordered a general sacrifice to the pagan gods; Christian _____ were mutilated and sent to the mines and quarries. In 311 he grudgingly accepted Galerius's edict of toleration for Christians but still endeavoured to organize and revitalize paganism. 경희대

① ruffians   ② referees
③ recluses   ④ recusants

| 정답 | ④

| 해석 | 로마 황제 Maximinus는 열성적 이교도였다. 306년과 308년에 그는 이교도 신들을 위해 평상시에도 제사를 지내도록 명령했다. 이를 거부한 기독교인들은 사지가 절단되거나 광산이나 채석장으로 보내졌다. 311년 Maximinus는 기독교들을 용인하라는 Galerius의 칙령을 마지못해 받아들였지만, 여전히 이교도적 전통을 조직하고 부활하고자 열망했다.

① 악당   ② 심판, 중재자
③ 은둔자   ④ 저항하는 사람

| 해설 | 로마 황제 Maximinus가 열렬한 이교도(pagan)라고 했으며, 사지가 잘리거나 광산으로 보내진 이들은 기독교를 신봉하고, 이교도로 개종하지 않은 이들이라고 생각할 수 있다. 따라서 '복종을 거부하는 자'라는 의미의 ④ recusants가 정답이 된다.

| 어휘 | fervent ⓐ 열렬한   pagan ⓝ 이교도
sacrifice to – ~에게 재물을 바치다   mutilate ⓥ (팔·다리 등을) 절단하다
mine ⓝ 광산   quarry ⓝ 채석장
grudging ⓐ 마지못해 하는   edict ⓝ 칙령
toleration ⓝ 관용, 용인   endeavour ⓥ 분투하다
revitalize ⓥ 부흥시키다   paganism ⓝ 이교도의 신앙, 관습

ruffian ⓝ 깡패, 악당

recluse ⓝ 은둔자

referee ⓝ 심판, 중재자

recusant ⓝ (규칙·권위에 대해) 반항[저항]하는 사람

---

30   King Abdullah granted women the right to vote and run in municipal elections, beginning in 2015. It is an important victory for Saudi activists emboldened by the Arab Spring, but real power is elusive. The country remains an absolute monarchy in which elected officials hold little sway. The move may also sideline debate over the system of sex segregation that _____ women's rights.

① curtails

② presumes

③ defends

④ affects

| 정답 | ①

| 해석 | 압둘라 왕은 지방 자치 선거에 2015년부터 여성들이 투표하고 출마할 권리를 인정했다. 이는 아랍의 봄 민주화 운동에 고무된 사우디아라비아의 활동가들에겐 중요한 승리이지만, (여성들에게) 진정한 힘이 부여된 것으로는 보기 힘들다. 사우디는 선출된 관리들이 권력을 거의 갖지 못하는 전제 군주정 국가이다. 이번 움직임은 여성의 권리를 축소시킨 성차별적 국가 체제에 대한 논란을 다른 곳으로 돌리는 역할을 할 것이다.

     ① 축소시키다

     ③ 옹호하다

     ② 추정하다

     ④ 영향을 주다

| 해설 | 사우디는 2015년에 여성에게 참정권이 부여된 '성차별적(sex segregation)' 국가이다. 따라서 '여성의 권리 (women's rights)'는 '축소되었을' 것임이 추측 가능하다. 따라서 정답은 ①이다.

| 어휘 | **grant** ⓥ 인정하다, 허락하다

embolden ⓥ 대담하게 만들다, 고무시키다

monarchy ⓝ 군주국, 군주정

sideline ⓥ 별거 아닌 것으로 취급당하다, 열외로 취급하다

segregation ⓝ 분리, 차별

presume ⓥ 추정하다, 간주하다

municipal ⓐ 지방 자치제의

elusive ⓐ 찾기 힘든, 잡히지 않는

sway ⓝ 영향력, 권력

curtail ⓥ 축소시키다, 단축시키다

01	①	02	④	03	①	04	④	05	②	06	④	07	③	08	③	09	②	10	③
11	④	12	③	13	④	14	④	15	③	16	③	17	①	18	③	19	②	20	②
21	①	22	③	23	③	24	①	25	④	26	①	27	②	28	①	29	②	30	①
31	②	32	①	33	④	34	③	35	①	36	③	37	②	38	④	39	②	40	②

01 Newspapers have always acted as a(n) _____ on government, as the eyes of the people watching the politicians at work. 한국외대

① check
② balance
③ obstacle
④ advocate

| 정답 | ①

| 해석 | 신문은 일하는 정치인들을 주시하는 국민들의 눈으로서 언제나 정부에 견제 역할을 했다.

　　　① 견제　　　　　　　　　　　② 균형
　　　③ 장애물　　　　　　　　　　④ 옹호자

| 해설 | 신문이 '일하는 정치인들을 주시하는 국민들의 눈(the eyes of the people watching the politicians at work)' 이란 의미는 신문이 정치인들을 '견제'한다는 의미이다. 따라서 정답은 ①이다. 참고로 영어로 '견제와 균형'을 checks and balances라고 한다.

| 어휘 | **check** ⓝ 견제　　　　　　　　　　　**balance** ⓝ 균형
　　　obstacle ⓝ 장애물　　　　　　　　**advocate** ⓝ 옹호자

02 As a _____ advisor to the Queen, Peters told Her Majesty only what she wanted to hear. 중앙대

① blunt
② somber
③ bellicose
④ fawning

| 정답 | ④

| 해석 | Peters는 아첨을 잘하는 여왕의 책사로, 여왕이 듣고 싶어 하는 것만 말을 했다.

　　　① 직설적인　　　　　　　　　　② 침울한
　　　③ 호전적인　　　　　　　　　　④ 아첨하는

| 해설 | 보기에는 모두 사람의 성격에 해당하는 형용사가 나와 있다. Peters는 여왕의 책사(advisor)로 그녀가 듣고 싶어 하는 말만 하는 사람이므로, '아첨하는'에 해당하는 ④ fawning이 정답이 된다. 이런 성격과 반대되는 뜻이 ① blunt(직설적인)이다.

| 어휘 | **majesty** ⓝ 폐하, 위엄　　　　　　　　**blunt** ⓐ (사람이나 발언이) 직설적인 무딘, 뭉툭한
　　　somber ⓐ 침울한, 우울한, 어둠침침한, 칙칙한　　**bellicose** ⓐ 호전적인, 싸우기 좋아하는
　　　fawning ⓐ 아첨하는, 알랑거리는

03 Management by criticism, supervision by ＿＿＿＿＿＿＿＿, and employment by submission are a formula for failure in any business. 세종대

① intimidation

② destitution

③ confirmation

④ solicitation

| 정답 | ①

| 해석 | 어떤 기업이든 비판을 통한 경영, 위협을 통한 감독, 복종을 통한 고용은 실패가 보장된 공식이다.

① 위협

② 결핍

③ 확인

④ 간청

| 해설 | '비판을 통한 경영(management by criticism)', '복종을 통한 고용(employment by submission)' 모두 부정적이고 위협적인 의미를 지니므로 빈칸에 들어갈 단어 역시 부정적이고 강제적인 의미를 지닌 것이 와야 한다. 보기 중에서 이에 해당되는 것은 ①이다.

| 어휘 | supervision ⓝ 감독, 감시　　　　submission ⓝ 복종

formula ⓝ 공식　　　　intimidation ⓝ 위협

destitution ⓝ 결핍　　　　confirmation ⓝ 확인

solicitation ⓝ 간청

04 Working here as a bakery ＿＿＿＿＿＿＿＿, Judy is learning a trade and skills that should help her become self-sufficient. 중앙대

① guru

② virtuoso

③ marquess

④ apprentice

| 정답 | ④

| 해석 | 여기서 베이커리 견습생으로 일하면서, Judy는 일을 배우며 향후 자립하는 데 도움이 될 수 있는 기술을 익히고 있다.

① 전문가, 권위자

② 거장, 명인

③ 후작

④ 견습생

| 해설 | 빈칸에 힌트가 되는 구절은 'learn a trade(일을 배우다)'와 'self-sufficient(자립할 수 있는)'이다. 자립하기 위해 일을 배우고 있으므로, ① '전문가(guru)'나 ② '거장(virtuoso)'은 정반대의 의미가 되어 불가능하며, 이런 전문가나 거장 밑에서 일을 배우는 ④ '견습생(apprentice)'이 정답이 된다.

| 어휘 | trade ⓝ 직업(전문 기술이 필요한 일), 장사, 거래　　self-sufficient ⓐ 자립할 수 있는, 자급자족할 수 있는

guru ⓝ 전문가, 권위자　　　　virtuoso ⓝ 거장, 명인

marquess ⓝ [영국] 후작　　　　apprentice ⓝ 견습생, 도제

05 A _____ cricketer disrupted a match of the Quaid-e-Azam Trophy at the national stadium on Sunday to protest his non-selection in the Karachi team. 이화여대

① elated

② disgruntled

③ pretentious

④ ravenous

| 정답 | ②

| 해석 | 불만이 가득한 한 크리켓 선수가 자신이 Karachi 팀에 소속되지 못한 것에 항의하고자 일요일 국립 경기장에서 열린 Quaid-e-Azam 배 크리켓 경기를 방해했다.

　① 마냥 행복해하는　　　　　　　　　② 불만이 가득한

　③ 허세 부리는　　　　　　　　　　　④ 배가 몹시 고픈

| 해설 | 한 크리켓 선수가 경기를 '방해했고(disrupt)', 그 이유는 '팀에 소속되지 못한 것에 항의하기 위해서(to protest his non-selection)'였다. 그렇다면 그 선수의 마음이 매우 불편했기 때문에 이런 일을 벌였을 것임을 쉽게 유추할 수 있다. 따라서 정답은 ②이다.

| 어휘 | **cricketer** ⓝ 크리켓 선수　　　　　　**disrupt** ⓥ 방해하다, 지장을 주다

　　　elated ⓐ 마냥 행복해하는, 신이 난　　**disgruntled** ⓐ 불만에 찬, 언짢은

　　　pretentious ⓐ 허세 부리는, 가식적인　**ravenous** ⓐ 배가 몹시 고픈

06 Substance abuse _____ character as well as physical stamina. 이화여대

① proscribes

② substantiates

③ facilitates

④ debilitates

| 정답 | ④

| 해석 | 약물 남용은 신체 지구력뿐 아니라 성품도 약화시킨다.

　① 금지하다　　　　　　　　　　　　② 입증하다

　③ 용이하게 하다　　　　　　　　　　④ 약화시키다

| 해설 | 상식선에서 약물 남용은 '신체 지구력뿐 아니라 성품(character as well as physical stamina)'에 부정적 영향을 끼칠 것이다. 보기 중에서 이에 해당되는 것은 '약화시키다'를 의미하는 ④이다.

| 어휘 | **substance abuse** – 약물 남용　　　**stamina** ⓝ 정력, 지구력

　　　proscribe ⓥ 금지하다　　　　　　**substantiate** ⓥ 입증하다

　　　facilitate ⓥ 용이하게 하다　　　　**debilitate** ⓥ 약화시키다

07 We teachers should _____ our students against being dilatory while they are attending school.

국민대

① permeate

② demur

③ admonish

④ recur

| 정답 | ③

| 해석 | 우리 선생님들은 학생들이 등교 시 지각하는 것에 대해서 학생들을 훈계해야 한다.

　　① 배어들다, 스며들다　　　　　　　　　② 난색을 표하다, 반대하다

　　③ 훈계하다　　　　　　　　　　　　　④ 재발하다

| 해설 | 지문의 내용을 보면 선생님들이 학생들을 꾸짖어서 늦지 않도록(against being dilatory) 해야 한다는 말이므로, '훈계하다'는 뜻의 ③ admonish가 적당하다.

| 어휘 | **dilatory** ⓐ 늦은, 더딘

　　admonish A against B – A를 훈계해서 B하지 못하도록 하다

　　permeate ⓥ 배어들다, 스며들다, 투과하다　　　**demur** ⓥ 난색을 표하다, 반대하다

　　recur ⓥ 재발하다

08　The new government provided no _____ for their land and told them to leave all of their possessions behind. 명지대

① complacency　　　　　　　　　　　② compassion

③ compensation　　　　　　　　　　　④ compost

| 정답 | ③

| 해석 | 새로 들어선 정부는 그들의 토지에 대해 아무런 보상도 제공하지 않았으며 그들에게 모든 소유물을 두고 떠나라고 명령했다.

　　① 만족, 안주　　　　　　　　　　　② 연민, 동정심

　　③ 보상(금)　　　　　　　　　　　　④ 퇴비

| 해설 | ① 'complacency'는 '현 상태에 대해 만족함'을 의미하며, 따라서 현재 자신의 처지에 '안주'하다는 뜻을 지닌다. 주어진 문장에서는 이 단어가 전혀 뜻이 통하지 않는다. ② 'compassion(동정심)'과 관련해 '동정심을 표하다'라고 하려면 일반적으로 'have[show/express] compassion'이라고 표현한다. 그리고 동정심을 표하는 대상이 사람이 아닌 '그들의 토지(their land)'이므로 어색하다. 모든 소유물을 두고 떠나라고 한 진술과 연결되려면 아무런 '보상'도 제공하지 않으면서 떠나라고 했어야 논리적으로 문장이 연결된다. 따라서 정답은 ③이 된다.

| 어휘 | **leave ~ behind** – ~을 남겨 두다　　　　**possession** ⓝ 소유물

　　complacency ⓝ 현 상태에 만족함, 안주　　　**compassion** ⓝ 연민, 동정심

　　compensation ⓝ 보상(금), 이득　　　　**compost** ⓝ 퇴비

09　In his controversial bestseller The God Delusion, evolutionary biologist and atheist Richard Dawkins _____ religious beliefs.

① endorsed　　　　　　　　　　　② attacked

③ supported　　　　　　　　　　　④ reflected

| 정답 | ②

| 해석 | 논란이 되고 있는 Richard Dawkins의 베스트셀러 '만들어진 신(The God Delusion)'에서 진화론 생물학자이자

무신론자인 저자는 종교적인 믿음을 공격했다.

① 찬성했다　　　　　　　　　　　② 공격했다

③ 지지했다　　　　　　　　　　　④ 반영했다

| 해설 | ①과 ③은 '지지하다'는 뜻으로 동의어이다. 따라서 답에서 제외되어야 하며, 책 제목이 delusion(현혹, 기만)이란 단어가 사용된 것과 저자가 atheist(무신론자)인 것으로 봐서 책 저자는 종교를 부정한다는 것을 알 수 있다. 따라서 정답은 ②가 적당하다.

| 어휘 | **controversial** ⓐ 논쟁의 여지가 있는　　　　**delusion** ⓝ 현혹, 기만

　　　　evolutionary ⓐ 진화(론)적인　　　　　　**atheist** ⓝ 무신론자

　　　　endorse ⓥ 찬성하다

10　The earth's atmosphere is unlike that of any other body in the solar system. No other planet is as _____ or exhibits the same life-sustaining mixture of gases as the earth.

① uninhabitable　　　　　　　　　② inconspicuous

③ hospitable　　　　　　　　　　　④ exotic

| 정답 | ③

| 해석 | 지구의 대기는 태양계의 다른 천체의 대기와는 다르다. 그 어떤 행성도 지구와 같이 생명체에 호의적이거나 지구의 대기처럼 생명체를 유지시키는 기체들의 조합을 보여 주지 않는다.

① 거주할 수 없는　　　　　　　　② 눈에 잘 안 띄는

③ 환대하는　　　　　　　　　　　④ 이국적인

| 해설 | 지구는 생명체가 살기에 좋은 기체들의 조합을 보여 주며, 이 점이 태양계의 다른 행성들과 다른 점이라고 말하고 있다. 따라서 지문의 'life-sustaining'과 어울리는 단어가 와야 하므로, '생명체에 호의적인[환대하는]'이라는 뜻의 ③ hospitable이 정답이 된다.

| 어휘 | **solar system** − 대양계　　　　　　　　**exhibit** ⓥ 보여 주다, 전시하다

　　　　life-sustaining ⓐ 생명체를 유지시키는　　**uninhabitable** ⓐ 거주할 수 없는

　　　　inconspicuous ⓐ 이목을 끌지 못하는, 눈에 잘 안 띄는

　　　　hospitable ⓐ 환대하는, 친절한, 쾌적한　　**exotic** ⓐ 이국적인

11　Considering the lifelong devastation that other family traumas, such as child abuse or drug addiction, could cause, two years of my sufferings seemed like a _____ amount of time. 경기대

① burdensome　　　　　　　　　　② tremendous

③ stupendous　　　　　　　　　　④ manageable

| 정답 | ④

| 해석 | 내가 겪은 것과는 다른, 예를 들어 아동 학대나 약물 중독 같은 가족 외상(family traumas)이 가져올 수 있는 일평생의 고통을 고려해 보면, 내가 겪었던 지난 2년간의 고통은 견딜 만한 정도의 기간으로 생각된다.

① 부담스러운　　　　　　　　　　② 거대한

③ 엄청난   ④ 견딜 만한

| 해설 | 자신이 겪은 고통을 '일생 동안 지속되는 고통(lifelong devastation)'에 비교하면서 자신이 겪은 고통은 상대적으로 견딜 만했다고 말하고 있다. 따라서 ④ manageable이 적당하다. 나머지 보기는 모두 '거대하고 힘들다'는 뜻을 의미하므로 적절하지 않다.

| 어휘 | **considering** – ~을 고려해 볼 때   **lifelong** ⓐ 일생의, 평생의
devastation ⓝ 파탄, 황폐   **child abuse** – 아동 학대
trauma ⓝ 외상성 장애, 정신적 쇼크, 트라우마   **burdensome** ⓐ 부담스러운, 힘든
tremendous ⓐ 거대한   **stupendous** ⓐ 엄청난, 거대한
manageable ⓐ 견딜 만한, 감당할 수 있는

---

12   I had the honor of making the acquaintance of Nehru, and I should say that he was such a modest man that in him there was not even the faintest touch of _____ or self-importance.

① demureness   ② humiliation
③ pomposity   ④ veneration

| 정답 | ③

| 해석 | 나는 네루를 만나는 영예를 누릴 수 있었고, 나는 네루가 거드름을 피우거나 거만한 모습을 보이는 기미조차 없을 만큼 겸손한 사람이라고 말할 수 있다.

       ① 품위 있음   ② 창피
       ③ 거드름 피움   ④ 존경

| 해설 | 네루는 겸손한 사람이며, '빈칸의 단어'와 '거만함'이 드러나지 않는 사람이라는 점을 고려해 보면, 빈칸의 단어는 '겸손한'과 상대되는 의미를 지니며 '거만함'과 유사한 의미를 지닌 단어일 것이다. 따라서 정답은 ③이다.

| 어휘 | **touch** ⓝ 기미, 흔적   **self-importance** ⓝ 거만, 자만
demureness ⓝ 품위 있음   **pomposity** ⓝ 거드름 피움, 점잔 뺌
veneration ⓝ 존경, 숭배

---

13   Real progress in understanding nature is rarely _____. All important advances are sudden intuitions, new principles, new ways of seeing.

① compromised   ② acclaimed
③ ingenuous   ④ incremental

| 정답 | ④

| 해석 | 자연을 이해하는 데 있어 실제적인 진전은 점진적으로 이루어지지 않는다. 모든 중요한 진전은 순간적인 영감, 새 원리, 새로운 시각들을 통해 나오는 것이다.

       ① 타협된   ② 환호받는
       ③ 솔직한   ④ 점진적인

| 해설 | 본문의 'real progress(실제적인 진전)'은 'all important advances(모든 중요한 진전)'을 뜻하며, '모든 중요한 진

전'이 'sudden intuitions, new principles, new ways of seeing(순간적인 영감, 새 원리, 새로운 시각들)'이라고 말하는 것은 즉 '뭔가 갑자기 나타나는 것'임을 의미한다. 그리고 빈칸의 단어를 'rarely'가 꾸며 주고 있기 때문에 빈칸에 들어갈 말은 '뭔가 갑작스런 것'의 반대되는 단어여야만 하며, 보기 중에서 이 같은 조건에 부합하는 것은 ④뿐이다.

| 어휘 | **compromised** ⓐ 타협된 **acclaimed** ⓐ 칭송받는, 환영받는
ingenuous ⓐ 솔직 담백한, 꾸밈없는 **incremental** ⓐ 점진적인, 증가하는

---

14 After all the bad things she has done, he feels no _____ about ending their relationship. 단국대

① retribution ② dispatches

③ conjuration ④ misgivings

| 정답 | ④
| 해석 | 그녀가 온갖 나쁜 일들을 저지르고 나서 그는 그녀와의 관계를 정리하는 것에 어떤 불안감도 느끼지 않았다.

① 응징 ② 파견

③ 주문 ④ 불안감

| 해설 | 그녀가 온갖 나쁜 일들을 저질렀으므로 그의 입장에서 그녀의 관계를 정리하는 것은 '불안감'을 느끼기는커녕 오히려 홀가분함을 느낄 일일 것이다. 따라서 정답은 ④이다.

| 어휘 | **retribution** ⓝ 응징, 징벌 **dispatch** ⓝ 파견, 발송
conjuration ⓝ 주문, 마법 **misgiving** ⓝ 의혹, 불안감, 걱정

---

15 Congress laid the foundation for an economic recovery plan, clearing the way for a new _____ of bailout cash for the financial industry.

① withdrawal ② deposit

③ infusion ④ transplant

| 정답 | ③
| 해석 | 의회는 경제 회복 계획을 집행하기 위한 기초를 쌓았고, 긴급 구제에 드는 현금을 금융 산업에 투입하기 위한 길을 터 주었다.

① 철회 ② 보증금

③ 투입 ④ 이식

| 해설 | 경제가 회복되려면 긴급 구제 자금을 금융 산업으로 '투입'할 필요가 있다. 따라서 정답은 ③이다.

| 어휘 | **clear the way for** - ~을 위한 길을 터 주다 **bailout** ⓝ 긴급 구제
withdrawal ⓝ 철회, 취소 **deposit** ⓝ 보증금
infusion ⓝ 투입, 주입 **transplant** ⓝ 이식

16 An important part of eliminating the negative voice in your mind is to establish environments in which your creative resources can _____. 서울여대

① atrophy

② dissolve

③ flourish

④ hoard

| 정답 | ③

| 해석 | 당신의 마음에서 부정적인 목소리를 제거하기 위한 중요한 요소는 당신의 창조적인 재능이 번성할 수 있는 환경을 만드는 것이다.

① 위축되다

② 분해하다

③ 번성하다

④ 비축하다

| 해설 | 부정적인 목소리를 제거하기 위해 해야 할 일이 무엇인지 생각해 보면, 보기 중에서 빈칸에 가장 알맞은 것은 창조적 재능이 번성하게 만든다는 의미에서 ③밖에 없다.

| 어휘 | **eliminate** ⓥ 제거하다   **establish** ⓥ 확립하다

resources ⓝ 재능, 소질   **atrophy** ⓥ 위축되다

hoard ⓥ (비밀리에) 비축하다

---

17 Writer of outstanding books on ancient civilizations, Thomas Wright is internationally _____ for his work as a researcher. 서울여대

① acclaimed

② renounced

③ prosecuted

④ instigated

| 정답 | ①

| 해석 | 고대 문명에 관한 뛰어난 서적들을 쓴 작가 Thomas Wright는 연구자로서 그의 업적에 대해 세계적으로 격찬을 받는다.

① 격찬을 받는

② 버려진

③ 기소된

④ 선동된

| 해설 | 그가 쓴 고대 문명에 관한 서적의 평가가 '탁월하기(outstanding)' 때문에 국제적으로 격찬받았을 것으로 유추가 가능하다.

| 어휘 | **outstanding** ⓐ 뛰어난   **ancient** ⓐ 고대의

internationally ⓐⓓ 세계적으로   **acclaim** ⓥ 격찬하다

renounce ⓥ 단념하다, 포기하다   **prosecute** ⓥ 기소하다

instigate ⓥ 선동하다

18 In my household, we believe that people are born with _____ right to have desserts after meals. 이화여대

① a repugnant   ② a reactionary

③ an inalienable   ④ an irretrievable

| 정답 | ③

| 해석 | 우리 집안에서 우리는 사람들이 식사 후 디저트를 먹는 양도할 수 없는 권리를 갖고 태어난다고 믿는다.

    ① 혐오스러운   ② 반동적인

    ③ 양도할 수 없는   ④ 돌이킬 수 없는

| 해설 | 빈칸에 대입해 봤을 때 빈칸 뒤 '권리(right)'와 가장 잘 어울리는 것은 '양도할 수 없는 권리'라는 의미에서 ③이다.

| 어휘 | **repugnant** ⓐ 불쾌한, 혐오스러운   **reactionary** ⓐ 수구의, 반동적인

    inalienable ⓐ 빼앗을 수 없는, 양도할 수 없는   **irretrievable** ⓐ 돌이킬 수 없는

19 It is one of the most remarkable aspects of science that we often don't know where the next practical _____ will come from. 이화여대

① correlation   ② breakthrough

③ paroxysm   ④ ratification

| 정답 | ②

| 해석 | 우리가 다음번의 실용적 돌파구가 어디서 등장할지를 모르는 경우가 종종 있다는 점이 바로 과학의 가장 놀라운 요소 가운데 하나이다.

    ① 상관관계   ② 돌파구

    ③ 발작   ④ 승인

| 해설 | 빈칸에 대입해 봤을 때 가장 적합한 것은, '과학'과 의미가 통하는 단어이면서 빈칸 앞 '실용적'과 호응 관계가 성립하는 '돌파구'뿐이다. 따라서 정답은 ②이다.

| 어휘 | **correlation** ⓝ 상관관계   **breakthrough** ⓝ 돌파구

    paroxysm ⓝ 발작, 폭발   **ratification** ⓝ 비준, 승인

20 Olive's _____ decision to drive her car into the lake to see whether it would float was an one that she regretted as soon as water began to seep into the passenger compartment. 이화여대

① importunate   ② impetuous

③ impregnable   ④ impromptu

| 정답 | ②

| 해석 | 올리브는 차가 과연 물 위에 떠 있을 수 있는지 확인하려고 차를 호수 위로 모는 충동적인 결정을 했고, 물이 차 안

으로 스며들기 시작하자 곧바로 이를 후회했다.

① 성가시게 조르는 　　　　　　　　　　② 충동적인

③ 난공불락의 　　　　　　　　　　　　④ 즉흥적으로

| 해설 | 차가 물에 뜨는지 확인하려고 차를 호수 위로 모는 행위는 '충동적인' 행위이다. 따라서 정답은 ②이다.

| 어휘 | **seep** ⓥ 스며들다 　　　　　　　　**passenger compartment** – 차 안

importunate ⓐ 성가시게 조르는 　　**impetuous** ⓐ 성급한, 충동적인

impregnable ⓐ 난공불락의, 무적의 　**impromptu** ⓐ 즉흥적으로

21　In an increasingly _____ world, does the Church still have anything left to say about social and political issues, or should it be confined to the realm of private spirituality? 숙명여대

① secular 　　　　　　　　　　② public

③ moral 　　　　　　　　　　　④ diverse

⑤ vulnerable

| 정답 | ①

| 해석 | 점차 세속화되고 있는 세상에서 과연 교회에게는 사회적이고 정치적인 문제에 관해 뭔가 할 수 있는 말이 남아 있는 것일까, 아니면 교회는 단지 개인의 영성이라는 영역 안에서 벗어나지 않고 국한되어야만 하는 것일까?

① 세속적인 　　　　　　　　　② 공개적인

③ 도덕적인 　　　　　　　　　④ 다양한

⑤ 취약한

| 해설 | '세속화된' 세상은 교회의 영향력이 줄어드는 세상이기 때문에 사회적이고 정치적인 문제에 관해 의견을 남겨야 할지 아니면 어디까지나 개인 차원에서 목소리를 내지 않고 있어야 할지 고민할 수밖에 없을 것이다. 따라서 정답은 ①이다.

| 어휘 | **secular** ⓐ 세속적인 　　　　　　**confine** ⓥ 국한시키다, 가두다

spirituality ⓝ 영성, 영적 권위

22　Armstrong's frequent _____ remarks unfortunately spoiled the _____ that made his essay prominent. 이화여대

① colloquial – informality 　　　　② trite – cliché

③ hackneyed – originality 　　　　④ unique – vulnerability

| 정답 | ③

| 해석 | Armstrong이 진부한 언급을 빈번하게 한 것은 불행히도 그의 에세이를 돋보이게 한 독창성을 훼손시킨 결과를 낳았다.

① 구어의 – 격식 없음 　　　　　② 진부한 – 상투적인 문구

③ 진부한 – 독창성 　　　　　　④ 독창적인 – 취약함

| 해설 | 두 번째 빈칸에 들어갈 말은 '그의 에세이를 돋보이게 한(made his essay prominent)' 것이므로 긍정적인 의미의

단어가 들어가야 한다. 이에 해당하는 것은 ① informality 또는 ③ originality이다. 그리고 첫 번째 빈칸에 들어갈 말은 이러한 긍정적 요소를 '망친(spoil)' 것이므로, 두 번째 빈칸과는 반대로 부정적인 의미의 단어가 들어가야 한다. 따라서 ③ hackneyed를 정답으로 볼 수 있다. 모든 점을 종합하면 정답으로 가장 적절한 것은 ③이 된다.

| 어휘 | **prominent** ⓐ 돋보인, 두드러진 **colloquial** ⓐ 구어의, 일상적인 대화체의
informality ⓝ 비공식, 격식 없음 **trite** ⓐ 진부한
cliché ⓝ 상투적인 문구, 진부한 표현 **hackneyed** ⓐ 진부한
originality ⓝ 독창성 **vulnerability** ⓝ 비난받기 쉬움, 취약함

---

23 We live in a meritocracy where employers should choose the best person for the best position, _____ of background. 숙명여대

① because
② concerning
③ irrespective
④ out
⑤ sort

| 정답 | ③

| 해석 | 우리는 고용주가 배경과는 상관없이 가장 적절한 지위에 가장 적절한 직원을 선발해야 하는 능력주의 사회에 살고 있다.
① 때문에
② ~에 관해
③ ~와는 상관없이
④ ~에서
⑤ 일종의

| 해설 | 능력주의 사회는 고용주가 가장 적절한 지위에 가장 적절한 직원을 선발하는, 즉 배경과는 '상관없는' 기준에 따라 선발하는 사회이다. 따라서 정답은 ③이다.

| 어휘 | **meritocracy** ⓝ 실력[능력]주의 사회 **concerning** prep ~에 관해
irrespective of − ~와는 관계[상관]없이

---

24 One complication in treating depression in medical patients is that its _____, including loss of appetite and lethargy, are easily mistaken for signs of other diseases. 세종대

① symptoms
② cures
③ prevention
④ rehabilitations

| 정답 | ①

| 해석 | 의학적 치료를 요하는 환자들의 우울증을 치료하는 데 있어 한 가지 난점이라 할 수 있는 것은, 식욕 부진과 무기력을 동반한 우울증 증상이 다른 질환의 신호로 착각되는 경우가 있다는 점이다.
① 증상
② 치유법
③ 예방
④ 재활

| 해설 | 식욕 부진과 무기력은 우울증의 '증상'이며, 다른 질병의 '신호'로 착각되는 것들이다. 여기서 빈칸에 해당되는 '증상'과 '신호'가 의미가 서로 통하고 있음을 알 수 있다. 따라서 정답은 ①이다.

| 어휘 | **complication** ⓝ 난제, 문제   **lethargy** ⓝ 무기력
       rehabilitation ⓝ 갱생, 재활

---

25   Before that election, Maine's proud citizens had fancied their state to be a sort of _____, a notion embodied in the saying "As Maine goes, so goes the nation." 중앙대

① boor   ② brat

③ braggart   ④ bellwether

| 정답 | ④

| 해석 | 그 선거 이전에 메인주의 자랑스러운 주민들은 자신들의 주가 일종의 선도자 역할을 한다고 믿었고, 이러한 개념은 "메인주가 가면 미국도 간다."는 말을 통해 구현된 바 있다.

         ① 천박한 사람   ② 버릇없는 녀석

         ③ 허풍쟁이   ④ 선도자

| 해설 | '메인주가 가면 미국도 간다.(As Maine goes, so goes the nation.)'는 말은 메인주가 일종의 '선도자' 역할을 한다는 의미이다. 역으로 말해 이 말을 통해 '구현된 개념(notion embodied)'이 바로 '선도자'인 것이다. 따라서 정답은 ④이다.

| 어휘 | **embody** ⓥ 상징하다, 구현하다   **boor** ⓝ 천박한 사람

         brat ⓝ 버릇없는 녀석   **braggart** ⓝ 허풍쟁이

         bellwether ⓝ 선도자

---

26   _____ women hope that love is more than skin deep and that men are attracted to them for more than just their looks. 서울여대

① Comely   ② Fickle

③ Deceitful   ④ Inept

| 정답 | ①

| 해석 | 예쁜 여성들은 사랑이 단지 외모에 그치지 않으며 남성이 단순히 자신의 외모 말고 그 이상의 것에 이끌리게 되기를 바란다.

         ① 예쁜   ② 변덕스러운

         ③ 기만적인   ④ 솜씨 없는

| 해설 | 남성이 자신의 외모 말고 그 이상의 것에 이끌리기를 원하고, 사랑이 외모에 그치기를 원하지 않는 사람은 '예쁜' 여성이다. 따라서 정답은 ①이다.

| 어휘 | **comely** ⓐ 아름다운, 어여쁜   **fickle** ⓐ 변덕스러운

         deceitful ⓐ 기만적인, 부정직한   **inept** ⓐ 솜씨 없는, 서투른

27 The new immigrants brought different languages and different cultures to the United States. Gradually, most of them _____ to the dominant American culture they found here. 서강대

① accumulated

② assimilated

③ accrued

④ adopted

| 정답 | ②

| 해석 | 새 이민자들은 다른 언어와 다른 문화를 미국으로 가져왔다. 대부분의 이민자들은 점차 이곳에서 알게 된 지배적인 미국 문화에 동화됐다.

① 축적했다 ② 동화됐다

③ 누적됐다 ④ 채택했다

| 해설 | 이민자들이 미국으로 와서 미국 문화에 적응하거나 동화되었다는 말이므로 ② assimilated가 정답이 된다. 만일 ④ adopted가 adapted라고 주어졌다면, 'adapt to(~에 적응하다)'라는 표현이 되어 정답이 될 수 있다.

| 어휘 | **gradually** ⓐ 차차 **dominant** ⓐ 지배적인

accumulate ⓥ 축적하다, 모으다 **assimilate** ⓥ 동화되다, 자기 것으로 흡수하다

accrue ⓥ 누적되다, 축적되다 **adopt** ⓥ 채택하다, 취하다, 입양하다

---

28 "Merry Christmas? Bah, humbug!" — These sardonic phrases, popularized in Charles Dickens' *A Christmas Carol*, reflect the West's _____ between Christianity and atheism. 중앙대

① polemic

② conspiracy

③ truism

④ accord

| 정답 | ①

| 해석 | "메리 크리스마스라고? 흥, 헛소리!" 냉소를 담고 있는 이 문장은 Charles Dickens의 '크리스마스 캐럴'에 나오는 유명한 말로, 이는 서양의 기독교와 무신론 간의 논쟁을 보여 준다.

① 논쟁 ② 음모

③ 공리 ④ 일치

| 해설 | '메리 크리스마스? 웃기고 있네!(Merry Christmas? Bah, humbug!)'는 '크리스마스 캐럴'에 나오는 구두쇠 스크루지 영감이 하는 말로, 예수의 성탄을 믿는 기독교 신자와 무신론자 사이의 갈등이나 논쟁을 보여 주는 구절이라는 뜻이 된다. 따라서 ④ '일치(accord)'와 반대되는 ① '논쟁(polemic)'이 정답이 된다.

| 어휘 | **bah** - [감탄사] 흥, 체(못마땅함을 나타내는 소리) **humbug** ⓝ 사기, 협잡

sardonic ⓐ 냉소적인, 비꼬는 **atheism** ⓝ 무신론

polemic ⓝ 논쟁 **conspiracy** ⓝ 음모, 모의

truism ⓝ 공리, 자명한 이치 **accord** ⓝ 조화, 일치

29 Political purpose is the desire to push the world in a certain direction, to alter other people's idea of the kind of society they should strive after. No book is genuinely _____ political bias, and the opinion that art should have nothing to do with politics is itself a political attitude.

① compliant to
② free from
③ controlled by
④ accountable for

| 정답 | ②

| 해석 | 정치적 목적은 세상을 특정 방향으로 밀어붙이고, 다른 사람들이 추구하는 유의 사회에 관해 그 사람들이 가진 생각을 바꾸려는 욕망이다. 어떤 책도 진실로 정치적 편견이 없을 수는 없으며, 예술은 정치와는 무관하다는 주장조차 그 자체가 정치적이다.
① ~에 순응하는
② ~이 없는
③ ~에 의해 통제되는
④ ~을 책임지는

| 해설 | 본문에서는 정치적 목적을 'certain direction(특정 방향)', 'the kind of society they should strive after(그들이 추구하는 유의 사회)' 등 객관적이라기보다 주관적이고 편향성이 있는 것으로 설명하고 있다. 때문에 빈칸이 삽입된 문장의 의미는 문맥상 'political bias(정치적 편견)'이 존재한다는 것이고, 부정어가 주어인 이상 빈칸의 단어는 그 반대의 의미를 가져야 할 것이다. 따라서 정답은 ②가 된다.

| 어휘 | **push** ⓥ 밀고 나아가다, 추진하다
strive ⓥ 노력하다, 힘쓰다, 얻으려고 애쓰다
be complicant to – ~에 순응하다
accountable for – ~에 (해명할) 책임을 지는

---

30 The opening of the fourth Disney theme park near Paris, within a two-hour flight of 320 million Europeans, is another _____ for the company, which thinks that millions of people will put Disneyland top of a list of places to visit. 단국대

① bonanza
② pitfall
③ merger
④ infringement

| 정답 | ①

| 해석 | 파리 근방에 3억 2천만의 유럽인들이 비행기로 두 시간이면 갈 수 있는 곳에 네 번째 디즈니랜드 테마파크가 개장된 것은 디즈니사 입장에서 또 하나의 노다지라 할 수 있다. 디즈니사는 수백만의 사람들이 디즈니랜드를 반드시 방문하고픈 장소 목록 가운데 정상의 위치로 올려놓을 것으로 생각한다.
① 노다지
② 함정
③ 합병
④ 침해

| 해설 | 디즈니랜드가 파리 근교에 설립된 이후, 수백만의 사람들이 새로 생긴 디즈니랜드를 반드시 방문하고픈 장소로 여긴다는 것은, 그 많은 사람들이 디즈니랜드에 방문하게 된다는 의미이므로 디즈니사 입장에서는 '노다지'가 터진 셈이다. 따라서 정답은 ①이다.

| 어휘 | **bonanza** ⓝ 노다지, 아주 수지맞는 일
pitfall ⓝ 위험, 함정
merger ⓝ 합병
infringement ⓝ 위반, 침해

31 Some researchers have argued that individuals with low self-esteem _____ others to enhance their feelings about themselves. A recent study suggests that low self-esteem individuals seem to have a generally negative view of themselves, their in-group, out-group, and perhaps the world.

① acquiesce ② deprecate

③ muster ④ venerate

| 정답 | ②

| 해석 | 일부 연구자들은 자존감이 낮은 사람들은 스스로에 대한 감정을 강화하기 위해 다른 사람들을 강력히 비난한다고 주장한다. 최근 연구에 따르면 자존감이 낮은 사람은 대체로 자기 스스로뿐만 아니라, 자신이 속한 집단, 속하지 않은 집단, 거기에 어쩌면 세상에 관해 부정적인 시각을 갖기도 한다.

① 묵인하다 ② 비난하다

③ 모으다 ④ 숭배하다

| 해설 | 우선 빈칸 다음 문장에서 자존감이 낮은 사람이 자기 자신뿐만 아니라 다른 사람이나 집단에 관해 부정적인 시각을 가진다는 것을 알 수 있으며, 빈칸이 들어간 문장의 '스스로에 대한 감정을 강화하기 위해(to enhance their feelings about themselves)'는 부정적인 시각을 갖는 이유임을 알 수 있다. 따라서 빈칸에는 '부정적인 시각을 갖는다'와 가장 가까운 ②가 적절하다.

| 어휘 | **self-esteem** ⓝ 자부심, 자존감 **acquiesce** ⓥ 묵인하다
deprecate ⓥ (강력히) 비난하다 **muster** ⓥ (지지 등을 최대한) 모으다
venerate ⓥ 공경하다, 숭배하다

---

32 Cancer patients often say the hardest part of their disease is not the diagnosis but the treatment — and all the decisions they need to make on the road to recovery. So there was welcome news for breast-cancer patients from the San Antonio Breast Cancer Conference, where researchers reported on a genetic test that may _____ many women unnecessary radiation therapy.

① spare ② shield

③ protect ④ delude

| 정답 | ①

| 해석 | 암 환자들은 종종 암에 걸렸을 때 가장 힘든 일은 암을 진단받았다는 사실이 아니라 암을 치료하는 것이라고 하며, 회복하는 과정에서 취해야 할 온갖 결정 때문에 힘들다고 한다. 때문에 샌안토니오 유방암 학회에서 유방암 환자들에게 희소식이 등장했는데, 학회에서 연구진들은 수많은 여성들이 불필요한 방사선 치료를 받지 않아도 되게끔 하는 유전자 검사에 관해 보고했다.

① 받지 않아도 되게 하다 ② 보호하다

③ 지키다 ④ 속이다

| 해설 | 암 환자들은 암 진단 그 자체보다 암 치료 과정을 더 힘들어하고 있으므로, 가능하면 치료를 많이 받지 않게 하는 것이 환자를 돕는 일일 것이다. 때문에 불필요한 치료를 '받지 않아도 되게 하는' 검사법 또한 환자 입장에서는 희소식이라 할 수 있다. 따라서 정답은 ①이다.

| 어휘 | **diagnosis** ⓝ 진단   **welcome news** – 희소식

         radiation therapy – 방사선 치료   **spare** ⓥ 겪지 않아도 되게 하다

         shield ⓥ 보호하다   **delude** ⓥ 속이다, 착각하게 하다

---

33 No one who has ever followed a dream has taken a direct path and arrived at his or her destination effortlessly and on time. Following a dream can be a _____ road full of twists and turns and occasional roadblocks. 동국대

① replete   ② placid

③ fortuitous   ④ bumpy

| 정답 | ④

| 해석 | 꿈을 추구한 사람들 가운데 꿈을 이룰 수 있는 직통로를 밟아 노력 없이 제때에 자신의 목적지에 도달한 사람은 아무도 없다. 꿈을 추구한다는 것은 구불구불한 길투성이에 종종 장애물도 있고 울퉁불퉁하기도 한 길을 가는 것이다.

      ① 가득한   ② 얌전한

      ③ 우연한   ④ 울퉁불퉁한

| 해설 | 꿈을 이룬 사람들 가운데 곧게 뻗은 직행 통로를 밟은 사람이 아무도 없다는 것은, 꿈을 향한 길이 '울퉁불퉁'하고 구불구불하며 장애물로 가득한 길임을 나타낸다. 따라서 정답은 ④이다.

| 어휘 | **twists and turns** – 우여곡절, 구불구불한 길   **roadblock** ⓝ 바리케이드, 장애물

         replete ⓐ ~이 가득한   **placid** ⓐ 얌전한, 잔잔한

         fortuitous ⓐ 우연한, 행운의   **bumpy** ⓐ 평탄치 않은, 울퉁불퉁한

---

34 Nowadays, I do most of my 'networking' through Twitter. The ecosystem there is full of fascinating niches, and you can tailor your experience to your interests: I regularly talk to feminist bloggers, video game journalists, political reporters and comedy writers. Again, it's more _____: there are fewer gatekeepers between you and the people who you might want to impress, or who might want to impress you. 숙명여대

① corrosive   ② diffident

③ egalitarian   ④ inspective

⑤ profound

| 정답 | ③

| 해석 | 오늘날 나는 '인맥 관리'의 대부분을 트위터를 통해 한다. 트위터의 생태계는 내게 딱 맞는 매력적인 것들로 가득하고, (이런 생태계 속에서) 여러분은 자신의 관심사에 맞춘 경험을 누릴 수 있다. 나는 정기적으로 페미니즘 블로거, 비디오 게임 분야 언론인, 정치부 기자, 코미디 작가 등에게 말을 건다. 또한 트위터는 더욱 평등주의적이다. 당신이 깊은 인상을 남기고자 하는 사람 또는 당신에게 깊은 인상을 남기려고 하는 사람과 당신 사이에는 문지기 역할을 하는 것들이 덜 존재한다.

① 부식성의   ② 조심스러운
③ 평등주의의   ④ 주의 깊은
⑤ 심오한

| 해설 | 트위터 환경에서 '당신에게 깊은 인상을 남기려고 하는 사람과 당신 사이에는 문지기 역할을 하는 것들이 덜 존재한다'는 말은 당신과 다른 이 사이에 뭔가 개입할 여지가 줄었다는 것이고, 이 말은 즉 당신과 다른 이 간의 관계가 '평등주의적'이란 의미이다. 따라서 정답은 ③이다.

| 어휘 | **networking** ⓝ 인맥 형성, 인맥 관리   **ecosystem** ⓝ 생태계
fascinating ⓐ 대단히 흥미로운, 매력적인   **niche** ⓝ (시장의) 틈새, 아주 편핸[꼭 맞는] 자리[역할/일 등]
tailor ⓥ (특정한 목적 · 사람 등에) 맞추다[조정하다]
corrosive ⓐ 부식성의   **diffident** ⓐ 조심스러운, 소심한
egalitarian ⓐ 평등주의의   **inspective** ⓐ 주의 깊은
profound ⓐ 깊은, 심오한

---

35   In the early 1940s, one of the forces that kept us on the frontline was the conviction that this battle was of immense historical import, and that those of us who survived it would be forever cherished in the hearts of Americans. It was rather _____ to discover that your own parents couldn't even pronounce the names of the islands you had conquered. 가천대

① disheartening   ② redundant
③ inevitable   ④ worthwhile

| 정답 | ①

| 해석 | 1940년대 초반 우리를 전쟁의 최전선에 서게 한 원동력 중 하나는 이 전투가 역사적으로 엄청나게 중요하며, 전쟁에서 살아남은 이들은 미국인들의 가슴 속에 영원히 소중하게 간직될 것이라는 확신이었다. 우리의 부모조차 우리가 정복한 섬의 이름도 발음할 수 없다는 것을 알게 된 것은 다소 낙심히게 되는 일이었다.
① 낙심시키는   ② 불필요한
③ 필연적인   ④ 가치 있는

| 해설 | 전쟁의 중요성을 알고 최전선에서 기꺼이 싸웠는데, 참전한 군인들의 부모조차 전쟁에 관한 세부 사항을 알지 못한다는 사실을 알게 된다면 이는 실망스러운 일이라 할 수 있다. 따라서 정답은 ①이 된다.

| 어휘 | **conviction** ⓝ 확신, 신념; 유죄 판결   **immense** ⓐ 광대한, 거대한, 막대한
import ⓝ 중요성, 의미, 수입(품)   **cherish** ⓥ 소중히 간직하다, (신조 · 신앙 등을) 품다
pronounce ⓥ 발음하다, 선언하다   **conquer** ⓥ 정복하다
disheartening ⓐ 낙심시키는
redundant ⓐ 여분의, 과다한, 과잉의; (말 등이) 군더더기의; 불필요하게 된
inevitable ⓐ 필연적인, 피할 수 없는   **worthwhile** ⓐ ~할 가치가 있는

36 With most men the knowledge that they must ultimately die does not weaken the pleasure being at present alive. To the poet the world appears still more beautiful as he gazes at flowers that are doomed to wither, at spring that come to too speedy an end. It is not that the thought of universal _____ gives him pleasure, but that he embraces the pleasure all the more closely because he knows it cannot be his for long. 건국대

① eternity
② variation
③ mortality
④ periodicity
⑤ nullification

| 정답 | ③

| 해석 | 대부분의 사람들에게 있어 자신들이 결국은 죽는다는 사실이 현재 살아 있다는 기쁨을 약화시키지는 않는다. 시인에게 있어 세상이 훨씬 더 아름다워 보이는 시기는 시들게 되기 마련인 꽃을 바라볼 때 그리고 너무 빨리 끝나고 마는 봄을 바라볼 때이다. 모든 것은 결국은 죽기 마련이라는 생각이 시인에게 기쁨을 주는 것은 아니다. 그보다는 시인은 기쁨을 영원히 간직할 수는 없음을 알기 때문에 기쁨을 더욱 친밀하게 받아들이는 것이다.

① 영원
② 변이
③ 죽음을 피할 수 없음
④ 주기성
⑤ 무효

| 해설 | '시들게 되기 마련인 꽃(flowers that are doomed to wither)'과 '너무 빨리 끝나고 마는 봄(spring that come to too speedy an end)'은 모두 죽음을 상징하는 이미지이며 영원히 지속되지 못하고 곧 사라지는 것을 의미한다. 때문에 빈칸에는 이러한 죽음을 나타내는 의미인 ③이 적합하다.

| 어휘 | **be doomed to** – ~하게 되기 마련이다
universal ⓐ 보편적인
eternity ⓝ 영원, 오랜 시간
mortality ⓝ 죽음을 피할 수 없음, 필사
nullification ⓝ 무효, 파기, 취소
wither ⓥ 시들다
embrace ⓥ 받아들이다, 수용하다
variation ⓝ 변화, 변이
periodicity ⓝ 주기[정기]성

---

37 Almost anything interesting and rewarding in life requires some constructive, consistently applied effort. The dullest, the least gifted of us, can achieve things that seem miraculous to those who never concentrate on anything. But television encourages us to apply no effort. _____. It diverts us only to divert us, to make the time pass without pain. 경희대

① It betrays public trust
② It sells us instant gratification
③ It fools us into believing anything
④ It compels us to be more active

| 정답 | ②

| 해석 | 인생에서 흥미롭고 보람 있는 것은 거의 대부분이 뭔가 건설적이면서 일관성 있게 가해지는 노력을 필요로 한다. 우리들 가운데 가장 둔하고 재능도 가장 부족한 사람도 뭔가에 집중해 본 적이 없는 사람들이 보기에 기적과도 같은 일들을 달성할 수 있다. 하지만 TV는 우리에게 어떤 노력도 기울이지 말라고 권유한다. TV는 우리에게 순간의 만족감을 판매한다. TV는 오로지 우리의 관심을 다른 곳으로 돌리고 시간을 고통 없이 보내도록 하기 위해 우리의 관심을 돌린다.

① TV는 공공의 신뢰를 배신한다
② TV는 우리에게 순간의 만족감을 판매한다
③ TV는 우리가 무엇이든지 믿도록 속인다
④ TV는 우리에게 더욱 적극적이 되도록 강요한다

| 해설 | TV는 우리에게 어떤 노력도 기울이지 말라고 권유하고, 우리의 관심을 다른 곳으로 돌리고, 시간을 고통 없이 보내도록 한다. 즉 TV는 우리가 무언가에 집중하고 전념하도록 돕기는커녕 오히려 오래가지 않는 기쁨 즉 '순간의 만족감'만을 제공한다. 따라서 정답은 ②이다.

| 어휘 |
rewarding ⓐ 보람 있는
consistently ⓐ 끊임없이, 일관된
dull ⓐ 둔한
divert ⓥ (생각·관심을) 다른 데로 돌리다
gratification ⓝ 만족감
fool ⓥ 속이다, 기만하다
compel ⓥ 강요하다, 강제하다

---

38 In a mandatory orientation program called "Social Issues for College Freshmen", Dr. Robert Wilkins presented skits on the issues first year students face on campus. He noted that students often go through the various forms of "isms" such as, sexism, racism, or classism, etc. in their college life. He said "It's not as if today, I have a racist experience, tomorrow, a sexist one. In any one day, one may be up against several issues. Some issues of sexism have a racist foundation, and vice versa." He emphasized that the experience of discrimination _____. 가톨릭대

① can be one-sided
② can be educational
③ cannot be integrated
④ cannot be compartmentalized

| 정답 | ④

| 해석 | '대학 신입생을 위한 사회문제'란 명칭의 필수 오리엔테이션 프로그램에서 닥터 로버트 윌킨스(Robert Wilkins)는 1학년생들이 대학 캠퍼스에서 마주하게 되는 문제에 관해 풍자적인 글을 제시했다. 닥터 로버트는 신입생들이 대학 생활 중에 성차별(sexism), 인종 차별(racism), 계급 차별(classism) 등 각종 '차별(ism)'을 종종 겪게 될 것이라고 언급했다. 그는 다음과 같이 말했다. "이는 오늘은 인종차별적 경험을 하고 다음날에는 성차별적 경험을 하는 식이 아닙니다. 신입생은 어느 날이든 하루에 몇 가지 문제에 직면하게 될 것입니다. 일부 성차별 문제는 인종차별적 기반을 두고 있고, 이와 반대의 경우도 마찬가지입니다." 그는 차별 경험은 각각 분류할 수 있는 것이 아님을 강조했다.

① 편파적일 수 있는
② 교육적일 수 있는
③ 통합될 수 없는
④ 각각 분류할 수 있는 것이 아닌

| 해설 | 본문은 대학 신입생이 겪는 차별에 관해 언급하는데, 어느 날은 인종차별을 겪고 다른 날은 성차별을 겪는 식으로 차별이 명확히 구분되기보다는 하루에 몇 가지 문제 즉 차별에 직면할 수 있음이 언급된다. 즉 차별이란 '각각 분류할 수 있는 것이 아니며', 여러 형태의 차별이 동시에 벌어질 수 있는 것이다. 따라서 정답은 ④이다.

| 어휘 |
mandatory ⓐ 의무적인, 필수의
skit ⓝ 풍자글, 농담

ism ⓝ 주의, 학설

sexism ⓝ 성차별, 성차별주의

racism ⓝ 인종 차별, 인종 차별 행위

classism ⓝ 계급차별(주의)

up against – 부딪쳐, 직면하여

discrimination ⓝ 차별

one-sided ⓐ 한쪽으로 치우친, 편파적인

integrate ⓥ 통합시키다

compartmentalize ⓥ 구분하다, 분류하다

---

39 Ms. White was appointed head librarian because of her organizational abilities and her plans for improving the library's services. At first, the other staff members appreciated her ideas and enthusiasm. But after several weeks of working with her, they began to resent her frequent memos and meetings. The more they learned about her management style, the less they liked it. As one librarian said to another, "_____." The library staff welcomed Ms. White and her ideas at first, but after they got to know her better their respect for her changed to dislike and scorn. 건국대

① No pain, no gain

② Familiarity breeds contempt

③ The first step is always the hardest

④ The pen is mightier than the sword

⑤ The squeaking wheel gets the oil

| 정답 | ②

| 해석 | 화이트(White) 씨는 조직 운영 능력과 도서관 서비스 향상을 위한 계획 덕분에 수석 사서로 임명되었다. 처음에 다른 도서관 직원들은 화이트의 생각과 열정을 환영했다. 하지만 화이트와 몇 주 동안 일한 후 이들은 화이트의 빈번한 메모와 회의에 분노하기 시작했다. 이들은 화이트의 운영 방식에 관해 점차 많은 것을 알아갈수록 더욱 그 방식을 싫어하게 되었다. 한 사서가 다른 사서에게 말했듯이 친근함이 서로 멸시하는 감정을 야기한다. 도서관 직원들은 처음에는 화이트와 화이트의 생각을 환영했지만, 화이트에 대해 더 많은 것을 알게 된 후 화이트에 대한 존경심은 반감과 멸시로 변했다.
① 고통 없이는 아무것도 얻을 수 없다
② 친근함이 서로 멸시하는 감정을 야기한다
③ 언제나 시작이 가장 힘들다
④ 펜은 칼보다 강하다
⑤ 보채는 아이 밥 한 술 더 준다

| 해설 | 본문의 내용은 '도서관 직원들이 처음에는 화이트 그리고 화이트의 생각과 열정을 환영했지만, 화이트에 대해 많은 것을 알수록 화이트에 대해 반감과 멸시를 드러내게 되었다.'이다. 즉 도서관 직원들이 처음 화이트를 보면서 느꼈던 친근감이 이제는 증오와 멸시로 변한 것이다. 따라서 정답은 ②이다.

| 어휘 | appreciate ⓥ 진가를 알아보다, 환영하다

resent ⓥ 분노하다

breed ⓥ ~을 야기하다[불러오다]

contempt ⓝ 경멸, 멸시

squeaking ⓐ 삐걱거리며 소리를 내는

40 _____. Girls, in turn, edge out boys on tests of verbal reasoning. The result is similar overall IQ scores. Among the best young mathematical brains, however, that equality does not pertain. Here, boys do a lot better at maths than girls — but less better than they used to, as the researchers discovered. 서강대

① In study after study, boys have obtained similar scores to girls in math

② In the general population boys are well known to do a bit better than girls in maths

③ Some studies suggest that boys are superior to girls in both math and verbal reasoning

④ In recent years, girls have been scoring higher than boys in math

---

| 정답 | ②

| 해석 | 일반 대중 사이에서는 남학생이 여학생보다 수학을 조금 더 잘한다는 사실이 더 잘 알려져 있다. 이에 비해 여학생 쪽은 언어 추리 능력을 점검하는 시험에서 남학생을 앞서 나간다. 그 결과 남녀의 전반적인 IQ 점수는 비슷하다. 하지만 최고의 수학적 두뇌를 지닌 젊은이들 사이에서는 이러한 동등함은 존재하지 않는다. 연구진이 발견한 바에 따르면 이 경우 남학생이 여학생 보다 수학을 훨씬 더 잘하지만, 예전만큼 잘하지는 않는다.

① 계속해서 공부를 해온 결과 남학생은 여학생과 비슷한 수학 점수를 얻었다

② 일반 대중 사이에서는 남학생이 여학생보다 수학을 조금 더 잘한다는 사실이 더 잘 알려져 있다

③ 일부 연구에 따르면 남학생은 수학과 언어 추리 능력이 여학생보다 뛰어나다

④ 최근에는 여학생이 남학생보다 수학 점수가 더 높다

| 해설 | 빈칸 뒤에 여학생이 남학생보다 잘하는 부분이 나와 있으므로, 빈칸에는 남학생이 여학생보다 잘하는 부분에 관해 나왔을 것으로 추론이 가능하다. 특히 '앞에서 제시된 사항에 뒤이어 다음 차례로'란 의미의 in turn이란 표현을 통해 뒷받침된다. 또한 '남학생이 여학생보다 수학을 훨씬 더 잘하지만, 예전만큼 잘하지는 않는다(boys do a lot better at maths than girls — but less better than they used to)'를 통해 남학생이 여학생보다 잘하는 것은 수학임을 유추할 수 있다. 따라서 정답은 ②이다.

| 어휘 | **general population** – 일반 대중   **in turn** – 차례로, 돌아가며
edge out – 조금씩 이긴다   **verbal reasoning** – 언어 추리, 언어 추론
equality ⓝ 평등, 대등   **pertain** ⓥ 존재하다, 적용되다
superior to – ~보다 더 우월한[뛰어난]

01 복수형 빈칸

01	①	02	①	03	③	04	①	05	④	06	②	07	②	08	①	09	③	10	①
11	④	12	④	13	②	14	③	15	①	16	②	17	③	18	②	19	④	20	③
21	③	22	①	23	①	24	①	25	④	26	①	27	④	28	④	29	①	30	④
31	④	32	①	33	④	34	③	35	②	36	①	37	③	38	②	39	②	40	③

01   Not only the _____ are fooled by propaganda; we can all be misled if we are not _____.

숙명여대

① gullible – wary
② illiterate – mature
③ ignorant – cynical
④ credulous – aggressive
⑤ ludicrous – prodigious

| 정답 | ①

| 해석 | 잘 속는 사람들만 선전에 속는 것이 아니다. 우리들 모두 주의하지 않는다면 오도될 수 있다.
    ① 속기 쉬운 – 주의하는   ② 무식한 – 성숙한
    ③ 무지한 – 냉소적인   ④ 잘 믿는 – 공격적인
    ⑤ 웃기는 – 비범한

| 해설 | propaganda는 '정치적 선전물'을 의미한다. 이런 정치적 선전물에 속는 사람들이 바로 이런저런 유형의 사람들이라고 제시 문장은 밝히고 있다. 첫 번째 빈칸에 들어갈 수 있는 단어는 「the + 형용사」로 '~하는 사람들'을 나타내는데, 보기 중 ⑤만 의미상 적절하지 않다. 두 번째 빈칸에 부적절한 단어들을 보면 ③ cynical, ④ aggressive, ⑤ prodigious는 모두 적절하지 않다. ③ cynical은 비판적이라는 뜻이 아니라 비꼬는 등의 '냉소적'이라는 뜻이며, ④ aggressive도 '공격적'이라는 뜻이므로 부적절하다. 따라서 정답은 ①과 ②로 압축할 수 있는데, 제시된 두 단어를 상관관계까지 고려해서 정답을 유도하도록 한다. 먼저 보기 ②를 생각해 보면, illiterate가 글을 읽고 쓸 줄 모른다는 의미이며, 이런 문맹들이 정치적 선전물에 속아 넘어가기 쉽지만, 그런 사람들만 속는 것이 아니라 성숙하지(mature) 못한 사람들도 속는다는 내용이 된다. 즉 성숙하지 못한 이들이 결국 문맹인과 같은 수준으로 동격이 되어 논리가 어색해진다. ①의 경우 조심성(wary)이 없는 이들이 속아 넘어가기 쉬운(gullible) 사람들이라고 유추할 수 있으므로 논리적으로 더 타당하다. 따라서 정답은 ①이 된다.

| 어휘 | **propaganda** ⓝ (정치 지도자 · 정당 등에 대한 허위 · 과장된) 선전
mislead ⓥ 잘못된 길로 이끌다, 오도하다, 호도하다
gullible ⓐ 잘 속는   **illiterate** ⓐ 읽고 쓸 줄 모르는, 무식한
ignorant ⓐ 무지한   **cynical** ⓐ 냉소적인
credulous ⓐ 잘 믿는, 속기 쉬운   **ludicrous** ⓐ 웃기는, 어이없는, 가소로운
prodigious ⓐ 거대한, 비범한, 놀라운, 경이적인

02 Tomas's seemingly _____ rise to the presidency had actually been carefully _____.

이화여대

① fortuitous – premeditated   ② precipitous – presumed

③ nonchalant – planned   ④ primal – mustered

| 정답 | ①

| 해석 | Tomas가 대통령직까지 올라간 것은 겉보기에는 행운의 결과인 것 같지만 실제로는 사전에 세심하게 계획된 결과이다.

① 행운의 – 사전에 계획된   ② 갑작스러운 – 당연한 것으로 여겨지는

③ 차분한 – 계획된   ④ 원시의 – 소집된

| 해설 | 빈칸에 대입해 봤을 때 가장 정답으로 적합한 것은 Tomas의 대통령 당선이 겉보기에는 '행운'인 것 같아도 실제로는 세심하게 '사전에 계획된 결과'라고 말하는 ①이다.

| 어휘 | **fortuitous** ⓐ 우연한, 행운의   **premeditated** ⓐ 사전에 계획된, 계획적인

precipitous ⓐ 가파른, 급작스러운   **presumed** ⓐ 당연한 것으로 여겨지는

nonchalant ⓐ 차분한, 태연한   **primal** ⓐ 원시의, 태고의

muster ⓥ 모으다, 소집하다

---

03 The comedian's listeners enjoyed his _____ wit but his victims often _____ at its satire. 이화여대

① lugubrious – suffered   ② taut – smiled

③ trenchant – winced   ④ banal – smarted

| 정답 | ③

| 해석 | 그 코미디언의 청중들은 그의 정곡을 찌르는 재치를 즐겼지만 그의 풍자의 제물이 된 사람들은 종종 그의 풍자에 질겁했다.

① 침울한 – 고통받다   ② 팽팽한 – 미소 짓다

③ 정곡을 찌르는 – 질겁하다   ④ 지극히 평범함 – 속상해하다

| 해설 | 청중들이 코미디언의 'wit(재치)'를 즐기려면 당연히 재미가 있어야 할 것이고, 따라서 첫 번째 빈칸에 들어갈 만한 단어는 재미있거나 뭔가 들어줄 만한 구석이 있음을 의미하는 단어여야 할 것이다. 보기 중에서 이에 가장 적합한 것은 ③ 'trenchant(정곡을 찌르는)'이다. 덧붙여 코미디언의 'victims(풍자의 제물이 된 사람들)'은 그의 풍자에 불편한 감정을 느꼈을 것이다. 이를 감안하면 두 번째 빈칸에 들어갈 만한 것은 불편한 감정과 관련 있는 것이어야 할 것이다. 따라서 보기 중에서 두 번째 빈칸에 적합한 것은 역시 ③ 'winced(질겁하다)'이다. 이 모든 것을 종합해 보면 정답은 ③이 된다.

| 어휘 | **lugubrious** ⓐ 침울한   **taut** ⓐ 팽팽한

trenchant ⓐ 정곡을 찌르는   **wince** ⓥ 움찔하고 놀라다, 질겁하다

banal ⓐ 지극히 평범한   **smart** ⓥ 속상해하다

04 If you carry this _____ attitude to the meeting, you will _____ your intellectual audience immediately. 이화여대

① truculent – alienate ② aggressive – delight

③ conciliatory – refer ④ supercilious – attract

| 정답 | ①

| 해석 | 만약 여러분이 이 같은 공격적 태도를 모임에서 내보이면, 여러분의 지적인 청중과의 관계를 즉각 소원하게 만들 것입니다.

① 공격적인 – 소원하게 만들다 ② 공격적인 – 기쁘게 하다

③ 회유하는 – 위탁하다 ④ 거만한 – 마음을 끌다

| 해설 | 첫 번째 빈칸에 해당하는 'attitude(태도)'를 보이면, 'intellectual audience(지적인 청중)'에게 두 번째 빈칸에 해당하는 행동을 하게 될 것이라는 것이 본문의 내용이다. 따라서 보기 중에서 첫 번째 빈칸과 두 번째 빈칸이 의미를 자연스럽게 연결시키는 것이 있을 경우, 그 보기가 정답이 된다. ①의 경우, truculent(공격적인) 태도를 보여서 지적인 청중과의 관계를 alienate(소원하게 한다)는 의미가 되며, 다른 보기를 빈칸에 대입한 것과 비교하면 의미상 가장 무리가 없다. 따라서 정답은 ①이 된다.

| 어휘 | **truculent** ⓐ 반항적인, 공격적인 **alienate** ⓥ 소원하게 만들다, 소외감을 느끼게 하다

conciliatory ⓐ 회유하는 **refer** ⓥ 위탁하다

supercilious ⓐ 거만한

---

05 John always procrastinates; his _____ only _____ the problem of the impending deadline. 중앙대

① petulance – disclaimed ② fortitude – disparaged

③ immunity – derided ④ sloth – augmented

| 정답 | ④

| 해석 | John은 항상 늑장을 부린다. 그의 게으름은 데드라인이 임박해 있는 문제를 가중시킬 뿐이다.

① 성마른 성격 – 권리를 포기했다 ② 강건함 – 비난했다

③ 면제 – 조롱했다 ④ 게으름 – 가중시켰다

| 해설 | 이 문제는 '늑장을 부리다'라는 뜻의 'procrastinate'를 아는 것이 관건이다. 항상 일을 미루는 버릇이 있기 때문에 세미콜론(;) 뒤의 내용이 벌어진다는 내용이다. (참고로 문장과 문장이 세미콜론(;)으로 연결되어 있는 경우는, 두 문장이 서로 밀접한 관계로 묶여 있다는 것을 의미한다.) 뒤의 빈칸을 보면 데드라인이 임박한 문제를 '비난'하거나 '조롱'할 수는 없으므로 ② disparaged, ③ derided는 제외되며, 앞의 빈칸에는 'procrastinate'와 관계된 게으름의 의미인 ④ 'sloth'가 적당하며, 그런 그의 게으름으로 문제가 더 커졌다(augmented)라는 뜻으로 이해하면 된다. 따라서 정답은 ④가 된다.

| 어휘 | **procrastinate** ⓥ 늑장을 부리다, 미루다, 꾸물거리다

impending ⓐ 임박한, 절박한, 돌출한 **petulance** ⓝ 성마름, 무례한 태도, 건방진 언동

disclaim ⓥ 권리를 포기하다, (관계나 책임 등을) 부인하다

fortitude ⓝ 강건함, 견고함 **disparage** ⓥ 비난하다, 얕보다

immunity ⓝ 면제, 면책

deride ⓥ 조롱하다

sloth ⓝ 나태, 게으름

augment ⓥ 늘리다, 증가시키다

---

06 After carefully evaluating the genuineness of the painting, the art critics unanimously agreed that the work had been done by a _____ and should be _____ . 중앙대

① progeny – renewed

② charlatan – rejected

③ neophyte – banned

④ fanatic – purchased

| 정답 | ②

| 해석 | 미술 작품의 진위를 신중히 검토한 후, 미술 평론가들은 그 작품이 돌팔이에 의해 만들어졌으며, 그렇기에 불합격되어야 한다고 만장일치로 동의했다.

① 자손 – 새롭게 되다

② 돌팔이 – 불합격되다

③ 초심자 – 금지되다

④ 광신도 – 구입되다

| 해설 | 평론가들이 만장일치로 'that 이하 ~'하기로 합의했다는 내용에 두 빈칸이 놓여 있다. 그리고 and라는 순접의 접속사로 묶여 있으므로 두 문장은 비슷한 의미를 지녀야 한다. 앞의 빈칸에 올 수 있는 단어는 작품을 제작한 사람들이 와야 하므로 자손, 돌팔이, 초보, 광신자 중에서 ② charlatan과 ③ neophyte가 의미상 가능하다. ③ neophyte의 경우 초심자가 만들었기 때문에 이를 금지해야(ban) 한다는 말은 미술 작품의 진위를 가리는 것과 어울리지 않으므로 정답은 ②가 된다.

| 어휘 | evaluate ⓥ 평가하다

genuineness ⓝ 진위

unanimously ⓐⓓ 만장일치로

work ⓝ 예술 작품(the art of work의 의미)

progeny ⓝ 자손, 아이들

charlatan ⓝ 사기꾼, 돌팔이

reject ⓥ 불합격되다, 거부되다

neophyte ⓝ 초심자, 초보자

fanatic ⓝ 광신도

---

07 Populist advertising is effective in the face of _____ competition. When Americans feel threatened from the _____ , they tend to circle the wagon and forget their class differences.

이화여대

① harsh – government

② foreign – outside

③ public – private

④ international – market

| 정답 | ②

| 해석 | 대중의 인기에 영합하는 광고는 외국과의 경쟁에 직면했을 때 효력을 발휘한다. 미국인들은 나라 밖으로부터 위협을 받고 있다는 생각이 들면 방위 태세를 갖추고 자국의 계급적 차이를 잊는 경향이 있다.

① 가혹한 – 정부

② 외국의 – 나라 밖

③ 공개적인 – 개인적인 것

④ 국제적인 – 시장

| 해설 | 우선 두 번째 빈칸을 보면, 미국인들이 계급적 차이를 잊으면서 한데 모여 단합하는 이유는 '나라 밖', 즉 외국과의 경쟁으로 인해 위협에 처해 있기 때문이다. 즉 외국의 적에 맞서 단결하는 것이다. 그리고 이에 따라 일반 대중을 대

상으로 애국심 강조 같은 대중의 인기에 영합하는 광고를 내놓게 되면, '외국'과의 경쟁에 효력을 발휘한다. 따라서 정답은 ②이다.

| 어휘 | **populist** ⓐ 일반 대중의, 대중의 인기에 영합하는

circle the wagons – 단단히 방어 태세를 굳히다, 포장마차로 원형진을 만들다

harsh ⓐ 가혹한, 냉혹한

---

08 Threats and _____ sometimes lead innocent people to confess, but even the calmest, most _____ interrogations can lead to a false confession or admission. 이화여대

① coercion – standardized   ② excursion – irregular

③ persuasion – disturbing   ④ denunciation – intermediating

| 정답 | ①

| 해석 | 위협과 강압은 때로는 순진한 사람들의 자백을 이끌어 내지만, 가장 차분하면서 표준화된 심문도 거짓 고백이나 시인을 유도할 수 있다.

① 강압 – 표준화된   ② 여행 – 고르지 못한

③ 설득 – 불안감을 주는   ④ 맹렬한 비난 – 중개하는

| 해설 | 첫 번째 빈칸의 경우, 문맥상 '위협'과 같은 의미일 것임을 유추할 수 있다. 때문에 위협을 받고 '강압'에 휘둘리게 되면 자연히 자백을 할 수밖에 없다는 의미에서 '강압'이 첫 번째 빈칸에 가장 적합하다. 두 번째 빈칸의 경우, 위협이나 강압 없이 차분하게 절차에 따라 '표준화된' 심문을 하더라도 제대로 된 심문 결과가 나오는 것이 아니라 잘못된 고백이나 시인을 하게 된다는 의미에서 '표준화된'이 가장 적합하다. 이러한 점들을 고려해 봤을 때 정답으로 가장 적합한 것은 ①이다.

| 어휘 | **interrogation** ⓝ 질문, 심문   **coercion** ⓝ 강압

standardized ⓐ 표준화된   **excursion** ⓝ 여행

irregular ⓐ 고르지 못한   **persuasion** ⓝ 설득

disturbing ⓐ 충격적인, 불안감을 주는   **denunciation** ⓝ 맹렬한 비난

intermediate ⓥ 중개하다, 중재하다

---

09 Wildlife managers and conservationists have gradually come to recognize that _____ methods of protecting the flock by regulating hunting are no longer sufficient, and in their dissatisfaction they are _____ a new approach. 숙명여대

① radical – incapable of   ② innovative – cognizant of

③ conventional – pressing for   ④ previous – regretted by

⑤ conservative – dubious of

| 정답 | ③

| 해석 | 야생 동물 관리자들과 보호론자들은 사냥을 규제하여 무리를 보호하는 기존의 방식이 더 이상 충분치 않다는 것을 점차 깨닫게 되었다. 이에 실망한 이들은 새로운 접근 방법을 요구하고 있다.

① 근본적인 – ~할 수 없는　　　　　　② 혁신적인 – 알고 있는

③ 기존의 – 요구하는　　　　　　　　④ 이전의 – 후회하는

⑤ 전통적인 – 반신반의하는

| 해설 | 동물을 보호하는 사람들이 '점차 that 이하의 사실을 깨닫게 되었다(have gradually come to recognize that ~)'는 사실을 주목해서 문제를 접근하도록 한다. that 이하의 내용을 보면 동물을 보호하고자 했던 '빈칸'의 방법들(methods)은 충분하지 못했고, 이 때문에 실망해서 새로운 접근법(a new approach)을 '빈칸'하고 있다는 내용이 된다. 내용상 앞의 방법들(methods)과 뒤의 접근법(approach)은 대조를 이루고 있으며, 따라서 앞의 빈칸은 새로운(new)의 대조가 되는 '이전(old)'에 해당하는 단어인 existing, previous, conventional, established 등의 단어가 올 수 있다. 따라서 정답은 ③과 ④로 좁힐 수 있다. 이전 방법에 대해 충분하지 않다고 생각한 사람들은 새로운 방법을 '후회하고' 있다기보다는 '요구하고' 있다고 보는 것이 타당하므로 정답은 ③이 된다. 참고로 새로운 접근법(a new approach)은 부정관사를 사용한 것으로 봐서 아직 마련되지 않은 앞으로 마련할 접근법이기 때문에 ④와 같이 후회한다거나 ⑤와 같이 이를 의심한다는 내용이 오는 것이 적절하지 않게 된다.

| 어휘 | **wildlife** ⓝ 야생 동물　　　　　　　　**gradually** @ 점차, 차차

come to – ~하게 되다　　　　　　　　**flock** ⓝ 무리

radical @ 근본적인, 극단적인, 급진적인　　**be incapable of** – ~을 할 수 없다

innovative @ 혁신적인　　　　　　　　**be cognizant o** – ~을 인식하고 있다, 알고 있다

conventional @ 전통적인, 기존의　　　　**press for** – ~을 재촉하다, 요구하다, 강요하다

conservative @ 전통적인, 보수적인, 조심스런, 신중한

dubious @ 의심을 품은, 반신반의하는

10　During cholera epidemic, most people thought it _____ to feed vegetative food to the more _____ members of the community especially children, who as a result suffered from malnutrition. 이화여대

① imprudent – susceptible　　　　　② considerate – impervious

③ expedient – brawny　　　　　　　④ lucrative – indigent

| 정답 | ①

| 해석 | 콜레라가 확산되는 동안 대부분의 사람들은 특히 아이들 같이 공동체 내에서 병에 더욱 감염되기 쉬운 구성원들에게 식물성 음식을 먹이는 것을 현명하지 못한 행위로 봤으며, 그 결과 그 구성원들은 영양실조로 고통받게 되었다.

① 현명하지 못한 – 감염되기 쉬운　　　② 사려 깊은 – 영향받지 않는

③ 편의주의적인 – 건장한　　　　　　　④ 수익성이 높은 – 궁핍한

| 해설 | 콜레라가 유행하는 동안에는 아이들에게 'to feed vegetative food(식물성 음식을 먹이는 것)'이 첫 번째 빈칸에 해당하는 행동으로 생각했는데, 결국 아이들이 'suffered from malnutrition(영양실조로 고통받게 되었다)'는 것은 아이들이 식물성 음식을 섭취하지 않아서 영양실조에 걸린 것으로 유추할 수 있다. 따라서 첫 번째 빈칸에 들어갈 만한 것은 식물성 음식을 먹이는 일을 좋게 보지 않았다는 의미의 단어가 들어가야 할 것이며, 보기 중에서 첫 번째 빈칸에 들어가기 가장 적절한 것은 ① imprudent(현명하지 못한)이다. 그리고 ① susceptible(감염되기 쉬운)을 두 번째 빈칸에 대입해 보면 the more susceptible members of the community는 '어린이'를 의미하고, 상식적으로 어린이가 어른보다는 병에 취약하기 때문에 다른 보기의 단어에 비해 본문의 흐름과 가장 잘 맞는 것임을 알 수 있다. 따라서 정답은 ①이다.

| 어휘 | epidemic ⓝ 확산, 전염병
malnutrition ⓝ 영양실조
susceptible ⓐ 민감한, 예민한, 감염되기 쉬운
impervious ⓐ ~에 영향 받지 않는
brawny ⓐ 건장한
indigent ⓝ 궁핍한

vegetative ⓐ 식물과 관련된, 식물인간 상태의
imprudent ⓐ 경솔한, 현명하지 못한
considerate ⓐ 사려 깊은
expedient ⓐ 편의주의적인
lucrative ⓐ 수익성이 높은

---

11 Our repeated failure to fully act as we would wish must not discourage us. It is the sincere intention that is the essential thing, and this will in time release us from the bondage of _____ which at present seem almost _____.

① temptations – impotent
② regulations – liberating
③ decisions – impulsive
④ habits – insuperable

| 정답 | ④

| 해석 | 우리는 원하는 대로 충분히 하고 싶었음에도 계속해서 (그렇게 못하고) 실패했다는 이유로 낙담해서는 안 된다. 본질은 바로 진지한 의도에 있다. 진지한 의도를 품고 있다면 때가 되면 지금은 거의 극복할 수 없는 선례의 속박으로부터 우리는 풀려날 것이다.

① 유혹 – 무능한
② 규제 – 해방시키는
③ 결정 – 충동적인
④ 선례 – 극복할 수 없는

| 해설 | 본문이 말하고자 하는 것은 'repeated failure to fully act as we would wish(반복해서 전적으로 하고 싶은 대로 행동하지 못한 것)' 때문에 낙담해서는 안 되고, 'sincere intention(진지한 의도)'를 품고 있다면 결국 'release us from the bondage(속박에서 풀려난다)'고 말하고 있다. 문제 해결을 위해 보기에 나온 것을 하나하나 대입해보면, '낙담하지 않고 진정한 의도를 품고 있다면, 지금 당장은 거의 극복할 수 없는 선례의 속박으로부터 벗어날 수 있다'는 의미의 ④가 가장 정답에 알맞다. 여기서 '선례의 속박'이라 함은 '계속해서 하고 싶은 대로 행동하지 못한 것이 선례로 남은 것'을 의미하며, 여기에 위축되지 않는다면 결국은 벗어날 수 있다는 것이 본문의 내용이다.

| 어휘 | sincere ⓐ 성실한, 참된, 진실의, 진지한
bondage ⓝ 속박
impotent ⓐ 무력한, 무기력한
impulsive ⓐ 충동적인, 감정에 끌린

in time – 때가 되면, 조만간, 장래에
temptation ⓝ 유혹
liberating ⓐ 자유롭게 만드는, 해방시키는
insuperable ⓐ 극복할 수 없는, 무적의

---

12 The deepest truth about the hippie lifestyle seems to be that the hippies are compulsive enjoyers. They totally _____ the idea of work, production, and achievement; for them, the right kind of life is the life of _____ — nothing more, nothing less. 한국외대

① acquiesce – industry
② resent – productivity
③ espouse – indolence
④ reject – enjoyment
⑤ redefine – faithfulness

| 해석 | 히피 라이프 스타일의 가장 깊숙한 곳에 숨겨진 진실은 히피들이 강박적인 쾌락주의자들이었다는 것이다. 히피들은 일, 생산, 달성이라는 생각을 완전히 거부했다. 히피들에게 있어, 올바른 종류의 삶은 더도 아니고 덜도 아닌 쾌락의 삶이었다.

① 동의하다 – 근면   ② 분노하다 – 생산성

③ 지지하다 – 나태   ④ 거부하다 – 쾌락

⑤ 재정의하다 – 충실함

| 해설 | 히피들이 'enjoyer(쾌락주의자)'라는 점을 유념하고 보기를 보면, 히피와 'the idea of work, production, and achievement(일, 생산, 달성이라는 생각)'과는 맞지 않았음을 유추할 수 있다. 따라서 첫 번째 빈칸에는 ① '동의하다'나 ③ '지지하다'가 첫 번째 빈칸에 들어갈 수 있을 것으로는 생각되지 않는다. 또한 히피는 '쾌락주의자'이기 때문에 그들에게 있어 'right kind of life(올바른 종류의 삶)'에 해당되는 두 번째 빈칸에는 ② '생산성'이나 ⑤ '충실함'이 들어갈 수 있을 것으로는 보기 힘들다. 따라서 소거법을 통해 마지막으로 남은 ④를 정답으로 볼 수 있으며, ④ '거부하다'와 '쾌락'을 빈칸에 대입한 것이 다른 것들을 대입한 경우보다 논리적으로나 문장의 흐름상 가장 어울린다.

| 어휘 | **compulsive** ⓐ 강제적인, 강박적인   **nothing more, nothing less** – 더도 아니고 덜도 아닌

acquiesce ⓥ 동의하다, 따르다   **industry** ⓝ 근면

resent ⓥ 분노하다   **espouse** ⓥ 지지하다, 신봉하다

indolence ⓝ 나태   **redefine** ⓥ 재정의하다

faithfulness ⓝ 충실함

---

13 The show makes no effort whatsoever to _____ the message, and there's no _____ to the audience's desire. You see what the director wants you to see, and much of it is very unpleasant.

① convey – resistance   ② sugarcoat – concession

③ unveil – opposition   ④ censor – aversion

| 해석 | 이번 극은 메시지를 보기 좋게 꾸미려는 노력을 전혀 기울이지 않고 있으며, 청중의 욕망에 대해 어떤 타협도 기울이지 않는다. 여러분은 감독이 여러분에게 보여 주고 싶어 하는 것을 보게 되지만 이 중 상당 부분은 매우 불편하다.

① 전달하다 – 저항   ② 보기 좋게 꾸미다 – 타협

③ 드러내다 – 반대   ④ 검열하다 – 혐오감

| 해설 | 우선 두 번째 문장은 첫 번째 문장의 내용을 보충하여 설명하고 있으며, 두 번째 문장에서 극이 감독이 원하는 메시지를 있는 그대로 보여 주는 불편한 극임을 알 수 있다. 때문에 극의 메시지를 '보기 좋게 꾸미는' 것과는 거리가 멀 것이며 당연히 관객이 원하는 것을 그대로 들려주는 '타협' 따위는 존재하지 않을 것으로 유추 가능하다. 따라서 정답은 ②이다.

| 어휘 | **sugarcoat** ⓥ 보기 좋게 꾸미다, 겉을 잘 꾸미다   **concession** ⓝ 양보, 타협

convey ⓥ 전달하다   **resistance** ⓝ 저항

unveil ⓥ 드러내다, 발표하다   **opposition** ⓝ 반대

censor ⓥ 검열하다   **aversion** ⓝ 아주 싫어함, 혐오감

14 Some radical antiglobalizationists, called "localists," believe that international trade and activity should be greatly _____ and that power should be returned to the national, regional, and local level. Most antiglobalizationists are more _____, however, and consider the localists' view parochial.

① immobilized – radical
② fostered – positive
③ curtailed – moderate
④ promoted – cautious

| 정답 | ③

| 해석 | 소위 '지역주의자'로 불리는 몇몇 과격한 세계화 반대주의자들은 세계 무역과 활동이 큰 폭으로 축소되어야 한다고 생각하며, 권한이 국가, 지방, 지역 수준으로 다시 돌아와야 한다고 믿는다. 하지만 대부분의 세계화 반대주의자들은 보다 중도적인 입장을 취하며, 이런 지역주의자들의 견해를 편협하다고 생각한다.
　　　　① 고정되는 – 급진적인　　　　② 조성되는 – 긍정적인
　　　　③ 축소되는 – 중도의, 온건한　　④ 향상되는 – 신중한

| 해설 | 이 지문은 세계화에 대해 극단적으로 반대하는 'some radical antiglobalizationists'의 견해와 이에 상반되는 'most antiglobalizationists'의 견해로 구성되어 있다. 극단적 세계화 반대주의자들은 '세계 무역이나 활동'에 반대하고 있으므로 첫 번째 빈칸에 이를 육성하고 발전시킨다는 의미의 ② fostered, ④ promoted 등의 단어는 올 수 없다. 그리고 후반부 빈칸은 radical에 반대되는 단어가 와야 하므로 ①은 정답이 될 수 없다.

| 어휘 | **radical** ⓐ 급진적인, 과격한, 근본적인, 철저한　　**antiglobalizationist** ⓝ 세계화 반대주의자
　　　　parochial ⓐ 편협한, 교구의, 지방적인　　**immobilize** ⓥ 움직이지 않게 하다, 고정하다
　　　　foster ⓥ 조성하다, 발전시키다　　**curtail** ⓥ 줄이다
　　　　moderate ⓐ 보통의, 중간의, 중도의, 온건한, 적당한
　　　　promote ⓥ 향상시키다, 승진시키다　　**cautious** ⓐ 신중한

---

15 _____ development ensures continuity of environmental and cultural treasures from the present to future generations. It is progress that meets the needs of the present without _____ the ability of future generations to meet their own needs. 가톨릭대

① Sustainable – compromising
② Multi-dimensional – impairing
③ Comprehensive – rehabilitating
④ Long-term – enhancing

| 정답 | ①

| 해석 | 지속 가능한 발전은 현재 세대에서 미래 세대로 환경 및 문화적으로 귀중한 것들이 지속되도록 보장하는 역할을 한다. 지속 가능한 발전은 우리 자신의 욕구 충족을 위해 미래 세대의 능력을 위태롭게 하는 일 없이 현재의 욕구를 충족하는 과정이다.
　　　　① 지속 가능한 – 위태롭게 하다　　② 다차원적인 – 악화시키다
　　　　③ 포괄적인 – 평판을 회복시키다　　④ 장기적인 – 향상시키다

| 해설 | 첫 번째 빈칸의 경우, 귀중한 것들이 지속되도록 보장한다는 점에서 '지속 가능한' 발전임을 유추할 수 있다. 두 번째 빈칸의 경우, 지속성을 보장하는 지속 가능한 발전의 의미를 고려해 보면, 미래 세대의 능력을 위태롭게 하는 것은 지속성에 악영향을 미치는 것이므로 있어서는 안 되는 일이다. without과 결합하여 지속성에 악영향을 미치지 않는

다는 의미의 단어가 무엇일지 생각해 보면 ①이나 ②가 적절하다. 이러한 점들을 고려했을 때 정답으로 가장 적절한 것은 ①이다.

| 어휘 |

sustainable ⓐ 지속 가능한 **continuity** ⓝ 지속성

compromise ⓥ ~을 위태롭게 하다 **multi-dimensional** ⓐ 다차원적인

impair ⓥ 손상시키다, 악화시키다 **comprehensive** ⓐ 포괄적인, 종합적인

rehabilitate ⓥ 재활[갱생] 치료를 하다, 명예[평판]을 회복시키다

enhance ⓥ 높이다, 향상시키다

---

16 History deserves to be studied out of curiosity if nothing else. The record of man's past offers a challenge for inquiry and understanding no less _____ than the mysteries of outer space and subatomic matter that absorb the attention of the pure _____, whether his investigation promises to yield practical results or not. It is a field of intellectual exploration and adventure, and these are fundamental human yearnings. 중앙대

① traditional – astronaut ② stimulating – scientist

③ hackneyed – physicist ④ curious – historian

| 정답 | ②

| 해석 | 역사는 호기심만으로도 연구할 만한 가치가 있다. 인류의 과거 기록은, 그 연구가 실용적인 성과를 약속하는 것이든 아니든, 순수 과학자의 관심을 사로잡는 우주와 소립자의 수수께끼 못지않게 흥미로운 탐구와 이해에 대한 도전을 제공한다. 역사는 지적 탐구와 모험의 영역이고, 이러한 것들은 인간의 근원적 동경의 대상이다.

① 전통적인 – 우주 비행사 ② 고무적인 – 과학자

③ 진부한 – 물리학자 ④ 특이한 – 역사학자

| 해설 | 「A is no less ~ than B」라는 구문은 A와 B를 서로 비교하는 비교 구문이다. 'B가 ~한 특성이 있는데 A 또한 ~한 특성이 B에 비해 결코 덜하지 않다'는 것으로, 쉽게 말해 'A와 B는 ~라는 속성이 서로 동일하다'는 것을 의미한다. 우주와 소립자를 연구한다고 했기 때문에 순수 과학임을 알 수 있어서, 비교 대상이 역사와 과학이란 것을 알 수 있다. 또한 역사와 과학에 대해 매우 긍정적 입장을 취하고 있기 때문에 첫 번째 빈칸에는 긍정적 의미의 형용사가 와야 하며, 이 형용사는 역사와 과학 모두에 적용될 수 있어야 한다. 두 번째 빈칸에는 우주와 소립자 연구를 모두 내포할 수 있는 과학자가 와야 하므로 정답은 ②가 된다.

| 어휘 |

deserve ⓥ ~할 만한 가치가 있다 **if nothing else** – 적어도, 최소한

A is no less ~ than B – A는 B보다 ~에 있어 결코 덜하지 않다, A는 B만큼 ~하다

yield ⓥ 산출하다 **field** ⓝ 분야

yearning ⓝ 갈망, 동경 **stimulating** ⓐ 자극이 되는, 흥미를 끄는, 고무적인

hackneyed ⓐ 낡은, 진부한

17   Self-publishing, the only real success story in an otherwise depressed industry, is _____, thanks to the Internet, digital cameras and more sophisticated digital printing. It's also gaining respect. No longer dismissed as vanity presses, DIY publishing is discovering a _____ market of customers seeking high-quality books for limited distribution.

       ① waning – mass   ② shrinking – global

       ③ booming – niche   ④ stagnating – luxury

| 정답 | ③

| 해석 | 침체기인 출판 업계에서 유일한 성공 신화라고 할 수 있는 자가 출판(self-publishing)이 인터넷과, 디지털 카메라, 그리고 보다 정교해진 디지털 인쇄 덕분에 활기를 띠고 있다. 동시에 사람들의 존경도 받고 있다. 더 이상 부정적인 의미의 자비 출판(vanity press)으로 치부되지 않는 자가 출판은 제한된 양만이 제작되지만 고품질의 도서들을 원하는 소비자들을 위한 틈새시장으로 성장하고 있다.

       ① 줄어들고 있다 – 대중   ② 줄어들고 있다 – 세계

       ③ 활기를 띠고 있다 – 틈새   ④ 정체되어 있다 – 사치

| 해설 | 자가 출판(self-publishing)에 대한 지문이다. 자가 출판을 'real success story' 혹은 'gaining respect' 등으로 묘사하고 있으며, 'No longer dismissed as vanit presses'라고 지칭한 대목을 통해 매우 긍정적으로 보고 있다는 것을 알 수 있다. 따라서 자가 출판을 지칭하는 DIY 출판이 줄어들거나 침체되고 있다는 식의 부정적인 서술이 적합하지 않다. 또한 후반의 'customers seeking high-quality books for limited distribution' 부분을 통해 특정 고객들을 위한 틈새시장(niche market)을 의미하고 있으므로 정답은 ③이 된다.

| 어휘 | **self-publishing** ⓝ 자가 출판, 독립 출판   **otherwise** ⓐⓓ 그렇지 않았더라면

       depressed ⓐ 우울한   **sophisticated** ⓐ 복잡한, 정교한

       dismiss ⓥ 무시하다, 일축하다, 해고하다, 해산시키다

       vanity ⓝ 허영심, 자만심   **vanity press** – 자비 출판 전문 출판사

       limited distribution – 제한적인 배포, 제한적인 유통

       wane ⓥ 줄어들다, 쇠약해지다   **shrink** ⓥ 줄어들다

       boom ⓥ 붐을 일으키다, 활기를 띠다   **niche market** – 틈새시장

       stagnate ⓥ 정체되다, 지체되다   **luxury** ⓝ 사치

---

18   Many car rental companies in Germany will not rent vehicles to customers under the age of 25, claiming that these drivers have higher than average rates of fatal accidents, rendering the risk of loss too great. This argument, however, is _____, senior citizens also have higher than average rates of accidents, and yet their rental privileges are not _____. 중앙대

       ① spunky – stymied   ② spurious – restricted

       ③ pedantic – adulterated   ④ lackadaisical – endorsed

| 정답 | ②

| 해석 | 독일의 많은 렌터카 업체는 25세 이하의 고객에게는 차를 렌트해 주지 않는데, 업체의 주장은 25세 이하의 운전가

가 사망 사건을 일으키는 비율이 평균보다 높아서 손실을 입을 가능성이 너무 크다는 것이다. 하지만 이러한 주장은 거짓이며, 그 이유는 노인들의 사고율이 평균보다 높기 때문이다. 하지만 노인이 차를 렌트할 수 있는 특권에는 제한이 없다.

① 용감한 – 좌절한　　　　　　　　　　② 거짓인 – 제한된
③ 현학적인 – 불순물이 섞인　　　　　　④ 태만한 – 지지한

| 해설 | 첫 번째 빈칸의 경우 문맥상 this argument는 앞 문장에서 claiming 이하 that절을 의미한다. that절의 내용은 '25세 이하 젊은이들은 사고 위험이 높으므로 렌터카 업체에서 차를 렌트해 주지 않는다.'이다. however 때문에 빈칸 문장과 앞 문장과의 관계는 역접을 이루며, 따라서 빈칸에는 the argument가 '잘못'임을 의미하는 단어가 와야 한다. 따라서 spurious가 정답으로 적합하다. 두 번째 빈칸을 보면, 젊은이뿐만 아니라 '노인들의 사고율이 평균보다 높다(senior citizens also have higher than average rates of accidents)'에서 젊은이에게 가해진 잣대를 노인에게도 적용한다면 노인 역시 렌터카 이용에 제한이 있어야 한다. 문제는 바로 뒤에 '하지만(and yet)'이라는 역접의 표현이 등장한다는 점이다. 즉 노인은 이용의 제한을 받지 않는다. 따라서 빈칸에 적합한 것은 빈칸 앞에 not이 있으므로 restricted이다. 이 모든 사항을 종합해 봤을 때 정답은 ②이다.

| 어휘 | **car rental** – 렌터카　　　　　　　**rent** ⓥ (사용료를 내고 단기간) 빌리다
render ⓥ (어떤 상태가 되게) 만들다　　**spunky** ⓐ 용감한, 투지에 찬
stymie ⓥ 방해하다, 좌절시키다　　　**spurious** ⓐ 거짓인, 겉으로만 그럴싸한
restricted ⓐ 제한된, 한정된　　　　**pedantic** ⓐ 현학적인, 지나치게 규칙을 따지는
adulterate ⓥ 불순물을 섞다　　　　**lackadaisical** ⓐ 부주의한, 태만한
endorse ⓥ 지지하다

19　The usual clues that identify a person don't apply to globally nomadic children. Language, place, family, and community shift for these children with each geographic move. Self-image is _____; they refuse or are unable to conform to standard definitions of who they are. They are _____, bits and pieces added with each relocation, each new cultural influence.

① symbolic – foreigners　　　　　　② fixed – collages
③ flexible – illegals　　　　　　　　④ slippery – composites

| 정답 | ④

| 해석 | 사람의 신원 확인을 위해 일반적으로 쓰이는 단서는 전 세계를 무대로 유랑하는 아이들에게는 적용되지 않는다. 이 아이들은 지리적으로 이동할 때마다 언어와, 장소와, 가족과, 소속 공동체가 변화한다. 이 아이들은 스스로에 대한 표준적 정의를 따르기를 거부하거나 따를 수 없기 때문에 자신에 대한 이미지를 파악하기 힘들다. 이 아이들은 장소를 옮길 때마다 새로운 문화적 영향을 받으며 이런저런 것들에 영향을 받은 혼합체이다.

① 상징적인 – 외국인　　　　　　　　② 고정된 – 콜라주
③ 유연한 – 불법 체류자　　　　　　　④ 파악하기 힘든 – 혼합체

| 해설 | 첫 번째 빈칸의 경우, 유랑하는 아이들은 '스스로에 대한 표준적 정의를 따르기를 거부하거나 따를 수 없다(refuse or are unable to conform to standard definitions of who they are)'. 때문에 이 아이들 자신의 이미지는 '파악하기 힘들다(slippery)'. 두 번째 빈칸의 경우, 또한 이 아이들은 '장소를 옮길 때마다 새로운 문화적 영향을 받으며 이런저런 것들에 영향을 받은(bits and pieces added with each relocation, each new cultural influence)' 아이들이다. 즉 여러 가지 요소가 혼합되어 구성된 '혼합체(composite)'이다. 이 모든 사항을 종합해

봤을 때 정답은 ④이다.

| 어휘 | **nomadic** ⓐ 유랑하는, 방랑하는   **self-image** ⓝ 자아상, 자신에 대한 이미지

conform to – ~에 따르다, ~을 준수하다   **bits and pieces** – 잡동사니들, 이런저런 것들

relocation ⓝ 재배치, 이전   **collage** ⓝ 콜라주, (이런저런 것들의) 모음

illegal ⓝ 불법 체류자   **slippery** ⓐ 불안정한, 파악하기 힘든

composite ⓝ 합성물, 혼합체

20 Evolutionary scientists propose that our invidious impulses may help explain why humans are comparatively less _____ than many primate species, more prone to a rough _____ and to rebelling against kings and tycoons who hog more than their fair share.

① cooperative – altruism   ② heinous – totalitarianism

③ hierarchical – egalitarianism   ④ empathetic – authoritarianism

| 정답 | ③

| 해석 | 진화 과학자들의 주장에 따르면, 부당하다는 기분(invidious impulses)은 왜 인간이 많은 영장류들보다 덜 위계적인지, 전반적 평등주의를 원하고, 정당한 몫 이상을 독차지하는 왕과 부자들에 반발하는 경향이 있는지를 설명해 준다.

① 협력적인 – 이타주의   ② 극악무도한 – 전체주의

③ 위계적인 – 평등주의   ④ 공감의 – 권위주의

| 해설 | '부당함에 반발하고 평등을 원하는 인간의 본성'이 지문의 주제이다. 빈칸은 'less ~, more ~'의 비교를 통한 대조 구조를 이용해서 완성한다. 먼저 두 번째 빈칸을 and 이하의 '부당함에 대한 반발(rebelling against kings ~ share)'과 같은 의미인 '평등주의(egalitarianism)'로 채운다. 첫 번째 빈칸에는 '평등주의'와 대비되는 'hierarchical(위계적인)'이 적절하다.

| 어휘 | **propose** ⓥ 제안하다   **invidious** ⓐ 부당한, 불쾌한

impulse ⓝ 기분, 충동   **comparatively** ⓐⓓ 상대적으로

primate species – 영장류   **be prone to** – ~하기 쉬운[경향이 있는]

rebel ⓥ 반항하다   **tycoon** ⓝ 거물, 거부

hog ⓥ 독차지하다   **fair** ⓐ 정당한

share ⓝ 몫, 주식   **altruism** ⓝ 이타주의

heinous ⓐ 악랄한, 극악무도한   **totalitarianism** ⓝ 전체주의

hierarchical ⓐ 위계적인   **egalitarianism** ⓝ 평등주의

empathetic ⓐ 공감의   **authoritarianism** ⓝ 권위주의

21 Successful people are willing to engage in _____ in the cause of something marvelous. The greater part of 'genius' is the years of effort invested to solve a problem or find the perfect expression of an idea. With hard work you acquire knowledge about yourself that _____ never reveals.

① opulence – conceit   ② slog – perseverance

③ drudgery – idleness   ④ subterfuge – diligence

| 정답 | ③

| 정답 | ③

| 해석 | 성공적인 사람은 뭔가 훌륭한 일을 달성하고자 힘들고 단조로운 일에 기꺼이 종사한다. '천재성'의 상당 부분은 문제를 해결하거나 사상을 완벽하게 표현할 수 있는 것을 찾아 여러 해를 투자하여 노력하는 데 있다. 열심히 노력하면 여러분은 자신에 관해 결코 나태함이 드러나지 않는 지식을 얻게 된다.

① 부유 – 자만심　　　　　　　　② 고투 – 인내

③ 힘들고 단조로운 일 – 나태　　　④ 속임수 – 근면

| 해설 | 우선 두 번째 문장을 보면 천재성에 있어 무엇보다 중요한 것은 수년 동안 지치지 않고 끈기 있게 노력하는 것임을 알 수 있다. 따라서 첫 번째 빈칸에는, 끈기 있게 노력한다는 의미에서 '힘들고 단조로운 일'을 기꺼이 맡는 것으로 봐야 할 것이다. 그리고 이렇게 노력한 끝에 얻게 되는 지식으로부터 '나태'한 모습은 전혀 드러나지 않을 것이다. 따라서 정답은 ③이 된다.

| 어휘 | **in the cause of** – ~을 위해　　　　**marvelous** ⓐ 놀라운, 훌륭한

reveal ⓥ 드러내 보이다, 밝히다　　　**opulence** ⓝ 부유, 풍부

conceit ⓝ 자만심　　　　　　　　　**slog** ⓝ 고투(의 시간)

perseverance ⓝ 인내　　　　　　　**drudgery** ⓝ 힘들고 단조로운 일

idleness ⓝ 게으름, 나태　　　　　　**subterfuge** ⓝ 속임수

diligence ⓝ 근면

22　Were the FCC to relax its rule banning the use of mobile phones once an aircraft leaves the ground, there would be fist-fights aplenty above the clouds. _____ for those who value at least peace and quiet when crammed in an airline seat, the FCC is in no hurry to relax its ban. _____, regulators are finally thinking of permitting the use, during take-off and landing, of other sorts of electronic equipment currently forbidden, except when the plane is in level flight. 서강대

① Fortunately – However　　　　　② Although – Therefore

③ Thus – Moreover　　　　　　　　④ Unfortunately – Nevertheless

| 정답 | ①

| 해석 | 만일 연방 통신 위원회에서 항공기가 이륙하고 나서는 휴대폰의 사용을 금지하는 규정을 완화한다면, 구름 위에서 주먹다짐이 많이 벌어질 것이다. 비좁은 항공기 좌석에 밀어 넣어져 최소한의 평화와 고요함을 누리려는 사람들에겐 다행스럽게도 연방 통신 위원회에서는 금지 규칙을 완화할 생각은 없다. 하지만 규제 당국에서는 현재는 항공기가 수평 비행 중일 때를 제외하고 사용이 금지된 다른 종류의 전자기기를 이착륙 시에 사용하도록 허가할지 여부를 마침내 고려하고 있다.

① 다행스럽게도 – 그러나　　　　　② 비록 – 그러므로

③ 따라서 – 게다가　　　　　　　　④ 유감스럽게도 – 그럼에도 불구하고

| 해설 | 첫 번째 빈칸 앞에서는 FCC가 휴대폰 이용 규정을 완화할 수 있다는 언급이 나왔지만, 빈칸 뒤에서는 '완화할 생각이 없다(in no hurry to relax its ban)'고 나와 있다. 이는 '비좁은 항공기 좌석에 밀어 넣어져 최소한의 평화와 고요함을 누리려는 사람들(those who value at least peace and quiet when crammed in an airline seat)' 즉 옆에서 다른 사람이 전화 통화하는 것을 결코 반기지 않을 사람들에겐 '다행스러운(fortunately)' 일이다. 두 번째 빈칸 앞에서는 지금으로서는 완화할 생각이 없다고 나와 있지만, 뒤에서는 완화 여부를 '고려하고 있다(thinking of permitting)'고 나와 있다. 즉 빈칸을 기점으로 앞과 뒤의 내용이 상반된다. 따라서 however가 정답으로 가장 적절

하다. 이 모든 사항을 종합해 봤을 때 정답은 ①이다.

| 어휘 | **FCC** – 연방 통신 위원회(Federal Communications Commission)

ban ⓥ 금지하다

aplenty ⓐ 많은

in no hurry – ~하고 싶지 않다

level flight – 수평 비행

fist-fight ⓝ 주먹다짐

cram A in B – A를 (B 같은) 좁은 공간에 억지로 밀어 넣다

regulator ⓝ 규제[단속] 기관[담당자]

fortunately ⓐⓓ 다행히도

---

23 While some in the field of psychology reiterate that intelligence is a purely genetic trait, the current research on the nature versus nurture debate is by no means _____. Studies on race, environment, and other factors have shown that heredity and the environment one grows up in affect intelligence. One's intelligence can be _____ by a strongly enriching environment, or neglected by an extremely impoverished one. 중앙대

① incontrovertible – cultivated

② irreconcilable – devalued

③ indeterminate – hackneyed

④ incipient – germinated

| 정답 | ①

| 해석 | 심리학계의 일부는 지능이 순전히 유전적 특성이라고 계속해서 강조하지만, 현재로서는 지능이 본성의 결과인가 양육의 결과인가에 대한 연구는 절대로 반박의 여지없이 명백하지만은 않다. 인종, 환경 및 기타 다른 요소에 대한 연구에 따르면 어떤 사람의 유전 및 그 사람이 자라난 환경이 지능에 영향을 준다. 사람의 지능은 매우 비옥한 환경하에서는 계발이 될 수 있으나 극도로 빈곤한 환경하에서는 방치될 수 있다.

① 반박의 여지가 없는 – 계발된

② 양립할 수 없는 – 평가가 절하된

③ 정확히 가늠할 수 없는 – 진부한

④ 막 시작된 – 시작된

| 해설 | While 때문에 '심리학계의 일부는 지능이 순전히 유전적 특성이라고 계속해서 강조한다(some in the field of psychology reiterate that intelligence is a purely genetic trait)'와 '현재로서는 지능이 본성의 결과인가 양육의 결과인가에 대한 연구는 절대로 '빈칸'이다(the current research on the nature versus nurture debate is no means ___)'가 서로 상반되는 의미를 지님을 알 수 있다. 즉 지능이 유전 때문이라고 '확신하는' 쪽이 있긴 하지만, 아직은 유전 때문인지 양육 때문인지는 '결론이 나지 않았다'는 내용이다. 따라서 빈칸에 적합한 것은 '아직 결론이 나지 않았다'는 의미에서 no means랑 결합하면 '명백하지 않다'는 뜻을 지닌 'incontrovertible(반박의 여지가 없는)'이다. 마지막 문장은 서로 대칭을 이루고 있다. '매우 비옥한 환경(a strongly enriching environment)'과 '극도로 빈곤한 환경(an extremely impoverished one)'은 서로 반대의 의미를 가지므로 '빈칸'과 '방치된(neglected)' 역시 반대되는 의미를 갖는다. 따라서 빈칸에 적합한 것은 '계발된(cultivated)'이다. 이 모든 사항을 종합해 봤을 때 정답은 ①이다.

| 어휘 | **reiterate** ⓥ (이미 한 말을, 특히 강조하기 위해) 반복하다[되풀이하다]

trait ⓝ 특성

enrich ⓥ 풍요롭게 하다, 비옥하게 하다

cultivate ⓥ 연마하다, 계발하다

devalued ⓐ 평가가 절하된

hackneyed ⓐ 진부한

germinate ⓥ 싹트다, 시작되다

heredity ⓝ 유전(적 특징)

incontrovertible ⓐ 이론[반박]의 여지가 없는

irreconcilable ⓐ 양립할 수 없는

indeterminate ⓐ 정확히 가늠할 수 없는

incipient ⓐ 막 시작된

24 Altruism is thought by some to be a purely human trait, developed during our evolution as a tribal species. However, studies of other animals ＿＿＿＿＿＿ this notion. Chimps will adopt orphaned infants, and many species of birds will warn others, at the risk of exposing themselves, when a predator approaches the flock. These displays of animal altruism ＿＿＿＿＿＿ that animals other than humans also evolved to exhibit this trait. 중앙대

① belie – intimate ② confirm – rescind

③ uphold – retort ④ disbelieve – assuage

| 정답 | ①

| 해석 | 어떤 사람들은 이타주의를 우리 인간이 부족을 이루는 종으로 진화하는 과정에서 발달된 순전히 인간만의 특성으로 생각한다. 하지만 다른 동물에 대한 연구를 통해 이러한 생각이 거짓임이 나타났다. 침팬지는 고아가 된 새끼를 입양해 돌봐 주며, 새의 경우 포식자가 무리에 접근하면 자신이 노출될 위험을 무릅쓰고 다른 새에게 경고한다. 이처럼 동물이 이타주의를 드러내는 모습은 인간 외 동물도 이타주의적 특성을 보일 수 있도록 진화되었음을 시사한다.

① 거짓임을 보여 주다 – 시사하다 ② 확인해 주다 – 폐지시키다, 철회하다

③ 유지시키다 – 반박하다 ④ 믿지 않다 – 누그러뜨리다

| 해설 | 첫 번째 빈칸이 들어간 문장에 However가 있으므로 첫 문장과 빈칸이 들어간 문장이 서로 반대되는 의미임을 알 수 있다. 첫 문장에서 이타주의를 '순전히 인간만의 특성(purely human trait)'으로 보고 있으므로 빈칸이 들어간 문장은 인간만의 특성은 '아니다'라는 뜻이 나와야 한다. 따라서 정답은 '아니다'라는 의미와 가까운 '거짓임을 보여 주다(belie)'이다. '이처럼 동물이 이타주의를 드러내는 모습(These displays of animal altruism)'은 문맥상 that 절인 '인간 외 동물도 이타주의적 특성을 보일 수 있도록 진화되었다(animals other than humans also evolved to exhibit this trait)'를 뒷받침한다. 따라서 두 번째 빈칸에 적합한 동사는 that 절의 내용을 '시사한다'는 의미의 intimate이다. 이 모든 사항을 종합해 봤을 때 정답은 ①이다.

| 어휘 |

altruism ⓝ 이타주의, 이타심	trait ⓝ 특성
tribal ⓐ 부족의, 종족의	orphaned ⓐ 고아가 된
infant ⓝ 유아, 갓난아기	flock ⓝ 떼, 무리
display ⓝ 표현, 드러냄	exhibit ⓥ 보이다, 드러내다
belie ⓥ 거짓임을 보여 주다	intimate ⓥ 시사하다, 넌지시 알리다
confirm ⓥ 확인해 주다, 사실임을 보여 주다	rescind ⓥ 폐지시키다, 철회하다
uphold ⓥ 유지시키다, 옹호하다	retort ⓥ 반박하다, 항변하다
disbelieve ⓥ 믿지 않다	assuage ⓥ 누그러뜨리다, 달래다

25 Malthus has become widely known for his theories about population and its increase or decrease in response to various factors. The six editions of his *An Essay on the Principle of Population* observed that sooner or later population would be checked by famine and disease. He _____ the view in the Europe that saw society as improving and in principle as perfectible. Malthus argued that the power of population would be indefinitely greater than the power in the earth to produce _____ for man. In essence, Malthus feared that continued population growth would lend itself to poverty. 중앙대

① reckoned with – dole

② called off – extravagance

③ argued against – offspring

④ took issue with – subsistence

| 정답 | ④

| 해석 | 맬서스는 인구 및 다양한 요소로 인한 인구의 감소 또는 증가에 관한 자신의 이론을 통해 널리 알려졌다. '맬서스의 인구론(An Essay on the Principle of Population)' 6판에서는 조만간 기근과 질병으로 인해 인구 성장이 억제될 것이라고 관측했다. 그는 사회는 발전 중이며 원칙적으로는 완벽하게 발전할 수 있다고 보는 유럽의 시각에 이의를 제기했다. 맬서스는 인구의 힘이 지구가 인류의 생존에 필요한 것을 생산할 수 있을 힘보다 무한정 더 클 것이라고 주장했다. 본질적으로 멜서스는 지속되는 인구 성장은 가난을 야기할 것이라고 두려워했던 것이다.

    ① ~을 처리하다 – 슬픔   ② ~을 취소하다 – 사치

    ③ ~에 반대하다 – 자식   ④ ~에 이의를 제기하다 – 생존 수단

| 해설 | 두 번째 빈칸의 경우 맬서스의 주장에 따르면 '지속되는 인구 성장은 가난을 야기한다(continued population growth would lend itself to poverty).' 즉 지구는 계속 증가하는 인구를 먹여 살릴 만큼의 자원 또는 '생존에 필요한 것(subsistence)'을 생산할 능력이 안 된다는 의미이다. 따라서 두 번째 빈칸에는 subsistence가 적절하다. 첫 번째 빈칸을 보면, 결국 맬서스의 비관적인 시각은 '사회는 발전 중이며 원칙적으로는 완벽하게 발전할 수 있다고 보는(saw society as improving and in principle as perfectible)' 시각에 '이의를 제기한(took issue with)' 것이다. 이 모든 사항을 종합해 봤을 때 정답은 ④이다.

| 어휘 |

sooner or later – 조만간	check ⓥ 억제하다
famine ⓝ 기근	perfectible ⓐ 완전하게 될 수 있는
in essence – 본질적으로	lend itself to – ~에 적합하다, ~에 유용하다
offspring ⓝ 자식, 새끼	extravagance ⓝ 낭비, 사치
reckon with – ~을 처리하다, ~을 무시할 수 없는 존재로 여기다	
dole ⓝ 슬픔, 비탄	call off – ~을 취소하다
extravagance ⓝ 낭비, 사치	argue against – ~에 반대하다
take issue with – ~에 이의를 제기하다	subsistence ⓝ 생존 수단, 생존

26 In the _____ construction of race, people belonging to a given race are said to share distinctive gene characteristics that produce specific physical traits. Scientifically, the idea of a pure race is _____ because the world's gene pools are mixed to the point where only general groupings can be distinguished. 한국외대

① biological – mistaken

② intellectual – inspirational

③ ethnic – constructive

④ ecological – marvelous

⑤ geographical – ridiculous

| 정답 | ①

| 해석 | 인종의 생물학적 구성을 보면, 어느 주어진 인종에 속한 사람은 특정한 육체적 특성을 나타내는 특유의 유전적 특징을 공유하는 것으로 알려져 있다. 과학적으로는 순수한 인종이라는 생각은 잘못된 착각일 뿐이며 그 이유는 세계의 유전자 풀은 단지 대강의 그룹으로 나눠야 서로 구별이 가능할 정도로 섞여 있기 때문이다.

① 생물학적 – 착각한

② 지적 – 영감을 불러일으키는

③ 윤리적 – 건설적인

④ 생태학의 – 놀라운

⑤ 지리학의 – 터무니없는

| 해설 | construction of race(인종의 구성), gene characteristics(유전적 특징), specific physical traits(육체적 특성) 등의 핵심어를 고려해 보면, 본문이 인종의 intellectual(지적), ethnic(윤리적), geographical(지리학적) 특성을 말하는 글은 아님을 알 수 있으므로 ②, ③, ⑤ 모두 정답으로 볼 수 없다. 또한 'pure race(순수한 인종)'이라는 핵심어와 'mixed to the point where only general groupings can be distinguished(큰 범주로 나눠야 서로 구분이 가능하지만 그렇지 않으면 구분이 안 될 정도로 섞여 있음)'이라고 나온 점을 고려해 보면, '인종은 서로 구분되지 않고 많이 섞여 있으므로 순수한 인종은 착각이다'라는 것이 후반부 문장의 핵심임을 유추할 수 있으므로, 두 번째 빈칸에는 ① 아니면 ⑤가 들어가야 한다. ⑤는 답이 될 수 없음이 첫 번째 빈칸을 유추할 때 이미 드러나 있으므로 결국 모든 것을 고려해 봤을 때 정답은 ①이 된다.

| 어휘 |
construction ⓝ 구성	belong to – ~에 속하다
given ⓐ 주어진	distinctive ⓐ 특유의
specific ⓐ 특정한	trait ⓝ 특성
gene pool – 유전자 풀	to the point – ~한 정도까지
grouping ⓝ 그룹으로 나누기, 조	distinguish ⓥ 구별하다
biological ⓐ 생물학적인	mistaken ⓐ 착각하는
intellectual ⓐ 지적인	inspirational ⓐ 영감을 불러일으키는
ethnic ⓐ 윤리적인	constructive ⓐ 건설적인
ecological ⓐ 생태학의	marvelous ⓐ 놀라운
geographical ⓐ 지리학의	ridiculous ⓐ 터무니없는

27 Researchers conducting tests in the harsh environment of Mono Lake in California have discovered the first known microorganism on Earth able to thrive and reproduce using the toxic chemical arsenic. The microorganism _____ arsenic for phosphorus in its cell components. This finding of an alternative biochemical makeup will _____ biology textbooks and expand the scope of search for life beyond Earth. 한양대

① produces – rewrite

② produces – strengthen

③ substitutes – obliterate

④ substitutes – alter

| 정답 | ④

| 해석 | 캘리포니아주 Mono 호수의 가혹한 환경에서 실험을 수행하는 연구진들은 독성 화학물질인 비소를 사용해 번성하고 번식할 수 있는 미생물을 지구상에서 최초로 발견했다. 이 미생물은 세포 구성에서 비소가 인을 대체하고 있다. 이러한 기존과는 다른 생화학적 구성의 발견은 생물학 교과서를 바꾸고 지구 밖의 생명체 탐사의 범위를 넓힐 것이다.

    ① 생산하다 – 다시 쓰다

    ② 생산하다 – 강화하다

    ③ 대체하다 – 없애다

    ④ 대체하다 – 바꾸다

| 해설 | 첫 번째 빈칸에 들어갈 단어는 produce 아니면 substitute 둘 중의 하나인데, 'A가 B를 대체하다'는 의미로 「substitute A(비소) for B(인)」을 사용하면 '비소가 인을 대체한다'는 의미가 되어 본문의 내용과 일치한다. 따라서 여기에 들어갈 단어는 substitute이다. 기존의 생명체와 다른 생물학적 구성의 생명체의 발견은 당연히 교과서를 '바꿀 만한' 발견이 된다. 따라서 두 번째 빈칸에 들어갈 것은 alter이다.

| 어휘 | **microorganism** ⓝ 미생물   **arsenic** ⓝ 비소

       phosphorous ⓝ 인   **alternative** ⓐ 기존과는 다른, 대체의

       makeup ⓝ 구성   **substitute A for B** – A가 B를 대체하다

       obliterate ⓥ 없애다   **alter** ⓥ 바꾸다

28 Though the issue of unemployment _____ considerable impact upon British politics, it does not appear that Britain's political parties came up with a _____ solution to the problem. 이화여대

① attempted – spurious   ② strived – tenacious

③ extolled – perfect   ④ exerted – meaningful

⑤ endeavored – resentful

| 정답 | ④

| 해석 | 비록 실업 문제가 영국 정치에 상당한 충격을 가했지만, 영국의 여러 정당이 실업 문제에 대한 의미 있는 해결책을 내놓은 것으로 보이지는 않는다.

    ① 시도하다 – 겉으로만 그럴싸한   ② 분투하다 – 완강한

③ 극찬하다 – 완벽한   ④ 가하다 – 의미 있는

⑤ 노력하다 – 분개하는

| 해설 | 첫 번째 빈칸: 빈칸에 들어갈 단어는 동사이며 목적어 impact와 결합한다. impact는 '충격'이란 의미를 가지며, '영국 경제에 충격을 안겨 주다'라는 의미에서 빈칸에는 exerted가 적합하다.

두 번째 빈칸: 빈칸이 들어간 문장은 대략적으로 '비록 충격을 가했지만 문제에 대해 '제대로 된' 또는 '의미 있는' 대처가 이루어지지 않고 있다로 볼 수 있다.

이러한 점들을 감안하면 정답은 ④가 됨을 알 수 있다.

| 어휘 | **considerable** ⓐ 상당한, 많은   **come up with** – (해답·돈 등을) 찾아내다[내놓다]

meaningful ⓐ 의미 있는, 중요한   **spurious** ⓐ 거짓된, 겉으로만 그럴싸한

strive ⓥ 분투하다   **tenacious** ⓐ 집요한, 완강한

extol ⓥ 극찬하다, 격찬하다   **exert** ⓥ (권력·영향력을) 가하다[행사하다]

endeavor ⓥ 노력하다, 애쓰다   **resentful** ⓐ 분개하는, 억울해하는

---

29   Perhaps nowhere is the risk of overreacting to murky results greater than in the field of _____ testing. This year two groups of researchers announced that they had each sequenced a fetus' DNA from cells gathered from the mother's blood, leading to concerns that in the not-too-distant future, women might _____ a pregnancy if they learn their unborn baby has an increased risk for cancer. 경희대

① prenatal – abort   ② genetic – adopt

③ hygienic – embrace   ④ diabetic – miscarry

| 정답 | ①

| 해석 | 어쩌면 산전 검사 분야만큼 불확실한 결과에 대해 과민 반응을 보일 위험성이 더 큰 분야는 없을 것이다. 올해 두 곳의 연구진은 각기 산모의 피에서 수집한 세포로부터 태아의 DNA 배열 순서를 밝혀냈다고 선언했고, 이는 그리 멀지 않은 미래에 여성은 만일 아직 태어나지 않은 아이가 암에 걸릴 위험성이 다른 사람에 비해 크다는 사실을 알고서 아이를 낙태할 수도 있겠다는 우려로 이어진다.

① 산전의 – 낙태하다   ② 유전의 – 입양하다

③ 위생적인 – 받아들이다   ④ 당뇨병의 – 유산하다

| 해설 | 태아의 DNA(fetus' DNA), 산모(mother), 임신(pregnancy), 아직 태어나지 않은 아이(unborn baby) 등의 용어를 통해 첫 번째 빈칸이 가리키는 검사 분야는 '산전' 검사이거나 '유전' 검사인 것으로 유추할 수 있다. 그리고 검사 결과 아직 태어나지 않은 아이를 대상으로 검사를 한 결과 태어나서 암에 걸릴 위험성이 높다고 나왔다면 산모는 아이를 '낙태한다'는 선택을 할 수도 있다. 이러한 점들을 감안했을 때 정답으로 가장 적합한 것은 ①이다.

| 어휘 | **overreacting** ⓝ 과잉[과민] 반응   **murky** ⓐ 어두컴컴한, 음침한; 애매한, 불확실한

sequence ⓥ 차례로 배열하다, 유전자 배열 순서를 밝히다

pregnancy ⓝ 임신   **unborn** ⓐ 아직 태어나지 않은

prenatal ⓐ 태어나기 전의, 산전의   **abort** ⓥ 낙태시키다

genetic ⓐ 유전의   **adopt** ⓥ 입양하다

hygienic ⓐ 위생적인   **embrace** ⓥ 받아들이다, 포용하다

diabetic ⓐ 당뇨병의   **miscarry** ⓥ 유산하다

30 Our culture's indifference to the past easily _____ into rejection. Far from regarding it as a useless _____, however, I see the past as a political and psychological treasury from which we draw what is needed to cope with the future. 이화여대

① retreats – figment

② disappears – fraction

③ escalates – conundrum

④ deteriorates – encumbrance

⑤ flows – trove

| 정답 | ④

| 해석 | 우리 문화가 가지고 있는 과거에 대한 무관심은 쉽게 (과거에 대한) 거부로 악화될 수 있다. 하지만 나는 결코 과거를 쓸모없는 부담으로 여기지 않는다. 오히려 나는 과거를 미래를 해결하기 위해 필요한 것을 도출해 낼 수 있는 정치적·심리적 보물로 여긴다.

① 퇴각하다 – 허구, 꾸며 낸 것

② 사라지다 – 부분, 일부

③ 확대되다 – 어려운 문제

④ 악화되다 – 지장, 부담, 짐

⑤ 흘러가다 – 귀중한 수집품, 귀중한 발견

| 해설 | 첫 번째 빈칸의 경우 '무관심(indifference)'이 심해지면 '거부, 거절(rejection)'이 된다. 두 번째 빈칸의 경우 부정을 뜻하는 'far from'으로 인해, 빈칸 앞뒤 내용이 대조를 이루어야 한다. 따라서 두 번째 빈칸은 treasury(보물)와 반대되면서 바로 앞 useless의 수식을 받을 수 있는 부정적 명사가 와야 하므로 정답은 ④가 된다.

| 어휘 |

indifference ⓝ 냉담, 무관심	**rejection** ⓝ 거절
be far from – 결코 ~가 아닌, ~와는 거리가 먼	**treasury** ⓝ 금고[보고]; 재무부
draw ⓥ (결론·정보를) 끌어내다, 얻다	**cope with** – 대처하다
retreat ⓥ 퇴각하다, 물러나다	**figment** ⓝ 허구, 꾸며 낸 일
fraction ⓝ 부분, 일부	**escalate** ⓥ 점차적으로 증가시키다, 확대시키다
conundrum ⓝ 어려운 문제, 수수께끼	**deteriorate** ⓥ 악화되다, 더 나빠지다
encumbrance ⓝ 지장, (무거운) 짐, 장애물, 부양가족; 부담, 채무	
trove ⓝ 귀중한 수집물, 귀중한 발견, 획득물	

31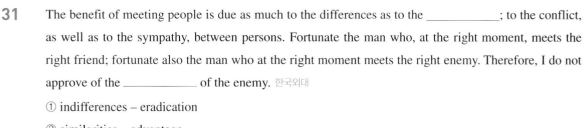

The benefit of meeting people is due as much to the differences as to the _____ ; to the conflict, as well as to the sympathy, between persons. Fortunate the man who, at the right moment, meets the right friend; fortunate also the man who at the right moment meets the right enemy. Therefore, I do not approve of the _____ of the enemy. 한국외대

① indifferences – eradication

② similarities – advantage

③ equality – utility

④ resemblances – extermination

⑤ commonalities – benevolence

| 정답 | ④

| 해석 | 사람을 만나는 행위의 이점은 사람들 간의 유사점만큼이나 차이점 때문이기도 하고, 사람들 간의 동정심뿐만 아니라 갈등 때문이기도 하다. 제대로 된 순간에 제대로 된 친구를 만나는 사람은 행운아이지만, 제대로 된 순간에 제대로 된 적을 만나는 사람도 행운아이다. 그러므로 나는 적을 절멸해야 한다는 것을 받아들일 수 없다.

① 무관심 – 박멸

② 유사성 – 이점

③ 동등함 – 유용성

④ 유사점 – 절멸

⑤ 공통점 – 자비심

| 해설 | 「as much ~ as」라는 구문을 기반으로 문장을 보면 'to the differences'와 'to the 첫 번째 빈칸', 그리고 'to the conflict'와 'to the sympathy'가 서로 대구를 이루고 있음을 알 수 있다. 따라서 보기 중에서 'differences(차이점)'의 반대의 뜻은 ② similarities(유사점)이나 ④ resemblances(유사점)이기 때문에 정답은 ② 아니면 ④가 된다. 다음 저자는 'Fortunate the man who, at the right moment, meets the right friend; fortunate also the man who at the right moment meets the right enemy.(제대로 된 순간에 제대로 된 친구를 만나는 사람은 행운아이지만, 제대로 된 순간에 제대로 된 적을 만나는 사람도 행운아이다.)'라는 언급을 통해 '제대로 된 적은 제대로 된 친구만큼 중요하고' 이 때문에 적에게 두 번째 빈칸의 행위를 가한다는 것은 받아들일 수 없다고 말한다. 보기 ②와 ④의 'advantage(이점)'과 'extermination(절멸)'을 두 번째 빈칸에 대입했을 때 의미상 알맞은 것은 '적도 친구처럼 중요하므로 어느 한쪽을 절멸시키는 것은 받아들일 수 없다'는 의미의 '절멸'이 저자의 논지와 가장 잘 맞는 선택임을 알 수 있다. 따라서 ④가 정답이 된다.

| 어휘 | **due to** – ～ 때문이다 **as much ~ as** – ～만큼, ～정도

fortunate ⓐ 운이 좋은 **approve of** – ～을 승인하다, ～에 찬성하다

indifference ⓝ 무관심 **eradication** ⓝ 박멸

similarity ⓝ 유사성 **advantage** ⓝ 이점

equality ⓝ 동등함 **utility** ⓝ 유용성

resemblance ⓝ 유사점 **extermination** ⓝ 절멸

commonality ⓝ 공통점 **benevolence** ⓝ 자비심

32 "The streets of Gangnam become a giant parking lot after midnight because of the damn taxis that never move," an angry citizen shouted. "I don't understand why the police and local district officers are _____ this situation because it certainly threatens many people's lives." The municipal government is getting tons of _____ from Seoul residents every day. 광운대

① neglecting – complaint

② disregarding – report

③ looking at – impeachment

④ abusing – criticism

⑤ overlooking – repudiation

| 정답 | ①

| 해석 | 한 분노한 시민은 소리치며 말했다. "강남의 거리는 움직일 생각조차 없는 저 빌어먹을 택시들 때문에 자정이 지나면 거대한 주차장이 됩니다. 난 이 문제는 분명히 많은 사람들의 삶에 위협을 가하는데도 불구하고 대체 왜 경찰이랑 구청 공무원들이 이 문제를 방치하는지 모르겠습니다." 서울시 정부는 매일 서울 시민들로부터 엄청난 불만을 듣고 있다.

　① 방치하다 – 불만
　② 무시하다 – 보고
　③ 보다 – 탄핵
　④ 남용하다 – 비판
　⑤ 간과하다 – 부인

| 해설 | 두 번째 빈칸의 경우, 따옴표로 묶인 문장은 시민들이 택시로 인해 야기되는 문제에 불평하는 내용을 담고 있고, 따라서 빈칸 또한 불평과 관련된 단어일 것으로 유추 가능하다. 따라서 ① complaint 또는 ④ criticism 이 둘이 가능하다. 첫 번째 빈칸의 경우, 시민들은 문제의 원인이 택시 때문임을 알고 있지만 왜 이 문제에 대해 당국에서 제대로 대처하지 않는지 불만을 품고 있다. 즉 시민들이 보기에 당국은 문제를 ① neglect(방치), ② disregard(무시), ⑤ overlook(간과)하고 있다. 이러한 점들을 감안했을 때 정답으로 가장 적합한 것은 ①이다.

| 어휘 | **municipal** ⓐ 지방 자치제의, 시의　　　**neglect** ⓥ 방치하다
　　　disregard ⓥ 무시하다, 묵살하다　　　**impeachment** ⓝ 탄핵, 비난
　　　overlook ⓥ 간과하다, 못 보고 넘어가다　　　**repudiation** ⓝ 부인, 거절

33 Despite overwhelming evidence to the contrary, many people think that flying is more dangerous than driving. Different standards of media coverage account for this _____ belief. Although extremely rare, aircraft accidents receive a lot of media attention because they are very _____. Hundreds of people have been killed in extreme cases. Automobile accidents, on the other hand, occur with alarming frequency, but attract little media coverage because few, if any, people are killed or seriously injured in any particular mishap. 에리카

① legitimate – evasive　　　　　　② legitimate – destructive

③ erroneous – evasive　　　　　　④ erroneous – destructive

| 정답 | ④

| 해석 | 실상은 반대임을 나타내는 압도적인 증거에도 불구하고 많은 사람들은 비행이 운전보다 더 위험하다고 생각한다. 이러한 잘못된 믿음은 언론 보도 기준에 차이가 있기 때문이다. 항공기 사고는 극도로 드물게 발생하지만 일단 일어나면 매우 파괴적인 사고이기 때문에 언론의 관심을 많이 받는다. 심한 경우에는 수백 명의 사람들이 사망한다. 반면에 자동차 사고는 걱정스러울 만치의 빈도로 발생하지만 거의 언론에 보도되지 않으며 그 이유는 어떤 특정한 자동차 사고로 사망하거나 크게 다치는 경우는 설사 존재하더라도 거의 없기 때문이다.

① 합법적인 – 얼버무리는　　　　　② 합법적인 – 파괴적인

③ 잘못된 – 얼버무리는　　　　　　④ 잘못된 – 파괴적인

| 해설 | 첫 번째 빈칸에 관해 말하자면, '비행이 운전보다 더 위험하다(flying is more dangerous than driving)'는 많은 사람들의 생각을 반증하는 증거가 압도적으로 많이 존재한다는 말은 이 믿음이 '잘못된(erroneous)' 믿음이라는 의미이다. 따라서 정답은 ③ 아니면 ④이다. 두 번째 빈칸에 관해 말하자면, 빈칸 뒤 내용은 항공기 사고와 자동차 사고를 서로 비교하고 있는데, 항공기 사고는 심한 경우 수백 명이 사망하는 반면에 자동차 사고에서 그렇게 많은 사람이 사망하는 경우는 없다. 즉 항공기 사고는 희귀하긴 하지만 한번 났다 하면 매우 '파괴적인(destructive)' 사고이기 때문에 언론의 관심을 많이 받는 것이다. 따라서 정답은 ② 아니면 ④이다. 이 두 요소를 조합해 보면 정답으로 가장 적절한 것은 ④가 된다.

| 어휘 | **overwhelming** ⓐ 압도적인　　　　　**account for** – ~을 설명하다, ~의 이유가 되다

alarming ⓐ 걱정스러운, 두려운　　　　**mishap** ⓝ 작은 사고[불행]

evasive ⓐ 얼버무리는, 회피하는　　　　**erroneous** ⓐ 잘못된

destructive ⓐ 파괴적인

34   Most people would think that it is very _____ to follow an artistic passion that does not provide a steady income if they are barely able to put food on the table. Also, most people would not take on a complex and time-consuming project during difficult financial times. However, that is exactly what J. K. Rowling, the famous author of the Harry Potter series, did during the most challenging time of her life. As a newly single mother _____ to support her daughter, Rowling committed herself to her dream of becoming a novelist. 에리카

① dangerous – hesitant
② desirable – required
③ reckless – struggling
④ natural – determined

| 정답 | ③

| 해석 | 대부분의 사람들은 생계를 간신히 꾸릴 수준이라면 고정된 소득을 제공하지 못하는 예술적 열정을 추구하는 것은 매우 무모한 짓이라고 생각할 것이다. 또한 대부분의 사람들은 재정적으로 어려운 시기에 복잡하면서 시간을 잡아먹는 프로젝트를 수행하려 하지 않을 것이다. 하지만 해리 포터(Harry Potter) 시리즈의 저자로 유명한 J. K. 롤링(J. K. Rowling)이 인생에서 가장 힘든 시기에 했던 일이 바로 이것이다. 싱글 맘이 된 지 얼마 되지 않아 딸을 양육하느라 고군분투하던 롤링은 소설가가 되겠다는 스스로의 꿈을 이루는 데 전념했다.

① 위험한 – 주저하는
② 바람직한 – 필수의
③ 무모한 – 고군분투하는
④ 자연스러운 – 단호한

| 해설 | 첫 번째 빈칸: 안정적인 소득을 제공하지 못하고 생계를 간신히 꾸릴 정도의 돈만을 얻을 수 있는 상황에서 예술적 열정을 추구한다는 것은 '위험한' 일이거나 '무모한' 일이다. 따라서 빈칸에는 ① dangerous 또는 ③ reckless가 적합하다.

두 번째 빈칸: 롤링은 남편 없이 딸을 양육해야 했기 때문에 '고군분투' 했을 것으로 유추 가능하다. 따라서 빈칸에는 ③ struggling이 적합하다.

이러한 점들을 감안했을 때 정답으로 가장 적합한 것은 ③이다.

| 어휘 | **reckless** ⓐ 무모한, 신중하지 못한   **barely** ⓐⓓ 간신히, 빠듯하게
challenging ⓐ 능력을 시험하는 것 같은, 힘드는   **commit oneself to** – ~에 전념하다[헌신하다]
determined ⓐ 단호한, 완강한

---

35   Blood pressure, cholesterol level, and body weight are useful indicators of physical health. Yet, this kind of measurement and logic hardly suffices when it comes to determining the extent of a person's physical well-being. Levels of physical discomfort and pain, the most reliable indicators of physical well-being, cannot be _____; perhaps equally significant, our emotional state and psychological well-being, which can have a profound impact on our physical health, defy _____ measurement altogether. 중앙대

① quantified – subjective
② measured – objective
③ qualified – discretionary
④ evaluated – qualified

| 정답 | ②

| 해석 | 혈압, 콜레스테롤 수치, 체중은 신체적 건강을 나타내는 유용한 지표이다. 하지만 이러한 유형의 치수나 논리는 개인의 육체적 행복의 정도를 알아내는 데 있어서는 충분치 않다. 육체적 불편함과 고통의 수준은 육체적 행복의 가장 신뢰할 수 있는 지표이지만 정확히 측정이 이루어질 리가 없다. 어쩌면 마찬가지로 중요한 점은, 우리의 육체 건강에 지대한 영향을 미치는 우리의 정서적 상태와 육체적 행복이 완전히 객관적인 치수로 표현될 것이라고는 볼 수 없다.

① 한정된 – 주관적인
② 정확히 측정된 – 객관적인
③ 자격을 갖춘 – 자유재량에 의한
④ 평가된 – 자격을 갖춘

| 해설 | 혈압, 콜레스테롤 수치, 체중 등은 신체적 건강을 나타내는 데는 유용하지만, 개인의 육체적 행복을 나타내는 데 있어서는 충분치 않으며, 육체적 불편함과 고통의 수준은 개인의 육체적 행복을 나타내는 데 있어서는 신뢰할 수 있는 지표이지만 혈압, 콜레스테롤 수치, 체중처럼 딱 떨어지는 숫자로 표현이 되는 것이 아니다. 즉 '정확히 측정된' 것이 아니다. 그리고 정서적 상태와 육체적 행복 모두 혈압, 콜레스테롤 수치, 체중처럼 '객관적인' 치수로 표현이 되는 것이 아니다. 따라서 정답은 ②이다.

| 어휘 | **indicator** ⓝ 지표
determine ⓥ 밝히다, 알아내다
defy ⓥ 반항하다, 거역하다
subjective ⓐ 주관적인
objective ⓐ 객관적인
discretionary ⓐ 자유재량에 의한
suffice ⓥ 충분하다
physical well-being – 육체적 행복
quantified ⓐ 한정된, 수치로 나오는
measured ⓐ 정연하게 조정된, 정확히 측정된
qualified ⓐ 자격을 갖춘

---

36 The principal engine of economic development is the work and creativity of individuals. What induce them to strive and invent is a climate of liberty that leaves them in control of their own destiny. If individuals feel that others are responsible for them, the effort of individuals will _____. If others tell them what to think and believe, the consequence is either a loss of motivation and creativity or a choice between submission or rebellion. _____, neither submission nor rebellion generates development. Submission leaves a society without innovators, and rebellion diverts energies away from constructive effort toward resistance, throwing up obstacles and destruction. 한양대

① ebb – However
② drop – Therefore
③ multiply – Similarly
④ increase – Nevertheless

| 정답 | ①

| 해석 | 경제 발전의 주요 원동력은 개개인의 노동과 창조력이다. 개개인이 노력하고 창조할 수 있도록 유도하는 힘은 개개인이 자신의 운명을 통제할 수 있도록 하는 자유로운 분위기이다. 개개인이 만일 자신들을 책임지고 있는 다른 이가 존재한다는 생각을 갖게 되면, 개개인의 노력은 점차 약해질 것이다. 만약 다른 사람이 개개인들에게 사고와 믿음을 지시한다면 그 결과는 동기와 창조력의 상실 아니면 복종이냐 반란이냐의 선택일 것이다. 하지만 복종도 반란도 발전을 이룩할 수는 없다. 복종은 사회에서 혁신가가 사라지게 만들고 반란은 에너지를 건설적인 노력에서 저항으로 돌려 버리며 장벽과 파괴를 낳을 것이다.

① 점차 약해지다 – 하지만
② 떨어지다 – 그러므로
③ 크게 증가하다 – 마찬가지로
④ 증가하다 – 그럼에도 불구하고

첫 번째 빈칸: 본문에 따르면 경제 발전을 위해서는 '개개인의 노동과 창조력(the work and creativity of individuals)'이 필요하고, 개개인의 노동과 창조력은 '개개인이 자신의 운명을 통제할 수 있도록 하는 자유로운 분위기(a climate of liberty that leaves them in control of their own destiny)'가 조성되어야 생성된다. 따라서 '개개인이 만일 자신들을 책임지고 있는 다른 이가 존재한다는 생각을 갖게 되면(If individuals feel that others are responsible for them)'면, 즉 다른 사람들이 자신을 좌지우지한다는 것을 깨닫게 된다면 개개인의 노력은 조성되는 것이 아니라 '약해질(ebb)' 것이다.

두 번째 빈칸: '만약 다른 사람이 개개인들에게 사고와 믿음을 지시한다면 그 결과는 동기와 창조력의 상실 아니면 복종이냐 반란이냐의 선택일 것이다.(If others tell them what to think and believe, the consequence is either a loss of motivation and creativity or a choice between submission or rebellion.)' '복종도 반란도 발전을 이룩할 수는 없다(neither submission nor rebellion generates development).' 이 두 문장은 서로 대조적인 의미를 갖기 때문에 사이에 들어갈 수 있는 접속사로는 보기 중에 however가 가장 적절하다.

이 모든 사항을 종합해 봤을 때 정답은 ①이다.

| 어휘 | **principal** ⓐ 주요한, 주된   **induce** ⓥ 유도하다

strive ⓥ 열심이다, 노력하다   **consequence** ⓝ 결과

submission ⓝ 복종   **rebellion** ⓝ 저항, 반란

divert ⓥ 전환시키다, 방향을 바꾸게 하다   **resistance** ⓝ 반대, 항거

throw up – ~을 (서둘러) 만들다   **ebb** ⓥ 서서히 사그라들다, 약해지다

---

37 Political scientists believe that compulsory voting strengthens political parties. Because parties do not have to devote resources to turning out the vote, they can focus on persuasion and conversion. Compulsory voting builds party _____. Survey research in Australia finds that most Australian voter express firm and longstanding commitments to a party. Lower-income people are less likely to vote than middle-income citizen. So, compulsory voting also benefits political parties representing the working-class interests more than those representing middle- and upper-income voters because lower-income people are _____ likely to vote than middle-income citizens. 한양대

① unity – more   ② identity – more

③ loyalty – less   ④ priority – less

| 정답 | ③

| 해석 | 정치학자들은 의무 투표제가 정당의 힘을 강화한다고 생각한다. 정당은 투표율을 높이기 위해 자원을 쏟을 필요가 없으므로, 설득과 (다른 당에서 자기 당으로의) 전환에 힘을 쏟을 수 있다. 의무 투표제는 정당에 대한 충성도를 높인다. 호주에서 실시한 한 연구에 따르면 호주 유권자들은 정당에 대해 확고하게 그리고 오랫동안 헌신한다. 소득이 낮은 국민들은 중산층 국민에 비해 투표를 잘 안 하는 성향이 있다. 따라서 의무 투표제는 중산층 및 상류층 유권자의 이해를 대변하는 정당에 비해 노동자 계급의 이해를 대변하는 정당에게 도움이 되며, 그 이유는 소득이 낮은 사람들은 중산층 국민에 비해 투표를 잘 안 하기 때문이다.

① 통일성 – 더욱   ② 정체성 – 더욱

③ 충성도 – 덜   ④ 우선권 – 덜

| 해설 | 첫 번째 빈칸: 빈칸 뒷부분은 빈칸이 들어간 문장의 내용을 뒷받침한다. '호주에서 실시한 한 연구에 따르면 호주 유권자들은 정당에 대해 확고하게 그리고 오랫동안 헌신한다.(Survey research in Australia finds that most

Australian voter express firm and longstanding commitments to a party.)' 이는 즉 정당에 대한 '충성도 (loyalty)'가 높다는 의미이다.

두 번째 빈칸: '소득이 낮은 국민들은 중산층 국민에 비해 투표를 잘 안 하는 성향이 있다.(Lower-income people are less likely to vote than middle-income citizen.)' 이 문장은 두 번째 빈칸이 포함된 문장에서 똑같이 반복된다. 따라서 여기에는 less가 들어가야 한다.

이 모든 사항을 종합해 봤을 때 정답은 ③이다.

| 어휘 | **compulsory** ⓐ 강제적인, 의무적인 　　**compulsory voting** − 의무 투표제
political party − 정당 　　**devote A to B** − A를 B에 쏟다[기울이다]
turn out − ~을 생산하다[내놓다] 　　**conversion** ⓝ 전환, 개종
longstanding ⓐ 오래된, 오래 가는 　　**commitment** ⓝ 헌신
unity ⓝ 통일성

---

38 Mobile phones looked like bricks in the 1980s. That was largely because the batteries needed to power them were so _____. When lithium-ion batteries were invented, mobile phones became small enough to be slipped into a pocket. Now a new design of battery, which uses oxygen from _____ air to power devices, could provide even a smaller and lighter source of power. Not only that, such batteries would be cheaper and would run for longer between charges. 한양대

① ambient – hefty

② hefty – ambient

③ encompassing – unusual

④ unusual – encompassing

| 정답 | ②

| 해석 | 휴대 전화는 1980년대엔 벽돌 같았다. 그 이유는 대체적으로 휴대 전화를 구동시키기 위해 필요한 배터리가 꽤 크고 무거웠기 때문이다. 리튬 이온 배터리가 발명된 이후, 휴대 전화는 점차 호주머니에 들어갈 수 있을 정도로 작아졌다. 이제 주변에 있는 공기에서 산소를 이용해 (휴대 전화) 기기를 구동할 수 있는 새로운 설계의 배터리는 이보다 더 적고 가벼운 동력원을 제공할 것이다. 뿐만 아니라, 이러한 배터리는 더 싸면서 한 번 충전하면 다음 충전하기까지 오랫동안 구동할 수 있을 것이다.

① 주변의 − 크고 무거운
② 크고 무거운 − 주변의
③ 둘러싸는 − 별난
④ 별난 − 둘러싸는

| 해설 | 본문에서 'When lithium-ion batteries were invented, mobile phones became small enough to be slipped into a pocket(리튬 이온 배터리가 발명된 이후, 휴대 전화는 점차 호주머니에 들어갈 수 있을 정도로 작아졌다)'와 새로운 형태의 배터리는 'could provide even a smaller and lighter source of power(이보다 더 적고 가벼운 동력원을 제공할 것이다)'라는 두 문장이 의미하는 것은 휴대 전화 크기는 배터리에 달려 있다는 것이며, 배터리가 발달할수록 휴대 전화의 크기도 더욱 작아질 수 있다는 의미이다. 따라서 과거 휴대 전화의 크기가 컸던 시절에는 당연히 배터리의 크기도 컸을 것이므로 첫 번째 빈칸의 정답은 '크다'는 의미의 'hefty'가 되어야 한다. 두 번째 빈칸의 정답을 풀기 위해 보기에 나온 단어를 대입해 보면, 첫 번째 빈칸의 정답이 'hefty'이기 때문에 결국

'ambient'가 두 번째 빈칸의 정답일 수밖에 없다. 두 번째 빈칸에 'ambient'를 대입한 후 해석을 해 보면 'ambient air'는 '주변의 공기'란 의미가 되며, 새로운 배터리는 주변 공기에서 산소를 추출해 휴대 전화를 구동시킬 수 있다는 의미가 된다. 다른 보기를 빈칸에 대입했을 때와 비교해 보면, 의미상 가장 어색하지 않기 때문에 두 번째 빈칸에 들어갈 단어는 'ambient'이다. 이 모든 것을 종합해 보면 정답은 ②가 된다.

| 어휘 | **power** ⓥ 동력을 공급하다   **be slipped into** – ~로 미끄러져 들어가다
charge ⓝ 충전   **hefty** ⓐ 크고 무거운, 육중한
ambient ⓐ 포위한, 주변의   **encompass** ⓥ 둘레[에워]싸다, 포위하다

---

39 Since its resurgence in modern form in the eighteenth century, democracy has been the subject of endless debate. What is democracy, exactly, and how is it supposed to work? There are an infinite number of answers. What we do know is that democracy is _____, yet it continues to spread in various forms throughout the world even in recent years. Therefore, democracy keeps transforming itself even as it defies consistent analysis. And we know that, for all its obvious flaws, few of us would trade liberty for a more orderly but inevitably _____ system. 한양대

① nearly outdated – unruly

② far from perfect – repressive

③ scarcely complete – achievable

④ out of the question – surmountable

| 정답 | ②

| 해석 | 18세기에 현대적인 형태로 부활한 이래 민주주의는 끝없는 논쟁의 주제였다. 정확히 민주주의란 무엇일까? 그리고 민주주의는 어떻게 작동이 되어야 할까? 정답은 무수히 많이 존재한다. 우리가 알고 있는 것은 민주주의는 완벽함과는 거리가 멀지만 지속적으로 세계 곳곳에 최근까지도 다양한 형태로 퍼져나가고 있다는 점이다. 따라서 민주주의는 일관된 분석이 불가능한 그 순간에도 지속적으로 스스로를 바꿔 나가고 있다. 그리고 우리는 민주주의의 두드러지는 단점에도 불구하고 더 질서 정연하지만 필연적으로 억압적인 체제와 자유를 맞바꾸려는 사람은 거의 없을 것임을 알고 있다.
① 거의 구식이 된 – 다루기 힘든
② 완벽함과는 거리가 먼 – 억압적인
③ 거의 끝나지 않은 – 성취 가능한
④ 불가능한 – 이겨낼 수 있는

| 해설 | 첫 번째 빈칸의 경우 민주주의는 '지속적으로 스스로를 바꿔 나가고(keeps transforming itself)' 있으며, 이는 역으로 말하면 민주주의가 완벽하여 바꿀 필요가 없는 존재는 아직 아니라는 의미(=far from perfect)가 된다. 두 번째 빈칸의 경우 「trade A for B」는 'A와 B를 맞바꾸다'는 의미이며, 본문이 민주주의 그리고 그에 수반되는 '자유(liberty)'를 긍정하는 내용이기 때문에 B에 들어갈 것은 A(= liberty)와 상반되는 개념이어야 한다. 자유와 반대되는 것은 '억압(repressive)'이다. 이러한 점을 고려해 보면 정답은 ②이다.

| 어휘 | **resurgence** ⓝ 재기, 부활   **be supposed to** – ~하기로 되어 있다, ~해야 한다
infinite ⓐ 무한한   **even as** – ~하는 바로 그 순간에
defy ⓥ (설명하기, 묘사하기 등이) 거의 불가능하다, ~에 반항하다

consistent ⓐ 한결같은, 일관된	flaw ⓝ 흠, 결함
inevitably ⓐⓓ 필연적으로	outdated ⓐ 구식의
unruly ⓐ 다루기 힘든	repressive ⓐ 억압적인
achievable ⓐ 성취 가능한	surmountable ⓐ 이겨낼 수 있는

---

40 You may think that years of school have taught you how to _____ writing a paper. However, true procrastination is an art form, and certain steps must be followed to achieve the status of Master Procrastinator. The first step is to come up with a good reason. Reasons prevent others from hassling you about your procrastination. A reason should not be confused with a excuse. An excuse would be, "I am too tired." A reason would be, "it is important that I rest in order to do the best possible job." The next step is to come up with a _____ task to do before starting the paper. If you put aside your paper to watch friends, you will feel guilty. On the other hand, if you put aside your paper to help your friends do their homework, there will be no guilty. 한양대

① get off – noticeable

② call off – rewarding

③ put off – worthwhile

④ take off – profitable

| 정답 | ③

| 해석 | 여러분은 아마 학교에서 보낸 시간을 통해 보고서 작성을 늦추는 방법을 배웠을 것이라 생각할 것이다. 하지만 진정한 꾸물대기는 예술의 형태이고, 꾸물대기의 대가라는 지위를 얻기 위해서는 따라야 할 특정한 단계가 있다. 첫 번째 단계는 좋은 근거를 내놓는 것이다. 근거를 대면 다른 사람들이 여러분이 꾸물대는 것에 관해 따지지 못하게 된다. 근거는 변명이랑 혼동되어서는 안 된다. "저 너무 피곤합니다."는 변명이라 할 수 있다. "앞으로 일을 최고로 잘하기 위해서는 쉬는 것이 중요합니다."는 근거라 할 수 있다. 다음 단계는 보고서 작성을 시작하기 전에 할 만한 가치 있는 일을 내놓는 것이다. 만약 친구를 관찰하기 위해 보고서를 미룬다면 죄책감이 들 것이다. 반면에 친구가 숙제하는 것을 돕기 위해 보고서를 미룬다면 죄책감은 들지 않을 것이다.

① 떠나다 – 뚜렷한

② 취소하다 – 보람 있는

③ 연기하다 – 가치 있는

④ 벗다 – 이득이 되는

| 해설 | 우선 본문의 내용은 '어떻게 하면 보고서 작성을 미룰 수 있을 것인가'임을 파악하고 나서 문제를 풀어야 한다. 첫 번째 빈칸 뒤의 '진정한 꾸물대기(true procrastination)'란 표현에서 '진정한'이란 표현이 있기 때문에 첫 번째 빈칸에는 '진정한' 것은 아니지만 '꾸물대기'와는 비슷한 의미의 단어가 와야 한다. '미루는' 것에 관한 내용이지 아예 '취소하는' 것에 관한 내용은 아니기 때문에 ② '취소하다(call off)'는 정답으로 보기 힘들다. 두 번째 빈칸에 들어갈 것은 '보고서 작성을 시작하기 전에 할 만한 ~일(task to do before starting the paper)'을 꾸며 주는 형용사가 와야 한다. '친구가 숙제하는 것을 돕기 위해 보고서를 미룬다면 죄책감은 들지 않을 것이다(if you put aside your paper to help your friends do their homework, there will be no guilty)'에서 보고서를 미루기 위해 '할 만한 일(task)'은 '친구를 돕는 것'이다. 보기에서 '친구를 돕는 것'과 의미상 통하는 것은 ② '보람 있는(rewarding)'

일이거나 ③ '가치 있는(worthwhile)' 일일 것이다. 이러한 점들을 조합해 보면 정답으로 가장 적절한 것은 ③이다.

| 어휘 |　**procrastination** ⑪ 늦추기, 꾸물대기　　　**hassle** ⓥ 따지다, 재촉하다
　　　　come up with － 내놓다, 제시하다　　　　**get off** － 떠나다
　　　　noticeable ⓐ 뚜렷한　　　　　　　　　**call off** － 취소하다
　　　　rewarding ⓐ 보람 있는　　　　　　　　**put off** － 연기하다, 취소하다
　　　　worthwhile ⓐ 가치 있는　　　　　　　**take off** － 벗다
　　　　profitable ⓐ 이득이 되는

02　중·장문 논리

01	④	02	①	03	③	04	④	05	⑤	06	①	07	①	08	②	09	①	10	③
11	④	12	④	13	②	14	④	15	④	16	②	17	③	18	④	19	②	20	④
21	④	22	④	23	②	24	①	25	④	26	②	27	②	28	④	29	②	30	①
31	③	32	①	33	①	34	①	35	②	36	⑤	37	⑤	38	⑤	39	③	40	①
41	①	42	③	43	③	44	③	45	②												

01　Far from introducing the idea of evolution per se to a totally unprepared public or initiating the religious doubts which were to trouble so many minds in the years to come, The origin of Species ＿＿＿＿＿＿＿＿＿＿＿＿＿＿＿＿＿＿＿＿＿. The concept of organic mutability, for instance, was itself not new; it had long been put to practical demonstration by England's botanists and breeders of race horses. But the explanation was new: the idea of "natural selection" accomplished by an eternal "struggle for existence." 서울여대

① had incredible influences on some 19th-century novelists like Thomas Hardy

② embraced certain elements of orthodox Christianity and middle-class morality

③ provided a lucid explanation for what he called the "survival of the fittest"

④ was largely a brilliant synthesis of many scientific ideas already current

| 정답 |　④

| 해석 |　완전히 준비가 되어 있지 않았던 대중에게 진화 그 자체에 관한 개념을 소개해 주거나 앞으로 많은 사람들을 괴롭히게 될 종교적 의문을 처음으로 소개했던 것과는 전혀 거리가 멀게도, '종의 기원'은 대체적으로 이미 통용되던 많은 과학적 아이디어를 훌륭하게 통합한 것이었다. 예를 들어 조직의 돌연변이라는 개념은 그 자체로 새로운 것은 아니었다. 그 개념은 영국의 식물학자나 경주마의 사육자들을 통해 이미 실증된 지 오래되었다. 하지만, 끝없는 '생존경쟁' 끝에 달성된 '자연 선택'이라는 견해를 통해 돌연변이를 설명한 것은 새로운 것이었다.
　① Thomas Hardy 같은 몇몇 19세기 소설가들에게 엄청난 영향을 끼쳤다
　② 정통 기독교와 중간 계급 도덕률의 특정 요소를 포괄했다
　③ 그가 말하는 '적자생존'에 관해 분명한 설명을 제공했다

④ 대체적으로 이미 통용되던 많은 과학적 아이디어를 훌륭하게 통합한 것이었다

| 해설 | '종의 기원'에 등장하는 개념 중 하나를 'itself not new(그 자체로 새로운 것은 아니었다)'라고 언급하고 있기 때문에 자연스럽게 빈칸에는 '종의 기원은 전혀 새로운 것을 제시한 대신에 과거에 통용되던 것들을 다루고 있다'라는 취지의 문장이 들어가야 한다. 보기 중에서 이 조건에 부합하는 것은 ④이며 따라서 정답은 ④가 된다.

| 어휘 |

per se -그 자체가, 그 자체로는	**initiate sb (into sth)** ⓥ ~에게 …을 처음으로 접하게 하다
brilliant ⓐ 훌륭한, 똑똑한	**synthesis** ⓝ 통합, 종합
current ⓐ 통용되는	**mutability** ⓝ 돌연변이를 일으킬 가능성
be put to practical demonstration - 실증되다	
botanist ⓝ 식물학자	**breeder** ⓝ 사육자
natural selection - 자연 선택	**accomplish** ⓥ 달성하다
eternal ⓐ 영원한	**struggle for existence** - 생존 경쟁
incredible ⓐ 믿을 수 없는, 놀라운	**embrace** ⓥ 수용하다, 포괄하다
orthodox ⓐ 정통의, 정통파의	**lucid** ⓐ 분명한, 명쾌한
survival of the fittest - 적자생존	

---

02 School officials are understandably concerned about preventing violence and safeguarding the children in their care. Over the last 10 years or so, however, this legitimate concern has too often led to poorly thought out, rigidly implemented policies that _____. Consider the case of Zachary Christie, who has been ordered to spend 45 days in a disciplinary school after bringing his nifty camping utensil to school to use to eat his lunch. The classic, foldable tool contains a fork and a spoon — and also a small knife, which violates the zero-tolerance weapons policy. 서울여대

① stigmatize or criminalize children

② are effective in protecting children

③ are too costly to enforce

④ seem to distract both teachers and students

| 정답 | ①

| 해석 | 학교 관리들은 당연히 폭력을 예방하고 자신들의 관리하에서 아이들을 보호하는 문제에 관심을 가지고 있다. 하지만 지난 약 10년 동안 이 같은 정당한 우려로 인해 용의주도하지 못하고 융통성 없이 이행되어 아이들에게 오명을 씌우거나 아이들을 범인으로 취급하는 정책이 야기된 경우가 너무 빈번했다. 점심 먹는 데 사용된 실용적인 캠핑 도구를 학교로 가져왔다가 징벌 학교에서 45일을 보내도록 명령받은 Zachary Christie의 경우를 고려해 보자. 이 고전적인 접이식 장비에는 포크와 숟가락뿐 아니라 작은 칼도 포함되어 있었는데, 이 작은 칼의 소지가 무관용의 무기 소지 금지 정책을 어긴 것이었다.

① 아이들에게 오명을 씌우거나 아이들을 범인으로 취급하다

② 아이들을 보호하는 데 효과적이다

③ 이행하기에 너무 비용이 많이 든다

④ 선생님과 학생들 모두의 정신을 산만하게 하는 것으로 보인다

| 해설 | 학교 폭력 예방을 위해 취해진 정책이 'poorly thought out, rigidly implemented policies(용의주도하지 못하

고 융통성이 없는' 정책이었고, 그 예로 작은 칼이 들어간 캠핑 도구를 가져온 죄로 징벌 학교에서 45일 보내게 된 한 학생의 예를 들고 있다. 작은 칼 하나 때문에 45일씩이나 보낸다는 것은 분명히 너무 가혹한 일이며, 이런 취지에서 빈칸에 들어갈 만한 표현을 보기에서 고르면 가장 적합한 것은 ①이다. 'stigmatize or criminalize children(아이들에게 오명을 씌우거나 아이들을 범인으로 취급하는)' 학교 폭력 예방 정책 때문에 사소한 위반마저도 엄청난 징계 대상이 되는 것이고, 본문은 이를 문제 삼고 있는 것이다.

어휘	**understandably** ⓐ 당연히	**safeguard** ⓥ 보호하다
	in one's care – ~의 관리하에서	**legitimate** ⓐ 정당한
	thought out ⓐ 여러모로 깊이 생각한, 용의주도한	
	rigidly ⓐ 융통성 없는	**implement** ⓥ 이행하다
	disciplinary ⓐ 규율의, 징계의	**nifty** ⓐ 실용적인
	utensil ⓝ 기구, 도구	**zero-tolerance** ⓝ 무관용 정책
	stigmatize ⓥ 오명을 씌우다	**criminalize** ⓥ 범인으로 취급하다
	distract ⓥ 산만하게 하다	

---

03 Each of us is in the world for no very long time and within the few years of his life has to acquire whatever he is to know of this strange planet and its place in the universe. The world is full of things that are tragic or comic, heroic or bizarre or surprising, and those who ＿＿＿＿＿＿＿ the spectacle that it offers are abandoning one of the privileges that life has to offer. 서울여대

① keep recalling
② continue to marvel at
③ fail to be interested in
④ are prevented from pursuing

| 정답 | ③

| 해석 | 우리 각자는 이 세상에 그리 길지 않은 시간 동안 있으며, 자신의 인생 중 몇 년 안에는 이 이상한 행성에 관해 그리고 우주 속에서 그 행성의 위치에 관해 알아야 할 것은 모두 습득해야 한다. 세상은 비극적이거나 희극적인 것, 영웅적이나 기이하거나 놀랄 만한 일로 가득 차 있고 세상이 제공하는 장엄한 볼거리에 관심을 잃은 사람은 인생이 제공해 줘야 할 특권 중 하나를 포기한 것이다.

① 지속적으로 상기하는
② 계속 놀라는
③ 관심을 잃은
④ 추구하는 것을 제지당한

| 해설 | 우선 본문의 전반부에서는 이 세상이 여러 가지 일로 가득 차 있으며, 이러한 것들을 'the spectacle that it offers(세상이 제공하는 장엄한 볼거리)'라고 말하고 있다. 빈칸에 들어갈 표현은 'those who(~하는 사람들)'이란 구문과 결합하여 '장엄한 볼거리를 ~하는 사람들'이 되며, 이 사람들을 'abandoning one of the privileges that life has to offer(인생이 제공해 줘야 할 특권 중 하나를 포기한)' 사람들로 부르고 있다. 따라서 빈칸에 들어갈 내용은 '포기했다'는 것과 어느 정도 뜻이 연결되어야 할 것이다. 보기 중에서 논리적 흐름에 가장 적합한 것으로는 ③을 들 수 있으며, 그 이유는 '볼거리에 관심을 잃었다'라는 것은 어떤 외부적 요건이 아니라 스스로 여러 볼거리를 경험하지 않았다는 의미이며 이는 '특권을 스스로 포기한 것'과 같은 것으로 볼 수 있기 때문이다. 따라서 정답은 ③이다.

어휘	**bizarre** ⓐ 기이한, 이상한	**spectacle** ⓝ (굉장한) 구경거리, 볼거리
	abandon ⓥ 버리다, 포기하다	**recall** ⓥ 상기하다, 기억해 내다
	marvel at – 감탄하다	

04 Sherlock Homes picked up a hat which he happened to find lying in the street. After looking at it for a moment he remarked that its owner had come down in the world as the result of drink and that his wife was no longer so fond of him as she used to be. Life could never be boring to a man to whom _____. 서울여대

① all his movements are perfectly coordinated

② academic pursuits are important parts of his life

③ everything in life is a process of trial and error

④ casual objects offer such a wealth of interest

| 정답 | ④

| 해석 | Sherlock Homes는 우연히 발견한 거리에 놓여 있던 모자를 집어 들었다. 모자를 잠깐 동안 살펴본 다음에 그는 모자의 주인은 술 때문에 몰락한 사람이고, 모자 주인의 아내는 더 이상 옛날처럼 남편을 좋아하지는 못할 것이라고 언급했다. 우연히 발견한 물체로부터 이렇게 풍부한 관심거리를 얻는 Sherlock Homes 같은 사람에게 삶은 절대 지루하지 않을 것이다.

① 모든 움직임이 완벽하게 조직된

② 학문의 추구가 삶에 있어 중요한 일부분인

③ 삶의 모든 것이 시행착오 과정에 있는

④ 우연히 발견한 물체로부터 이렇게 풍부한 관심거리를 얻는

| 해설 | 저자는 셜록 홈즈가 우연히 발견한 모자로부터 여러 정보를 이끌어 낸 것을 보며, 홈즈같이 '~하는 사람에게 삶은 절대 지루하지 않을 것이다.(Life could never be boring to a man to whom ~.)'라고 말하고 있다. 빈칸에 들어갈 말은 홈즈의 이러한 능력과 관련된 것이어야 하며, 이 점에 있어 정답으로 가장 적합한 것은 ④가 된다. 'casual objects offer such a wealth of interest(우연히 발견한 물체로부터 이렇게 풍부한 관심거리를 얻는)'는 앞서 언급한 모자로부터 여러 정보를 이끌어 낸 것을 의미하며, 홈즈같이 사소한 것에서 다양한 정보를 얻을 수 있는 사람은 필시 인생이 지루하지 않을 것임을 쉽게 유추할 수 있다. 따라서 정답은 ④가 된다.

| 어휘 | **come down in the world** – 몰락하다　　**coordinate** ⓥ 조정하다, 순서에 맞춰 정리하다
academic pursuit – 학문의 추구　　**trial and error** – 시행착오
a wealth of – 수많은, 풍부한

05 A magazine recently asked its readers to write in with their tales of _____ done to or by them. Obviously, this is a subject close to many people's hearts. Many readers said they could hardly bear to remember the tight-fisted habits of their parents, while others reported that years of stinginess had either broken up their marriages or had made their lives a misery. 성균관대

① operation　　　　　　　　　② violence

③ forgiveness　　　　　　　　④ stubbornness

⑤ miserliness

| 정답 | ⑤

| 해석 | 최근에 한 잡지에서 독자들에게 자신들이 당한 또는 자신들이 행한 구두쇠 짓을 이야기로 써 줄 것을 요청했다. 분명히, 이것은 많은 사람들이 관심을 가질 만한 주제였다. 많은 독자들은 자신들의 부모의 인색한 습관을 떠올리는 것조차도 참기 힘들 정도였다고 말했으며, 반면 다른 독자들은 오랫동안 인색하게 군 것이 자신들의 결혼을 끝장내거나 그들의 삶을 비참하게 만들었다고 보고했다.

① 수술   ② 폭력

③ 용서   ④ 완고함

⑤ 구두쇠 짓

| 해설 | 본문의 핵심어는 '인색한(tight-fisted)'과 '인색하게 군 것(stinginess)'이며, 보기 중에서 이와 연관된 단어는 ⑤ 'miserliness(구두쇠 짓)'이다. 즉 사람들은 나름대로 '구두쇠 짓'과 관련된 여러 추억을 갖고 있고, 이에 관해 여러 사람들이 사례를 들었다는 것이 본문의 내용이다. 따라서 정답은 ⑤이다.

| 어휘 | **obviously** ⓐ 분명히   **subject** ⓝ 주제

be close to one's heart – ~에게 소중하다, 관심 있다

bear ⓥ ~을 참다   **tight-fisted** ⓐ 인색한

stinginess ⓝ 인색함   **operation** ⓝ 수술

violence ⓝ 폭력   **stubbornness** ⓝ 완고함

miserliness ⓝ 구두쇠 짓

---

06 The college football player knew his way around the locker room better than he did the _____. So when my co-worker saw the gridiron star roaming the stacks looking confused, she asked how she could help. "I have to read a play by Shakespeare," he said. "Which one?" she asked. He scanned the shelves and answered, "William." 인하대

① library   ② classroom

③ locker room   ④ football field

| 정답 | ①

| 해석 | 대학 미식축구 선수는 도서관으로 가는 길보다 탈의실로 가는 길을 더 잘 안다. 때문에 미식축구 스타가 혼란스러워하면서 도서관 서가를 돌아다니는 모습을 본 내 동료는 그에게 무엇을 도와줄지 물었다. "Shakespeare가 쓴 희곡을 읽어야 해요." 그가 말했다. 내 동료는 "어떤 것인가요?"라고 물었고, 그는 책꽂이를 훑어본 후 "William이요."라고 답했다.

① 도서관   ② 교실

③ 탈의실   ④ 미식축구 경기장

| 해설 | 'the stacks(도서관의 서가)'라는 표현과 'a play by Shakespeare(Shakespeare가 쓴 희곡)'이라는 표현을 통해 저자의 동료가 도서관에 있었고, 본문에서 묘사된 사건이 도서관에서 있던 일임을 유추할 수 있다. 따라서 정답은 ①이다.

| 어휘 | **know one's way around** – ~에 대해 잘 알다, 익숙하다

locker room – 탈의실   **gridiron** ⓝ 미식축구 경기장

the stacks – 도서관의 서가

07
One of the oddest things about the English people strikes a visitor at once; the English love to keep to themselves. In England there are over 43 million people squeezed together in a little less than 51,000 square miles of land. This crowding makes the English feel rather like sardines in a can. As a result an Englishman's idea of happiness is to have a place of his own where, when he wishes, _____.

인하대

① he can be alone
② he can be happy
③ he can cook his own meal
④ he can enjoy talking with friends

| 정답 | ①
| 해석 | 방문자가 즉각 떠올리게 될 영국인의 이상한 점 중 하나는 영국인들은 홀로 지내기를 좋아한다는 점이다. 영국에는 약 4천3백만에 달하는 사람이 5만 1천 평방 마일도 안 되는 땅에서 비좁게 꽉 들어차서 살고 있다. 이처럼 붐비기 때문에 영국인들은 마치 콩나물시루에 들어간 느낌을 갖는다. 그 결과 영국인이 갖는 행복이라는 것은 자신이 바랄 때 혼자 있을 수 있는 자신만의 장소를 갖는 것이다.
① 혼자 있을 수 있는
② 행복해질 수 있는
③ 자기 요리를 할 수 있는
④ 친구랑 말하기를 즐길 수 있는
| 해설 | 영국인들은 'like sardines in a can(콩나물시루에 들어간)' 느낌을 가질 정도로 비좁은 곳에서 살고 있으며, 또한 이들은 'love to keep to themselves(홀로 지내기를 좋아하는)' 사람들이기 때문에 이들이 바라는 행복이란 'have a place of his own(자신만의 장소를 갖는 것)'을 의미한다. 결국 보기 중에서 ① '혼자 있을 수 있는'을 가장 빈칸에 알맞은 것으로 볼 수 있다.
| 어휘 | **strike** ⓥ (생각·아이디어가) 갑자기 떠오르다
keep to oneself – 남과 어울리지 않다, 교제를 피하며 혼자 있다
sardine ⓝ 정어리 　　　　　**like sardines** – 콩나물시루 같은

08
While it appears to be true that some people who are immersed in horror imagery feel provoked to commit the same heinous crimes they just viewed, it is also true that there is no evidence of a causal factor, and millions of people watch such films without feeling instigated to act. Only a few people process external images into _____ behavior. 중앙대

① listless
② vicious
③ mediocre
④ erudite

| 정답 | ②
| 해석 | 잔혹한 영상에 심취해 있는 일부 사람들은 자신들이 봤던 것과 같은 잔혹한 범죄를 저지르도록 자극받는다는 말은 사실처럼 보이지만, 그런 인과 관계를 일으키는 요인에 대해 어떤 증거도 없다는 것 또한 사실이며, 수백만의 사람들이 잔혹한 일을 하도록 자극받지 않고서도 그런 영상을 감상하고 있다는 것 역시 사실이다. 매우 극소수의 사람들만이 외부에서 주어지는 이미지를 잔인한 행동으로 옮긴다.
① 무기력한
② 잔인한
③ 평범한
④ 박식한

| 해설 | 빈칸 앞에 오는 내용들을 요약해 보면, 사람들이 잔혹한 영상을 계속 보면 실제로 행동에 옮길 것 같지만, 대부분의 사람들은 그런 자극을 받지 않고도 그런 영상을 본다는 내용이 나와 있다. 그러면서 오직 소수의 사람들만이 실제로 '빈칸'과 같은 행동을 한다는 말이므로 정답은 ② vicious가 적절하다.

| 어휘 | be immersed in － ～에 몰입하다, ～에 푹 빠지다

provoke ⓥ ～ 하도록 자극하다, 선동하다

commit a crime － 범죄를 저지르다

heinous ⓐ (범죄 등이) 극악한, 흉악한

causal ⓐ 원인이 되는, 인과 관계의

instigate ⓥ 유발시키다, 부추기다, 조장하다

process A into B － A를 B로 처리하다

external ⓐ 외부의

listless ⓐ 무기력한, 생기 없는, 무관심한

vicious ⓐ 잔인한, 포악한, 악의 있는

mediocre ⓐ 평범한, 보통의

erudite ⓐ 박식한, 학식 있는

---

09 I discovered that ninety percent of the MIT's faculty voluntarily contribute their teaching materials for free and open publishing on OCW(Open Course Ware) simply because they believe that unlocking knowledge can help their pupils. I was extremely moved by the foresight, dedication and generosity of MIT's faculty and realized that learning under their ＿＿＿＿＿ could be great and surely make scientific breakthroughs possible. 중앙대

① tutelage

② covenant

③ dilettante

④ proviso

| 정답 | ①

| 해석 | 나는 MIT 교수들의 90%가 자발적으로 자신들의 교습 자료를 MIT의 OCW(Open Course Ware) 사이트에 제공해 모든 이들이 무상으로 볼 수 있도록 하고 있으며, 이는 지식을 가둬 놓지 않고 풀어 놓는 것이 자신들이 지도하는 학생들에게 도움이 된다는 단순한 믿음에서 이런 일을 하고 있다는 사실을 알게 되었다. 나는 그들의 선견지명과 헌신, 후한 마음에 크게 감동하였으며, 그들의 지도 아래서 학습하는 것은 대단한 일이며, 이는 틀림없이 커다란 과학적 진보로 이어질 수 있을 것이라고 생각했다.

① 지도

② 계약

③ 문학·예술의 애호가

④ 조건

| 해설 | 요즘은 유명 대학의 교수들 강의를 무료로 접근할 수 있는 시대가 되었다. 그런 강좌들을 모아서 보여 주는 웹사이트도 생겼고, iTunes 같은 곳에서도 어렵지 않게 다운받을 수 있다. 제시된 글은 그런 상황을 설명하는 글이다. MIT 교수들이 자신들의 강의를 학생들을 위해 무료로 개방해 놓은 일에 매우 감동했다는 얘기가 빈칸 앞의 내용이다. 따라서 그런 교수들의 '지도나 후원' 아래 배운다는 것이 매우 좋은 일이라는 흐름으로 연결된다. 정답은 '지도, 감독'을 의미하는 ① tutelage가 된다.

| 어휘 | faculty ⓝ 교직원 능력, 재능

voluntarily ⓪ 자발적으로

simply because － 단지 ～의 이유로

pupil ⓝ 학생; 눈동자, 동공

be moved － 감동받다

foresight ⓝ 선견지명, 앞을 내다봄

dedication ⓝ 헌신

generosity ⓝ 관대, 마음이 후함

breakthrough ⓝ 돌파, 큰 발전

tutelage ⓝ 지도, 감독, 교육

covenant ⓝ 약속, 계약

dilettante ⓝ 문학·예술의 애호가, 아마추어 평론가

proviso ⓝ 조건, 단서

10 Abraham Lincoln left a famous adage: "You can fool some of the people all the time, and all of the people some of the time, but you cannot fool all of the people all the time." The implication of the adage is that there are a lot of _____ people in the electorate, but there are also some people who insist on knowing the truth. 중앙대

① arduous

② hallowed

③ gullible

④ grandiloquent

| 정답 | ③

| 해석 | Abraham Lincoln은 "당신은 소수의 사람을 항상 속일 수 있고, 모든 사람을 한동안은 속일 수 있지만, 모든 사람을 영원히 속일 수는 없다."라는 유명한 격언을 남겼다. 이 격언은 선거인단에는 속이기 쉬운 사람이 많이 있지만, 진실을 알고자 하는 소수 또한 존재한다는 것을 의미한다.

    ① 고된   ② 성스러운

    ③ 속이기 쉬운   ④ 호언장담하는

| 해설 | 링컨이 남긴 격언의 의미를 다시 한 번 설명하고 있다. '유권자들 중에는 빈칸과 같이 ~할 수 있는 사람도 많이 있지만(but) 진실을 추구하는(insist on knowing the truth) 소수도 있다'는 의미이므로, 앞부분은 역접의 의미를 지닌 '진실을 알지 못하거나 외면하는' 유권자도 많이 있다는 어휘가 나와야 한다. 정답은 ③ gullible로 '속이기 쉬운' 유권자도 많다는 뜻이 된다. 참고로 ④ grandiloquent는 '거대한(grand) 말(loqu)'이라는 뜻으로 말을 부풀려서 하는 것을 의미한다.

| 어휘 | adage ⓝ 격언   fool ⓥ 속이다

implication ⓝ 함축   electorate ⓝ 선거인단, 유권자

insist on -ing – ~을 주장하다   arduous ⓐ 몹시 힘든, 고된

hallowed ⓐ 성스러운, 신성한   gullible ⓐ 속이기 쉬운, 남을 잘 믿는

grandiloquent ⓐ 호언장담하는

---

11 Most living primates are _____ in that the primate body has a number of features that were shaped, through natural selection, by the demands of living in the trees. In addition, the five digits of the primates' hands and feet are highly mobile; their thumbs and big toes are opposable to the other digits, giving them the ability to hang onto branches and manipulate food. The great sensitivity of the hands and feet to touch aids in manipulation. 중앙대

① invertebrate

② bipedal

③ herbivorous

④ arboreal

| 정답 | ④

| 해석 | 현존하는 대부분의 영장류는, 자연 선택설을 통해서, 나무에서 생활해야 하는 필요에 의해 모양이 갖춰진 많은 신체적 특징들을 지니고 있다는 점에서 나무에서 생활하는 종이라고 할 수 있다. 또한 영장류의 손과 발은 각각 다섯 개로 구성되어 있어서 매우 다양하게 움직일 수 있도록 해 주며, 엄지는 나머지 마디와 마주보는 형태를 취하고 있어서, 나뭇가지에 매달리거나 음식 등을 능숙하게 다룰 수 있게 해 준다. 손과 발의 매우 민감한 촉각적 특성으로 인해

능숙한 조작도 쉽게 할 수 있다.

① 무척추동물의

② 두 발을 가진

③ 초식 동물의

④ 나무에서 생활하는

| 해설 | 빈칸 뒤의 in that은 '〜라는 점에서'의 뜻을 지닌 접속사이다. that 이하라는 점에서 영장류 대부분은 '빈칸'과 같다고 할 수 있다는 의미이므로, 빈칸에는 that 이하의 의미와 같은 단어를 선택하면 된다. 나무에서 생활해야 하는 필요에 의해 많은 신체적 특성들이 변했다는 뜻이므로 ④ arboreal이 정답이 된다.

| 어휘 | primate ⓝ 영장류　　　　　　　　　　　　in that − 〜라는 점에서

feature ⓝ 특징　　　　　　　　　　　　　natural selection − 자연 선택설

digit ⓝ 손가락, 발가락; 아라비아 숫자

be opposable to − 〜에 마주보다 〜에 적대[대항]할 수 있다

manipulate ⓥ 다루다　　　　　　　　　　sensitivity ⓝ 민감도

invertebrate ⓐ 무척추동물의 ⓝ 무척추동물　　bipedal ⓐ 두 발로 걷는

herbivorous ⓐ 초식성의, 초식 동물의　　　arboreal ⓐ 나무에서 생활하는

12　Experience can be reconstructed in our minds to seem better than they were, because they represent periods in our life that are now gone forever. _____, childhood memories represent times when we were free from the anxieties of adulthood, so we may redefine them in an idealized way, even though many of the experiences we went through were difficult at the time. 한양대

① However

② Similarly

③ In addition

④ For example

| 정답 | ④

| 해석 | 경험은 실제보다 더 나아 보이도록 머릿속에서 재구성될 수 있다. 그 이유는 경험이란 것은 우리의 삶 속에서 이미 영원히 사라진 기간을 나타내기 때문이다. 예를 들어, 어린 시절의 추억은 어른이 되어 겪는 걱정거리로부터 해방되었던 시기를 나타낸다. 따라서 비록 우리가 겪었던 경험 중 많은 부분이 그 시절에는 힘들었던 것이었더라도 지금은 어린 시절의 경험을 이상화된 방식으로 다시금 정의할 수 있다.

① 그러나

② 마찬가지로

③ 게다가

④ 예를 들어

| 해설 | 본문 첫 문장에서 경험은 지나간 것이므로 'can be reconstructed(재구성될 수 있음)'을 말하고 있다. 빈칸 뒤 문장에서는 'childhood memories represent times when we were 〜(어린 시절의 추억은 우리가 〜하던 시절을 나타낸다)'라는 구문을 통해 과거의 일을 등장시키면서, 그 과거의 추억도 'redefine(재정의 할 수 있음)'을 말하고 있다. 즉 빈칸 앞 문장에서 경험의 재구성을 언급한 후 빈칸 뒤 문장에서는 어린 시절의 추억을 재구성이나 재정의의 사례로 들고 있다. 따라서 빈칸에 들어갈 만한 것은 ④가 된다.

| 어휘 | reconstruct ⓥ 재구성하다　　　　　　　represent ⓥ 〜을 나타내다, 〜을 대표하다

anxiety ⓝ 걱정, 염원　　　　　　　　　idealized ⓐ 이상화된, 이상적인

13 Laughter has many subtle effects on our _____. It breaks the ice, achieves closeness, bonds us, generates goodwill, and dampens hostility and aggression. Observe how we laugh when we want to deflate tension between strangers or need to say no to someone. We often laugh when we apologize. Laughter disarms people, creates a bridge between them, and facilitates amicable behavior.

① emotional reaction

② social companions

③ tension release

④ sense of humor

⑤ state of mind

| 정답 | ②

| 해석 | 웃음은 사회적인 친교에 있어 절묘한 영향을 미친다. 웃음은 서먹서먹한 분위기를 깨고, 친밀함을 느끼게 하고, 유대 관계를 형성하고, 호의를 쌓고, 적대감과 공격성을 약화시킨다. 낯선 사람들끼리 긴장감을 낮추고 싶을 때나 누군가에게 아니라고 말하고 싶을 때 우리가 어떻게 웃는지를 관찰해 보라. 우리는 사과할 때 웃기도 한다. 웃음은 사람의 마음을 누그러뜨리고, 사람들 사이를 중개하고, 우호적인 행동을 용이하게 한다.

① 감정적 반응

② 사회적인 친교

③ 긴장의 배출

④ 유머 감각

⑤ 마음의 상태

| 해설 | 빈칸 다음부터는 웃음이 다른 사람들과의 관계 즉 친교를 형성하는 데 있어 여러 가지 효과가 있음을 설명하고 있다. 따라서 정답으로 가장 적합한 것은 ②이다.

| 어휘 | **subtle** ⓐ 절묘한, 감지하기 힘든   **break the ice** – 서먹서먹한 분위기를 깨다

dampen ⓥ 약화시키다   **hostility** ⓝ 적대감

aggression ⓝ 공격성   **deflate** ⓥ 수축시키다, 낮추다

disarm ⓥ 마음을 누그러뜨리다   **amicable** ⓐ 우호적인

companion ⓝ 동반자, 친교

14 In the middle of the day on Feb. 22 an earthquake shattered Christchurch, New Zealand's second-biggest city, killing 98. _____. Several hundred of the city's 386,000 residents are trapped or missing. In one building alone, housing a local television station, 100 are feared dead. It could be New Zealand's worst ever disaster.

① Many houses were on fire

② Firefighters did their best

③ City Hall couldn't avoid the disaster

④ The number is sure to rise

⑤ It was an expected disaster

| 정답 | ④

| 해석 | 2월 22일 한낮에 뉴질랜드에서 두 번째로 큰 도시인 크라이스트처치에 지진이 덮쳐 98명이 사망했다. 사망자 수는

늘어날 것이 분명하다. 386,000명가량의 시민 중 수백 명이 갇히거나 실종되었다. 현지 방송국이 위치한 건물 하나에서만 100명이 사망한 것으로 우려된다. 이번 지진은 뉴질랜드 최악의 재난이 될 수 있다.

① 많은 집이 불에 탔다
② 소방관들은 최선을 다했다
③ 시청도 재난을 피할 수 없었다
④ 사망자 수는 늘어날 것이 분명하다
⑤ 이번 지진은 예측된 재난이었다

| 해설 | 사망자가 98명이라고 나왔지만, 건물 하나에서 100명이 사망한 것으로 우려되므로, 사망자가 98명을 넘을 수도 있다. 따라서 정답은 ④이다.

| 어휘 | **shatter** ⓥ 산산조각 내다　　　　　　　　**fear** ⓥ 우려[염려]하다

---

15 The prints were collected by such painters as Édouard Manet, Edgar Degas, Claude Monet, and other artists. The clarity of line, spaciousness of composition, and boldness and flatness of colour and light in Japanese prints had a direct impact on their work and on that of their followers. Less important and more ephemeral was an attempt in France to _____ Japanese interior design, following the display of Japanese decorative arts at the 1867 Universal Exposition in Paris.

① exasperate　　　　　　　　　　　② alienate

③ alleviate　　　　　　　　　　　　④ emulate

| 정답 | ④

| 해석 | 그 그림들은 에두아르 마네, 에드가 드가, 클로드 모네 등과 같은 화가들과 다른 예술가들에 의해 수집됐다. 일본 예술 작품에서 나타난 명료한 선과 여백의 미, 그리고 빛과 색상의 대담함과 소박함은 이들의 작품 및 그들을 추종하는 이들의 작품에 커다란 영향을 줬다. 그리 중요하지는 않았으며 또한 오래 지속되지는 않았지만 프랑스에서는 일본의 실내 디자인을 모방하려는 시도가 있었다. 이는 파리에서 개최된 1867년 세계 박람회에서 일본의 장식용 예술품이 전시된 이후 생겨났다.

① 몹시 화나게 만들다　　　　　　　② 소원하게 만들다
③ 완화하다　　　　　　　　　　　　④ 모방하다

| 해설 | 지문의 주제는 일본 예술이 프랑스 예술계에 '영향을 미쳤다(had a direct impact on their work)'는 것이다. 빈칸이 위치한 문장은 주제에 대한 부연이므로 빈칸에는 작가들이 일본 실내 디자인의 영향을 받았다는 내용이 필요하다. 따라서 일본 실내 디자인을 '모방(emulate)하려는' 시도가 빈칸에 가장 적절하다. 분사구문의 'following'도 'emulate'과 비슷한 뜻이다.

| 어휘 | **clarity** ⓝ 명료성, 명확성　　　　　　**composition** ⓝ 구성
　　　　boldness ⓝ 대담함　　　　　　　　　**flatness** ⓝ 소박함
　　　　ephemeral ⓐ 수명이 짧은, 단명한　　**exasperate** ⓥ 몹시 화나게 하다, 성나게 하다
　　　　alienate ⓥ (서로 간의 관계를) 소원하게 만들다　**alleviate** ⓥ (고통이나 통증을) 완화하다
　　　　emulate ⓥ 모방하다, 따라가다

16 Some researchers believe that the protein called tau is responsible for the tangles that are one characteristic of Alzheimer's. Tau occurs normally in neurons and consists of microtubules that look like ropes. These become the tangled masses of Alzheimer's when abnormal formations of tau occur. A specific gene is thought to be responsible for inhibiting the formation of tangles. When this gene is not present, the tau goes ＿＿＿＿＿ and tangles result. The gene that replaces the tau inhibitor gene is thought to be responsible for the formation of plaque, the other physiological brain abnormality seen in those with Alzheimer's. 한양대

① uncultured ② unchecked

③ unmarked ④ unreconstructed

| 정답 | ②

| 해석 | 몇몇 연구자들은 tau라 불리는 단백질이 알츠하이머병의 특징 중 하나인 (신경 섬유의 다발성) 병변을 야기하는 것으로 믿고 있다. tau는 일반적으로 뉴런에서 생성되며 밧줄처럼 생긴 미세 소관으로 구성되어 있다. 이 미세 소관은 tau가 비정상적으로 형성되기 시작하면 알츠하이머병의 특징인 다발성 병변 덩어리로 변화한다. 이러한 병변의 형성을 억제하는 기능을 한다고 생각되는 특정한 유전자가 있다. 이 특정 유전자가 부재할 시, tau 단백질은 억제되지 못하게 되면서 병변이 발생된다. tau 억제 유전자를 대체하는 유전자가 알츠하이머병 환자의 뇌 속에서 관측되는 또 다른 생리학적 이상 현상인 플라크의 형성을 야기한다고 여겨진다.

① 세련되지 못한 ② 억제되지 못한

③ 눈에 띄지 않는 ④ 재건되지 않는

| 해설 | 본문에 따르면 다발성 병변이 tau라 불리는 단백질에 의해 일어나는데, 'A specific gene is thought to be responsible for inhibiting the formation of tangles.(이러한 병변의 형성을 억제하는 기능을 한다고 생각되는 특정한 유전자가 있다.)' 당연히 'When this gene is not present(이 특정 유전자가 부재할 시)', tau 단백질이 병변을 형성시켜도 이를 막을 방법이 없을 것임을 추론할 수 있다. 보기 중에서 goes와 결합해서 tau 단백질을 막을 수 없게 된다는 의미에 가장 가까운 표현은 'goes unchecked'이며 따라서 정답은 ②이다.

| 어휘 | **neurofibrillary tangle** – 신경 섬유의 다발성 병변 알츠하이머병환자의 이상 질환 중 하나

neuron ⑪ 뉴런, 신경 단위 **microtubule** ⑪ 미세 소관

inhibit ⓥ ～을 억제하다, 금하다 **go unchecked** – 억제되지 않다, 제멋대로 되다

plaque ⑪ 플라크 알츠하이머병 환자의 뇌에서 축적되는 것

physiological ⓐ 생리학상의

uncultured ⓐ 개간, 경작하지 않은, 교양 없는, 세련되지 못한

unmarked ⓐ 눈에 띄지 않는

unreconstructed ⓐ 낡은 사상의, 재건[개조]되지 않은

17 Large collections of animals, which were originally called menageries, have served as magnets for visitors since the times of the ancient Chinese, Egyptians, Babylonians, and Aztecs. Modern zoos now come in many sizes and can be found throughout the world. The Philadelphia Zoo was the first location in the United States dedicated to the large-scale collection and display of animals. While this facility is still of great importance, it has been _____ by more spectacular zoos such as the Bronx Zoo and the San Diego Zoo. 중앙대

① embellished　　　　　　　　　　② overstated

③ eclipsed　　　　　　　　　　　④ panegyrized

| 정답 | ③

| 해석 | 고대 중국이나 이집트, 바빌로니아, 아즈텍 시대 이래로 동물들을 많이 모아 놓는 것(이것은 원래 menagerie라고 지칭되었음)이 사람들을 끌어 모으는 자석과 같은 역할을 해 왔다. 요즘의 현대식 동물원은 규모도 다양하고 세계적으로 도처에서 찾아볼 수 있다. 미국의 경우 대규모로 동물들을 모아 전시한 곳은 the Philadelphia Zoo가 처음이었다. 이 동물원은 여전히 중요한 곳이지만, the Bronx Zoo나 the San Diego Zoo와 같은 보다 더 장관을 이루는 동물원들에 의해 무색하게 되었다.

① 장식되다　　　　　　　　　　② 과장되다

③ 무색하게 되다　　　　　　　　④ 찬사를 받다

| 해설 | 빈칸의 문장은 양보의 접속사 while이 사용되었으며, 문장의 흐름으로 볼 때 the Philadelphia Zoo가 미국에 처음 생긴 대규모 동물원이고 여전히 중요한 곳이지만 요즘은 더 크고 더 멋진 동물원들에게 밀리게 되었다는 식의 부정적 어감의 동사가 와야 하는 자리이다. 따라서 더 화려해지고, 과장이긴 하지만 더 중요도가 높아지고, 찬사를 받고 등의 긍정적 어감의 단어들이 어울리지 않는다. 「A is eclipsed by B」라고 하면 'A가 B에 의해 빛이 가려지다, 무색해지다' 등의 의미를 지니는 ③이 정답이 된다.

| 어휘 | **menagerie** ⓝ (동물 쇼 등을 위해 모아 놓은) 야생 동물들

magnet ⓝ (자석같이) 사람의 마음을 끄는 사람이나 물건

come in many sizes – 규모가 다양하다　　　**be dedicated to** – ~에 전념하는, ~에 헌신하는

facility ⓝ 시설　　　　　　　　　　　**of great importance** – 매우 중요한

embellish ⓥ 아름답게 꾸미다, 장식하다　　　**overstate** ⓥ (실제보다 더 중요한 것처럼) 과장하다

A eclipse B – A가 B를 가리다, A가 B를 무색하게 하다

panegyrize ⓥ 찬양 연설문을 쓰다, 찬사를 보내다

18 Part of the terror of sharks may stem from a famous attribute of sharks: their need to keep swimming in order to breathe. Many sharks need to employ what's called ram ventilation in order to respire, swimming forward with their mouths open, letting the water — with its oxygen — flow through the gill slits. This is one of the reasons people see sharks as scary; cruising along as they display their sharp teeth, they look as if they're poised to attack at any moment. What appears to be a prelude to aggression is _____. 서울여대

① a shark scouring for food

② a shark attempting to attack

③ a shark marking its territory

④ a shark trying to catch its breath

| 정답 | ④

| 해석 | 상어가 주는 공포의 일부는 상어가 지닌 다음의 유명한 속성에 기인한다. 바로 상어는 숨을 쉬기 위해 계속 수영을 해야 한다는 속성 말이다. 수많은 상어는 호흡을 하기 위해 '앞으로 돌진하여 환기를 시키는' 방법을 채택해야 했으며, 이를 위해 입을 벌린 채 앞으로 수영하여 산소가 담긴 물이 아가미구멍을 통해 흐르도록 해야 했다. 바로 이 점이 사람들이 상어를 두려워하는 여러 이유 중 하나이다. 날카로운 이빨을 드러낸 채 돌아다니는 모습은 마치 언제든 공격할 만반의 태세를 갖춘 것으로 보인다. 공격을 위한 전조로 보이는 것은 실제로는 상어가 숨을 쉬려고 애쓰는 모습인 것이다.
① 상어가 음식을 샅샅이 뒤지는 모습
② 상어가 공격을 시도하는 모습
③ 상어가 영역을 표시하는 모습
④ 상어가 숨을 쉬려고 애쓰는 모습

| 해설 | 상어는 숨을 쉬기 위해 항상 입을 벌리고 있지만, 사람들은 이를 마치 공격하려고 준비하는 것으로 오해하고 있다. 즉 공격을 위한 전조로 보이는 것이 실제로는 '숨을 쉬려고 애쓰는 모습'에 불과한 것이다. 따라서 정답은 ④이다.

| 어휘 | **stem from** – ~에서 기인하다   **attribute** ⓝ 속성, 자질
ram ⓥ 강제로 밀어붙이다, 앞으로 돌진하다   **ventilation** ⓝ 환기, 통풍
respire ⓥ 호흡하다   **gill slit** – 아가미구멍
be poised to – ~할 만반의 태세를 갖추고 있다   **prelude** ⓝ 서막, 전조
aggression ⓝ 공격   **scour** ⓥ 샅샅이 뒤지다

19 When we see impressive performance by someone, we think he is naturally skilled. The reality is, however, that he has simply practiced for longer and more intensely than others. Perhaps the most dramatic example is from chess. A study took one group of chess masters and another group of novices. When presented with chess pieces as they would be arranged in a chess game, the masters were stunningly better than the novices at recalling each piece's position. Here's the catch: when the pieces were set up randomly, in a manner that would never occur in a real game of chess, the masters were no better than the novices at remembering where the pieces were. So much for chess masters _____. 서울여대

① being more adept at recognizing patterns on the chess board

② being born with special powers of memory or concentration

③ sustaining an intensity that seems beyond the reach of most people

④ excelling not because of innate ability but because of dedicated practice

| 정답 | ②

| 해석 | 우리는 누군가가 인상 깊은 성과를 보이면, 그 사람이 선천적으로 숙련된 사람이라고 생각하게 된다. 하지만 실제로는 그 사람은 단지 다른 사람들보다 더 열심히 오랫동안 연습을 했을 뿐이다. 어쩌면 이를 가장 잘 극적으로 드러내는 사례로 체스를 들 수 있다. 한 연구에서 체스 마스터로 구성된 한 집단과 체스 초보자로 구성된 다른 집단을 선정했다. 체스 말을 체스 게임에서 배열하는 방식으로 제시했을 경우, 체스 마스터들은 체스 초보자에 비해 각 말의 위치를 놀랄 만큼 잘 떠올릴 수 있었다. 문제는 이것이다. 말을 무작위로 배열했을 경우, 즉 실제 체스 게임에서는 있을 수 없는 방식으로 배열했을 경우, 말의 위치를 기억하는 능력은 마스터든 초보이든 별 차이가 없었다. 기억력이나 집중력이 특별히 타고난 체스 마스터도 별반 차이가 없었다.

① 체스 판의 패턴을 더 능숙하게 인식할 수 있는

② 기억력이나 집중력이 특별히 타고난

③ 대부분의 사람이 가능한 수준을 훨씬 뛰어넘는 세기를 유지할 수 있는

④ 선천적 능력 때문이 아니라 헌신적인 연습 덕분에 탁월함을 보이는

| 해설 | 우선 빈칸 앞에서 마스터든 초보자든 체스 말이 무작위로 배열되었을 때는 암기 능력에 별반 차이가 없음을 말하고 있다. 그리고 빈칸 앞 So much for는 '〜도 별반 다를 것이 없었다'는 의미이다. 이 두 사항을 감안하고서 보기의 표현을 빈칸에 대입해 봤을 때 정답으로 가장 적절한 것은, '무작위로 배열된 상황에서는 아무리 능력이 뛰어난 마스터라도 암기 능력이 초보자와 별반 다를 것이 없었다'는 의미의 ②가 정답으로 가장 적절하다.

| 어휘 | **impressive** ⓐ 감명 깊은, 인상 깊은
intensely ⓐⓓ 열심히
catch ⓝ (숨은) 문제점, 애로점
adept ⓐ 능숙한
sustain ⓥ 지속시키다, 유지하다
dedicated ⓐ 헌신적인, 전념하는

performance ⓝ 실적, 연기, 성과
stunningly ⓐⓓ 놀랄 만큼
so much for - 〜도 별반 다를 것이 없었다
concentration ⓝ 집중력
innate ⓐ 선천적인

20 Sexual reproduction probably arose as a way to _____. By mixing up your DNA with that of another individual to make offspring, you make sure that any mutations you have will end up in only half of your offspring. Your sexual partner will have mutations of their own, but they are almost certain to be different mutations on different genes. Because offspring have two copies of each gene, the normal version inherited from one parent often masks the failures of the mutated version inherited from the other parent. 명지대

① spread DNAs effectively
② accumulate mutations faster
③ prevent mutations in DNAs from arising
④ contain the damage caused by mutations

| 정답 | ④

| 해석 | 유성 생식은 아마도 돌연변이로 인한 피해를 억제하는 방안으로 발달한 것으로 보인다. 후손을 낳기 위해 여러분의 DNA를 다른 사람의 DNA와 조합하는 것은 여러분이 보유한 어떤 돌연변이라도 결국 반만 후손이 갖도록 하는 것이다. 여러분의 성적 파트너에게도 자신만의 돌연변이가 있을 것이지만, 여러분과 다른 유전자로 인한 다른 돌연변이일 것이 거의 확실하다. 후손은 각 유전자로부터 복사된 두 개의 유전자를 지니고 있기 때문에 한쪽 부모에게서 물려받은 정상적인 유전자가 다른 쪽 부모에게서 물려받은 변이가 발생된 버전으로 인한 실패를 가리는 경우가 종종 존재한다.
① DNA를 효과적으로 확산하다
② 돌연변이를 빠르게 축적하다
③ DNA에 돌연변이가 발생하는 것을 예방하다
④ 돌연변이로 인한 피해를 억제하다

| 해설 | 빈칸 이후 본문 내용을 보면, 유성 생식을 통해 서로의 유전자가 결합되면 정상적인 유전자가 돌연변이 유전자를 가려서 돌연변이 유전자가 발현되는 것을 막기 때문에 결국 유성 생식은 돌연변이가 발생하는 것을 막아서 그로 인한 피해도 막는다는 사실을 알 수 있다. 따라서 정답은 ④이다. 참고로 ③의 경우는, 돌연변이 유전자가 존재하더라도 이를 발현되지 못하게 막는 것이지 발생 자체를 막는다는 내용은 본문에 없으므로 정답으로 볼 수 없다.

| 어휘 | **sexual reproduction** – 유성 생식   **mutation** ⓝ 돌연변이
end up in – 결국 ~로 끝나다   **inherit** ⓥ 물려받다
accumulate ⓥ 축적하다   **contain** ⓥ 억제하다, 방지하다

---

21 _____. Most developing countries, as they were once euphemistically known, really are now developing — and doing so fast. So it is not surprising their disease patterns are changing too, just as happened in the rich world. Deaths from infectious diseases are down. Rates of non-transmissible illness — often chronic and frequently the result of obesity — are rising. The panjandrums of global health are struggling to keep up. 서강대

① Infectious diseases constitute a major threat to the world's development

② The gap between poor and wealthy nations is rapidly increasing

③ Residents of developing nations suffer from the same diseases as three decades ago

④ Third World is not a term much used today

| 정답 | ④

| 해석 | 제삼 세계란 말은 오늘날 많이 사용되지 않는 용어이다. 한때 (제삼 세계라는) 완곡한 표현을 통해 알려진 대부분의 개발 도상국들은 실제로 발전 중에 있는 국가이며, 빠르게 발전하고 있다. 그래서 이들 개발 도상국의 질병의 유형 또한 선진국에서 그랬던 것과 마찬가지로 변화 중에 있다는 것이 놀랄 일은 아니다. 전염병의 인한 사망은 감소했다. 종종 만성적이고 비만의 결과인 경우가 자주 있는 비전염성 질환의 비율은 증가 중에 있다. 전 세계 보건의 수장들은 상황을 따라잡기 위해 애쓰고 있다.

① 전염병은 전 세계의 발전에 주된 위협이다

② 가난한 나라와 부유한 나라 간의 격차가 빠르게 증가하고 있다

③ 개발 도상국의 국민들은 30년 전과 동일한 질병에 시달리고 있다

④ 제삼 세계란 말은 오늘날 많이 사용되지 않는 용어이다

| 해설 | 본문에서는 개발 도상국이란 단어 이외에 '완곡한 표현을 통해 알려진(once euphemistically known)'을 통해 다른 표현이 있음을 암시한다. 보기 중에서 개발 도상국 이외에 국가를 의미하는 표현은 ④ '제삼 세계'를 들 수 있다. 따라서 정답은 ④이다.

| 어휘 | **euphemistically** ⓐ 완곡하게　　　　　**transmissible** ⓐ 전염하는

chronic ⓐ 만성적인　　　　　　　　　**panjandrum** ⓝ 대장, 두목, 높으신 양반

keep up (with) – (～의 진도·증가 속도 등을) 따라가다

constitute ⓥ ～이 되다　　　　　　　**resident** ⓝ 거주자, 주민

22　Poe is usually praised for having written some of the very first detective stories. Yet another aspect of Poe's work is frequently ignored: his understanding of abnormal psychology. Although today it is accepted that human beings may be motivated by dark and irrational desires contrary to normal morality, Poe wrote in the nineteenth century, not the twenty-first. Yet in "The Tell-Tale Heart" and "The Black Cat," he managed to realistically describe two characters who were well aware that they have no reason to desire the death of their victims. As Poe makes clear, ＿＿＿＿＿＿＿＿＿＿; they are driven by cruel desires beyond rational control. 한양대

① they are not driven by hallucination

② they are the devils with compassion

③ their heart is conquered by their mind

④ reason has nothing to do with their decisions

| 정답 | ④

| 해석 | 에드거 앨런 포는 바로 최초의 탐정 소설을 쓴 것으로 칭송받는다. 하지만 포의 작품의 다른 면인 비정상적 심리에 관한 그의 이해는 빈번히 무시당한다. 비록 오늘날에는 인간이 정상적인 도덕심에 반하는 어둡고 비이성적인 욕망에 이끌릴 수 있다는 사실이 받아들여져 있지만, 포는 21세기가 아니라 19세기에 저술 활동을 했던 사람이다. 하지만 '고자질하는 심장'과 '검은 고양이'에서 포는 자신들이 희생시킨 사람들의 죽음을 원할 이유가 없다는 점을 잘 알고 있던 두 명의 등장인물들을 실감나게 묘사했다. 포가 분명하게 드러낸 것은 이성은 등장인물의 결정과 아무 관련이 없다는 것이었다. 등장인물들은 이성적인 제어를 벗어난 잔인한 욕망에 좌우되었다.

① 등장인물들은 환각에 좌우되지 않았다

② 등장인물들은 동정심을 지닌 악마였다

③ 등장인물들의 마음은 정신에 의해 지배당했다

④ 이성은 등장인물이 내린 결정과 아무 관련이 없다

| 해설 | 본문의 핵심어로는 '비정상적 심리(abnormal psychology)', '어둡고 비이성적인 욕망(dark and irrational desires)', '이성적인 제어를 벗어난 잔인한 욕망(cruel desires beyond rational control)' 등이 있고, 포의 작품의 등장인물들은 이러한 것들에 지배당했다. 따라서 빈칸에 들어갈 것 역시 '이성으로부터 벗어났음'을 의미하는 ④가 된다.

| 어휘 | **detective** ⓐ 탐정의   **aspect** ⓝ 측면, 양상

irrational ⓐ 비이성적인   **rational** ⓐ 이성적인

hallucination ⓝ 환각

---

23   Some Muslims insist that Islam and modernization are perfectly _____. Many Islamic countries supply the oil that is, for now, the indispensable ingredient of modernization, and they have tried to use their staggering and sudden wealth to buy the machines of progress without the devil that often inhabit them. Conservative Saudi leaders, for example, seek to modernize without the garish libertine free-for-all that Western secular individualism has promoted. 한양대

① clashing   ② compatible

③ extraneous   ④ incongruous

| 정답 | ②

| 해석 | 일부 이슬람교도들은 이슬람과 현대화가 완벽하게 양립이 가능하다고 주장한다. 많은 이슬람 국가에서는 현재로서는 현대화의 없어서는 안 되는 구성 요소인 석유를 제공하고 있으며, 이들은 발전을 위한 장치를 사들이기 위해 갑자기 생겨난 엄청난 부를 이용하려고 하고 있으며 동시에 장치에 종종 깃들인 골칫거리는 들여오려 하지 않고 있다. 예를 들어 보수적인 사우디 지도자들은 서양의 세속적 개인주의가 촉진하는 화려하고 방탕한 무한 경쟁 없이 현대화를 이루려 한다.

① 충돌하는   ② 양립할 수 있는

③ 관련 없는   ④ 어울리지 않는

| 해설 | '이들은 발전을 위한 장치를 사들이기 위해 갑자기 생겨난 엄청난 부를 이용하려고 하고 있으며 동시에 장치에 종종 깃들인 골칫거리는 들여오려 하지 않고 있다(they have tried to use their staggering and sudden wealth to buy the machines of progress without the devil that often inhabit them).' 이 문장이 의미하는 것은 이슬람 국가들은 석유를 통해 얻은 부로 현대화를 하려 하면서도, 현대화에 수반되는 서양의 가치는 받아들이려 하지 않는다는 의미이다. 이를 한 문장으로 표현한 것이 본문 첫 문장으로, 보기 중에서 정답으로 가장 적절한 것은 '이슬람과 현대화가 완벽하게(Islam and modernization are perfectly)', '양립 가능(compatible)'이다. 따라서 정답은 ②이다.

| 어휘 | **indispensable** ⓐ 없어서는 안 되는   **ingredient** ⓝ 구성 요소

staggering ⓐ 압도적인, 엄청난   **inhabit** ⓥ 살다, 깃들다

garish ⓐ 화려한   **libertine** ⓐ 방탕한, 자유사상의

free-for-all ⓝ 무한 경쟁, 난투극   **clashing** ⓐ 충돌하는

compatible ⓐ 양립할 수 있는   **extraneous** ⓐ 관련 없는

incongruous ⓐ 어울리지 않는

24   We often engage in what is so-called brand switching if our current brand satisfies our needs. According to a study, many beer drinkers have a repertoire of two to six favorite brands rather than one clear favorite. We simply like to try new things; that is, we crave variety as a form of stimulation or to reduce boredom. Variety seeking, the desire to choose new alternatives over more familiar ones, even influences us to switch from our favorite products to the ones we haven't tried before. We are willing to do so because ＿＿＿＿＿＿＿＿＿＿＿＿. 가톨릭대

① the unpredictability itself is rewarding

② brand image is everything to be desired

③ the level of risk can be drastically reduced

④ it is a good form of self-expressive purchase

| 정답 | ①

| 해석 | 우리는 만일 현재 사용 중인 브랜드가 우리의 욕구를 충족시켜 주는 경우에도 소위 '브랜드 전환'이라 불리는 행위를 종종 하곤 한다. 한 연구에 따르면 맥주를 마시는 수많은 이들은 확실히 가장 애용하는 단 하나의 맥주 브랜드만 마시기보다는 2~6개 정도의 애용하는 맥주 브랜드 목록을 보유하고 있다. 간단히 말하자면 우리는 새로운 것들을 시도해 보는 것을 좋아한다. 즉 우리는 자극의 한 형태로서 또는 지루함을 덜기 위해 다양성을 갈망한다. 친숙한 것들로부터 새로운 대안이 되는 것들을 선택하고자 하는 욕구를 의미하는 다양성의 추구는 심지어 우리로 하여금 애용하던 제품으로부터 이전해 사용해 본 적 없는 제품으로 전환하도록 영향을 미친다. 우리는 예측이 불가능하다는 그 자체로도 보람이 있기 때문에 기꺼이 새로운 것을 시도해 보고자 한다.

① 예측이 불가능하다는 그 자체로도 보람이 있다

② 브랜드 이미지야말로 바라는 모든 것이다

③ 위험의 수준을 과감하게 낮출 수 있다

④ 자신의 개성을 표현하는 구매 형태의 좋은 사례이다

| 해설 | 우리가 제품 구매에 있어 다양성을 갈망하는 이유는 자극을 얻기 위해 또는 지루함을 덜기 위해서이다. 다양성을 갈망하기 때문에 전부터 애용하던 것 말고 이전에 사용해 본 적 없는 새로운 것을 찾는 것이다. 새롭고 다양한 것은 예측이 불가능한 것이며, 이런 새롭고 다양한 것을 추구한다는 것은 예측이 불가능한 것이라도 추구함으로서 자극을 얻고 지루함을 더는 등 나름의 보람을 얻을 수 있기 때문이다. 즉 예측이 불가능하다는 그 자체가 보람 있는 일인 것이다. 따라서 정답은 ①이다.

| 어휘 | **engage in** – ~에 종사하다, ~에 참여하다   **brand switching** – 브랜드 스위칭, 브랜드 전환
repertoire ⑪ (한 사람이 할 수 있는) 모든 것[목록]
simply ⑳ (간단히) 요약하면; 그야말로, 그저   **crave** ⓥ 갈망하다, 열망하다
variety ⑪ 다양성   **alternative** ⑪ 대안, 선택 가능한 것
unpredictability ⑪ 예측[예보] 불가능   **rewarding** ⓐ 보람 있는, 득이 되는
drastically ⑳ 철저하게, 과감하게   **self-expressive** ⓐ 자기[개성] 표현의

25 One of sleep-related disorders, _____ is a disturbance of arousal that falls under the Parasomnias group of disorders. Parasomnias are undesirable motor, verbal, or experiential events that occur typically during non-Rapid Eye-Movement(NREM) sleep. It was once thought to be an acting out of dreams. However, _____ actually takes place during deep sleep, not during REM sleep when dreams most typically occur. The disorder is usually benign, self-limited and rarely requires treatment.

① daydreaming   ② sleeplessness

③ nightmare   ④ somnambulism

| 정답 | ④

| 해석 | 수면 관련 질환 중 하나인 몽유병은 반응 소실증 그룹에 속하는 각성 장애의 일종이다. 반응 소실증은 운동 신경, 언어, 경험 등에서 바람직하지 않은 사건이 발생하는 것을 일컬으며 보통 논렘 수면 중에 발생한다. 몽유병은 과거에는 꿈에서 발생하는 것으로 생각되었다. 하지만 실제로는 몽유병은 대부분의 경우 보통 꿈을 꾸는 렘수면 중에 발생하는 것이 아니라 숙면 중에 발생한다. 이 몽유병이라는 질환은 보통 해를 끼치지 않고 자체적으로 한정되며 치료를 거의 필요로 하지 않는다.

① 백일몽   ② 불면증
③ 악몽   ④ 몽유병

| 해설 | '몽유병'이라는 단어를 고르는 문제이다. 이렇게 용어의 정의를 묻는 문제 역시 어휘력을 묻기 위하여 문장 완성의 형식으로 출제 가능한 영역이다.

| 어휘 |
disturbance ⓝ 장애, 방해	arousal ⓝ 각성, 자극
parasomnia ⓝ 반응 소실증, 사건수면	motor ⓐ 운동의, 운동 신경의
benign ⓐ 양성의, 온화한	self-limited ⓐ 자체 한정적인, 자기 한정성의
daydreaming ⓝ 백일몽	sleeplessness ⓝ 불면증
somnambulism ⓝ 몽유병, 야행증	

---

26 _____. They give loving attention to every detail. When sloppy people say they're going to tackle the surface of the desk, they really mean it. Not a paper will go unturned; not a rubber band will go unboxed. Four hours or two weeks into the excavation, the desk looks exactly the same, primarily because the sloppy person is meticulously creating new piles of papers with new headings and scrupulously stopping to read all the old book catalogs before he throws them away. A neat person would just bulldoze the desk. 한양대

① Sloppy people aim too high and wide

② Sloppy people can't bear to part with anything

③ Sloppy people place neatness above everything, even economics

④ Sloppy people buy everything in expensive little single portions

| 정답 | ②

| 해석 | 산만한 사람들은 무엇인가가 자신의 손에서 떨어지는 것을 참지 못한다. 이 사람들은 아주 상세한 사항까지 애정 어린 관심을 쏟는다. 산만한 사람이 자신이 책상 위를 정리하겠다고 말한다면, 이 사람들은 진심으로 하는 소리이다. 종이 한 장도 그냥 넘어가지 않는다. 고무줄 하나라도 상자 안에 넣고 정리해야 한다. 네 시간 또는 두 주 동안 책상을 발굴하고 나면 책상은 정리 전과 꼭 같아 보이는데, 이는 산만한 사람이 꼼꼼하게 종이 더미에 새로 제목을 달아 정리하고 옛날 도서 목록을 버리기 전에 하나하나 전부 세심하게 읽기 위해 하던 일을 멈춘 것이 주된 이유이다. 단정한 사람들은 그냥 책상을 밀어 버린다.

① 산만한 사람들은 목표가 너무 높다

② 산만한 사람들은 무엇인가가 자신의 손에서 떨어지는 것을 참지 못한다

③ 산만한 사람들은 다른 무엇보다도, 심지어 경제성보다도 단정함을 우선시한다

④ 산만한 사람들은 모든 것들을 비싸고 자그마한 양으로 나눠서 구매한다

| 해설 | 빈칸에 해당되는 내용은 본문 전체의 주제로 볼 수 있으며, 빈칸 이후의 내용은 주제를 뒷받침하는 서술로 볼 수 있다. 본문 전체 내용을 보면 단정한 사람과 달리 산만한 사람은 단번에 책상 정리를 끝내는 것이 아니라 한참 동안 책상 위의 물건을 손에서 놓지 않고 다시 분류해 보고, 책도 다시 읽어 보는 등 정리에 집중을 하지 못한다. 즉 '무엇인가가 자신의 손에서 떨어지는 것을 참지 못하는 사람들'이다. 이 모든 사항을 종합해 봤을 때 정답은 ②이다.

| 어휘 | **sloppy** ⓐ 엉성한, 산만한   **tackle** ⓥ 다루다, 부딪치다

unturned ⓐ 뒤집지 않은, 돌리지 않은   **excavation** ⓝ 발굴, 출토

primarily ⓐⓓ 주로   **meticulously** ⓐⓓ 꼼꼼하게

heading ⓝ 제목   **scrupulously** ⓐⓓ 신중하게, 세심하게

bulldoze ⓥ 불도저로 밀다   **part with** – ~의 손을 떼다, ~을 주다

place A above B – A를 B보다 우선시하다

---

27 It is everywhere true that those at the bottom of the social hierarchy are the majority, in the past often the great majority. Their lives are nastier, more brutish, and considerably shorter than the lives of their more fortunate contemporaries. Why then does the majority remain deprived? The minority at the top may have a near monopoly of force, but force alone is not the answer. A system of social differentiation must be found in which all believe, not just some. The universal acceptance of _____ ensures its perpetuation. 서울여대

① human sacrifice   ② the caste system

③ religious rituals   ④ social equality

| 정답 | ②

| 해석 | 사회 계급의 맨 밑바닥에 있는 사람들이 전체 인구 가운데 다수이고, 과거에는 절대 다수였다는 것은 어디에서든 사실이다. 이들의 삶은 운이 더 좋은 편인 동시대 사람들의 삶과 비교하면 더욱 끔찍하고, 난폭하며, 훨씬 짧다. 그렇다면 다수에 속하는 사람들이 궁핍한 이유는 무엇일까? 정상에 위치한 소수의 사람들은 거의 독점에 가까운 권력을 보유하지만, 오직 권력만을 그 이유라 할 수는 없다. 사회적인 차별 제도는 일부의 사람이 아니라 모든 사람이 믿어야만 등장하는 것이다. 카스트 제도를 보편적으로 수용하고 있기 때문에 차별 제도가 영속하는 것이다.

① 인간의 희생   ② 카스트 체계

③ 종교적 의식   ④ 사회적 평등

'사회적인 차별 제도는 일부의 사람이 아니라 모든 사람이 믿어야만 등장하는 것이다.(A system of social differentiation must be found in which all believe, not just some.)' 이 말은 빈칸이 들어간 다음 문장과 연계해서 보면, 모든 사람들이 차별 제도를 '보편적으로 수용(universal acceptance)'할 경우, 차별 제도가 '영속(perpetuation)'된다는 의미이기도 하다. 여기서 '빈칸'에 해당되는 것이 '차별 제도'와 같은 의미임을 알 수 있다. 따라서 정답은 ②이다.

| 어휘 | **hierarchy** ⓝ 계급, 계층   **nasty** ⓐ 끔찍한, 형편없는

brutish ⓐ 야수 같은, 난폭한   **contemporary** ⓝ 동시대 사람

deprived ⓐ 궁핍한, 불우한   **differentiation** ⓝ 차별, 구별

perpetuation ⓝ 영속화, 영구화

---

28   Initially, researchers assumed that group discussion would have a mellowing influence on hotheads and extremists within the group. As a result, group discussion was expected to produce more moderate decisions than individual decision-making. However, some researchers found that group discussion rather intensifies individuals' views or opinions to the extreme, which leads to group polarization. Yet, the group polarization effect does not occur invariably. One major requirement is that group members must basically agree, at least in a general sense, about what side of the issue they favor. When people were grouped together with others who shared their views, discussion intensified their attitudes, with liberals becoming more tolerant and traditionalists becoming less tolerant following group discussion. In this sense, group polarization represents the intensification of ＿＿＿＿＿＿＿＿＿＿＿＿.

중앙대

① a social conflict within members of one group

② unequal socio-economic status of group members

③ a democratic co-building of the shared views

④ a pre-existing initial group preference

| 정답 | ④

| 해석 | 애초에 연구자들은 그룹 토론이 그룹 내의 성급하거나 극단적인 사람들을 부드럽게 만드는 영향을 줄 것이라고 가정했다. 결과적으로 그룹 토론을 하면 개인의 개별 의사 결정보다는 좀 더 온건한 결정을 도출하리라 기대했던 것이다. 하지만 몇몇 연구원들은 조사를 통해 그룹 토론이 개인의 견해나 의견을 극단으로 심화시킬 수 있으며, 이로써 그룹의 의견 대립이 발생할 수 있다는 것을 발견했다. 그러나 그룹의 의견 양극화 현상이 매번 일어나는 것은 아니다. 여기에 꼭 필요한 사항이 있는데, 그룹 구성원들이 문제의 찬반에 대해, 적어도 대체적으로는, 자신들이 선호하는 입장에 기본적으로 동의해야 한다는 것이다. 사람들이 자신들의 견해와 같은 의견을 가진 다른 사람들과 같은 그룹에 속해 있게 되면, 토론이 이들의 견해를 극단화시키는데, 예를 들어 그룹 토론을 진행한 후 진보주의자들은 보다 더 관대한 입장을 취하며 보수주의자들은 보다 덜 관대한 입장을 취하게 된다는 것이다. 이런 점에서, 그룹의 양극화는 기존부터 존재한 애초의 그룹 선호도를 강화시킨다는 것을 보여 준다.

① 그룹 구성원들 사이의 사회적 갈등

② 그룹 구성원들의 평등하지 못한 사회 경제적 지위

③ 공통 의견의 민주적 상호 형성

④ 기존부터 존재한 애초의 그룹 선호도

| 해설 | 그룹 토론을 하면 극단적인 생각들이 제거되어 보다 더 온건하고 중도적(moderate) 의견 도출이 가능하리라 생각했지만, 실은 같은 생각을 가진 사람들의 영향을 받아 애초의 생각들이 더 극단으로 치닫게 되는 의견 양극화 현상(polarization)이 일어난다는 것이 글의 요지이다. 빈칸에는 사회적 혹은 사회 경제적인 이슈가 오는 것은 부적절하며, 민주적 의사 결정을 말하고 있는 것 또한 정답이 될 수 없다. 빈칸에는 애초에 집단이 보유했던 선호 의견이라는 ④가 정답이 된다.

| 어휘 | mellow ⓥ 부드럽게 만들다   hothead ⓝ 성급한 사람
extremist ⓝ 극단주의자   moderate ⓐ 중도의, 온건한
intensify ⓥ 강화하다, 심화시키다   polarization ⓝ 양극화, (의견) 대립
invariably ⓓ 변함없이   favor ⓥ 선호하다
liberal ⓝ 진보주의자   traditionalist ⓝ 보수주의자
tolerant ⓐ 관대한   socio-economic ⓐ 사회 경제적인

---

29 Should the public be shown actual courtroom trials on television? It seems as though the system can easily be corrupted by having cameras in the courtroom. Victims are hesitant enough when testifying in front of a small crowd, but their knowledge that every word is being sent to countless homes would increase the likelihood that they would simply turn down the request for testimony. There is little to no assumed innocence for the accused when their trial is put on television. People do not watch court television because they are concerned about our country's ability to effectively carry out the proceedings of the judicial system. _____, they are looking for the drama in witness testimony: entertainment. _____, leave the cameras out of the courtrooms, and let the public view sitcom dramas based on the legal precedents. 한양대

① But – However   ② Instead – Thus

③ Likewise – Therefore   ④ Accordingly – Nevertheless

| 정답 | ②

| 해석 | 대중에게 실제 법정 재판이 TV로 중계되어야 하는가? 재판은 법정에 카메라가 들어온 것만으로도 쉽게 변질될 것처럼 보인다. 피해자들은 소규모의 청중 앞에서도 증언하는 것도 충분히 망설이는데, 자신의 모든 말이 수많은 가정으로 보내진다는 것을 알면 피해자들이 증언해 달라는 요청을 딱 잘라 거부할 가능성이 높아진다. 재판이 TV로 방송이 되면 피고의 무죄 추정은 거의 또는 전혀 이루어지지 않는다. 사람들이 법정 TV를 보는 이유는 사법 제도의 절차를 효과적으로 수행하는 국가의 능력에 관심이 있기 때문이 아니다. 대신에 사람들은 증인의 증언에서 드라마, 즉 오락거리를 원한다. 따라서 법정에서는 카메라를 치우고, 대중들은 재판을 소재로 하는 시트콤을 보는 것이 낫다.

① 그러나 – 그러나   ② 대신에 – 따라서

③ 마찬가지로 – 그러므로   ④ 따라서 – 그럼에도 불구하고

| 해설 | 첫 번째 빈칸을 중심으로 TV 중계 재판을 시청하는 상반되는 이유가 제시되었으므로 빈칸에는 'But'이나 'Instead'가 적절하다. 빈칸이 위치한 마지막 문장은 'TV 중계 재판에 반대한다'는 결론을 주제로 제시하고 있으므로 'Thus'나 'Therefore'가 논리적인 연결어이다.

| 어휘 | courtroom ⓝ 법정   corrupt ⓥ 변질시키다

hesitant ⓐ 주저하는, 망설이는

testimony ⓝ 증언

innocence ⓝ 무죄

turn down – ~을 거부하다

assumed ⓐ 추정되는

the accused – 피고

30 An increasing number of studies suggest that the main danger of television may not be the message, but the medium itself, just looking at TV. In Bedford, Mass., Psycho-physiologist Thomas Mulholland and Peter Crown, a professor of television and psychology at Hampshire College, have attached electrodes to the heads of children and adults as they watched TV. Mulholland thought that kids watching exciting shows would show high attention. To his surprise, the reverse proved true. While viewing TV, the subjects' output of alpha waves increased, indicating they were in a passive state, as if they were "just sitting quietly in the dark." The implication: TV may be _____. 인하대

① a training course in the art of inattention

② an efficient medium to improve kids' attention

③ a useful machine when kids watch it moderately

④ an important medium to send the message correctly to kids

| 정답 | ①

| 해석 | 더욱 많은 연구에 따르면 TV의 주된 위험은 TV가 전하는 메시지가 아니라 TV라는 매체 그 자체에 있다는 것, 즉 TV를 보는 것 자체에 위험이 있을 수 있음이 나타나고 있다. 매사추세츠주 Bedford에서 정신 생리학자 Thomas Mulholland와 Hampshire 대학의 TV 심리학 교수 Peter Crown은 TV를 보는 아이와 어른의 머리에 전극을 부착했다. Mulholland는 신나는 쇼를 보는 아이들이 높은 집중력을 보이리라 생각했다. 놀랍게도 정반대의 사실이 증명되었다. TV를 보는 동안에 실험 대상의 알파파 출력이 증가했는데, 이는 그들이 '그냥 어둠 속에 조용히 앉아 있는' 것처럼 수동적인 상태에 있음을 나타낸다. 이것이 암시하는 바는 TV 시청은 집중력 상실을 숙련시키는 훈련 과정이 될 수 있다는 것이다.

① 집중력 상실을 숙련시키는 훈련 과정

② 아이의 집중력을 향상시키기에 효과적인 매체

③ 아이들이 적절히 본다면 유용한 기계

④ 아이들에게 메시지를 정확히 전달하기 위해 중요한 매체

| 해설 | TV를 보는 아이들이 '높은 집중력(high attention)'을 보여 줄 것으로 예상했던 것과는 달리 '정반대의 사실이 증명(the reverse proved true)'되었고 또한 '수동적인 상태(in a passive state)'에 있었음을 미루어 볼 때, 보기 중에서 빈칸에 들어가기에 가장 적절한 것은 높은 집중력과 반대되는 'inattention'이라는 단어가 들어간 ①이다.

| 어휘 | **medium** ⓝ 매체

psychology ⓝ 심리학

output ⓝ 출력

art ⓝ 기술, 숙련, 기교

psycho-physiologist ⓝ 정신 생리학자

electrode ⓝ 전극

implication ⓝ 암시

inattention ⓝ 부주의, 집중력 없음

31 As the nonstop TV commercials have made clear, the U.S. Census Bureau really hopes you've sent back your questionnaire by now. But in reality, we don't have to wait for the census results to get a basic picture of America's demographic future. The operative word is "more": by 2050, about 100 million more people will inhabit this vast country, bringing the total U.S. population to more than 400 million. With a fertility rate 50 percent higher than Russia, Germany, or Japan, and well above that of China, Italy, Singapore, South Korea, and virtually all of Eastern Europe, the United States has become a(n) _____ among its traditional competitors, all of whose populations are stagnant and seem destined to eventually decline. 인하대

① aging society   ② global adviser
③ outlier   ④ failure

| 정답 | ③

| 해석 | 쉬지 않고 계속되는 TV 광고가 잘 나타내듯이 미 인구 통계국에서는 진정 여러분이 지금쯤이면 인구 조사 설문지를 반송해 줄 것을 바라고 있다. 하지만 실제로 우리는 미국의 인구 통계의 미래가 어떤 모습일지 기본적인 모습을 파악하기 위해 인구 통계 조사 결과가 나오기까지 기다릴 필요도 없다. 핵심어는 '(인구가) 증가함'이다. 2050년이 되면 이 넓은 미국이란 나라에 1억 명이 더 거주하게 될 것이며, 그 결과 미국의 총 인구는 4억 명이 넘을 것이다. 러시아, 독일, 일본보다 출산율이 50% 이상 높고, 중국, 이탈리아, 싱가포르, 한국 그리고 거의 모든 동유럽 국가보다 훨씬 높은 출산율을 지닌 미국은, 인구가 정체 중이고 결국에는 감소할 운명으로 보이는 (미국의) 전통적인 경쟁국들 사이에서 이질적인 존재가 되었다.

① 고령화 사회   ② 세계의 조언자
③ 분리된 것   ④ 실패

| 해설 | 본문에 따르면 미국의 인구는 계속 늘어나기 때문에, '인구가 정체 중이고 결국에는 감소할 운명으로 보이는(all of whose populations are stagnant and seem destined to eventually decline)' 경쟁국들과는 다른 존재가 될 것이다. 따라서 보기 중에서 '다른 존재'를 나타낼 만한 것으로는 ③을 들 수 있다.

| 어휘 | **nonstop** ⓐ 멈추지 않는, 쉬지 않고 계속되는   **questionnaire** ⓝ 설문지
demographic ⓐ 인구(통계)의   **operative word** – 가장 중요한 말, 요점
stagnant ⓐ 정체된, 침체된   **destined** ⓐ ∼할 운명의, ∼하도록 정해진
outlier ⓝ 문외한, 분리된 것, 벗어난 것

32 Studies of individuals who have suffered brain damage due to stroke, traumatic injury, or illness have pinpointed two specific regions in the left hemisphere that play a vital role in the ability to use language. The first is Broca's area, located in the left frontal region near the motor cortex. Patients who have damage in this region exhibit expressive aphasia, or the inability to speak fluently, _____ their comprehension abilities remain intact. The second region, Wernicke's area, is in the temporal region of the left hemisphere close to the areas of the brain responsible for auditory processing. Damage to Werniche's area results in receptive aphasia, in which speech seems fluent — at least on the surface — but contains nonsense of incomprehensible words; the ability to understand the speech of others is also impaired. 가톨릭대

① although   ② because

③ if   ④ when

| 정답 | ①

| 해석 | 뇌졸중, 외상성 손상, 질병 등으로 뇌손상을 입은 사람들을 대상으로 수행한 연구를 통해 언어 사용 능력에 핵심적 역할을 하는 좌뇌 두 곳의 특정 영역을 정확히 찾아낼 수 있었다. 첫 번째 영역은 운동 피질 부근 좌 전두부에 위치한 브로카 영역이다. 이 영역이 손상된 환자는 표현 실어증, 즉 이해 능력은 온전히 남아 있지만 말을 유창하게 하지 못하는 장애를 겪는다. 두 번째 영역은 베르니케 영역으로, 좌뇌 측두부에 위치해 있으며 뇌에서 청각 처리를 관장하는 부위와 근접해 있다. 베르니케 영역이 손상을 입으면 수용 실어증, 즉 최소한 표면적으로는 말은 유창하게 하는 것 같지만 실제로는 이해가 안 되는 헛소리를 말하는 장애를 겪으며, 다른 사람들의 말을 이해할 수 있는 능력도 손상을 입는다.

① 비록 ~이긴 하지만   ② ~ 때문에

③ 만일 ~이면   ④ ~할 때

| 해설 | 문맥상 빈칸이 들어간 문장의 의미는 '이해 능력은 손상되지 않았지만 말을 잘 못하는 장애를 겪는다'로 간단히 요약할 수 있다. 때문에 빈칸에 해당되는 접속사는 역접 관계를 나타내는 ①임을 유주할 수 있다.

| 어휘 |
traumatic injury – 외상성 손상   **pinpoint** ⓥ 정확히 찾아내다
left hemisphere – 좌반구, 좌뇌   **frontal region** – 전두부
motor cortex – 운동 피질   **expressive aphasia** – 표현 실어증
temporal region – 측두부   **auditory processing** – 청각 처리
receptive aphasia – 수용 실어증   **incomprehensible** ⓐ 이해할 수 없는
impair ⓥ 손상시키다, 악화시키다

33 It is a truth universally acknowledged that education is the key to economic success. Everyone knows that the jobs of the future will require ever higher levels of skill. That's why President Obama declared that "If we want more good news on the jobs front then we've got to make more investments in education." The day after his announcement, The Times published an article about the growing use of software to perform legal research. Computers, it turns out, can quickly analyze millions of documents, cheaply performing a task that used to require armies of lawyers and paralegals. In this case, then, _____. The idea that modern technology eliminates only menial jobs is actually decades out of date. 서울여대

① technological progress is actually reducing the demand for highly educated workers

② education is becoming ever more important and well-educated workers are clear winners

③ advances in technology are increasing job opportunities for those who work with information

④ computers are helping those who work with their minds, while hurting those who work with their hands

---

| 정답 | ①

| 해석 | 교육이 경제적 성공의 비결이라는 것은 보편적으로 인정되는 사실이다. 미래의 직업이 지금보다 더욱 높은 수준의 기량을 필요로 할 것임은 모든 사람이 알고 있다. 때문에 오바마 대통령은 "직업 전선에서 좋은 소식을 더 많이 듣고자 한다면 교육에 더 많은 투자를 해야 합니다."라고 선언했다. 오바마 대통령의 이러한 발표가 있고서 하루가 지나 타임즈에서는 법률 연구를 수행하기 위해 소프트웨어를 사용하는 빈도가 높아졌음을 기사로 다뤘다. 기사에 따르면 컴퓨터는 수백만 건의 문건을 빠르게 분석할 수 있고, 과거 한 무리의 변호사와 준법률가가 있어야만 할 수 있던 업무를 저렴한 가격에 수행할 수 있다. 그러니까 이 경우는 기술 발달이 실제로 고도의 교육을 받은 근로자의 수요를 줄이고 있는 것이라 할 수 있다. 현대 기술이 단지 하찮은 일자리만 없앨 뿐이라는 생각은 실제로는 수십 년 전의 낡은 생각인 것이다.

① 기술 발달이 실제로 고도의 교육을 받은 근로자의 수요를 줄이고 있다

② 교육이 점차 중요해지고 있으며 제대로 된 교육을 받은 근로자는 분명한 승리자이다

③ 기술 발달로 정보를 다루는 일을 하는 사람들의 직업적 기회가 증가하고 있다

④ 컴퓨터는 지식 노동자에게는 도움을 주고 있지만 육체 노동자에게는 해를 입히고 있다

| 해설 | 우선 본문에 제시된 변호사와 준법률가의 사례는, 기술 발전으로 인해 전문직에 해당되는 변호사와 준법률가의 일자리도 줄었음을 나타낸다. 그리고 빈칸 뒤의 '현대 기술이 단지 하찮은 일자리만 없앨 뿐이라는 생각은 실제로는 수십 년 전의 낡은 생각인 것이다.(The idea that modern technology eliminates only menial jobs is actually decades out of date.)'는 말은 역으로 말하면, 이제는 기술 발달로 하찮은 일뿐만 아니라 전문직의 일자리도 위태롭게 되었다는 소리이다. 이는 빈칸의 내용과 일치한다. 따라서 정답은 ①이다.

| 어휘 | **acknowledge** ⓥ 인정하다　　　　　**paralegal** ⓝ 준법률가

　　　　then ⓐ그러니까 (방금 한 말을 요약하는 표현)　　**menial** ⓐ 하찮은, 천한

34 In 1934, Elzire Dionne gave birth to five daughters who became famous as the Dionne Quintuplets. Their birth made immediate headlines and was celebrated as a medical and maternal miracle. Unfortunately, the little girls' fame was their downfall; almost from the moment of their birth, they were exploited by everyone around them. Their parents were poor and didn't know how to support their family, which already included six children. Confused and desperate, they agreed to put their five daughters on display at the Chicago World's Fair. For a brief moment, it seemed as if the girls _____ when the family physician stepped in and insisted the girls were too frail to be on exhibit. But after he took control of the girls' lives, he made himself rich by displaying them to tourists and collecting fees for product endorsements. 한양대

① were saved from a miserable fate

② would be poorly treated by their parents

③ were not adapted to their changed way of life

④ would become famous enough in the World's Fair

| 정답 | ①

| 해석 | 1934년 엘지레 디온느는 디온느 다섯 쌍둥이로 유명해진 다섯 명의 딸을 낳았다. 이들의 탄생은 즉각 대서특필되었고 의학적 기적이자 어머니 측면에서도 기적적인 일로 찬사를 받았다. 불행히도 소녀들의 명성이 스스로의 몰락을 가져온다. 태어나자마자 소녀들은 주변 사람들에게 이용당했다. 소녀들의 부모는 가난했고 가족을 어떻게 부양해야 할지도 몰랐고 이미 여섯 명의 아이를 키우고 있었다. 혼란에 빠지고 절박한 상황에서 부모는 다섯 딸을 시카고 세계 박람회에 전시하기로 동의했다. 가족 주치의가 개입해 소녀들은 전시 대상이 되기에는 너무 연약하다고 주장했던 짧은 시간 동안만큼은 소녀들은 비참한 운명에서 구원받은 듯했다. 하지만 그 의사는 자기가 소녀들의 삶을 통제할 수 있게 되자 소녀들을 관광객들에게 전시하거나 소녀들이 제품을 홍보하고 그 비용을 자기가 받는 식으로 돈을 벌어 부자가 되었다.

① 비참한 운명에서 구원받은

② 부모에게 제대로 돌봐지지 않은

③ 바뀐 삶의 방식에 적응하지 못한

④ 세계 박람회에서 충분히 유명해질

| 해설 | 우선 '소녀들의 명성이 스스로의 몰락을 가져온(the little girls' fame was their downfall)'이라는 표현을 통해 소녀들의 운명이 불행했음을 눈치챌 수 있다. 특히 어린 소녀들이 박람회에 전시 대상이 된다는 것 자체가 소녀들 입장에서는 매우 불행한 일임을 알 수 있다. 따라서 '가족 주치의가 개입해 소녀들은 전시 대상이 되기에는 너무 연약하다고 주장했던 짧은 시간 동안(the family physician stepped in and insisted the girls were too frail to be on exhibit)'은 소녀들이 자신의 운명에서 '구원받은' 순간으로 유추가 가능하다(물론 그 생각은 곧 배반당했지만). 따라서 정답은 ①이다.

| 어휘 |

quintuplets ⓝ 다섯 쌍둥이	make headline - 화제가 되다, 대서특필되다
maternal ⓐ 어머니의	downfall ⓝ 몰락
exploit ⓥ 이용하다	desperate ⓐ 절박한
family physician - 가족 주치의	step in - 개입하다, 돕고 나서다
frail ⓐ 연약한, 허약한	product endorsement - 제품 홍보
miserable ⓐ 비참한	adapt to - ~에 적응하다

35 The human infant does not automatically make the correct responses to any external stimulus; it has to learn even such things as personal hygiene from the accumulated experience of its society called culture. Culture represents our attempt to make ourselves human and then to preserve this accomplishment. One generation transmits via its culture its accomplishments, experience, and knowledge. The next generation acts upon this repository of knowledge and experience. It adds to it, subtracts from it, and, by doing so, slowly refines this knowledge. Then it transmits it to the next generation. Thus, humans realize their humanity as culture provides scope and opportunity for the realization of their peculiar abilities, and they in turn modify and reproduce the culture that makes a human life possible. Through this _____ among individuals past and present human beings develop their abilities. 명지대

① intrinsic relationship   ② reciprocal interplay

③ self-taught knowledge   ④ heightened automaticity

| 정답 | ②

| 해석 | 인간의 유아는 외부의 자극에 자동적으로 올바른 반응을 하지 않는다. 유아는 위생 관념 같은 것도 자신이 속한 사회의 축적된 경험 즉 문화를 통해 배워야 한다. 문화는 우리 자신을 인간으로 만들어 주고 이를 통해 인간이 되는 업적을 보존하려는 우리의 노력을 대변한다. 한 세대는 그 세대의 업적, 경험, 지식을 그 세대의 문화를 통해 전한다. 다음 세대는 이러한 지식과 경험의 보고를 바탕으로 행동한다. 그 세대는 그 지식과 경험의 보고에 무언가를 더하거나 빼거나 하며, 이를 통해 서서히 자신의 지식을 개선한다. 그 다음에 그 세대는 자신의 지식을 다음 세대로 전달한다. 따라서 문화가 인간 고유의 능력을 실현할 수 있는 기회를 제공하면서 자신의 인간성을 실현하게 되며, 결국에는 인간의 삶을 가능케 하는 문화를 변경하고 재현하게 된다. 과거와 현재의 인간들의 이와 같은 상호 작용을 통해 인간은 능력을 개발한다.

① 고유한 관계   ② 상호 작용

③ 독학한 지식   ④ 과장된 자동성

| 해설 | 본문은 '유아는 위생 관념 같은 것도 자신이 속한 사회의 축적된 경험 즉 문화를 통해 배워야 한다(it has to learn even such things as personal hygiene from the accumulated experience of its society called culture)'를 통해 인간은 문화를 통해 배움을 얻는다는 내용을 담고 있으며, 여기에 덧붙여 '문화가 인간 고유의 능력을 실현할 수 있는 기회를 제공하면서 자신의 인간성을 실현하게 되며, 결국에는 인간의 삶을 가능케 하는 문화를 변경하고 재현하게 된다(humans realize their humanity as culture provides scope and opportunity for the realization of their peculiar abilities, and they in turn modify and reproduce the culture that makes a human life possible)'를 통해 문화는 인간을 통해 인간성의 실현과 인간의 삶을 가능케 한다고 주장하고 있다. 즉 인간과 문화 간에는 서로 '상호 작용(reciprocal interplay)'이 존재함을 본문에서는 논하고 있다. 따라서 정답은 ②이다.

| 어휘 | **infant** ⓝ 유아   **personal hygiene** – 개인위생, 위생 관념

accumulated ⓐ 축적된, 누적된   **preserve** ⓥ 보존하다

accomplishment ⓝ 업적, 공적   **transmit** ⓥ 전도하다, 전하다

via (prep) ~을 통하여   **act (up)on** – ~에 따라 행동하다

repository ⓝ 저장소, 보고   **refine** ⓥ 개선하다, 개량하다

peculiar ⓐ 고유한, 독특한   **in turn** – 결국

reciprocal ⓐ 상호 간의

interplay ⓝ 상호 작용

intrinsic ⓐ 고유한, 본질적인

self-taught ⓐ 독학한

heightened ⓐ 고조된, 과장한

automaticity ⓝ 자동성

---

36 The results of life are uncalculated and uncalculable. The years teach much which the days never know. The persons who compose our company converse, and come and go, and design and execute many things, and somewhat comes of it all, but an unlooked-for result. The individual designed many things, and drew in other persons as coadjutors, quarrelled with some or all, blundered much, and something is done; all are a little advanced, but the individual is always _____. It turns out somewhat new and very unlike what he promised himself. 한양대

① creative

② mistaken

③ pedantic

④ understood

| 정답 | ②

| 해석 | 인생의 결과는 미리 계산되지 않으며, 미리 계산할 수도 없다. 며칠 동안에는 결코 깨닫지 못하는 많은 일들을 우리는 몇 해에 걸친 경험으로 알 수 있다. 우리는 친구로 지내는 사람들과 격의 없이 대화하고, 서로 오가며 많은 일을 계획하고 수행한다. 이런 과정에서 어떤 일들이 이루어지는데, 전혀 예기치 않은 결과가 나타나기도 한다. 우리는 많은 것을 계획했고, 다른 사람들을 보조자로 끌어들이기도 했으며, 그들 중 일부 혹은 모두와 싸우기도 했고, 많은 실수도 저질렀고, 그러면서 무언가를 이루었다. 모든 것이 조금은 진전되었지만 우리는 항상 실수를 저지른다. 그것은 다소 새로운 것으로 드러나기도 하며, 우리가 스스로에게 약속한 것과는 아주 다른 것으로 밝혀지기도 한다.

① 창의적인

② 실수를 저지르는

③ 현학적인

④ 이해되는

| 해설 | 인생의 결과는 계산할 수 없다는 앞부분과, 인생은 다소 새로운 결과가 드러나며 스스로 다짐한 것과는 다른 결과가 나온다는 맨 마지막 부분의 문장을 토대로 인간은 항상 실수를 한다는 ②가 정답이 된다.

| 어휘 | **company** ⓝ 동료, 친구들, 벗; 일행

execute ⓥ 실행하다

come of (~의 결과로 어떤 일이) 일어나다

coadjutor ⓝ 조수, 보좌인

blunder ⓥ 실수하다

turn out ~로 드러나다, 밝혀지다

pedantic ⓐ 학자라고 뽐내는, 박식한 체하는, 현학적인

37 The self-confidence necessary to a leader may be caused in various ways. Historically, one of the commonest has been _____. Read, for example, the speeches of Queen Elizabeth in moments of crisis: you will see the monarch over-riding the woman, convincing her and through her the nation, that she knows what must be done, as no mere commoner can hope to do. In her case, the interests of the nation and the sovereign were in harmony; that is why she was "Good Queen Bess." She could even praise her father without arousing indignation. There is no doubt that the habit of command makes it easier to bear responsibilities and to take quick decisions. 중앙대

① the strong pursuit of desire

② the intensive leadership training

③ a hereditary position of command

④ a religious creed to overcome adversity

| 정답 | ③

| 해석 | 지도자에게 필요한 자신감은 다양한 방식을 통해 불러일으켜질 수 있다. 역사상의 예를 보면 가장 흔한 방식 중 하나는 세습을 통해 주어진 명령을 내릴 수 있는 지위이다. 예를 들어 엘리자베스 여왕이 위기의 시기에 행한 연설문을 읽어 보면, 군주로서의 지위가 여성으로서의 모습보다 우선하며, 보통의 평민들이라면 희망할 수 없는 방식으로 무엇을 해야 할지 자신은 알고 있음을 스스로에게 확신시키고 자신을 통해 전 국민에게 확신시킨다. 여왕의 경우처럼 국가와 군주의 관심사가 조화를 이룬 것이다. 이 때문에 여왕은 '훌륭한 여왕 베스'라고 불린 것이다. 여왕은 분노를 일으키지 않고서도 자신의 부왕에게 찬사를 보낼 수 있었다. 명령을 내리는 습관으로 인해 책임을 지고 신속한 결정을 내리는 것이 더 손쉬워졌다는 점에는 의심의 여지가 없다.

① 욕망의 강한 추구

② 집중적인 리더십 훈련

③ 세습을 통해 주어진 명령을 내릴 수 있는 지위

④ 역경을 극복하기 위한 종교적 교리

| 해설 | 엘리자베스 여왕은 연설문을 통해 '군주로서의 지위가 여성으로서의 모습보다 우선하며, 보통의 평민들이라면 희망할 수 없는 방식으로 무엇을 해야 할지 자신은 알고 있음을 스스로에게 확신시키고 자신을 통해 전 국민에게 확신시킨다(the monarch over-riding the woman, convincing her, and through her the nation, that she knows what must be done, as no mere commoner can hope to do).' 여기서 여왕은 '보통의 평민'과는 다른 세습 군주라는 사실을 알 수 있다. 그리고 여왕은 '명령을 내리는 습관으로 인해 책임을 지고 신속한 결정을 내리는 것이 더 손쉬워졌다(the habit of command makes it easier to bear responsibilities and to take quick decisions).' 여기서 여왕은 '명령(command)'을 내리는 사람임을 알 수 있다. 이를 종합하면 여왕은 '세습을 통해 주어진 명령을 내릴 수 있는 지위(a hereditary position of command)'를 보유한 사람임을 알 수 있다. 따라서 정답은 ③이다.

| 어휘 | **self-confidence** ⓝ 자신감 　　　　 **monarch** ⓝ 군주

over-ride ⓥ ~을 우선하다 　　　　 **commoner** ⓝ 평민, 서민

sovereign ⓝ 군주, 국왕 　　　　 **indignation** ⓝ 분노

intensive ⓐ 집중적인 　　　　 **hereditary** ⓐ 세습되는

creed ⓝ 교리, 신념 　　　　 **adversity** ⓝ 역경

38 It sounds to me like a con trick, but people have been falling for it for almost a century. Freud effectively invented psychoanalysis in 1895, and it goes without saying that his research contributed enormously to our understanding of the subconscious. But whether analysis has any place in modern medical treatment is open to doubt. The "talking cure" which Freud and his co-worker Joseph Breuer developed in Vienna was designed specifically to uncover the cause of hysterical symptoms, in which they had a few successes. But analysis was then adopted for all sorts of psychological problems _____. I'm told George Gershwin was psychoanalyzed in the thirties by doctors hoping to find a cure for the neurological symptoms that troubled him. He died of a brain tumor at the age of 39. 한양대

① which can be solved effectively

② to which it was entirely unsuited

③ no matter how complex they look

④ which can be cured only by surgery

| 정답 | ②

| 해석 | 그것은 내게는 사기극으로 들리지만 사람들은 거의 한 세기 동안 그것에 속아 넘어왔다. 사실상 프로이트가 1895년에 정신 분석을 창조했고, 우리가 잠재의식에 대해 이해하는 데 그의 연구가 엄청나게 기여했음은 말할 필요도 없다. 하지만 정신 분석이 현대 의료에 과연 어떤 역할을 하고 있는지에 관해서는 의심의 여지가 있다. 프로이트와 그의 동료 조셉 브로이어가 비엔나에서 고안한 '대화 치료'는 발작 증상의 원인을 밝혀내기 위해 특별히 고안된 것이지만, 이들은 대화 치료법으로 약간의 성공밖에 거두지 못했다. 문제는 이 정신 분석이 전혀 맞지 않는 온갖 종류의 정신 문제를 해결하기 위해 도입되었다는 점이다. 나는 조지 거슈윈이 30대 때 그를 괴롭히던 신경 증상을 치유하고자 정신 분석을 받았다는 소리를 들었다. 하지만 그는 39살의 나이로 뇌종양으로 사망했다.

① 효과적으로 해결이 가능한

② 전혀 맞지 않는

③ 겉보기엔 아무리 복잡해 보이더라도

④ 수술을 통해서만 치유 가능한

| 해설 | 본문은 처음엔 정신 분석학의 긍정적 요소에 관해 논하고 있지만, 결론적으로는 적용되어서는 안 될 부분에까지 정신 분석학이 적용된 것을 문제 삼고 있다. 뇌종양으로 사망한 조지 거슈윈이 제대로 된 치료를 받지 못하고 정신 분석을 받은 것은 '전혀 맞지 않는 온갖 종류의 정신 문제(all sorts of psychological problems to which it was entirely unsuited)'에 정신 분석이 적용된 사례라 할 수 있다. 이 모든 사항을 종합해 봤을 때 정답은 ②이다.

| 어휘 | **con trick** – 신용 사기, 사기극 **fall for** – ~에 속아 넘어가다
effectively ⓐ 사실상 **psychoanalysis** ⓝ 정신 분석
it goes without saying that – ~은 말할 필요도 없다
contribute to – ~에 기여하다 **subconscious** ⓝ 잠재의식
be open to doubt – 의심의 여지가 있다 **adopt** ⓥ 쓰다, 도입하다
psychological ⓐ 정신적인, 심리적인 **psychoanalyze** ⓥ 정신 분석하다
neurological ⓐ 신경의, 신경학의 **brain tumor** – 뇌종양
entirely ⓐ 전적으로, 완전히 **unsuited to** – ~에 맞지 않는, ~에 어울리지 않는

39 The cliché outfit may in some cases become so standardized that it is spoken of as a "uniform": the pin-striped suit, bowler and black umbrella of the London City man, for instance, or the blue jeans and T-shirts of highschool students. Usually, however, these costumes only look like uniforms to outsiders; _____. London businessman's tie will tell his associates where he went to school and the cut and fabric of his suit will allow them to guess at his income. Highschool students, in a single glance, can distinguish new jeans from those that are fashionably worn, functionally or decoratively patched or carelessly ragged; they grasp the fine distinctions of meaning conveyed by straight-leg, flared, boot-cut and peg-top. 가톨릭대

① we all desperately strive to fit in

② their range of expression is fairly limited

③ peers will be aware of significant differences

④ such outfits are not uncommon in major cities

| 정답 | ③

| 해석 | 상투적인 복장은 어떤 경우에는 너무도 표준화된 복장이어서 '유니폼'으로 불릴 수 있다. 핀 스트라이프(가는 줄무늬) 슈트에 중산모를 쓰고, 검은 우산을 든 영국 신사나 청바지에 티셔츠를 입은 고등학생이 그런 경우이다. 하지만 이런 의상은 일반적으로 외부인에게만 유니폼처럼 보인다. 동료들은 큰 차이점을 인식할 수 있다. 런던 사업가의 넥타이는 그의 동료들에게 그가 어디 학교를 졸업했는지를 알려 주고, 그의 슈트의 마름질과 옷감은 그의 수입을 추측할 수 있게 해 준다. 고등학생들은 한눈에 새로운 청바지를 보면 그 바지가 세련되게 착용한 것인지, 기능 혹은 장식을 위해 패치가 달린 것인지, 조심성이 없어 해진 것인지를 구별할 수 있다. 그들은 스트레이트, 플레어, 부츠 컷, 페그탑 등으로 전달되는 미세한 의미상 차이점을 파악한다.

① 우리 모두는 필사적으로 어울리기 위해 노력한다

② 표현 범위가 상당히 제한적이다

③ 동료들은 큰 차이점을 인식할 수 있다

④ 그런 복장은 대도시에서는 드물지 않다

| 해설 | 매우 상투적인 복장은 마치 유니폼이라고 생각될 정도로 비슷한 모습처럼 보인다. 하지만 실제로는 외부인에게만 유니폼처럼 보인다고 했으므로, 뒤에 이어지는 내용은 외부인이 아닌 실제 동료들(혹은 친구들)에게는 전혀 비슷하지 않고 큰 차이가 있다는 역접의 내용이 나와야 한다. 따라서 정답은 '동료들은 큰 차이점을 인식할 수 있다'는 ③이 된다.

| 어휘 |

cliché ⑩ 상투적 문구	outfit ⑩ (함께 작업하는) 팀[그룹/집단 등]; 옷, 복장; 장비
standardized ⓐ 표준화된	pin-striped ⓐ (옷감이) 가느다란 세로줄 무늬가 있는
bowler ⑩ 중산모	costume ⑩ 의상[복장]
associate ⑩ 동료, 준회원 ⓥ 연관짓다, 어울리다	cut ⑩ 마름질, 재단 (상태)
fabric ⑩ 직물, 천	in a single glance – 한번 보면, 얼핏 보면
distinguish A from B – A와 B를 구별하다	functionally ⓐ 기능상
decoratively ⓐ 장식적으로	patched ⓐ 헝겊 조각을 덧댄
carelessly ⓐ 부주의하게, 경솔하게, 무관심하게	ragged ⓐ 누더기가 된, 다 해진
grasp ⓥ 이해하다; 꽉 잡다, 움켜잡다	fine ⓐ 미세한
distinction ⑩ 차이	straight-leg ⓐ 일자바지의(바짓가랑이의 위아래 통이 같은)

flared ⓐ 플레어 바지의(일명 나팔바지) boot-cut ⓐ 부츠컷 바지의
peg-top ⓐ 페그탑(허리가 넓고 밑이 좁은 바지) 바지의
desperately ⓐⓓ 절망적으로, 필사적으로 strive ⓥ 분투하다
fit in − 어울리다[맞다] peer ⓝ 동료, 또래 친구
not uncommon − 흔히 있는

---

40 For most of his professional career, painter and illustrator Norman Rockwell was treated as something of a step-child by the established art world. The public loved his portraits of small-town life. Art critics, however, considered Rockwell's work technically good but creatively worthless. For them, he was the "King of Kitsch." In their eyes, Rockwell shamelessly tried to satisfy the public's desire to see the world through rose-colored glasses. Rockwell's critics claimed his work lacked the mystery and subtlety of great art. But in the end, _____. As is so often the case with artists despised during their lifetimes, a new generation of art critics has begun to re-evaluate the work of Norman Rockwell. 서울여대

① Rockwell may have the last laugh
② Rockwell was viewed as an entertainer rather than an artist
③ Rockwell was not included in exhibitions of great museums
④ Rockwell gave ordinary objects and settings a spiritual meaning

| 정답 | ①

| 해석 | 화가이자 일러스트 작가인 노먼 록웰은 직업적 경력의 대부분의 시기 동안 기존의 예술계에서 일종의 서자 취급을 받았다. 대중은 소도시의 삶을 묘사한 그의 작품을 매우 좋아했다. 하지만 예술 비평가들은 록웰의 작품은 기술적으로는 뛰어나지만 독창성 측면에서는 가치가 없다고 여겼다. 비평가들의 입장에서 록웰은 '키치의 왕'이었다. 비평가들이 보기에 록웰은 수치심도 없이 세상을 낙관적으로만 보려는 대중의 욕구를 충족시키려고만 했다. 록웰의 비평가들은 그의 작품에는 위대한 예술에 존재하는 신비로움과 절묘함이 존재하지 않는다고 주장했다. 하지만 결국에 최후에 웃는 자는 록웰이었을 것이다. 생전에 경멸당하던 예술가들이 종종 그렇듯이 새로운 세대의 예술 비평가들은 노먼 록웰의 작품을 재평가하기 시작했다.
① 최후에 웃는 자는 록웰이었을 것이다
② 록웰은 예술가라기보다는 연예인으로 취급되었다
③ 록웰의 작품은 위대한 박물관의 전시품에 포함되지 못했다
④ 록웰은 일상적인 물체와 배경에 영적인 의미를 부여했다

| 해설 | 과거 비평가들은 록웰의 작품을 결코 높게 평가하지 않았으나, 점차 세월이 흐르면서 현대의 비평가들은 그의 작품을 호의적인 시선으로 재평가하게 되었다. 즉 결국 '최후에 웃는 자는' 비평가가 아니라 록웰인 것이다. 따라서 정답은 ①이다.

| 어휘 | see things through rose-colored spectacles[glasses] − 세상을 낙관적으로만 보다
subtlety ⓝ 미묘함, 절묘함 despise ⓥ 경멸하다
have the last laugh − 최후에[결국에는] 웃다[성공하다]

41 Geographers have long disagreed on the eastern boundary of Europe. During the existence of the Soviet Union, some took the continent's border all the way east to the Ural Mountains, while others drew the line at the western boundary of the Soviet Union. With the disintegration of the Soviet Union in 1990, the eastern boundary of Europe _____. Now some geography textbooks extend Europe to the border with Russia, which places three countries of Moldova, Ukraine, and Belarus, former Soviet Republics in eastern Europe. There are many others who reject this definition, however, since these countries are still aligned culturally and economically with Russia. 가톨릭대

① became even more problematic

② turned to be a new international issue

③ got clear and out of controversy

④ is now considered an imaginary line

| 정답 | ①

| 해석 | 지리학자들은 유럽의 동쪽 경계선이 어떻게 나뉘는지에 관해 오랫동안 의견 일치를 보지 못했다. 소련이 존재하던 시절에 일부 지질학자들은 유럽 대륙의 경계선을 저 멀리 우랄 산맥까지 확장했었지만 다른 지질학자들은 소련의 서쪽 국경선을 따라 유럽 대륙의 경계선을 그었다. 1990년 소련의 붕괴와 함께 유럽의 동쪽 경계선은 더더욱 다루기 힘든 문제가 되었다. 현재 일부 지질학 교과서는 유럽의 범위를 러시아 국경으로 확대하였고, 과거 구소련 공화국의 일원이었던 몰도바, 우크라이나, 벨라루스 이 세 나라를 동유럽에 포함시켰다. 하지만 이러한 정의를 거부하는 쪽도 많이 존재하며, 그 이유는 이들 국가들은 문화적으로도 경제적으로도 러시아와 제휴 관계에 있기 때문이다.

① 더더욱 다루기 힘든 문제가 되었다

② 새로운 국제 문제로 비화되었다

③ 명쾌해졌고 더 이상 논란이 되지 않게 되었다

④ 이제는 가상의 경계선으로 여겨진다

| 해설 | 유럽 대륙의 동쪽 경계선이 어떻게 나뉘는지의 문제는 오랫동안 논쟁의 대상이었다. 과거 구소련이 존재하던 시절에는 우랄 산맥이라는 지리적 요소를 활용하여 경계를 그었지만, 지금은 과거 구소련에 속했던 세 공화국의 경우처럼 지리적 요소뿐만 아니라 문화적 요소 및 경제적 요소도 고려하여 경계를 나눠야 하고, 덕분에 더욱 문제가 발생할 공산이 커졌다. 따라서 정답은 ①이다.

| 어휘 | **geographer** ⓝ 지리학자   **boundary** ⓝ 경계(선), 국경(선)

all the way – 완전히, 저 멀리   **disintegration** ⓝ 붕괴

align with – ~와 제휴하다, ~와 동조하다   **imaginary** ⓐ 가상의, 상상 속의

42 In 2009, a research team from Stanford, led by Clifford Nass, compared heavy versus light media multitaskers in a series of tests. Nass thought the heavier multitaskers would be better at organizing and storing information and have superior memories, but it turned out that _____. When the groups were shown configurations of coloured shapes and asked to remember their positions and ignore others, the multitaskers couldn't do it. They were constantly distracted and their ability to switch between tasks, filter irrelevant information and remember what they had seen was worse than the lighter multitaskers. 성균관대

① they did a good job
② they were at a loss
③ the opposite was true
④ all finally failed
⑤ something was wrong

| 정답 | ③

| 해석 | 2009년 클리포드 나스(Clifford Nass)가 이끄는 스탠포드 연구팀은 일련의 실험에서 대량의 미디어 콘텐츠를 소비하는 헤비 멀티태스커와 가벼운 멀티태스커를 서로 비교했다. 나스는 헤비 멀티태스커가 정보를 정리하고 저장하는 데 더 낫고, 기억력도 더 뛰어날 것이라고 생각했지만, 실상은 그 반대임이 드러났다. 두 그룹을 상대로 색상이 있는 도형들로 구성된 것을 보여 주고, 그들의 위치만 기억하고 다른 것은 무시하도록 요청했을 때, 헤비 멀티태스커들은 그 요청을 제대로 수행할 수 없었다. 그들은 계속해서 주의가 분산됐고, 여러 작업을 전환하며 수행하고, 관련 없는 정보를 걸러내고, 그들이 본 것을 기억하는 등의 능력이 가벼운 멀티태스커보다 더 좋지 않았다.

① 그들은 잘 해냈다
② 그들은 어찌할 바를 몰랐다
③ 반대가 사실이었다
④ 결국에는 모두 실패했다
⑤ 무엇인가가 잘못됐다

| 해설 | 헤비 멀티태스커와 가벼운 멀티태스커를 비교하는 실험에서, 빈칸 앞의 결과를 예상했지만, 빈칸 뒤의 내용을 보면 앞의 내용과 반대이므로, 정답은 ③이 된다.

| 어휘 | **multitasker** ⓝ 멀티태스커(동시에 여러 가지 일을 하는 사람)

turn out – ~인 것으로 드러나다 　　　　　**configuration** ⓝ 형태; 배열, 배치; 환경 설정

distract ⓥ 주의를 산만하게 하다, 즐겁게 하다 　　**filter** ⓥ 여과하다, 여과하여 제거하다

irrelevant ⓐ 무관한, 상관없는 　　　　　　**be at a loss** – 어쩔 줄을 모르다

43 Any parent will tell you that one of the most annoying habits young children have is their penchant for the "Why Game." In this game, the child observes something and demands that the parent explain it. "Why is the sky blue?" is the classic example. But more bizarre questions often pop up, such as "Why doesn't the week start with the weekend?" or, "How does my brain know what my name is?" These questions are irritating not only because they are time-consuming, but also because they often show us the limits of what we ourselves know. We don't like being reduced to the answer "Just because." _____, we encourage our children to ask such questions because we realize that they help to develop intelligence and curiosity. 가톨릭대

① Accordingly　　　　　　　　　② Incidentally

③ Nonetheless　　　　　　　　　④ Otherwise

| 정답 | ③

| 해석 | 어느 부모든 어린 자녀의 습관 가운데 가장 짜증 나는 것 중 하나는 아이들이 '왜냐고 계속 질문하는 놀이(Why Game)'를 선호하는 것이라고 당신에게 말해 줄 것이다. 이 놀이 과정에서 아이들은 뭔가를 관찰하고서 부모에게 그것에 관해 설명할 것을 요구한다. 대표적인 예로 "하늘은 왜 파란가요?"를 들 수 있다. 하지만 이보다 특이한 질문이 종종 불쑥 등장하곤 한다. 예를 들어 "왜 한 주는 주말부터 시작하지 않는 거죠?" "왜 제 뇌가 제 이름을 알고 있는 것일까요?" 등이 있다. 이러한 질문은 부모에게 짜증을 유발하며 그 이유는 시간을 잡아먹을 뿐만 아니라 우리 자신이 당장 알고 있는 지식의 한계를 보여 주는 일도 종종 있기 때문이다. 우리는 "그냥 그래."라고 대답하고 말기를 원하지 않는다. 그렇기는 하지만 우리는 아이들에게 그런 질문을 하도록 권유하며 왜냐하면 그런 질문이 지능과 호기심을 발달시키는 데 도움이 된다는 것을 알기 때문이다.

① 그에 맞춰　　　　　　　　　② 그건 그렇고

③ 그렇기는 하지만　　　　　　　④ 그렇지 않다면

| 해설 | 본문에서는 아이들이 자꾸 왜냐고 묻는 일은 부모 입장에서는 성가신 일이기도 하고 "그냥 그래."라고 답하는 것은 기분 좋은 일은 아니라고 말한다. 그런데 마지막 문장에서는 부모는 아이들에게 왜냐고 묻기를 권유하고 그 이유는 자녀의 두뇌 발달에 도움이 되기 때문이라고 나와 있다. 즉 빈칸이 들어간 문장 앞까지의 내용과 빈칸이 들어간 문장이 서로 대조를 이루고 있다. 따라서 빈칸에 가장 적합한 것은 역접의 의미를 갖고 있는 ③이다.

| 어휘 |　**annoying** ⓐ 짜증스러운, 성가신　　　　　**penchant** ⓝ 애호, 선호

　　　　classic ⓐ 전형적인, 대표적인　　　　　**bizarre** ⓐ 기이한, 특이한

　　　　irritating ⓐ 짜증 나는, 신경에 거슬리는

　　　　reduce A to B − A를 (더 일반적이거나 단순한 형태인) B로 바꾸다[축소하다]

　　　　accordingly ⓐⓓ 그에 맞춰　　　　　**incidentally** ⓐⓓ 그런데, 그건 그렇고

　　　　otherwise ⓐⓓ 그렇지 않다면

44 Why did the accountant steal funds from his business? A close look at his life can provide a clear and convincing answer. The accountant comes from a very successful family where his parents are doctors and his siblings are lawyers. As an accountant, he was not making as much money as his parents and siblings. Also, the accountant believes deeply in the American dream and the idea that if one works hard enough, that person will succeed. However, despite his hard work, the accountant has had number of recent business failures, including losing a substantial sum of money in the stock market. To make matters worse, his children need braces. _____, become a success, and provide for his family, the accountant had to steal the money from his business. 한양대

① To make ends meet

② To cope with sibling rivalry

③ To live up to family expectations

④ To come to terms with ambitions

| 정답 | ③

| 해석 | 왜 그 회계사는 자신의 사업체에서 자금을 훔쳤을까? 그의 삶을 가까이서 들여다보면 분명하고 설득력 있는 답을 얻을 수 있다. 그 회계사는 부모가 의사이고 형제자매들이 변호사인 성공적인 집안 출신이다. 회계사로서 그는 부모나 형제자매들만큼 돈을 많이 벌지 못했다. 또한 그 회계사는 아메리칸 드림을 신봉하고 누군가 열심히 일하면 그 사람은 성공할 것이라고 굳게 믿었다. 하지만 그 회계사는 노력했음에도 최근에 주식 시장에서 상당한 양의 돈을 잃은 것을 포함해 사업적 실패를 많이 맛보았다. 설상가상으로 그의 아이들은 치아 교정기를 필요로 했다. 가족의 기대에 부응하기 위해, 성공하기 위해, 그리고 가족을 부양하기 위해, 그 회계사는 자신의 사업체에서 돈을 훔칠 수밖에 없었다.

① 간신히 먹고 살만큼 벌기 위해

② 형제자매간의 경쟁 관계에 대응하기 위해

③ 가족의 기대에 부응하기 위해

④ 야망을 받아들이기 위해

| 해설 | to부정사를 중심으로 회계사가 횡령한 이유를 완성한다. 전반부, 'As an accountant, he was not making as much money as his parents and siblings.'에서 (경제적으로) 가족들의 기대에 미치지 못하는 삶이 첫 번째 원인으로 제시된다. 따라서 빈칸에는 '가족의 (경제적) 기대에 부응하기 위해'가 적절하다. 횡령의 이유로 형제자매간의 경쟁 관계는 지문에 언급되지 않았으므로 ②를 선택하지 않도록 주의한다.

| 어휘 | accountant ⓝ 회계사　　　　　　　　convincing ⓐ 설득력 있는

sibling ⓝ 형제자매　　　　　　　　　substantial ⓐ 상당한

braces ⓝ 치아 교정기　　　　　　　make ends meet − 간신히 먹고 살만큼 벌다

cope with − ~에 대응하다　　　　　live up to − ~에 부응하다

come to terms with − ~와 합의를 보다, ~을 받아들이다

45 How much is a violin worth? If the instrument was made in the 17th or 18th century by either Antonio Stradivarius or Joseph Guarnerius del Gesu, its value may be astronomical. Though relatively rarely sold, the highest publicized price paid at public auction for The Hammer made in 1707 was USD 3,544,000 in 2006. Private sales of Stradivarius instruments have exceeded this price. The value of a violin depends on a number of factors. Some of these elements include when and by whom the violin was made, who owned it in the past, and how it is preserved. There are only about 800 Stradivarius and 250 Del Gesu violins now in existence in the world. Since they are so scarce, their value is high. Every great violinist since 1800 has played either a Strad or a Del Gesu. The great performers feel that modern violins _____. They have an inveterate taste for tradition and heritage. 중앙대

① belong to a virtuoso

② are just not the equivalent of the old ones

③ innovated older versions of a violin

④ are priced less than valued

| 정답 | ②

| 해석 | 바이올린의 가치는 어느 정도일까? 만일 17세기나 18세기에 안토니오 스트라디바리나 주세페 과르네리 델 제수가 제작한 악기일 경우, 그 가치가 어마어마할 것이다. 상대적으로 팔리는 경우는 거의 없지만, 스트라디바리가 1071년에 제작한 '해머(The Hammer)'를 2006년에 공개 경매했을 때 팔린 가격은 공개적으로 알려진 가격 가운데 가장 비싼 미화 354만 4천 달러였다. 스트라디바리 바이올린의 비공개 판매 가격은 이를 돌파했다. 바이올린의 가치는 여러 가지 요인에 따라 결정된다. 이들 요소 가운데 일부로는 바이올린의 제작자와 제작 시기, 과거 소유주, 보존 상태 등을 들 수 있다. 현존하는 스트라디바리 바이올린의 수는 800개가량이며 델 제수 바이올린은 250개가량이다. 이들 바이올린은 매우 희귀하기 때문에 가치가 매우 높다. 1800년부터 위대한 바이올린 연주자들은 모두 스트라디바리 바이올린이나 델 제수 바이올린을 연주하고 있다. 위대한 연주자들은 현대의 바이올린은 과거의 바이올린에 그저 미치지 못한다고 생각한다. 이들은 전통과 유산에 관해 뿌리 깊은 취향을 갖고 있다.

　① 거장의 소유이다

　② 과거의 바이올린에 그저 미치지 못한다

　③ 과거 바이올린을 혁신하다

　④ 가치보다 낮게 가격이 책정되었다

| 해설 | 위대한 연주인들은 1800년부터 스트라디바리 바이올린이나 델 제수 바이올린을 연주하고 있고, 전통과 유산에 관해 뿌리 깊은 취향을 갖고 있다. 즉, 이들이 보기에 전통 있는 바이올린은 믿을 수 있지만, 요즘 만들어진 바이올린은 그에 미치지 못한 것이다. 따라서 정답은 ②이다.

| 어휘 | **astronomical** ⓐ 천문학적인, 어마어마한　　　　**publicize** ⓥ 알리다, 공개하다
equivalent ⓐ 동등한, 맞먹는　　　　**inveterate** ⓐ 뿌리 깊은, 전통적인
virtuoso ⓝ 거장, 명연주자

(01~10) 아래 상자에서 가장 적절한 단어를 고르시오. 단어는 오직 한 번만 사용 가능함.

① 만성의	② 피할 수 없게	③ 나태	④ 영향, 후폭풍
⑤ 미안해하는	⑥ 늘씬한	⑦ 조화시키다	⑧ 조롱하다
⑨ 숙고하다	⑩ 대칭의	⑪ 조심스러운	⑫ 해로운
⑬ 무신경한	⑭ 전형	⑮ 동정(심)	⑯ 모욕, 무시
⑰ 도덕적인	⑱ 치명적인	⑲ 성향, 경향	⑳ 침범하다, 가로채다

| 어휘 |　**chronic** ⓐ 만성의

sloth ⓝ 나태

apologetic ⓐ 미안해하는

reconcile ⓥ 조화시키다

mull ⓥ 숙고하다

cautious ⓐ 조심스러운

uncaring ⓐ 무신경한

compassion ⓝ 동정(심)

virtuous ⓐ 도덕적인

propensity ⓝ 성향, 경향

ineluctably ⓐⓓ 피할 수 없게

repercussion ⓝ 영향, 후폭풍

slender ⓐ 늘씬한

sneer ⓥ 조롱하다

symmetrical ⓐ 대칭의

detrimental ⓐ 해로운

epitome ⓝ 전형

slight ⓝ 모욕, 무시

virulent ⓐ 치명적인

poach ⓥ 밀렵하다, 침범하다, 가로채다

01　This book, although specifically about dealing with a(n) _____ illness, is a lesson in how one can choose to handle any situation in life.

| 정답 |　①

| 해석 |　특히 만성질환을 대처하는 데 관하여 서술하고 있지만, 이 책은 인생의 어떤 상황에서 어떻게 대처해야 하는지에 대한 교훈을 담고 있다.

| 해설 |　만성질환이나 치명적인 질환이 가능해 보이지만, 치명적인 질환이라고 한다면 일반적인 상황이 아니므로 이에 적당한 부연 설명이 나와야 한다. 그러므로 이를 소거하면 만성질환을 뜻하는 chronic이 정답이다.

02　Marilyn Monroe, arguably one of the most beautiful women of the silver screen, had big eyes, smooth skin and _____ features.

| 정답 |　⑩

| 해석 |　영화계에서 최고 아름다운 여성 중의 하나로 얘기되는 마릴린 먼로는 큰 눈, 부드러운 살결, 그리고 좌우가 대칭되는 외모의 소유자였다.

| 해설 | 아름다움을 상징하는 것들이 나열되어 있는데, 외모를 받는 형용사로 보기 가운데서 고르면 좌우 대칭되는 외모라고 해야 논리적으로 타당하다.
| 어휘 | **arguably** ⓐ 거의 틀림없이, 주장하기를　　　　**silver screen** – 은막, 영화 산업

03 These young men and women don't know the _____ of what's going to happen.

| 정답 | ④
| 해석 | 이런 젊은 사람들은 어떤 일이 일어날지에 대한 영향을 잘 알지 못한다.
| 해설 | 향후 벌어질 일에 대해서 잘 모른다는 것은 향후 일의 결과나 영향에 대한 것이라고 해야 맞다.

04 I am deeply sorry that my words may have been interpreted as a(n) _____ on anyone or any other group.

| 정답 | ⑯
| 해석 | 내 말이 다른 사람들이나 집단에게 모욕감을 준 것으로 해석될 수 있어 너무 유감스럽다.
| 해설 | a slight on은 '~에 대해 무시하다, 모욕하다'의 뜻이다.
| 어휘 | **interpret** ⓥ 해석하다

05 Drinking too much coffee, tea, or wine could be _____ to a person's health because these substances can disrupt digestion by blocking the body's absorption of certain nutrients, including iron.

| 정답 | ⑫
| 해석 | 커피, 차, 와인을 너무 많이 마시는 것은 건강에 해롭다. 왜냐하면 이런 것들이 철분을 비롯한 필수 영양분의 흡수를 차단하면서 소화를 방해하기 때문이다.
| 해설 | 두 번째 문장에서 영양분의 흡수를 차단하고 소화를 방해한다는 부정적인 진술이 나왔으므로, '건강에 해롭다(detrimental to a person's health)'는 것이 타당하다.
| 어휘 | **disrupt** ⓥ 방해하다　　　　**digestion** ⓝ 소화
　　　　absorption ⓝ 흡수　　　　**nutrient** ⓝ 영양분

06 People may _____ at the idea of Dubai having an art fair: culture in the emirate historically consists mainly of shopping, and there is no art museum to speak of.

| 정답 | ⑧
| 해석 | 많은 사람들은 두바이가 예술 박람회를 연다는 것에 대해 조롱한다. emirate의 문화는 주로 쇼핑으로 구성되고, 변

변한 박물관 하나 없기 때문이다.

| 해설 | 박물관도 하나 없으면서 미술 시장(art fair)을 개최한다는 것은 말도 안 되는 이야기란 뜻이므로, 결국 대다수의 사람들이 이러한 두바이의 계획에 대해 조롱하고 비웃는다고 해야 논리적으로 타당하다.

| 어휘 | **art fair** – 미술 시장(여러 개의 화랑이 한 곳에 모여 미술 작품을 판매하는 행사)

---

07 He is working on the development of novel interventions for treating obese patients and people with a(n) ＿＿＿＿＿＿ for obesity.

| 정답 | ⑲

| 해석 | 그는 비만인 환자와 비만의 성향이 있는 사람들을 치료하는 데 새롭게 도입할 수 있는 새로운 치료법 개발에 열중하고 있다.

| 해설 | 비만 환자와 병렬적으로 대등하게 연결될 수 있는 것은 비만의 성향이라는 것이다. 현재 비만인 경우와 향후 비만의 조짐이 보이는 것을 연결시키는 것이다.

| 어휘 | **obese** ⓐ 비만의　　　　　　　**obesity** ⓝ 비만

---

08 How do we ＿＿＿＿＿＿ these two seemingly contradictory concepts?

| 정답 | ⑦

| 해석 | 이렇게 겉보기에도 모순되는 두 개념을 조화시킬 수 있을까?

| 해설 | 모순되는 개념을 연결시키는 방안에 대한 글이므로 '조화시키다'가 적당하다.

| 어휘 | **seemingly** ⓐⓓ 겉보기에, 외견상으로　　　**contradictory** ⓐ 모순되는

---

09 They were so ＿＿＿＿＿＿ that they didn't even know what gambling was.

| 정답 | ⑰

| 해석 | 그들은 너무도 도덕적이어서 도박이 무엇인지조차 몰랐다.

| 해설 | 「so ~ that ....」의 구문으로, 너무 도덕적이어서 결과적으로 도덕적이지 못한 일에 대해 알지 못했다는 의미이다.

| 어휘 | **gambling** ⓝ 도박

---

10 I said I was sorry, and he hung up on me, and I couldn't blame him for not calling me back when I left more ＿＿＿＿＿＿ messages.

| 정답 | ⑤

| 해석 | 나는 미안하다고 말했지만 그는 전화를 끊어 버렸다. 어쨌든 나는 내가 여러 번 사과의 메시지를 남겼을 때 연락이

없다고 해서 그를 비난할 수 없었다.

| 해설 | 수차례 메시지를 남겼지만 응답이 없는 상황이다. I was sorry와 I couldn't blame him을 근거로 글을 쓴 사람의
잘못임을 알 수 있으므로, 정답은 ⑤ apologetic이 된다.

| 어휘 | **hang up on** – 전화를 끊어 버리다

| 11 | ⑬ | 12 | ④ | 13 | ⑭ | 14 | ⑨ | 15 | ① | 16 | ⑦ | 17 | ⑲ | 18 | ⑫ | 19 | ③ | 20 | ⑩ |

11~20 아래 상자에서 가장 적절한 단어를 고르시오. 단어는 오직 한 번만 사용 가능함.

① 수정하다	② 거액의	③ 즐기다	④ 범인, 가해자
⑤ 탁월함	⑥ 사기 치다	⑦ 축척하다	⑧ 잠식, 침략
⑨ 근거 없는	⑩ 고통스러운	⑪ 인지	⑫ 이해하다
⑬ 복잡한	⑭ 박멸하다	⑮ 사기꾼	⑯ 걷잡을 수 없는
⑰ 조의	⑱ 구경꾼	⑲ 탐내다	⑳ 대응하다

| 어휘 | **tweak** ⓥ 비틀다, 조정하다, 수정하다 **hefty** ⓐ 거액의
relish ⓥ 즐기다, 좋아하다 **perpetrator** ⓝ 범인, 가해자
cachet ⓝ 탁월함 **dupe** ⓥ 사기 치다
amass ⓥ 축척하다 **encroachment** ⓝ 잠식, 침략
unfounded ⓐ 근거 없는 **distressing** ⓐ 고통스러운, 괴로움을 주는
perception ⓝ 인지 **construe** ⓥ 이해하다
intricate ⓐ 복잡한 **eradicate** ⓥ 박멸하다
imposter ⓝ 사기꾼 **runaway** ⓐ 걷잡을 수 없는, 제어가 안 되는
condolence ⓝ 조의 **onlooker** ⓝ 구경꾼
covet ⓥ 탐내다 **counteract** ⓥ 대응하다

11 Our _____ frontal lobes allow us to extract information from the past and the present, process it and project it into the future as a plan.

| 정답 | ⑬

| 해석 | 우리의 복잡한 전두엽은 우리가 과거와 현재로부터 정보를 추출하여 이를 하나의 계획으로 미래로 투영하도록 해
준다.

| 해설 | 전두엽의 역할에 대하여 설명하고 있다. 과거, 현재, 미래를 하나로 잇는 계획과 관련된 전두엽의 특성을 나타내는
형용사를 찾으면 ⑬ intricate가 적당하다.

| 어휘 | **frontal lobes** – (대뇌의) 전두엽 **extract** ⓥ 추출하다
project ⓥ 투영하다

12 Domestic violence is not inevitable and it can be neutralized when victims denounce _____ and when the _____ take their responsibility for their violent behaviour.

| 정답 | ④

| 해석 | 가정 폭력은 피할 수 없는 게 아니다. (싸우고 나서) 희생자가 가해자를 비난하고, 가해자가 폭력적인 행위에 대한 책임을 인정하면 상쇄할 수 있다.

| 해설 | victims denounce에서 희생자들과 대비되는 사람이라는 것을 알 수 있고, 즉 빈칸에는 '가해자'라는 단어가 들어와야 한다.

| 어휘 | **inevitable** ⓐ 피할 수 없는   **neutralize** ⓥ 상쇄하다, 중립화하다
denounce ⓥ 비난하다

---

13 The death penalty is a social aberration that should be _____(e)d from humanity.

| 정답 | ⑭

| 해석 | 사형은 인류에게 없어져야 할 사회적인 일탈 행위이다.

| 해설 | 사회적인 일탈 행위(social aberration)는 부정적인 의미로, 인류에게서 없애야 할 것이다. 그러므로 정답은 ⑭이다.

| 어휘 | **aberration** ⓝ 일탈, 일탈적인 행동

---

14 The serum-screening can cause an _____ comfort about the pregnancy instead of a more realistic view that pregnancy and birth are inherently related to uncertainties and risks.

| 정답 | ⑨

| 해석 | 혈청 검사는 임신과 출산은 본래 불확실과 위험성에 연관되어 있다는 좀 더 현실적인 시각 대신에 임신에 대하여 근거 없는 안도감을 줄 수 있다.

| 해설 | 현실적인 시각(realistic view)은 임신과 출산은 본래 불확실, 위험과 관련되어 있다는 것이다. 그런데도 그렇지 않다는 안도감을 주는 것이므로 ⑨ unfounded가 정답이다.

| 어휘 | **serum-screening** ⓝ 혈청 검사   **inherently** ⓐⓓ 선천적으로, 본래

---

15 There isn't any such thing as the perfect curriculum and that's why we _____ the curriculum every week to meet our needs.

| 정답 | ①

| 해석 | 완벽한 커리큘럼과 같은 것은 없다. 그것이 바로 우리의 요구를 충족시키기 위하여 매주 커리큘럼을 수정해야 하는 이유이다.

| 해설 | 완벽한 커리큘럼은 없으므로, 요구에 따라 이에 맞춰야 하므로 ① tweak처럼 수정을 가한다는 보기가 나와야 한다.

| 어휘 | **meet one's needs** – 요구를 충족시키다

---

16 In impressive detail, humankind _____(e)s evidence of devastating changes in the atmosphere, oceans, ice cover, land and biodiversity.

| 정답 | ⑦

| 해석 | 아주 세부적으로 인류는 대기, 해양, 얼음 표면, 대지와 생명의 다양성에 대한 엄청난 변화에 대한 증거를 축적하고 있다.

| 해설 | 엄청난 변화에 대한 증거를 수집한다거나 증거를 찾았다는 내용으로 이어져야 한다. 그러므로 보기 가운데 ⑦ amass 가 정답이다.

| 어휘 | **devastating** ⓐ 대단히 파괴적인, 엄청난

---

17 Limited editions, such as 'when we're out we're out' create more demand and people _____ these things.

| 정답 | ⑲

| 해석 | '이게 팔리면 다 팔린 거다' 같은 한정판은 더 많은 수요를 창출하고 사람들이 이것을 갖고자 갈망하게 만든다.

| 해설 | 한정판은 더 이상 없다는 것으로 인해, 희소성에 사람들이 더욱더 가지고 싶어 한다는 의미이므로 정답은 ⑲ covet 가 된다.

| 어휘 | **limited edition** – 한정판

---

18 Five-year-olds are at a transitional phase, a bridge between younger preschool and older schoolchildren, in how they _____ the task of storytelling.

| 정답 | ⑫

| 해석 | 다섯 살 아이들은 스토리텔링을 이해하는 데 있어서 더 어린아이들의 유아원과 더 큰 아이들의 초등학교 사이의 가교에 있는 과도기이다.

| 해설 | 아이들과 스토리텔링의 관계에서, Five-year-olds는 the task of storytelling을 이해하는 것이다.

| 어휘 | **transitional phase** – 과도기, 전환 단계

---

19 If I can help my blog audience _____ their artistic capabilities through advice, examples, and juicy discussions, then this blog will serve a purpose beyond simply being a tool for me.

| 정답 | ③

| 해석 | 만약 내가 블로그의 독자들에게 조언, 사례, 재미있는 토론 등을 통해서 예술적인 능력을 즐기는 데 도움을 준다면, 이 블로그는 단순히 나만의 도구를 넘어서서 하나의 목적으로 기능할 것이다.

| 해설 | 이 글을 쓴 블로거의 조언, 사례, 재미있는 토론 등을 통해서 블로그를 방문한 사람들에게 예술적인 능력을 향유하는 즐거움을 맛볼 수 있을 것이다.

| 어휘 | **juicy** ⓐ 재미있는

---

20 One of the most _____ things about being American is the inability to understand or speak more than one language.

| 정답 | ⑩

| 해석 | 미국인으로서 가장 고통스러운 것 중의 하나는 한 언어 이상을 이해하고 말하지 못한다는 것이다.

| 해설 | inability를 단서로 부정적인 단어를 끌어내야 한다. 미국인으로서의 고통이라고 해야 논리적으로 타당한 진술이 된다.

| **21** | ⑮ | **22** | ⑬ | **23** | ⑪ | **24** | ⑧ | **25** | ④ | **26** | ⑳ | **27** | ⑨ | **28** | ⑩ | **29** | ⑫ | **30** | ⑰ |

(**21~30**) 아래 상자에서 가장 적절한 단어를 고르시오. 단어는 오직 한 번만 사용 가능함.

① 튀어나온	② 특징, 특색	③ 보충하는	④ 대실패
⑤ 손상	⑥ 재생 가능한	⑦ 외교술을 쓰다	⑧ 새로울 게 없는
⑨ 공격적인	⑩ (지식)을 전하다	⑪ 뛰어난	⑫ 본질적으로
⑬ 골칫거리	⑭ 경영진	⑮ 불필요한	⑯ 오래 머물다
⑰ 진두지휘하다	⑱ 몰수당하다	⑲ 불변의	⑳ 측정하다

| 어휘 |

protrudent ⓐ 튀어나온, 불쑥 나온

remedial ⓐ 보충하는, 개선하기 위한

detriment ⓝ 손상 ⓐ 해로운

diplomatize ⓥ 외교술을 쓰다, 외교적 수완을 발휘하다

militant ⓐ 공격적인, 전투적인

sterling ⓐ 훌륭한, 뛰어난

liability ⓝ 법적 책임, 골칫거리

superfluous ⓐ 여분의, 필요치 않은

spearhead ⓥ 선봉에 서다, 진두지휘하다

immutably ⓐ 변경할 수 없게, 불변의

attention span – 주의 지속 시간, 집중 시간

treasurer ⓝ 재무 담당자, 총무

assembly ⓝ 모임, 총회

feature ⓝ 특징

debacle ⓝ 대실패, 큰 낭패

regenerable ⓐ 재생 가능한, 개심시킬 수 있는

threadbare ⓐ 올이 다 드러난, 새로울 것이 없는, 뻔한

impart ⓥ (정보·지식 등을) 전하다. (특정한 특성을) 주다

inherently ⓐ 선천적으로, 본질적으로

executive ⓝ 경영진, 간부

linger ⓥ (예상보다 오래) 남다[계속되다], 더 오래 머물다

forfeit ⓥ 몰수당하다, 박탈당하다

calibrate ⓥ 눈금을 매기다, 측정하다

commend ⓥ 칭찬하다

utter ⓐ 완전한, 철저한

rigorous ⓐ 철저한, 엄격한

account for − ~을 감안하다
genocide ⓝ 대량 학살
in-between ⓐ 중간의, 사이의
compelling ⓐ 강력한, 설득력 있는
flurry ⓝ 동풍, 동요

ethnic cleansing − 인종 청소
communal violence − 공동체 간의 분쟁
hybridity ⓝ 잡종성, 혼종성
substantial ⓐ 상당한, 엄청난
grind to a halt − 서서히 가다가 중단되다

---

21 "Since the heroic deeds clearly speak for themselves," the president remarked, "further comment on my part would be _____."

| 정답 | ⑤

| 해석 | 대통령은 다음과 같이 언급했다. "영웅적 행위 그 자체가 모든 것을 분명히 대변하고 있으므로 제 입장을 더 말할 필요는 없을 것입니다."

| 해설 | 행위 그 자체가 모든 것을 대변하는 상황에서 굳이 말을 덧붙이는 것은 '필요 없는' 행위일 것이다. 따라서 정답은 ⑤이다.

---

22 A limited attention span is his biggest _____ as a graduate student.

| 정답 | ⑬

| 해석 | 그에게 있어 가장 큰 골칫거리는 대학원생이면서 집중할 수 있는 시간이 제한적이라는 점이다.

| 해설 | 대학원생인데 집중력이 떨어지는 것은 큰 '골칫거리'일 것이다. 따라서 정답은 ⑬이다.

---

23 The reviewer commended the young actor's _____ performance in the new play.

| 정답 | ⑪

| 해석 | 비평가들은 그 젊은 배우가 새로운 극에서 뛰어난 연기를 선보였다고 칭찬했다.

| 해설 | 비평가들이 배우에게 찬사를 보낸 이유는 배우가 '뛰어난' 연기를 선보였기 때문일 것이다. 따라서 정답은 ⑪이다.

---

24 We are so tired of listening to those _____ excuses for your failure to keep your promises.

| 정답 | ⑧

| 해석 | 우리는 당신이 약속을 지키지 못한 것에 관해 내놓는 뻔한 변명을 듣는 것조차 질려 버렸다.

| 해설 | 약속을 지키지 못해서 변명을 했는데 사람들이 질려 버린 이유는 변명이 '뻔하기' 때문일 것이다. 따라서 정답은 ⑧이다.

25 My campaign for the class treasurer ended in an utter _____ when I forgot my speech as I was about to address the assembly.

| 정답 | ④

| 해석 | 나는 학급 총무가 되겠다고 선거 운동을 했지만 학급 총회에서 연설을 하려던 순간에 연설하려던 것을 까먹는 바람에 완전히 실패하고 말았다.

| 해설 | 학급 총무가 되려고 선거 운동을 했는데 연설하는데 연설 내용을 까먹었으면 선거 운동이 '완전히 실패할' 수밖에 없을 것이다. 따라서 정답은 ④이다.

---

26 Measurements of temperatures go through rigorous quality control procedures and must be carefully _____ to account for changes in measuring technology.

| 정답 | ⑳

| 해석 | 기온 측정은 엄격한 품질 관리 절차를 거치며 측정 기술의 변화를 감안하도록 반드시 신중하게 측정되어야 한다.

| 해설 | 기온 측정이 엄격한 절차를 밟는다는 말과 빈칸 앞 '신중하게'라는 표현, 그리고 측정 기술의 변화를 감안해야 한다는 내용 등을 보면 '측정이 신중하게 이루어져야 한다'는 의미에서 정답은 ⑳이 가장 적합하다.

---

27 Episodes of "ethnic cleansing", genocide, communal violence, and civil war involve the _____ suppression of the in-between, the elimination of hybridity.

| 정답 | ⑨

| 해석 | '인종 청소', 대량 학살, 공동체 간의 분쟁, 내전 등의 사례는 이쪽도 저쪽도 아닌 중간에 낀 사람들에 대해 공격적으로 탄압하며 여러 가지 것들이 섞일 수 있는 혼종성을 말살하는 행위가 수반된다.

| 해설 | '혼종성의 말살'과 '중간에 낀 사람들을 탄압'하는 행위 모두 '공격적'으로 이루어지는 행위이다. 따라서 정답은 ⑨이다.

---

28 The acceptance of conventions often _____ to them a compelling force, so that it may be difficult to break with them and move in some other direction.

| 정답 | ⑩

| 해석 | 전통의 수용은 종종 이들에게 강력한 힘을 부여하며, 따라서 이들과 결별하여 다른 방향을 향하는 것이 힘들어질 수 있다.

| 해설 | 강력한 힘을 '부여받은' 사람과 결별하고 각자의 힘을 가는 것은 힘든 일이다. 따라서 정답은 ⑩이다.

29   Nuclear power poses substantial risks; _____ safe nuclear plants simply do not exist.

| 정답 | ⑫

| 해석 | 원자력은 엄청난 위험을 제기한다. 근본적으로 안전한 원자력 발전소는 딱 잘라 말해 존재하지 않는다.

| 해설 | 원자력은 엄청난 위험을 야기하며 따라서 '근본적으로' 안전한 원자력 발전소는 이 세상에 존재할 수 없다. 따라서 정답은 ⑫이다.

---

30   After a flurry of cinematic activity mainly _____ by Kenneth Branagh in the 1990s and a few other filmmakers in the following decade, the "boom" of Shakespeare on-screen ground to a halt.

| 정답 | ⑰

| 해석 | 1990년대에는 케네스 브래너가 그리고 이후 10년 동안은 소수의 다른 영화인들이 주도하여 돌풍을 일으킨 일련의 영화 운동 이후 셰익스피어의 작품의 영화화 붐이 멈추게 되었다.

| 해설 | 문맥상 '빈칸'으로 인해 이루어진 활동이 세월이 지나 멈추었다는 의미에서, 뭔가를 '추진하다'는 의미의 단어가 빈칸에 들어가야 적합하다. 따라서 정답은 ⑰이다.

| **31** | ① | **32** | ⑬ | **33** | ⑨ | **34** | ② | **35** | ⑤ | **36** | ④ | **37** | ⑰ | **38** | ⑪ | **39** | ⑱ | **40** | ⑭ |

(**31~40**) 아래 상자에서 가장 적절한 단어를 고르시오. 단어는 오직 한 번만 사용 가능함.

① 판정하다	② 익명의	③ 용의주도한	④ 수반되는
⑤ 범인, 주범	⑥ 괜찮은	⑦ 모면하다	⑧ 현직의
⑨ 술에 취한	⑩ 간헐적인	⑪ 격분한	⑫ 무시해도 될
⑬ 역의, 반대의	⑭ 우선(함)	⑮ 널리 퍼짐	⑯ 유익한
⑰ 충격적인	⑱ 동시적인	⑲ 집요한	⑳ 만장일치의

| 어휘 | adjudicate ⓥ 판결을 내리다, 판정하다   anonymous ⓐ 익명의
circumspect ⓐ 신중한, 용의주도한   decent ⓐ 괜찮은, 제대로 된
culprit ⓝ 범인, 장본인   incumbent ⓐ 재임 중인, 현직의
evade ⓥ 피하다, 모면하다   intermittent ⓐ 간헐적인, 간간이 일어나는
inebriated ⓐ 술에 취한   negligible ⓐ 무시해도 될 정도의
irate ⓐ 성난, 격분한   precedence ⓝ 우선(함)
inverse ⓐ 역의, 반대의   salutary ⓐ 유익한, 효과가 좋은
prevalence ⓝ 널리 퍼짐, 유행   synchronous ⓐ 동시 발생[존재]하는, 동시적인
staggering ⓐ 충격적인, 믿기 어려운   unanimous ⓐ 만장[전원] 일치의
tenacious ⓐ 집요한, 완강한   interplay ⓝ 상호 작용
ensuing ⓐ 다음의, 뒤이은

job performance - 업무 능력
confidentiality ⓝ 비밀[기밀]성
ambiguity ⓝ 애매함, 모호함
pleasant ⓐ 상냥한, 예의 바른

biased ⓐ 편향된, 왜곡된
persistent ⓐ 집요한, 끈질긴
predictability ⓝ 예측 가능성
video conferencing - 화상 회의

---

31 The ensuing years will witness how the courts _____ the complicated interplay among the societal goals that surround employment testing.

| 정답 | ①

| 해석 | 앞으로 수년 동안 법원이 채용 시험 문제를 둘러싼 사회적 목표들 간의 복잡한 상호 작용에 관해 어떤 판결을 내릴 것인지 목격하게 될 것이다.

| 해설 | 법원은 법정에서 '판결을 내린다.' 따라서 정답은 ①이다.

---

32 Letters of recommendation are one of the least accurate forecasters of job performance. Some people even make recommendations that have a(n) _____ relationship with the criterion.

| 정답 | ⑬

| 해석 | 추천서는 업무 능력을 예측할 수 있는 가장 부정확한 수단 중 하나이다. 어떤 이들은 심지어 업무 평가 기준과 정반대의 관계에 있는 추천서를 써 주기도 한다.

| 해설 | 추천서는 업무 능력 예측에 써먹기에는 가장 부적절하다고 나와 있으므로 자연히 업무 평가 기준과 '정반대'로 추천서를 쓸 수도 있음을 유추할 수 있다. 따라서 정답은 ⑬이다.

---

33 The _____ individual may be led into aggression by both a biased interpretation of the situation and increased confidence in being able to cope by largely physical means.

| 정답 | ⑨

| 해석 | 술에 취한 사람은 상황을 왜곡되게 이해하게 되고 주로 육체적인 수단을 통해 상황에 대처할 수 있다는 자신감이 상승하면서 공격성을 갖게 되기도 한다.

| 해설 | 자신이 처한 상황을 제대로 이해하지 못하면서 근거 없는 자신감을 품고 남에게 공격적으로 대하는 것은 '술에 취한' 사람이 저지르는 짓이다. 따라서 정답은 ⑨이다.

---

34 Confidentiality involves decisions about who will have access to research data, how records will be maintained, and whether participants will be _____.

| 정답 | ②

| 정답 | ②

| 해석 | 기밀성 문제에 있어 연구 데이터에 접근할 수 있는 사람은 누구인가, 연구 기록은 어떻게 유지할 것인가, 연구 참여 자들을 익명으로 할 것인가 등을 결정하게 된다.

| 해설 | 연구의 기밀성 관련 문제이므로 자연히 연구 참여자들을 '익명'으로 할 것인지 여부와 관련이 있을 것이다. 따라서 정답은 ②이다.

---

35 What causes inflation? In almost all cases of large or persistent inflation, the _____ is growth in the quantity of money.

| 정답 | ⑤

| 해석 | 인플레이션을 유발하는 요인은 무엇인가? 대규모의 끈질길 정도로 지속되는 인플레이션은 거의 대부분의 경우 통화량의 증가를 그 장본인이라 할 수 있다.

| 해설 | 통화량의 증가는 인플레이션의 '주범, 장본인'이다. 따라서 정답은 ⑤이다.

---

36 At the core of any change effort is the desire to bring about change. However, change introduces ambiguity into the environment, with the _____ effects of less predictability and control.

| 정답 | ④

| 해석 | 그 어떤 변화를 위한 노력이든 변화를 일으키길 원하는 욕구가 바로 핵심이다. 하지만 변화로 인해 주위 상황이 모호해지며 이로 인해 예측 가능성과 제어 역량의 감소 효과가 나타나게 된다.

| 해설 | 변화로 인해 상황이 모호해지면 자연히 예측 가능성도 낮아지고 이로 인해 역량이 감소하는 효과가 '수반될' 것이다. 따라서 정답은 ④이다.

---

37 The differences in living standards around the world are _____. In 2003, the average American had an income of about $37,500 and the average Nigerian earned $900.

| 정답 | ⑰

| 해석 | 전 세계적으로 생활수준의 차이는 믿기 어려울 정도이다. 2003년에 미국인은 평균적으로 37,500달러의 소득을 벌었지만 나이지리아인은 평균적으로 900달러를 벌었다.

| 해설 | 미국인의 평균 소득과 나이지리아인의 평균 소득 간의 격차는 '믿기 어려울 정도'로 크다. 따라서 정답은 ⑰이다.

---

38 The employee's job performance is in part influenced by the customer. An employee may respond differently to a(n) _____ customer and to a pleasant one.

| 해석 | 직원의 업무 성과는 부분적으로 고객의 영향을 받는다. 직원은 성난 고객과 상냥한 고객을 다르게 대하곤 한다.

| 해설 | 직원이 '성난' 고객과 상냥한 고객에게 보이는 태도는 자연히 다를 수 있고, 때문에 직원이 보이는 업무 성과에도 차이가 있을 수 있다. 따라서 정답은 ⑪이다.

---

39   _____ interaction occurs when team members communicate at the same time, as in chat sessions or video conferencing.

| 정답 | ⑱

| 해석 | 채팅이나 화상 회의처럼 팀 구성원들이 동시에 의사소통을 할 때 동시적 상호 작용이 일어난다.

| 해설 | 채팅이나 화상 회의는 팀 구성원들이 누군가 말을 할 때 가만히 있기만 하지 않으며 한꺼번에 같이 말하거나 듣거나 하는 '동시적' 현상이 이루어진다. 따라서 정답은 ⑱이다.

---

40   Team members must have high awareness of themselves as a team. Each member sees the team's success as taking _____ over individual performance.

| 정답 | ⑭

| 해석 | 팀 구성원들은 자신들이 한 팀을 이루고 있음을 제대로 깨달아야 한다. 각각의 구성원은 자신이 속한 팀의 성공이 개인의 성과에 우선한다고 본다.

| 해설 | 한 팀이라는 자각이 있는 사람들이 팀 전체의 승리를 바란다면 개인의 성과보다 팀의 승리를 '우선할' 것이다. 따라서 정답은 ⑭이다.

MEMO

여러분의 작은 소리
에듀윌은 크게 듣겠습니다.

본 교재에 대한 여러분의 목소리를 들려주세요.
공부하시면서 어려웠던 점, 궁금한 점,
칭찬하고 싶은 점, 개선할 점, 어떤 것이라도 좋습니다.

에듀윌은 여러분께서 나누어 주신 의견을
통해 끊임없이 발전하고 있습니다.

에듀윌 도서몰 book.eduwill.net
- 부가학습자료 및 정오표: 에듀윌 도서몰 → 도서자료실
- 교재 문의: 에듀윌 도서몰 → 문의하기 → 교재(내용, 출간) / 주문 및 배송

에듀윌 편입영어 핵심유형 완성 논리

발 행 일	2022년 10월 19일 초판
편 저 자	홍준기
펴 낸 이	권대호
펴 낸 곳	(주)에듀윌
등록번호	제25100-2002-000052호
주　　소	08378 서울특별시 구로구 디지털로34길 55
	코오롱싸이언스밸리 2차 3층

www.eduwill.net
대표전화 1600-6700

업계 최초 대통령상 3관왕,
정부기관상 18관왕 달성!

 2010 대통령상   2019 대통령상   2019 대통령상

 대한민국 브랜드대상 국무총리상   서울특별시장상   과학기술부장관상   정보통신부장관상   산업자원부장관상

 고용노동부장관상   미래창조과학부장관상   법무부장관상   여성가족부장관상   과학기술정보통신부 장관상   문화체육관광부 장관상   농림축산식품부 장관상

2004
서울특별시장상 우수벤처기업 대상

2006
산업자원부장관상 대한민국 e비즈니스대상

2007
정보통신부장관상 디지털콘텐츠 대상
산업자원부장관 표창 대한민국 e비즈니스대상

2010
대통령 표창 대한민국 IT 이노베이션 대상

2013
고용노동부장관 표창 일자리 창출 공로

2014
미래창조과학부장관 표창 ICT Innovation 대상

2015
법무부장관 표창 사회공헌 유공

2017
여성가족부장관상 사회공헌 유공
2016 합격자 수 최고 기록 KRI 한국기록원 공식 인증

2018
2017 합격자 수 최고 기록 KRI 한국기록원 공식 인증

2019
대통령 표창 범죄예방대상
대통령 표창 일자리 창출 유공
과학기술정보통신부장관상 대한민국 ICT 대상

2020
국무총리상 대한민국 브랜드대상
2019 합격자 수 최고 기록 KRI 한국기록원 공식 인증

2021
고용노동부장관상 일·생활 균형 우수 기업 공모전 대상
문화체육관광부장관 표창 근로자휴가지원사업 우수 참여 기업
농림축산식품부장관상 대한민국 사회공헌 대상
문화체육관광부장관 표창 여가친화기업 인증 우수 기업

2022
농림축산식품부장관상 대한민국 ESG 대상

에듀윌 편입영어

핵심유형 완성 논리

전과정 학습로드맵 제공

월별 학습계획 및
학습방법 제공

무료 진단고사

나의 위치에 맞는
전문 학습매니저의 1:1 학습설계

실시간 알림 서비스

최신 편입정보
알림 서비스

강의용 PDF 제공

편입 스타터팩을 위한
강의용 PDF 제공

고객의 꿈, 직원의 꿈, 지역사회의 꿈을 실현한다

펴낸곳 (주)에듀윌   **펴낸이** 권대호   **출판총괄** 김형석
개발책임 우지형, 윤대권   **개발** 윤관식
주소 서울시 구로구 디지털로34길 55 코오롱싸이언스밸리 2차 3층
대표번호 1600-6700   **등록번호** 제25100-2002-000052호
협의 없는 무단 복제는 법으로 금지되어 있습니다.

에듀윌 도서몰 book.eduwill.net
• 부가학습자료 및 정오표: 에듀윌 도서몰 → 도서자료실
• 교재 문의: 에듀윌 도서몰 → 문의하기 → 교재(내용, 출간) / 주문 및 배송